CHINA
LIVELIHOOD
SURVEY 2017

中国民生调查 2017

国务院发展研究中心课题组 著

中国发展出版社
CHINA DEVELOPMENT PRESS

图书在版编目（CIP）数据

中国民生调查. 2017 / 国务院发展研究中心课题组著. —北京：中国发展出版社，2017.10

ISBN 978-7-5177-0781-3

Ⅰ. ①中… Ⅱ. ①国… Ⅲ. ①人民生活—调查报告—中国—2017 Ⅳ. ①D669.3

中国版本图书馆CIP数据核字（2017）第257901号

书　　名：中国民生调查2017
著作责任者：国务院发展研究中心课题组
出 版 发 行：中国发展出版社
（北京市西城区百万庄大街16号8层　100037）
标 准 书 号：ISBN 978-7-5177-0781-3
经　销　者：各地新华书店
印　刷　者：北京市庆全新光印刷有限公司
开　　本：889mm × 1194mm　1/16
印　　张：40.5
字　　数：903千字
版　　次：2017年10月第1版
印　　次：2017年10月第1次印刷
定　　价：188.00元

联 系 电 话：（010）68990630　68990692
购 书 热 线：（010）68990682　68990686
网 络 订 购：http://zgfzcbs. tmall. com//
网 购 电 话：（010）88333349　68990639
本 社 网 址：http://www.develpress. com. cn
电 子 邮 件：bianjibu16@vip. sohu. com

国务院发展研究中心
“中国民生调查”课题组

课题总顾问　李　伟

课题负责人　张军扩

课题协调人　叶兴庆　葛延风

课题联络人　金三林　佘　宇

课题组主要成员　（按姓氏笔画排序）

王海芹　龙海波　冯文猛　朱贤强　朱卫江

刘精明　刘卫民　江　宇　许召元　孙东海

苏　杨　李惠武　何建武　沈　和　杨三省

张　亮　张春生　张冰子　罗丛霞　郭晓鸣

程　郁　翟宏伟

序言
Preface

民生无小事，枝叶总关情。切实改善民生，维护好广大人民群众最关心、最直接、最现实的利益，是改革发展的出发点和落脚点，是党和政府的神圣职责。党的十八大以来，以习近平同志为核心的党中央，把“人民对美好生活的向往”作为奋斗目标，把以人民为中心的发展思想放到治国理政的重要位置，从人民群众最关心、最直接的就业、收入、社会保障、教育、医疗卫生等问题入手，不断推进相关领域的改革和制度建设，全面加大民生领域的投入和保障力度，基本民生保障制度体系逐步完善，人民群众获得感和幸福感明显提升。

经济发展是民生改善之源。党的十八大以来，在以习近平同志为核心的党中央正确领导下，党和政府面对日益复杂的国内外经济形势，全面创新宏观调控和经济管理方式，适应经济发展新常态，坚持稳中求进的工作总基调，把稳增长、推改革、调结构、惠民生、防风险有机结合，保持了经济稳定增长。2013 ~ 2016 年，国内生产总值年均增长 7.2%，高于同期世界 2.5% 和发展中经济体 4% 的平均增长水平。2016 年，国内生产总值达到 74 万亿元，按不变价计算比 2012 年增长 32%；一般公共预算收入接近 16 万亿元，为 2012 年的 1.36 倍。经济的稳定增长，为保障和改善民生奠定了坚实的基础。

增加就业是民生改善之本。近几年来，我国继续坚持实施积极的就业政策，鼓励创新创业，以创业带动就业。2013 ~ 2016 年，城镇新增就业连续四年保持在 1300 万人以上，31 个大城市城镇调查失业率基本稳定在 5% 左右，农民工总量年均增长 1.8%。同时，就业质量也不断提升。就业的稳定，对于经济增长、民生改善及社会和谐发挥了至关重要的作用。

提高收入是民生改善之基。近几年来，在经济稳定增长的同时，我国不断深化收入分配制度改革，大力推进脱贫攻坚，城乡居民收入水平持续增长。2016 年全国居民人均可支配收入 23821 元，比 2012 年实际增长 33.3%，年均实际增长 7.4%，快于同期 GDP 年均增速 0.2 个百分点。城乡之间、区域之间以及不同群体之间的收入差距也得到了较好的控制。全国四年累计减少 5564 万贫困人口，年均减少 1391 万人；贫困发生率累计下降 5.7 个百分点，年均下降 1.4 个百分点。

公共服务是民生改善之要。近几年来，在社会保障、教育、医疗卫生等领域，改革不断深化，公共投入力度不断加大，基本公共服务水平全面提升。在国家层面，统一了城乡居民基本养老保险制度，实施了机关事业单位养老保险制度与企业职工养老保险制度的并轨，社会救助体系建设和保障力度全面提升，覆盖城乡居民的社会保障体系不断健全。教育领域的改革持续推进，公共投入继续加大，教育特别是基础教育均等化水平明显改善，教育质量逐步提升。医疗保障制度实现了全民覆盖并进一步巩固，国家对城乡居民医疗保障的财政补助标准逐年提高，医疗服务体系改革不断深化，基层服务能力稳步提升。各级政府持续推进城镇保障性安居工程，中低收入家庭的住房条件得到很大改善。十八大以来，我国大学和中学粗入学率、居民预期寿命、社会保险参保率等民生指标都显著改善。

制度建设的进展和民生保障水平的提升，也进一步增强了人民群众的获得感和生活满意度。国务院发展研究中心“中国民生调查”课题组的民生满意度电话调查表明，2013 ~ 2016 年城乡居民对当前生活状态的满意度总体较好，选择“非常满意”、“比较满意”的合计比重一直在 50% 左右，选择“一般”的比重在 40% 左右，只有 10% 左右的居民选择“比较不满”或“非常不满”。特别是 2016 年，城乡居民对食品安全、环境保护、就业、社会治安、政府服务、社区公共服务、司法公正、住房、社会保障、医疗服务、教育、交通等 12 个民生领域的满意度普遍上升。

虽然民生保障成就巨大，但也必须清醒地认识到，受长期积累的各种复杂矛盾影响，我国的民生保障工作仍然面临很多问题。如社会保障体系仍然存在制度不统一、群体间待遇差距大、部分保障项目保障力度不足等问题。在教育、医疗卫生等公共服务领域，城乡之间、区域之间服务均等化水平低的问题也还比较突出。从未来发展趋势看，我们还面临一定的经济下行压力，老龄化问题在持续加剧，经济和社会结构仍处于全面转型过程之中，所有这些都对保障和改善民生工作形成了新的挑战。从现实及未来一个时期的发展趋势看，有一些问题值得高度关注。

一是就业仍面临较大压力和挑战。随着我国经济总量的大幅度提升及劳动年龄人口的逐步减少，就业总量压力已经不大，但就业结构矛盾会全面提升。随着经济结构调整及产业的转型升级，特别是随着技术进步、生产和交易模式变革、信息化和智能制造以及智能服务的发展，一些传统产业、特定区域中的就业群体将面临更为突出的就业转移压力，就业的稳定性和就业质量也会面临更大压力。针对这一问题，必须进一步完善就业服务体系，有效化解结构矛盾。同时，多措并举，进一步提升就业质量，切实保护好劳动者权益。

二是随着技术进步和生产、交易方式的变革，资本、技术等生产要素在收入分配中可能更具强势地位，普通劳动者依靠劳动获取收入增长的空间会受到进一步挤压，一些群体面临收入增长停滞甚至下降的风险。"中国民生调查"课题组2016年的入户调查显示，城乡居民收入下降面呈继续扩大趋势，部分行业的收入下降较为明显。其中，有28.3%的受访者认为2015年以来月均收入减少，比重比上年调查结果高4.8个百分点。一线生产人员、临时聘用人员、务农和个体工商户认为收入下降的比重较高。面对这种现实，必须进一步改革完善收入分配政策体系，切实防范收入差距的扩大，尤其是要防范过大收入差距可能带来的各种社会矛盾，重点保护好中低收入群体权益，让广大人民群众共享改革发展成果。

三是随着我国城乡居民收入水平进入中高收入行列、国民受教育水平的全面提升、城镇化加速推进、信息化与国际化的快速发展，加上日趋严峻的老龄化问题，城乡居民对民生改善的诉求在不断提升，关切点也会出现明显变化。"中国民生调查"课题组2016年的调查表明，在收入、医疗卫生、环境污染、食品安全等领域，现实与居民诉求之间仍然有较大差距。同时，城乡居民在住房、教育、养老保障等领域也有一些新的诉求。对此，一方面要合理引导预期，但更为重要的还是要通过促进经济的进一步繁荣发展、进一步改革完善民生政策体系，更好地满足人民群众的期盼。

要更好地改善民生，更加有针对性地推进民生领域的事业发展和体制改革，必须准确把握城乡居民在民生方面的关切点和对民生政策的诉求变化，这是完善政府决策和相关事业发展的重要基础。基于更好服务决策的目标要求，国务院发展研究中心“中国民生调查”课题组2016年继续在全国31个省份开展近51000份样本的民生满意度电话调查，在安徽等8个代表性省份开展近10000份样本的民生关切点入户调查，编制全国31个省份的年度民生指数，并开展了就业、收入、医疗、教育、住房、环境保护、食品安全、养老保障、政府服务等专题研究。为了保障研究质量，在电话调查和入户调查环节，样本选择严格遵循了随机抽样原则，强化了对调查过程的质量控制。对最终获得的调查数据也进行了严格审核。在研究分析阶段，课题组综合运用电话调查和入户调查数据、实地调研材料及其他统计数据，进行了科学分析，努力确保对问题判断的客观性和准确性。所提出的政策建议也都经过了课题组深入的讨论，力求切实可行。

经过课题组的共同努力，本项研究形成了一批有价值的调查发现和判断，一些研究成果专题报告受到了党中央、国务院领导及相关部委的重视。《中国民生调查2017》是该项研究的成果汇编。期待这一研究成果不仅能为各级政府决策提供参考，也能够为相关领域的学术研究提供借鉴。当然，受多方面因素影响，疏漏和不足在所难免，希望大家批评指正。

我国已经进入全面建成小康社会的决胜阶段，保障和改善民生的任务更重。今后，国务院发展研究中心将充分发挥高端智库的作用，在更高水平上持续开展“中国民生调查”研究，奉献更高质量、更有价值的研究成果。也期待着这一重大研究能继续得到社会各界的大力支持。

国务院发展研究中心主任、研究员

目录

Contents

第一部分　综合报告

第二部分 专题报告

第三部分　省域民生发展报告

第一部分
综合报告

第一章
中国民生调查2017综合研究报告——经济企稳背景下的民生发展

2016年，我国经济运行缓中趋稳、稳中向好，全年国内生产总值增长6.7%，城镇新增就业人数和城乡居民可支配收入保持增长。党中央、国务院坚持民生优先，不断深化养老、医疗、教育等领域改革，保障民生投入，各项民生事业持续改善。另一方面，随着经济持续转型升级和供给侧结构性改革各项措施的深入推进，城乡居民的民生关切、民生诉求等也出现了一些新的特点。面对这一形势，国务院发展研究中心“中国民生调查”课题组以“经济企稳背景下的民生发展”为主题，继续开展民生满意度电话调查、民生关切点入户调查、民生指数编制及相关专题研究工作。

综合来看，随着经济增速的止跌企稳，城乡居民对当前生活状态的满意度、对未来的信心及对12个民生领域的满意度均呈上升态势；民生关切主要集中在收入、医疗、环境污染、食品安全等领域；而在就业、住房、医疗、教育等领域尚有一些新的诉求。下一步，要积极回应民生关切，坚持实施就业优先战略，夯实民生之本；坚持多措并举促进居民增收，壮大民生之源；坚持加强社会保障体系建设，巩固民生之基。

一、研究背景及主要研究内容

为了增强政策研究的针对性，2016年的研究继续突出民生满意度电话调查和民生关切点入户调查。同时，根据新的形势，增加了养老保障和政府服务两个专题，一共开展了9个民生专题研究，并继续开展黑龙江、安徽、江苏、陕西、四川、河北、浙江、广东8个省份的民生研究。

（一）经济形势变化对做好民生工作提出新要求

随着经济企稳，经济增长率等核心经济指标止跌甚至开始回升，这有利于改善城乡居民的发展预期，增强他们的生活信心，有利于社会矛盾的解决，有利于民生政策改革的推进。但这一轮经济企稳，不仅是经济增长速度的趋稳，更有经济结构的深刻调整，这种调整必然会给部分行业、部分地区、部分人群的就业、收入、民生投入带来较大影响。特别是在部分经济增速下滑较快的地区，钢铁、煤炭等部分产能严重过剩的行业，就业形势不容乐观。农民工数量增速和工资增速出现“双降”，城市中年以上劳动力职业转换能力弱，城乡居民收入下降面进一步扩大。部分地区地方财政收入增速下行甚至出现负增长，进而影响到政府对社会事业的投入，民生保障收支矛盾更加凸显。

在经济企稳期，一些长期积累的社会问题和矛盾会进一步暴露和凸显。我国社会领域存在收入分配不规范和差距较大，城乡、地区、人群间公共服务和社会保障待遇差距较大，流动人口基本权益未得到很好保障等诸多问题，尽管经济增长企稳，但这些问题爆发的风险依然存在，对社会政策实施和社会管理造成较大压力。

在经济企稳期，还需要通过保障和改善民生为经济发展注入新的动力。民生工作面广量大，所涉及的领域很多兼具经济和社会双重属性，同时也是我国转变经济发展方式、培育经济增长新动能的着力点。如大力发展居家服务、养老服务、健康服务、文体服务、休闲服务等行业，不仅能改善民生，也能培育形成新的经济增长点，使民生改善和经济发展有效对接、相得益彰。

因此，在经济企稳时期需要更加重视民生保障和改善工作，为全面建成小康社会夯实基础。特别需要在客观调查的基础上，准确把握城乡居民在民生方面的新关切和对民生政策的新诉求，为政府决策提供科学依据。为此，课题组在 2016 年继续在全国 31 个省份开展近 51000 份样本的民生满意度电话调查，在安徽等 8 个代表性省份开展近 10000 份样本的民生关切点入户调查，编制全国 31 个省份的年度民生指数，并开展了就业、收入、医疗、教育、住房、环境保护、食品安全、养老保障、政府服务等专题研究。

（二）主要研究内容

1. 开展民生满意度电话调查

民生满意度仍然包括居民生活满意度和民生整体满意度。

居民生活满意度是对城乡居民生活满意程度的测量，包括三项：对当前总体生活满意度的评价，对近一年中生活改善情况满意度的评价，以及对未来信心的评价。

民生整体满意度是反映城乡居民对主要民生领域的整体评价。2016 年的民生整体满意度仍包含了 12 个民生领域：交通状况、社会治安、住房状况、食品安全、居住地政府服务、义务教育、医疗卫生服务、生态环境、社会保障、公共服务、就业质量、司法公正。在 2016 年调查中，还增加了收入变化、政府服务改善、教育状况改善等新问题。

民生满意度是通过电话调查数据计算的，调查采用计算机辅助电话调查（CATI）方式，范围覆盖全国 31 个省（自治区、直辖市），调查对象为 18 ~ 74 周岁的城乡居民。调查实际完成有效样本 51092 个，其中：城镇占 63.9%，农村占 36.1%；男性占 56.1%，女性占 43.9%；初中及以下文化程度占 31.6%，高中（中专 / 技校）占 24.5%，大学专科（高职）占 20.3%，大学本科占 21.7%，研究生及以上占 1.9%；35 岁以下的占 36.5%，35 ~ 54 岁的占 46.2%，55 岁及以上占 17.3%；非农业户口（城镇户口）占 59.0%，农业户口占 41.0%。

2. 开展民生关切点入户调查

为保持调查的稳定性，2016 年继续在安徽、浙江、广东、河北、黑龙江、陕西、四川、江苏 8 个省份进行民生关切点入户调查，而且保持县区级样本不变。调查内容包括工作与就业、基本民生问题、收入与消费、子女教育、医疗卫生、养老保障、住房保障、生活环境、政府服务等方面。除了工作与就业、基本民生问题以外，其他部分调查内容都结合决策的新需求做了较大调整。

入户调查抽样采用多阶段分层设计、PPS 系统抽样技术。第一，将调查省份各区县划分为贫困县和非贫困县，保证每个省抽选一个贫困县，其他区县在综合考虑区县 GDP、平均受教育程度、流动人口比例、城市人口比例等 9 个社会经济发展指标的基础上，按照社会经济综合指数得分因子的高低排序进行选取。第二，在获得调查区（县）居（村）委员会基本经济社会信息后，按照相似的方法，采用与各居（村）委会人口规模成比例的系统 PPS 抽样方式，各自独立抽取 2 个居（村）委会。第三，在每个居（村）委会内，按某个特定规则（如门牌号或户主名单等）对家庭户进行排序，采取等概率系统抽样抽出 50 户家庭作为最终调查单元，并且为保证调查入户的可行性，按同样的方法抽取一套备用调查户。入户后，为了保证对家庭信息掌握的准确性，请家庭的户主或家里最熟悉情况的人来配合完成调查。

入户调查共回收有效问卷 9744 份，样本分布主要特征为：①城镇样本的比重为 40.06%，城乡结合部样本的比重为 17.52%，农村样本的比重为 42.43%，调查样本的城乡结构与 2015 年大体一致。②流动人口样本为 718 个，占有效样本的 7.38%，流动人口比例较上年略有下降。③受访者中 30 岁以下（不包括 30 岁）的人占 7.42%，30 ~ 39 的岁占 12.86%，40 ~ 49 岁的占 24.00%，50 ~ 59 岁的占 27.41%，60 岁及以上占 28.31%，平均年龄略高于上一年。④男性受访者占 56%，女性受访者比例为 44%，男性受访者比例比上一年高 4 个百分点。⑤样本覆盖 20 个贫困县，贫困地区样本为 2425 份。

3. 编制民生指数

2016 年沿用了 2015 年的民生指数指标体系及测度方法。主要从居民生活、公共服务、公共安全和生活环境四个方面测度 31 个省（市、区）的民生发展状况。每个一级指标由若干个二级和三级指标加权平均计算得出，整个指标体系包括 17 个二级指标、31 个三级指标。客观指标的数据通过公开出版的统计年鉴获得，并用上年的数据来测度当年的指数水平。对于每一个方面民生发展状况的评估，本报告首先对指标体系涉及的子指标通过阈值法（与最大最小值比较）进行无量纲化处理，然后给各个子指标赋予相等的权重，最后利用线性加权法得到各个方面的民生指数。

2016 年的民生指数研究，不仅利用 2015 年的数据测度了 31 个省份的民生发展水平，还对过去 5 年各地区民生领域的工作进展及问题进行了分析。

4. 开展民生专题研究

2016 年继续开展就业、收入、教育、医疗卫生、住房保障、环境保护、食品安全等专题研究，并根据形势变化的需要，增加了养老保障和政府服务两个专题，一共开展了 9 个民生专题研究。同时，更加突出政策研究的定位，各专题研究报告综合运用电话调查、入户调查和统计数据，客观反映各领域民生政策的实施成效和问题，提出针对性政策建议，为完善相关政策服务。

二、民生进展及民生满意度

（一）随着经济增长企稳，民生领域的改革深入推进，民生投入持续增长，城乡居民的生活满意度和民生整体满意度普遍上升

电话调查结果显示，2016 年城乡居民对当前生活状态的满意度比 2015 年有小幅度上升，表示“非常满意”和“比较满意”的比例为 49.5%，比 2015 年提高 1.7 个百分点。居民对未来的信心明显上升，表示“比较有信心”和“非常有信心”的比例为 69.6%，比 2015 年提高 3.3 个百分点。居民对过去一年的生活改善情况的满意度小幅下降，表示“有明显改善”或“有所改善”的比例为 45.6%，比 2015 年下降 3.2 个百分点，表示“非常不满”和“比较不满”的比例比 2015 年提高 1.7 个百分点。

2016 年，城乡居民对 12 个民生领域的满意度普遍上升。其中，得分提升幅度最大的是食品安全和居住地环境，其次是就业和社会治安。虽然就业、医疗服务和食品安全得分有大幅提升，但绝对分值还是排在后三位，表明这些领域的民生工作与城乡居民的要求相比还有一定差距。

表1-1　2015年和2016年各领域民生满意度得分提升情况

民生领域	2015年得分	2016年得分	得分差
居住地食品安全	51.29	56.49	5.20
居住地环境	59.11	63.62	4.51
就业	55.48	59.64	4.16
社会治安	66.50	70.57	4.07
居住地政府服务	58.22	62.19	3.97
社区公共服务	57.96	61.66	3.70
司法公正	58.77	62.32	3.55
住房	61.70	64.66	2.96
享有的社会保障	59.39	61.98	2.59
居住地医疗服务	56.23	58.23	2.00
居住地教育	60.33	61.15	0.82
居住地交通	60.05	60.83	0.78

注：两年均采用百分制的赋值方法计算评分：“非常满意”为 100 分，“比较满意”为 75 分，“一般”为 50 分，“比较不满意”为 25 分，“非常不满意”为 0 分。

从各民生领域满意度得分排序来看，2016 年居住地环境、司法公正和政府服务的满意度排名都提升了 3 位，表明居民对这三个方面的政策执行力度和改善情况比较认可。

表1-2　2015年和2016年各领域民生满意度的均值与排序

	均值2015	排序2015	均值2016	排序2016
社会治安	66.49	1	70.57	1
住房	61.70	2	64.66	2
居住地环境	59.11	6	63.62	3
司法公正	58.77	7	62.32	4
居住地政府服务	58.22	8	62.19	5
享有的社会保障	59.39	5	61.98	6
社区公共服务	57.96	9	61.66	7
居住地教育	60.33	3	61.15	8
居住地交通	60.04	4	60.83	9
就业	55.48	11	59.64	10
居住地医疗服务	56.22	10	58.23	11
居住地食品安全	51.28	12	56.49	12

（二）国家持续实施就业优先战略，居民就业满意度显著改善

2016 年我国继续实施就业优先战略，对包括技能人才、科研人员等七大群体在内的重点群体实施激励计划，实施高校毕业生就业创业促进计划，着重做好化解钢铁、煤炭等过剩产能过程中困难职工的就业安置工作。电子商务等新兴行业加快发展，成为吸纳新增就业的重点领域。在多种措施的共同作用下，2016 年全国城镇新增就业 1314 万人，连续第五年超额完成全年就业目标。城乡居民对就业满意度显著改善。电话调查结果表明，居民关于就业满意度的得分为 59.64 分，比上年高 4.2 分，提升幅度在 12 个民生领域中排名第三。同时，在各民生领域中，就业评分的离散值最小（即有较少的人选择非常不满意，结果较为集中），说明该指标满意度分布较上一年更为集中。

（三）新《食品安全法》开始全面实施，居民食品安全满意度首次大幅提高

为更好地保障食品安全，2010 年以来，我国持续对食品安全工作进行重点部署，着力加强法制体系、政府监管体系、市场标准体系建设，不断完善全国食品安全网。2015 年 10 月 1 日，修订后的《食品安全法》开始实施，对保障食品安全工作做出了更严格的部署，进一步强化落实监管者和生产者主体责任，保持严惩重处违法犯罪高压态势，推动食品安全社会共治。2016 年底，我国已经建成国家食品安全追溯平台、食源性疾病主动监测网络，食品安全保障能力进一步提升。根据国家质检总局的报告，2016 年该局进行的食品及食品安全相关产品的抽检合格率超过 96%，维持在较高水平，全年食品安全领域无大事件发生。

随着政府工作力度的加强，城乡居民对食品安全的满意率[①]首次大幅提高。2016 年，全部受访者对食品安全的满意率从上年的 33.4% 上升到 40.3%，提高了 6.9 个百分点，在 12 个民生领域中提升幅度最大。其中，城镇受访居民的满意率从上年的 29% 上升到 37%，提高了 8 个百分点；农村受访居民的满意率从上年的 41% 上升到 46%，提高了 5 个百分点。不同收入水平、不同文化程度人群，2016 年对食品安全的满意率都呈提高态势，特别是高收入人群、高学历人群的满意率提高更快。

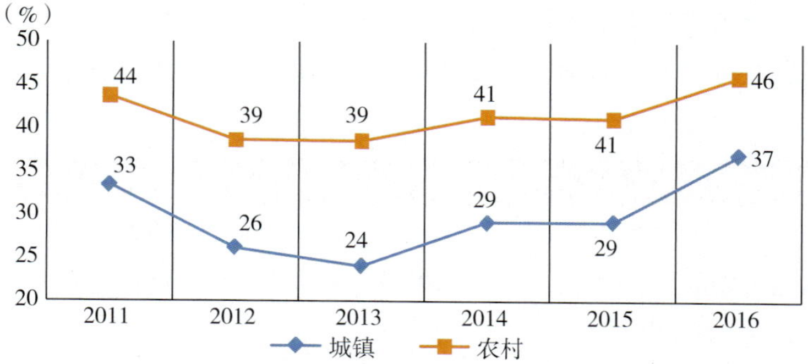

图1-1　城乡居民食品安全满意率变化情况（%）

（四）环境治理力度加大，城乡居民环境满意度持续提高

2016 年，我国继续贯彻落实中央关于加快生态文明建设的决策部署，国务院常务会议审议通过了《水污染防治法（草案）》，全国人大常委会通过《环境保护税法》（将于 2018 年 1 月 1 日起施行），制定多项配套政策落实《环境保护法》。同时，探索体制机制改革，开展京津冀大气污染联防联控。全面加强水污染、大气污染、交通污染、工业污染、农村面源污染治理，推动能源结构调整，推进垃圾资源化利用，生态环境治理继续取得成效。2016 年全国空气质量优良天数比例比 2015 年提高 2.1 个百分点，重污染天数比例下降 0.6 个百分点，清洁能源消费比重继续上升。这些成效也体现在城乡居民的主观感受和评价上面，电话调查结果表明，2016 年城乡居民对居住地环境满意度评分比上年提升了 4.5 分，提升幅度在 12 个民生领域中排名第二。

（五）放管服改革深入推进，政府服务满意度排名提高

2016 年，国务院持续推进简政放权、放管结合、优化服务，在简政放权的基础上，更加注重监管机制创新，不断优化政府服务，切实提升政府服务质量，提高政府效能。截至 2016 年，本届政府已取消或下放的行政审批事项共 618 项，其中，取消 491 项，下放 127 项。全国各地积极创新政府服务模式，如浙江提出加快推进“最多跑一次”改革，广东全面推行“一门一网”政府服务模式改革等。城乡居民对优化政府服务实际获得感不断提升，2016 年城乡居民对居住地政府服务满意度的评分比上年提高 3.9 分，政府服务满意度得分在 12 个民生领域中的排名由

① 满意率是指选择满意或比较满意样本之和占总样本的比重。

第 8 名上升为第 5 名。

（六）民生投入持续增长，各项公共服务满意度均有提高

2016 年，我国扎实推进民生事业建设，在政府收入增长放缓的情况下，继续增大民生领域投入，保障各项重点支出需要，不断改进公共服务。同时，深化教育、医疗、收入、养老领域的改革，持续推进公共服务均等化。2016 年，城乡居民对各项基本公共服务的满意度呈全面提升态势。其中，对社区公共服务满意度评分比上年提高 3.7 分，对住房、社会保障、医疗服务满意度评分比上年提高 2 分以上，对教育、交通的满意度评分也比 2015 年有所提高。

表1-3　2016年部分公共服务财政投入增长情况

国家财政按功能性质分类的支出	2015（亿元）	2016（亿元）	同比增长（%）
教育支出	26272	28056	6.8
社会保障和就业支出	19019	21548	13.3
医疗卫生与计划生育支出	11953	13154	10
住房保障支出	5797	6682	4.3

资料来源：财政部《2016 年财政收支情况》。

三、民生关切点和主要民生诉求

随着国民经济的企稳向好，城乡居民的民生关切点有所变化。电话调查和入户调查结果表明，民生关切主要集中在收入、医疗、环境污染、食品安全等领域，同时在就业、住房、医疗、教育等领域也有不同的诉求。

（一）家庭生活的主要关切点是收入和医疗，社会环境的主要关切点是环境污染和食品安全

随着经济增长的止跌企稳，受访者对收入和就业的不满意程度开始出现明显下降。在入户调查的总体样本中，选择对收入不满意的比例为 28.13%，较上年下降了 2.67 个百分点；选择对就业不满意的比例为 3.83%，较上年下降了 3.98 个百分点。但城乡居民对家庭生活最不满意的领域仍是收入和医疗，2016 年入户调查受访者对家庭生活最不满意的因素依次为收入水平、医疗、住房、子女教育、养老和就业，占总体样本的比例依次为 28.13%、14.09%、7.45%、6.28%、5.14% 和 3.83%，收入因素的选择比例明显较高。

城乡居民对社会环境最不满意的因素依次为环境污染、食品安全、交通出行、政府办事效率、社会治安、社区服务、文化生活（含体育）和司法公正等，占总体样本的比例依次为 31.59%、26.46%、17.53%、8.44%、5.96%、5.22%、3.03% 和 1.78%。

城乡居民对社会环境的关切点有一定差别。城镇受访者对社会环境最不满意的因素依然为

食品安全，城乡结合部和农村受访者对社会环境最不满意因素均为环境污染。在对“最不满意的社会环境因素”的选择中，有 34.17% 的城镇受访者选择了食品安全问题，明显高于城乡结合部受访者中的 23.83% 和农村受访者中的 16.29%；而在城乡结合部和农村受访者中，选择环境污染的占比最高，分别为 39.56% 和 30.48%。此外，26.9% 的农村受访者对社会环境最不满意的因素为交通出行，排在第二位。

表1-4　　城乡居民最不满意的社会环境因素比较

	城镇		城乡结合部		农村	
	频次	百分比（%）	频次	百分比（%）	频次	百分比（%）
社区服务	111	4.75	36	4.42	99	6.33
社会治安	142	6.07	57	7.00	82	5.24
交通出行	289	12.36	117	14.37	421	26.90
食品安全	799	34.17	194	23.83	255	16.29
环境污染	691	29.56	322	39.56	477	30.48
司法公正	47	2.01	9	1.11	28	1.79
政府办事效率	202	8.64	66	8.11	130	8.31
文化生活（含体育）	57	2.44	13	1.60	73	4.66
合计	2338	100.00	814	100.00	1565	100.00

（二）居民收入下降面呈继续扩大趋势，部分行业的收入下降较为明显

经济增速放缓导致更多居民面临收入下降的问题。入户调查显示，与2015年的调查结果相比，受访者认为收入下降的范围在继续扩大。其中，有28.3%的受访者认为2015年以来月均收入减少，比重比上年高 4.8 个百分点；有 32.9% 的受访者认为 2016 年家庭总收入较 2015 年有所下降，比重比 2015 年提高 12.1 个百分点。

从家庭收入层次来看，低收入家庭认为收入下降的比重明显更高。其中年收入在 1 万元以下的家庭，认为收入下降的占 35.8%；年收入在 1 万 ~ 2.99 万元的家庭，认为收入下降的占 35.8%，年收入在 3 万 ~ 4.99 万元的家庭，认为收入下降的占 32.6%。

从工作职位来看，一线岗位从业人员认为收入下降的比重较高。一线生产人员、临时聘用人员、务农和个体工商户认为收入下降的比重分别为 28.0%、24.8%、37.2%。另外，非正规就业人员认为收入下降的比重远高于签订劳动合同的职工。没有签订劳动合同的受访者认为收入下降的比重为 32.6%，比 2015 年调查结果高出 6.4 个百分点，比无固定期限劳动合同和有期限劳动合同的职工分别高出 18.4 和 22.4 个百分点。

分城乡来看，农村居民认为收入下降的比例明显更高。农村受访者认为家庭收入下降的比例达到 40.1%，比 2015 年调查结果高出 7.6 个百分点。城镇受访者认为家庭收入下降的比例为 26.4%，比 2015 年调查结果高出 5.8 个百分点。城乡结合部受访者认为家庭收入下降的比例达到

30.8%，比 2015 年调查结果高出 4.6 个百分点。

在经济结构调整过程中，一些传统行业面临着较大的转型升级压力，职工收入下降较为明显。如，采矿业受访者认为收入下降的比例达到 67.7%，比 2015 年调查结果高出 24.2 个百分点。农林牧渔业受访者认为收入下降的比例为 35.4%，比 2015 年调查结果高出 9.4 个百分点。建筑业受访者认为收入下降的比例也达到 38.1%。

（三）医保报销比例略有下降，医疗卫生仍然是居民感到负担最重的领域

入户调查显示，2016 年，城镇职工医保、城镇居民医保、新农合的实际报销比例分别为 51.6%、39.8% 和 35.2%，城镇职工医保和城镇居民医保实际报销比例比上年均略有下降。

表1-5　　住院患者医保报销实际比例（2013 ~ 2016年）

医保类型	频数	实际支付费用	各类医保报销	其他费用	实际报销比例（%）			
	2016	2016	2016	2016	2016	2015	2014	2013
城镇职工医保	427	11154	11886	1625	51.6	53.9	52.0	55
城镇居民医保	389	14934	9884	1897	39.8	48.2	44.0	46.5
大病医疗保险	13	9544	6480	1056	40.4			
新型农村合作医疗	1651	12474	6772	1406	35.2	34.6	35.8	39.4
合计					39.2	41.4	40.0	44

在回答医疗支出的来源时，2014 年和 2015 年，分别有 17.6% 和 15.9% 的家庭因为看病需要向外筹措资金，其中绝大多数筹资方式是向别人借款。2016 年这一比例又有所上升，有 18.7% 的居民家庭曾因医疗支出而向外筹措资金，其中 18% 是借钱，0.5% 是变卖家产。这一比例出现反弹的原因，一是医疗费用上升过快和居民收入增幅下降；二是大多数地方仍然实行的是患者先垫付医药费、再报销的方式，患者特别是农村患者在报销之前也没有能力支付押金和医药费。

在回答“在各种家庭开支中，您感觉压力最大的是”问题时，2013 ~ 2015 年分别有 17%、27.2%、24.3% 的受访者回答为“医疗”，均居第一位，2016 年选择“医疗”的比例达到 28.8%，超过以往三年，仍然居于第一位。2016 年，有 63.4% 的居民担心医疗费用没有保障，比上年上升了 4 个百分点。

（四）城乡居民对环境污染的关注持续提升，主要关切点为空气污染和生活垃圾

2016 年，城乡居民最不满意的环境污染问题为空气污染和生活垃圾。选择“空气质量不好”“生活垃圾处理不及时”为最不满意的环境污染问题的比重最高，分别为 13% 和 12.7%。另外，选择“噪声污染”为最不满意环境问题的受访者比重比上年明显提高。总体上，受访者对各类

突出环境问题的选择比重相对接近，这反映出当前我国各类生态环境问题集中爆发，生态环境形势更复杂。

城市受访者最不满意的环境污染问题为空气污染。认为“空气质量不好”是最不满意环境污染问题的城市受访者比重为17.8%，较上年降低6.3个百分点。选择“垃圾处理不及时”为最不满意环境污染问题的比重为15.1%，排第二位。此外，城市噪声污染问题更加凸显，选择“噪声污染严重”为最不满意环境污染问题的城市受访者比重为14.5%，较上年提高7.4个百分点。环境保护部发布的《中国环境噪声污染防治报告（2016）》显示，2015年全国各省（区、市）环保部门共收到35.4万件噪声污染投诉，占环境投诉总量的35.3%，也反映出噪声污染问题的严重性。

农村受访者最不满意的环境污染问题为生活垃圾。10.9%的农村受访者认为“生活垃圾处理不及时”是最不满意的环境污染问题。除了生活垃圾，农村受访者反映的其他环境问题还包括“周边河流湖泊水体污染”、“生活用水质量不高”、“空气质量不好”，这三项问题的反映比重较接近（9.5%左右）。这说明，农村各类生态环境问题也在集中爆发，做好农村生态环境保护工作更需统筹兼顾。

（五）仍有半数以上居民对食品安全不满意，食品安全工作需要继续改进

尽管食品安全满意度在2016年出现较大上升，但从绝对水平来看，农村受访居民的食品安全满意率仅为46%，城镇受访居民仅为37%，说明仍有半数以上居民对食品安全不满意。

调查还发现，公众对地方政府食品安全工作效能的评价总体也不高。其中，农村地区公众对当地政府食品安全工作效能的正面评价为50.21%，城镇地区为33.23%。但不同层级城市的公众评价有较大差异：省会城市及地级市公众对当地政府食品安全工作效能的正面评价分别为26.11%、37.73%，县域对当地政府食品安全工作效能的正面评价为55.92%。

对于保障家庭食品安全的具体措施，有35.1%的受访者选择自己生产，有22.7%的受访者选择到正规超市购买食品。另外，受访者对食品的质量认证、品牌等较为看重。

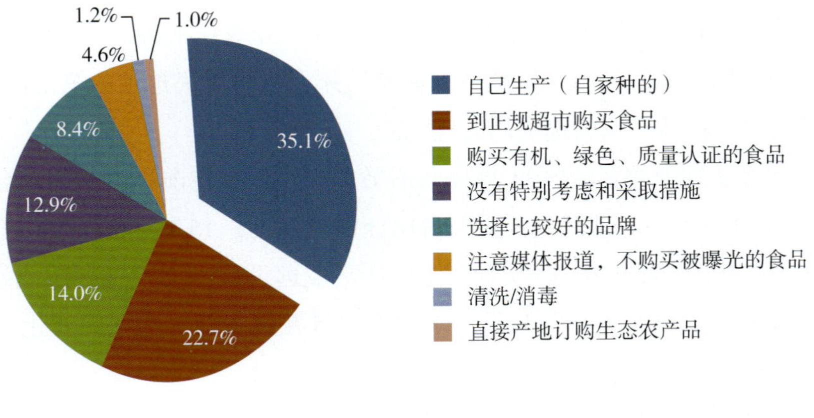

图1-2　受访者保障家庭食品安全的措施

（六）城乡居民住房关切点主要为面积小、设施落后、房价太高三个方面，新市民的住房支出压力较大

在对住房不满意的受访家庭中，具体选项排在前三位的分别是：住房面积太小（26.8%）、建筑年代久远和小区设施落后（18.7%）、房价太高而无法改善住房条件（16.2%）。但城乡居民的选择有一定差异，农村地区选项排在前三位的分别是住房面积太小（27.5%）、建筑年代久远和小区设施落后（22.0%）、水电燃气等设施不全（16.2%），城市地区选项排在前三位的分别是住房面积太小（26.2%）、房价太高而无法改善住房条件（18.9%）、小区环境和物业差（17.9%）。

本地市民和新市民对住房的关切点各有侧重。在对住房不满意的本地市民中，选项排在前三位的关切点是住房面积太小（28.4%）、小区环境和物业差（18.9%）、建筑年代久远和小区设施落后（17.5%）。从这些关切点来看，本地市民除了重视最基本的住房面积因素以外，对城市公共设施和人居环境都提出了更高要求。在对住房不满意的新市民中，选项排在前三位的关切点是住房面积太小（25.8%）、建筑年代久远和小区设施落后（19.3%）、房价太高而无法改善住房条件（15.4%）。进一步对新市民进行结构分析发现，省内非农业户口新市民、省内农业户口新市民、外省非农业户口新市民对房价最为关注，这三类群体选择房价太高而无法改善住房条件的比例分别为24.0%、25.2%、30.6%。

新市民群体认为住房支出压力最大的比例为25.2%，较本地市民高出8.2个百分点。在新市民群体中，省内农业户口新市民选择住房支出压力最大的比例最高，达到45.0%，说明该类群体中接近一半的人都感到住房支出大。而外省农业户口新市民选择住房支出压力最大的比例最低，为19.7%。二者对比表明省内农业户口新市民在城市“落地生根”的愿望更迫切，对购买住房、提高住房质量的诉求更为急迫，也愿意承担更高的住房支出成本，但家庭支付能力仍很薄弱。

（七）教育各学段的民众关切点有所差异，义务教育阶段失学辍学问题需要引起关注

在学前教育阶段的1322份有效问卷[①]中，排在前三位的关切点依次为“入园贵”、“入园难”和“教育质量差”，占比分别为42.2%、15.6%和11.9%。分城乡来看，城市排在前三位的选项与上年无变化，而“幼儿园距离远”取代“入园难”排在农村居民选项的第二位。分户籍来看，本地人口和流动人口排在前三位的选项均无变化。

在义务教育和普通高中教育阶段的2874份有效问卷中，排在前三位的关切点依次为“教育质量差”、“不得不上补习班”和“课业负担重”，占比分别为19.8%、15.4%和13.7%。分城乡来看，“教育质量差”排在城市居民选项的第三位，而“上学距离较远，就学不便”取代“不得不上补习班”排在农村居民选项的第二位。分户籍来看，本地人口排在前三位的选项无变化，而“外地孩子上学难”取代“教育质量差”排在流动人口选项的第一位。

① 即该学段有孩子在上学（含幼儿园）的家庭数，以下含义相同。

在职业教育阶段的249份有效问卷中，排在前三位的关切点依次为“就业质量不高”、“缺少实训，实践能力培养不足”和“学校风气不好”，占比分别为34.3%、20.1%和14.2%。无论是分城乡还是分户籍来看，排在前三位的选项均无变化。

在高等教育阶段的488份有效问卷中，排在前三位的关切点依次为“高校毕业生就业难”、“学费贵”和“教学内容和方法落后，能力培养不够”，占比分别为52%、30.2%和10.3%。无论是分城乡还是分户籍来看，排在前三位的选项均无变化。

从入户问卷对家庭成员“受教育状况”的调查结果来看，义务教育阶段失学辍学问题仍然存在。其中，小学辍学率[①]为5.84%，初中辍学率为2.23%。分城乡来看，乡村的小学辍学率为6.34%、初中辍学率为2.54%，城市分别为4.85%和1.63%，乡村的失学辍学问题较城市更为突出。从实地调研来看，学习困难（厌学）、家庭经济困难和路途较远是学生辍学的主要原因。

（八）灵活就业人员比重增加，社会保障覆盖面低的问题比较突出

随着产业结构调整的深入推进，创新创业活跃，智能制造和互联网大数据等新技术、新业态的加快发展，灵活就业人员的比重有所提高。根据电话调查结果，2016年城镇就业人员中自由职业者的占比为6.2%，比上年增加了2.6个百分点，非固定单位的临时务工人员占比为12.1%，比上年提高了1个百分点，这两种类型的就业可看作是典型的灵活就业。

调查结果还反映出就业稳定性有所降低。在非农就业人员中，没有签订劳动合同的比重从上年的35.1%提高到2016年的37.3%，增加了2.2个百分点。在我国目前的劳动力市场上，劳动合同仍是保护劳动者权益的重要指标，超过1/3的劳动者没有签订劳动合同，说明就业岗位的不稳定性较大。

灵活就业人员的社会保障覆盖面较低。在入户调查样本中，灵活就业人员参加城镇职工养老保险的比例为18.6%，比全部样本低20个百分点；反映自己未参加任何养老保险的比例是34.2%，比全部样本高13.1个百分点。

（九）半数以上居民对未来养老的经济来源存在担心，老年人的生活照料体系还很不完善

尽管养老保险已基本实现了全覆盖，并且老年人的劳动参与率较高，但老年人的收入状况并不乐观。年收入在3万元以下的家庭，在60～69岁、70～79岁以及80岁及以上受访者中所占比例，分别为41.0%、55.7%和44.8%，远高于低年龄组。特别是本地农业户口老年人中，家庭低收入的比例偏高。在这一群体中，家庭年收入在3万元以下和1万元以下的比例，各为53.3%和30.7%，分别比本地非农户口老年人高出30.3和24.6个百分点。与此相对应，老年人

① 本报告以7～12岁为小学学龄段，小学辍学率=小学学龄段选择“没上过学”和“小学辍学或肄业”人数之和/小学学龄段总人数；以13～15岁为初中学龄段，初中辍学率=初中学龄段选择“没上过学”和“初中辍学或肄业”人数之和/初中学龄段总人数。

对养老经济来源表示“有些担心”或“很担心”的比例，占到了 58.6%。

在 60 岁以下且未退休的受访者中，对未来养老经济来源存在担心的比例为 62.4%。从不同参保人群性质看，新型农村社会养老保险人群的担心比例最高，为 70.2%，其他依次为：城镇居民养老保险（67.5%），城镇职工基本养老保险（60.8%），机关事业单位养老保险（44.7%）。养老金制度的不同，对居民的养老保障安全感有着重要的影响。

调查还发现，老年人的生活照料体系很不完善。对已进入老年阶段的受访者调查结果表明，生活照料主要由配偶互相照顾（53.8%）和自行照顾（35.2%），子女进行生活照料的比例仅为 10.4%。这一结果显示，老年人生活照料中，不仅子女的作用明显不及预期，利用机构等其他方式提供照料的比例也是微乎其微。另外，老年人中相当一部分处于独居状态，60 ~ 69 岁、70 ~ 79 岁和 80 岁及以上老年人中的独居比例分别为 5.1%、7.6% 和 13.8%，部分独居老年人生活质量低下，一些极端事件也时有发生。这表明，多元化养老照料体系的建设任重而道远。

（十）政府办事程序及效率有一定改善，但与群众真实需求仍有一定差距

2016 年入户调查中，有 43.2% 的受访者到居住地政府部门（包括政务服务中心、街道办、村委会等）办过事，比上年增加 10 个百分点以上，他们对政府改进服务、提高办事效率的感受相比其他受访者更加直接，也更能真实反映群众诉求。在所有到政府部门办过事的受访者中，有 54% 的受访者表示对办事过程很满意，与上年相比下降了 3 个百分点，这说明政府办事程序简化程度及效率虽有提升，但与群众日常生活密切相关的“最后一公里”仍有梗阻。

在受访者最不满意的因素中，排前两位的分别是“程序复杂和不公开”、“相互推诿、效率低”，分别占 15.9% 和 10.5%，与上年排序基本一致。群众办事多次跑路、办证要件不清、来回折腾盖章等问题仍然存在。

四、省域民生发展及空间特征

从民生指数的测算结果来看，过去 5 年各地区民生状况都得到了不同程度的改善，但不同民生领域和不同区域的改善程度存在一定的差异。从不同民生领域来看，居民生活和公共服务的改善程度要明显高于公共安全和生活环境。从不同区域来看，经济发展落后地区居民生活和公共服务的改善程度大于经济发达地区；在公共安全方面，北方地区多数省份比南方地区改善更加明显；在生活环境方面，西北地区多数省份的改善程度较其他地区更加显著。

表1-6　各省份民生指数测度结果（2016年）

	居民生活	公共服务	公共安全	生活环境
北京	0.688	0.762	0.817	0.605
天津	0.651	0.439	0.751	0.386
河北	0.478	0.252	0.900	0.460

续表

	居民生活	公共服务	公共安全	生活环境
山西	0.421	0.220	0.865	0.441
内蒙古	0.489	0.267	0.921	0.639
辽宁	0.604	0.330	0.909	0.560
吉林	0.433	0.245	0.885	0.511
黑龙江	0.529	0.258	0.889	0.447
上海	0.698	0.534	0.790	0.417
江苏	0.525	0.438	0.853	0.486
浙江	0.593	0.396	0.639	0.731
安徽	0.397	0.257	0.867	0.448
福建	0.428	0.241	0.709	0.926
江西	0.431	0.243	0.883	0.792
山东	0.550	0.266	0.900	0.360
河南	0.485	0.178	0.887	0.432
湖北	0.429	0.299	0.878	0.627
湖南	0.451	0.254	0.861	0.692
广东	0.499	0.357	0.791	0.739
广西	0.351	0.216	0.848	0.882
海南	0.333	0.291	0.763	0.866
重庆	0.382	0.283	0.794	0.736
四川	0.405	0.231	0.870	0.731
贵州	0.321	0.279	0.790	0.720
云南	0.284	0.165	0.757	0.717
西藏	0.217	0.428	0.617	0.633
陕西	0.320	0.321	0.724	0.491
甘肃	0.217	0.300	0.867	0.447
青海	0.352	0.333	0.782	0.339
宁夏	0.434	0.300	0.753	0.640
新疆	0.439	0.368	0.687	0.512

（一）居民生活指数依然呈现由东向西依次降低的特征

从居民生活指数来看，东部地区多数省份表现得更好，中部地区次之，而西部地区相对较差。东部地区之所以优于其他地区，主要是因为其更高的收入水平、更高质量的就业和相对较小的城乡差距。从动态变化的角度来看，居民生活指数的空间格局整体没有发生大的变化，依然呈现出东部、中部和西部依次递减的态势。但也需要看到，西部地区部分省份的居民生活指数改善较为明显，其中内蒙古、宁夏、新疆和贵州等省份居民生活指数提升最快。

分项来看，居民生活状况明显改善，所有区域绝大多数指标在过去5年有所改善。居民的收入和消费水平变化最为明显，所有省份过去5年收入和消费都实现较快增长，其中西部省份增长得更快，超过一半的西部省份收入增长速度超过10%。绝大多数地区城乡居民收入差距进一步缩小，西部省份差距缩小的幅度更大，如广西城乡居民的收入差距由2010年的3.76倍缩小至2015年的2.79倍。从购房的角度来看，绝大多数省份过去5年生活压力有所缓解，31个省份中只有江西和云南的收入房价比稍有下降，其他省份的收入房价比都出现了一定幅度的提升。但受经济转型的影响，就业质量的改善状况不佳，主要表现为私营和个体就业比重大幅上升，仅2015年一年就提升了4个百分点，而这些就业人员中部分人员没有相应的社会保障。

部分地区生活压力加大。受房价上涨的影响，部分地区的收入房价比开始下降，生活压力呈现加大趋势。2015年31个省份中有9个省份的收入房价比较2014年出现了下滑，其中上海和北京最为突出，两地2015年房价上涨的幅度都超过10%，导致两地的收入房价比分别下降17.2%和9.6%。更为值得注意的是，2016年各地房价上涨势头更猛。考虑各地居民收入增长的幅度多数呈现下滑态势，2016年更多地区的收入房价比将有所下降，居民生活压力进一步加大。

（二）区域公共服务发展状况呈现出“哑铃状”特征

各地区公共服务发展状况呈现出“两头强、中间弱”的哑铃状特征，即东部沿海省份和西部沿边省份公共服务指数表现更佳，如北京、长三角、珠三角和西部的西藏和新疆等；而较多中部省份的公共服务状况相对较差，如河南、山西和西部的云南、广西等。从动态变化的角度来看，大多数省份的绝大多数公共服务指标都得到了明显改善；就区域而言，宁夏和广东的公共服务改善情况较其他地区更加突出，特别是在社会保障方面进步更快。

公共服务方面更为重要的进展是区域之间公共服务均等化水平显著提升。在公共服务的12个具体指标中，有2/3指标的区域差距有所缩小，如每万人拥有执业（助理）医师数的区域加权变异系数由2010年的0.321下降至2015年的0.154。从公共服务涉及的五个方面来看，除了交通服务外，教育、卫生、社会保障和社会服务方面绝大多数指标的区域差距在缩小，特别是教育和社会保障指标的区域差距都在缩小。其中，教育区域均等化水平提升表现最为突出，无论是从教育投入（义务教育阶段生均教育财政支出），还是从教育产出（平均受教育年限）来看，区域之间教育公共服务的差距都在缩小。从各地区生均教育财政支出的增长和人均GDP水平增长趋势可以看出，除少数地区外，越落后的地区其生均教育财政支出增长越快。

区域内不同行政层级城市之间的差距值得关注。以城市公共预算教育支出和执业医师人数数据为例，省会城市的人均公共预算教育支出要明显高于其他地级城市。省会城市每万人公共预算教育支出平均水平达到1775元，而其他地级城市平均只有1460元，前者比后者高20%以上。两类城市的每万人执业（助理）医师人数的差距更大，省会城市达到33人，而其他地级城市只有 21 人，前者比后者高近 60%。这种差距还表现在城市内部市辖区和其他地区（包括县、县级市等），如省会城市市辖区每万人执业（助理）医师人数达 40 人，而非市辖区地区只有 18 人，两者相差一倍以上。其他地级城市的这种差距也基本相当。

（三）公共安全状况整体呈现出“北方优于南方、中部好于东西两侧”的空间特征

公共安全的空间特征与居民生活和公共服务存在较大差异：东北、环渤海地区多数省份的公共安全表现要强于其他省份，东西两侧沿海和沿边多数省份的公共安全表现较差。从动态变化的角度来看，过去 5 年公共安全状况的空间表现发生了非常大的变化，有两类地区的公共安全状况得到明显改善：一是内蒙古和东北地区，如内蒙古过去 5 年在突发环境事件、重特大生产事故以及传染病等公共安全方面都得到了较大改善。二是北京和上海，这两个直辖市由于人口集聚度高，公共安全的风险相对较高，但在过去 5 年大多数指标得到较大改善。

从空间动态变化的角度来看，公共安全领域需要重点关注沿海相对发达地区。除了三个直辖市外，不少东部发达省份在公共安全方面的许多指标在过去 5 年没有得到改善，甚至出现一定程度的恶化，主要表现为事故灾难和社会安全方面。从事故灾难来看，北京、上海和天津以外的东部省份 2015 年突发环境事件次数是 2010 年的两倍；从社会安全角度来看，2015 年东部 10 个省份中有 8 个省份的万人罪犯人数较 2010 年有所增加。究其原因，环境事件的爆发很多与生产的污染排放和生产安全事故有关，这折射出东部沿海地区产业发展转型的压力仍然较大；社会安全风险过高则大多与流动人口和人口聚集度较高存在一定关系，而这些东部沿海省份多数属于流动人口较多与人口密集度极高的地区，加强对流动人口的服务和管理、提高社会的融合度将成为东部沿海省份降低社会安全风险的重要任务。

（四）生活环境状况整体呈现出“南方优于北方、高低纬度优于中间纬度”的空间特征

生活环境的空间特征与公共安全基本相反：南方尤其是东南沿海省份的表现要强于北方省份，高纬度和低纬度的省份要强于处于中间纬度的省份，黄河流域大多数省份的生活环境表现较差。从动态变化的角度来看，相对于其他地区而言，过去 5 年西北和西南部分省份的生活环境改善较为明显。

城市化过程中城市环境未同步改善的问题值得关注。2011 年中国城市化率首次超过 50%，居住在城市的人口开始超过农村，意味着中国正在由农村为主的社会向以城市为主的社会转变，城市环境的重要性日趋凸显。从民生指数测度结果来看，部分区域在城市化较快推进过程中，城市环境未得到较好的同步改善。这主要体现在以下几个方面：一是部分地区城市建成区绿化覆盖率没有提升反而下降了。这主要是由于城市化快速推进过程更多注重的是土地扩张，而相对忽略城市绿化设施建设。统计数据显示，2015 年与 2010 年相比，有接近 1/4 的省份城市建成区

绿化覆盖率下降。二是部分城市垃圾无害化处理率下降了。随着城市人口的快速增长，城市垃圾越来越成为影响城市环境的重要因素。但统计数据显示，2015 年与 2010 年相比，有接近 1/6 的省份城市垃圾无害化处理率却下降了。

五、积极回应民生关切，进一步做好民生工作

面对经济企稳时期的民生关切和民生诉求，要坚持实施就业优先战略，夯实民生之本；多措并举促进居民增收，壮大民生之源；加强社会保障体系建设，巩固民生之基。

（一）坚持发展实体经济，促进就业增长和居民增收

着力促进实体经济稳定发展。从近年的经验看，只要经济稳定在中高速增长，不出现大的滑落，就业就可以保持基本稳定。所以要坚持稳增长的政策取向，深化供给侧结构性改革，促进实体经济发展，增强经济持续增长的动力，为居民就业和收入的持续增长奠定坚实基础。

进一步促进创新创业，以创业带动就业。中小微企业是吸纳就业的主力军，新创企业是新增就业的关键。要着力降低企业成本，提高市场竞争力和就业带动力。营造有利于创新创业的良好环境，完善孵化器和促进农民工返乡创新创业等政策，增加对初创企业的支持，让创新创业潜力得到充分释放。

强化弱势群体的就业促进工作。坚持分类施策，对就业困难人员制定差别化的就业促进政策，建立健全援助帮扶激励制度。在重点区域、重点行业积极实施以工代赈等措施，实现稳就业与保收入的结合。加强基层就业服务体系建设，为弱势群体提供就业培训、就业信息发布、就业指导等全过程服务。

多渠道提升农民收入水平。加快农业结构调整，推进一、二、三产业的融合，探索农业新业态，全面提升农业效率和效益。通过培育农民合作社、专业大户、探索推进土地经营权入股农业产业化经营等方式，促进农业生产经营方式创新，提高农业规模效益和产业链效益。按照农村土地所有权承包权经营权分置的要求，加快推进农村土地流转，让农民分享土地财产性收益。

（二）深化教育体制改革，着力解决公众关切问题

学前教育方面，充分考虑人口政策调整和城镇化进程的需要，加快新建、改扩建一批公办园，扶持普惠性民办园发展。加快建立健全包括生均拨款、收费、资助一体化等在内的投入与成本分担机制。

义务教育和普通高中教育方面，规范各类社会补习机构和教辅市场，正确引导校外教育需求，切实减轻学生课业负担。合理规划与调整农村学校布局，完善公共交通服务体系，切实保障低龄儿童就近入学。积极推动已出台的“两为主”、“两纳入”和“两统一”等政策落地见效，保障进城务工人员子女平等接受义务教育以及在当地参加升学考试。

有效解决义务教育阶段失学辍学等问题。进一步落实好已有的教育扶贫政策，健全完善家庭经济困难学生资助体系，确保其不因家庭贫困而失学辍学。持续提升农村义务教育质量和水平，促进农村初中普职教育融合以提供多种成才渠道。充分利用中小学生学籍信息管理系统等平台，建立健全义务教育阶段学生失学辍学动态监测、日常管理和督促复学等制度。

（三）加大政策落实力度，改善公众环境质量获得感

结合公众主观感受，提高生态环境保护工作的针对性。一方面，继续加快生活垃圾处理设施建设，提高城镇生活垃圾无害化处理率。深入开展农村环境综合整治，提高农村废弃物资源化利用水平，打好农业面源污染治理攻坚战。另一方面，针对空气质量、水环境质量等公众主观感受的短板，深入推进大气、水污染防治行动计划。开展大气污染来源和组分分析，促进科学化和精准化治污。

健全政策实施的推进机制，确保政策有效落地。对于跨部门、跨地区的环境问题，在明确各地区、各部门职责范围的基础上，完善部门联动和上下游联动机制，增强环境保护的合力。推进落实党政同责和一岗双责制度，促进地方各级党委和政府对辖区内环境质量责任的落实。落实生态文明建设目标评价考核制度，建立健全常态化的公众生态环境质量主观感受调查制度。

增加生态环境保护投入，加强环保能力建设。在监管队伍能力建设方面，优先解决地方环保部门缺人、缺车、缺编制等问题。在数据支撑体系方面，深入推进生态环境监测体制改革，加快生态环境监测网络建设，提高生态环境监测数据质量。在科学研究方面，尽快建设一支由环境保护专家、学者、城市环境管理工作者组成的学术队伍，有重点地开展环境管理科学研究工作，力求从理论和技术层面推动绿色发展取得新突破。

（四）补齐客观短板和加强主观引导并重，进一步提高公众食品安全获得感

补齐客观短板方面，一要抓好源头治理。加强产地土壤和水环境治理，引导农民科学使用化肥、农兽药和添加剂。补齐和加强食品生产流通过程的国家标准，全面覆盖网络渠道。二要推动上下同步的“三监合一”改革。尽快建立统一的食品安全监管体制，加强全方位、全过程、下基层的监管，建立健全跨区域和网售食品监管机制，以监管推动食品产业转型升级。当前，尤其要加强基层食药监专业执法队伍建设，允许各地增加基层食品监管人员的数量并采用灵活的聘用机制，促进食品安全监管的人力资源下沉到乡镇层面。三要关注重点人群。着力改善城镇低收入群体、农村居民的食品消费环境，用多种优惠措施加强超市、商场等有安全保障的食品购买和消费渠道建设。加强对学校周边食品摊位的整治力度。

加强主观引导方面，一要建立统一、权威的风险交流和信息发布平台。整合农业、卫生、质检、食药监等部门信息资源，在加强食品安全信息发布管理的同时，丰富信息公开内容，形成“公开为常态、不公开为例外”的新常态，增强食品安全信息的可获得性。二要完善食品安全问题应急响应机制。主动回应并迅速处理即将形成社会恐慌的苗头性、趋势性问题，建立谣言案例库，

提高处理效率。三要完善公众参与食品安全风险交流的机制建设。加大政府、专家和消费者等不同层面的风险交流，引导公众形成科学、合理的风险感知。

（五）深化医疗卫生体制改革，激发供给侧活力

尽快制定全国通用的基本医疗卫生服务内容。基本医疗卫生服务应覆盖影响人民健康的主要病种，目录范围可以随着经济发展不断扩大。凡是纳入目录的服务，政府必须确保人人能够公平享受，并设定个人负担的上限。对于贫困人口、贫困地区、农村、老年人、长期慢性病人等特殊群体，可以首先扩大基本医疗卫生服务和基本药物的保障范围。

进一步落实“保基本、强基层、建机制”的政策措施。在公立医院改革取得一定成效的基础上，以医联体为主要抓手，同步推进公立医院改革和二次基层医改，大幅增加对基层的投入，实行更灵活的人事和分配制度，形成分级诊疗格局。

采取切实措施稳定公立医院医生队伍。首先要切实解决医生阳光薪酬的问题，让医务人员看到希望和信心，卸下包袱，轻装上阵。可以首先从妇产科、儿科、基层等最薄弱的环节开始落实这一政策。其次要以实际服务人口为依据，合理核定基层医疗结构的编制，给基层医务人员稳定的保障。

（六）加强社会保障体系建设，提升城乡居民养老、住房的满意度

提高社会保险和社会救助对灵活就业人员的覆盖面。允许灵活就业人员工根据经济条件和流动状况，灵活选择险种和缴费水平，真正享受到社会保障的安全网作用。将针对城镇就业困难群体的社会保险补贴制度扩展到包括常住灵活就业人员在内的全体从业人员，降低灵活就业人员社会保险缴费负担。为灵活就业人员建立临时性、应急性的社会救济，将符合条件的灵活就业人员纳入城市最低生活保障范围。

切实提升居民养老保障水平。通过提升社会保险水平、鼓励继续就业、增加财产性收入、完善低保制度等方式，提高老年人的收入水平。完善医保制度，探索对老年人实施个人自付最高限额，并强化医疗救助，切实降低老年人的疾病和医疗费用负担。加快以“居家为基础、社区为依托、机构为补充”的养老服务体系，强化公立养老机构对特殊困难老年群体的托底作用。

积极解决新市民群体的住房保障问题。鼓励各地政府因城施策、因地制宜、因人而异地制定住房公共政策，发展租售并举的多层次住房保障供给方式，将新市民群体纳入城镇住房保障体系。建立健全政策性住房金融体系，为低收入群体、新市民群体提供长期、稳定、低息的政策性信贷支持，提升其住房租、购能力。

（七）以群众需求为导向，深化放管服改革

进一步简化优化公共服务流程。深入研究与群众生活密切相关的全生命周期管理服务，全面梳理劳动就业、社会保障、医疗卫生、住房保障、民政救助、年审年检等领域的服务事项，

进一步减少无谓证明和烦琐手续。依托电子政务平台，逐步实现证件数据、相关证明信息等跨部门、跨区域、跨行业互认共享，切实做到“证件联用、信息联通、服务联动”。

深入推进“互联网+政务服务”。一方面，加快推进政务服务事项网上办理，公共决策网上互动，畅通公众互联网沟通渠道，切实提高便民服务的质量和效率。另一方面，加快构建统一的“一站式”政务服务平台，积极推广一站式办公、一条龙服务、预约服务等多种创新机制，逐步实现实体政务大厅与网上服务平台融合发展，并加快将网上政务服务向基层延伸。

建立健全“群众点菜”机制。建立健全“三张清单”制度，增强政府权力运行的透明度，减少部门之间相互推诿、扯皮和“懒政”现象。进一步明晰部门权责，划清内部职能边界，打破由部门利益带来的“中梗阻”。探索建立以群众满意度为导向的政府绩效评价机制，提升各级政府官员的服务和责任意识。

（执笔：张军扩　叶兴庆　葛延风　金三林　朱贤强）

第二章
民生满意度 2017 分析报告

为了解居民对政府各项民生满意度和未来民生工作中需要重点推进的领域，自 2011 年开始，“中国民生调查”课题组每年围绕居民生活满意度以及对政府各领域主要民生工作的主观评价，进行全国性电话问卷调查。本章报告是基于 2016 年电话调查数据分析而形成的。报告由八个部分组成：①调查的基本情况；②居民生活满意度分析；③各领域民生满意度总体状况；④收入分配与民生满意度的分析；⑤对目前生活状况不满意群体的分析；⑥对生活改善情况不满意的人群分析；⑦对未来生活缺乏信心群体的分析；⑧结论及政策建议。

一、调查基本情况

2016 年全国民生问题满意度电话调查，由国务院发展研究中心“中国民生调查”课题组设计并组织实施，委托国家统计局社情民意调查中心具体负责电话访问工作。

在内容上，调查涵盖了受访者的基本特征、生活状况满意度、其对 12 项民生工作的现状和改善情况的评价等多个问题。其中，生活状况满意度的测量，涉及三项指标：对当前总体生活的评价、对近一年中生活改善情况的评价以及对未来信心的评价；12 项民生工作包括：交通状况、社会治安、住房状况、食品安全、居住地政府服务、义务教育、医疗卫生服务、生态环境、社会保障、公共服务、就业质量、司法公正。

在抽样中，调查采用计算机辅助电话调查（CATI）方式，范围覆盖全国 31 个省（自治区、直辖市），调查对象为 18 ~ 74 周岁的城乡居民。

调查实际完成有效样本 51092 个，按联系方式分，固定电话占 78.5%，移动电话占 21.5%，较去年的 16.5% 有所提升；按城乡分，城镇占 63.9%，农村占 36.1%；按性别分，男性占 56.1%，女性占 43.9%；按受教育程度分，不识字或识字很少的占 1.4%，小学占 7.4%，初中占 22.8%，高中（中专 / 技校）占 24.5%，大学专科（高职）占 20.3%，大学本科占 21.7%，研究生及以上占 1.9%；按年龄分，35 岁以下的占 36.5%，35 ~ 54 岁占 46.2%，55 岁及以上占 17.3%；从户口状况看，非农业户口（城镇户口）占 48.0%，农业户口占 41.0%，居民户口占 11.0%；从婚姻状况来看，未婚占 16.4%，已婚占 79.7%，离异独身占 2.5%，丧偶独身占 1.3%；从收入来看，家庭年收入 5 万元以下的占 44.4%，5 万 ~ 15 万元的占 37.2%，15 万元以上的占 10.0%；不清楚或不回答的占 8.3%。

二、居民生活满意度分析

（一）居民对当前生活的满意度

调查显示，相比 2015 年，2016 年居民对当前生活状况的满意度有小幅度上升，但是评价的两极分化更为严重（见图 2-1）。表示“非常满意”和“比较满意”的被访者从 2015 年的 47.8% 上升到 49.5%。表示“非常不满意”和“比较不满意”的被访者（下称“不满人群”）的比例从 2015 的 10.3% 上升到 11%。这说明 2016 年我国居民生活满意度较上一年度有所上升，但有两极分化加重的趋势。此外，对比 2014 ~ 2016 年的数据可以看出，表示“比较满意”和“非常满意”的比例在三年中先降后升，表示“非常不满意”和“比较不满意”的比例在三年中小幅上升。而 2011 ~ 2013 年的相关比例则变化较大，这说明相比而言，近年来我国居民对当前生活满意度的评价趋于稳定。

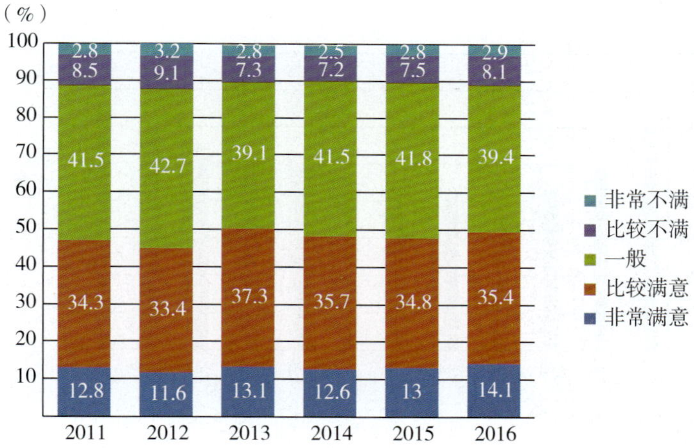

图2-1 2011 ~ 2016年居民对当前生活状况的满意度（%）

从分人群的情况看，城乡居民的满意度都有所上升，城乡差距有所收窄。根据图 2-2，2016 年城镇居民中 50.1% 的人对当前生活比较满意或非常满意，略高于农村的 48.6%，其中，农村居民中非常满意的比例略高于城镇居民，而比较满意的比例低于城镇居民。无论城乡，满意人群占比都比 2015 年的水平有所提高，其中非常满意的被访者所占比例，城镇上升了 1.2 个百分点，农村上升了 1 个百分点。城乡间满意人群比例的差距从 2015 年的 2.5 个百分点下降到 2016 年的 1.4 个百分点，城乡居民对生活满意度的差异在缩小。

从分年龄的情况看，满意度整体呈现两头高中间低的特点。根据图 2-3，18 ~ 19 岁、20 ~ 24 岁、65 ~ 69 岁以及 70 ~ 74 岁四个年龄组满意人群占比分别达到 59.6%、51.3%、60.1% 和 68%。而中年组的满意度相对较低，30 ~ 34 岁、35 ~ 39 岁和 40 ~ 44 岁组的满意人群占比分别为 44.4%、45.8% 和 45.2%。与 2015 年相比，除了 18 ~ 19 岁和 65 ~ 69 岁两个年龄段满意人群占比下降了 0.85 和 1 个百分点外，其余各个年龄阶段的满意度都有明显上升。满意度较低的中年组，上升幅度最大，30 ~ 34 岁、35 ~ 39 岁和 40 ~ 44 岁组的满意人群占比分别上升 3.9、3.9 和 3.3 个百分点。

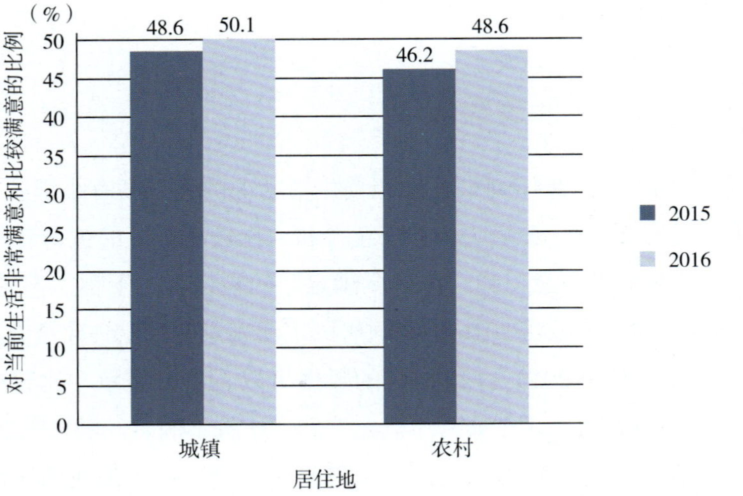

图2-2　城乡居民对当前生活非常满意及比较满意的比例（%）

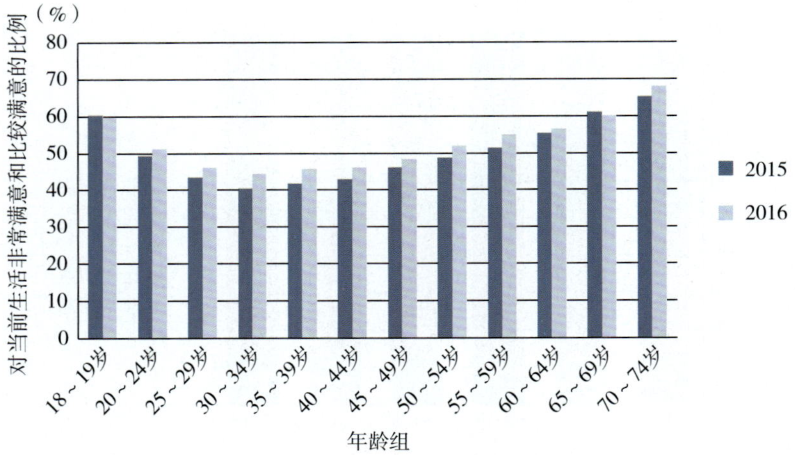

图2-3　不同年龄组居民对当前生活非常满意及比较满意的比例（%）

（二）民众对上一年度改善情况的满意度

对过去一年的生活改善情况中，居民表示有所改善的比例在下降，而表示有所恶化的比例在增加。根据图 2-4，在生活改善情况方面，表示“有明显改善”或“有所改善”的比例，从 2015 年的 48.8% 下降到 45.6%。而表示“比从前差一些”或“明显不如从前”的比例，从 2014 年的 15.3% 上升到 17.0%。同时，表示没有变化的比例，延续了持续增加的势头，从 2015 年的 36% 增加到 2016 年的 37.2%。比较自 2011 年后的变化可以得知，近年来，居民对过去一年生活改善的满意度一直呈现下降趋势，这需要引起重视。

从分人群的情况看，农村有改善人群的占比仍高于城镇，但相较于 2015 年有明显下降，降幅高于城镇。根据图 2-5，2016 年城镇居民中 45% 的人认为过去一年有改善，比上年下降了 1.3%；而农村的这一比例为 46.5%，比上年下降了 6.7%。

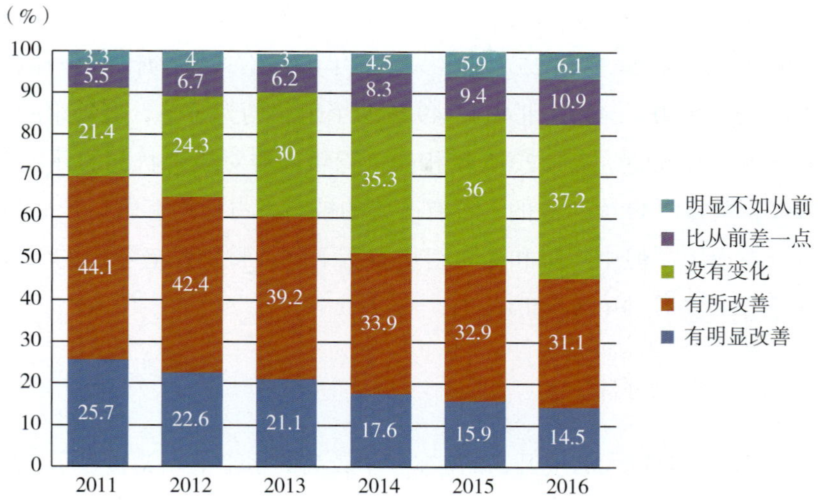

图2-4　2011～2016年居民对上年生活改善情况满意度（%）

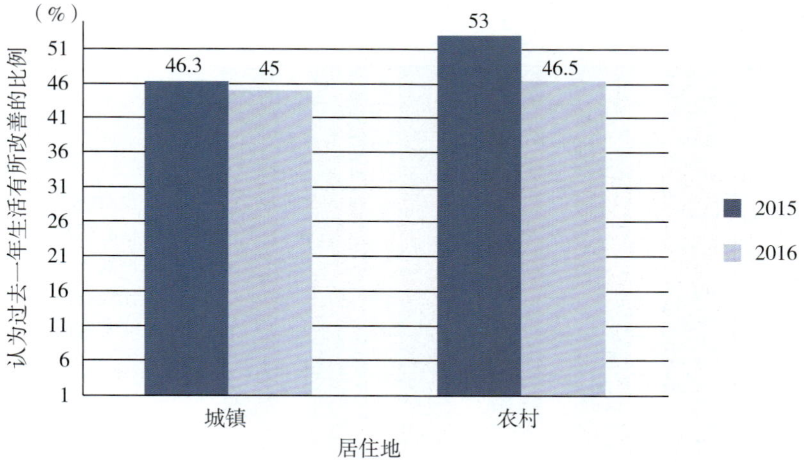

图2-5　城乡居民认为过去一年生活有改善的比例（%）

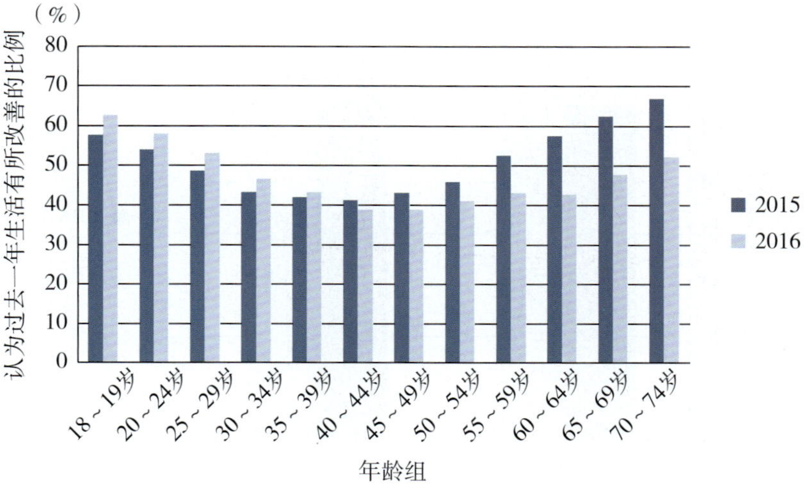

图2-6　不同年龄组居民认为过去一年生活有改善的比例（%）

从分年龄的情况看，年轻人对改善程度的评价较高，而中年人和老年人相对较低。图 2–6 显示，18 ~ 19 岁、20 ~ 24 岁和 25 ~ 29 岁三个年龄组有改善的比例分别达到 62.7%、58.1% 和 53.1%，最低的组为 40 ~ 44 岁和 45 ~ 49 岁两个组，均为 39%，老年组的评价比中年组略高但 70 ~ 74 岁组也只有 52.3%。与 2015 年相比，青年人群对改善状况的评价有所提高，但中老年人群的下滑较为明显。39 岁以下的人群有改善的被访者占比均有所上升，其中 29 岁以下组都提高了 4 个百分点以上，但中年组和老年组均有所下降，特别是老年组的下降尤为明显，60 岁以上组分别下降了 14.7%、14.8% 和 14.7%。

（三）居民对未来的信心

居民对未来的信心有较大的上升，维持在一个较高的水平上。调查显示，表示“比较有信心”和“非常有信心”的比例从 2015 年的 66.3% 上升到 69.6%，上升幅度较为明显。而表示“信心不足”和“没有信心”的比例从 2015 年 10.2% 下降到 9.3%。

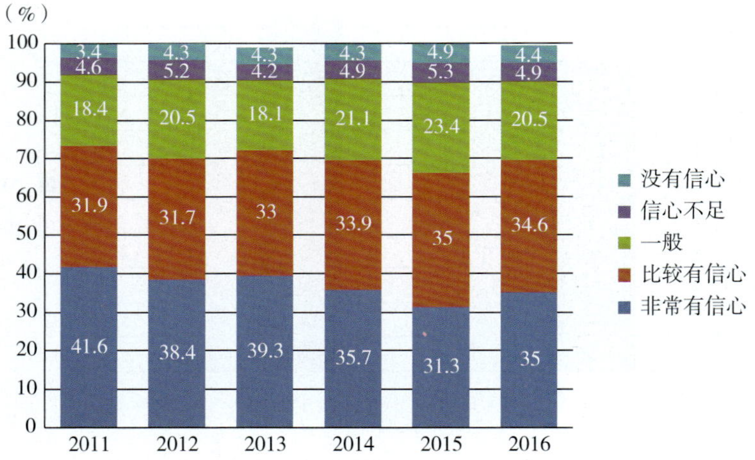

图2-7　2011 ~ 2016年居民对未来信心比较（%）

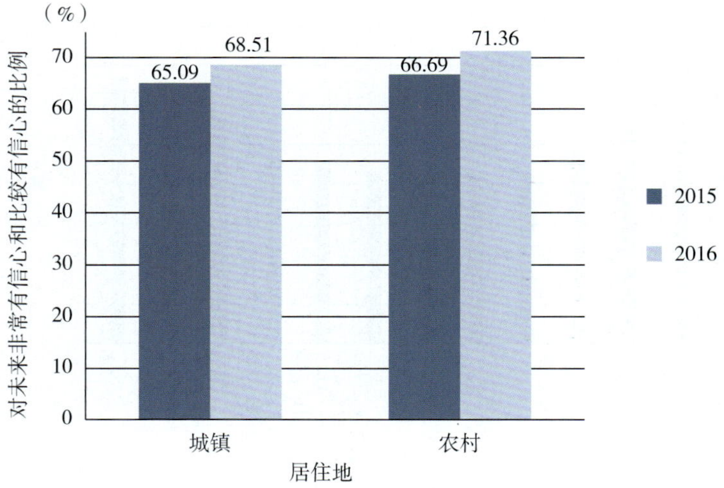

图2-8　城乡居民对未来非常有信心及比较有信心的比例（%）

从分人群的情况看，城乡居民的信心都有提升，农村居民的信心水平高于城镇居民。根据图2–8 显示，2016 年城镇居民中 68.5% 的人对当前生活很有信心或比较有信心（下称“有信心人群”），而农村居民有信心的受访者达到了 71.5%。与 2015 年相比，城镇居民这一比例上升了 3.4 个百分点，而农村居民上升了 4.7 个百分点。城乡居民信心不足或没有信心者的比例也都有所下降，其中城镇下降了 0.5%，农村下降了 1.1%。

从分年龄的情况看，对未来的信心也呈现出两头高中间低的特点。图 2–9 显示，18 ~ 19 岁、20 ~ 24 岁、65 ~ 69 岁以及 70 ~ 74 岁四个年龄组有信心人群占比分别达到 79.6%、76.6%、72% 和 75.8%，相对而言青少年对未来更有信心。40 ~ 44 岁组的信心水平相对较低，但仍有 66.3% 的被访者对未来有信心。与 2015 年相比，所有年龄段的被访者有信心的比重都有所上升，中青年人群的上升幅度较大。44 岁以下被访者的上升幅度都在 4 个百分点以上，其中幅度最大的是 20 ~ 24 岁组，上升了 7 个百分点。

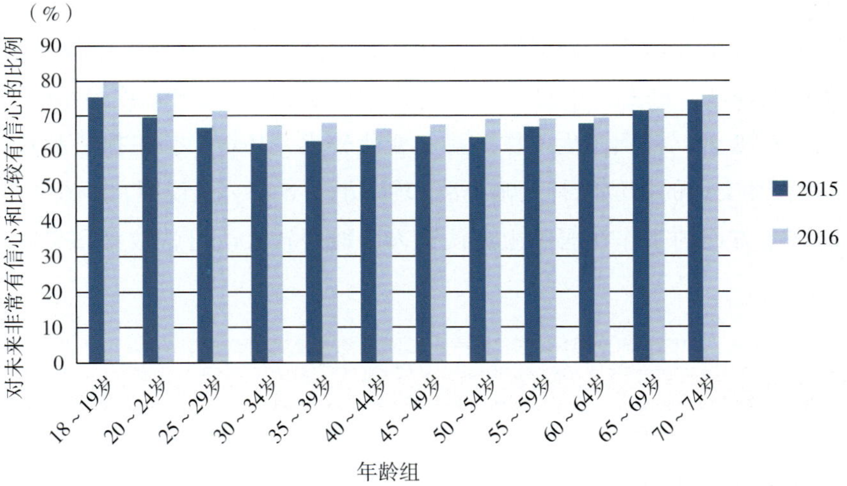

图2-9　不同年龄组居民对未来非常有信心及比较有信心的比例（%）

上述结果显示出，总体来看，我国居民无论对当前生活现状，还是对近些年生活改善，亦或是对未来的信心，都保持在一个相对较高的水平上，特别是青年群体三项满意度都有明显的提升。较 2015 年而言，居民当前生活满意度和对未来的信心情况都有所改善，但居民对上年生活改善情况的评价有较为明显的下降。

三、各领域民生满意度总体状况分析

2016年的调查涵盖了12项民生工作。在评分计算方式中，我们使用了百分制的赋值方法。“非常满意”为 100 分，“比较满意”为 75 分，“一般”为 50 分，“比较不满意”为 25 分，“非常不满意”为 0 分。根据图 2–10 显示，在 12 项民生领域中评价相对较高的为社会治安、住房和环境，评价相对较低的为食品安全、医疗服务和就业。

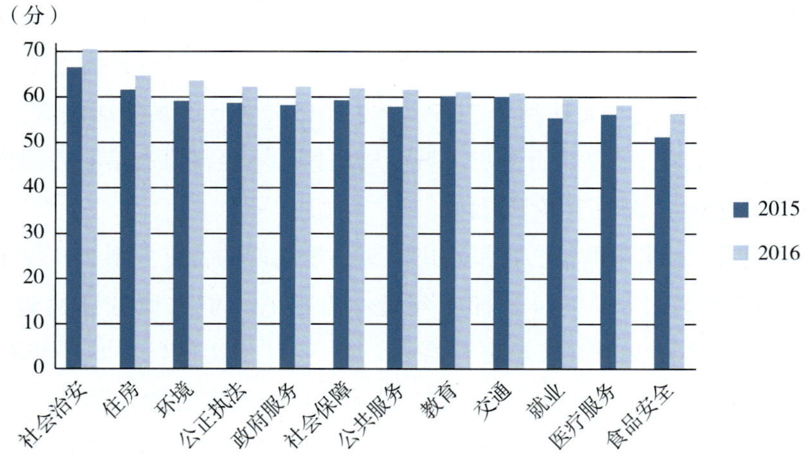

图2-10　2015年和2016年各项民生满意度的均值比较（分）

根据表 2-1，与 2015 年的结果对比显示，2016 年各项民生工作的得分均有所提高，其中提升幅度最大的是食品安全和环境，分别提高了 5.2 分和 4.5 分，就业和医疗服务也提高了 4.1 分和 2 分，表明在重点领域，过去一年的工作取得了一定的进展。提升幅度最小的为教育和交通，分别提升 0.82 分、0.78 分。各项民生工作的排名变化较大，环境、公正执法和政府服务的排名都上升了 3 位，教育和交通的排位则有大幅下滑，均下滑了 5 位。这说明，2016 年度政府在环境、公正执法和政府服务方面的工作在居民主观认识方面取得较大认可，教育和交通方面的发展速度则相对落后。

表2-1　2015年和2016年各项民生工作满意度的均值与排序

	均值（2015）	排序（2015）	均值（2016）	排序（2016）
社会治安	66.50	1	70.57	1
住房	61.70	2	64.66	2
环境	59.11	6	63.62	3
司法公正	58.77	7	62.32	4
政府服务	58.22	8	62.19	5
社会保障	59.39	5	61.98	6
公共服务	57.96	9	61.66	7
教育	60.33	3	61.15	8
交通	60.05	4	60.83	9
就业	55.48	11	59.64	10
医疗服务	56.23	10	58.23	11
食品安全	51.29	12	56.49	12

图 2-11 给出了 2015 年和 2016 年各项民生满意度的标准差比较。2016 年交通、环境与医疗服务的离散值最大，这说明较多的人在交通、环境和医疗服务的满意度评价上选择了非常不满意和非常满意，评价结果较为分散。社会治安、就业的离散值最小，评价较为集中。

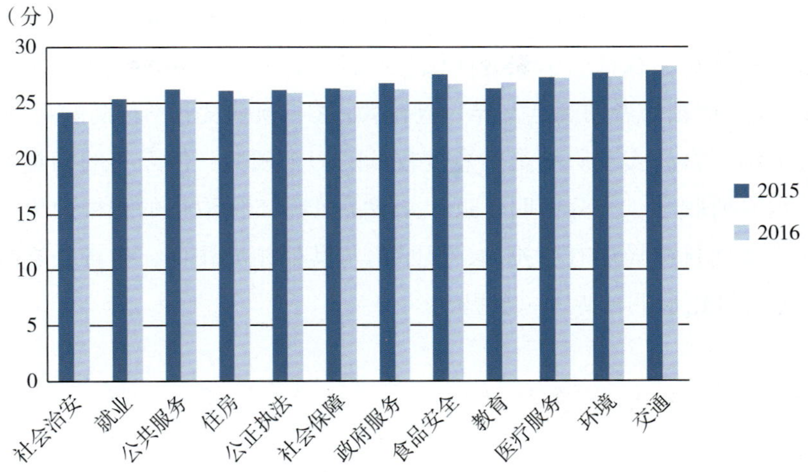

图2-11 2015年和2016年的各项民生满意度的标准差比较（分）

表 2–2 给出了 2015 年与 2016 年各项民生工作满意度的标准差与排序，教育、交通两项的标准差较 2015 年度均有小幅度上升。说明教育、交通 2016 年满意度的分布较上一年度分化的程度更高。而其他各项的标准差皆有不同程度的下降。其中，就业、公共服务和食品安全的标准差降低最大，说明这三个指标满意度分布较上一年度更为集中。而在排序方面，各项民生满意度的排位相对稳定，公共服务和食品安全满意度评分的标准差排序上升 2 位，说明公共服务和食品安全满意度评价的两极差异减小，评价更趋于中间。教育和住房满意度评分的标准差排位分别下降了 2 位和 1 位，说明教育和住房两项民生工作在均等化方面的进程落后于其他领域。此外，2016 年交通、环境与医疗服务的离散值最大，这说明受访者在交通、环境和医疗服务的满意度评价上意见差异较大，而在社会治安、就业上的离散值最小，被访者对这些项目的满意度一致性较高。

表2-2 2015年和2016年各项民生工作满意度的标准差与排序 单位：分

	2015年	排序	2016年	排序
社会治安	24.1674	1	23.364	1
就业	25.41228	2	24.395	2
公共服务	26.29035	5	25.338	3
住房	26.15752	3	25.413	4
公正执法	26.1611	4	25.904	5
社会保障	26.32966	6	26.162	6
政府服务	26.82025	8	26.255	7
食品安全	27.61484	10	26.718	8
教育	26.33262	7	26.827	9
医疗服务	27.35452	9	27.275	10
环境	27.74441	11	27.39	11
交通	27.89542	12	28.313	12

综合上述分析可见，社会治安满意度连年评价最高而且标准差最低，表明大部分受访者对社会治安都有较高的评价，在社会治安方面民众有较强的安全感。环境领域中，满意度排名较上一年有了明显提升，但被访者的观点差异一直较大，这一领域发展不均衡的问题尽管仍然存在，但也取得了显著成绩。食品安全历来是满意度较低的一个领域，但今年的满意度评分也有了明显上升，标准差也有所收窄，充分证明了近年来食品安全工作取得的积极效果。但教育领域的满意度排名有所下滑而且差异还有所拉大，显示出与其他领域相比，教育领域改革的任务仍然非常艰巨，特别是均等化水平有待进一步提升。

四、收入分配与民生满意度分析

尽管 12 项公共服务中大多具有很强的公共品属性，但不同收入状况、不同社会阶层的人所能享受到的公共服务仍存在明显差异，而且不但收入水平的高度会影响人们对公共服务的满意度，对自身社会阶层的认知以及对收入不平等的认知也会影响人们对公共服务的满意度。为了检验收入分配变化对居民满意度的影响，我们分析了在过去一年劳动收入变化、不同主观阶层评价和社会贫富差距因素对各项民生工作的满意度的影响。

（一）劳动收入变动人群对各项民生工作满意度的分析

表 2–3 给出了劳动收入变动的居民对各项民生工作满意度的评分，从中可以看出：对于本次调查涉及的 12 项民生工作，不同劳动收入变动状况的居民所给出的评价结果中存在明显的差异。随着劳动收入的下降，居民对于各项民生工作所给出的评价无一例外地出现了下降的趋势。

表2-3　不同收入增长状况的人群对各项民生工作的满意度　单位：分

	总体均分	明显增长	略有增长	无变化	略有下降	明显下降
就业	59.64	83.34	70.74	59.47	54.07	42.59
政府服务	62.19	80.9	71.91	61.61	57.08	49.38
交通	60.83	75.79	66.23	58.97	56.50	54.12
社会治安	70.57	82.76	76.98	70.12	68.49	65.42
住房状况	64.66	80.33	71.03	63.89	61.42	58.28
教育状况	61.15	77.38	67.37	59.71	56.30	53.59
医疗服务	58.23	74.82	64.30	56.69	53.50	50.86
环境状况	63.62	78.40	70.11	63.09	60.38	57.34
社会保障	61.98	79.54	70.86	61.28	57.41	52.83
社区公共服务	61.66	77.23	68.32	60.79	57.63	55.49
食品安全	56.49	73.64	62.31	54.79	52.84	50.67
司法公正	62.32	78.96	69.71	61.24	57.93	53.78

表 2-4 进一步给出了当劳动收入下降时，各项民生工作满意度的下降幅度。就业、政府服务、社会保障、社区公共服务的满意度受劳动收入增长影响较大。劳动收入明显下降的居民比劳动收入明显增长的人群对就业的满意度评分下降了 40.75 分，总降幅达到了 48.90%。而对政府服务、交通状况的满意度，降幅也达到了 38.96% 和 28.59%。这一结果显示，随着劳动收入的下降，居民对各领域民生满意度的全面下降。特别是在就业、政府服务、社会保障等领域，民众的满意度评价对劳动收入的下降更为敏感。

表2-4　不同收入增长状况人群对各领域民生满意度评价分值变化　单位：分

	明显增长	略有增长	无变化	略有下降	明显下降	总降幅	降幅（%）
就业	—	12.6	11.27	5.4	11.48	40.75	48.90
政府服务	—	8.99	10.3	4.53	7.7	31.52	38.96
交通	—	9.56	7.26	2.47	2.38	21.67	28.59
社会治安	—	5.78	6.86	1.63	3.07	17.34	20.95
住房状况	—	9.3	7.14	2.47	3.14	22.05	27.45
教育状况	—	10.01	7.66	3.41	2.71	23.79	30.74
医疗服务	—	10.52	7.61	3.19	2.64	23.96	32.02
社会保障	—	8.68	9.58	3.87	4.58	26.71	33.58
环境状况	—	8.29	7.02	2.71	3.04	21.06	26.86
社区公共服务	—	8.68	9.58	3.87	4.58	26.71	33.58
食品安全	—	8.91	7.53	3.16	2.14	21.74	28.15
司法公正	—	11.33	7.52	1.95	2.17	22.97	31.19

表 2-5 对比了 2015 年与 2016 年不同劳动收入增长状况人群对各领域民生满意度降幅的对比。值得注意的是，2016 年度不同劳动收入增长状况人群各项民生满意度的降幅均高于 2015 年度的不同劳动收入增长人群对各领域民生满意度的降幅。其中，两年降幅相差最大的为社区公共服务，相差值为 10.51%。这说明，较 2015 年，2016 年度收入增长情况对各领域民生满意度的影响更加明显，尤其是社区公共服务满意度对收入变动更加敏感。

表2-5　2015年与2016年不同收入增长状况人群对各领域民生满意度降幅对比（%）

	2015年降幅	2016年降幅	差值
就业	47.02	48.90	1.88
政府服务	35.02	38.96	3.94
交通	22.17	28.59	6.42
社会治安	18.06	20.95	2.89
住房状况	23.18	27.45	4.27
教育状况	25.28	30.74	5.46
医疗服务	27.37	32.02	4.65
环境状况	23.66	26.86	3.20
社区公共服务	23.07	33.58	10.51
食品安全	24.26	28.15	3.89
司法公正	28.14	31.19	3.05

（二）不同主观阶层评价人群的各项民生满意度分析

我们对过去一年不同主观阶层评价的人群对各项民生工作的满意度做了分析。表 2-6 给出了结果，从中可以看出，对于本次调查涉及的 12 项民生工作，不同主观阶层评价的居民所给出的评价结果中存在明显的差异。随着主观阶层评价的降低，居民对于各项民生工作所给出的评价无一例外地出现了下降的趋势。

表2-6　2016年不同主观阶层评价的人群对各项民生工作的满意度　单位：分

	总体均分	非常差	中等偏下	中等	中等偏上	非常好
就业	59.64	35.87	49.5	60.89	71.43	84.45
政府服务	62.19	42.67	54.02	63.63	71.24	85.97
交通	60.83	48.72	54.53	61.66	68.28	83.41
社会治安	70.57	57.39	64.68	71.37	78.06	88.81
住房状况	64.66	42.04	53.51	66.72	77.1	89.29
教育状况	61.15	48.4	53.52	62.14	69.39	85.74
医疗服务	58.23	44.36	50.97	59.28	66.3	83.31
环境状况	63.62	44.85	56.76	64.6	71.96	86.68
社会保障	61.98	41.01	51.91	63.67	73.24	88.43
社区公共服务	61.66	47.5	54.4	62.57	70.21	86.99
食品安全	56.49	44.2	48.85	57.35	65.2	83.6
司法公正	62.32	43.35	54.31	63.47	70.69	86.03

表 2-7 进一步展示了居民主观阶层评价下降时，各项民生工作满意度的下降幅度。就业、社会保障和住房状况的满意度受主观阶层评价的影响最大。当问及“自己的生活水平在当地处于什么水平”时，认为“非常好”的居民对就业满意度的评分远高于认为“非常差”的居民，相差 48.58 分，总降幅达到了 57.53%。而在社会保障、住房情况方面，降幅也分别达到了 53.62% 和 52.92%。这一结果显示，随着居民对自己主观阶层评价的降低，居民对各领域民生满意度的评分全面下降。特别是在就业、社会保障和住房领域，民众满意度对主观阶层评价的下降更为敏感。

表2-7　不同主观阶层评价的人群对各领域民生满意度评价分值变化　单位：分

	非常差	中等偏下	中等	中等偏上	非常好	总下降	降幅（%）
就业	13.63	11.39	10.54	13.02	—	48.58	57.53
政府服务	11.35	9.61	7.61	14.73	—	43.3	50.37
交通	5.81	7.13	6.62	15.13	—	34.69	41.59
社会治安	7.29	6.69	6.69	10.75	—	31.42	35.38
住房状况	11.47	13.21	10.38	12.19	—	47.25	52.92
教育状况	5.12	8.62	7.25	16.35	—	37.34	43.55

续表

	非常差	中等偏下	中等	中等偏上	非常好	总下降	降幅（%）
医疗服务	6.61	8.31	7.02	17.01	—	38.95	46.75
环境状况	11.91	7.84	7.36	14.72	—	41.83	48.26
社会保障	10.9	11.76	9.57	15.19	—	47.42	53.62
社区公共服务	6.90	8.17	7.64	16.78	—	39.49	45.40
食品安全	4.65	8.50	7.85	18.40	—	39.4	47.13
司法公正	10.96	9.16	7.22	15.34	—	42.68	49.61

表 2–8 对比了 2015 年与 2016 年我国不同主观阶层评定的居民对各领域民生满意度的降幅对比。在大部分民生领域，2016 年不同主观阶层评价的居民对各领域民生满意度的降幅高于 2015 年的降幅。其中，降幅最大的为环境情况，差值为 8.21%，这说明了 2016 年我国居民的不同主观评价对环境满意度的敏感度较 2015 年更高，即 2016 年主观阶层评定较低的居民表示了对环境的低于 2015 年同主观阶层的满意度，而主观阶层评价较高的居民表示了对环境的高于 2015 年的同主观阶层的满意度。但在就业、政府服务、住房情况、社会保障方面，2016 年不同主观阶层评价的居民对各领域民生满意度的降幅低于 2015 年的降幅。

表2-8　2015年与2016年不同主观阶层评价的人群对各领域民生满意度降幅对比（%）

	2015年降幅	2016年降幅	差值
就业	60.09	57.53	–2.56
政府服务	54.00	50.37	–3.63
交通	37.60	41.59	3.99
社会治安	34.47	35.38	0.91
住房状况	53.12	52.92	–0.20
教育状况	40.25	43.55	3.30
医疗服务	43.53	46.75	3.22
环境状况	40.05	48.26	8.21
社会保障	55.33	53.62	–1.71
社区公共服务	44.65	45.40	0.75
食品安全	44.35	47.13	2.78
司法公正	45.52	49.61	4.09

（三）不同贫富差距评价人群的各项民生满意度分析

调查还询问了被访者“您认为最近一年来，社会上的贫富差距状况有什么变化？”从表 2–9 可以看出，认为贫富差距较小的受访者，各项民生满意度的水平都较高。

表2-9　不同贫富差距评价的人群对各项民生工作的满意度　单位：分

	总体均分	明显扩大	略有扩大	没变化	略有缩小	明显缩小
就业	59.64	50.06	55.6	58.34	66.11	76.15
政府服务	62.19	52.06	57.18	60.17	69.4	80.61
交通	60.83	53.73	55.07	58.61	66.7	78.76
社会治安	70.57	64.74	67.36	68.20	75.38	84.68
住房状况	64.66	56.55	60.32	63.12	70.77	80.38
教育状况	61.15	52.55	55.45	59.05	67.9	79.81
医疗服务	58.23	49.45	52.6	56.09	64.66	77.56
环境状况	63.62	56.88	58.33	60.86	69.96	81.48
社会保障	61.98	51.73	56.27	59.63	69.98	81.62
社区公共服务	61.66	54.44	55.59	58.79	67.7	81.61
食品安全	56.49	47.56	50.14	54.39	62.91	77.72
司法公正	62.32	52.63	56.16	59.44	69.45	82.71

其中，食品安全、司法公正、社会保障的满意度受贫富差距评价的影响最大。认为贫富差距明显缩小的居民对食品安全满意度的评分高于认为贫富差距明显扩大的居民，两者对食品安全满意度评分相差 30.16 分，降幅达到 38.81%。司法公正满意度的总降幅为 36.37%，社会保障满意度的总降幅为 36.62%。这说明，随着居民对社会贫富差距评价趋势扩大的，居民对各领域民生满意度的评分全面下降。特别是在食品安全、司法公正、社会保障方面，民众满意度对社会贫富差距评价的变动更为敏感。

表2-10　不同贫富差距评价的人群对各领域民生满意度评价分值变化　单位：分

	明显扩大	略有扩大	没变化	略有缩小	明显缩小	总下降	总降幅（%）
就业	5.54	2.74	7.77	10.04	—	26.09	34.26
政府服务	5.12	2.99	9.23	11.21	—	28.55	35.42
交通	1.34	3.54	8.09	12.06	—	25.03	31.78
社会治安	2.62	0.84	7.18	9.30	—	19.94	23.55
住房状况	3.77	2.8	7.65	9.61	—	23.83	29.65
教育状况	2.90	3.60	8.85	11.91	—	27.26	34.16
医疗服务	3.15	3.49	8.57	12.90	—	28.11	36.24
环境状况	1.45	2.53	9.1	11.52	—	24.60	30.19
社会保障	4.54	3.36	10.35	11.64	—	29.89	36.62
社区公共服务	1.15	3.20	8.91	13.91	—	27.17	33.29
食品安全	2.58	4.25	8.52	14.81	—	30.16	38.81
司法公正	3.53	3.28	10.01	13.26	—	30.08	36.37

五、对目前生活状况不满意群体的分析

（一）对目前生活状况不满意的群体分析

居民对当前生活满意度的评价中，做出明确判断的共51028人，其中表示“非常不满意”的占1478人，占2.9%，选择“不太满意”的共4113人，占8.1%，以上两个人群共占到11%。为了确定选择“非常不满意”和“不太满意”的居民的群体特征，我们从年龄、城乡、性别、教育水平、户口状况、就业状况、职业情况、收入特征等多个维度做了分析。总体来说，对生活不满意的群体主要是低收入、低学历、无工作的中青年群体。

表2-11　居民生活满意度的状况

	频率（人次）	百分比（%）
非常不满意	1478	2.9
不太满意	4113	8.1
一般	20105	39.4
比较满意	18104	35.4
非常满意	7228	14.1
总数	51028	100

图2-12给出了对生活状况不满意群体的年龄分析，30～34岁对生活状况非常不满意的居民人数最多，其次是25～29岁的居民。总体来说，对生活状况不满意的人中，青年群体、中年群体较多，少年和老年较少。

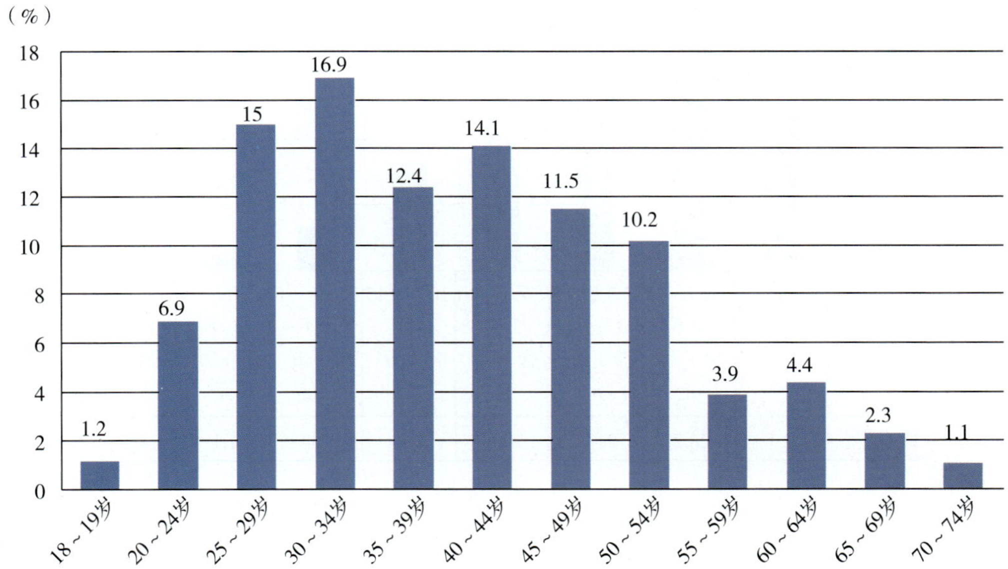

图2-12　对生活状况不满意群体的年龄分析（%）

图 2–13 给出了对生活状况不满意群体的教育程度分析。从中可以看出，高中学历的居民对生活状况不满意的人数最多，其次是初中学历的居民。图 2–14 给出了对生活状况不满意人群的收入比较分析。总体来说，对生活状况不满意的群体主要集中在低收入群体。

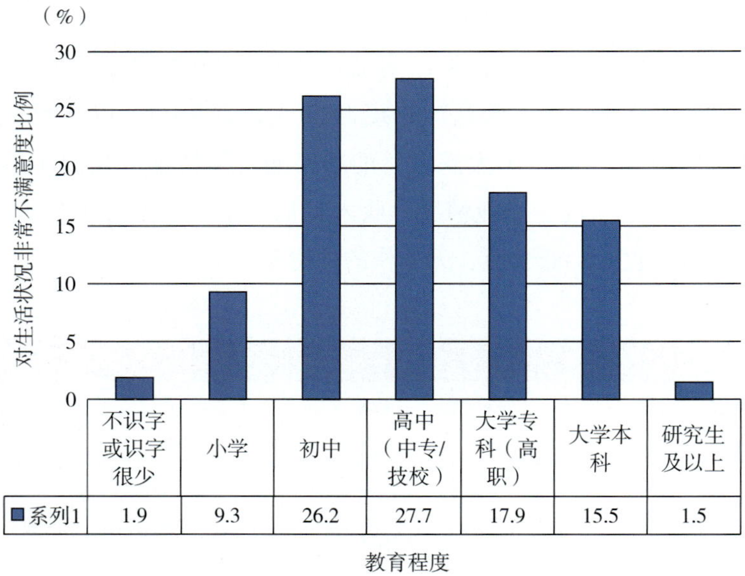

图2-13　对生活状况非常不满意群体的教育程度分析（%）

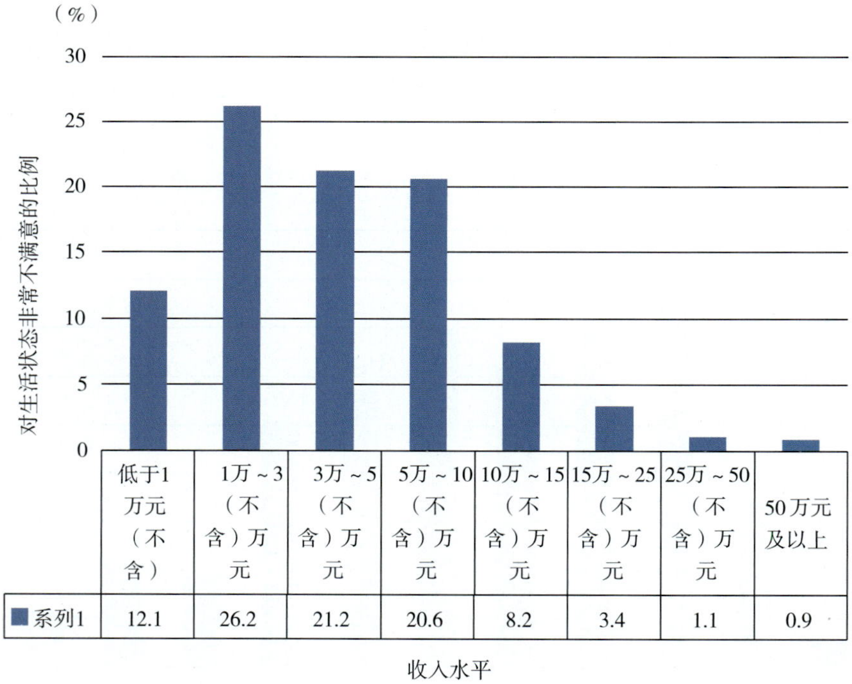

图2-14　生活状况非常不满意人群的收入比较分析（%）

图 2–15 给出了对生活状况非常不满意人群的职业分析。可以看出，对生活状况不满意的人群中接近半数是没有工作的居民，其次是商业、服务业人员。

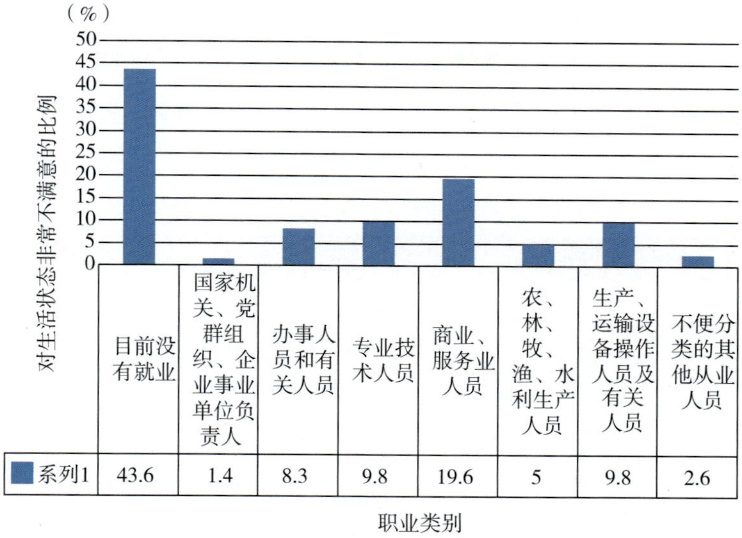

图2-15　对生活状况非常不满意人群的职业比较分析（%）

（二）对生活不满意人群的关注重点分析

上文通过比较得出，对生活不满意的群体主要是低收入、低学历、无工作的中青年群体。为了解对生活不满意人群的民生诉求，本文比较了居民满意群体和不满群体的各民生领域满意度的评分。居民满意群体指的是选择“非常满意”和“比较满意”的样本群；居民不满意群体指的是选择“非常不满意”和“不太满意”的样本群。

1. 城乡居民不满意群体和满意群体的关注重点分析

表2–12给出了城镇居民不满群体和满意群体对各项民生领域满意度的评分。不满意群体最关注也就是评分最低的为社会保障、就业和食品安全；满意人群关注点则在医疗服务、交通和食品安全。城镇满意群体和不满意群体对各民生领域评分差异最大的是社会保障，其次是就业和住房。

表2-12　城镇不满群体和满意群体对民生工作的评分　单位：分

	满意群体	不满意群体	降幅
社会保障	73.40	37.60	35.8
就业	71.66	37.96	33.70
食品安全	63.58	39.47	24.11
医疗服务	66.12	40.29	25.83
住房	75.41	42.66	32.75
教育	69.95	43.28	26.67
公正执法	71.6	43.65	27.95
政府服务	73.06	44.13	28.93
交通	68.28	45.52	22.76
公共服务	70.21	45.60	24.61
环境	72.62	47.54	25.08
社会治安	78.50	57.33	21.17

表 2–13 给出了农村居民不满群体和满意群体对各项民生领域满意度的评分。从中可以看出，不满意群体最关注的是就业、社会保障和政府服务；满意群体最关注的是就业、食品安全和医疗服务。农村满意群体和不满意群体对各民生领域评分差异最大的是就业，其次是社会保障和政府服务。

表2-13 农村不满群体和满意群体对民生工作的评分 单位：分

	满意群体	不满意群体	降幅（%）
就业	69.26	34.85	49.68
社会保障	76	40.48	46.74
政府服务	71.84	41.05	42.86
医疗服务	70.73	43.5	38.50
公正执法	75.13	43.9	41.57
食品安全	70.36	43.97	37.51
住房	76.41	44.03	42.38
公共服务	74.06	45.12	39.08
教育	72.32	45.48	37.11
交通	72.02	47.28	34.35
环境	74.11	47.53	35.87
社会治安	78.93	57.9	26.64

表2-14 城乡满意群体和不满群体的关切点前三项

	城镇	农村
满意群体	食品安全、医疗服务、交通	就业、食品安全、医疗服务
不满群体	社会保障、就业、食品安全	就业、社会保障、政府服务

总结以上部分，城镇和农村的满意群体都共同关注医疗、食品安全；城镇和农村的不满意群体都共同关注就业和社会保障。其次，城镇的不满意群体较农村更关注食品安全，而农村的不满意群体较城镇更关注政府服务。

2. 不同收入的居民中不满意群体和满意群体的关注重点分析

根据样本总量，此处将收入进行划分：家庭年收入在 10 万元以下为较低收入人群，家庭年收入在 10 万元以上为较高收入人群。根据图 2–16，较高收入人群占到样本总量的 24%，较低收入人群占到样本总量的 76%。

为测量满意度群体的关注重点，本文分别以较高收入群体、较低收入群体为样本，计算该样本中满意群体、不满意群体对各民生领域满意度的评分。此处的居民满意群体指的是选择“非常满意”和“比较满意”的人群；居民不满意群体指的是选择“非常不满意”和“不太满意”的人群。

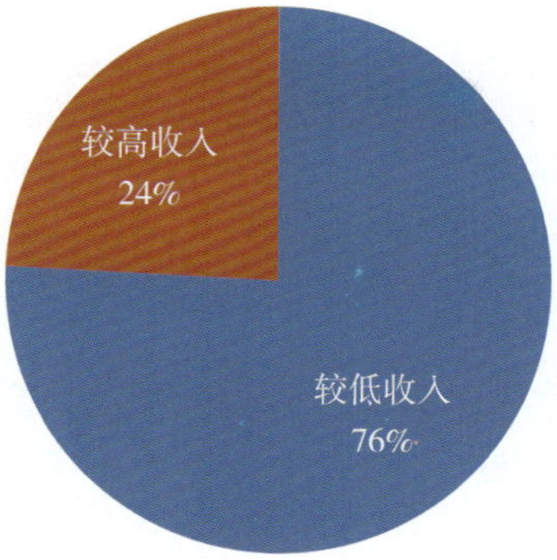

图2-16 较高收入人群和较低收入人群在总数中的占比

表 2-15 给出了较低收入者不满群体和满意群体对各领域民生工作的评分。可以看出，较低收入者中不满意群体最关注就业、社会保障和食品安全；较低收入群体中满意群体最关心的是食品安全、医疗和就业。不满群体和满意群体评分差异最大的是社会保障、就业和住房。

表2-15 较低收入者不满群体和满意群体对民生工作的评分 单位：分

	满意群体	不满意群体	降幅（%）
就业	70.16	36.03	48.65
社会保障	74.77	37.83	49.40
食品安全	67.09	41.66	37.90
医疗服务	68.67	41.76	39.19
政府服务	72.87	42.61	41.53
住房	75.32	42.65	43.37
公正执法	73.87	43.83	40.67
教育	71.47	44.27	38.06
公共服务	72.34	45.17	37.56
交通	71	46.55	34.44
环境	73.84	47.65	35.47
社会治安	78.84	57.56	26.99

表 2-16 给出了较高收入者不满群体和满意群体对各领域民生工作的评分。可以看出，较高收入者中不满意群体最关注食品安全、就业和医疗服务；较高收入群体中满意群体最关心的是食品安全、医疗和交通。不满群体和满意群体评分差异最大的是就业、社会保障和住房。

表2-16 较高收入者不满群体和满意群体对民生工作的评分 单位：分

	满意群体	不满意群体	降幅（%）
食品安全	63.36	38.9	38.60
就业	72.56	39.84	45.09
医疗服务	65.62	40.39	38.45
社会保障	73.54	42.60	42.07

续表

	满意群体	不满意群体	降幅（%）
教育	69.20	42.68	38.32
公正执法	70.56	43.68	38.10
政府服务	72.03	44.16	38.69
交通	66.61	44.55	33.12
住房	76.81	45.26	41.08
公共服务	69.71	45.66	34.50
环境	71.81	47.38	34.02
社会治安	78.84	58.74	25.49

表2-17　不同收入和满意状况人群的关切点前三项

	较低收入者	较高收入者
满意群体	食品安全、医疗服务、就业	食品安全、医疗服务、交通
不满群体	就业、社会保障、食品安全	食品安全、就业、医疗服务

总结以上部分，较低收入者和较高收入者的满意群体都共同关注食品安全和医疗服务；较低收入者和较高收入者的不满意群体都共同关注就业、食品安全。其次，较低收入者的满意群体比较高收入者更关注就业，而高收入者满意群体更关注交通。较低收入者的不满意群体比高收入者群体更关注社会保障，而高收入者不满意群体更关注医疗服务。

六、对生活改善情况不满意群体的分析

（一）对生活改善情况不满意群体的分析

居民对生活改善情况的评价中，做出明确判断的共51092人，其中表示“明显不如从前”的占3113人，占6.1%，选择“比以前差一些”的共5594人，占11%，以上两个人群共占到17.1%。为了确定选择“明显不如从前”和“比以前差一些”的居民的群体特征，我们从年龄、城乡、性别、教育水平、户口状况、就业状况、职业情况、收入特征等多个维度做了分析。总体来说，对生活改善情况不满意的群体主要是低收入、低学历、无工作的中青年群体。

表2-18　居民对生活改善状况的评价

	频率（人次）	百分比（%）
明显不如从前	3113	6.1
比以前差一些	5594	11
没变化	19018	37.3
有一定改善	15885	31.1
有明显改善	7406	14.5
总数	51092	100

图 2-17 给出了对生活改善情况不满意群体的年龄分析，40 ~ 44 岁对生活改善情况非常不满意的居民人数最多，其次是 30 ~ 34 岁的居民。总体来说，青年群体、中年群体对生活改善情况不满意的人数较多，少年和老年群体对生活改善情况不满意的人数少。

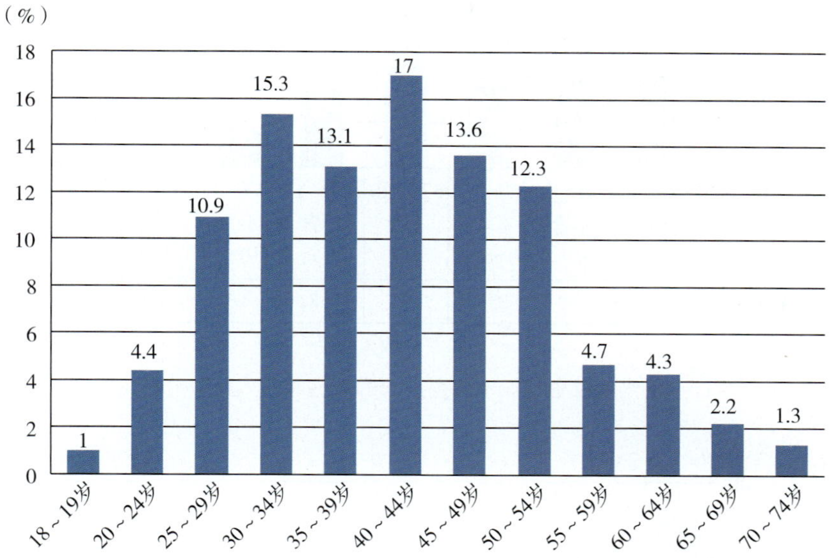

图2-17　对生活改善情况不满意群体的年龄分析（%）

图 2-18 给出了对生活改善情况满意群体的教育程度分析。从中可以看出，初中学历的居民对生活改善情况不满意的人数最多，其次是高中学历的居民。

图 2-19 给出了对生活改善情况满意群体的收入分析，对生活改善情况不满意的群体中 57.2% 为收入在 5 万元以下家庭。

图 2-20 给出了对生活改善情况非常不满意人群的职业分析。可以看出，对生活改善情况不满意的人群中约 1/3 是没有工作的居民，其次是商业、服务业人员。

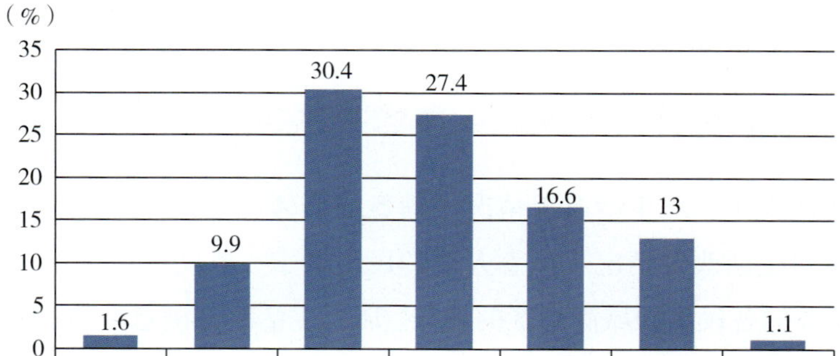

	不识字或识字很少	小学	初中	高中（中专/技校）	大学专科（高职）	大学本科	研究生及以上
■ 系列1	1.6	9.9	30.4	27.4	16.6	13	1.1

教育程度

图2-18　对生活改善情况不满意群体的教育程度分析（%）

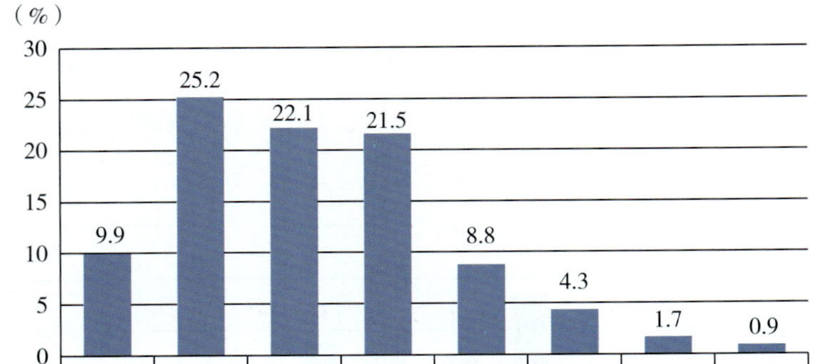

	低于 1 万元（不含）	1万～3（不含）万元	3万～5（不含）万元	5万～10（不含）万元	10万～15（不含）万元	15万~25（不含）万元	25万~50（不含）万元	50万元及以上
■系列1	9.9	25.2	22.1	21.5	8.8	4.3	1.7	0.9

收入水平

图2-19　对生活改善情况不满意人群的家庭总收入比较分析（%）

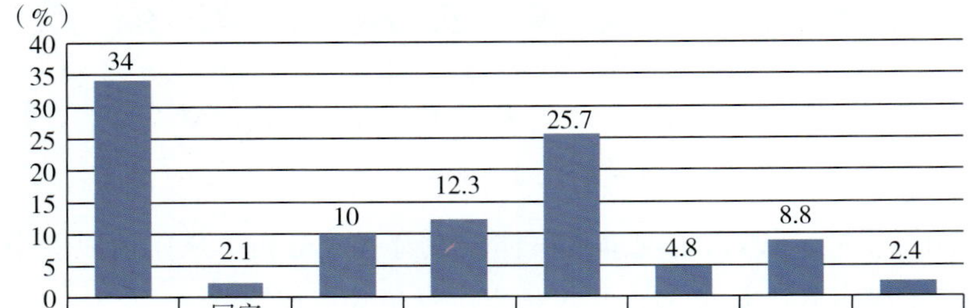

	目前没有就业	国家机关、党群组织、企业事业单位负责人	办事人员和有关人员	专业技术人员	商业、服务业人员	农、林、牧、渔、水利生产人员	生产、运输设备操作人员及有关人员	不便分类的其他从业人员
■系列1	34	2.1	10	12.3	25.7	4.8	8.8	2.4

职业类别

图2-20　对生活改善情况不满意人群的职业比较分析（%）

（二）对生活改善情况不满意人群的关注重点分析

上文通过比较得出，对生活改善情况不满意的群体主要是低收入、低学历、无工作的中青年群体。为了解对生活改善情况不满意人群的民生诉求，本文比较了居民生活改善满意群体和生活改善不满群体的各民生领域满意度的评分。居民生活改善满意群体指的是选择“有明显改善”和“有一定改善”的样本群体；居民生活改善不满意群体指的是选择“明显不如从前”和“比以前差一些”的样本群体。

1. 城乡居民生活改善不满意群体和生活改善满意群体的关注重点分析

表 2–19 给出了城镇居民生活改善不满群体和生活满意群体对各项民生领域满意度的评分。不满意群体最关注的是就业、食品安全和社会保障；满意人群的关注点则在食品安全、医疗服务

和交通。城镇满意群体和不满意群体对各民生领域评分差异最大的是就业，其次是社会保障和政府服务。

表2-19　城镇居民生活改善不满群体和满意群体对民生工作的评分　单位：分

	满意群体	不满意群体	降幅（%）
社会保障	69.95	45.20	24.75
就业	67.92	41.27	26.65
食品安全	62.47	44.52	17.95
医疗服务	64.46	45.60	18.86
住房	71.05	52.65	18.40
教育	67.50	48.72	18.78
公正执法	69.03	48.06	20.97
政府服务	69.74	47.20	22.54
交通	66.19	49.99	16.20
公共服务	67.98	49.98	18.00
环境	69.68	53.29	16.39
社会治安	75.38	61.45	13.93

表 2-20 给出了农村居民生活改善不满群体和满意群体对各项民生领域满意度的评分。从中可以看出，不满意群体最关注的是就业、政府服务和社会保障；满意群体最关注的是食品安全、医疗服务和交通。农村满意群体和不满意群体对各民生领域评分差异最大的是就业，其次是社会保障和政府服务。

表2-20　农村居民生活改善不满群体和满意群体对民生工作的评分　单位：分

	满意群体	不满意群体	降幅（%）
就业	66.80	38.53	28.27
社会保障	69.64	45.75	23.89
政府服务	68.81	44.93	23.88
医疗服务	64.36	47.06	17.3
公正执法	68.83	48.38	20.45
食品安全	62.45	46.46	15.99
住房	70.45	52.46	17.99
公共服务	67.60	50.46	17.14
教育	67.07	49.83	17.24
交通	65.92	51.13	14.79
环境	69.24	52.81	16.43
社会治安	74.97	61.14	13.83

表2-21　城乡居民生活改善满意群体和不满群体的关切点前三项　单位：分

	城镇	农村
满意群体	食品安全、医疗服务、交通	食品安全、医疗服务、交通
不满群体	就业、食品安全、社会保障	就业、政府服务、社会保障

总结以上部分，在总体生活改善情况方面，城镇和农村的满意群体都共同关注医疗、食品安全和交通；城镇和农村的不满意群体都共同关注就业和社会保障。其次，城镇的不满意群体较农村更关注食品安全，而农村的不满意群体较城镇更关注政府服务。

2. 不同收入的居民中对生活改善情况不满意群体和满意群体的关注重点分析

根据样本总量，此处将收入进行划分：家庭年收入在 10 万元以下为较低收入人群，家庭年收入在 10 万元以上为较高收入人群。根据图 2–16，较高收入人群占到样本总量的 24%，较低收入人群占到样本总量的 76%。

为测量满意度群体的关注重点，本文分别以较高收入群体、较低收入群体为样本，计算该样本中生活改善情况满意群体、生活改善情况不满意群体对各民生领域满意度的评分。居民生活改善满意群体指的是选择“有明显改善”和“有一定改善”的样本群；居民生活改善不满意群体指的是选择“明显不如从前”和“比以前差一些”的样本群。

表 2–22 给出了较低收入者生活改善情况不满群体、满意群体对各领域民生工作的评分。可以看出，较低收入者中对生活改善情况不满意群体最关注就业、社会保障和食品安全；较低收入群体中满意群体最关心的是食品安全、医疗服务、交通。不满群体和满意群体评分差异最大的就业、社会保障和政府服务。

表2-22　　较低收入者生活改善情况不满群体和满意群体对民生工作的评分　　单位：分

	满意群体	不满意群体	降幅（%）
就业	67.79	40.52	27.27
社会保障	70.60	46.03	24.57
食品安全	63.37	46.23	17.14
医疗服务	65.25	46.83	18.42
政府服务	69.92	46.92	23.00
住房	71.26	52.47	18.79
公正执法	69.85	49.06	20.79
教育	68.09	49.82	18.27
公共服务	68.62	50.57	18.05
交通	66.88	51.47	15.41
环境	70.21	53.48	16.73
社会治安	75.71	61.66	14.05

表 2–23 给出了较高收入者对生活改善情况不满群体和满意群体对各领域民生工作的评分。可以看出，较高收入者中对生活改善不满意群体最关注就业、食品安全、社会保障；较高收入群体中对生活改善满意群体最关心的是食品安全、医疗服务、交通。不满群体和满意群体评分差异最大的是就业、社会保障和住房。

表2-23 较高收入者生活改善情况不满群体和满意群体对民生工作的评分 单位：分

	满意群体	不满意群体	降幅（%）
食品安全	60.95	43.73	17.22
就业	66.71	38.85	27.86
医疗服务	63.00	45.07	17.93
社会保障	68.51	43.98	24.53
教育	65.98	48.04	17.94
公正执法	67.46	46.44	21.02
政府服务	68.19	44.48	23.71
交通	64.78	48.86	15.92
住房	69.81	52.40	17.41
公共服务	66.42	49.33	17.09
环境	68.22	52.03	16.19
社会治安	74.37	60.74	13.63

表2-24 不同收入和改善满意状况人群的关切点前三项

	较低收入者	较高收入者
满意群体	食品安全、医疗服务、交通	食品安全、医疗服务、交通
不满群体	就业、社会保障、食品安全	就业、食品安全、社会保障

总结以上部分，较低收入者和较高收入者中对生活改善满意群体都共同关注食品安全、医疗服务和交通；较低收入者和较高收入者中对生活改善不满意群体都共同关注就业、食品安全和社会保障。

七、对未来生活缺乏信心群体的分析

（一）对未来生活缺乏信心人群的群体特征

居民对未来生活信心的评价中，做出明确判断的共 51092 人，其中表示“没有信心”的有 2256 人，占 4.4%，选择“信心不足”的共 2513 人，占 4.9%，以上两个人群共占到 9.3%。信心不足，是以选择“信心不足”和“没有信心”的人群为样本。为了确定选择“信心不足”和“没有信心”的居民的群体特征，我们从年龄、城乡、教育水平、收入特征等多个维度做了分析。总体来说，对未来生活信心不足的群体主要是低收入、低学历、城镇的中青年群体。

表2-25 对未来信心的评价

	频率（人次）	百分比（%）
非常有信心	17857	35.0
比较有信心	17673	34.6
一般	10484	20.5
信心不足	2513	4.9

续表

	频率（人次）	百分比（%）
没有信心	2256	4.4
不清楚/不了解/不评价	309	.6
合计	51092	100.0

图 2–21 给出了对未来信心不足的群体的家庭收入的频数。可以看出，家庭年收入在 1 万 ~ 3 万的人群对未来信心不足的人数最多，其次是收入为 3 万 ~ 5 万元的人群。总体来说，对未来信心不足的人主要集中于年收入在 10 万以下的低收入群体。图 2–22 给出了对未来信心不足的群体的年龄的频数。可以看出，对未来信心不足的群体主要集中于 30 ~ 54 岁的中青年群体，55 岁以上的老年群体中信心不足的人数较低。

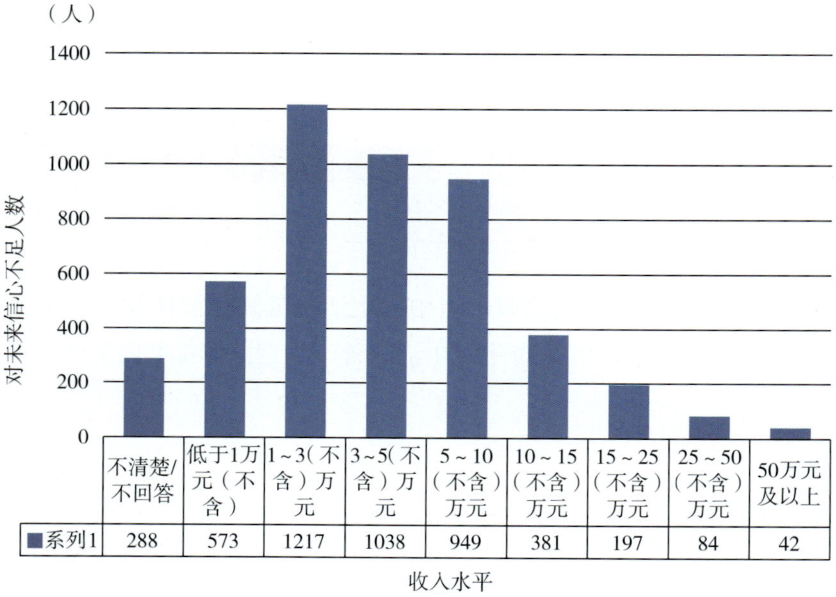

图2-21　对未来信心不足的群体的家庭年收入的频数分布（人）

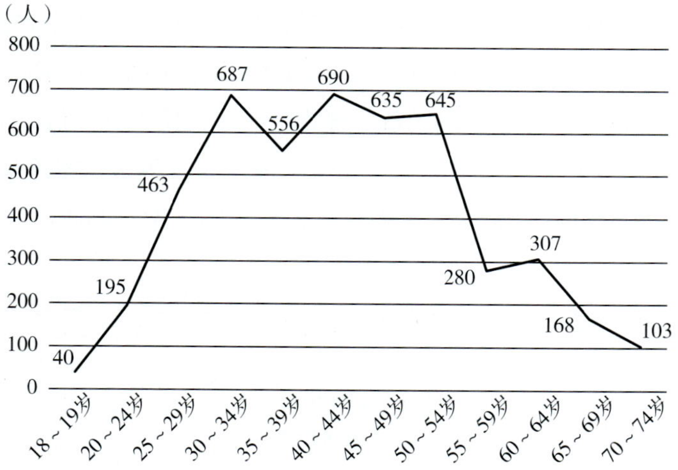

图2-22　对未来信心不足的群体的年龄分布频数（人）

图 2–23 给出了对未来信心不足群体中教育程度的频数分布。可以看出，初中学历的居民对未来信心不足的数量最多，其次是高中学历的居民。从总体来说，对未来信心不足的人群主要集中于高中以下的低学历群体。图 2–24 给出了对未来信心不足群体的城乡比重，可以看出，城镇居民对未来信心不足的人数更高。

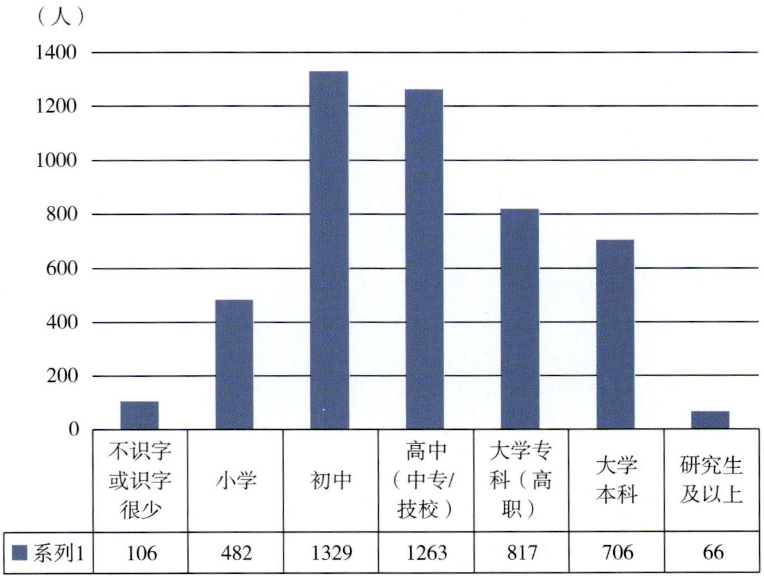

图2-23　对未来信心不足群体中教育程度的频数分布（人）

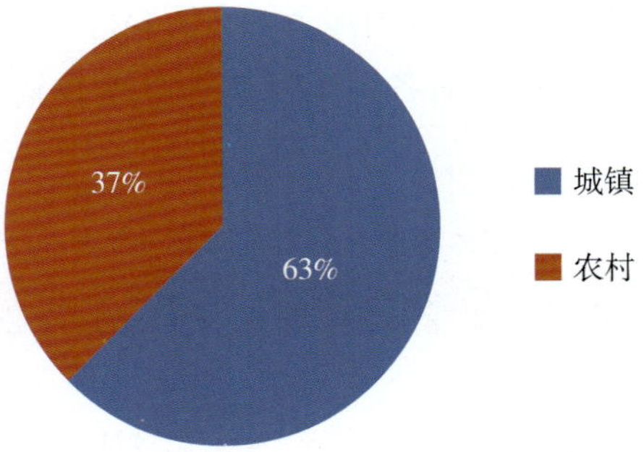

图2-24　对未来来信心不足群体的城乡占比分布

（二）对未来生活信心不足群体的关注重点分析

上文通过比较得出，对未来信心不足的群体主要是低收入、低学历、城镇的中青年群体。为了解对未来信心不足人群的民生诉求，本文比较了居民低信心群体和高信心群体的各民生领域满意度的评分。低信心群体指的是选择“信心不足”和“没有信心”的样本群体；高信心群体指的是选择“非常有信心”和“比较有信心”的样本群体。

1. 城乡居民高信心和低信心群体的关注重点分析

表 2–26 给出了城镇居民高信心和低信心群体对各项民生领域满意度的评分。低信心群体

最关注食品安全、社会保障和就业；高信心人群关注点则在食品安全、医疗服务和交通。城镇高信心群体和低信心群体对各民生领域评分差异最大的是社会保障，其次是就业和政府服务。

表2-26　城镇低信心群体和高信心群体对民生工作的评分　单位：分

	高信心	低信心	降幅（%）
食品安全	59.42	37.81	36.37
社会保障	67.43	38.16	43.41
就业	66.20	39.64	40.12
医疗服务	61.62	40.34	34.53
政府服务	68.44	42.69	37.62
公正执法	66.99	42.75	36.18
教育	65.5	42.77	34.70
公共服务	65.79	45.38	31.02
交通	64.33	45.39	29.44
住房	69.83	46.83	32.94
环境	68.34	47.48	30.52
社会治安	74.71	57.84	22.58

表2–27给出了农村居民高信心和低信心群体对各项民生领域满意度的评分。从中可以看出，低信心群体最关注的是就业、社会保障和政府服务；高信心群体最关注的是就业、食品安全和医疗服务。农村高信心群体和低信心群体对各民生领域评分差异最大的是就业，其次是政府服务和社会保障。

表2-27　农村低信心群体和高信心群体对民生工作的评分　单位：分

	高信心	低信心	降幅（%）
就业	62.45	35.58	43.03
政府服务	65.85	39.00	40.77
社会保障	68.75	41.67	39.39
食品安全	64.23	43.3	32.59
医疗服务	65.09	43.48	33.20
公正执法	68.82	43.54	36.73
教育	66.77	45.74	31.50
公共服务	67.38	46.09	31.60
住房	69.43	47.09	32.18
环境	68.10	47.30	30.54
交通	66.35	48.43	27.01
社会治安	74.2	56.57	23.76

表2-28　　城乡高信心群体和低信心群体的关切点前三项

	城镇	农村
高信心群体	食品安全、医疗服务、交通	就业、食品安全、医疗服务
低信心群体	食品安全、社会保障、就业	就业、社会保障、政府服务

总结以上部分，从城乡差异来看，城镇和农村的高信心群体都共同关注医疗、食品安全；城镇和农村的低信心群体都共同关注就业和社会保障。其次，城镇的低信心群体较农村更关注食品安全，而农村的低信心群体较城镇更关注政府服务。城镇的高信心群体较农村更关注交通，而农村的低信心群体较城镇更关注就业。

2. 不同收入的居民中低信心群体和高信心群体的关注重点分析

根据样本总量，此处将收入进行划分：家庭年收入在 10 万元以下为较低收入人群，家庭年收入在 10 万元以上为较高收入人群。

为测量高低信心人群的关注重点，本文分别以较高收入群体、较低收入群体为样本，计算该样本中高信心群体、低信心群体对各民生领域满意度的评分。此处的高信心群体指的是选择"非常有信心"和"比较有信心"的人群；低信心群体指的是选择"信心不足"和"没有信心"的人群。

表 2–29 给出了较低收入者低信心群体和高信心群体对各领域民生工作的评分。可以看出，较低收入者中低信心群体最关注就业、社会保障和食品安全；较低收入群体中高信心群体最关心的是食品安全、医疗和就业。低信心群体和高信心群体评分差异最大的是社会保障、就业和政府服务。

表2-29　　较低收入者低信心群体和高信心群体对民生工作的评分　　单位：分

	高信心	低信心	差值
就业	63.56	36.72	26.84
社会保障	67.47	38.59	28.88
食品安全	61.56	40.33	21.23
政府服务	67.13	40.78	26.35
医疗服务	63.21	41.56	21.65
公正执法	68.00	43.15	24.85
教育	66.08	44.00	22.08
公共服务	66.4	45.36	21.04
住房	68.58	45.75	22.83
交通	65.80	46.94	18.86
环境	68.23	47.08	21.15
社会治安	74.31	57.17	17.14

表 2–30 给出了较高收入者低信心群体和高信心群体对各领域民生工作的评分。可以看出，较高收入者中低信心群体最关注食品安全、医疗服务和公正执法；较高收入群体中高信心群体最关心的是食品安全、医疗和交通。低信心群体和高信心群体评分差异最大的是社会保障、政府服务和司法公正。

表2-30 较高收入者低信心群体和高信心群体对民生工作的评分 单位：分

	高信心	低信心	差值
食品安全	60.02	37.19	22.83
医疗服务	61.89	40.86	21.03
公正执法	66.75	42.15	24.60
教育	65.59	43.24	22.35
政府服务	68.29	43.48	24.81
社会保障	69.28	43.59	25.69
就业	68.23	44.09	24.14
交通	63.29	44.24	19.05
公共服务	66.20	46.09	20.11
环境	68.48	49.00	19.48
住房	72.56	52.46	20.10
社会治安	75.80	59.23	16.57

表2-31 不同收入和信心状况人群的关切点前三项

	较低收入者	较高收入者
高信心群体	食品安全、医疗服务、就业	食品安全、医疗服务、交通
低信心群体	就业、社会保障、食品安全	食品安全、医疗服务、公正执法

总结以上部分，从收入差异来看，较低收入者和较高收入者的高信心群体都共同关注食品安全和医疗服务；较低收入者和较高收入者的低信心群体都共同关注食品安全。其次，较低收入者的高信心群体比较高收入者更关注就业，而高收入者高信心群体更关注交通。较低收入者的低信心群体比高收入者群体更关注社会保障和就业，而高收入者低信心群体更关注医疗服务和司法公正。

八、结论和政策建议

通过上述分析，对于2016年各领域民生满意度的情况，我们形成了如下结论和政策建议。

①在经济企稳的情况下，过去一年居民的生活满意度、对未来的信心以及对民生工作的满意度都得到了提升，特别是居民对未来的信心持续维持高位，中青年人口的信心稳步提升，民众对各项民生工作的满意度也有所提高，这为凝聚社会共识、进一步深化改革创造了有利环境。但居民对生活状况改善的评价有所下降，表明改善的幅度和民众的预期存在落差。

② 2016年老年群体生活满意度整体较高，但低收入的老年群体在对未来信心、生活满意度方面评分都偏低。随着人口老龄化的发展，老年人生活保障问题的压力也在加大，尽管政府持续扩大对社会保障的财政补贴，但工作仍更需要向低收入老年群体倾斜，保障该群体的基本权益。

③食品安全、医疗服务和就业三项满意度一直较低，可喜的是，2016 年食品安全和就业满意度评分有较大的增长，二者并存反映出居民对该领域工作改善的持续要求，也反映了居民对有关部门在本方面工作的肯定。但医疗服务满意度评分的增长较小，这说明政府的医疗改革投入仍与公众预期有差距。教育和交通满意度得分尽管也有所上升，但排位有明显下降，表明这两个领域的相关工作改善幅度不足，而且教育满意度的分化程度排位也有所恶化，交通满意度的分化程度也一直很高。此外，住房满意度的分化程度排位也有所恶化，表明这些公共服务领域的均等化仍有待进一步提高。

④收入分配状况是提高居民满意度的重要途径。劳动收入下降、自评社会阶层下滑以及认为社会贫富分化程度恶化都与较低的民生满意度紧密相关，因而改善低收入者的生活水平、提高就业质量、促进收入分配的合理化应该成为当下民生工作的重点领域。

⑤不同社会群体关注点有较大的差异。高收入群体关注交通，低收入群体更加关注社会保障，农村居民更加关注政府服务。这说明随着经济发展，社会各群体的诉求更加多样化。提升居民满意度，不仅仅要从延续性强的重点领域着手，也要从居民的新兴诉求以及不同群体关注的不同领域着手。

（执笔：张冰子　张铁男　陶雪婷）

附表 2-1　调查样本结构

年龄分布

年龄	样本量（个）	百分比（%）	累积百分比（%）
18 ~ 19 岁	853	1.7	1.7
20 ~ 24 岁	3588	7.0	8.7
25 ~ 29 岁	6759	13.2	21.9
30 ~ 34 岁	7435	14.6	36.5
35 ~ 39 岁	5709	11.2	47.6
40 ~ 44 岁	6768	13.2	60.9
45 ~ 49 岁	5360	10.5	71.4
50 ~ 54 岁	5790	11.3	82.7
55 ~ 59 岁	2443	4.8	87.5
60 ~ 64 岁	2811	5.5	93.0
65 ~ 69 岁	1939	3.8	96.8
70 ~ 74 岁	1637	3.2	100.0
合计	51092	100.0	

城乡分布

	样本量（个）	百分比（%）	累积百分比（%）
城镇	32640	63.9	63.9
农村	18452	36.1	100.0
合计	51092	100.0	

受教育程度分布

受教育程度	样本量（个）	百分比（%）	累积百分比（%）
不识字或识字很少	702	1.4	1.4
小学	3772	7.4	8.8
初中	11627	22.8	31.5
高中（中专/技校）	12528	24.5	56.0
大学专科（高职）	10382	20.3	76.4
大学本科	11111	21.7	98.1
研究生及以上	970	1.9	100.0
合计	51092	100.0	

性别分布

性别	样本量（个）	百分比（%）	累积百分比（%）
男	28664	56.1	56.1
女	22428	43.9	100.0
合计	51092	100.0	

婚姻状况分布

婚姻状况	样本量（个）	百分比（%）	累积百分比（%）
未婚	8393	16.4	16.4
已婚	40744	79.7	96.2
离异独身	1291	2.5	98.7
丧偶独身	664	1.3	100.0
合计	51092	100.0	

户口状况分布

户口状况	样本量（个）	百分比（%）	累积百分比（%）
非农业户口（城镇户口）	24514	48.0	48.0
农业户口	20951	41.0	89.0
居民户口	5627	11.0	100.0
合计	51092	100.0	

2016年家庭收入状况分布

2016年家庭收入	样本量（个）	百分比（%）	累积百分比（%）
低于1万元（不含）	3232	6.3	6.3
1万～3（不含）万元	9409	18.4	24.7
3万～5（不含）万元	10077	19.7	44.5
5万～10（不含）万元	12769	25.0	69.5
10万～15（不含）万元	6213	12.2	81.6
15万～25（不含）万元	3338	6.5	88.2
25万～50（不含）万元	1283	2.5	90.7
50万元及以上	535	1.0	91.7
不清楚/不回答	4236	8.3	100.0
合计	51092	100.0	

户口登记状况分布

户口登记地	样本量（个）	百分比（%）	累积百分比（%）
目前居住地本地户口	43400	84.9	84.9
省内其他地区户口	4166	8.2	93.1
外省（自治区、直辖市）户口	3526	6.9	100.0
合计	51092	100.0	

职业状况分布

职业	样本量（个）	百分比（%）	累积百分比（%）
目前没有就业	16168	31.6	31.6
国家机关、党群组织、企业、事业单位负责人	2245	4.4	36.0
办事人员和有关人员	8829	17.3	53.3
专业技术人员	7463	14.6	67.9
商业、服务业人员	10828	21.2	89.1
农、林、牧、渔、水利生产人员	1812	3.5	92.7
生产、运输设备操作人员及有关人员	2705	5.3	98.0
不便分类的其他从业人员	1042	2.0	100.0
合计	51092	100.0	

第三章
民生关切点 2017 分析报告

为全面了解中国城乡居民社会生活状况，持续跟踪城乡居民的民生关切点变化，2016 年国务院发展研究中心“中国民生调查课题组”继续组织民生问题入户调查。为保障调查的稳定性，2016 年继续在安徽、浙江、广东、河北、黑龙江、陕西、四川、江苏 8 个省进行抽样。

调查抽样仍然采用多阶段分层设计、PPS 系统抽样技术。第一，将调查省份各区县划分为贫困县和非贫困县，保证每个省抽选一个贫困县，其他区县在综合考虑区县 GDP、平均受教育程度、流动人口比例、城市人口比例等 9 个社会经济发展指标的基础上，按照社会经济综合指数得分因子的高低排序进行选取。第二,在获得调查区（县）居（村）委员会基本经济社会信息后，按照相似的方法，采用与各居（村）委会人口规模成比例的系统 PPS 抽样方式，各自独立抽取 2 个居（村）委会。第三，在每个居（村）委会内，按某个特定规则（如门牌号或户主名单等）对家庭户进行排序，采取等概率系统抽样抽出 50 户家庭作为最终调查单元，并且为保证调查入户的可行性，按同样的方法抽取一套备用调查户。入户后，为了保证对家庭信息掌握的准确性，请家庭的户主或家里最熟悉情况的人来配合完成调查。

一、样本的基本特征

本次调查一共有效回收到 9744 份“中国民生问题调查问卷”。其中河北省 1200 份，黑龙江省 1301 份，江苏省 1200 份，浙江省 1201 份，安徽省 1222 份，广东省 1200 份，四川省 1220 份，陕西省 1200 份；覆盖 20 个贫困县，贫困地区样本为 2425 份。

基于科学的抽样方法，本次调查覆盖了全国各个类型比较有代表性的群体，具体表现在以下几个方面。

第一，调查覆盖了居住在农村与城市不同社区的群体。按照国家统计局城乡划分标准对调查地点进行分类，城镇样本的比重为 40.06%，其中城市主城区和镇中心分别占 27.26% 和 12.80%；城乡结合部样本的比重为 17.52%，其中城乡结合区和镇乡结合区样本分别占 7.17% 和 10.34%；农村样本的比重为 42.43%，其中乡中心和村庄分别为 2.48% 和 39.94%。2016 年调查样本的城乡结构与 2015 年大体一致。

第二，调查对不同性别和年龄结构的群体均有所反映。受访者的平均年龄为 50.4 岁，标准差为 12.7 岁。其中最小为 15 岁，最大为 93 岁。受访者中 30 岁以下（不包括 30 岁）的人占7.42%，30～39岁占12.86%，40～49岁占24.00%，50～59岁占27.41%，60岁及以上占28.31%；受访者平均年龄略高于上一年，40岁以下群体的比例略低于上一年，而60岁以上的群体比例略高于上一年。男性受访者占56%，女性受访者比例为44%，男性受访者比例比上一年高4个百分点。

第三，调查对流动人口有一定的代表性。抽样时要求地方主管部门配合提供一份流动人口登记档案来对流动人口单独抽样，从而保障一定比例的流动人口。流动人口样本为718个，占有效样本的7.38%，相比上一年调查流动人口比例略有下降。从流动人口的结构上看，61.96%是跨省流动（占总样本的4.03%），45.40%是省内流动（占总样本的3.35%），跨省流动人口减少；农业转移人口占比65.32%（占总样本的4.82%）。

二、民生关切点的基本特征

城乡受访者最不满意的方面反映其对民生最关心的问题，也折射出政府民生工作需要重点加强的方面。受经济增速下降的影响，城乡居民收入和应对风险的能力下降，民生工作也面临较大的压力和挑战。随着经济的企稳回升，城乡居民的民生关切点也随之变化。

（一）受访者对家庭生活最关切的因素分析

2016年城乡居民对家庭生活满意度有所提高。2016年受访者对家庭生活没有不满意的比例为31.60%，2015年这一比例为28.75%，2016年较2015年提高了近3个百分点。城乡居民对家庭生活最不满意的仍是收入和医疗。从图3-1可以看出，城乡受访者对家庭生活最不满意的因素依次为收入水平、医疗、住房、子女教育、养老和就业状况，占总体样本的比例依次为28.13%、14.09%、7.45%、6.28%、5.14%和3.83%。

随着经济的止跌企稳，受访者对收入和就业的不满意程度开始出现明显下降。在总体样本中，选择对收入不满意的比例为28.13%，较上年下降了2.67个百分点，选择对就业不满意的比例为3.83%，较上年下降了3.98个百分点。

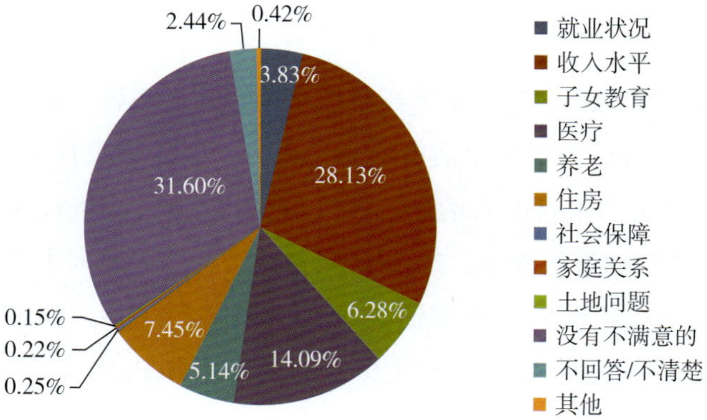

图3-1　2016年城乡居民最不满意的家庭生活因素

从城乡层面来看，2016 年城乡结合部和农村受访者的生活满意度相对更高。城乡结合部和农村受访者在家庭生活方面没有不满意的比例分别为 34.50% 和 34.40%，城镇受访者没有不满意的比例为 27.36%。就城乡居民对家庭生活不满意的具体因素看，城镇、城乡结合部和农村受访者最不满意因素均为收入水平，并且农村受访者对收入水平不满意的占比最高（约为 28.69%），城镇受访者次之（为 28.41%），城乡结合部受访者最低（为 26.13%）。城乡受访者第二位不满意的因素也均是医疗，城乡结合部受访者对医疗不满比例最低，其次是农村受访者，城镇受访者对医疗不满比例则最高。调查结果显示，城镇受访者对医疗不满意者占比为 15.50%，城乡结合部为 12.19%，农村为 13.55%。就第三位不满意的因素而言，城乡之间出现了分化，城镇和城乡结合部受访者第三位不满意的因素是住房，他们对住房不满意的占比分别为 9.94% 和 7.09%，而农村受访者第三位不满意的因素则是养老，农村受访者对养老不满意的人数占总体样本比例为 5.49%。参见图 3–2。

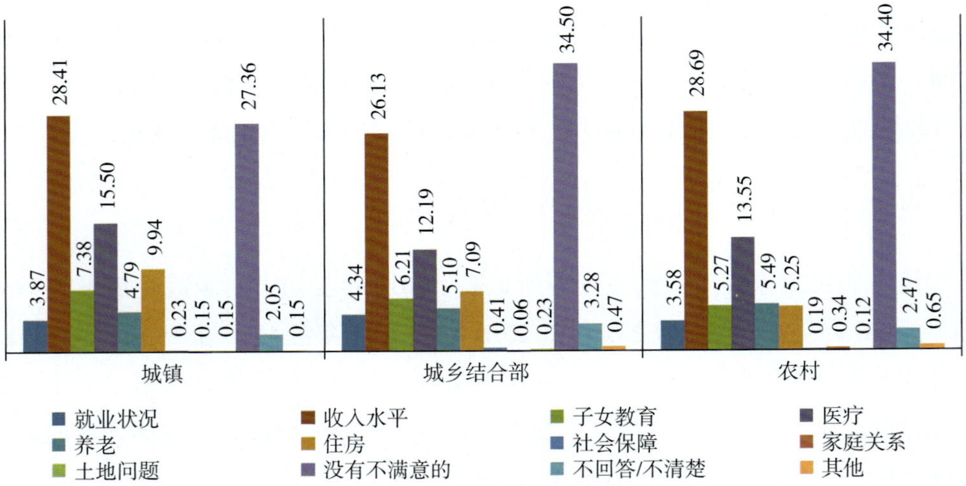

图3-2　2016年城镇居民、城乡结合部居民和农村居民最不满意的家庭生活因素（%）

（二）受访者家庭的生活支出压力分析

1. 城乡居民家庭生活支出压力最主要来自于医疗和教育

2016 年城乡受访者最大的家庭生活支出压力依次为医疗、教育、食品、住房、人情送礼等。与 2015 年相比，城乡受访者认为最大生活支出压力来自于医疗、教育和住房的受访者占比有所上升，认为最大生活支出压力来自于人情送礼的受访者占比有所下降，而认为最大生活支出压力来自于食品的受访者占比则显著减少。2016 年城乡受访者认为最大生活支出压力来自于医疗、教育、食品、住房、人情送礼的所占比重依次为 28.89%、22.07%、13.06%、12.48% 和 5.75%，参见表 3–1。2015 年最大生活压力来自于这几项的受访者所占比重依次为 24.25%、20.89%、21.80%、11.81% 和 8.35%。参见表 3–2。

表3-1　　2016年城乡居民最大生活支出压力来源

	城镇		城乡结合部		农村		合计	
	频次	百分比（%）	频次	百分比（%）	频次	百分比（%）	频次	百分比（%）
食品	485	12.50	256	15.07	524	12.76	1265	13.06
住房（贷款、房租）	687	17.70	177	10.42	345	8.40	1209	12.48
子女教育	898	23.14	404	23.78	836	20.35	2138	22.07
交通	15	0.39	15	0.88	22	0.54	52	0.54
医疗	1041	26.82	433	25.49	1325	32.25	2799	28.89
赡养老人	81	2.09	32	1.88	89	2.17	202	2.09
人情送礼	184	4.74	116	6.83	257	6.26	557	5.75
婚丧嫁娶	55	1.42	54	3.18	137	3.33	246	2.54
交社保	82	2.11	23	1.35	28	0.68	133	1.37
对成年子女经济资助	7	0.18	0	0.00	6	0.15	13	0.13
水电气支出	6	0.15	1	0.06	9	0.22	16	0.17
农业生产花费	0	0.00	2	0.12	38	0.93	40	0.41
没压力	323	8.32	170	10.01	452	11.00	945	9.75
压力都大	2	0.05	1	0.06	12	0.29	15	0.15
其他	15	0.39	15	0.88	28	0.68	58	0.60
合计	3881	100	1699	100	4108	100	9688	100

相对城镇受访者，农村受访者的医疗负担和人情送礼压力较大，但是住房压力比较小。2016 年，农村受访者认为最大支出压力是医疗的比重为 32.25%，比城镇受访者高 6 个百分点；最大生活压力来自于人情送礼的受访者所占比重为 6.26%，比城镇居民高出了 2 个百分点之多。但是相对而言，农村居民的住房压力则比城镇居民缓和了许多。城市房价的快速上升推高了城镇居民的居住成本，相当一部分的城镇和城乡结合部居民面临着很大的住房（包括房贷和房租）支出压力，而农村购房和租房压力相对较小。认为最大生活压力来自住房支出的城镇和城乡结合部受访者所占比重分别为 17.70% 和 10.42%，比农村分别高近 9 个百分点和 2 个百分点。参见表 3–1。

城乡结合部的食品支出压力有所缓解。虽然城乡结合部受访者认为食品支出压力最大的比例为 15.07%，依然比城镇和农村受访者分别高出 3 个百分点、2 个百分点，但纵向来看，却比 2015 年降低了 12 个百分点之多。

表3-2 2015年城乡居民最大支出压力

	城镇		城乡结合部		农村		合计	
	频次	百分比（%）	频次	百分比（%）	频次	百分比（%）	频次	百分比（%）
食品	1032	21.66	238	27.39	1140	21.02	2410	21.8
服装	34	0.71	38	4.37	17	0.31	89	0.8
住房	800	16.79	126	14.5	380	7.01	1306	11.81
教育	989	20.76	171	19.68	1150	21.21	2310	20.89
交通	33	0.69	14	1.61	60	1.11	107	0.97
通信	11	0.23	2	0.23	13	0.24	26	0.24
医疗	1023	21.47	132	15.19	1526	28.14	2681	24.25
文化休闲娱乐	48	1.01	8	0.92	15	0.28	71	0.64
赡养老人	109	2.29	12	1.38	91	1.68	212	1.92
人情送礼	293	6.15	56	6.44	536	9.88	885	8
社会保障	25	0.52	0	0	4	0.07	29	0.26
婚嫁	6	0.13	5	0.58	16	0.3	27	0.24
补贴子女	7	0.15	1	0.12	1	0.02	9	0.08
水电费、日用品	11	0.23	0	0	13	0.24	24	0.22
儿童生活	21	0.44	8	0.92	25	0.46	54	0.49
生产经营成本	6	0.13	4	0.46	86	1.59	96	0.87
其他	19	0.4	3	0.35	20	0.37	42	0.38
未报告有压力	298	6.25	51	5.87	330	6.09	679	6.14
合计	4765	100	869	100	5423	100	11057	100

2. 家庭支出负担大是对生活不满意的重要原因

生活支出压力与生活不满之间有明显正相关关系，有生活压力的群体对生活不满意的比例更高。在 9354 个有效样本中，没有生活压力（即对家庭生活没有不满意）的群体对生活不满意的比例为 26.33%，而有生活压力的群体对生活不满意的比例为 71.63%，比无压力者高出了 45 个百分点。可见，生活压力是造成城乡居民生活不满意的重要原因。

受访者对家庭生活最为不满的方面往往也是其支出压力最大的方面。如对教育不满的受访者面临教育压力的概率为 63.11%，远远高于其面临住房（11.80%）、医疗（9.18%）、食品（8.03%）等其他方面压力的概率；对医疗不满的受访者面临医疗压力的概率为 60.87%，远远高于其面临教育（11.38%）、住房（7.93%）、食品（7.27%）等其他方面压力的概率；对住房不满的受访者面临住房压力的概率为 34.67%，远远高于其面临医疗（18.03%）、教育（17.48%）和食品（11.93%）等其他方面压力的概率。参见表 3–3。

表3-3 对家庭生活不满意的群体面临的生活压力来源

不满方面		食品	住房	子女教育	交通	医疗	赡养老人	人情送礼	婚丧嫁娶	交社保	对成年子女经济资助	水电气支出	农业生产花费	没压力	压力都大	其他	合计
就业状况	频次	65	52	92	2	87	11	27	11	8	1	1	0	12	0	2	371
	百分比（%）	17.52	14.02	24.8	0.54	23.45	2.96	7.28	2.96	2.16	0.27	0.27	0	3.23	0	0.54	100
收入水平	频次	412	381	686	14	784	58	141	78	47	5	5	11	85	4	17	2728
	百分比（%）	15.1	13.97	25.15	0.51	28.74	2.13	5.17	2.86	1.72	0.18	0.18	0.4	3.12	0.15	0.62	100
子女教育	频次	49	72	385	3	56	6	14	4	4	0	0	1	16	0	0	610
	百分比（%）	8.03	11.8	63.11	0.49	9.18	0.98	2.3	0.66	0.66	0	0	0.16	2.62	0	0	100
医疗	频次	99	108	155	8	829	21	45	17	10	0	1	4	60	1	4	1362
	百分比（%）	7.27	7.93	11.38	0.59	60.87	1.54	3.3	1.25	0.73	0	0.07	0.29	4.41	0.07	0.29	100
养老	频次	63	53	62	1	189	31	35	14	15	0	2	0	33	1	2	501
	百分比（%）	12.57	10.58	12.38	0.2	37.72	6.19	6.99	2.79	2.99	0	0.4	0	6.59	0.2	0.4	100
住房	频次	86	250	126	3	130	15	45	17	8	2	1	2	31	1	4	721
	百分比（%）	11.93	34.67	17.48	0.42	18.03	2.08	6.24	2.36	1.11	0.28	0.14	0.28	4.3	0.14	0.55	100
合计	频次	774	916	1506	31	2075	142	307	141	92	8	10	18	237	7	29	6293
	百分比（%）	12.3	14.56	23.93	0.49	32.97	2.26	4.88	2.24	1.46	0.13	0.16	0.29	3.77	0.11	0.46	100

（三）受访者对社会环境最关切的因素分析

2016 年城乡居民对社会环境的满意度显著提高。2016 年受访者对社会环境没有不满意的比例为 46.34%，较 2015 年提高了 11.74 个百分点。

对社会环境最不满意的方面主要是环境污染和食品安全。2016 年城乡居民对社会环境最不满意方面选择频次从高到低依次为环境污染、食品安全、交通出行、政府办事效率、社会治安、社区服务、文化生活（含体育）、司法公正和社会保障 / 医疗服务等，相应占比 15.29%、12.81%、8.49%、4.08%、2.88%、2.52%、1.47%、0.86% 和 0.32%。参见图 3–3。

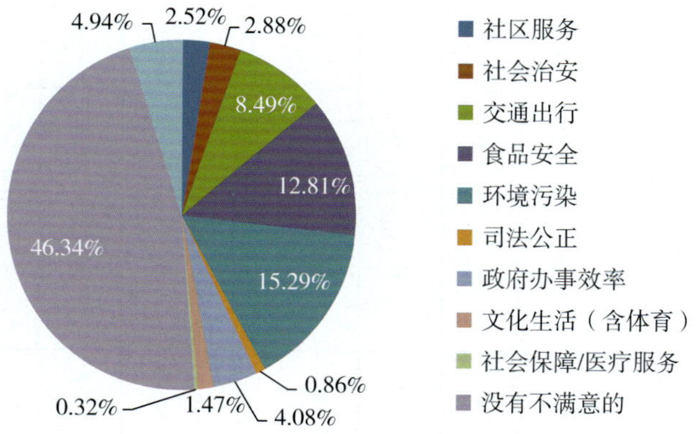

图3-3　2016年城乡居民最不满意的社会环境因素

从城乡层面来看，2016 年城乡结合部和农村受访者对社会环境满意度相对较高。城乡结合部和农村受访者在社会环境方面没有不满意的比例分别为 47.22% 和 55.30%，城镇受访者没有不满意的比例为 36.46%。就城乡居民对社会环境不满意的具体因素看，2016 年城镇受访者对社会环境最不满意的因素依然为食品安全，城乡结合部和农村受访者对社会环境最不满意因素均为环境污染。在对社会环境最不满意因素的选择中，有 20.47% 的城镇受访者选择了食品安全问题，明显高于城乡结合部受访者中的 11.36% 和农村受访者中的 6.17%。城市居民收入水平的提高使其对食品安全有了更高的要求，对食品安全有更高关注度和更高期望，对存在的食品安全问题更加敏感。在对社会环境有所不满的城乡结合部和农村受访者中，最不满的社会环境因素为环境污染的占比最高，分别为 18.86% 和 11.54%，这说明政府需要对城乡结合部和农村的环境污染问题引起重视。此外，10.18% 的农村居民对社会环境最不满意的因素为交通出行。参见表 3–4。

表3-4　城乡居民最不满意的社会环境因素比较

	城镇		城乡结合部		农村	
	频次	百分比（%）	频次	百分比（%）	频次	百分比（%）
社区服务	111	2.84	36	2.11	99	2.39
社会治安	142	3.64	57	3.34	82	1.98
交通出行	289	7.40	117	6.85	421	10.18

续表

	城镇		城乡结合部		农村	
	频次	百分比（%）	频次	百分比（%）	频次	百分比（%）
食品安全	799	20.47	194	11.36	255	6.17
环境污染	691	17.70	322	18.86	477	11.54
司法公正	47	1.20	9	0.53	28	0.68
政府办事效率	202	5.18	66	3.87	130	3.14
文化生活（含体育）	57	1.46	13	0.76	73	1.77
社会保障/医疗服务	8	0.20	2	0.12	21	0.51
没有不满意的	1423	36.46	806	47.22	2286	55.30
不回答/不清楚	134	3.43	85	4.98	262	6.34
合计	3903	100.00	1707	100.00	4134	100.00

（四）不同人群民生关切点差异

1. 农村受访者

在对家庭生活有所不满的农村受访者中，对家庭生活最不满意的因素依次为收入水平、医疗、住房、教育、养老和就业，相应占比分别为45.62%、21.10%、9.72%、8.98%、8.50%和6.07%[①]。与总体受访者相比，农村受访者选择收入和养老为最不满意的比例更高，主要原因在于城乡居民收入差距的扩大和农村基本养老保障体系的不完善。相对而言，农村受访者对住房的不满意程度更低，原因在于农村自建住房的存在使得农村受访者住房支出（包括房贷和房租）较小。参见图3-2和图3-4。

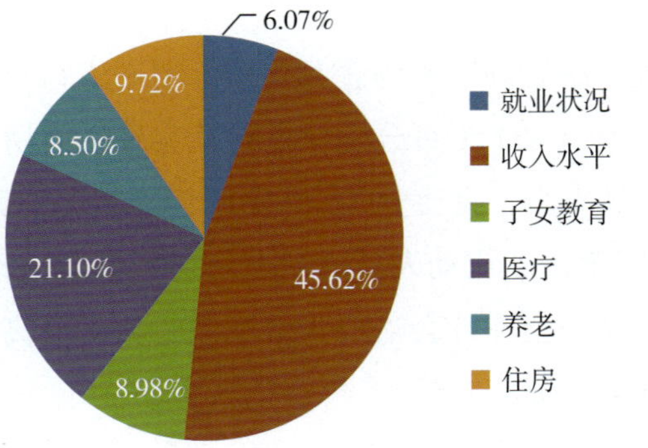

图3-4 农村居民最不满意的家庭生活因素

在对社会环境有所不满的农村受访者中，最不满的社会环境因素为环境污染，占比为34.21%，其次是交通出行和食品安全，占比分别为22.56%和18.73%，这三类因素占了农村受访者对社会环境不满因素的75%之多。与总体受访者相比，农村受访者选择交通出行和环境污染为最不满意的比例更高，对食品安全不满的比例则较低。参见表3-4和图3-5。

① 本小节主要关注收入和十八大报告指出的教育、就业、医疗、养老、住房等六个主要的民生方面。下同。

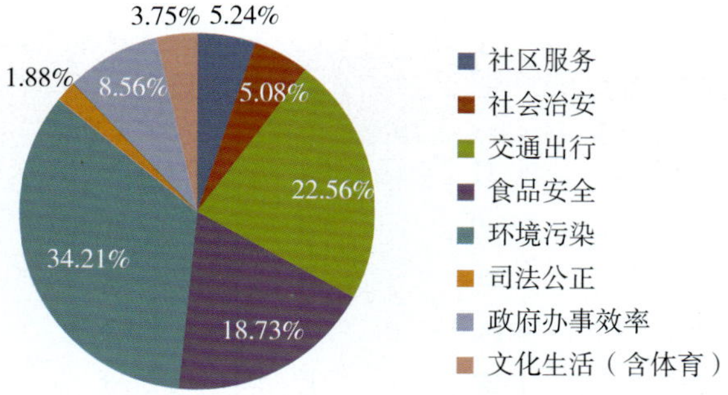

图3-5　农村居民最不满意的社会环境因素

2. 流动人口

在对家庭生活有所不满的流动人口样本中，对家庭生活最不满意的因素依次为收入水平、住房、医疗、教育、就业和养老，相应占比分别为 37.90%、21.01%、16.32%、16.32%、4.50% 和 3.94%。与总体受访者相比，流动人口选择住房和教育为最不满意的比例更高，比总体受访者分别高出 10 个百分点和 7 个百分点。参见图 3-2 和图 3-6。

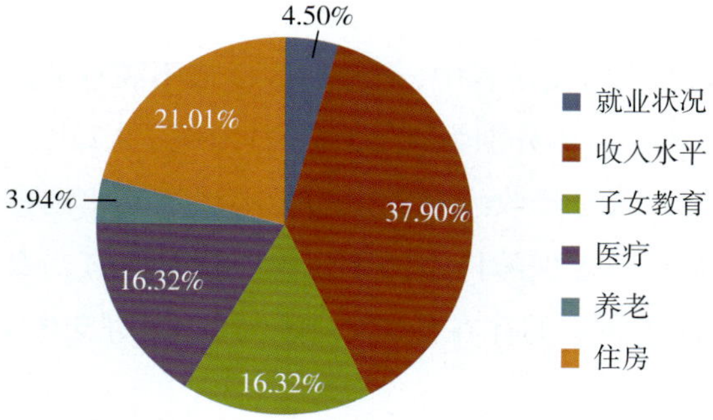

图3-6　流动人口最不满意的家庭生活因素

流动人口对社会环境最不满意的因素为食品安全。流动人口对社会环境没有不满意的比例为 32.03%，比总体受访者高出 14.31 个百分点。在对社会环境有所不满的流动人口样本中，最不满意的社会环境因素为食品安全，占比为 31.42%，其次是环境污染和交通出行，占比分别为 25.88% 和 13.94%，这三类因素占了流动人口对社会环境不满意因素的 71.24% 之多。与总体受访者相比，流动人口选择食品安全和社会治安为最不满意比例更高，但对环境污染和交通出行不满意的比例更低。参见图 3-7 和表 3-4。

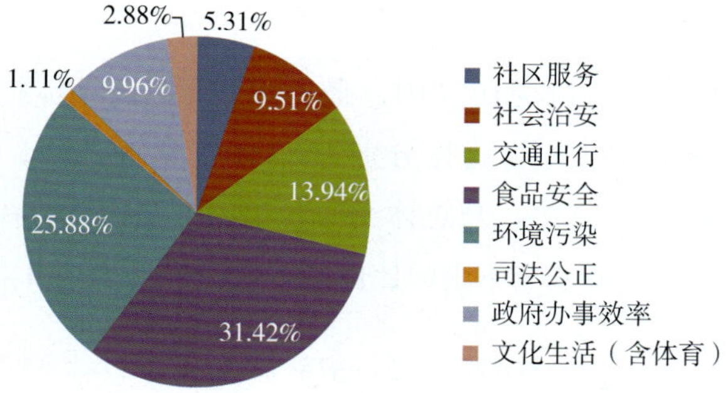

图3-7　流动人口最不满意的社会环境因素

3. 非正规就业者

在对家庭生活有所不满的非正规就业者中，对家庭生活最不满意的因素依次为收入水平、医疗、住房、教育、养老和就业，相应占比分别为 39.25%、17.94%、16.55%、15.36%、5.95% 和 4.96%。与总体受访者相比，非正规就业者选择教育和住房最不满意的比例更高，比总体受访者分别高出 6 个百分点和 5 个百分点。参见图 3–2 和图 3–8。

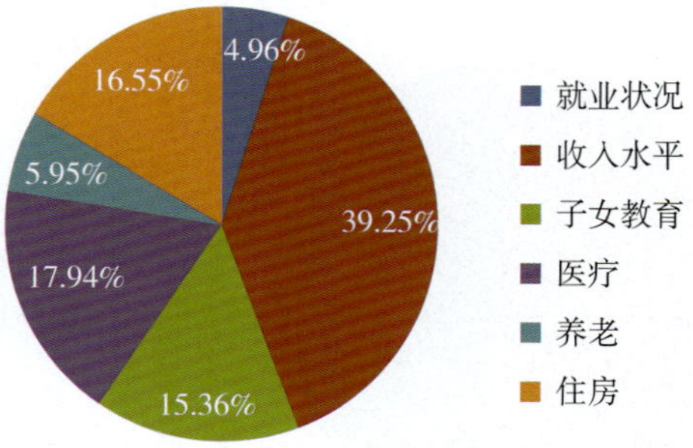

图3-8　非正规就业者最不满意的家庭生活因素

非正规就业者对社会环境最不满意的因素为环境污染。非正规就业者对社会环境没有不满意的比例为 46.38%，基本与总体受访者持平。在对社会环境有所不满的非正规就业者中，最不满意的社会环境因素为环境污染，占比为 31.86%，其次是食品安全和交通出行，占比分别为 27.75% 和 17.16%，这三类因素占了非正规就业者对社会环境不满意因素的 76.77% 之多。与总体受访者相比，非正规就业者选择食品安全为最不满意的比例略高，但对社区服务不满意的比例略低。参见图 3–9和表 3–4。

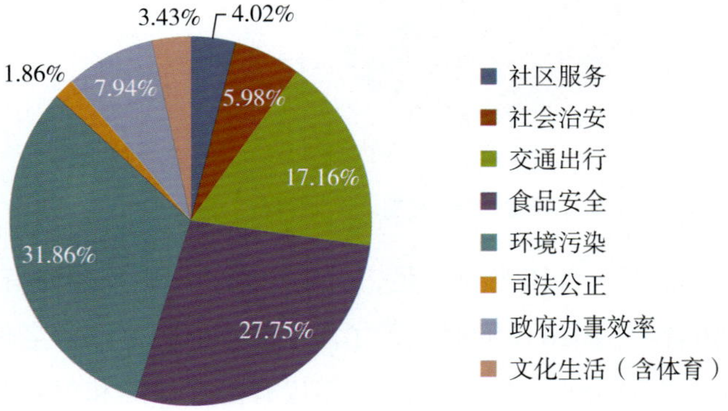

图3-9　非正规就业者最不满意的社会环境因素

三、家庭生活因素对民生的影响

（一）就业状况及其对居民民生关切的影响

1. 就业形势趋稳，但就业质量有所下降

对于有工作的受访者而言，2016 年劳动时间与 2015 年基本持平。在所调查的受访者中，有

工作者共有 5892 人，其中认为工作量增加（包括大幅增加和小幅增加）的受访者人数与认为工作量减少（包括大幅减少和小幅减少）的受访者人数基本持平，分别为 1157 人和 1153 人，占有工作受访者的 19.64% 和 19.57%。

2016 年非正规就业显著增加。在所有非农就业受访者中，2015 年非正规就业的占比为 52.50%，而 2016 年这一比重则上升到 59.49%，上升了近 7 个百分点。这说明，虽然随着经济形势开始稳中向好发展，就业形式趋稳，但就业质量仍有所下降。

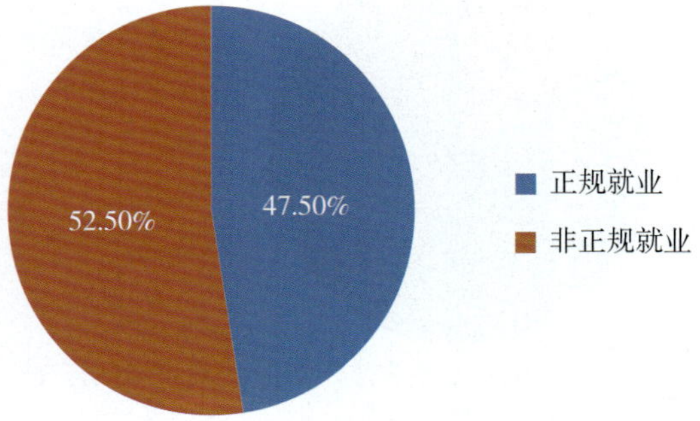

图3-10　2015年正规就业与非正规就业占比

注：正规就业指签订了劳动合同，非正规就业指没有签订劳动合同。

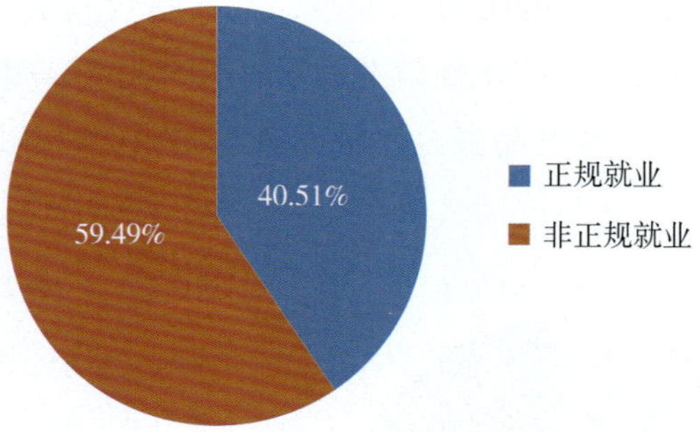

图3-11　2016年正规就业与非正规就业占比

注：正规就业指签订了劳动合同，非正规就业指没有签订劳动合同。

非农业从业人员就业的社会保障尚显不足，且纵向来看保障率还略有降低。从图 3–12 可以看出，在非农业就业受访者中，2016 年同时获得了职工医疗保障[①]和养老保障[②]的受访者比例为 32.80%，较上年降低了 2 个百分点。同时，2016 年仅有医疗保障和仅有养老保障的非农业就业受访者比例分别为 3.40% 和 7.60%，较上年均略有提升。既无医疗保障也无养老保障的非农业从业人员比例与上年基本持平。

---

① 指非农业从业人员获得正式的其工作单位缴纳的医疗保险的情况，具体包括城镇职工基本医疗保险和公费医疗。

② 指非农业从业人员获得正式的其工作单位缴纳的养老保险的情况，具体包括城镇职工基本养老保险、机关事业单位养老、企业年金。

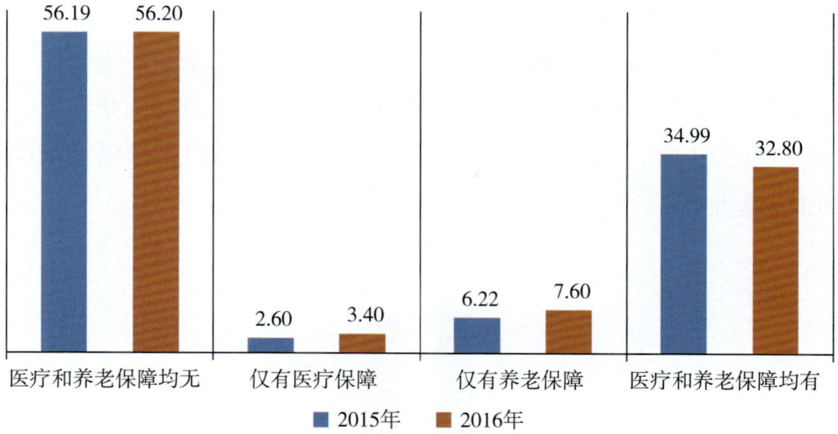

图3-12　2015年和2016年非农业从业人员获得社会保障情况（%）

2. 非稳定就业者的就业状况恢复较慢

①非正规就业者。

相对于总体而言，非正规就业者（定义1，参见图3–13注释，下同）的工作量下降的比例更大。在非正规就业者中，工作量减少（包括小幅减少和大幅减少）的受访者比例为24.93%，比总体受访者高5个百分点，工作量增加（包括小幅增加和大幅增加）的受访者比例为18.39%，比总体受访者低1个百分点。

纵向来看，非正规就业者（定义1）工作量下降的比例有所增加。2015年非正规就业者中，工作量下降的受访者比例为21.97%，比2016年低3个百分点；但同时工作量增加的受访者比例为15.67%，比2016年低3个百分点。

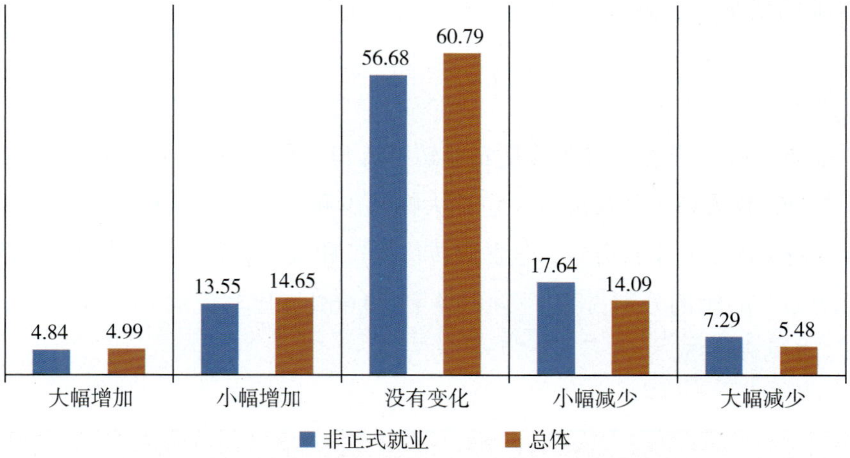

图3-13　非正规就业者（定义1）的工作量变化情况（%）

注：非正规就业者（定义1）为没有签订劳动合同的就业者。

当改变非正规就业者的定义（定义2，参见图3–14注释，下同）时，结果变化不大。相比于总体而言，非正规就业者的工作量下降幅度更大。在非正规就业者中，工作量减少（包括小幅减少和大幅减少）的受访者比例为 23.15%，比总体受访者高 4 个百分点，工作量增加（包括小幅增加和大幅增加）的受访者比例为 14.45%，比总体受访者低 5 个百分点。

纵向来看，非正规就业者（定义 2）工作量降幅增大。在非正规就业者中，2016 年工作量减少的受访者比例为 23.15%，比 2015 年低近 6 个百分点；但同时工作量增加的受访者比例为 14.45%，与 2015 年基本持平。

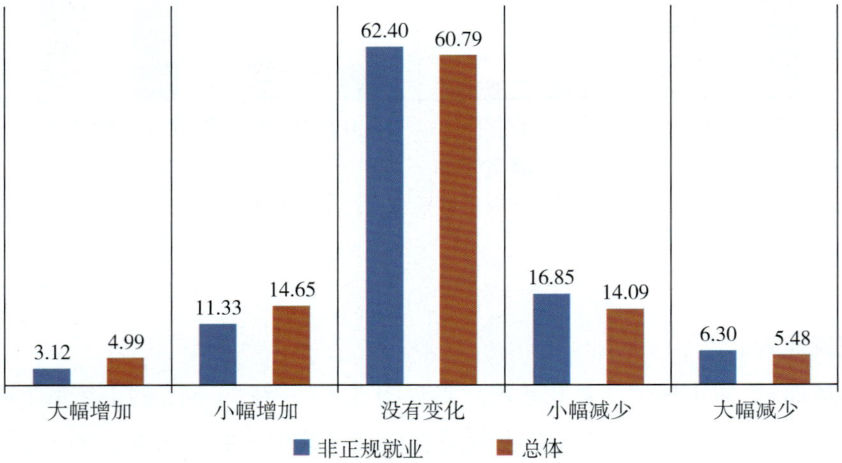

图3-14 非正规就业者（定义2）的工作量变化情况（%）

注：非正规就业者（定义 2）为没有缴纳职工医疗和养老保险的就业者。

可见，经济企稳回升对正规就业者就业状况的改善作用明显大于非正规就业者。可能的原因是，经济的回暖趋势还不稳定，吸纳就业的能力还不能完全恢复，在工作机会有限的情况下，各个用工单位优先保障最基本的正规就业者的工作机会，使其工作量达到更加饱满的状态。而随着需求的增加，企业虽然开始吸纳了更多的非正规就业者，但其就业大多处于非充分就业状态。

②流动人口。

相对于非流动人口，流动人口尤其是农业转移人口工作量的下降范围更大。2016 年的流动人口样本中，农业转移人口工作量减少（包括大幅减少和小幅减少）的比例分别占到了 24.79%，比非流动人口分别高出了 6 个百分点；非农业转移人口和农业转移人口工作量出现增加（包括大幅增加和小幅增加）的比例分别占到了 34.86% 和 20.66%，比非流动人口分别高出 15 个百分点和 2 个百分点。参见表 3–5。

表3-5 流动人口与非流动人口工作量比较

工资收入	非流动人口		流动人口			
			农业转移人口		非农业转移人口	
	频次	百分比（%）	频次	百分比（%）	频次	百分比（%）
大幅增加	272	5.10	13	3.58	8	4.57
小幅增加	741	13.89	62	17.08	53	30.29

续表

工资收入	非流动人口		流动人口			
			农业转移人口		非农业转移人口	
	频次	百分比（%）	频次	百分比（%）	频次	百分比（%）
没有变化	3296	61.77	198	54.55	80	45.71
小幅减少	742	13.91	66	18.18	20	11.43
大幅减少	285	5.34	24	6.61	14	8.00
合计	5336	100.00	363	100.00	175	100.00

③农村居民[①]及农业从业者。

农村受访者工作量下降更加显著，农业从业者和非农业从业者工作量均出现较大降幅，纯农业者工作量亦有下降。从图 3-15 可以看出，2016 年工作量下降（包括小幅减少和大幅减少）的农村受访者所占比重为 21.67%，比城市受访者高 7 百分点；工作量增加（包括大幅增加和小幅增加）的农村受访者所占比重为 15.50%，比城市受访者低 14 个百分点。从图 3-16 中可以看出，不同类型从业者中，工作量下降的农业从业者所占比重为 20.25%，比非农业从业者高 1 个百分点；工作量增加的农业从业者所占比重为 10.72%，比非农业从业者低 16 个百分点。此外，工作量下降的纯农业者占比 16.84%，工作量增加的纯农业者占比为 9.86%。

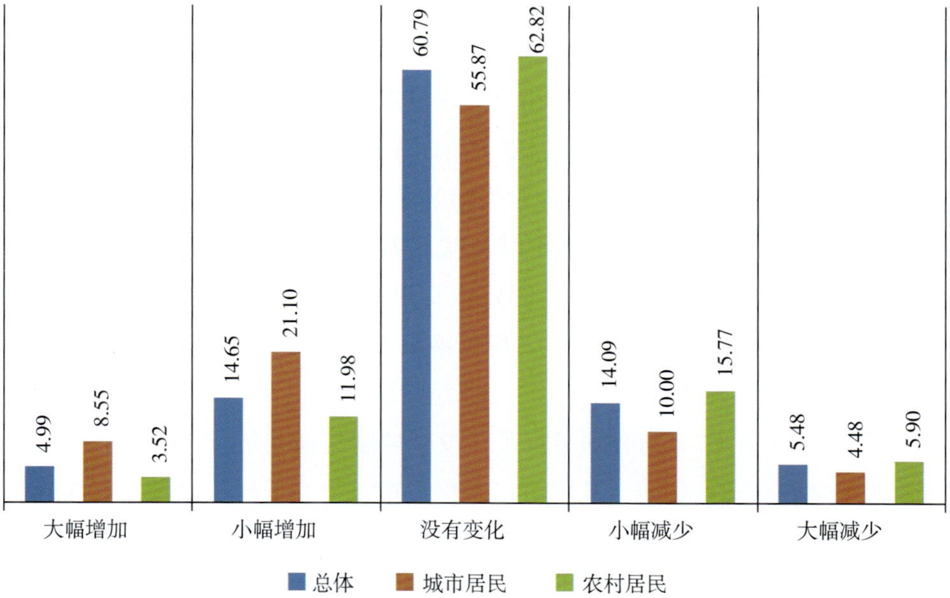

图3-15 城乡居民工作量变化情况（%）

① 农村居民包括居住在镇中心区、镇乡结合区、乡中心区和村庄的已就业居民。务农表示从事农业就业的农村居民，即就业类型为专业务农、兼业农民或农村自营业者的农村居民；务工表示从事非农业就业（还包括农村专业管理人员）的农村居民；纯农业者表示就业类型为专业务农的农村居民。

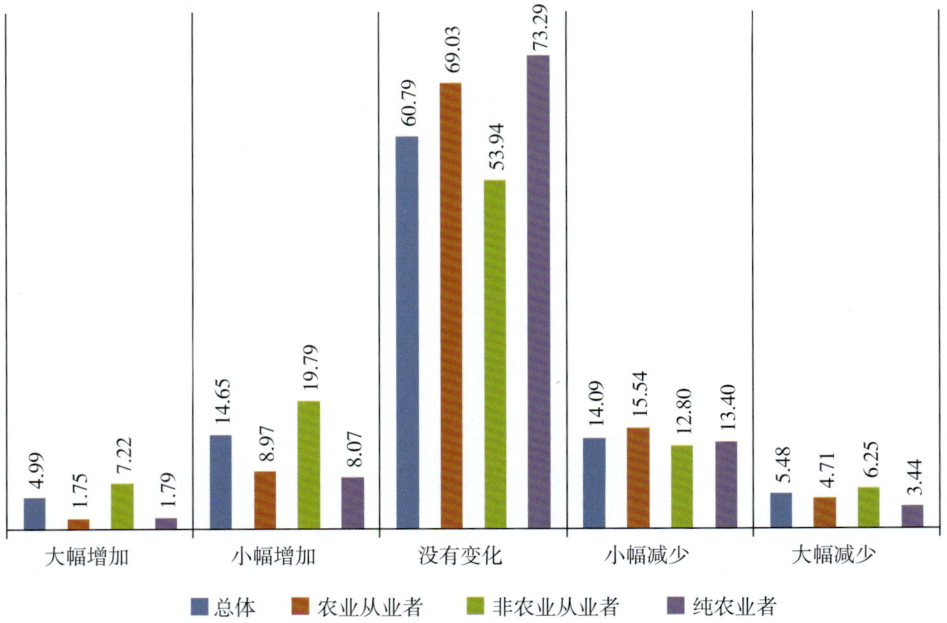

图3-16　不同类型从业者工作量变化情况（%）

3. 就业保障不充分是对就业不满意的主要原因

回归分析表明，就业保障力度与生活满意情况及就业满意情况之间均呈现正相关关系。表 3-6 第（1）列和第（2）列分别考察了在没有控制其他变量时，就业的正规性及就业保障状况对生活满意度评价的影响。从中可以看出，相对于非正规就业者，正规就业者对生活满意的评价要高 6 分；相对于既无医疗保障又无养老保障者的非农业就业者，医疗和养老保障均有的非农业就业者和仅有养老保障的非农业就业者对生活满意度的评价分别高出 6 分和 5 分。第（3）列在回归模型中同时加入了就业的正规性以及就业者的社会保障情况，第（4）、第（5）列则是在第（3）列的基础上依次加入了县固定效应和个体人口特征变量（包括年龄、性别、受教育程度、婚姻状况、户口、健康状况），所得结果均显示就业保障与对生活满意评价之间具有很强的正相关关系。

表 3-6 第（6）列和第（7）列分别考察了在没有控制其他变量时，就业的正规性及就业保障状况对就业状况是否满意的影响。从中可以看出，相对于非正规就业者，正规就业者在家庭生活中对就业最不满意的比例要少 1 个百分点；相对于既无医疗保障又无养老保障的非农业就业者，医疗和养老保障均有的非农业就业者和仅有养老保障的非农业就业者在家庭生活中对就业最不满意的比例分别少 3 个和 2 个百分点。第（3）列在回归模型中同时加入了就业的正规性以及就业者的社会保障情况，第（4）、第（5）列则是在第（3）列的基础上依次加入了县固定效应和个体人口特征变量（包括年龄、性别、受教育程度、婚姻状况、户口、健康状况），所得结果均显示就业保障不充分会提高就业不满意的概率。

表3-6 就业保障与生活满意评价及就业不满意的关系

	生活满意度					对就业不满概率				
	（1）	（2）	（3）	（4）	（5）	（6）	（7）	（8）	（9）	（10）
正式就业	5.740***		3.846***	3.452***	2.606***	−0.0130*		−0.0233**	−0.0359***	−0.0374***
	（0.659）		（0.906）	（0.905）	（0.912）	（0.007）		（0.009）	（0.010）	（0.010）
仅有医疗保障		2.479	−0.709	1.531	0.222		−0.0267	−0.0163	−0.0149	−0.0115
		（1.934）	（2.056）	（2.196）	（2.198）		（0.017）	（0.022）	（0.024）	（0.024）
仅有养老保障		5.341***	3.907***	4.343***	3.447**		−0.0255**	−0.0279**	−0.0218	−0.0203
		（1.345）	（1.465）	（1.455）	（1.434）		（0.012）	（0.013）	（0.014）	（0.014）
医疗和养老保障均有		6.438***	3.755***	4.525***	2.563**		−0.0158*	−0.00794	0.000199	0.00815
		（0.766）	（0.960）	（1.110）	（1.211）		（0.008）	（0.010）	（0.012）	（0.014）
年龄				−8.24	−6.332				−0.172	−0.174
					0.161***					0.000502
					（0.044）					（0.000）
男性					1.108					−0.00244
					（0.847）					（0.010）
小学（含肄业）					−1.478					0.0211
					（3.292）					（0.029）
初中（含肄业）					2.558					0.0377
					（3.147）					（0.028）
高中/中专/技校（含肄业）					4.171					0.0284
					（3.236）					（0.028）
大专/高职（含肄业）					7.162**					0.00913
					（3.316）					（0.029）
本科（含肄业）					7.406**					0.0281
					（3.424）					（0.031）
研究生及以上					12.67**					−0.0142
					（4.933）					（0.031）

续表

	生活满意度					对就业不满概率				
	（1）	（2）	（3）	（4）	（5）	（6）	（7）	（8）	（9）	（10）
同居					−5.099*					−0.0422
					（2.861）					（0.042）
初婚有配偶					0.0154					−0.0753***
					（1.524）					（0.022）
再婚有配偶					−5.424					−0.0166
					（3.414）					（0.061）
离婚					−6.558**					−0.0690**
					（2.855）					（0.034）
丧偶					−5.506					−0.0669*
					（3.824）					（0.039）
农业户口					1.294					−0.000227
					（1.018）					（0.012）
有残疾或疾病，但仍有劳动能力					−10.70***					0.0155
					（2.213）					（0.026）
因疾病或残疾，丧失劳动能力，但生活能自理					−14.82**					−0.0733**
					（6.108）					（0.031）
因疾病或残疾，丧失劳动能力，生活不能自理					−13.67***					−0.0931***
					（3.080）					（0.035）
常数项	71.41***	71.43***	70.97***	56.65***	47.13***	0.0475***	0.0553***	0.0662***	0.291*	0.320*
	（0.441）	（0.493）	（0.638）	（7.400）	（6.622）	（0.005）	（0.005）	（0.008）	（0.172）	（0.180）
县固定效应	—	—	—	√	√	—	—	—	√	√
Observations	3，562	3，084	2，514	2，514	2，507	3，577	3，091	2，519	2，519	2，512
R-squared	0.02	0.023	0.028	0.132	0.168	0.001	0.002	0.005	0.053	0.064

注：括号内数值为标准误，*** p<0.01，** p<0.05，* p<0.1。对生活满意评价按百分制计算。对就业不满意的概率表示对家庭生活不满的因素选择就业情况的比例（单位：1）。“—”表示未控制县固定效应，“√”表示控制了县固定效应。

图 3-17 还考察了是否就业及非自愿性失业[①]的影响。结果表明，是否就业对生活满意度和就业满意情况影响不大，而非自愿性失业者虽然生活满意度明显降低，但非自愿性失业受访者在家庭生活中对就业最不满意的比例也更少。

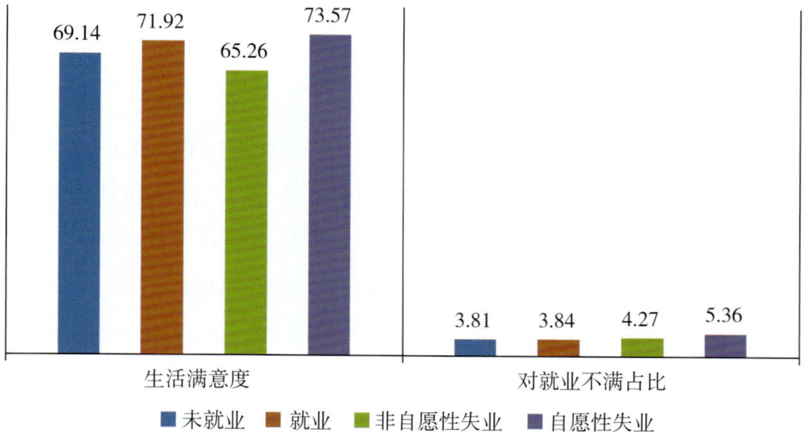

图3-17　就业情况与生活满意评价及就业不满意的关系

注：对生活满意度为百分制；对就业不满是指受访者对家庭生活最不满因素选择就业状况的比例，单位为 %。

（二）收入状况及其对居民民生关切的影响

1. 城乡居民仍面临较大收入下降风险

城乡居民收入下降风险增加。在所有受访者中，2016 年认为月平均收入增加（包括大幅增加和小幅增加）的受访者占比为 15.77%，认为月平均收入减少（包括大幅减少和小幅减少）的受访者占比为 28.16%。

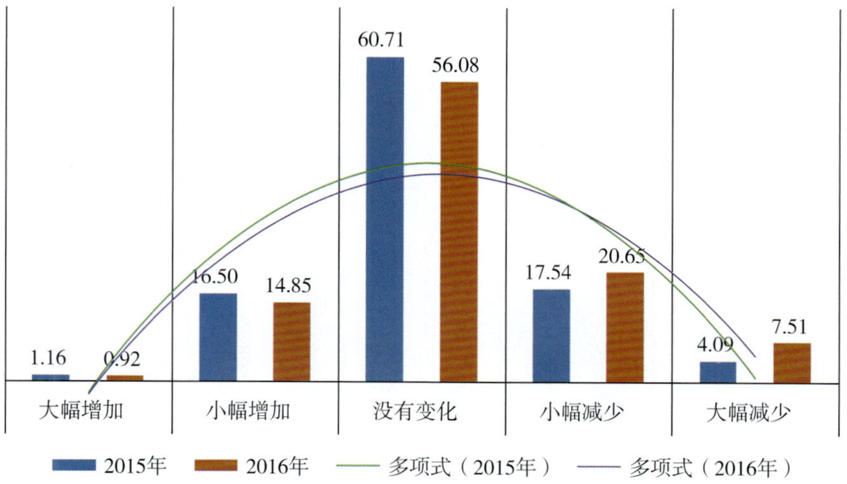

图3-18　受访者月平均收入的变化情况（%）

① 非自愿性失业包括因丧失工作能力、毕业后未工作、因单位原因失去工作、因个人原因失去工作、承包土地被征用及料理家务而导致的失业；自愿性失业指的是不想就业的群体。

纵向来看，月平均收入下降趋势明显。从图 3–18 中可以看出，2016 年受访者月平均收入变动的分布比 2015 年更加偏右，这也就意味着总体而言，2016 年受访者中月平均收入增加者所占比重比 2015 年低。具体而言，月平均收入增加的受访者比重较 2015 年下降了 2 个百分点，同时月平均收入下降的受访者比重较 2015 年增加了 7 个百分点。由此可见，2016 年整体经济缓中趋稳、稳中向好的情况下，受访者及其家庭收入增幅仍持续放缓。

①非正规就业者。

相对于总体而言，非正规就业者（定义 1）的月平均收入下降更大。在非正规就业者中，月平均收入下降（包括大幅下降和小幅下降）的受访者比例为 32.42%，比总体受访者高 4 个百分点；月平均收入增加的受访者比例为 13.69%，比总体受访者低 2 个百分点。

纵向来看，非正规就业者（定义 1）月平均收入增幅明显减缓，收入下降风险增加。2015 年非正规就业者中，工资月平均收入下降的受访者比例为 26.18%，比 2016 年低 6 个百分点；工资月平均收入增加的受访者比例为 16.95%，比 2016 年高 3 个百分点。

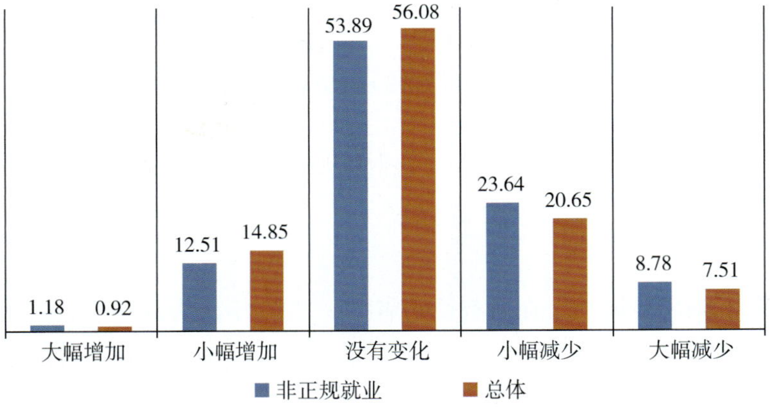

图3-19 非正规就业者（定义1）的月平均收入变化情况（%）

注：非正规就业者（定义 1）为没有签订劳动合同的就业者。

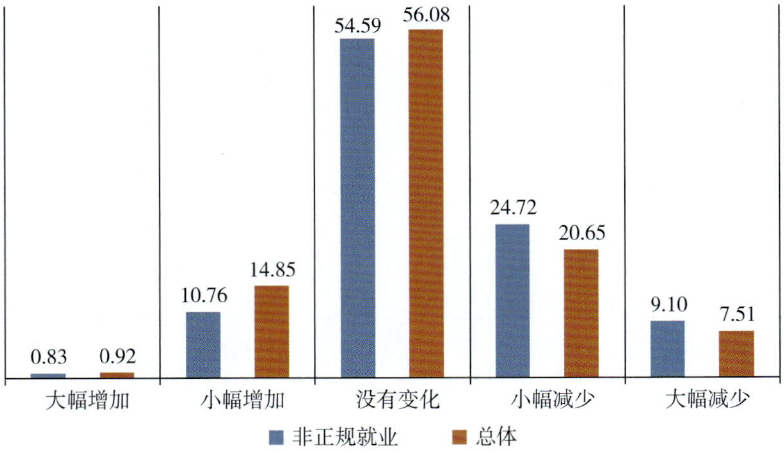

图3-20 非正规就业者（定义2）的月平均收入变化情况（%）

注：非正规就业者（定义 2）为没有缴纳职工医疗和养老保险的就业者。

当改变非正规就业者的定义（定义 2）时，结果变化不大。相比于总体而言，非正规就业者的月平均收入下降幅度更大。在非正规就业者中，月平均收入下降（包括大幅下降和小幅下降）的受访者比例为 33.82%，比总体受访者高 6 个百分点；月平均收入增加（包括大幅增加和小幅增加）的受访者比例为 11.59%，比总体受访者低 4 个百分点。

纵向来看，非正规就业者（定义 2）月平均收入增幅明显减缓，收入下降风险增加。2015 年非正规就业者中，月平均收入增加的受访者比例为 15.91%，比 2016 年高 4 个百分点；月平均收入下降的受访者比例为 26.89%，比 2016 年低 7 个百分点。

②流动人口。

相对于非流动人口，流动人口尤其是非农业转移人口月平均收入增加的范围更大。2016 年流动人口中，非农业转移人口和农业转移人口月平均收入出现增加（包括大幅增加和小幅增加）的比例分别占到了 33.71% 和 22.92%，比非流动人口分别高出 20 个百分点和 8 个百分点；同时，非农业转移人口和农业转移人口月平均收入出现下降（包括大幅下降和小幅下降）的比例分别占到了 20.57% 和 25.41%，比非流动人口分别低 8 个百分点和 3 个百分点。参见表 3-7。

表3-7　流动人口与非流动人口工资收入比较

工资收入	非流动人口		流动人口			
			农业转移人口		非农业转移人口	
	频次	百分比（%）	频次	百分比（%）	频次	百分比（%）
大幅增加	46	0.86	7	1.93	1	0.57
小幅增加	734	13.80	76	20.99	58	33.14
没有变化	3017	56.72	187	51.66	80	45.71
小幅减少	1119	21.04	66	18.23	24	13.71
大幅减少	403	7.58	26	7.18	12	6.86
合计	5319	100.00	362	100.00	175	100.00

同时，流动人口工作量增加的比例为 25.09%，比非流动人口高 6 个百分点。在流动人口中，农业转移人口月平均收入增加的范围比非农业转移人口小，月平均收入和工作量没有变化的比例也明显高于非农业转移人口。由此可见，经济企稳回升对增加流动人口工作机会和收入的作用已开始显现，且对非农业转移人口作用更大。

③农村居民及农业从业者。

农村居民月平均收入下降更为显著，务农收入和务工收入均出现较大范围下降，纯农业者收入下降范围更大。从图 3-21 可以看出，2016 年月平均收入下降（包括小幅减少和大幅减少）的农村受访者所占比重为 32.09%，比城市受访者高 13 个百分点；月平均收入增加（包括大幅增加和小幅增加）的农村受访者所占比重为 12.59%，比城市受访者低 11 个百分点。在农村受访者中，月平均收入下降的农业从业者所占比重为 35.18%，比非农业从业者高 8 个百分点；月平均收入增加的农业从业者所占比重为 8.75%，比非农业从业者低 10 个百分低。其中，纯农业者月平均收入下降的占比为 34.78%，月平均收入增加的占比为 8.06%。

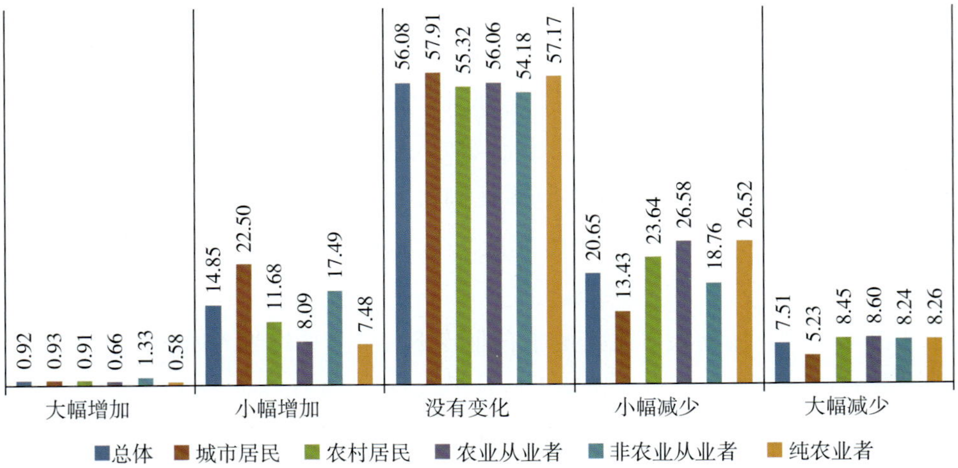

图3-21　城乡受访者月平均收入变化情况（%）

2. 收入下降和收入差距扩大是造成不满意的重要原因

收入差距仍有扩大趋势，但幅度有所收窄。2016 年，受访者认为收入差距相对于 2015 年有扩大趋势的占比明显高于认为有缩小趋势的占比。具体而言，2016 年受访者认为收入差距大幅扩大的比例为 4.07%，有些扩大的比例为 33.73%，没有变化的比例为 47.12%，有些缩小的比例为 13.65%，大幅缩小的比例为 1.43%。农业转移人口、非正规就业者、农村外出打工者中认为收入差距扩大的占比分别为 40.54%、40.61% 和 38.42%，比总体人口分别高 2.74 个、2.81 个和 0.62 个百分点；纯农业者中认为收入差距扩大的占比为 31.78%，比总体人口低 6.02 个百分点。但纵向上看，收入差距扩大的趋势有所收窄，认为收入差距会扩大的比例较上年下降 3.37 个百分点。

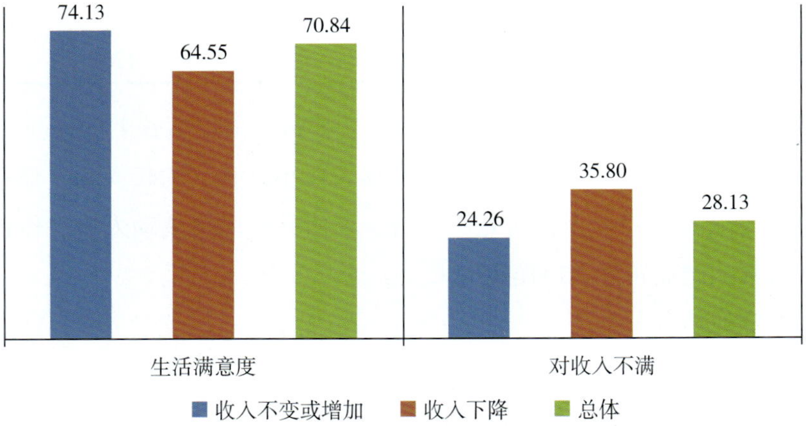

图3-22　收入变化与生活不满意的关系

注：生活满意度是百分制；对收入不满指的是对家庭生活最不满因素选择收入情况的比例，单位为 %。

收入下降和收入差距扩大是造成不满意的重要原因。认为收入下降或收入差距扩大的受访者对生活和收入的不满意程度明显更高，认为收入下降的受访者生活满意度得分为 64.55 分，分别比认为收入不变或增加的受访者和总体低 10 分和 6 分，参见图 3–22；认为收入下降的受访者家庭生活最不满意因素选择家庭收入的比例为 35.80%，分别比认为收入不变或增加的受访者和总体高出 12 个百分点和 8 个百分点。认为收入差距扩大的受访者生活满意度得分为 67.66 分，分别比认为收入差距不变或缩小的受访者和总体低 5 分和 3 分；认为收入差距扩大的受访者家庭生活最不满意因素选择家庭收入的比例为 33.45%，分别比认为收入差距不变或缩小的受访者和总体高出 8 个百分点和 5 个百分点。参见图 3–23。

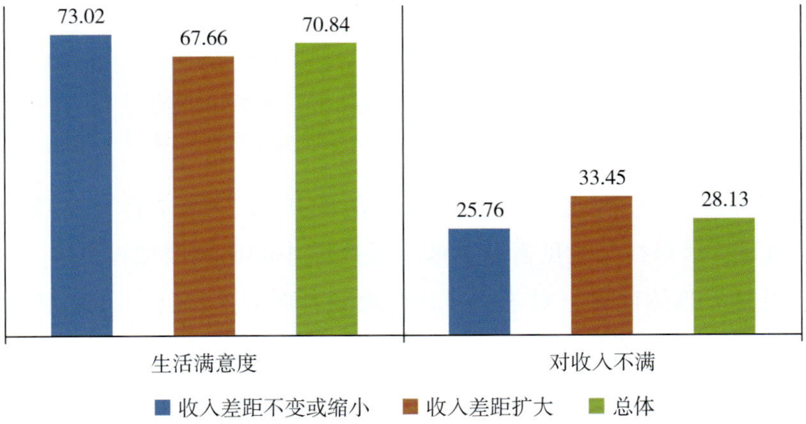

图3-23　收入差距变化与生活不满意的关系

注：生活满意度是百分制；对收入不满指的是对家庭生活最不满因素选择收入情况的比例，单位为 %。

3. 社会救助有效发挥了民生兜底保障功能

相较于 2015 年，为应对居民收入下降的风险，2016 年社会救助覆盖的范围明显扩大。在剔除不回答样本后，2016 年有社会救助的受访者比例为 12.32%，比 2015 年有社会救助的受访者高出了 4 个百分点。

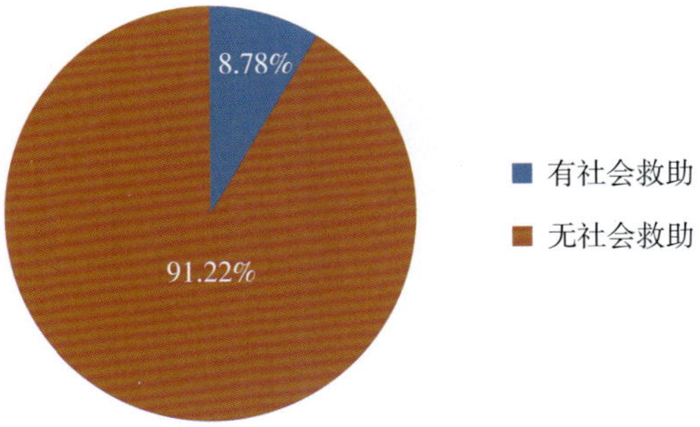

图3-24　2015年受访者获得社会救助的情况

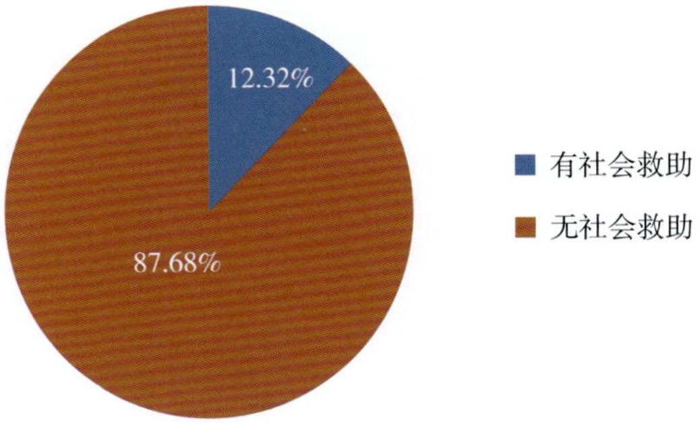

图3-25　2016年受访者获得社会救助的情况

获得社会救助明显降低了低收入群体对民生的不满意。低收入群体中未获得社会救助的受访者对生活不满意（包括很不满意和不太满意）的比例为 18.54%，比低收入群体中获得社会救助的受访者对生活不满意的比例低 10 个百分点，比低收入群体总体对生活不满意的比例低 1 个百分点。

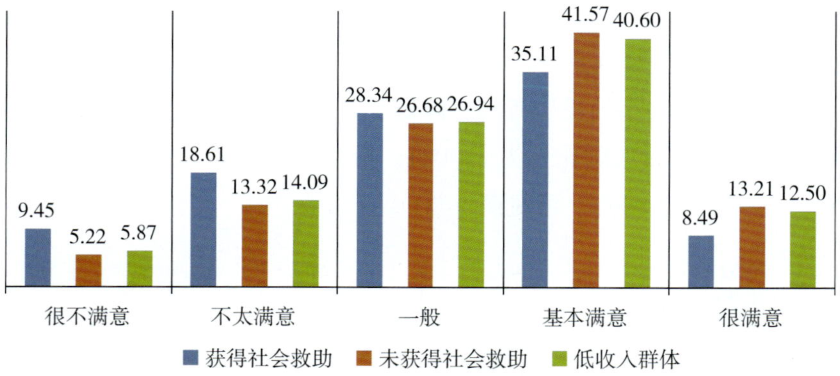

图3-26 低收入群体是否获得社会救助与生活满意评价的关系（%）

获得社会救助在一定程度上抑制了收入差距的扩大。相对于未获得社会救助者，在2015 ~ 2016年期间，获得社会救助者认为收入差距缩小的比例增加得更多，认为收入差距扩大的比例下降得更多。具体而言，对于获得社会救助者而言，2015 ~ 2016年期间，认为收入差距缩小（包括大幅缩小和小幅缩小）的比例增加了2.15%，认为收入差距扩大（包括大幅扩大和小幅扩大）的比例降低了19.65%。对于未获得社会救助者而言，2015 ~ 2016年期间，认为收入差距缩小的比例降低了1.76%，认为收入差距扩大的比例降低了6.96%。参见图3–27。

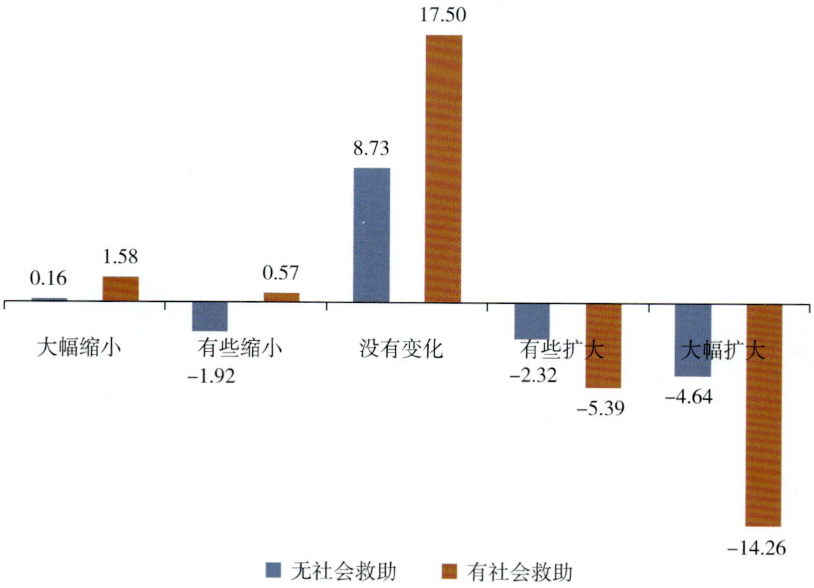

图3-27 获得社会救助对收入差距变化的影响（%）

注：图中百分比表示相对于2015年，2016年认为收入差距“大幅缩小”、“有些缩小”、“没有变化”、“有些扩大”及“大幅扩大”的比例变化。计算方法为2016年相应比例减去2015年相应比例。例如，0.16表示2015 ~ 2016年期间，未获得社会救助者中认为收入差距大幅缩小的比例增加了0.16%；–5.39表示2015 ~ 2016年期间，获得社会救助者中认为收入差距有些扩大的比例降低了5.39%。

获得社会救助减缓了收入结构尤其是中等收入阶层向底层下滑的趋势。相对于未获得社会救助者，在2015 ~ 2016年期间，获得社会救助者认为收入处于上层的比例增加得更少，但认为收入处于中层的比例降低得更少，认为收入处于下层的比例增加得更少。具体而言，对于获得社会救助者而言，2015 ~ 2016 年期间，认为收入处于上层的比例增加了 0.31%，认为收入处于中层的比例增加了 5.63%，认为收入处于下层的比例增加了 1.29%；对于未获得社会救助者而言，2015 ~ 2016 年期间，认为收入处于上层增加了 0.34%，认为收入处于中层的比例降低了 8.75%，认为收入处于下层的比例增加了 7.50%。即获得社会救助使得 6% 左右的受访者避免了滑向底层。参见图 3–28。

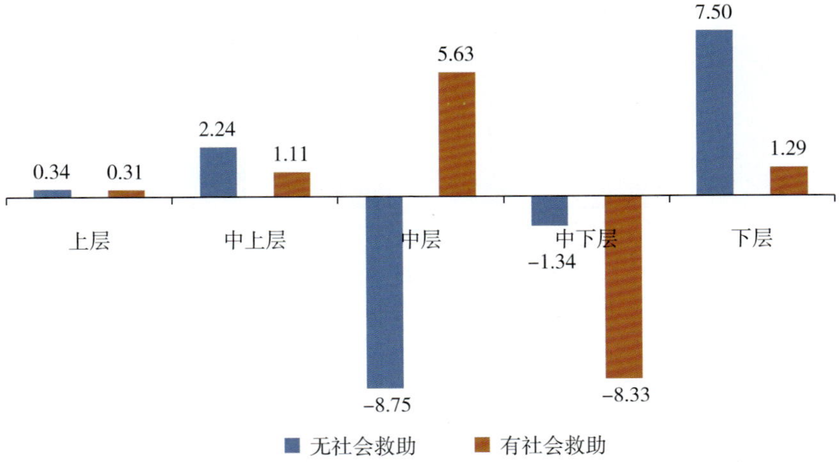

图3-28　获得社会救助对受访者所处阶层变化的影响（%）

注：图中百分比表示相对于 2015 年，2016 年认为收入处于“上层”、“中上层、“中层”、“中下层”及“下层”的比例变化。计算方法为 2016 年相应比例减去 2015 年相应比例。例如，0.34 表示 2015 ~ 2016 年期间，未获得社会救助者中认为收入处于上层的比例增加了 0.34%；-8.33 表示 2015 ~ 2016 年期间，获得社会救助者中认为收入处于中下层的比例降低了 8.33%。

（三）医疗保障情况及其对居民民生关切的影响

1. 医保覆盖率稳中有升，但医保报销比例整体偏低

与 2015 年相比，2016 年城乡受访者医保覆盖率稳中有升。2016 年城乡受访者医保覆盖率为 96.67%，2015 年则为 96.18%，医保覆盖率基本保持不变。相对于城镇和城乡结合部，农村受访者有医保的比例更高。2016 年，城镇、城乡结合部、农村受访者的医保覆盖率分别为 95.42%、95.93% 和 98.16%（参见图 3–29）。相对于非流动人口，流动人口医保的覆盖率更低。2016 年流动人口的医保覆盖率为 85.47%，非流动人口则为 97.56%。2016 年流动人口医保覆盖率比非流动人口低 12 个百分点之多（参见图 3–30）。

城乡受访者医保报销比例整体偏低。调查结果显示，2016 年城乡受访者家庭成员住院医保报销率为 42.71%，这也就意味着城乡居民住院的医疗费用能够报销的尚不足一半。相对于城镇居民，农村受访者家庭成员住院医保报销率更低。2016 年，城镇、城乡结合部、农村居民受访者家庭成员住院医保报销率分别为 46.32%、40.43% 和 40.56%。这说明虽然 2016 年农村居民医保覆盖率有所提升，但住院医保报销率依然较低，可见在“新农合”的推进过程中，注重覆盖

率的同时也更应该关注大病医疗的保障水平（参见图 3–29）。相对于非流动人口，流动人口住院医保的报销率更低。2016 年流动人口住院的医保报销率为 31.88%、非流动人口则为 43.18%。2016 年流动人口住院医保报销率比非流动人口低 11 个百分点之多（参见图 3–30）。

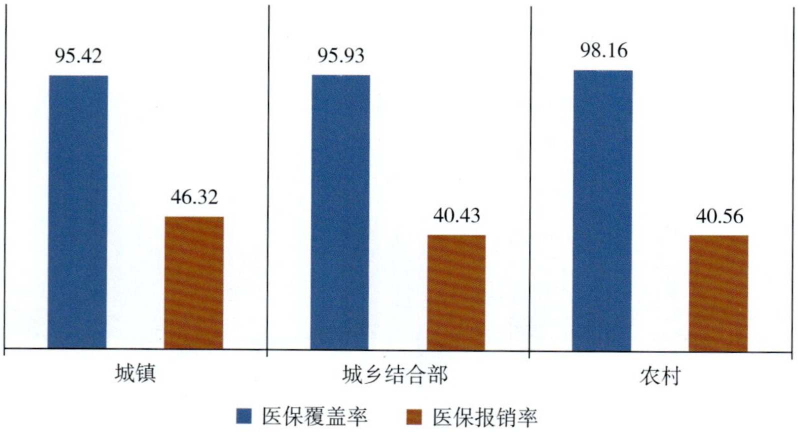

图3-29　城乡受访者医保覆盖率及住院医保报销率对比（%）

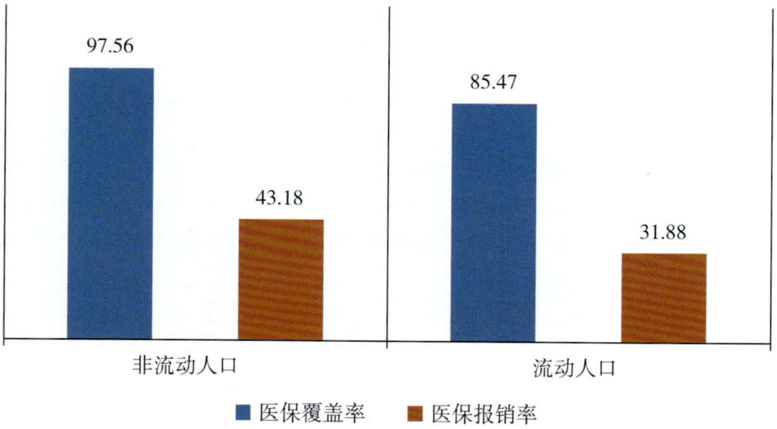

图3-30　流动人口与非流动人口医保覆盖率及住院医保报销率对比（%）

2. 看病贵、报销比例低使部分家庭医疗负担较重

相较于 2015 年，2016 年受访者家庭成员应住院但没钱不住院的比例增加。2016 年没钱住院的比例为 66.47%，比 2015 年高出了 10 个百分点。参见图 3–31。

低收入家庭和农村家庭应对家庭成员医疗风险能力不足。受访者家庭应对医疗风险能力有所下降，对于所有受访者而言，2016 年因看病而借款的家庭达到了 18.74%，而 2015 年的这一比例为 16.33%；如果仅考虑有住院病人的家庭，这一比重则达到了 39.16%。低收入家庭医疗负担的承受能力明显更弱。2016 年低收入家庭因病举债的比重更高，达 23.14%，比总体受访者中高出了 4 个百分点。参见表 3–8。

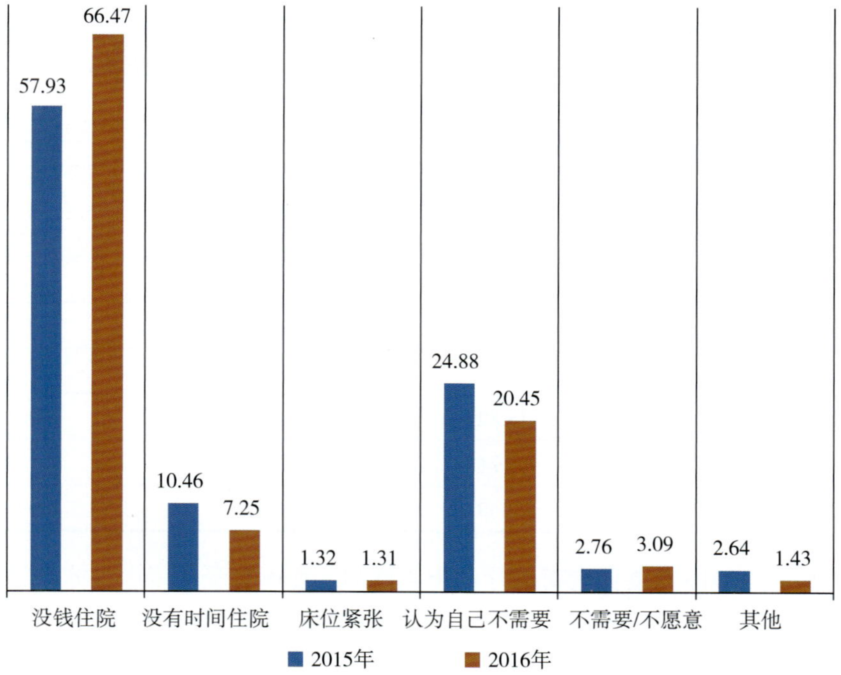

图3-31　应住院但未住院的原因（%）

城乡受访者对医疗负担的承受能力存在明显差异，承受能力由强到弱依次为城乡结合部受访者、城镇受访者和农村受访者。2016 年城镇受访者中因看病而借款的比重为 14.00%，城乡结合部受访者中这一比重为 13.95%，而农村受访者中这一比重则达到了 25.15%。比 2015 年分别增加了 4 个百分点、1 个百分点和 6 个百分点。

表3-8　　2016年因看病而借款的情况

		没有	找亲戚朋友借款	变卖家庭财产或抵押贷款	其他形式借款	合计
总体	频次	7841	1742	54	12	9649
	百分比（%）	81.26	18.05	0.56	0.12	100.00
城镇	频次	3311	519	13	7	3850
	百分比（%）	86.00	13.48	0.34	0.18	100.00
城乡结合部	频次	1456	229	5	2	1692
	百分比（%）	86.05	13.53	0.30	0.12	100.00
农村	频次	3074	994	36	3	4107
	百分比（%）	74.85	24.20	0.88	0.07	100.00
低收入家庭	频次	5428	1578	47	9	7062
	百分比（%）	76.86	22.34	0.67	0.13	100.00

注：低收入家庭指家庭年收入低于 8 万元（包括 8 万元）的受访者家庭。

表3-9 2015年因看病而借款的情况

		没有	找亲戚朋友借款	变卖家庭财产或抵押贷款	其他形式借款	合计
总体	频次	10，578	2，023	35	7	10，578
	百分比（%）	83.67	16	0.28	0.06	100.00
城镇	频次	2683	290	3	1	2977
	百分比（%）	90.12	9.74	0.10	0.03	100.00
城乡结合部	频次	1250	184	1	1	1436
	百分比（%）	87.05	12.81	0.07	0.07	100.00
农村	频次	6645	1549	31	5	8230
	百分比（%）	80.74	18.82	0.38	0.06	100.00
低收入家庭	频次	4807	1494	30	6	6337
	百分比（%）	75.86	23.58	0.47	0.09	100.00

相较于 2015 年，2016 年受访者对医疗的担心增加。在所有受访者中，非常担心未来没钱看病的家庭所占比重为 30.21%，比较担心未来没钱看病的家庭所占比重为 33.22%。这说明有超过 60% 的家庭对以后的医疗问题是有所担忧的。这一结果也在一定程度上解释了为什么医疗问题成为了民众最不满意因素之一。参见图 3–32。

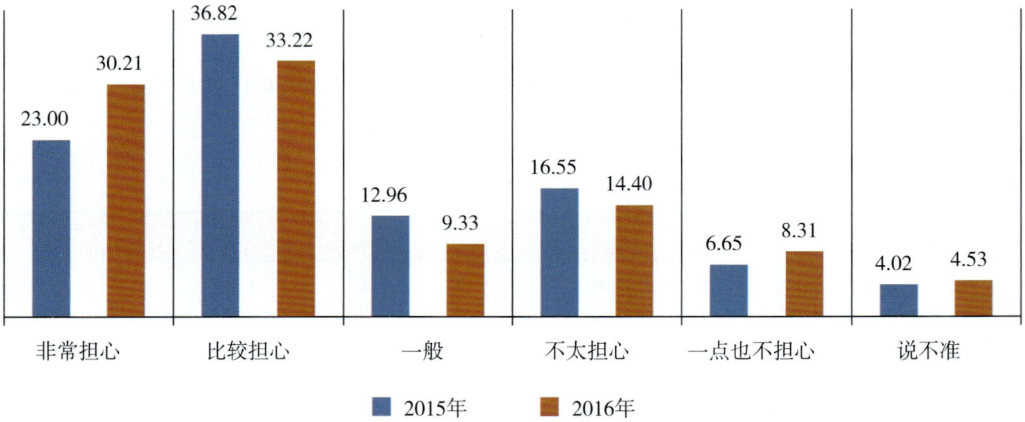

图3-32 对未来可能生病后没钱看病的担心情况（%）

受访者获得的医疗保障水平显著影响居民对医疗的担忧。没有任何医疗保障的受访者对未来没钱看病的担忧最高，非常担心和比较担心的比例达到 68.11%。城镇居民医疗保险和农村新型合作医疗保障水平较低，以其为保障的受访者对未来看不起病非常担心和比较担心的比例仍分别高达 66.79% 和 64.16%。而享受保障程度较高的公费医疗和城镇职工医疗保险的受访者，对医疗非常担心和比较担心的比例分别下降为 37.88% 和 52.58%（见图 3–33）。

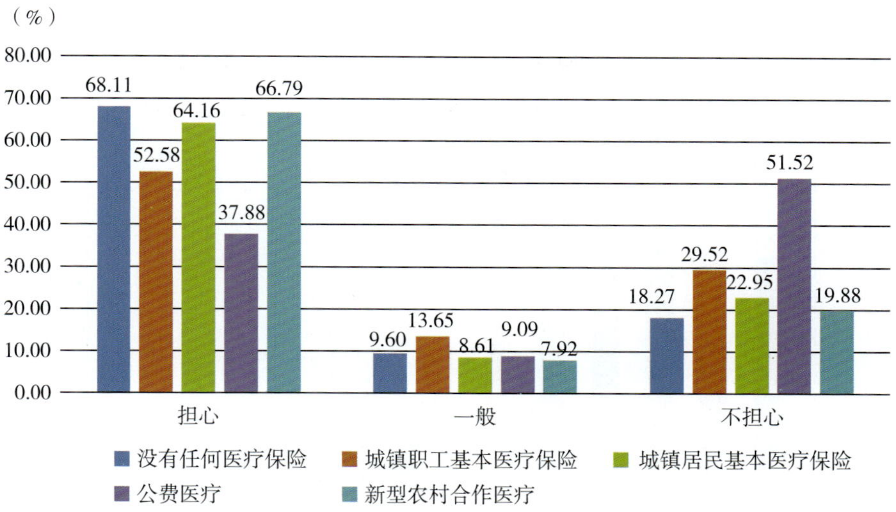

图3-33　不同医疗保障类型下对医疗的担忧水平的比较（%）

看病贵仍是对医疗服务最不满意的因素。对医疗服务没有不满意的比例为23.98%。在对医疗服务不满意的受访者中，不满意的原因主要是看病贵、看病难和医保报销率过低，分别占有效样本的比例为59.06%、15.90%和9.04%。

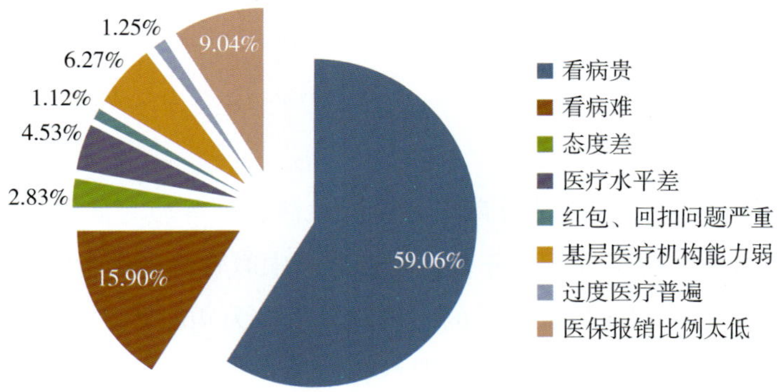

图3-34　对医疗服务最不满意的因素

3. 提高城乡居民医疗保障标准更有助于提升整体满意度

获得医疗保障者生活满意度明显高于无任何医疗保障者，且获得公费医疗的受访者生活满意度得分最高，同时对医疗的不满最少。无任何医疗保障者对生活满意度的评分为65.28分，比获得公费医疗、城镇职工基本医疗保险、城乡居民医疗保险①、新型农村合作医疗保险的受访者分别低14分、11分、5分和4分。无任何医疗保障者对家庭生活最不满的因素选择医疗的比例为11.15%，比获得公费医疗的受访者高1个百分点。但同时无任何医疗保障者对医疗不满的比例比获得城乡居民医疗保险、城镇职工基本医疗保险、新型农村合作医疗保险的受访者分别低5个、5个和2个百分点。这可能是由于无任何医疗保障者对收入的不满更加突

① 包括城乡居民基本医疗保险和城乡居民大病医疗保险两类。

出，因而导致不满意因素选择医疗的比例相对较小，而有医疗保障者尤其是城镇居民往往收入相对更高，对收入的不满相对减少，同时对医疗保障水平的要求也相对较高，因而对医疗的不满增加。可以看出，城乡居民医疗保障水平偏低更大程度地影响了医疗满意度和总体生活满意度的提升。

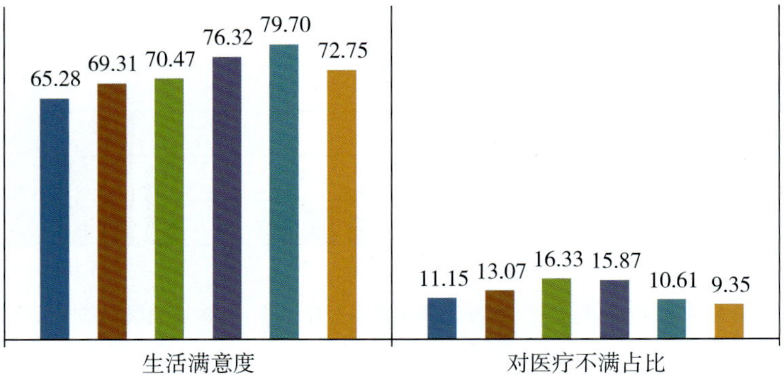

图3-35 医疗保障与生活满意度及医疗不满意的关系

注：生活满意度评分为百分制；对医疗不满是指受访者家庭生活最不满因素选择医疗的比例，单位为 %。

（四）教育状况及其对居民民生关切的影响

1. 不同学段对教育关切点的比较

义务教育和普通高中教育阶段对教育的满意度最高，高等教育阶段对教育的满意度最低。在有孩子上学的受访者中，孩子处于义务教育和普通高中教育的受访者对教育满意的比例最高，为 51.55%；其次为孩子处于职业教育阶段的受访者，占比为 46.37%；再次为孩子处于学前教育阶段的受访者，占比为 44.26%；孩子处于高等教育阶段（大学及研究生教育阶段）的受访者的教育满意度最低，满意者占比为 40.44%。参见图 3–36。

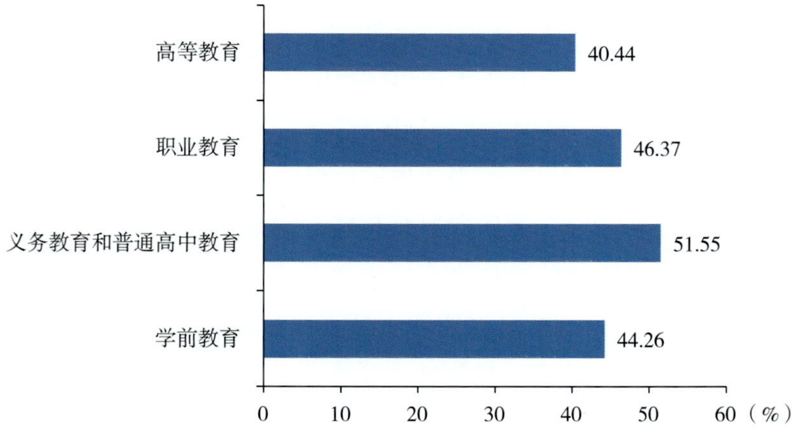

图3-36 孩子处于不同学段的受访者对教育满意者占比（%）

①学前教育。

入园贵和入园难是孩子处于学前教育阶段的受访者最不满意的因素。从图 3-37 可以看出，孩子处于学前教育阶段的受访者对教育最不满意的前五位因素依次为入园难、入园贵、教育质量差、距离远和师资少，占比分别为 41.92%、15.17%、11.96%、10.11% 和 6.29%。这在一定程度上反映了我国学前教育资源的匮乏与学前教育市场的不规范，与城乡居民对优质学前教育资源的需求越来越多的现状不相符合。

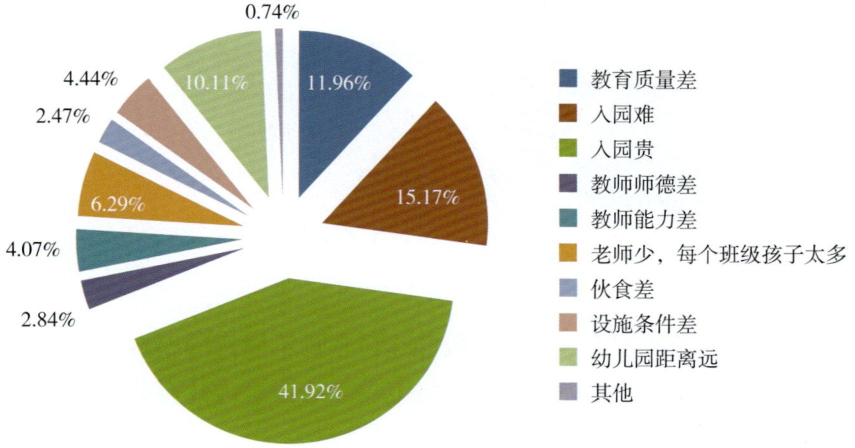

图3-37　孩子处于学前教育阶段的受访者对教育最不满意因素

②义务教育和普通高中教育。

教育质量差和不得不上补习班是孩子处于义务教育和普通高中教育阶段的受访者最不满意的因素。从图 3-38 可以看出，孩子处于义务教育和普通高中教育阶段的受访者中，对教育最不满意因素为教育质量差和不得不上补习班，比例分别为 20.19% 和 15.08%。

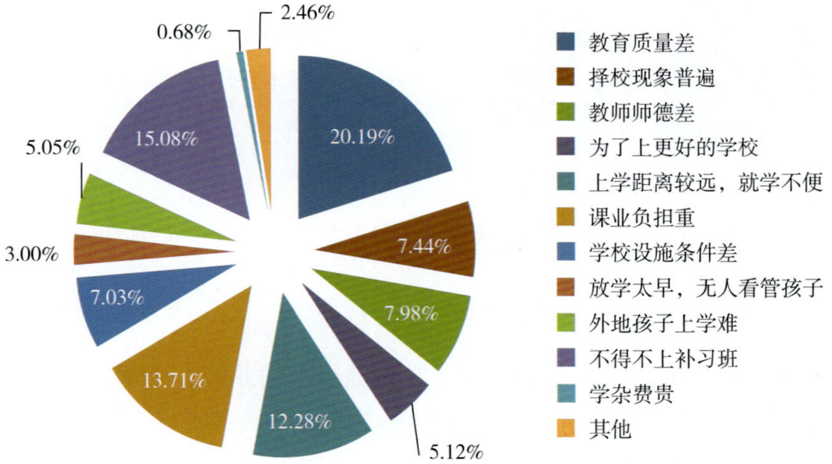

图3-38　孩子处于义务教育和普通高中教育阶段的受访者对教育最不满意的因素

③职业教育。

就业质量不高、缺少实训和学校风气不好是孩子处于职业教育阶段的受访者最不满意的因素。从图 3-39 可以看出，在孩子处于职业教育阶段的受访者中，对教育最不满意的因素为就业质量不高、缺少实训和学校风气不好，比例分别为 32.35%、18.82% 和 15.88%。

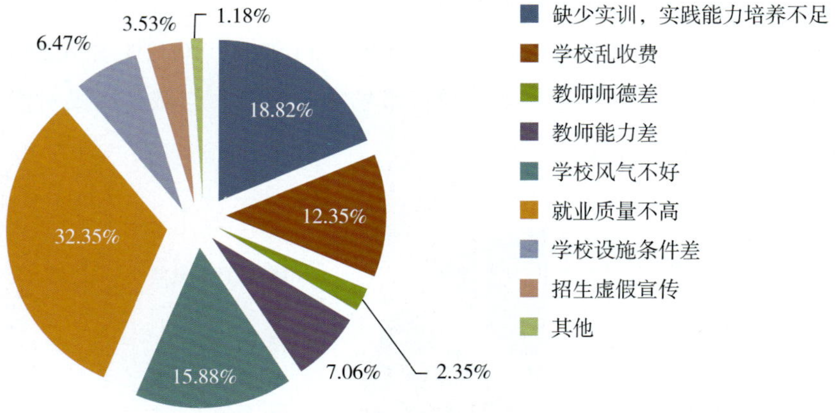

图3-39 孩子处于职业教育阶段的受访者对教育最不满意的因素

④高等教育。

就业难和学费贵是孩子处于高等教育阶段的受访者最不满意的因素。从图 3-40 可以看出，在孩子处于高等教育阶段的受访者中，对教育最不满意的因素为就业难和学费贵的比例分别为 49.86% 和 31.55%。

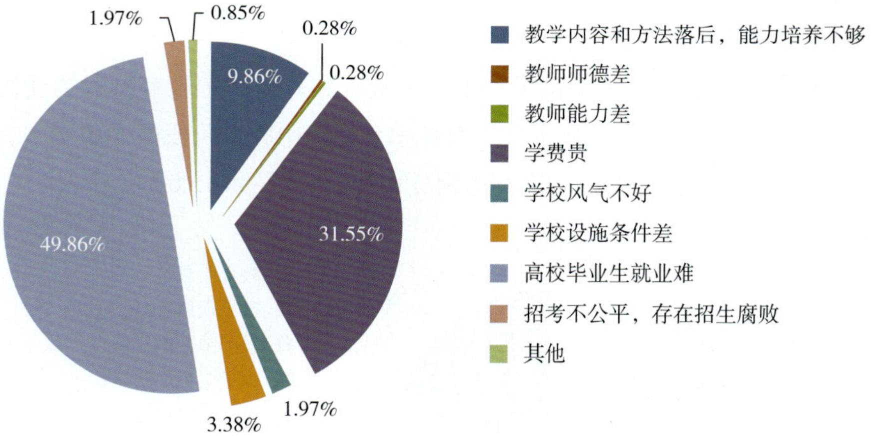

图3-40 孩子处于高等教育阶段的受访者对教育最不满意的因素

2. 子女不能就近入学影响生活满意度

不能就近入学的问题依然较大范围存在。在有孩子上幼儿园、小学、初中、普通高中的受访者中，2016 年仍有 24.85% 的受访者子女不能就近入学。

农村上学远的问题更为突出。2016 年，农村受访者子女就近入学的比例为 73.06%，比城市家庭子女就近入学低 7 个百分点。而在该学段中，认为上学远是其对教育最不满的因素的受访者占 12.28%。

在子女没有就近入学的受访者中，相当一部分是自愿性不就近入学，主要表现为因为自己方便和希望选更优质教育资源而不就近入学。在子女没有就近入学的受访者中，没能就近入学的原因选择“为了上更好的学校”的比例为46.78%，选择“为了自己方便”的比例为18.31%，而因划片或户口限制，孩子没有就近入学的受访者家庭所占比重为9.96%。同时，还有11.17%的受访者在其他原因中写出了“本地没有学校”，且他们93.7%的都是农村受访者，这说明农村学校距离远也带来了部分家庭子女的就学不变。

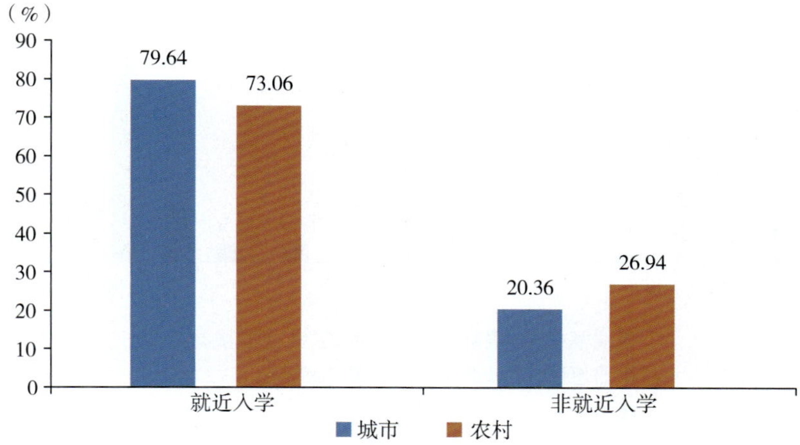

图3-41　城乡居民孩子就近入学情况对比（%）

相对于城市居民，农村居民子女自愿性不就近入学的比例明显更高，因名额或成绩限制而非就近入学的比例更低。从图3-42可以看出，城乡居民子女不就近入学的原因主要都是自愿性的不就近入学和地区或户口限制，但占比有所差异。农村受访者子女自愿性不就近入学的比例为68.55%，比城镇的这一比例高12个百分点之多；而城镇受访者子女因名额或成绩限制而非就近入学的比例为12.24%，比农村的这一比例要高9个百分点。此外，城镇受访者子女因学费问题而不就近入学的比例也多于农村。这说明，城乡教育资源配置的不均衡可能导致农村大量的自愿性非就近入学，即为了上更好的学校而更远奔波，而优质教育资源的不足可能导致城市优质教育竞争压力大、教育贵问题更加突出。

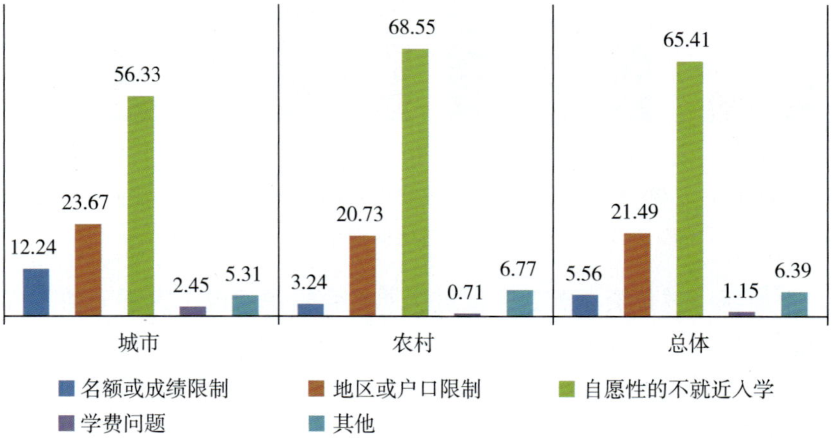

图3-42　城乡居民子女不就近入学原因（%）

相对于非流动人口，流动人口因划片或户口限制而不能就近入学的比例明显更高，而自愿性不就近入学的比例明显更低。相对于非流动人口，流动人口子女因划片或户口限制而不能就近入学的比例为 38.96%，比非流动人口的这一比例高 19 个百分点；而流动人口自愿性非就近入学的比例为 40.26%，比非流动人口的这一比例低 27 个百分点。此外，流动人口子女因学费问题而不就近入学的比例也多于非流动人口。见图 3–43。

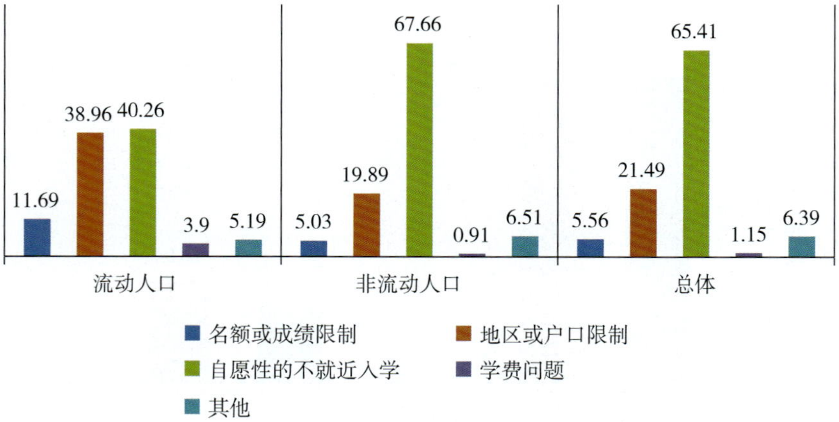

图3-43　流动人口子女不就近入学原因（%）

相对于子女就近入学者，子女不能就近入学的受访者对家庭生活满意度的评价稍低。子女不能就近入学者对家庭生活满意（包括比较满意和很满意）的比例为 58.86%，对家庭生活不满意（包括不太满意和很不满意）的比例为 17.32%，而子女就近入学者的相应比例为 59.62% 和 16.13%。参见图 3–44。

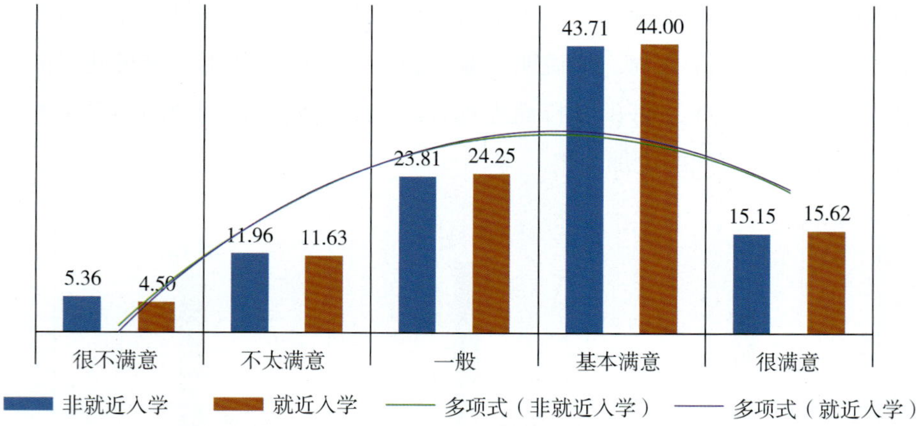

图3-44　是否就近入学与生活满意度的关系（%）

由此可见，平衡城乡教育资源配置、促进优质教育资源建设，完善流动人口子女就近入学政策，对于保障教育公平、增加孩子就学便利性，进而提高居民生活满意度具有重要意义。

3. 教育负担重会明显加剧对教育的不满

教育负担降低了受访者的生活满意度，从图 3–45 可以看出，家庭生活消费支出压力最大的一项选择教育的受访者对生活满意评价得分为 70.24 分，比没有生活压力的受访者低 12 分，比有压力但无教育支出压力的受访者低 1 分。同时，认为教育支出最大压力的受访者对家庭生活最不满因素选择教育比例为 18.01%，明显高于无生活压力的受访者和有压力但无教育支出压力的受访者。

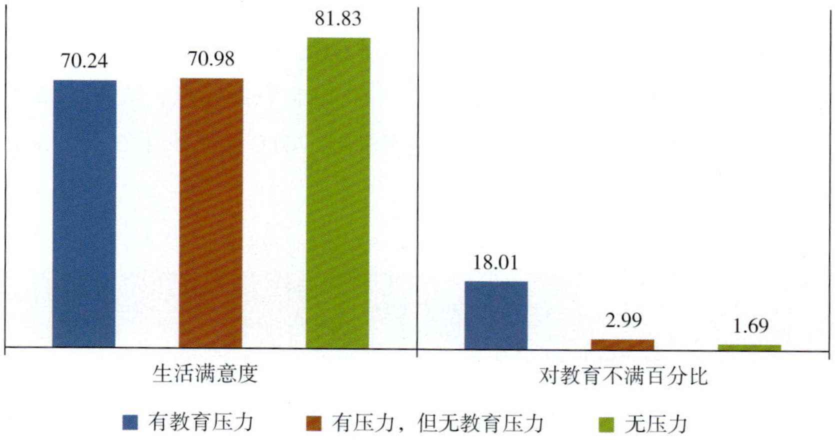

图3-45　教育负担与生活满意度及教育不满意的关系

注：生活满意度为百分制；对教育不满是指受访者对家庭生活最不满的因素选择教育的比例，单位为 %。

（五）养老保障情况及其对居民民生关切的影响

1. 城乡居民养老保障水平整体偏低，对儿女养老的依赖较高

在 30 岁以上受访者中，2016 年城乡居民养老保障覆盖率为 80.47%①。相对于城镇受访者，农村受访者养老保险覆盖率更低。2016 年，城镇、城乡结合部、农村受访者的养老保险覆盖率分别为 82.70%、79.41% 和 79.39%。农业户籍受访者没有任何养老保险的比例为 21.39% ，比非农户籍受访者高 7.02 个百分点。

相对于非流动人口，流动人口养老保险覆盖率更低。2016 年流动人口的养老保险覆盖率为 70.16%，非流动人口则为 81.24%，流动人口养老保险覆盖率比非流动人口低 11 个百分点之多。

2016 年，城乡受访者对养老经济来源的考虑有所差别，城镇受访者养老主要依靠退休金 / 养老金，城乡结合部受访者养老主要依靠退休金 / 养老金和儿女赡养，农村受访者养老主要依靠儿女赡养和承包田地。具体来说，城镇受访者靠退休金 / 养老金养老的比例为 68.15%；城乡结合部受访者选择依靠退休金 / 养老金和儿女赡养的比例分别为 37.81% 和 28.20%；农村受访者选择由女儿或其他亲属赡养和靠承包田地养老的比例分别为 31.40% 和 25.97%。值得注意的是，城镇受访者选择以退休金 / 养老金养老的比例比城乡结合部受访者和农村受访者分别高出 30 个百分点和 46 个百分点。参见图 3-46。

---

① 此次调查样本总体的养老保险覆盖率为80.47%，与2016年人力资源和社会保障部公布的85%左右的养老保险覆盖率接近。

纵向来看，受经济形势变化影响，养老经济来源有所变化，2016 年城乡受访者尤其是农村受访者选择靠承包田地养老的比例明显增加，选择储蓄和由儿女赡养的比例明显减少。在社会养老尚未能够有效接续受冲击的家庭养老的条件下，农村居民对土地养老的依赖程度明显提高。2016 年农村受访者选择承包田地养老的比例比 2015 年高出 12 个百分点。进一步看，60 岁以下和 60 岁以上农业户籍受访者选择承包地作为最主要养老经济来源的比例分别为 13.90% 和 32.13%，较上年分别提高了 5.61 和 9.44 个百分点。城镇、城乡结合部及农村受访者选择储蓄作为养老经济来源的比例比 2015 年分别减少 2 个、5 个和 5 个百分点；城镇、城乡结合部及农村受访者选择由儿女赡养作为养老经济来源的比例分别比 2015 年减少了 3 个、3 个和 9 个。参见表 3-10 和表 3-11。

表3-10　　2016年城乡受访者养老经济来源

	城镇		城乡结合部		农村		总体	
	频次	百分比（%）	频次	百分比（%）	频次	百分比（%）	频次	百分比（%）
退休金/养老金	2456	68.15	602	37.81	832	21.94	3890	43.28
储蓄	318	8.82	156	9.80	314	8.28	788	8.77
低保或社会救济	78	2.16	47	2.95	138	3.64	263	2.93
投资理财收入	33	0.92	7	0.44	17	0.45	57	0.63
购买商业养老保险	40	1.11	17	1.07	23	0.61	80	0.89
房产收益（租/卖房）	18	0.50	8	0.50	2	0.05	28	0.31
由儿女赡养	391	10.85	449	28.20	1191	31.40	2031	22.59
靠承包田地	102	2.83	206	12.94	985	25.97	1293	14.38
其他	168	4.66	100	6.28	291	7.67	559	6.22
合计	3604	100.00	1592	100.00	3793	100.00	8989	100.00

表3-11　　2015年城乡受访者养老经济来源

	城镇		城乡结合部		农村		总体	
	频次	百分比（%）	频次	百分比（%）	频次	百分比（%）	频次	百分比（%）
退休金/养老金	2826	63.66	813	36.15	1275	25.70	4914	42.18
储蓄	499	11.24	323	14.36	634	12.78	1456	12.50
低保或社会救济	165	3.72	65	2.89	178	3.59	408	3.50
投资理财收入	58	1.31	20	0.89	32	0.65	110	0.94
购买商业养老保险	69	1.55	29	1.29	47	0.95	145	1.24
房产收益（租/卖房）	35	0.79	15	0.67	8	0.16	58	0.50
由儿女赡养	631	14.21	697	30.99	2011	40.54	3339	28.66
靠承包田地	92	2.07	246	10.94	686	13.83	1024	8.79
其他	64	1.44	41	1.82	90	1.81	195	1.67
合计	4439	100.00	2249	100.00	4961	100.00	11649	100.00

对于所有受访者而言，最为主要的养老方式都是配偶相互照顾、子女照顾和自己照顾自己。不过，城乡居民对这三种方式的选择存在差异。在城镇受访者中，认为以后的养老方式主要是配偶相互照顾的受访者所占比重为 49.16%，比城乡结合部和农村受访者分别高出了 4 个百分点和 6 个百分点。农村受访者认为以后养老方式主要是子女照顾的比例要明显高于城镇受访者；同时，城镇受访者认为以后养老方式主要依靠自己的比例要明显高于农村受访者。参见图 3–46。

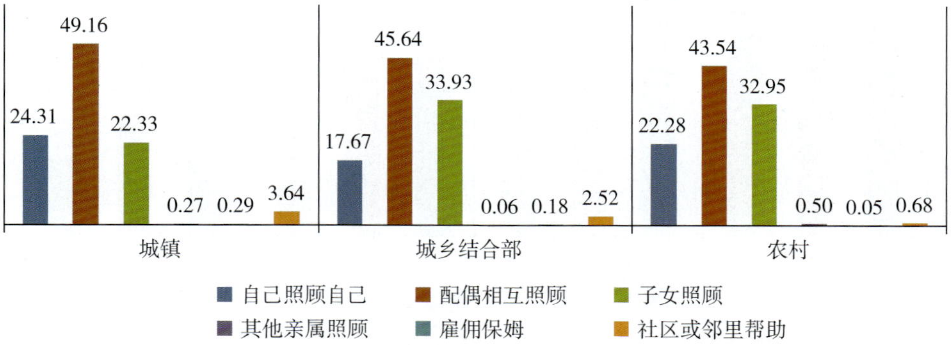

图3-46　城乡受访者养老照料方式（%）

2. 养老保障不充分使受访者对未来养老有较多担心

对养老问题最为担忧的是农村受访者，其次为城乡结合部受访者，最后为城镇受访者。城镇受访者对未来养老的问题最为关注，2016 年，城镇、城乡结合部和农村受访者没想过未来养老经济来源问题的比例分别为 8.84%、10.47% 和 9.84%。在农村受访者中，很担心养老的比例达到 28.47%，比城镇和城乡结合部受访者分别高出 5 个百分点和 7 个百分点；同时，农村受访者不担心养老的比例为 26.63%，比城镇和城乡结合部受访者分别低 5 个百分点和 4 个百分点。参见图 3–47。

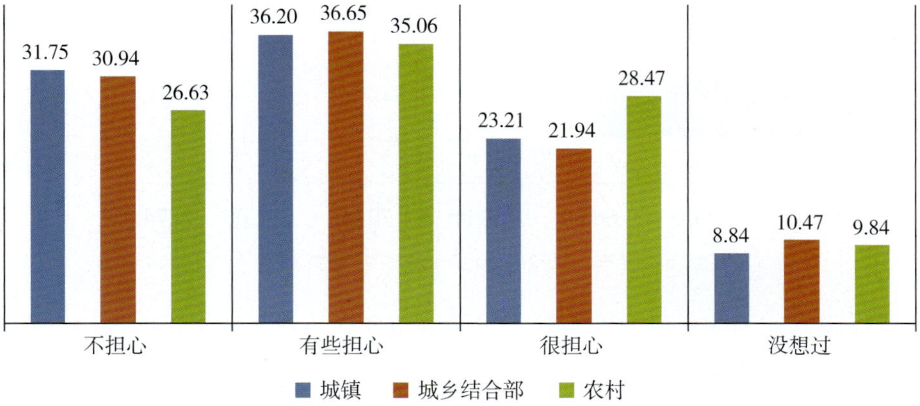

图3-47　城乡居民对未来养老经济来源的担忧状况（%）

相对于非流动人口，流动人口对养老问题的关注程度明显更低，不担心未来养老经济来源的比例更少。流动人口中，没想过未来养老经济来源问题的受访者比例高达 18.85%，比非流动人口和总体分别高出 10 个百分点和 9 个百分点之多。在流动人口中，不担心未来养老经济来源问题的比例为 23.60%，比非流动人口低 6 个百分点；同时，流动人口中担心（包括很担心和有些担心）养老问题的比例略低于非流动人口但相差不大。参见图 3–48。

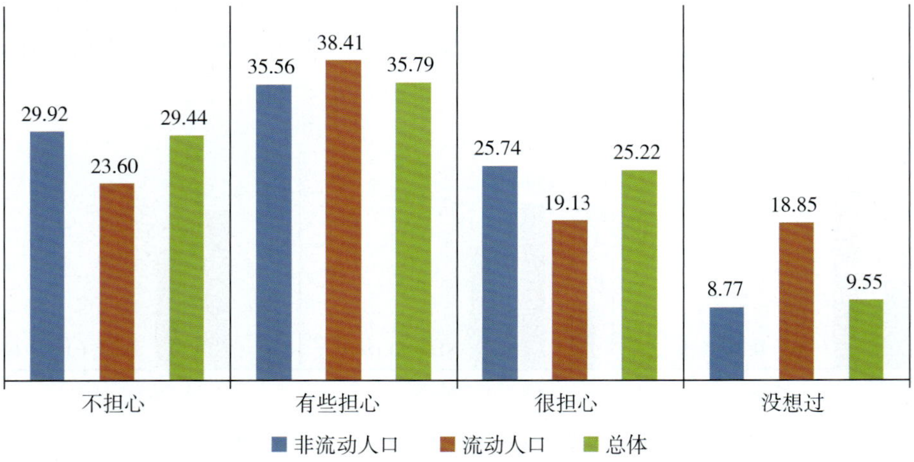

图3-48　流动人口对未来养老经济来源的担忧状况（%）

3. 社会养老保障能够明显缓解城乡居民对未来养老的担忧

相对于没有养老保障者，有养老保障者对未来养老问题的担忧更少，生活满意度明显更高。有养老保障者对生活满意度的评分为 72.98 分，比没有养老保障者要高出 7 分（参见图 3–49）。有养老保障者不担心养老问题的比例为 31.43%，比没有养老保障者高出 15.44 个百分点之多。

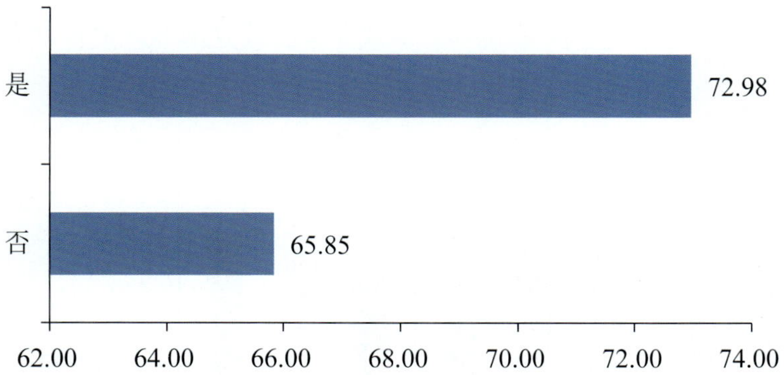

图3-49　是否有养老保障对生活满意度的影响（分）

不同养老保障方式因为保障力度不同，对缓解城乡受访者养老担忧的作用也有不同。享受机关事业单位养老保障者不担忧养老问题的比例最高，达到 51.35%，其次是购买商业养老保险者，不担忧养老的比例为 38.79%。而城乡居民养老保险因为保障标准低难以缓解居民对未来养老的担忧。保障方式为新型农村社会养老保险和城镇居民基本养老保险的受访者不担忧养老的比例仅分别为 28.93% 和 30.99%（参见图 3–50）。

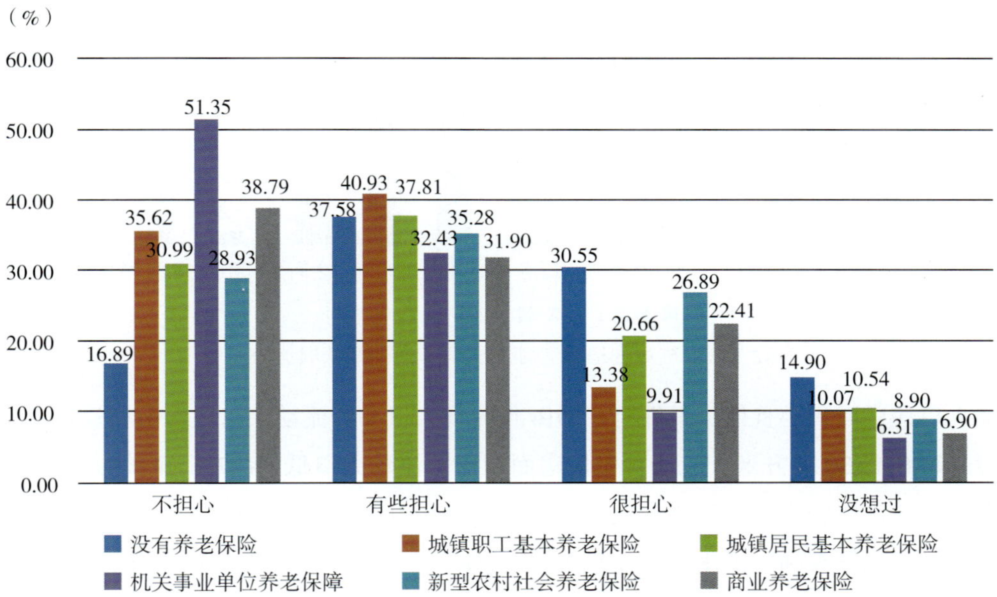

图3-50 养老保障与对未来养老担忧之间的关系（%）

（六）住房状况及其对居民民生关切的影响

1. 流动人口和农村受访者居住质量较差

流动人口的自有住房率大幅低于总体受访者，租住房屋现象普遍。2016 年城乡受访者自有住房率为 90.35%，而流动人口的自有住房率仅为 39.72%（包括自购商品住房、父母住房、购买的政策性住房、单位福利分房、自建住房和拆迁安置房）；城镇已婚家庭自有住房率为 83.00%，比受访者总体自有住房率低 7 个百分点；城镇地区年轻人[①] 自有住房率为 68.71%，比受访者总体自有住房率低 22 个百分点。此外，城乡结合部受访者和流动人口与其他家庭（人）合（租）住的更多。2016 年城乡受访者与他人合住的比重为 12.18%。其中，城乡结合部受访者与他人合住的比率为 16.76%，流动人口与他人合住的比重为 18.28%。

农村受访者家庭住房面积较大但住房质量比较差。2016 年，城乡受访者家庭住房平均建筑面积为 115.98 平方米。农村、城镇和城乡结合部受访者家庭住房平均建筑面积均值依次为 124.83 平方米、98.91 平方米和 133.79 平方米。虽然农村受访者家庭住房面积较大，但是其住房条件则相对较差。农村受访者家庭住房无厨房无卫生间的比重为 10.18%，比城镇受访者家庭高 5 个百分点。城镇住房的条件也明显好于城乡结合部和农村，城镇受访者住房具有独立厨房和独立卫生间的比例为 86.91%，分别比城乡结合部和农村高 6 个和 18 个百分点，而农村住房有独立厨房但没有独立卫生间的比例为 17.87%，分别比城市和城乡结合部分别高 13 个和 9 个百分点。参见图 3–51。

① 年龄在25～35岁之间。

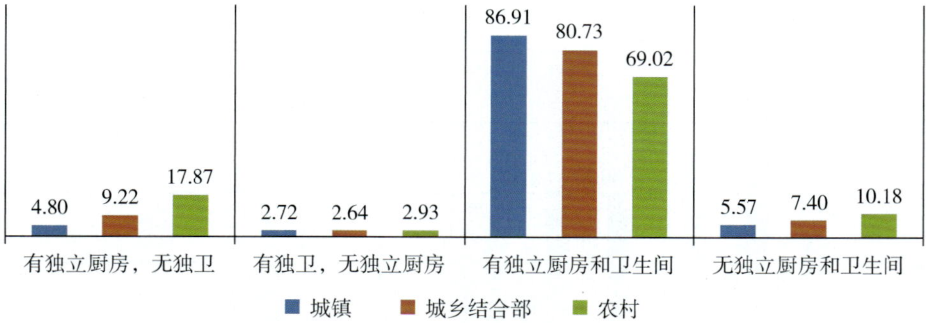

图3-51　城乡居民住房具有独立厨房和卫生间状况比较（%）

流动人口住房面积小且住房条件差。2016年流动人口和非流动人口住房平均建筑面积分别为75.20平方米和119.30平方米，流动人口住房面积比非流动人口低36.97%。同时，由于流动人口与其他人合住的比率较高，导致流动人口很少有独立厨卫，住房条件较差。在流动人口中，住房既没有独立厨房也没有独立卫生间的比重为15.46%，比非流动人口高8个百分点。参见表3-12。

表3-12　流动人口与非流动人口住房质量对比

	流动人口		非流动人口	
	频次	百分比（%）	频次	百分比（%）
有独立厨房，无独卫	48	6.69	1033	11.50
有独卫，无独立厨房	50	6.96	221	2.46
有独立厨房和卫生间	509	70.89	7077	78.79
无独立厨房和卫生间	111	15.46	651	7.25

2. 住房支出压力上升，住房改善需求难以满足

超过半数受访者对住房情况不满意。2016年，52.53%的受访者明确指出了对住房不满意的具体方面。流动人口和年轻就业者对住房的不满意尤为突出，流动人口对住房不满意的占比高达73.96%，年轻就业者对住房不满意的占比则为62.48%，分别比总体高21.43个9.95个百分点。

住房面积太小是城乡居民对住房不满意的首要原因。26.77%的受访者对住房不满意的原因选择了住房面积太小。相对于城镇和农村来说，城乡结合部受访者认为住房面积太小的比重最高。农村受访者多对住房配套设施不满意，选择小区年久落后、水电气等设施不全的比例达到36.36%。房价太高、住房支出压力大则是城镇受访者对住房不满意的最主要原因。18.66%的城镇受访者对住房不满意的原因选择了房价太高，比城乡结合部和农村受访者分别高3.79个和5.13个百分点；10.87%的选择了住房支出压力大，比城乡结合部和农村受访者分别高3.57个和7.70个百分点。流动人口对住房最不满意的因素选择“房价太高、无法改善住房条件”和“每月住房支出压力大”的比例分别为18.11%和13.51%，分别比总体高10.03个和9.76个百分点。年轻就业者对住房最不满意的因素选择“房价太高、无法改善住房条件”和“每月住房支出压力大”的比例分别为25.74%和19.21%，分别比总体高17.66个和15.46个百分点。由此可见，对住房条件改善需求的不满足和房价的居高不下是导致住房不满意的主要原因。参见表3-13。

表3-13　城乡受访者对住房最不满意的因素

	城镇		城乡结合部		农村	
	频次	百分比（%）	频次	百分比（%）	频次	百分比（%）
住房面积太小	614	26.27	225	29.88	461	26.10
没有独卫或厨房	48	2.05	31	4.12	162	9.17
水电气等设施不全	103	4.41	97	12.88	259	14.67
房价太高	436	18.66	112	14.87	239	13.53
住房支出压力大	254	10.87	55	7.30	56	3.17
小区年久落后	388	16.60	134	17.80	383	21.69
小区环境和物业差	417	17.84	84	11.16	75	4.25
补偿问题	14	0.60	5	0.66	2	0.11
房子存质量问题	42	1.80	8	1.06	121	6.85
房产证有问题	4	0.17	1	0.13	2	0.11
房屋设计不合理	17	0.73	1	0.13	6	0.34
合计	2337	100.00	753	100.00	1766	100.00

受访者认为家庭消费支出压力最大的是住房的比例为12.48%，较上年上升0.67个百分点。年轻就业者、流动人口及城镇居民住房支出压力尤为突出，且呈现上升趋势。年轻就业者[①]认为家庭消费支出压力最大的是住房的比例达到31.27%，比总体高出18.79个百分点，比上年增加了5.50个百分点。在流动人口样本中，受访者认为家庭消费支出压力最大的是住房的比例达到34.40%，比总体高出21.92个百分点，比上年增加了2.98个百分点。在城镇居民样本中，受访者认为家庭消费支出压力最大的是住房的比例为17.70%，比上年增加了0.91个百分点，分别比城乡结合部和农村受访者高7.32个和9.37个百分点（参见图3-52）。

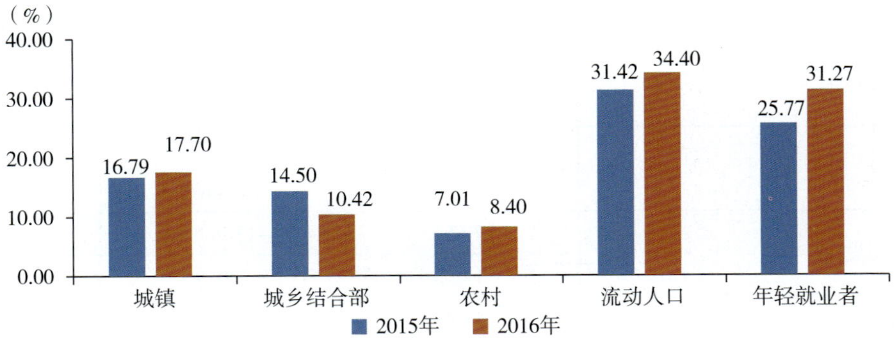

图3-52　受访者认为家庭消费中压力最大的为住房的比例（%）

3. 住房质量对住房满意度和总体生活满意度[②]的影响最大

回归分析表明，对住房的不满意与生活满意度之间具有很强的负相关关系。表3-14第（1）

---

① 年轻就业者指30岁以下（包括30岁）的就业者。

② 将受访者对生活满意评价转换为百分制，即很满意为100分、基本满意为75分、一般为50分、不太满意为25分、很不满意为0分。文中的生活满意评分均按此标准计算。

列考察了在没有控制其他变量时，住房不满意的因素对生活满意评价的影响。从中可以看出，相对于对住房没有不满意的家庭，房子存在质量问题对生活满意的评价影响最大，对房子质量不满意的受访者对生活满意度的评价比对住房没有不满意的受访者低 18 分之多；同时，对住房面积太小、没有独卫或厨房、水电气等设施不全、房价太高、住房支出压力大、小区年久落后及补偿问题不满的受访者对生活满意的评价也有显著负向影响，对这些不满意的受访者对生活满意度的评价比对住房没有不满意的受访者分别低 8 分、7 分、7 分、10 分、7 分、9 分和 9 分。

第（2）~ 第（3）列依次加入了县固定效应和个体人口特征变量（包括年龄、性别、受教育程度、婚姻状况、户口、健康状况），得到的回归结果依然显示对住房的不满与对生活满意评价之间具有很强的负相关关系。

表3-14　　住房不满意情况与生活满意度的关系

	（1）	（2）	（3）
住房面积太小	−8.432***	−9.343***	−8.852***
	（0.675）	（0.656）	（0.644）
没有独卫或厨房	−7.414***	−6.302***	−4.364***
	（1.340）	（1.364）	（1.289）
水电气等设施不全	−7.102***	−6.120***	−5.410***
	（1.008）	（0.985）	（0.961）
房价太高	−9.857***	−10.21***	−9.625***
	（0.815）	（0.798）	（0.772）
住房支出压力大	−7.359***	−8.934***	−8.134***
	（1.195）	（1.141）	（1.105）
小区年久落后	−8.766***	−8.939***	−8.612***
	（0.752）	（0.729）	（0.710）
小区环境和物业差	−1.132	−4.191***	−4.812***
	（0.810）	（0.842）	（0.840）
补偿问题	−9.379*	−8.362*	−8.302*
	（5.588）	（4.846）	（4.912）
房子存质量问题	−17.56***	−13.96***	−12.41***
	（1.625）	（1.617）	（1.581）
房产证有问题	−0.808	−1.346	−1.864
	（6.668）	（7.417）	（7.799）
房屋设计不合理	−2.594	−3.355	−4.355
	（4.392）	（4.139）	（4.013）
年龄			0.242***
			（0.0199）
男性			1.333***
			（0.430）

续表

	（1）	（2）	（3）
小学（含肄业）			0.0305
			（0.821）
初中（含肄业）			3.047***
			（0.829）
高中/中专/技校（含肄业）			5.367***
			（0.932）
大专/高职（含肄业）			10.70***
			（1.177）
本科（含肄业）			12.02***
			（1.254）
研究生及以上			10.43**
			（4.139）
同居			−3.349*
			（1.936）
初婚有配偶			−2.404**
			（1.044）
再婚有配偶			−2.703
			（1.933）
离婚			−7.567***
			（1.773）
丧偶			−4.811***
			（1.444）
农业户口			−1.598***
			（0.562）
有残疾或疾病，但仍有劳动能力			−7.081***
			（0.663）
因疾病或残疾，丧失劳动能力，但生活能自理			−7.589***
			（0.837）
因疾病或残疾，丧失劳动能力，生活不能自理			−13.34***
			（2.551）
常数项	75.09***	66.73***	57.48***
	（0.289）	（1.700）	（2.283）
县固定效应	—	√	√
Observations	9321	9321	9273
R-squared	0.048	0.157	0.205

注：括号内数值为标准误，*** p<0.01，** p<0.05，* p<0.1。对生活满意评价按百分制计算。“—”表示未控制县固定效应，“√”表示控制了县固定效应。

四、社会环境因素对民生的影响

（一）人居环境状况及其对居民民生关切的影响

1. 受访者对居住地环境的评价有所提高[①]

2016 年，受访者对环境评价的平均得分为 69.80 分，即认为总体生态环境状况“有所改善”。具体而言，2016 年，受访者对绿化环境改善和生活垃圾处理情况的评价最高，得分分别为 69.59 分和 69.28 分，对周边河流湖泊等水体质量变化情况及噪声环境质量的评价最低，仅为 56.19 分和 61.49 分。参见图 3–53。纵向来看，2016 年受访者对总体生态环境改善评价与上年基本持平，对生活垃圾处理状况的评价有所提高，而对空气质量、生活用水质量、绿化环境、生活污水处理状况评价略有降低。参见图 3–54。

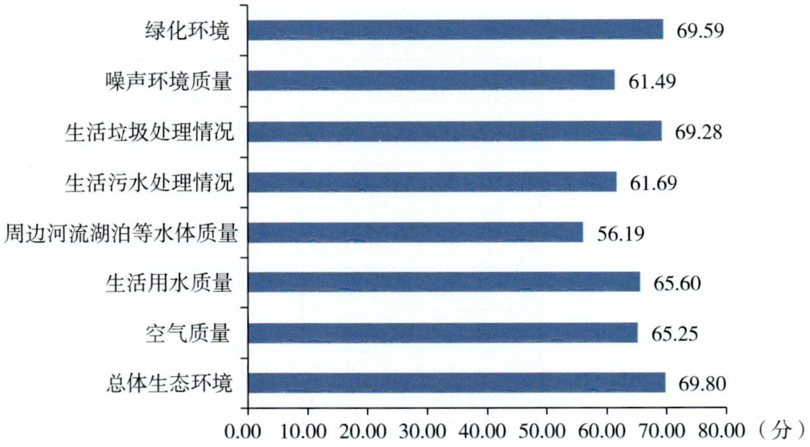

图3-53　2016年受访者对环境的评价得分（分）

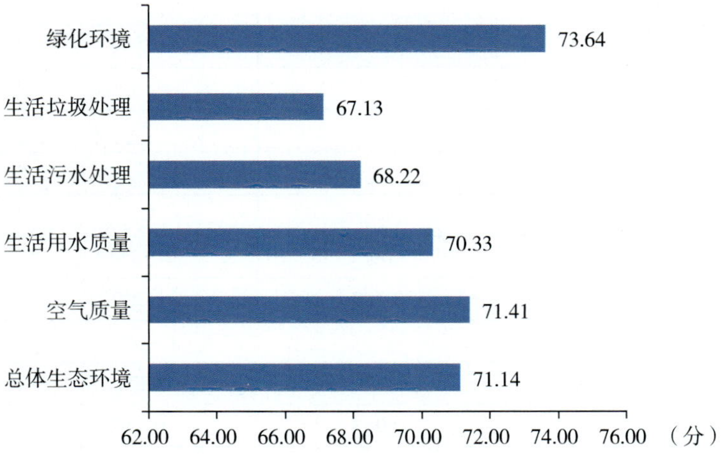

图3-54　2015年受访者对环境的评价得分（分）

① 对环境改善的评分为百分制，将明显变差、有些变差、没有变化、有些改善和明显改善分别赋值20分、40分、60分、80分和100分。

总体来说，农村和城镇受访者对绿化环境改善的评价最高，城乡结合部受访者对生活垃圾处理情况改善的评价最高。具体而言，农村受访者对环境改善评分最高的前三项分别为绿化环境、生活垃圾处理情况和空气质量，相应得分依次为 71.15 分、70.88 分和 68.08 分；城乡结合部受访者对环境改善评分最高的前三项分别为生活垃圾处理情况、绿化环境和生活用水质量，相应得分依次为 71.18 分、70.42 分和 67.48 分。城镇受访者对环境改善评分最高的前三项分别为绿化环境、生活垃圾处理和生活用水质量改善情况，相应得分依次为 67.60 分、66.77 分和 63.53 分。

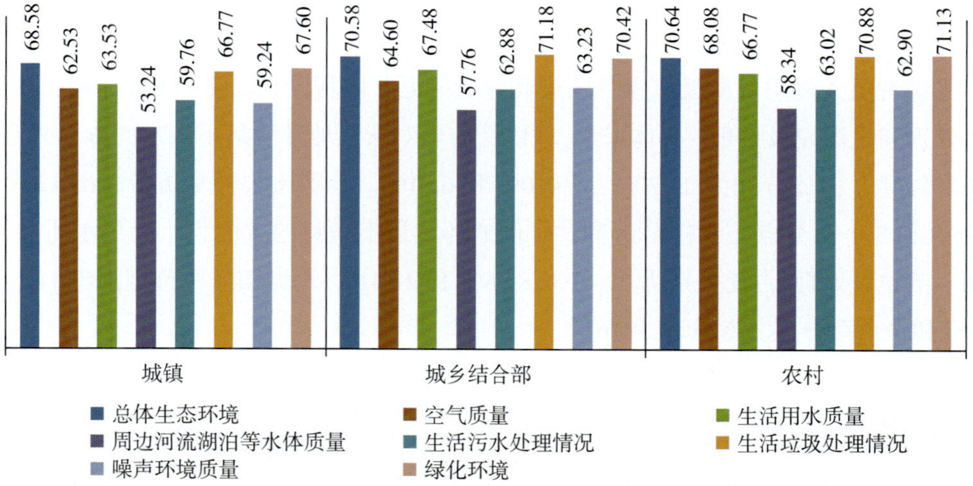

图3-55　城乡居民对环境改善的评价得分（分）

浙江省、河北省和四川省总体生态环境状况改善明显。从表 3-15 可以看出，2016 年总体生态环境明显改善的省份依次为浙江省、河北省和四川省，评价得分分别为 80.36 分、75.31 分和 71.98 分。具体而言，对空气质量、生活用水质量、周边水体质量、生活污水处理、生活垃圾处理、噪声环境及绿化环境评价最好的省份均为浙江省，评分依次为 71.31 分、75.88 分、75.59 分、78.06 分、80.32 分、72.58 分和 81.14 分；其次是河北省，评分分别为 71.43 分、69.57 分、59.79 分、64.38 分、73.71 分、66.84 分和 73.47 分。此外，对空气质量、生活用水质量、生活污水处理及生活垃圾处理评价最差的省份均为黑龙江省，评价得分分别为 58.44 分、58.12 分、55.35 分和 56.92 分；对周边水体质量及绿化环境评价最差的省份均为广东省，评价得分分别为 48.81 分和 63.10 分；对噪声环境评价最差的省份是陕西省，评价得分为 51.81 分。

表3-15　　不同省份受访者对环境改善的评价得分　　单位：分

省份	总体生态环境	空气质量	生活用水质量	周边水体质量	生活污水	生活垃圾	噪声环境	绿化环境
河北	75.31	71.43	69.57	59.79	64.38	73.71	66.84	73.47
黑龙江	60.01	58.44	58.12	53.12	55.35	56.92	58.98	67.46
江苏	69.74	64.39	68.48	54.15	60.77	71.24	60.96	68.03

续表

省份	总体生态环境	空气质量	生活用水质量	周边水体质量	生活污水	生活垃圾	噪声环境	绿化环境
浙江	80.36	71.31	75.88	75.59	78.06	80.32	72.58	81.14
安徽	70.90	65.37	66.21	52.29	59.21	71.24	59.95	67.79
广东	64.53	58.41	59.29	48.81	53.37	63.75	57.29	63.10
四川	71.98	69.14	66.60	59.15	64.70	71.27	63.74	69.86
陕西	66.33	63.97	61.23	46.91	58.19	66.78	51.81	66.11

2. 不同人群对环境的关注焦点不同

城镇受访者更关注空气质量、噪音污染和绿化问题，农村受访者更希望改善生活用水质量、生活污水处理和生活垃圾处理。具体来说，城镇受访者对居住地环境最不满意的方面为空气质量、噪音污染和绿化，占比分别为 25.70%、19.10% 和 6.81%，分别比农村受访者高出 12 个百分点、10 个百分点和 3 个百分点。农村受访者对居住地环境最不满意的方面为生活用水质量、生活污水处理和生活垃圾处理，占比分别为 22.41%、8.96% 和 22.41%，比城镇居民分别高出 12 个百分点、4 个百分点和 1 个百分点。参见表 3–16。

表3-16　城乡居民对环境最不满意的因素

	城镇		城乡结合部		农村	
	频次	百分比（%）	频次	百分比（%）	频次	百分比（%）
空气质量	709	25.70	268	26.02	288	13.88
生活用水质量	297	10.76	101	9.81	465	22.41
周边水体污染	273	9.89	167	16.21	368	17.73
生活污水处理	132	4.78	91	8.83	186	8.96
生活垃圾处理	593	21.49	183	17.77	465	22.41
噪音污染	527	19.10	162	15.73	193	9.30
绿化率不高	188	6.81	50	4.85	69	3.33
生活空间脏乱差	26	0.94	2	0.19	32	1.54
工厂等其他形式的污染	11	0.40	4	0.39	8	0.39
都不满意	3	0.11	2	0.19	1	0.05
合计	2759	100.00	1030	100.00	2075	100.00

高收入、受教育程度高者对空气质量、绿化率的要求更高。高收入群体对空气质量和绿化率不满意的比例依次为 23.81% 和 7.94%，比总体受访者分别高出 2 个百分点和 3 个百分点；受教育程度高者对空气质量和绿化率不满意的比例依次为 29.09% 和 5.52%，分别比总体受访者高 9 个百分点和 0.28 个百分点。

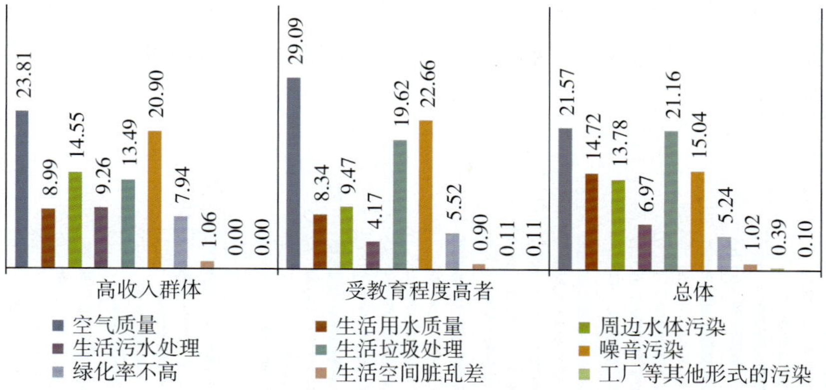

图3-56　高收入群体和受教育程度高者对环境最不满意的因素（%）

注：高收入群体为家庭年收入在 15 万元以上者；受教育程度高者为大专 / 高职、本科、研究生及以上学历者。

3. 居住环境的改善能带来生活满意度的提升

认为总体生态环境改善程度越高的受访者对生活满意评价越高。认为生态环境明显改善、有些改善、没有变化、有些变差和明显变差的群体中，生活满意度评价分值由 80.43 分依次下降为 73.33 分、66.14 分、64.71 分和 65.37 分。

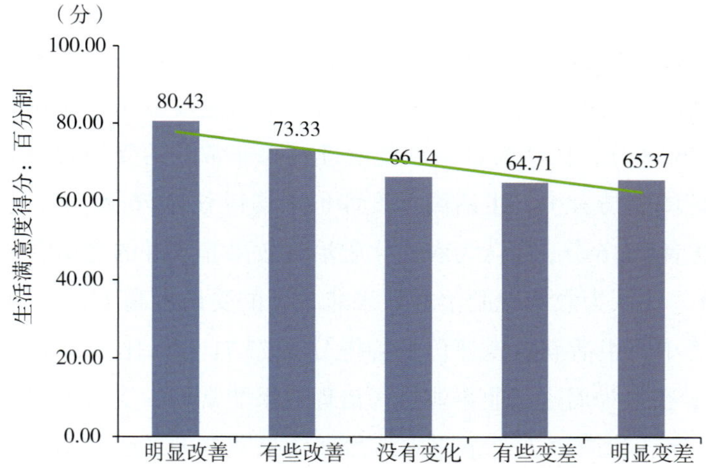

图3-57　生态环境变化评价与生活满意度的关系（分）

生活用水质量和空气质量的改善能带来生活满意度更大提高。在认为空气质量明显改善的受访者中，生活满意度评价平均得分为 80.36 分，比认为空气质量明显变差的受访者高 16 分；在认为生活用水质量明显改善的受访者中，生活满意度评价平均得分为 80.22 分，比认为生活用水质量明显变差的受访者高 18 分；在认为周边水体质量明显改善的受访者中，生活满意度评价平均得分为 72.42 分，比认为周边水体质量明显变差的受访者高 14 分；在认为生活污水处理明显改善的受访者中，生活满意度评价平均得分为 81.77 分，比认为生活污水处理明显变差的受访者高 15 分；在认为生活垃圾处理明显改善的受访者中，生活满意度评价平均得分为 79.21 分，比认为生活垃圾处理明显变差的受访者高 16 分；在认为噪声环境明显改善的受访者中，生活满意度评价平均得分为 83.37 分，比认为噪声环境明显变差的受访者高 16 分；在认为绿化环境明显改善的受访者中，生活满意度评价平均得分为 79.03 分，比认为绿化环境明显变差的受访者高 16 分。参见图 3-58。

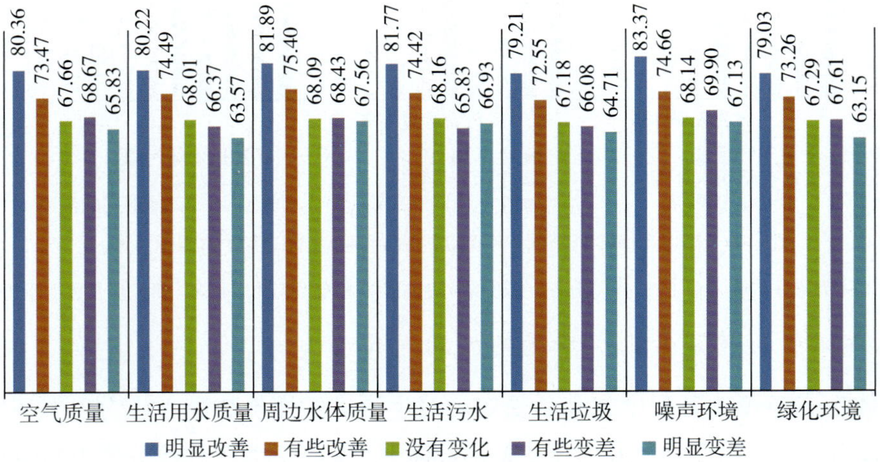

图3-58　各类环境改善与民生满意度的关系

注：民生满意度为百分制。

认为农村污染治理效果越好的受访者对生活满意度评价也越高，其中农药化肥和地膜、农膜的改善能带来生活满意度更大提高。在认为牲畜粪便治理效果非常好的受访者中，生活满意度评价平均得分为 76.68 分，比认为牲畜粪便治理效果非常差的受访者高 15 分；在认为地膜、农膜治理效果非常好的受访者中，生活满意度评价平均得分为 76.09 分，比认为地膜、农膜治理效果非常差的受访者高 16 分；在认为农药化肥治理效果非常好的受访者中，生活满意度评价平均得分为 77.05 分，比认为农药化肥治理效果非常差的受访者高 15 分；在认为秸秆焚烧治理效果非常好的受访者中，生活满意度评价平均得分为 73.71 分，比认为秸秆焚烧治理效果非常差的受访者高 12 分；在认为周边工业企业排污治理效果非常好的受访者中，生活满意度评价平均得分为 75.32 分，比认为周边工业企业排污治理效果非常差的受访者高 5 分。参见图 3-59。

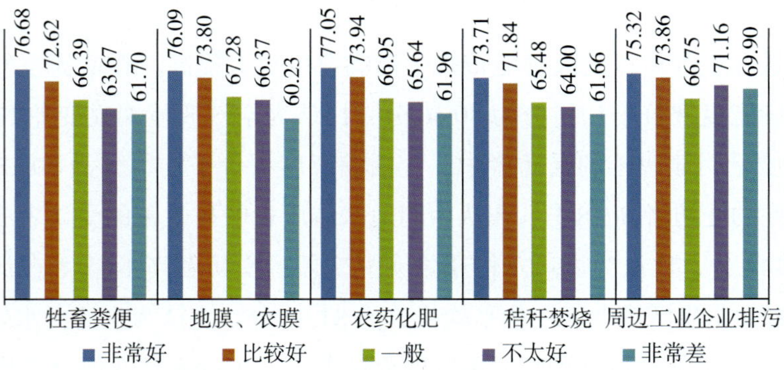

图3-59　农村污染治理与生活满意度的关系

注：民生满意度为百分制。

（二）食品安全状况及其对居民民生关切的影响

1. 对生活质量要求的提高使居民对食品安全问题更加关注

城镇居民对食品安全问题更为关注。首先，城镇居民对食品安全问题的认知度更高。2016 年有 15.56% 的受访者不知道食品安全状况是否改善，其中城镇受访者不知道食品安全状况是否改善的比例为 11.86%，比城乡结合部受访者（14.65%）低 3 个百分点，比农村受访者（19.43%）低 8 个百分点。其次，农村居民采取措施应对食品安全问题的比例更高。2016 年有 84.44% 的受访者采取了措施来应对食品安全问题，其中农村受访者采取措施来应对食品安全问题的比例为 86.23%，比城乡结合部受访者（83.60%）高 2 个百分点，比城镇受访者（82.92%）高 3 个百分点。

农村受访者对食品安全的改善情况最为乐观。农村受访者认为食品安全状况改善（包括明显改善和有所改善）的比例为 42.31%，分别比城镇和城乡结合部受访者高 8 个和 6 个百分点。城镇受访者对食品安全的状况最不乐观，认为食品安全状况有所恶化和严重恶化的比例达到 21.51%，分别比城乡结合部和农村受访者高 6 个和 12 个百分点。参见表 3-17。这可能是城镇居民对食品安全的认知度更高，收入水平相对较高，因而对食品安全质量的要求往往也更高；与此同时，相比农村居民可以通过自家生产保障食品安全，城镇居民不能充分了解和掌握食品生产过程及相关信息，偶发的食品安全事故会更明显地降低其对食品安全的信任感。

表3-17　　城乡受访者对食品安全改善状况的主观评价

	城镇		城乡结合部		农村		总体	
	频次	百分比（%）	频次	百分比（%）	频次	百分比（%）	频次	百分比（%）
明显改善	129	3.31	101	5.92	227	5.50	457	4.70
有所改善	1215	31.19	518	30.36	1519	36.81	3252	33.43
没有变化	1252	32.14	568	33.29	1180	28.59	3000	30.84
有所恶化	593	15.22	204	11.96	319	7.73	1116	11.47
严重恶化	245	6.29	65	3.81	80	1.94	390	4.01
不知道	462	11.86	250	14.65	802	19.43	1514	15.56
合计	3896	100.00	1706	100.00	4127	100.00	9729	100.00

高收入群体和高受教育群体对食品安全的关注度更高。高收入群体和高受教育群体对食品安全的认知度更高。2016 年高收入群体和高受教育群体不知道食品安全状况是否改善的比例分别为 10.42% 和 6.90%，分别比总体低 5 个百分点和 9 个百分点。同时，高收入群体和高受教育群体采取相应食品安全措施的比例更高。2016 年高收入群体和高受教育群体采

取措施来应对食品安全问题的比例分别为 89.44% 和 91.18%，分别比总体高 5 个百分点和 7 个百分点。

高收入群体认为食品安全改善效果较好，但受教育程度高的群体认为改善效果仍不佳。高收入群体认为食品安全状况明显改善的比例为 10.10%，比总体高 5.4 个百分点，且比 2015 年的这一比例高出 8 个百分点。同时，受教育程度高的群体认为食品安全的改善状况较差，高受教育程度群体认为食品安全状况明显改善的比例仅为 3.59%，比总体还低 1 个百分点。这可能是因为高收入群体和受教育程度高的群体对食品安全问题更加关注和要求更高，而受教育程度较高的群体可能因为阅读和搜索能力更强，更多地了解到了食品安全的各种负面报道，从而对食品安全状况不乐观，同时由于高收入群体更有能力选择优质的食品，因此会感觉到食品安全有所改善。参见图 3-60。

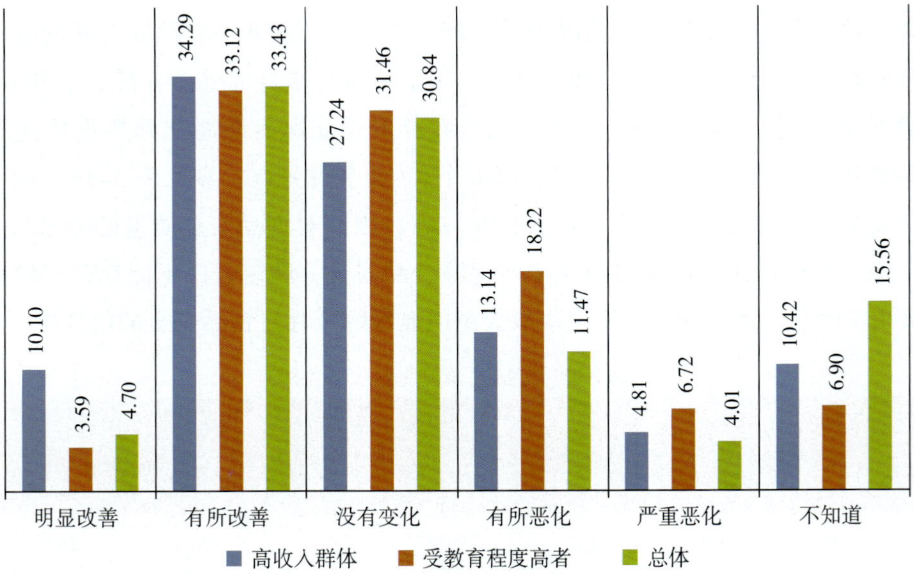

图3-60　高收入和高受教育程度者对食品安全改善状况评价（%）

注：高收入群体指全年家庭收入 15 万元以上者；高受教育程度者为大专 / 高职、本科、研究生及以上学历者。

2. 对食品安全的担忧使居民更加重视食品渠道的选择

认为食品安全状况恶化的受访者采取保障食品安全措施的概率越大。整体而言，采取措施保障食品安全的受访者比例为 84.44%，而认为食品安全状况恶化者采取保障食品安全措施的比重为 87.52%，比总体高 3 个百分点。同时，认为食品安全状况恶化者采取的措施主要是到正规超市购买、食用自家种植的食品和注意媒体报道，各自占比分别为 44.75%、36.99% 和 23.71%。参见图 3-61。

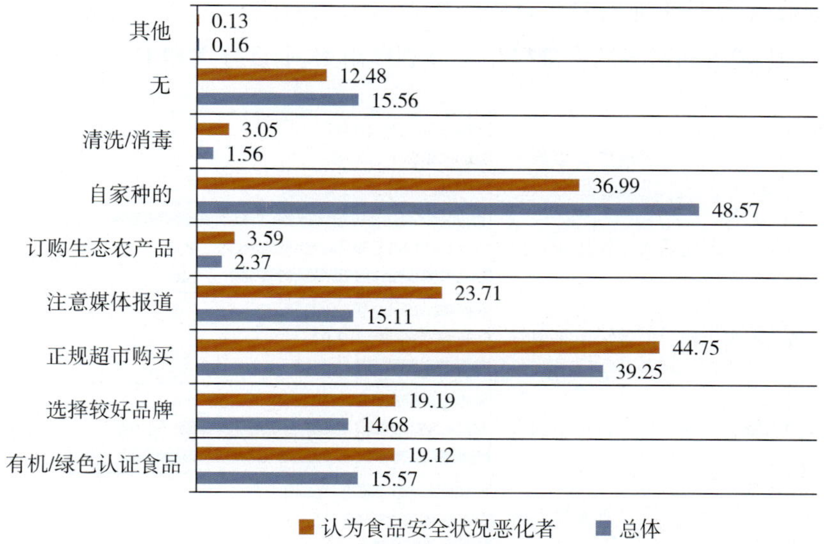

图3-61　认为食品安全状况恶化者采取保障家庭食品安全措施情况（%）

为保障家庭食品安全，农村受访者采取的最多措施为食用自家种植的食品，城镇受访者采取最多的措施为到正规超市购买，城乡结合部受访者则介于二者之间。为保障家庭食品安全，农村受访者选择食用自家种植食品的比重为76.62%，比城镇和城乡结合部受访者分别高出59个百分点和26个百分点；城镇受访者选择到正规超市购买食品的比重为54.40%，分别比农村和城乡结合部受访者高出30个百分点和15个百分点。参见图3-62。

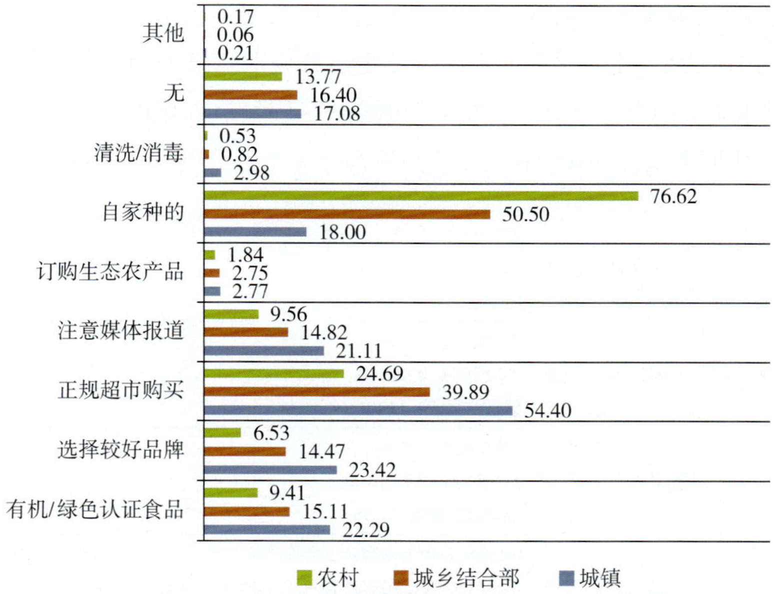

图3-62　城乡受访者所采取的保障家庭食品安全的措施（%）

3. 城乡居民对食品安全监管及其状况改善比较有信心

在农村、城乡结合部和城镇受访者中，农村受访者对食品安全监管力度评价最好，城镇受访者对食品安全监管力度评价最差。农村受访者认为政府监管到位（包括很到位和比较到位）的比重为51.51%，比城镇和城乡结合部受访者分别高出18个百分点和12个百分点。参见图3-63。

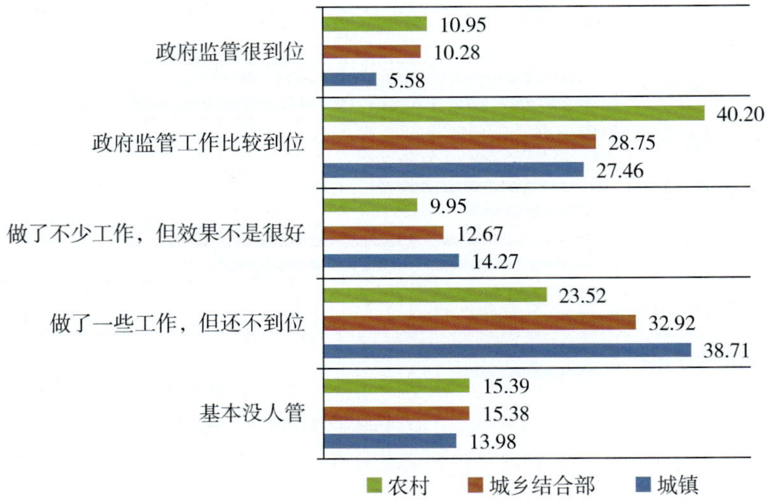

图3-63　城乡受访者对食品安全监管效果评价（%）

食品安全改善状况评价与食品安全监管评价具有正相关关系。对食品安全改善情况最为乐观的群体对政府食品安全监管评价也最高。参见表3-17。可见，政府对食品安全的有效监管有利于提高受访者对食品安全改善状况的评价。

绝大多数受访者对我国未来食品安全状况的改善有信心，农村居民信心最大，城镇居民信心最小。农村受访者认为我国未来食品安全状况会有所改善（包括一定会有效改善和相信会逐步改善）的比重为80.52%，比城镇和城乡结合部受访者分别高出11个百分点和9个百分点。城镇受访者认为我国未来食品安全状况不会改善(包括担心无法落实,难以有效改善和不指望能改善)的比重为18.00%，比城乡结合部和农村受访者分别高出4个百分点和9个百分点。参见图3-64。

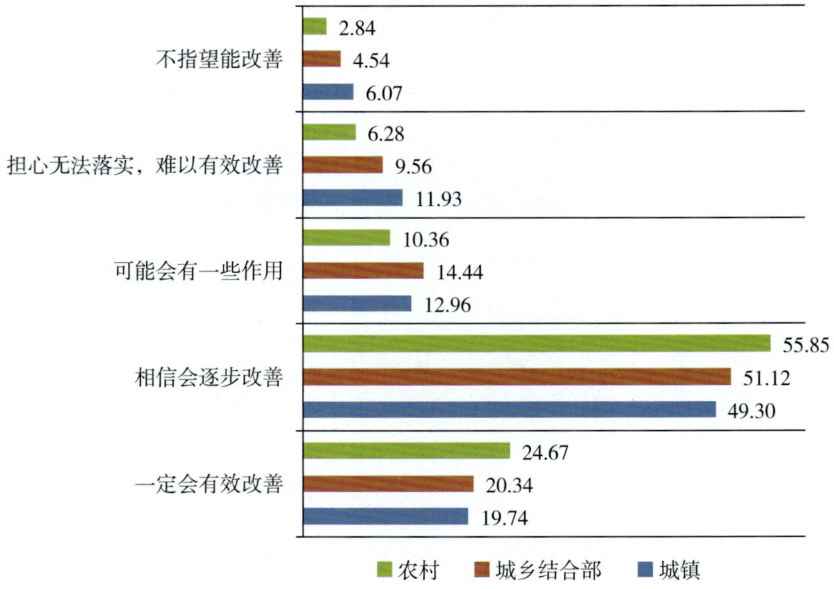

图3-64　城乡受访者对我国未来食品安全状况的改善的信心（%）

相对于采取保障食品安全措施者，未采取保障食品安全措施者对食品安全改善信心更低。未采取保障食品安全措施者认为未来食品安全改善的比重为68.35%，比总体样本低6个百分点；未采取保障食品安全措施者认为未来食品安全情况恶化的比重为17.37%，比总体样本高4个百分点。

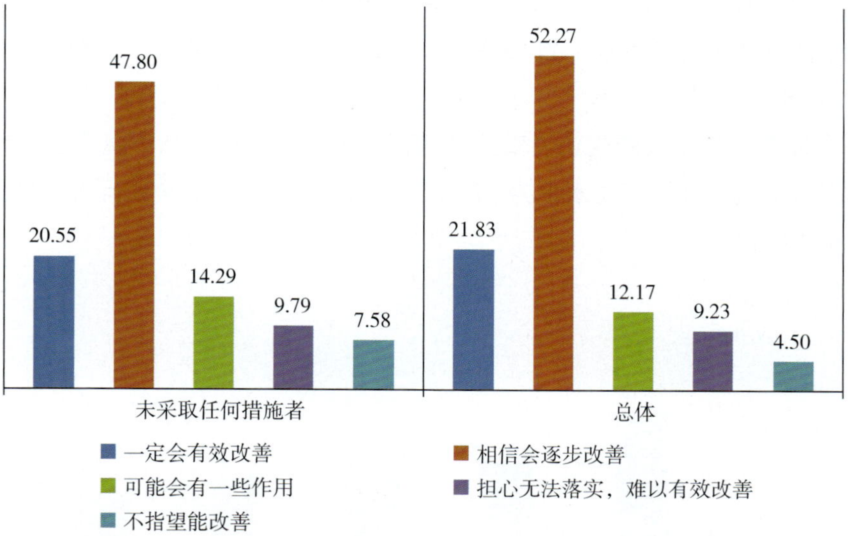

图3-65　采取保障食品安全措施对食品安全改善信心的影响（%）

4. 食品安全状况的改善能够提高生活满意度

食品安全满意度与食品安全关注度之间具有正相关关系，对食品安全不满的群体对食品安全问题更为关注。2016年对食品安全不满的群体不知道食品安全有无改善的仅为4.65%，比总体人群少11个百分点。并且，对食品安全不满的群体采取措施以应对食品安全问题的比例更高。2016年对食品安全问题不满的群体采取措施来应对食品安全问题的比例为91.83%，比总体人群高7个百分点。

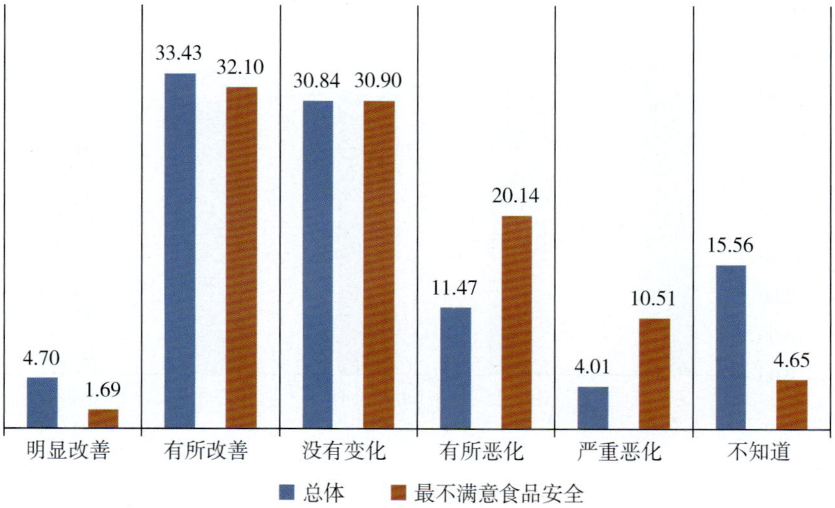

图3-66　家庭生活最不满意因素为食品安全的群体对食品安全改善状况评价（%）

食品安全满意度与食品安全改善效果评价之间也存在正相关关系，认为食品安全状况恶化的群体表现出了对食品安全状况明显的不满。2016 年对食品安全不满的群体认为食品安全问题明显改善的比例仅为 1.69%，比总体人群低 3 个百分点；对食品安全不满的群体认为食品安全问题严重恶化的比例为 10.51%，比总体高 6 个百分点。参见图 3-66。

对食品安全改善评价越高的受访者对生活满意评价也就越高。认为食品安全问题得到明显改善的受访者生活满意评价平均水平为 83.40 分，比认为食品安全状况严重恶化的受访者生活满意评价得分高出 18 分之多。

对食品安全改善信心越大的受访者对生活满意评价也就越高。认为食品安全问题一定会有所改善的受访者生活满意评价平均水平为 77.64 分，比不指望食品安全状况改善的受访者生活满意评价得分高出 14 分之多。

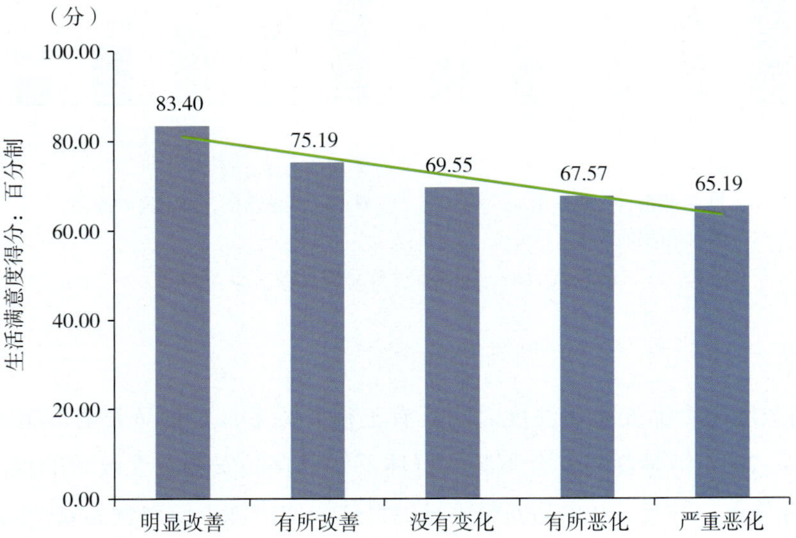

图3-67　食品安全改善状况评价与生活满意度的关系（分）

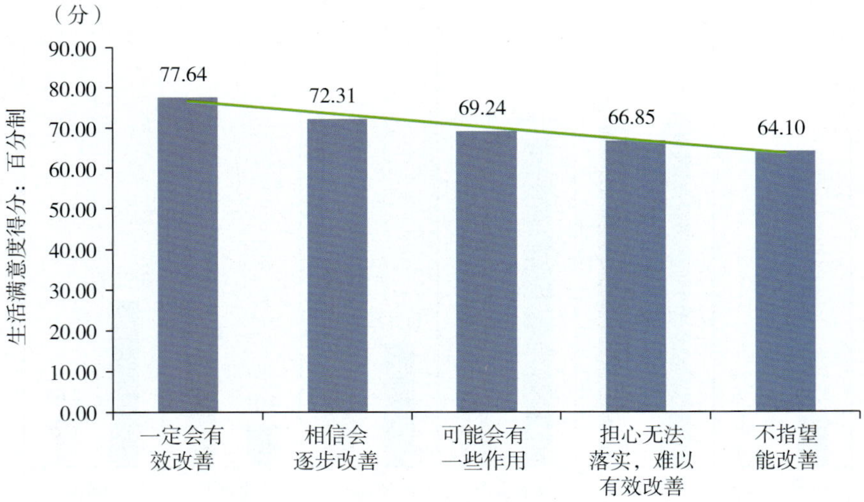

图3-68　对食品安全改善的信心与生活满意度的关系（分）

（三）政府服务改善状况及其对居民民生关切的影响

1. 城乡居民对政府服务评价持续保持高位并仍有提升趋势

绝大多数城乡居民对居住地政府的服务和办事效率评价较高，且总体上与 2015 年变化不大。2016 年 68.37% 的城乡受访者对居住地政府服务和办事效率很满意和比较满意，但仍有 11.11% 的受访者对居住地政府服务和办事效率不满意和很不满意。纵向来看，城乡居民对居住地政府的服务和办事效率评价与上年基本持平。2015 年对居住地政府服务和办事效率满意的受访者为 66.30%，不满意的受访者为 11.84%。参见图 3–69。

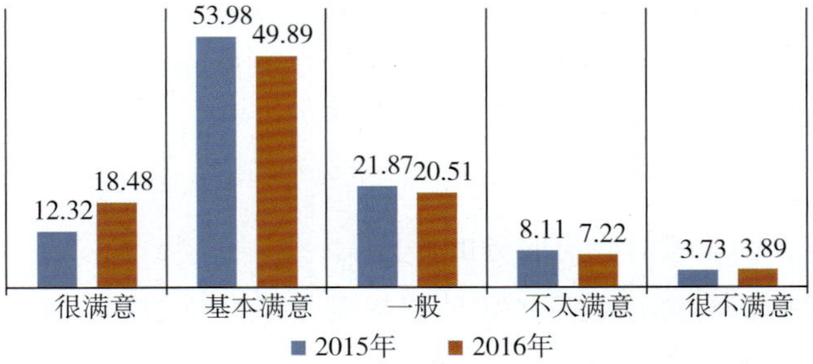

图3-69　2015 ~ 2016年城乡受访者对政府服务的评价（%）

相对于未到政府部门办过事的受访者，到政府部门办过事的受访者对居住地政府的服务和办事效率评价分化较大；且纵向来看，到政府部门办过事的受访者对政府服务的满意度有所提升。到政府部门办过事的受访者对居住地政府的服务和办事效率很不满意和不太满意的比例为 11.91%，比未到政府部门办过事的受访者高 1 个百分点；到政府部门办过事的受访者对居住地政府的服务和办事效率很满意和基本满意的比例为 69.44%，比未到政府部门办过事的受访者高 2 个百分点。这可能是由于到政府部门办过事的受访者对政府服务和办事效率的感知更直接和深刻，其评价易受个人办事情况的影响，因而其对政府评价满意和不满意的比例较未办过事的人均有所提高。相对于 2015 年，到政府部门办过事的受访者对居住地政府的服务和办事效率满意的受访者增加了 4 个百分点，不满意的受访者则减少了 4 个百分点。这表明城乡居民感受到的政府服务总体上是有所改善的。

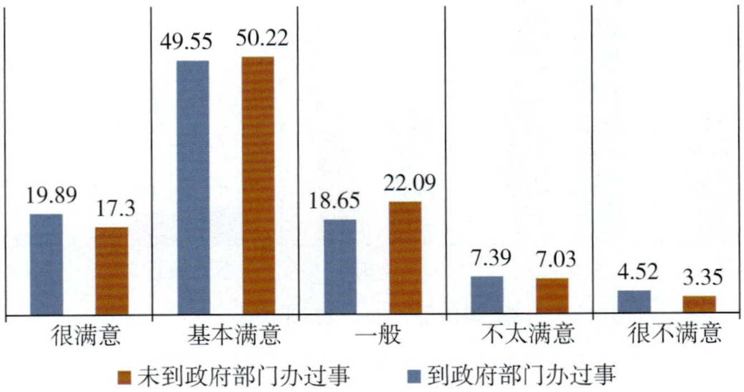

图3-70　2016年是否到政府部门办过事与对政府服务评价的关系（%）

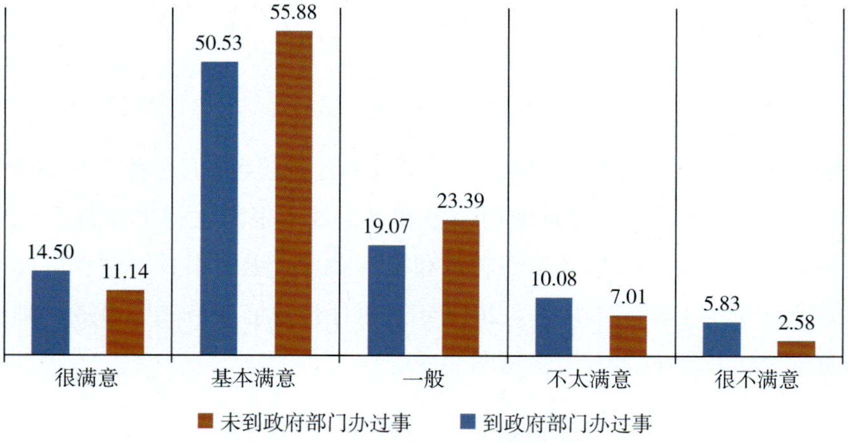

图3-71　2015年是否到政府部门办过事与对政府服务评价的关系（%）

2. 政府服务的薄弱人群对政府服务的评价有明显提高

①企业、私营部门、创业者对政府服务的评价。

企业对所在地政府服务和办事效率评价明显提升，但分化加剧。2016 年企业对所在地政府服务和办事效率不满意者占比为 10.17%，比总体低 1 个百分点。参见图 3–72。与 2015 年相比，企业对所在地政府服务和办事效率的评价有所提升，但企业对政府服务的评价也出现分化。一方面对所在地政府服务和办事效率很满意和比较满意的受访者占比由 2015 年的 64.83% 提升到了 2016 年的 68.99%，另一方面对所在地政府服务和办事效率不太满意和很不满意的受访者占比也由 2015 年的 9.62% 增加到 2016 年的 10.17%。

私营部门对所在地政府服务和办事效率评价略低，但有改善趋势。2016 年私营部门对所在地政府服务和办事效率很满意和基本满意的比例为 67.94%，比总体人群低 0.4 个百分点；私营部门对所在地政府服务和办事效率不满意（包括不太满意和很不满意）的比例为 10.50%，比总体人群低 0.6 个百分点。不过，与 2015 年相比，2016 年私营部门对所在地政府服务和办事效率满意的比重比 2015 年增加了 4 个百分点，不满意的比重则比 2015 年下降了 1 个百分点。参见图 3–73。

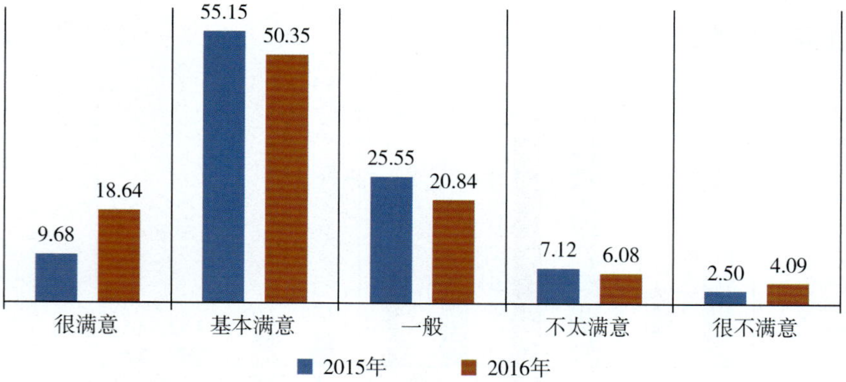

图3-72　2015～2016年企业对政府服务评价的情况（%）

注：企业包括国有企业、民营 / 私营企业和三资企业。

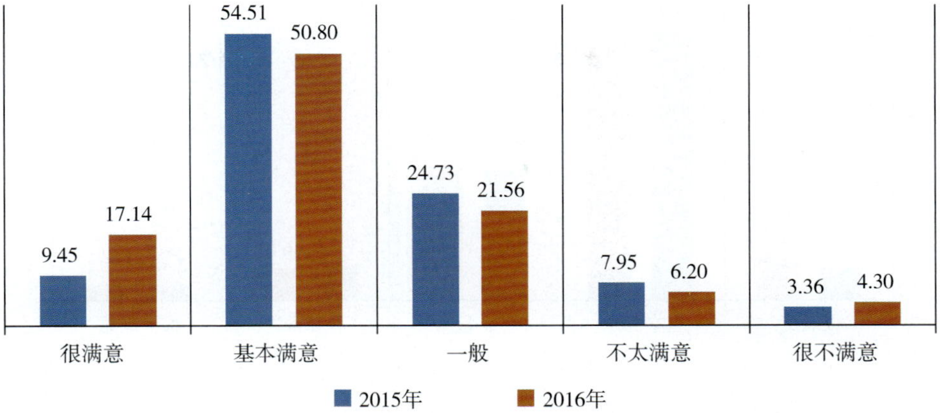

图3-73　2015～2016年私营部门对政府服务评价的情况（%）

注：私营部门为民营企业、三资企业、个体工商户、自由职业者和开办网店。

创业者对政府服务和办事效率的评价明显低于总体，但纵向看有很大提升。2016 年创业者对所在地政府服务和办事效率很满意和基本满意占比仅为 63.53%，比总体人群低 5 个百分点；创业者对所在地政府服务和办事效率不太满意和很不满意的比例也略高于总体。不过，与 2015 年相比，2016 年创业者对所在地政府服务和办事效率满意的比重比 2015 年增加了 23 个百分点，不满意的比重则比 2015 年下降了 27 个百分点。参见图 3–74。

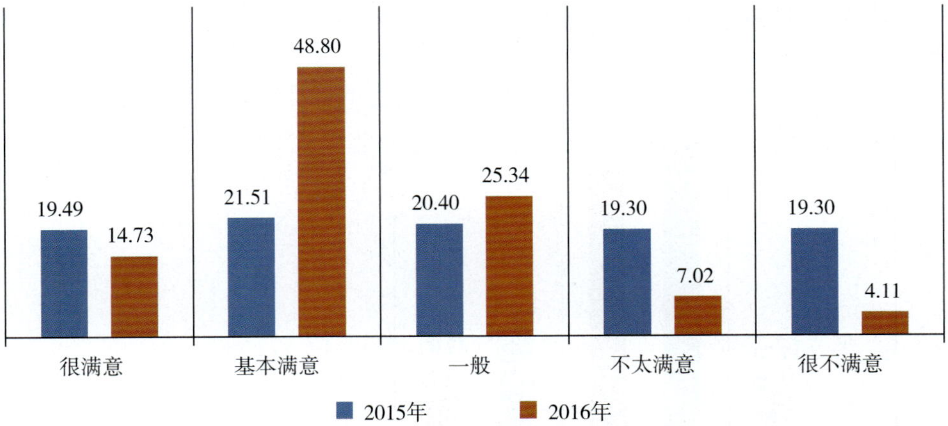

图3-74　2015～2016年创业者对政府服务评价的情况（%）

注：创业者为自主创业的人和个体工商户。

②流动人口、非正规就业者、农民对政府服务的评价。

流动人口对政府服务和办事效率的评价偏低，但纵向来看有小幅提升。2016 年流动人口对所在地政府服务和办事效率很满意和基本满意的比例为 62.77%，比总体人群低 6 个百分点。与 2015 年相比，2016 年流动人口对所在地政府服务和办事效率满意的比重比 2015 年上升了 1 个百分点，不满意的比重则比 2015 年下降了 1 个百分点。参见图 3–75。

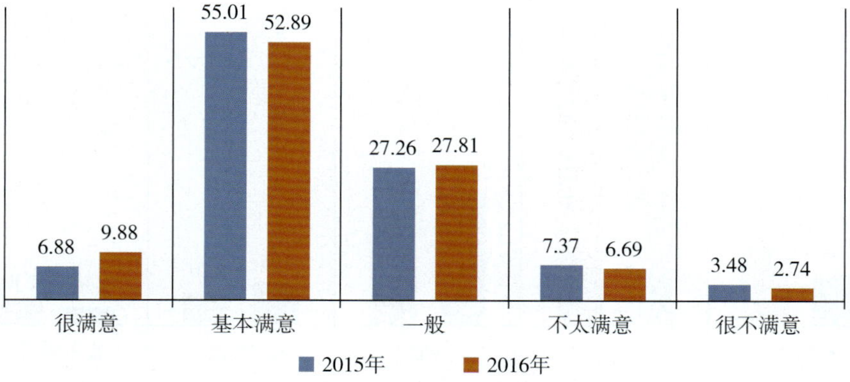

图3-75　2015～2016年流动人口对政府服务评价的情况（%）

注：流动人口是指省内非本市人口以及省外人口。

非正规就业者对政府服务和办事效率的评价略高于总体，且纵向来看有所提升。2016 年，非正规就业者对所在地政府服务和办事效率很满意和基本满意的比例为 69.81%，比总体人群高 1 个百分点；同时，非正规就业者对所在地政府服务和办事效率不太满意和很不满意的比例为 11.09%，与总体人群相差不大。此外，非正规就业者对所在地政府服务和办事效率很满意的比例比总体受访者低 1 个百分点。与 2015 年相比，非正规就业者对政府服务和办事效率的评价有较大提升。2016 年非正规就业者对所在地政府服务和办事效率满意的比重比 2015 年上升了 5 个百分点，但与此同时，对所在地政府服务和办事效率不满意的比重也比 2015 年上升了 1 个百分点。参见图 3–76。

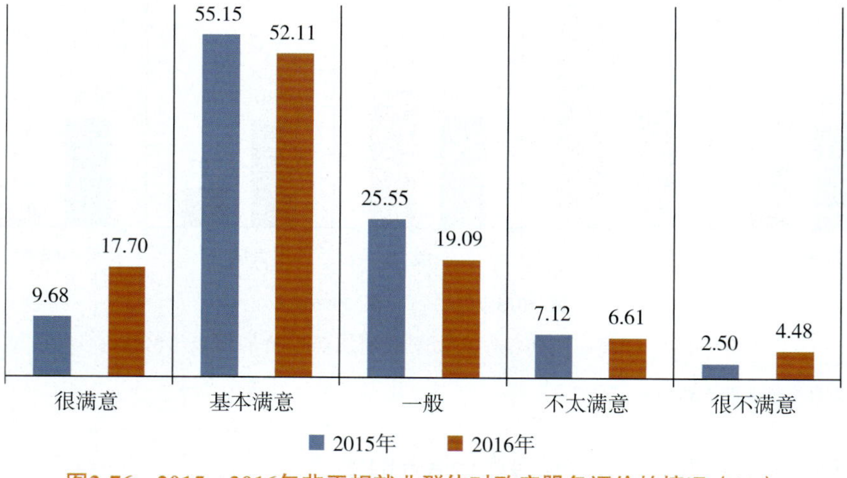

图3-76　2015～2016年非正规就业群体对政府服务评价的情况（%）

注：非正规就业指没有签订劳动合同的就业群体。

农民对政府服务和办事效率的评价略高于总体，且纵向看评价有上升趋势。2016 年农民对所在地政府服务和办事效率很满意和基本满意的比例为 69.86%，比总体高 1 个百分点；不太满意和很不满意的比例为 12%，比总体人群低 1 个百分点。与 2015 年相比，2016 年农民对所在地政府服务和办事效率满意的比重比 2015 年上升了 3 个百分点。参见图 3–77。

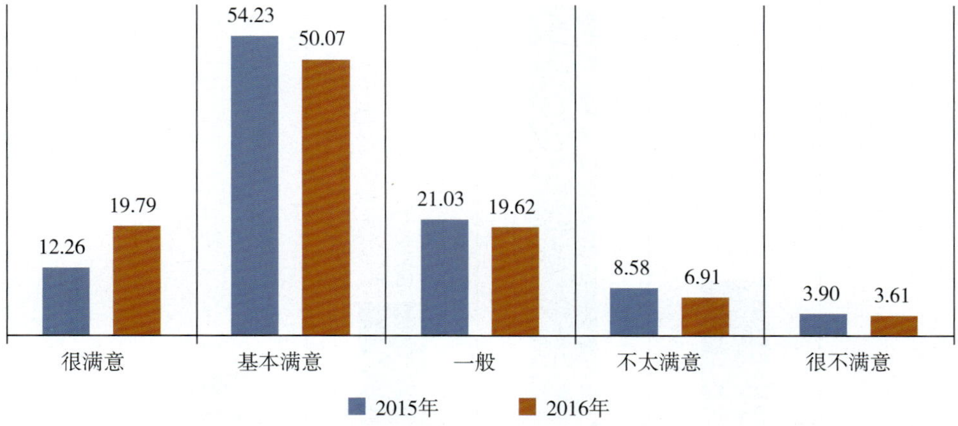

图3-77　2015～2016年农民群体对政府服务评价的情况（%）

③年轻人对政府服务的评价。

相对于总体人群而言，年轻人对所在地政府的服务和办事效率评价偏低，但评价略有向好趋势。2016 年，年轻人当中对所在地政府服务和办事效率满意者只有 62.24%，比总体人群低 7 个百分点。与 2015 年相比，年轻人对所在地政府服务和办事效率很满意的比例提高了 4.22 个百分点，不太满意和很不满意的比例下降了 0.03 个百分点。参见图 3-78。

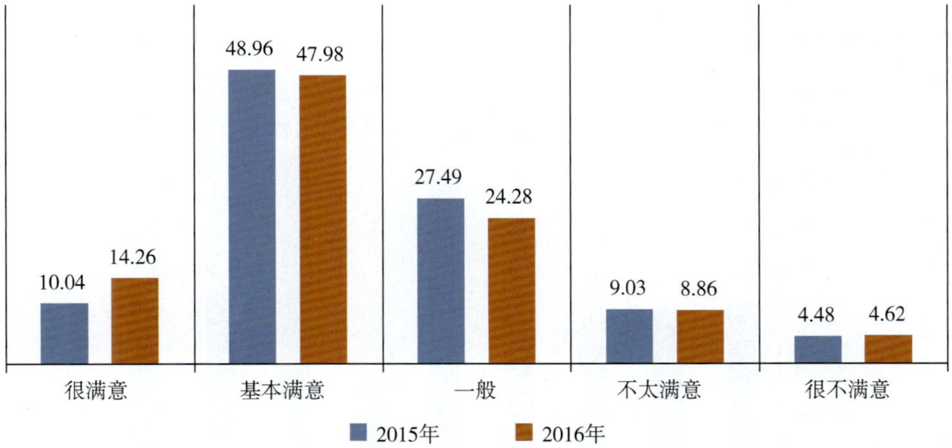

图3-78　2015～2016年年轻人对政府服务评价的情况（%）

注：年轻人指年龄在 25 ～ 35 岁之间的受访者。

3. 政府简政放权取得一定成效，但受访者对简化办事程序的诉求依然强烈

政府简政放权取得一定成效。在对政府简政放权的总体评价中有 56.90% 的受访者认为有所简化，19.52% 的受访者认为明显简化，16.56% 的受访者认为没有变化，7.02% 的受访者认为更加困难。参见图 3-79。

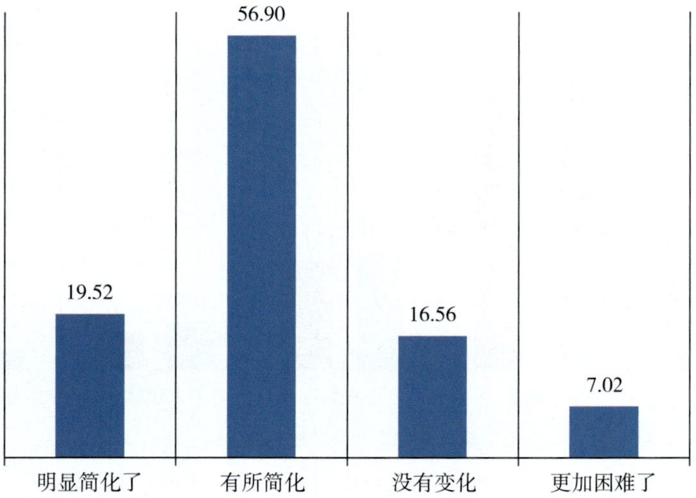

图3-79 2016年城乡居民对政府简政放权的总体评价（%）

四川省和安徽省受访者对政府简政放权的总体评价[①]最高，广东省和江苏省受访者对政府简政放权的总体评价最低。由图3-80可知，四川省、安徽省和浙江省受访者对政府简政放权的总体评价分别为76.97分、76.49分和74.16分，分别比总体受访者高4.74分、4.26分和1.93分；广东省、江苏省、黑龙江省、河北省和陕西省受访者对政府简政放权的总体评价低于总体受访者，分别为67.60分、68.92分、70.43分、70.73分和71.30分，分别比总体受访者低4.63分、3.31分、1.80分、1.50分和0.93分。

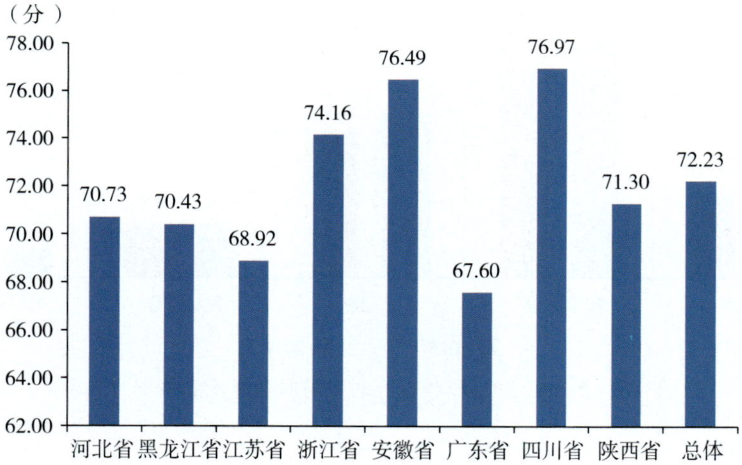

图3-80 不同省份受访者对政府简政放权的总体评价（分）

但受访者对简化政府办事程序的诉求依然较高，受访者认为改进政府服务、提高办事效率最需要从“简化各类手续证明”入手的比例达到41.37%，并且受访者实行“一站式”窗口办理、减少行政审批和实现网上业务办理几项简化程序相关选项的比例分别为32.96%、

① 将政府简政放权的总体评价为“更加困难了”、“没有变化”、“有所简化”和“明显简化了”分别赋值为25分、50分、75分和100分。

21.09% 和 9.03%。

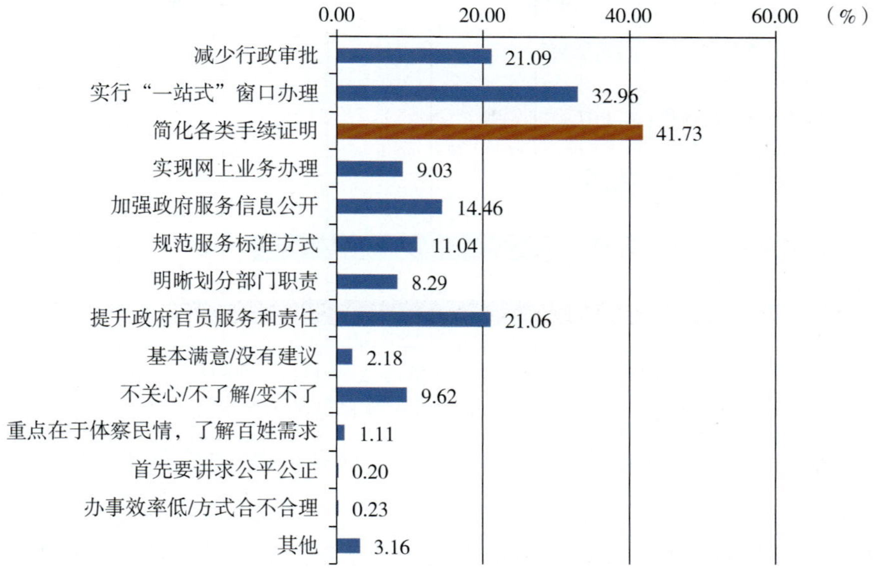

图3-81　受访者认为最应该改进的政府服务方面（%）

4. 程序复杂和不公开仍是城乡居民对政府工作最不满意的因素

2016 年城乡居民对政府工作最不满意的因素依次为程序复杂和不公开、办事推诿 / 效率低和要找关系。对政府工作最不满意的因素为程序复杂和不公开、办事推诿 / 效率低和要找关系的受访者占比依次为 46.20%、30.49% 和 11.10%。参见图 3–82。

纵向来看，相对于 2015 年而言，2016 年办事推诿 / 效率低和要找关系的比例有较大减少，分别减少了 7 个百分点和 6 个百分点；而程序复杂和不公开的比例则较 2015 年略有上升。参见图 3–83。

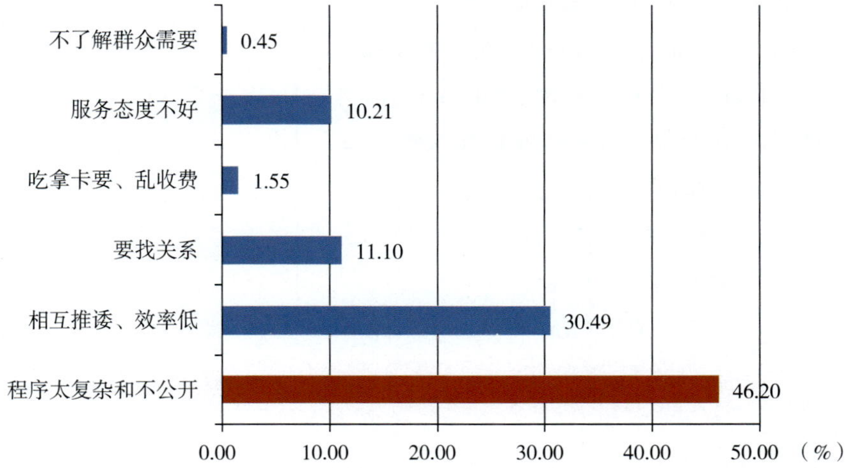

图3-82　2016年受访者对政府最不满意的方面（%）

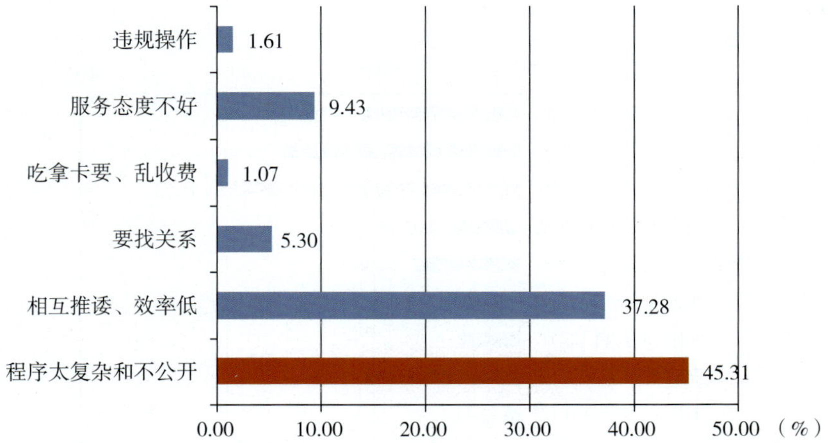

图3-83　2015年受访者对政府最不满意的方面（%）

注：将程序太复杂和不公开、不透明合并为程序太复杂和不公开；将不办事、推诿和效率太低、时间太长合并为相互推诿、效率低。

应着力推进政务公开，通过多种渠道加强政府政策信息的宣传推广。受访者主要通过网络社交媒体渠道了解政府为民办事的信息及政策。通过电视、收音机、报纸杂志、政府网站等传统媒体了解政府信息及政策的受访者占比分别为59.85%、13.64%和8.05%；通过新媒体（微信、微博、公众号等）了解政府信息及政策的受访者占比为20.83%。其次，仍有不少受访者通过传统人际传播模式了解政府信息及政策。通过干部宣传和动员、亲朋好友介绍、下发的宣传资料等方式了解政府信息及政策的受访者比例分别为31.09%、25.54%和16.39%。

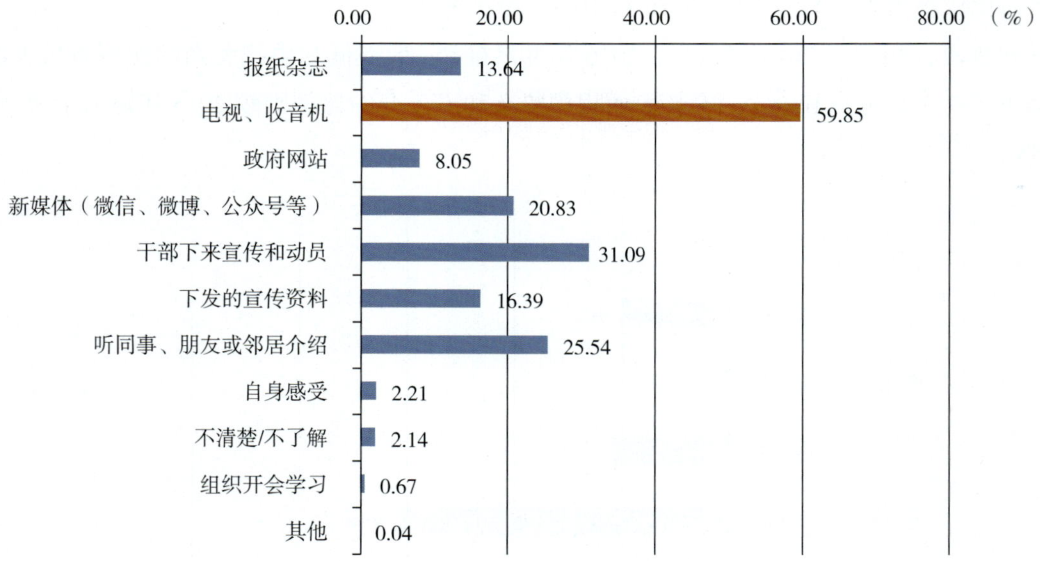

图3-84　受访者了解政府为民办事的信息及政策的主要渠道（%）

5. 改善政府服务有助于提高居民生活满意度

城乡居民对政府办事程序的评价与对政府工作总体满意度之间呈现显著的正相关关系，越是认为政府办事程序简化的受访者对政府服务的总体满意水平就越高。认为政府办事水平明显简化的受访者对政府的满意度评分为87.59分，比认为政府办事程序更加困难的受访者高出35分。参见图3-85。

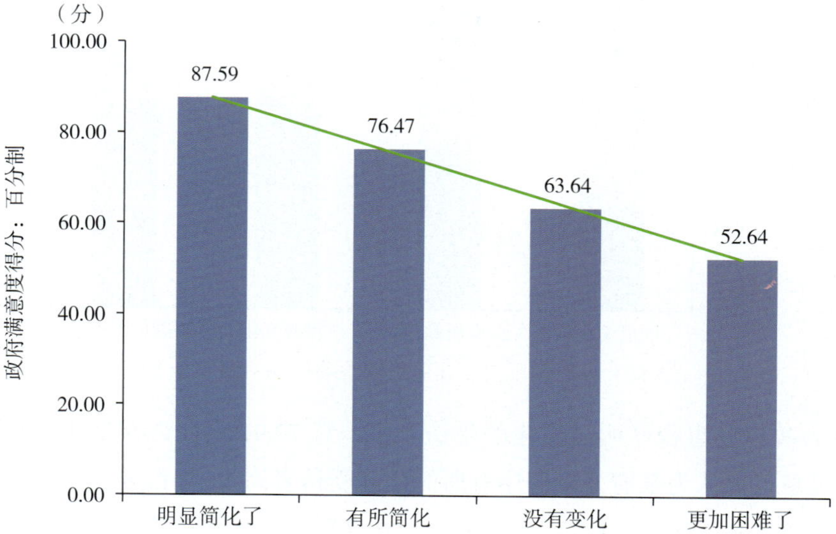

图3-85　办事程序简化与政府满意度的关系（分）

2016年认为政府办事程序明显简化的受访者中，有90.69%的受访者对所在地政府服务和办事效率很满意和基本满意，比认为政府办事程序有所简化的受访者高15个百分点，比认为政府办事程序没有变化的受访者高48个百分点，比认为政府办事程序更加困难的受访者高62个百分点。参见表3-18。

表3-18　办事程序简化与政府满意度的关系

	明显简化了		有所简化		没有变化		更加困难了	
	频次	百分比（%）	频次	百分比（%）	频次	百分比（%）	频次	百分比（%）
很满意	775	50.13	639	14.53	85	6.75	22	4.17
基本满意	627	40.56	2671	60.72	448	35.58	131	24.86
一般	111	7.18	836	19.00	430	34.15	130	24.67
不太满意	22	1.42	179	4.07	203	16.12	119	22.58
很不满意	11	0.71	74	1.68	93	7.39	125	23.72
合计	1546	100.00	4399	100.00	1259	100.00	527	100.00

城乡居民对政府办事程序的评价与其对生活满意评价之间存在显著的正相关关系，越是认为政府办事程序简化的受访者对生活满意评价就越高。认为政府办事程序明显简化的受访者对生活满意度评分为78.31分，比认为政府办事程序更加困难的受访者高出15分。参见图3-86。

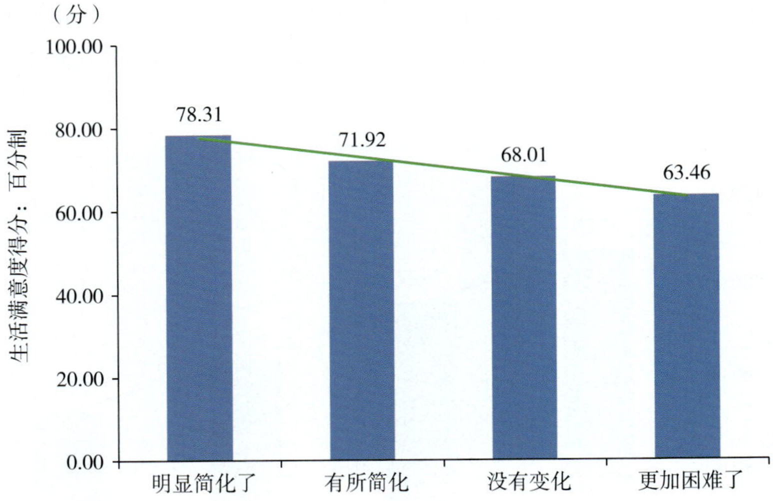

图3-86　办事程序简化与生活满意评价的关系（分）

2016年认为政府办事程序明显简化的受访者中，有73.91%的受访者对自己目前家庭生活很满意和基本满意，比认为政府办事程序有所简化的受访者高11个百分点，比认为政府办事程序没有变化的受访者高21个百分点、比认为政府办事程序更加困难了的受访者高27个百分点。参见表3–19。

表3-19　办事程序简化与生活满意评价的关系

	明显简化了		有所简化		没有变化		更加困难了	
	频次	百分比（%）	频次	百分比（%）	频次	百分比（%）	频次	百分比（%）
很满意	472	30.28	664	14.64	173	13.13	60	10.70
基本满意	669	42.91	2161	47.66	514	39.00	201	35.83
一般	274	17.58	1082	23.86	368	27.92	137	24.42
不太满意	102	6.54	468	10.32	194	14.72	102	18.18
很不满意	42	2.69	159	3.51	69	5.24	61	10.87
合计	1559	100.00	4534	100.00	561	100.00	561	100.00

城乡居民对政府服务和办事效率的满意度与对其生活的满意度之间呈现显著的正相关关系，越是对政府服务和办事效率满意的受访者对生活满意评价就越高。2016年对所在地政府服务和办事效率很满意的受访者中，对生活满意度的评分为80.88分，对所在地政府服务和办事效率基本满意的受访者中，对生活满意度的评分为72.86分，对所在地政府服务和办事效率一般满意的受访者中，对生活满意度的评分为65.76分，对所在地政府服务和办事效率不太满意的受访者中，对生活满意度的评分为61.14分，对所在地政府服务和办事效率很不满意的受访者中，对生活满意度的评分为59.09分，呈现逐渐递减的趋势。

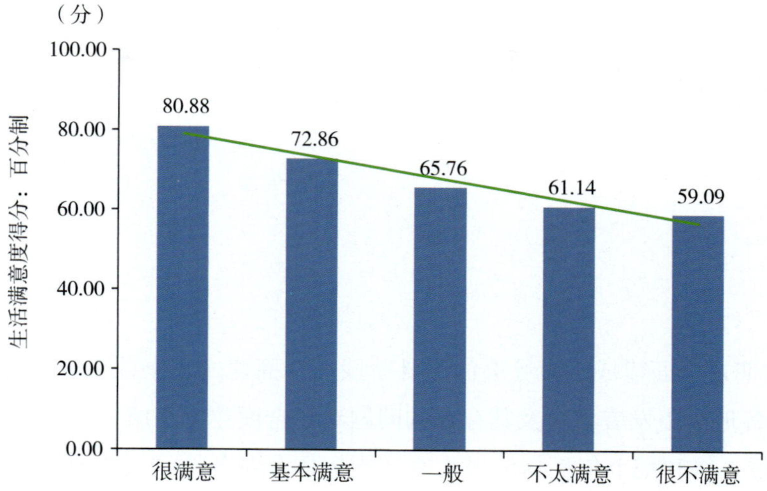

图3-87　政府满意度对生活满意评价的影响（分）

（执笔：程　郁　阮荣平[①]）

① 章元、何广文、陈洁、钟诚、郭雯、徐雪高、宋建新、陈思丞、周根占、叶远方、高寒、管淳、崔静静、戴文恺、张乾涛、许洵、李杨等人参与过课题讨论与数据资料的整理。

第四章
民生指数 2017 分析报告

“十三五”时期是全面建成小康社会的决胜阶段。全面建成小康社会突出的短板主要在民生领域。因而，了解各地民生发展状况及其存在的问题对于全面建成小康社会具有十分重要的意义。今年的民生指数报告将利用上年更新的民生客观指标体系对各地区民生状况进行进一步跟踪分析。由于统计数据的滞后性，本报告能够收集的最新数据来自 2015 年。同时考虑到不少民生指标属于慢变量，因此报告还收集 2010 年的数据。本报告将通过跨期对比分析近些年来各地区民生领域的进展和存在的问题，以期为“十三五”期间进一步加强民生领域的建设提供参考。需要指出的是，诸多与民生相关的领域或者缺乏相关的统计数据或者由于各种主客观因素的影响，数据未必能反映真实状况。因此，本报告对不同区域在不同民生领域发展状况的分析和判断仅供有关方面发现问题和研究改善对策时参考，而不应作为评判区域民生状况好坏的绝对标准。

具体来讲，本报告主要包括以下几个部分：第一部分简要介绍民生指数指标体系；第二部分从不同角度对中国民生发展状况进行评估；第三部分总结民生指数分析的主要发现。

一、民生指数简介

民生指数指标体系主要从居民生活、公共服务、公共安全和生活环境等四个方面来考察各个省（市、区）的民生发展状况。具体来看，基于数据的可获得性，本体系设计了 31 个指标来刻画这四个方面的民生发展状况。对于每一个方面民生发展状况的评估，本报告首先对指标体系涉及的子指标通过阈值法（与最大最小值比较）进行无量纲化处理，然后给各个子指标赋予相等的权重，最后利用线性加权法得到各个方面的民生发展指数。关于民生指数的具体指标参见表 4–1 和附录 4–1。

表4-1　　民生指数指标体系

	二级指标		三级指标	数据来源
（一）居民生活	收入和消费	1	全体居民人均可支配收入	中国统计年鉴：首先采用消费价格指数将2010年地区间价格差异指数调整为2010、2015年地区间价格差异指数；然后利用该数据将2010、2015年人均可支配收入调整为地区间价格可比的收入数据。
		2	全体居民人均消费支出	中国统计年鉴：数据调整方法同“全体居民人均可支配收入”
	就业	3	城镇职工基本养老（医疗）保险参保人数／城镇就业总人数	中国统计年鉴：城镇职工基本养老（医疗）保险参保人数采用参与基本医疗保险和基本养老保险在岗职工人数的平均值；城镇就业总人数缺乏直接的统计数据，采用城镇单位就业人员数和城镇私营、个体就业人数之和替代
	分配	4	城镇居民人均可支配收入／农村居民人均可支配收入	中国统计年鉴
	生活压力	5	房价收入比	每平方米住宅平均售价与城镇居民人均可支配收入之比
（二）公共服务	教育	6	义务教育阶段生均教育财政支出	中国教育经费统计年鉴
		7	平均受教育年限	中国统计年鉴
	医疗卫生	8	每万人拥有执业（助理）医师数（人）	国家统计局网站数据
		9	卫生总费用中个人支出比率	中国统计年鉴、卫生计生年鉴
	社会保障	10	职工基本养老保险养老金平均水平／城镇居民人均可支配收入	中国统计年鉴
		11	城乡居民基本养老保险养老金平均水平／全体居民人均可支配收入	中国统计年鉴
		12	农村居民最低生活保障标准／农村居民人均可支配收入	国家统计局提供
	社会服务	12	每千人口社会服务床位数（张）	中国统计年鉴
		14	每百万人口社工助工师（人）	中国统计年鉴
		15	社区服务机构覆盖率（%）	中国统计年鉴
	交通服务	16	每万人拥有公共交通车辆（标台）	国家统计局网站
		17	人均铁路、公路、水路客运总量	中国交通年鉴
（三）公共安全	自然灾害	18	每百万人自然灾害死亡人数	中国统计年鉴
	事故灾难	19	每百万人突发环境事件次数	中国统计年鉴：突发环境事件包括特别重大、重大、较大和一般四类，本指标根据四类事件死亡人数的认定标准进行加权之和
		20	每百万人重大生产安全事故死亡和失踪人数	国家安监总局网站
	公共卫生	21	甲乙类法定报告传染病发病率	中国卫生统计年鉴
		22	万人食源性疾病患者数	中国卫生统计年鉴
	社会安全	23	每万人罪犯人数	各地方高院年度工作报告

续表

	二级指标		三级指标	数据来源
（四）生活环境	空气质量	24	空气质量达到及好于二级的天数	各省主要城市按人口加权、中国统计年鉴
	水环境	25	各省涉及流域重点断面水质状况	环保部数据中心，中国统计年鉴
	植被环境	26	森林、草原覆盖率	中国统计年鉴
	城乡居住环境	27	建成区绿化覆盖率	国家统计局网站分省年度数据
		28	城市生活垃圾无害化处理率	国家统计局网站分省年度数据
		29	农村无害化卫生厕所普及率	中国统计年鉴

二、全国民生指数分析

在前面介绍的民生指数指标体系的基础上，本报告收集了最新五年的数据，进行了民生指数的编制。下面基于这些数据，对近些年来各区域民生发展状况予以分析。

（一）整体状况分析

从民生指数的测算结果来看，2010 年以来各地区民生状况都得到了不同程度的改善，但是民生不同方面之间和区域之间改善的程度存在一定的差异。

整体来看，居民生活和公共服务两个方面的民生状况改善的程度要明显高于公共安全和生活环境。居民生活和公共服务两个方面与经济的增长和公共财力的提升存在直接关系，因而在经济保持较快增长的情况下更有条件得到改善。民生指数的测算显示，近些年来绝大多数省份居民生活和公共服务两个方面的绝大多数具体的民生指标都得到了改善。而公共安全和生活环境则更多与经济转型和社会转型有关，因而需要更长时期的努力才能不断改善。民生指数的测算也证实了这一点：在公共安全和生活环境方面，不少省份的一些指标没有得到较大改善，甚至个别指标多数省份都有所恶化。

从不同区域来看，不同民生方面改善程度存在较大差异。居民生活和公共服务方面表现出明显的均等化趋势，意味着经济发展较为落后的地区改善的程度要高于经济较为发达的地区；在公共安全方面，北方地区多数省份比南方地区改善更加明显；在生活环境方面，西北地区多数省份的改善程度较其他地区更加显著。

（二）不同民生方面状况分析

1. 居民生活

居民生活指数方面仍然表现为由东向西依次降低的特征。2015 年，从综合考虑收入消费、就业、分配和生活压力四个方面的居民生活指数来看，东部地区多数省份表现得更好，中部地区次之，而西部地区相对较差（参见图 4-1）。东部地区之所以优于其他地区，主要依赖于其创造了更高的收入水平、更高质量的就业和相对较低的城乡差距。从动态变化的角度来看，居民生活指数的整体空间格局没有发生大的变化，仍然呈现出东部、中部和西部居民生活指数依次递减的态势。但也需要看到部分省份尤其是西部地区的部分省份居民生活指数改善最为明显，其中内蒙古、宁夏、新疆和贵州等省份居民生活指数的提升最快。

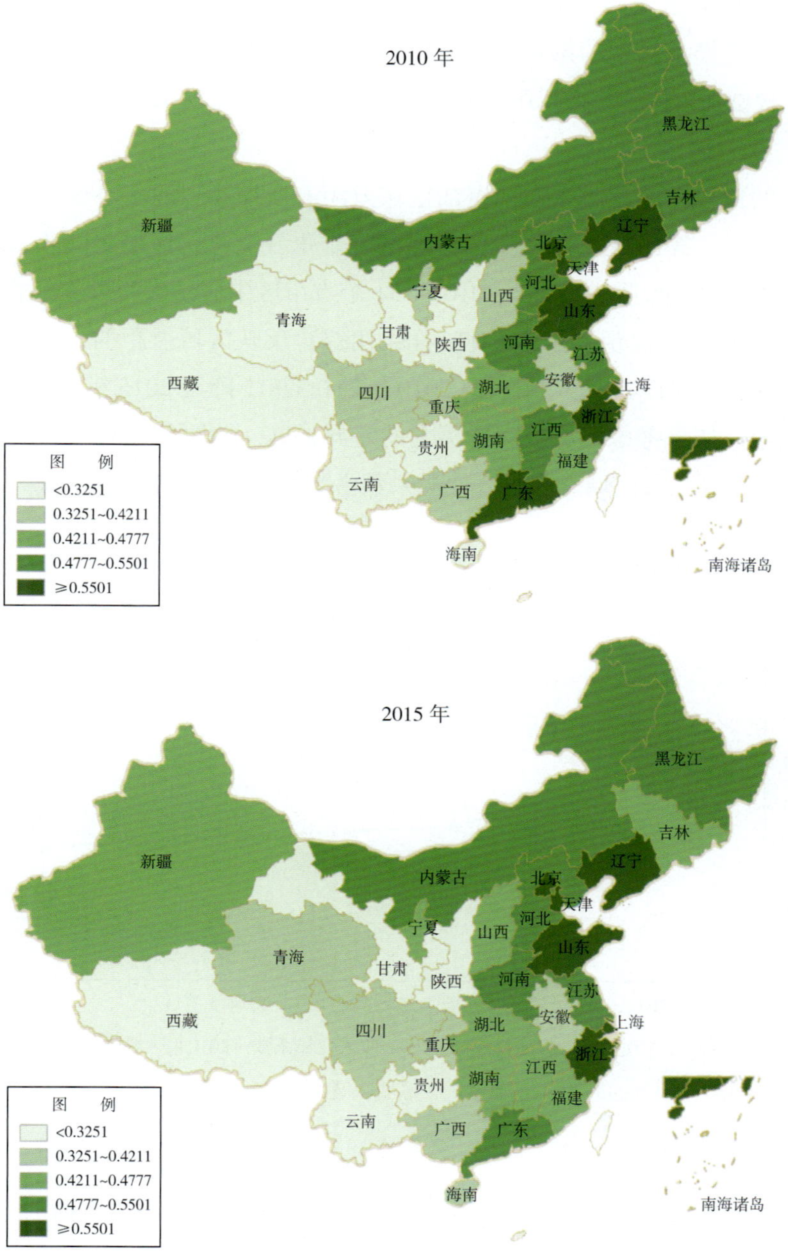

图4-1　居民生活指数（2010年、2015年）

数据来源：作者计算。

分项来看，居民生活状况明显改善，民生基础更加稳固。从民生指数的数据来看，在“居民生活”方面所有区域绝大多数指标 2010 年以来都有所改善。居民的收入和消费水平变化最为明显，所有省份收入和消费都实现较快的增长，其中西部省份增长得更快，超过一半的西部省份收入水平增长速度超过 10%。绝大多数地区城乡居民收入差距进一步缩小，城乡差距较大的西部省份缩小的幅度更大，如广西的城乡居民的收入差距由 2010 年的 3.76 倍缩小至 2015 年的 2.79 倍。仅从购房的角度来看，绝大多数省份 2010 ~ 2015 年间生活压力有所缩小，31 个省份中只有江西和云南两个省份的房价收入比稍有上升，其他省份的房价收入比都出现了一定幅度的下降。受经济转型的影响，就业质量的改善状况不佳，主要表现为私营和个体就业比重大幅上升，仅 2015 年一年就提升 4 个百分点，而这些就业人员中部分人员没有相应的社会保障。

从区域之间的比较来看，收入和消费的区域差距有所缩小。除了各区域自身生活状况的不断改善外，整体来看，2010 年来居民生活方面的一个重要变化是区域之间收入和消费的差距呈现不断缩小的态势。以现价收入为例，2010 年 31 个省市区中居民人均可支配收入最高与最低之比为 4.54；到 2015 年这一差距缩小为 4.07；如果用综合反映区域差距的人口加权变异系数来测度差距，区域人均可支配收入的差异系数由 2010 年的 0.378 下降至 2015 年的 0.334（参见图 4-2）。另外，我们还发现，如果考虑区域之间购买力的差异，这一差距的绝对水平明显缩小，如 2015 年考虑区域购买力差异之后区域之间收入变异系数由之前的 0.334 下降至 0.261。

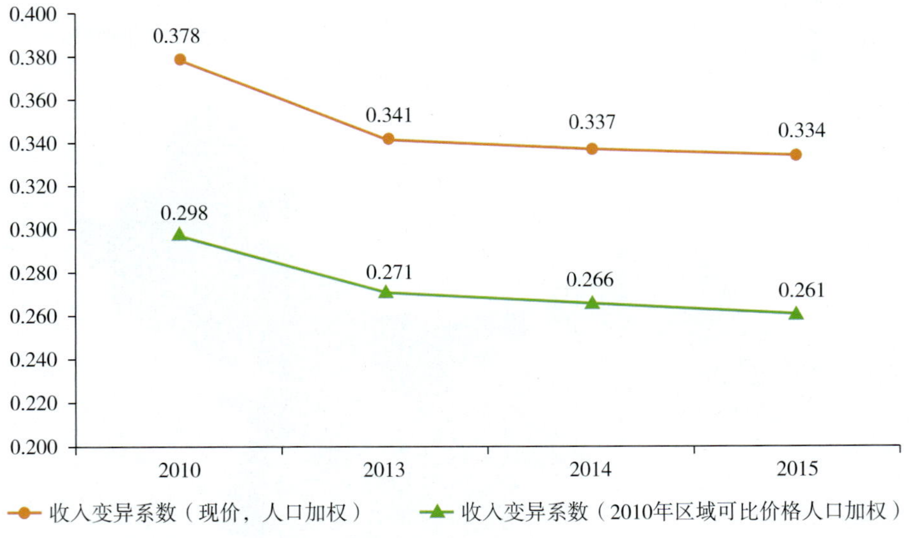

图4-2　区域收入差距变化

数据来源：WIND，作者计算。

虽然居民生活方面各地区进展都比较明显，但是也需要看到以下两方面的突出问题。

①地区之间生活压力出现分化趋势，部分地区生活压力加大。2015 年房价出现了较大的转折性变化，部分地区房价开始快速上升。受房价上涨的影响，这些地区的房价收入比开始

上升，生活压力呈现加大趋势。31 个省份中有 9 个省份的房价收入比与 2014 年相比出现了上升，其中上海和北京最为突出，两地 2015 年房价上涨的幅度都超过 10%，导致两者的房价收入比分别上升 21% 和 11%。更为值得注意的是，2016 年以来越来越多的城市房价增速加快。统计数据显示，与 2016 年初相比，2017 年 3 月 70 个大中城市中只有 10 个城市的新建住宅价格有所回落，1/4 的城市房价涨幅超过 20%。考虑各地收入增长的幅度随经济增速的下滑多数呈现下滑态势的现实，可以推测 2016 年更多地区的房价收入比会有所上升，居民生活压力进一步加大。

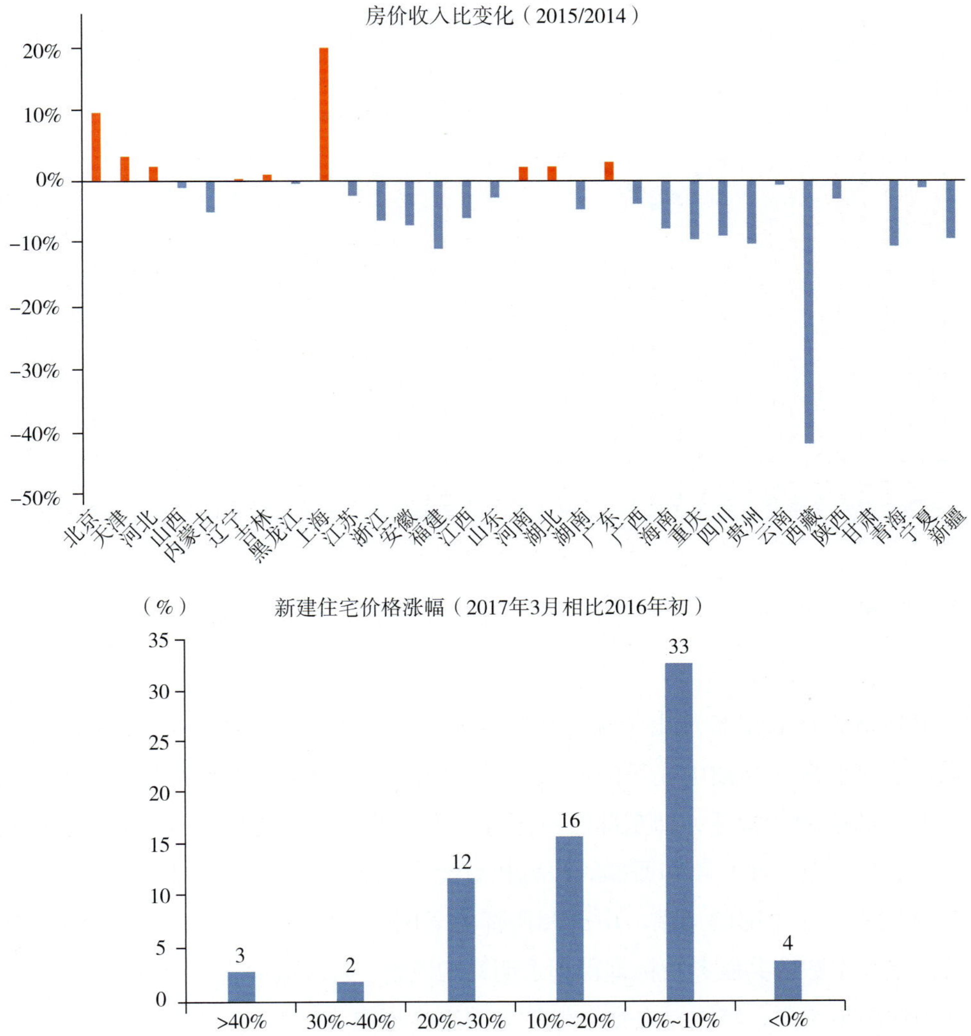

图4-3　收入房价比与住宅价格涨幅（%）

数据来源：WIND，作者计算。

②收入和消费区域差距的最新趋势有可能发生转折性变化。从前面的分析中可以看到，虽然 2010 ~ 2015 年间地区之间收入和消费的差距在不断缩小，但是缩小的幅度却在放缓。另外，从区域之间人均 GDP 的差距来看，2015 年这一差距开始出现转折性变化，由之前一直下降转为上升态势。人均 GDP 最高的省份与最低的省份的差距由 2014 年的 4.0 倍上升至 2016 年的 4.2 倍。

虽然人均 GDP 的变化与收入和消费的变化并不完全同步，但是前者是后者提升的基础，而且两者之间呈现出较为稳定的同步趋势。因此，依据人均 GDP 区域差距的变化趋势可以推断，区域之间收入和消费的差距也有可能在近期出现扩大。

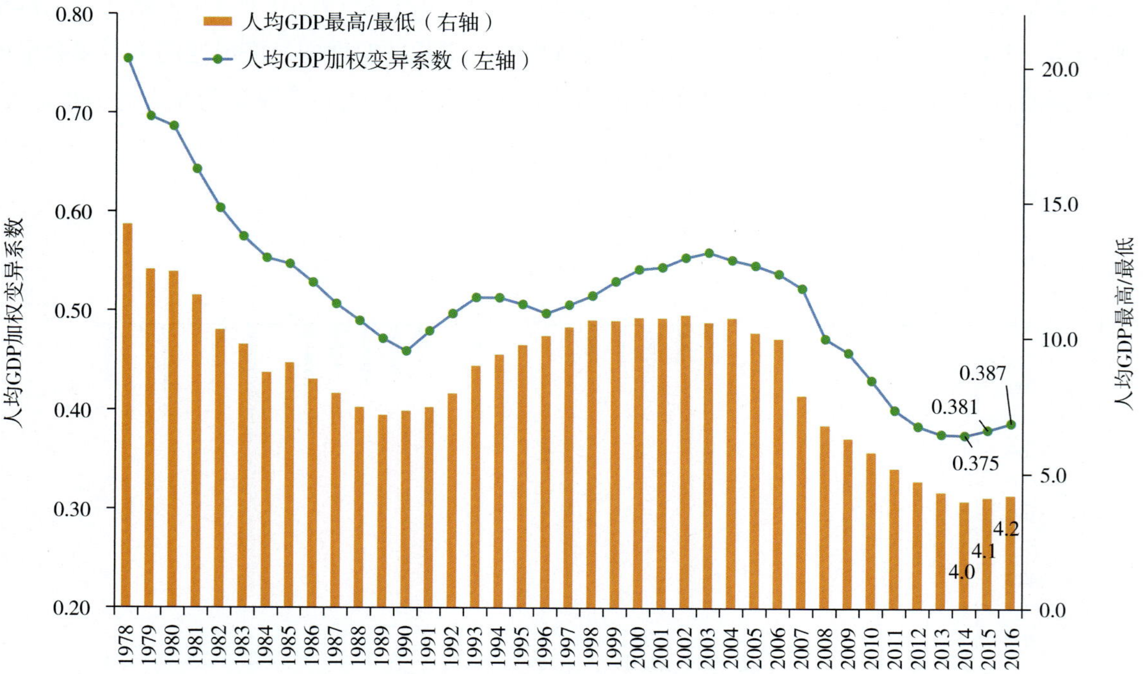

图4-4　人均GDP区域差距变化

数据来源：WIND，作者计算。

2. 公共服务

区域公共服务发展状况呈现出"哑铃状"特征。图 4–5 给出了各省份 2010 年和 2015 年公共服务指数的表现状况。从图中显示的数据来看，2015 年各地区公共服务发展状况呈现出"两头强、中间弱"的哑铃状特征，即东部沿海部分省份和西部沿边的部分省份公共服务指数表现更佳，如北京、长三角、珠三角和西部的西藏和新疆等；而处于中国版图中部的较多省份的公共服务状况相对较差，如中部的河南、山西和西部的云南、广西等。从动态变化的角度来看，绝大多数省份的绝大多数公共服务指标都得到了明显的改善；就区域而言，宁夏和广东的公共服务改善较其他地区更加突出，特别是在社会保障方面进步更快。

公共服务均等化取得积极进展。公共服务方面更为重要的进展是区域之间公共服务均等化水平显著提升。图 4–6 给出了公共服务指数中各项指标的均等化程度的变化。从图中显示的数据可以看出，公共服务的 12 个具体指标中 2/3 指标的区域差距有所缩小，如每万人拥有执业（助理）医师数的区域加权变异系数由 2010 年 0.321 下降至 2015 年的 0.154。从公共服务涉及的五个方面来看，除了交通服务外，教育、卫生、社会保障和社会服务四个方面的绝大多数指标的区域差距在缩小，尤其是教育和社会保障两个方面所有的指标区域差距都在缩小。而且可以看出，教育的区域均等化水平提升表现最为突出，无论是从教育的投入（义务教育阶段生均教育财政支出），还是从教育的产出（平均受教育年限）来看，区域之间教育公共服务的差距都在缩小。图 4–6 给出了各地区生均教育财政支出的增长和人均 GDP 水平，可以看出，除了少数地区外，越落后的地区其生均教育财政支出的增长越快。

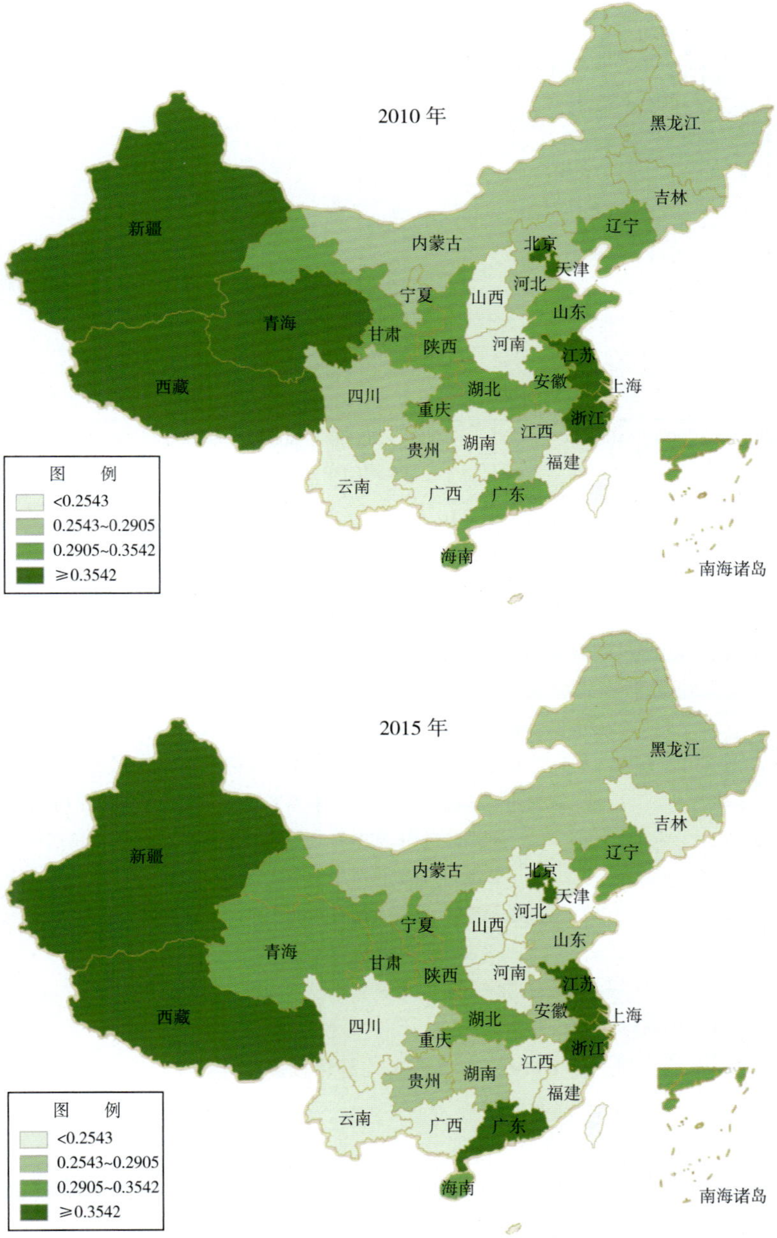

图4-5　公共服务指数（2010年、2015年）

数据来源：作者计算。

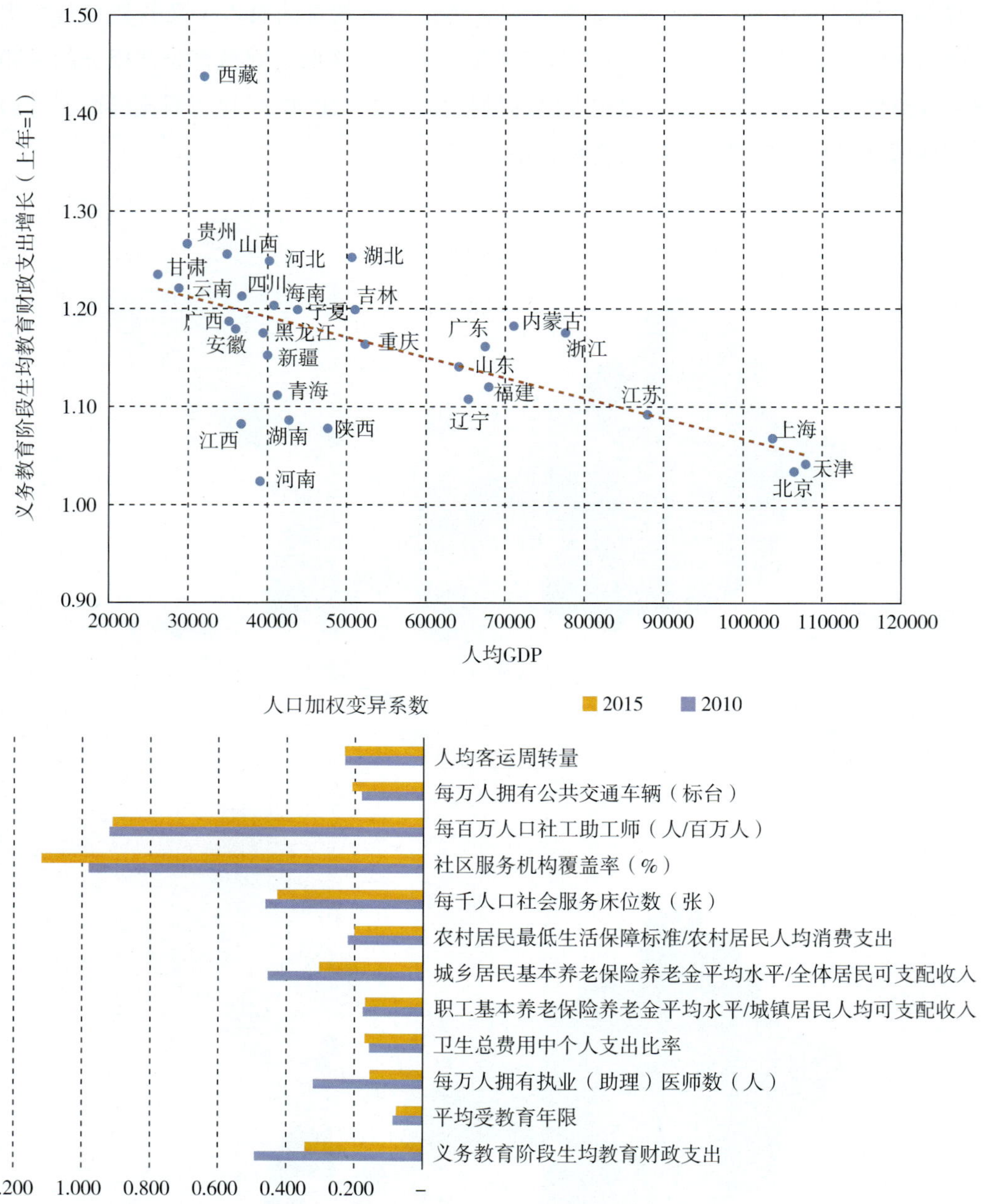

图4-6 公共服务均等化程度变化

数据来源：作者计算。

在看到公共服务均等化取得重要进展的同时，还需要看到公共服务领域也存在着一些值得关注的问题。

①不同地区之间乡村和专业技术人才的差距更大。前面对于公共服务均等化的测度和分析主要侧重区域之间整体的差距。深入分析可以发现各地区之间乡村和专业技术人才方面的差距更值得关注。这里以医疗卫生领域为例予以说明。图 4–7 给出 31 个省份城市和乡村每千人口卫生技术人员数最高与最低的差距。从数据可以看出，无论是从卫生技术人员整体来看，还是从

执业（助理）医师和注册护士来看，区域之间乡村的差距都大于城市的差距。对于执业（助理）医师和注册护士而言这种差距更大，其中，每千人口执业（助理）医师数区域乡村最高是最低的 4.1 倍，而城市之间差距只有 3.0 倍；每千人口注册护士数区域乡村最高是最低的 6.0 倍，而城市之间差距只有 2.9 倍。另外，图 4-7 还给出了区域之间执业（助理）医师、执业医师和全科医师的差距。相比区域之间执业（助理）医师差距而言，执业医师和全科医师的区域差距更大。2015 年每千人口执业（助理）医师数区域最高是最低的 2.3 倍，而执业医师和全科医师的区域差距则分别达到 2.6 倍和 7.8 倍。促进公共服务均等化更需要注重提高落后地区的人才吸引力。

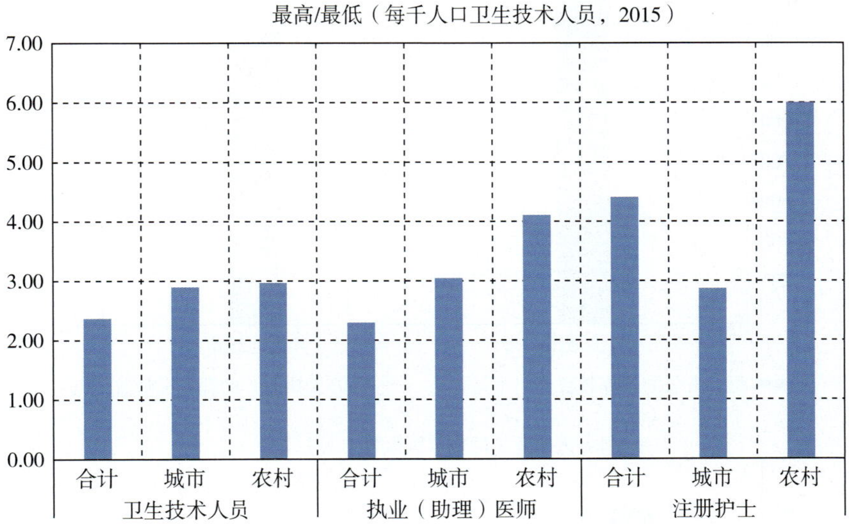

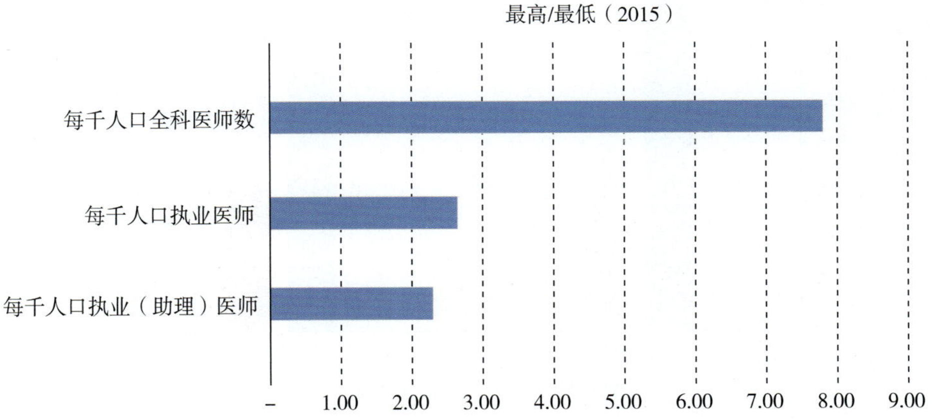

图4-7　地区之间卫生技术人员差距

数据来源：作者计算。

②区域内不同行政层级之间的差距值得关注。在公共服务均等化方面，除了前面提到的差距外，还存在许多其他类型的区域分割和差异，如不同层级的城市之间和城市内部不同区域之间。图 4-8 给出了不同城市公共预算教育支出和执业医师人数。从图中给出的数据看出，省会城市的人均公共预算教育支出要明显高于其他地级城市。2015 年省会城市每万人公共预算教育支出平均水平达到 1775 元，而其他地级城市则平均只有 1460 元，前者比后者高 20% 以上；两类城

市的每万人执业（助理）医师人数的差距更大，省会城市达到33人，而其他地级城市只有21人，前者比后者高近60%。这种差距还表现在城市内部市辖区和非市辖区其他地区（包括县、县级市等），如2015年省会城市市辖区每万人执业（助理）医师人数达40人，而非市辖区地区只有18人，两者相差一倍以上；其他地级城市的这种差距也基本相当。而且还有其他各种形式的分割，如“天价学区房”一定程度上就是这种分割的结果。

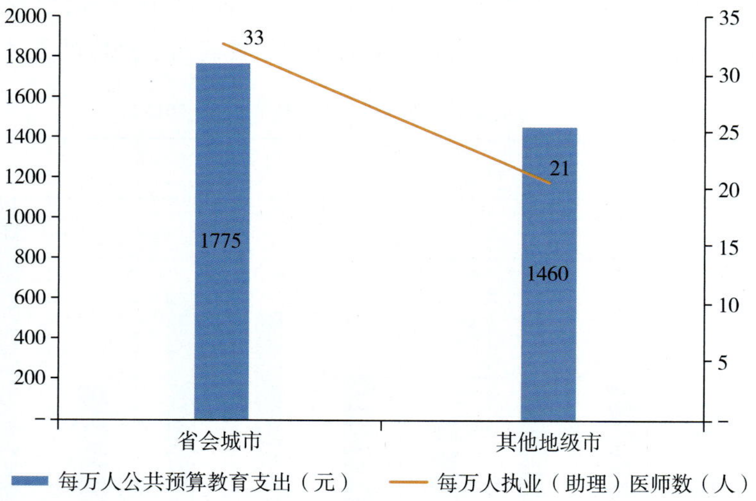

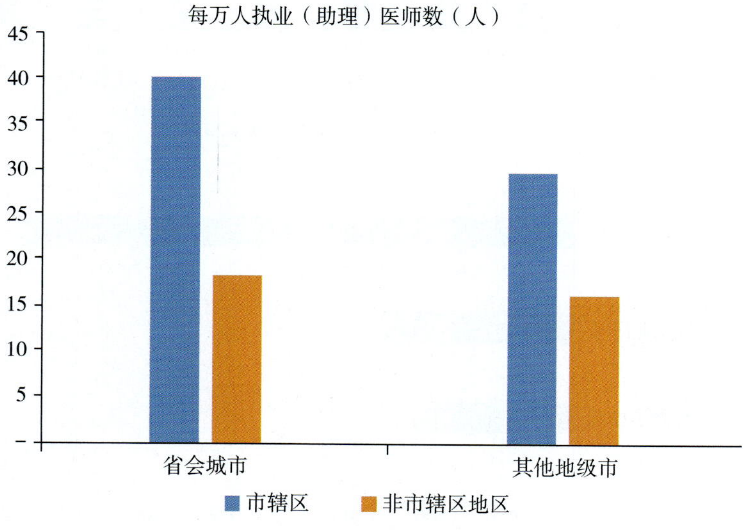

图4-8　不同城市公共预算教育支出和执业医师

数据来源：作者计算。

3. 公共安全

公共安全状况整体呈现出“北方优于南方、中部好于东西两侧”的空间特征。图4-9给出了各省份2010年和2015年的公共安全指数的表现状况。从图中显示的数据来看，2015年公共安全的空间特征与居民生活和公共服务存在较大差异：东北、环渤海地区多数省份的公共安全的表现要强于其他省份，东西两侧的沿海和沿边的多数省份的公共安全表现较差。从动态变化的角度来看，近些年来公共安全状况的空间表现发生了较大的变化。结合 2010、2014 和 2015 三年的数据来看，公共安全风险表现的变化呈现一定的突发性。不过整体来看，2010 ~ 2015 年间有两类地区的公共安全状况得到了明显改善：一是内蒙古和东北地区，如内蒙古在突发环境事件、重特大生产事故以及传染病等公共安全方面都得到了较大改善；二是北京和上海，这两个直辖市由于人口集聚度高，公共安全的可能风险相对较高，但在此期间大多数公共安全指标得到了较大改善。

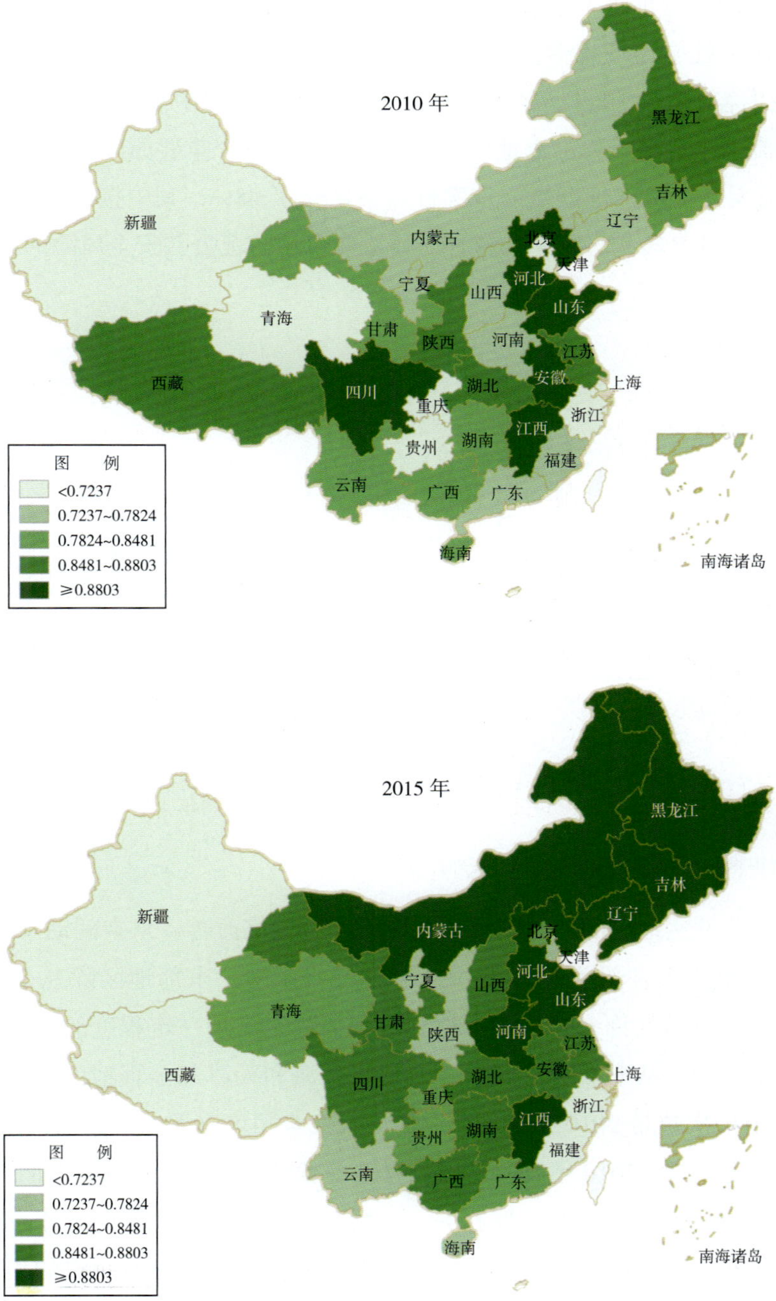

图4-9　公共安全指数（2010年、2015年）

数据来源：作者计算。

另外，与前面居民生活和公共服务不同的是，近些年来不少省份在公共安全的许多方面的表现没有得到改善，甚至恶化了。具体来看，重点表现在两个方面。

①多数地区犯罪率有所上升。多数省份部分公共安全指标呈现恶化趋势，其中以犯罪率最为突出。与2010年相比，2015年31个省份中有25个省份的犯罪率（每万人犯罪人数）有所提升，其中超过1/10的省份犯罪率翻番了，接近1/3的省份犯罪率提高了50%；与2014年相比，2015年超过一半的省份犯罪率有所提升。近些年来犯罪率上升的原因是多方面的，既与司法部门加大犯罪惩治力度推进“平安中国”建设有关，也与经济社会的转型存在较大关系。经济社会转型过程中往往会出现许多结构性矛盾，如就业领域的结构性矛盾、社会管理领域的矛盾。2016年的民生客观指数报告已经指出，由于经济转型过程中出现的不公平、不合理的待遇等原因，大量的流动人口已成为沿海地区出现高犯罪率的一个重要原因。另外，统计数据显示，2010～2015年间人民法院审理刑事一审案件收案增长了45%，其中接近40%涉及妨害社会管理秩序罪。化解经济社会转型过程中的各种矛盾成为各地防范公共安全风险的重要工作。

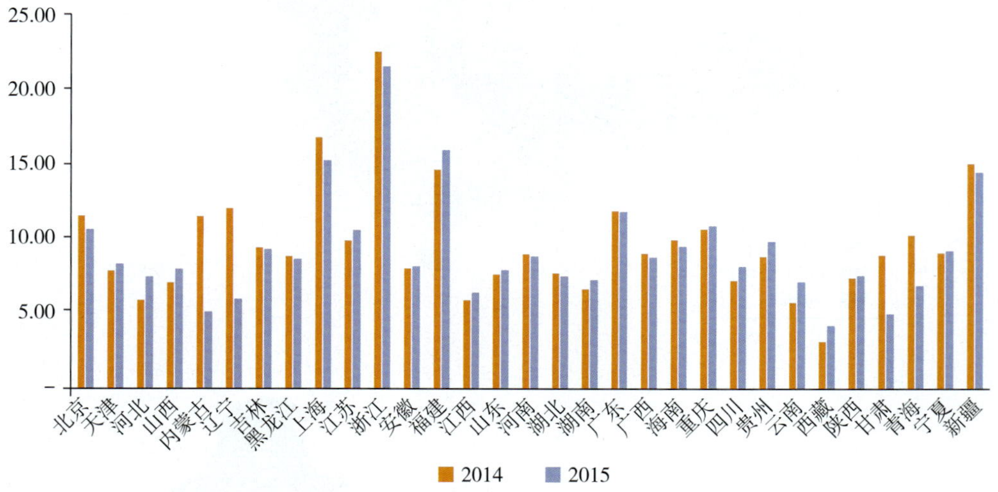

图4-10　每万人罪犯人数（2014年、2015年）

数据来源：作者根据各省份高院年度工作报告整理计算。

②东部沿海部分发达地区的公共安全状况没有得到较好改善。从空间动态变化的角度来看，公共安全领域需要重点关注沿海相对发达地区。近些年来，东部地区除三个直辖市外的不少发达省份在公共安全方面的许多指标没有得到改善，甚至出现一定程度的恶化，主要表现为事故灾难和社会安全方面。从事故灾难来看，北京、上海和天津三个直辖市以外的其他东部省份2015年突发环境事件次数是2010年的两倍；从社会安全角度来看，2015年东部10个省份中有8个省份的万人罪犯人数较2010年有所增加，有5个省份较2014年有所增加。环境事件的爆发很多与生产的污染排放和生产安全事故有关，这折射出东部沿海地区的产业发展转型的压力仍然较大；社会安全风险过高则大多与流动人口和人口聚集度较高存在一定的相关性，而这些东部沿海省份多数属于流动人口较多和人口密集程度极高的地区，加强对流动人口的服务和管理、提高社会的融合度将成为东部沿海省份降低社会安全风险的重要任务。

4. 生活环境

生活环境状况整体呈现出“南方优于北方、高低纬度优于中间纬度”的空间特征。图 4–11 给出了各省份 2010 年和 2015 年的生活环境指数的表现状况。从图中显示的数据来看，2015 年生活环境的空间特征与公共安全基本相反：南方尤其是东南沿海省份的生活环境的表现要强于北方省份，高纬度和低纬度的省份要强于处于中纬度的省份，黄河流域的大多数省份的生活环境表现较差。从动态变化的角度来看，近些年来生活环境状况的空间格局没有发生特别大的变化。相对于其他地区而言，西北和西南的部分省份生活环境改善较为明显。

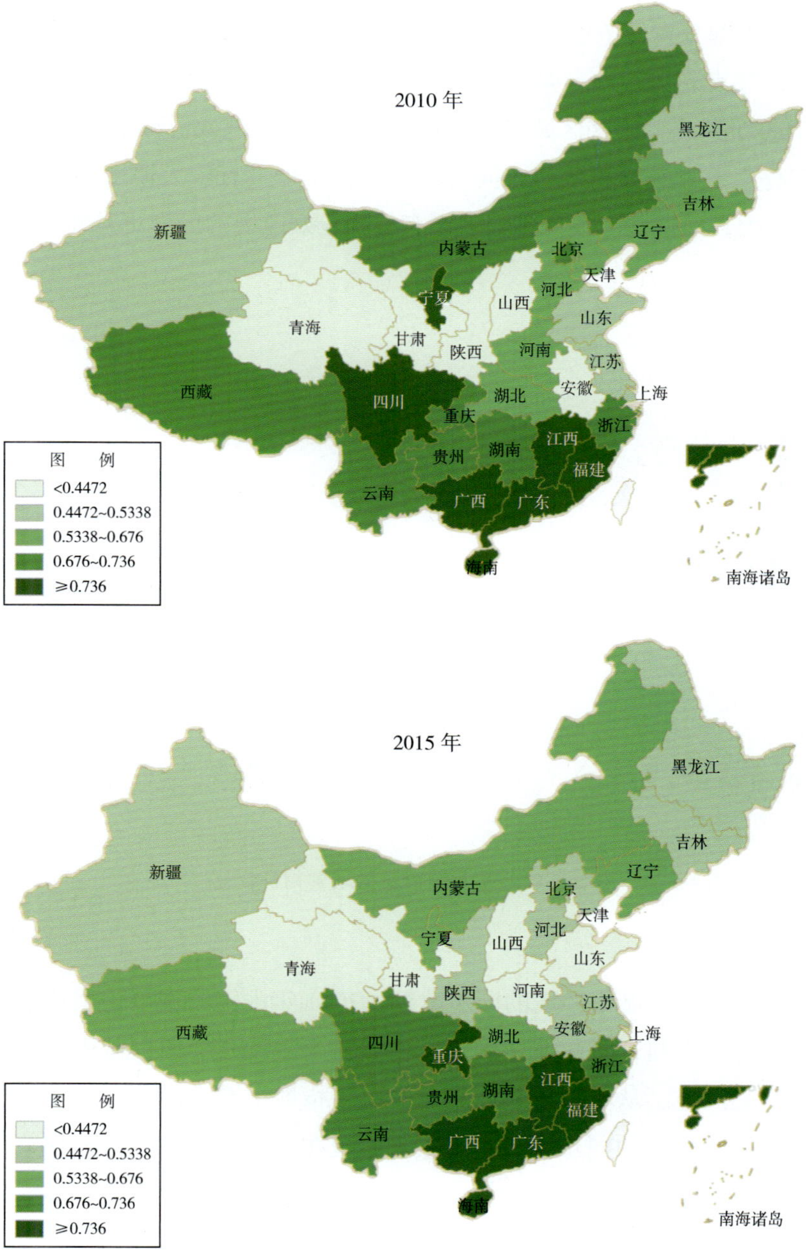

图4-11　生活环境指数（2010年、2015年）

数据来源：作者计算。

具体来看，生活环境方面存在以下两大问题值得关注。

①空气质量的改善任重道远。2013 年 9 月，国务院颁布实施《大气污染防治行动计划》，部署了十条具体措施以防治大气污染。虽然 2014 年以来空气质量整体上得到了一定程度的改善，但从空间动态比较的视角来看，空气污染的整体形势仍然较为严重。2012 年开始逐步推行新的《环境空气质量标准》①，这使得进行整体环境质量综合比较②时缺乏统一标准。因此，这里选用其中两项主要指标的具体数值对 2010 ~ 2015 年间空气质量的变化予以分析。虽然多数区域空气质量有所改善，但从整体来看仍然有不少区域 2015 年空气质量较 2010 年出现了恶化。以可吸入颗粒物（PM10）和二氧化氮为例来看，2015 年与 2010 年相比，超过一半的省份二氧化氮年均浓度提升了，其中部分省份浓度几乎翻番了；接近一半的省份的 PM10 年均浓度提升了，其中不少省份浓度提高幅度超过 50%。从空间角度来看，这些污染浓度升高的省份主要集中在黄河流域、华北地区和东北地区。这些区域多是化石能源富集的区域或资源密集产业比重较高的区域。空气污染在一定程度上具有累积效应，同时经济的转型也具有较大惯性，因此改善空气的质量需要持续不懈的努力，对这些空气质量仍然没有得到较好改善的区域更是如此。

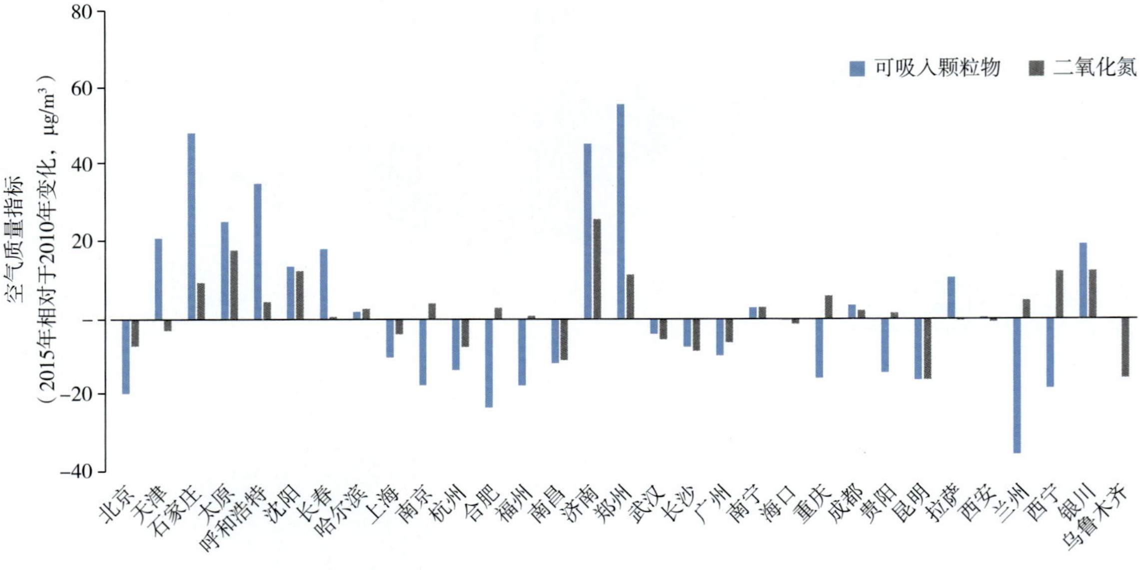

图4-12 主要城市空气质量指标变化

数据来源：统计年鉴。

②需要注重城市化过程城市环境的同步改善。2011 年中国的城市化率首次超过 50%，居住在城市的人口开始超过农村，意味着中国正在由农村为主的社会向以城市为主的社会转变。城市环境的重要性日趋凸显。从本报告整体编制的民生指数来看，部分区域在城市化较快推进的过程中城市环境未得到较好的同步改善。这主要体现在几个方面。一是部分地区城市建成区绿

---

① 《环境空气质量标准》（GB3095-2012）。

② 主要采用空气质量等级。

化覆盖率没有提升反而下降。这主要是由于城市化快速推进过程更多注重土地的扩张，而相对忽略城市绿化设施的建设。统计数据显示，2015 年与 2010 年相比有接近 1/4 的省份城市建成区绿化覆盖率下降，与 2014 年相比超过一半的省份城市建成区绿化覆盖率下降。二是部分城市垃圾无害化处理率下降。随着城市人口的快速增长，城市垃圾越来越成为影响城市环境的重要因素。统计数据显示，2015 年与 2010 年相比有接近 1/6 的省份城市垃圾无害化处理率下降，与 2014 年相比，1/3 的省份城市垃圾无害化处理率下降。另外关于个别城市出现的“垃圾围城”现象报道也反映了城市垃圾对城市环境的不利影响。

三、民生指数评价的主要发现

本报告在上年调整的民生指数指标体系的基础上，对近些年来各省（市、区）的民生发展状况进行了系统的评估和分析。基于这些分析，可以总结出以下几点值得关注的发现。

①近些年来各地区民生状况都得到了不同程度的改善。整体来看，近些年来多数地区多数民生指标都有所改善。不过，民生的不同方面之间和区域之间改善的程度存在一定差异。相比较而言，居民生活和公共服务两个方面的民生状况改善的程度要明显高于公共安全和生活环境。今后，改善民生状况需要更加关注公共安全和生活环境的改善。另外，地区在民生建设方面需要有所侧重。

②居民生活状况明显改善，不过部分地区生活压力的加大和收入、消费区域差距的最新变化趋势值得关注。从民生指数的数据来看，在居民生活方面所有区域绝大多数指标都有所改善，居民的收入和消费水平提升最为明显，所有的省份收入和消费都实现较快的增长。不仅如此，区域之间收入和消费的差距在 2010 ~ 2015 年间不断缩小。不过，近年来，地区之间生活压力呈现分化趋势，部分地区生活压力显著加大。另外，需要关注的是，2014 年以来区域之间人均 GDP 的差距开始扩大，区域之间收入和消费的差距也可能在近期出现扩大趋势。

③公共服务均等化取得积极进展，不过区域之间乡村公共服务和专业技术人才的差距以及区域内不同行政层级之间的公共服务差距仍然较大。2010 ~ 2015 年间，绝大多数省份的绝大多数公共服务指标都得到了明显的改善；公共服务的 12 个具体指标中 2/3 的指标的区域差距有所缩小，除交通服务外，教育、卫生、社会保障和社会服务四个方面的绝大多数指标的区域差距在缩小，尤其是教育和社会保障两个方面所有的指标区域差距都在缩小。与区域整体的差距相比，各地区乡村之间和各地区公共服务专业技术人才方面表现出更大的差距。另外，区域内部不同行政层级之间公共服务差距也值得关注。

④公共安全方面改善不够明显，需要关注犯罪率的上升和东部沿海部分发达地区的事故灾难、社会安全风险的加大。与前面居民生活和公共服务不同的是，近些年来不少省份在公共安全的许多方面的表现没有得到改善，甚至恶化。多数省份部分公共安全指标呈现恶化趋势，其中以犯罪率最为突出。另外，东部地区除了三个直辖市外的不少发达省份在事故灾难和社会安

全方面的风险加大值得关注。

⑤生活环境方面有所改善，但需要重视环境质量改善任务的艰巨性和城市化快速推进过程中城市环境改善的不同步。民生指数的分析表明，近些年来生活环境有所改善，但是今后的任务依然艰巨。这主要表现为：部分地区在空气和水环境质量方面没有得到较好地改善；部分地区在城市化快速推进过程中，城市环境没有得到同步改善。

（执笔：何建武

此外，王鹏吉、潘晨、祝灵秀、陈佳川、文婧参与研究）

附录 4-1　民生指数指标体系

民生指数指标体系主要从居民生活、公共服务、公共安全和生活环境等四个方面来考察 31 个省（市、区）的民生发展状况。具体来看，基于数据的可获得性，设计了 29 个指标来刻画这四个方面的民生发展状况。对于每一个方面民生发展状况的评估，本报告首先对指标体系涉及的子指标通过阈值法（与最大最小值比较）进行无量纲化处理，然后给各个子指标赋予相等的权重，最后利用线性加权法得到各个方面的民生发展指数。下面将具体介绍每一个方面考察的内容及其涉及的主要指标。

（一）居民生活

“居民生活”重点在于评估民生的基础，即各地居民的真实生活水平。具体从收入和支出水平、就业质量、分配状况和生活压力四个方面予以整体评估。其中，收入和支出选取了“居民的人均可支配收入”和“人均消费支出”两项指标予以反映；就业质量利用“城镇职工的参保率”予以反映；分配状况选取了“城乡居民收入差距”予以度量；生活压力则利用“收入房价比”来测度。

（二）公共服务

“公共服务”主要刻画民生的保障状况。具体来讲，本报告从教育、医疗卫生、社会保障、社会服务以及交通运输等五个方面综合考察各地的公共服务状况。其中，教育服务选取“义务教育阶段生均教育财政支出”和“平均受教育年限”反映其投入和产出；医疗卫生服务选取“每万人拥有执业（助理）医师数”、“卫生总费用中个人支出比率”和“基层医疗机构 / 公立医院就诊人次数”三项指标反映供给能力、成本分担方式和医疗资源的分布状况；社会保障服务选取“职工基本养老保险养老金平均水平 / 城镇居民人均可支配收入”、“城乡居民基本养老保险养老金平均水平 / 全体居民人均可支配收入”和“农村居民最低生活保障标准 / 农村居民人均可支配收入”三项指标反映养老保险和低保制度的保障程度；社会服务选取“每千人口社会服务床位数”、“每百万人口社工助工师”和“社区服务机构覆盖率”反映供给能力和覆盖程度；交通服务选取“每万人拥有公共交通车辆数”、“人均铁路、公路、水路客运总量”和“交通拥挤度”反映供给能力和保障管理能力。

（三）公共安全

“公共安全”重点评估各地公共安全的风险状况。具体从自然灾害、事故灾难、公共卫生和社会安全四个方面予以评判。其中，自然灾害选取“每百万人自然灾害死亡人数”反映风险状况；事故灾难选取“每百万人突发环境事件次数[①]”和“每百万人重大生产安全事故死亡和失踪人数”

---

① 由于缺乏死亡人数的统计，这里只能根据四类事件（特别重大、重大、较大和一般四类）死亡人数的认定标准进行

两项指标来反映其风险状况；公共卫生选取“甲乙类法定报告传染病发病率”和“万人食源性疾病患者数”两项指标来反映风险状况；社会安全选取“每万人罪犯人数”来反映风险状况。

（四）生活环境

“生活环境”重点考察各地居民生活的环境质量，具体从空气质量、水环境质量、植被环境和城乡居住环境四个方面予以评估。其中，空气质量部分采用各省主要城市年加权平均空气质量达到及好于二级的天数来刻画；水环境质量部分采用各省涉及流域重点断面水质状况等刻画；植被环境部分采用森林和草原覆盖率来评估；城乡居住环境选取城市的绿化、城市垃圾处理、农村卫生厕所的普及三项指标予以反映。

附录 4-2　2010 年和 2015 年民生分项指数

附表4-1　2015年民生分项指数

	居民生活	公共服务	公共安全	生活环境
北京	0.688	0.762	0.817	0.605
天津	0.651	0.439	0.751	0.386
河北	0.478	0.252	0.900	0.460
山西	0.421	0.220	0.865	0.441
内蒙古	0.489	0.267	0.921	0.639
辽宁	0.604	0.330	0.909	0.560
吉林	0.433	0.245	0.885	0.511
黑龙江	0.529	0.258	0.889	0.447
上海	0.698	0.534	0.790	0.417
江苏	0.525	0.438	0.853	0.486
浙江	0.593	0.396	0.639	0.731
安徽	0.397	0.257	0.867	0.448
福建	0.428	0.241	0.709	0.926
江西	0.431	0.243	0.883	0.792
山东	0.550	0.266	0.900	0.360
河南	0.485	0.178	0.887	0.432
湖北	0.429	0.299	0.878	0.627
湖南	0.451	0.254	0.861	0.692
广东	0.499	0.357	0.791	0.739
广西	0.351	0.216	0.848	0.882

加权得到环境事件爆发的“标准次数”。

续表

	居民生活	公共服务	公共安全	生活环境
海南	0.333	0.291	0.763	0.866
重庆	0.382	0.283	0.794	0.736
四川	0.405	0.231	0.870	0.731
贵州	0.321	0.279	0.790	0.720
云南	0.284	0.165	0.757	0.717
西藏	0.217	0.428	0.617	0.633
陕西	0.320	0.321	0.724	0.491
甘肃	0.217	0.300	0.867	0.447
青海	0.352	0.333	0.782	0.339
宁夏	0.434	0.300	0.753	0.640
新疆	0.439	0.368	0.687	0.512

附表4-2　2010年民生分项指数

	居民生活	公共服务	公共安全	生活环境
北京	0.682	0.773	0.679	0.721
天津	0.641	0.495	0.697	0.560
河北	0.499	0.255	0.885	0.534
山西	0.414	0.231	0.741	0.424
内蒙古	0.491	0.280	0.734	0.683
辽宁	0.586	0.340	0.764	0.588
吉林	0.500	0.277	0.842	0.558
黑龙江	0.499	0.272	0.851	0.487
上海	0.807	0.587	0.593	0.468
江苏	0.545	0.428	0.874	0.479
浙江	0.563	0.407	0.648	0.734
安徽	0.381	0.322	0.899	0.434
福建	0.440	0.238	0.749	0.822
江西	0.521	0.276	0.880	0.814
山东	0.555	0.314	0.898	0.499
河南	0.506	0.221	0.747	0.567
湖北	0.468	0.303	0.853	0.647
湖南	0.471	0.254	0.820	0.727
广东	0.574	0.311	0.757	0.760
广西	0.325	0.247	0.786	0.866
海南	0.286	0.332	0.797	0.847

续表

	居民生活	公共服务	公共安全	生活环境
重庆	0.378	0.312	0.718	0.725
四川	0.387	0.255	0.881	0.758
贵州	0.243	0.279	0.647	0.676
云南	0.263	0.190	0.788	0.721
西藏	0.224	0.354	0.870	0.678
陕西	0.323	0.333	0.862	0.429
甘肃	0.263	0.290	0.815	0.376
青海	0.324	0.416	0.493	0.378
宁夏	0.415	0.257	0.747	0.752
新疆	0.439	0.421	0.602	0.502

第二部分

专题报告

第五章
就业专题研究报告

根据2016年7～8月份“中国民生调查”对8个省份的9744份入户调查，以及9～10月份对全国31个省（区、市）51092份电话调查的结果，2016年我国就业形势比上年有明显好转，高水平社会保障覆盖面有所提升，但也存在就业稳定性降低、劳动力老龄化和机器换人发展较快等新的挑战，需要坚持就业优先战略，着力缓解结构性就业矛盾，不断提高就业质量。

一、2016年我国的总体就业形势及特点

就业形势直接关系到居民收入增长和社会稳定发展，人口多、就业压力大是我国的基本国情，特别是在经济转型的背景下，对就业问题尤其需要高度重视。

（一）调查数据显示2016年就业的总体状况较好

1. 2016年调查失业率处于较低水平

在中国民生入户调查的15711个城镇居民样本中（包括大中小城市和镇），共有就业人员9819人，失业人员430人，调查失业率为4.2%[①]。其中男性的调查失业率为3.4%，女性为5.2%。农村地区由于务农时间高度弹性，失业率较难准确度量，在12918个样本中，共有就业人员8895人，失业人员262人，调查失业率为2.9%。

国家统计局对31个大城市的调查同样显示近几年城镇就业情况稳中趋好。根据国家统计局数据，2012～2016年，31个大城市城镇调查失业率基本稳定在5.1%左右，特别是2016年9月份，31个大城市的城镇调查失业率低于5%，这是自2013年6月份以来首次低于5%，显示就业形势总体较好。

2. 受访对象中就业人员比重显著上升

在中国民生调查中，2011～2016年的就业人员比重可以直接比较，能够更好地反映这几年

---

① 失业率=失业人数/(失业人数+就业人数)×100，其中失业人员是指目前未从事有收入的工作，且过去3个月以内找过工作的劳动力，年龄范围是16岁以上人群,此处样本数大于入户数,是因为对每个调查户同时询问其他家庭成员的就业状况。另外,本文的城镇和农村都是按照受访者的居住地,而不是按照户籍进行划分。

的就业形势变化（就业人员比重指从事有收入工作的人占全部被访问对象的比重，下同）[①]。

城镇就业人员比重回升到较高水平。2016 年，在 30599 个 18 ~ 64 岁的城镇访问对象中，就业人员比重为 81.5%，比 2015 年提高了 6.6 个百分点。分性别看，男性和女性都表现出同样的趋势，其中城镇男性的就业人员比重为 85.8%，比上年提高了 5.2 个百分点，达到 2011 ~ 2016 年间的最高点。女性的就业人员比重也比 2015 年提高了 7.5 个百分点，也达到了 2011 年以来的最高水平（图 5–1）。

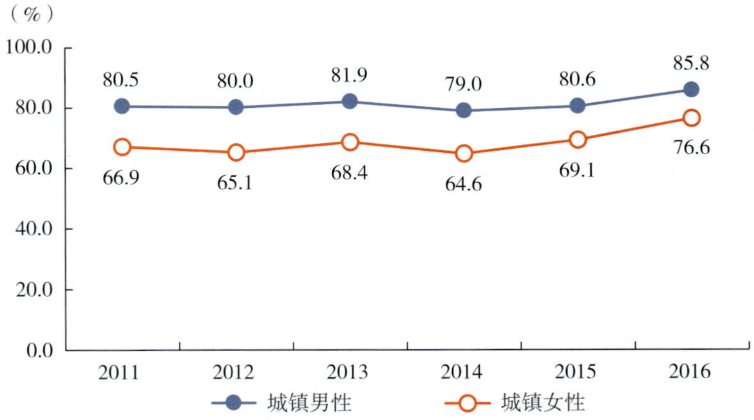

图5-1　电话调查中城镇分性别的就业人员比重（%）

农村就业人员比重出现触底反弹。2016 年，农村男性的就业人员比重为 83.8%，比 2015 年提高了 3.2 个百分点。女性就业人员比重在 2015 年和 2016 年同样呈触底反弹态势（图 5–2）。

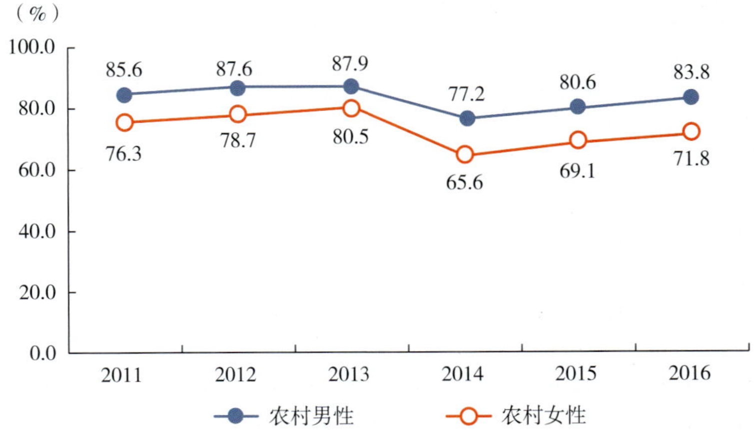

图5-2　电话调查中农村分性别的就业人员比重（%）

农村就业人员比重是就业形势变化的直观反映。我国城镇就业人员中有相当一部分属于农村转移劳动力，当城镇就业压力大时，部分劳动力会返回农村，而当经济好转时再转移到城镇工作，这样城镇的就业压力并不完全反映在城镇本地，农村地区更能反映总体就业形势变化。

① 国际上一般将15 ~ 64岁列为劳动年龄人口，但本调查的电话调查中设定的访问对象只包括18岁及以上人群，所以本文只统计18 ~ 64岁受访对象中就业人员比重。

我国经济增速从 2012 年开始明显下降，但经济增长对就业的影响具有一定的滞后性，因为企业遭遇经济下行往往首先降成本减支出，最后不得已才开始裁员。另外，行业的反应也有滞后性，例如我国钢铁和煤炭价格最低、行业最困难的时候是 2015 年，而不是 2012 年。从农村的就业状况看，2014 年男性和女性就业人员比重分别比 2013 年下降了约 10 个和 15 个百分点，是就业压力最大的年份。

3. 公共就业服务机构统计的求人倍率创历史新高

根据中国人力资源市场信息监测中心对全国约 100 个城市的公共就业服务机构市场供求信息的统计[①]，2016 年 98 个监测城市中，用人单位通过公共就业服务机构提供的招聘岗位共 1925 万人，进入市场的求职者约 1776 万人，求人倍率（指岗位空缺数与求职人数之比）为 1.13，达到自 2001 年有该监测以来的历史最高值，说明普通劳动力市场的就业形势仍然较好（图 5-3）[②]。

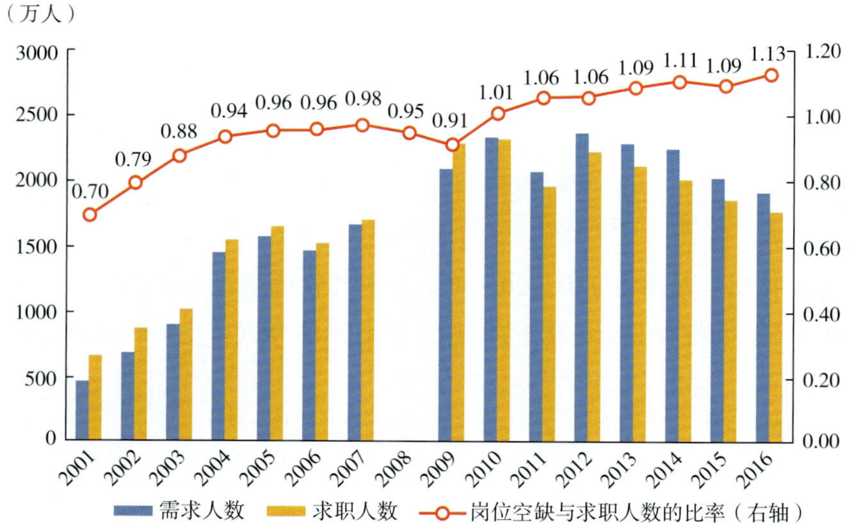

图5-3　对全国约100个城市公共就业服务机构市场供求信息统计

数据来源：人力资源与社会保障部—数字人社。

（二）传统就业困难的高龄劳动力就业形势改善明显[③]

在各年龄段中，就业人员比重增加较大的主要是 50 ~ 64 岁男性和 45 ~ 59 岁的女性，也是传统的就业困难人群。其中，50 ~ 64 岁城镇男性受访对象中，就业人员比重从 2015 年的 61.3% 提高到 2016 年的 72.7%，增加了 11.4 个百分点。45 ~ 59 岁女性的就业人员比重从 2015 年的 54.4% 提高到 63.2%，增加了 8.8 个百分点。青壮年群体中就业人员比重维持在较高水平并略有提高。例如，35 ~ 39 岁男性这一比重从 91.7% 提高到 93.1%，增加了 1.4 个百分点（表 5–1）。

① 人力资源与社会保障部监测的公共就业服务机构数量不同年份有所变动，如2006年为100个，2013年为104个。

② 说明：虽然也有部分大学生进入公共就业服务机构求职，但大学生主要是通过网上和专场招聘会的形式，因此公共就业服务机构的就业状况主要反映了普通劳动力（蓝领）的就业形势。

③ 一般把45 ~ 64岁劳动力定义为高龄劳动力。

表5-1　城镇分年龄段的就业人员比重变化情况

年龄段	城镇男性						城镇女性					
	2011	2012	2013	2014	2015	2016	2011	2012	2013	2014	2015	2016
18～19岁	27.9	28.5	25.5	44.9	29.4	30.9	21.3	30.4	25.8	40.1	29.3	26.7
20～24岁	66.2	74.5	74.0	73.4	66.3	73.2	64.6	72.3	73.1	74.7	68.9	77.1
25～29岁	89.7	92.7	93.8	90.3	92.9	94.2	85.0	85.2	89.4	85.4	89.6	91.7
30～34岁	94.0	92.6	95.0	89.2	92.3	94.3	83.0	81.7	87.4	79.5	86.6	89.3
35～39岁	91.1	92.6	94.5	88.7	91.7	93.1	78.1	78.0	85.2	77.0	83.8	85.9
40～44岁	91.5	89.4	92.4	84.5	88.7	90.8	76.0	74.4	80.6	73.6	80.9	82.1
45～49岁	87.8	87.0	89.9	81.4	89.1	90.1	66.6	66.0	74.4	64.8	74.7	80.7
50～54岁	79.1	79.1	81.9	79.4	82.4	87.2	45.5	42.1	47.0	43.8	50.5	59.1
55～59岁	64.8	57.2	65.1	63.4	69.5	76.1	25.1	15.7	18.5	17.3	16.1	24.6
60～64岁	33.7	21.0	23.0	23.5	21.1	32.3	15.4	5.5	8.3	6.5	4.8	7.8
合计	80.5	80.0	81.9	79.0	80.6	85.8	66.9	65.1	68.4	64.6	69.1	76.6

数据来源：中国民生调查（电话调查）。

（三）就业压力较大地区的情况普遍好转

近年来，我国各地区经济分化明显，重化工产业比重较高地区的经济增速显著低于全国水平，就业压力也明显大于其他地区。例如，2015 年我国东北地区，以及山西、陕西等地的就业压力显著大于其他地区。

根据电话调查结果，2016 年这些困难地区的就业情况有明显好转，而且好转幅度大于全国平均水平。例如，东北地区 2015 年就业人员比重为 64.8%，低于全国平均水平 10.1 个百分点，2016 年提高到 74.9%，低于全国平均水平 6.6 个百分点。山西省 2015 年就业人员比重低于全国平均水平 7.0 个百分点，2016 年仅低于全国平均水平 0.2 个百分点（图 5-4）。

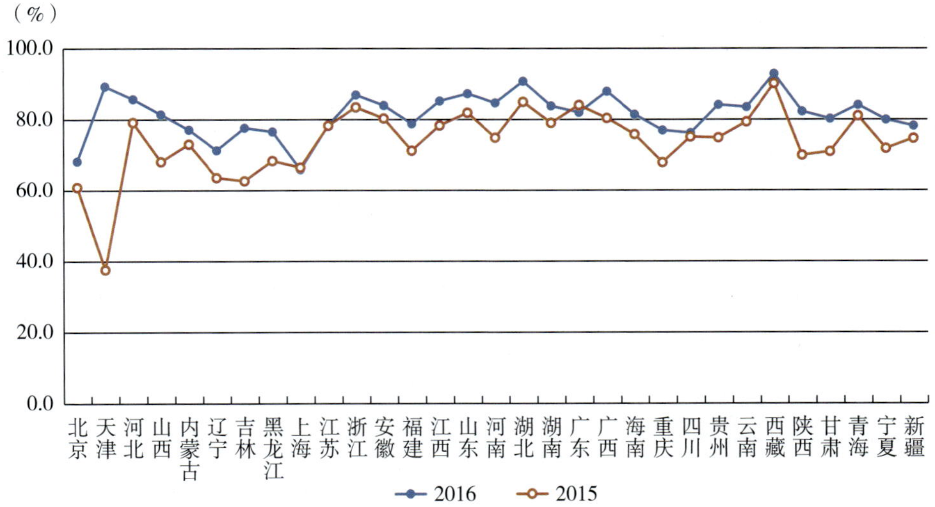

图5-4　全国各地区城镇18～64岁人员就业人员比重比较（%）

数据来源：中国民生调查（电话调查）。

（四）就业稳定性有所降低

就业稳定性是反映就业质量的重要方面。如果就业的稳定性较低，则企业可能经常面临留不住人才的困难，而劳动者也可能面临生活不确定性加大、不易积累个人知识资本的风险。根据中国民生调查，2016 年的就业不稳定性有所提高，主要体现在两个方面。

一是在非农就业人员中，没有签订劳动合同的比重从上年的 35.1% 提高到 2016 年的 37.3%，增加了 2.2 个百分点（表 5–2）。在我国目前的劳动力市场上，劳动合同仍是保护劳动者权益的重要指标，超过 1/3 的劳动者没有签订劳动合同，说明就业岗位的不稳定性较大。

表5-2　　入户调查中城镇就业人员的合同签订情况分布（仅二、三产业）

签订劳动合同的情况	访问人员个数（人）		比重（%）	
	2015	2016	2015	2016
没有签订劳动合同	3568	3003	35.1	37.3
签订了劳动合同	4443	3223	43.7	40.0
不适用（非雇佣劳动者）/不需要/无回答	2165	1824	21.3	22.7
合计	10176	8050	100.0	100.0

数据来源：2016 年中国民生调查。

二是灵活就业人员比重上升。2016 年城镇就业人员中自由职业者的占比为 6.2%，比上年增加了 2.6 个百分点，非固定单位的临时务工人员占比为 12.1%，比上年提高了 1 个百分点。

经济结构转变是就业稳定性下降的一个重要原因。影响就业的经济结构转变主要有几个方面，一是工业部门的产业结构调整，特别是产能严重过剩行业着力去产能，大批就业人员需要转岗转业；二是制造业部门加快推进机器换人提高生产效率，导致就业稳定性较高的制造业就业人员减少；三是互联网和大数据等新业态加快发展，包括个体创业群体增加，而这些新业态大多是灵活就业形式①。

二、促进就业形势好转的主要因素

2012 年以来，经过近 7 年的调整，我国经济下行压力已经得到了很大程度的释放，政府对产业结构调整行业的就业问题也高度重视，这两方面都对就业产生了重要支撑作用。

（一）经济规模扩大和结构优化促进就业稳步增长

2016 年，我国就业人员总量达到 7.76 亿人，比上年增加 152 万人，就业总量保持了稳定增长的态势。

① 灵活就业是指没有签订正规就业合同（1年或3年以上）、不受法律法规保护或劳动时间劳动报酬就业福利等不同于正规就业模式的就业，一般把非正规部门就业、自营劳动者、家庭帮工以及其他非全时工、季节工、劳务承包工、劳务派遣工、家庭小时工等一般劳动者作为灵活就业。源自“中国灵活就业基本问题研究”，《经济研究参考》，2005年第45期。

1. 尽管经济增速回落，但每年经济增量仍然稳定增加

2012 年以来我国经济增长速度从 7.9% 下降到 6.7%，比前些年有明显放缓，但每年的经济增量仍在不断增加。按照 2015 年不变价计算，2012 ~ 2016 年经济增量分别为 4.06 万亿、4.33 万亿、4.38 万亿、4.45 万亿和 4.61 万亿元，经济总量扩大对就业仍有较强的支撑作用。

2. 工业部门对就业的贡献有所下降，但服务业保持了较好的就业吸纳能力

通常用单位 GDP 新增就业人数度量各产业的就业吸纳能力，单位 GDP 新增就业人数是指与上年相比，每新增加一个单位的 GDP，所新创造的就业岗位，即 Δ 就业 / Δ GDP，计算公式为：

亿元 GDP 新增就业 = 城镇新增就业人数（人）/ 新增 GDP（亿元，2010 价）

由于技术不断进步和效率提高，这一值可能为正也可能为负，当其为正值时，说明经济增长仍然带来就业总量的增加，而当这一值为负时，说明由于效率提升，所减少的就业岗位大于新创造的就业岗位。

工业部门对就业的贡献有所下降。按照 2010 年不变价 GDP 计算，2013 年以来工业部门的亿元产值新增就业人数为负（2016 年为 –199 人，表 5–3），这主要是由于生产效率提高、机器换人等产生了一定的就业替代效应。

服务业就业吸纳能力虽然也有下降，但仍处于较高水平。服务业的亿元产值新增就业人数 2013 年达到最高点的 1089 人 / 亿元 GDP，2015 年和 2016 年分别是 716 人和 433 人 / 亿元 GDP。2016 年，我国三产就业人数增加 918 万人，对促进就业发挥了重要作用（表 5–3）。

表5-3 经济增长对就业的带动效应比较 单位:万人，亿元

年份	总就业人数	二产就业人数	三产就业人数	二产GDP（2010年不变价）	三产GDP（2010年不变价）	二产亿元产值新增就业（人）	三产亿元产值新增就业（人）
2010	76105	21842	26332	191630	182038		
2011	76420	22544	27282	212112	199311	343	550
2012	76704	23241	27690	229853	215284	393	255
2013	76977	23170	29636	248211	233151	–39	1089
2014	77253	23099	31364	266564	251353	–39	949
2015	77451	22693	32839	283086	271954	–246	716
2016	77603	22350	33757	300355	293167	–199	433

数据来源：wind 资讯，国家统计局。

根据中国民生调查，2016 年，细分服务业里就业比重增加较多的主要有交通运输业、信息传输和计算机服务业，以及租赁和商务服务业，这三个行业的就业比重分别比上年提高了 1.6、0.5 和 0.5 个百分点。

（二）创新创业政策促进了新的就业机会增长

近年来，我国政府大力推进“大众创业、万众创新”，有力地支持了新产业新业态和新的就

业岗位增长。

1. 创业热情得到激发，新登记市场主体快速增长

2015年起，我国大力推进“三证合一、一照一码”等商事登记制度改革，市场准入环境持续优化，市场活力进一步增强，对创新创业的促进成效明显。2015年，全国新登记市场主体1479.8万户，比上年增长14.5%。2016年新增市场主体1651.3万户，继续增长11.6%。2017年一季度，全国新登记市场主体359.8万户，同比增长19.5%。新登记市场主体快速增长，直接创造了大量就业机会。

2. 一大批新产业新业态快速发展，有力地促进了就业

在创新驱动和互联网大数据等新技术推动下，中国许多新的服务供给应运而生，以电商、互联网金融、健康服务等为代表的新产业新业态增长迅速。以网购为例，2010年中国网络零售交易额仅有5131亿元，2013年突破1.8万亿元，超过美国成为全球最大的网络零售市场，2016年进一步升至5.2万亿元，相当于2010年的10倍多。电商高速增长带动了快递业飞速发展，2016年，我国物流从业人员达到203.3万人，比2006年增长近13倍，对促进就业作用巨大①。

（三）就业保护政策对缓解就业的结构调整压力起了重要作用

2016年，我国加大了钢铁、煤炭等行业去产能工作的力度，全年退出钢铁产能超过6500万吨、退出煤炭产能超过2.9亿吨。在去产能的过程中，采取了多种政策措施缓解其对就业带来的冲击。

一是中央财政安排了1000亿元专项奖补资金，主要用于符合要求的职工分流安置工作。包括支持企业为退养职工按规定需缴纳的职工养老和医疗保险费、需发放的基本生活费和内部退养工伤职工的工伤保险费、清偿拖欠职工的工资和社会保险等历史欠费等。

二是大力支持企业内部分流，促进转岗就业创业和运用公益性岗位托底帮扶。针对转产员工，各地普遍开展了转岗培训或技能提升培训，对培训人员给予专项补贴。还对通过市场渠道确实难以就业的大龄困难人员和零就业家庭人员，加大公益性岗位开发力度，提供托底帮扶。

通过这些措施，在钢铁和煤炭两个行业着力化解产能过剩、大量就业人员需要转行转岗和再就业的情况下，没有出现很明显的行业性失业现象，促进了就业总体稳定。

三、我国就业领域面临的两大突出挑战

尽管短期内就业形势较好，但中长期看就业方面仍然面临诸多挑战，其中劳动力的老龄化和机器换人是比较突出的两大挑战。

---

① 北京交通大学、阿里研究院和菜鸟网络联合发布，《全国社会化电商物流从业人员研究报告》。

（一）劳动力老龄化可能加剧结构性供求矛盾

1. 我国就业群体中高龄劳动力所占比重已经有显著提高

近年来，我国人口老龄化水平快速提升。2010 年第六次人口普查时，我国 60 岁及以上人口所占比重已经达到 13.26%，2015 年时，这一比重已经提高到 16.15%，5 年间提高了 2.89%，平均每年提高 0.6 个百分点。

随着人口老龄化的发展，就业人员的年龄结构出现了明显老化，高龄劳动力所占比重不断提高。根据中国民生调查数据，2011 年，城镇男性就业人员中，45 ~ 64 岁劳动力占 15 ~ 64 岁就业人员的比重为 27.5%，而 2016 年，这一比重提高到 32.2%，上升了近 5 个百分点（图 5-5）。不过同期女性就业人员中这一比重从 18.8% 提高到 19.1%，上升的幅度较小。

图5-5 城镇男性就业人员中45岁及以上劳动力比重（%）

数据来源：中国民生调查（电话调查）。

2. 预计今后我国人口老龄化仍将加快发展

按照联合国人口署的人口模型，2015 ~ 2035 年间我国劳动力中高龄劳动力比重将呈持续上升趋势。45 ~ 64 岁人口占 15 ~ 64 岁人口的比重将从 2015 年的 38.0% 提高到 46.0%（图 5-6），占到接近一半的比重，然后这一比重将进入平台期，并开始有所下降。

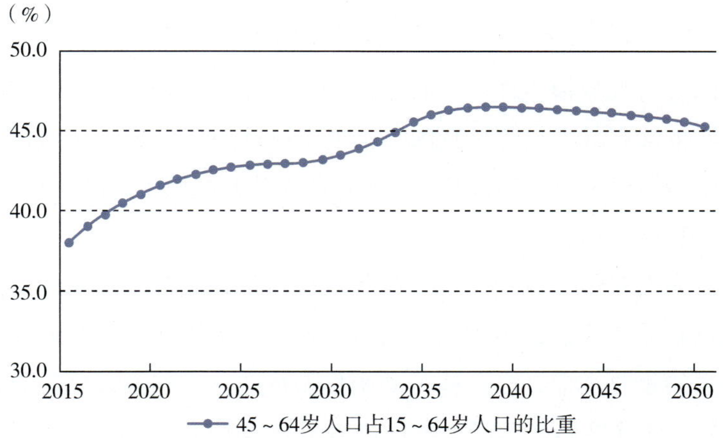

图5-6 2015 ~ 2050年间中国劳动年龄人口的高龄人口比重（%）

数据来源：联合国人口署预测数据。

3. 劳动力老龄化将给就业市场带来很大的结构性矛盾

不同年龄劳动力的供需状况有很大差别，一般而言，中青年劳动力的需求大，而高龄劳动力的需求较小。例如，2013 年度部分城市公共就业服务机构市场供求状况分析数据显示，25 ~ 34 岁之间的劳动力最为紧缺，平均每 1 个求职者对应 1.19 个空缺岗位，而 45 岁以上劳动力处于显著供大于求的状况，求人倍率仅为 0.77（图 5–7），不同年龄段的劳动力的供需存在严重的不匹配，随着劳动力老龄化的发展这种情况可能会更加严重。

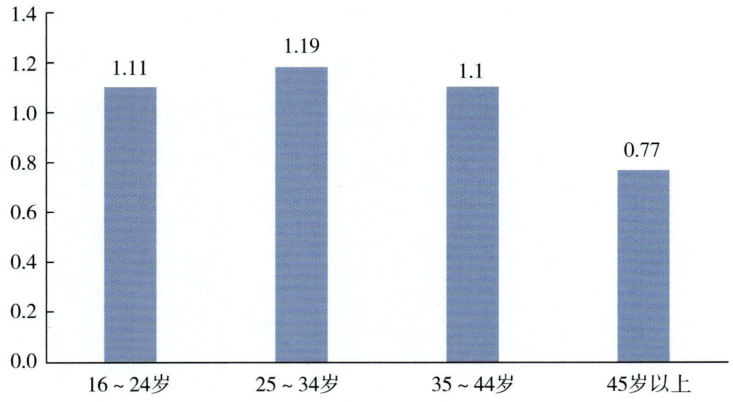

图5-7　2013年第4季度分年龄组的劳动力求人倍率

资料来源：中国人力资源市场信息监测中心，《2013 年第四季度部分城市公共就业服务机构市场供求状况分析》。

4. 劳动力老龄化还可能导致创新能力和生产效率下降

从人的生命周期来看，劳动力在 20 ~ 40 岁是创新能力和体力最强的时期。而 45 岁甚至 50 岁以后劳动力的平均创新能力和生产效率将显著下降。因此，劳动力的老龄化和平均年龄不断增大对自主创新能力和劳动力的生产效率，可能都有很大的负面影响。

（二）机器换人不仅对制造业，而且对部分服务业的岗位都可能形成替代

1. 传统上机器换人对就业的影响主要表现在制造业部门

制造业由于可以实行大规模生产，一直是劳动生产率提高较快的部门，各国制造业就业人数发展到一定阶段后也都有减少趋势，我国也出现了这种现象。2012 年我国第二产业就业人数达到 2.324 亿人，也是历史上的峰值，此后，二产就业人数开始减少，到 2016 年已经减少到 2.235 亿人，4 年间减少了近 900 万人。

近年来我国机器换人对传统就业岗位的替代进程有加快趋势。由于招工难、招工贵，以及工业机器人不断成熟和成本降低，不少企业的机器换人进展迅速，一些地方政府也把推动机器换人作为提高竞争力的重要举措，在一些劳动密集型行业，机器换人已经导致了大量制造业岗位减少的现象。例如，江苏昆山市的富士康科技集团自 2010 年至今已投入约 5 亿元用于自动化

技改，采用多功能机械手 2000 余台，累计减少用工 6000 余人[①]。

2. 一些服务业领域也开始出现机器换人的趋势

近年来，随着大数据和人工智能的快速发展，部分服务业领域也出现了机器换人的迹象，可能会在今后对就业带来重要冲击。例如，随着柜员机、移动支付和互联网应用的发展，不少银行、超市、餐饮等越来越多的部门更多使用自助服务，传统的柜台工作人员大幅度减少。根据银行业协会的统计，2016 年中国银行、农业银行、工商银行、建设银行四大行员工分别减少 6881 人、4023 人、7635 人、6721 人，合计减少约 2.5 万人。其中建设银行在 2014 年减少柜员 2851 人，2015 年减少柜员 4881 人，2016 年则骤减了 30007 人[②]。

四、应对就业新挑战的政策建议

虽然目前我国总体就业形势有所好转，但无论是短期还是长期仍然面临不少挑战，需要继续采取就业优先政策，促进就业增长和就业质量提升。

（一）保持经济稳定增长促进创新创业，维护就业良好发展态势

随着经济持续增长和服务业比重提高，加上我国劳动年龄人口自 2012 年以来开始减少，近年来我国就业总量的矛盾已经不再突出。展望未来，一方面，我国劳动年龄人口还将继续下降，这将进一步减轻就业压力，但另一方面，仍然存在着生产效率提高和机器换人等影响就业的因素，需要继续采取多种措施促进就业。

一是要加强宏观调控保持经济稳定增长。从近年的经验看，只要经济稳定在中高速增长，不出现大的滑落，就业就可以保持基本稳定。所以要坚持稳增长的政策取向，继续加强供给侧结构性改革，逐步化解经济转型期存在的投资消费、产业结构、内需外需、实体与虚拟经济等各种结构性矛盾，提高增长质量，实现可持续发展。

二是要进一步推进放管服，促进创新创业，支持中小微企业更好发展。中小微企业是吸纳就业的主力军，新创企业是新增就业的关键。要着力降低企业成本，提高市场竞争力。营造有利于创新创业的良好环境，完善孵化器和促进农民工返乡创新创业等政策，增加对初创企业的支持，让创新创业潜力得到充分释放。

（二）完善公共服务体系，着力缓解劳动力供需结构性矛盾

随着我国产业结构调整、区域经济分化和人口老龄化的发展，就业的行业结构性矛盾、区域间不平衡矛盾和年龄结构矛盾仍将持续存在，甚至有所扩大，解决这些结构性矛盾的核心是

---

① “昆山官员细算‘五本账’释放新一轮转型升级信号”，江苏新闻网，2015年3月8日。

② “三大银行减少柜员近6万：多家银行离柜率超90%，柜员该怎么办?”，《哈尔滨日报》，2017年3月26日。

要完善公共服务体系，着力提高劳动力的适应能力，促进劳动力流动。

一是要加大对劳动力的终身教育和培训的力度，特别是提升高龄劳动力适应岗位需求的能力。当前各种新技术发展迅速，不同岗位对劳动者的素质都提出了越来越高的要求，要进一步完善国家、企业和个人共同参与的教育培训体系，为劳动力的各种培训需求提供有效服务。

二是要完善就业支持和服务体系，包括加强就业信息的收集、发布和就业指导工作。虽然目前的信息传播渠道多，速度快，但如果没有高效率的收集、整理和发布体系，没有有效的就业指导，个体劳动者往往很难及时有效地获得相应的就业信息。

三是要加快推进提高职工养老保险和医疗保险的社会统筹层次，适应劳动力流动需求。目前我国有些省份的社保基金统筹还处于市县级的较低水平，严重影响了劳动力流动就业，制约了全国统一劳动力市场的形成。

四是要进一步推进人的城镇化，提高就业稳定性。针对当前大城市就业机会多、居留意愿大的实际情况，要进一步促进公共服务均等化，提高城镇化质量，尤其需要着力突破跨省迁移人口的落户问题，让稳定迁移劳动力安居乐业，提高就业稳定性。

（三）进一步扩大高水平社会保障覆盖面和促进人的城镇化，提升就业质量

提升就业质量是让居 民更好享受经济社会发展成果的客观要求，也是应对新经济新产业和结构调整带来的灵活就业比重增大，就业稳定性降低等挑战的重要举措。

一是要进一步提升职工养老保险和职工医疗保险的覆盖面。我国基本社会保障已经实现了全覆盖，但高水平社会保障的参保率仍有较大提升空间。2016 年，参加职工基本养老保险和基本医疗保险的人数分别为 3.79 亿人和 2.95 亿人，占非农就业人员总数的比重分别达到 67.5% 和 52.6%，也就是说，仍有近 1/3 的非农就业人员没有参加职工基本养老保险，仍有近一半的人员没有参加职工医疗保险。应当借鉴国内外经验，采取积极措施，尽可能提高非农就业人员，特别是其中非正规就业人员，纳入职工养老和医疗保障的比重。

二是要加强劳动合同管理，维护劳动者权益。认真贯彻执行《劳动法》，加强劳动执法监督检查，提高企业和劳动者的合同签订意识，发挥劳动合同对劳资双方的约束和权益保护作用。

（执笔：许召元[①]）

① 作者感谢本文的研究助理、中国传媒大学许鹏为本文所作的资料收集等工作。

第六章
收入专题研究报告

调查显示，一年来，在经济增速放缓背景下，国家采取了一系列改善民生的重要举措，居民收入总体保持相对稳定。但受经济下行等多方面因素的影响，居民收入增速有所放缓，收入下降面呈现扩大趋势，影响到居民的生活满意度及居民消费等方面，需要积极采取综合措施加以应对。

一、居民收入的基本状况及其趋势变化

（一）居民收入总体保持稳定

2016 年以来，居民收入总体保持稳定态势。调查显示，71.7% 的受访者认为自 2015 年以来收入有所增加或没有变化（见表 6–1）①。一方面，尽管经济增速有所放缓，但是仍然保持了 6.5% 以上的中高速平稳增长。另一方面，国家高度重视居民的增收与低收入人群的保障问题，从促进城乡居民增收、完善就业政策、扶贫政策以及社会综合政策等影响居民收入与生活保障的方面着手，出台了一系列支持政策。例如，国务院专门制定《关于激发重点群体活力带动城乡居民增收的实施意见》，部署对技能人才、新型职业农民、科研人员、小微创业者、企业经营管理人员、基层干部队伍、有劳动能力的困难群体等七大重点群体实施激励计划；针对大学生、化解产能企业的困难职工、返乡农民工等人群的就业问题制定了专门的支持政策；从不同方面提出了对贫困人员的激励帮扶政策；一些社会保障政策也不断完善，等等。

表6-1　2015年以来月均收入变化情况（%）

		次数	百分比	有效的百分比	累积百分比
有效	大幅增加	55	0.6	0.9	0.9
	小幅增加	889	9.1	14.8	15.7
	没有变化	3362	34.5	56.0	71.7
	小幅减少	1246	12.8	20.7	92.4
	大幅减少	454	4.7	7.6	100.0
	总计	6006	61.6	100.0	
遗漏	系统	3738	38.4		
总计		9744	100.0		

① 剔除掉数据缺失的样本。

（二）经济增速持续放缓等因素影响到居民收入的持续增长

2016 年我国国内生产总值同比增长 6.7%，低于 2015 年的 6.9%，更是低于 2014 年的 7.3%，经济增速的持续下降进一步影响到居民收入的持续增长。与上次调查相比，受访者认为收入下降的范围在继续扩大。受访对象认为 2015 年以来月均收入减少的占 28.3%。高于上次调查 4.8 个百分点。有 32.9% 的受访者感觉今年（2016 年）家庭总收入较去年（2015 年）有所下降，高出上次调查 12.1 个百分点。

表6-2　　您感觉今年(2016年)家庭总收入与上年相比的变化情况

	次数	百分比
无回答	41	0.4
会显著增长	102	1.0
会有些增长	1421	14.6
会和上年差不多	4640	47.6
会有些减少	2198	22.6
会明显减少	1003	10.3
说不准	339	3.5
总计	9744	100.0

（三）收入差距依然是反映较为突出的问题

尽管近几年来，国家更加重视缩小收入差距，党的十八届五中全会明确提出“实行有利于缩小收入差距的政策，明显增加低收入劳动者收入，扩大中等收入者比重”，国家也据此制定了一些具体举措，对缓解居民收入差距起到了一定的作用。但调查显示，受访者对于收入差距问题仍然反映较为突出，受访者自我感知收入差距在扩大的明显高于认为在缩小的。其中，受访者认为两年来周围家庭收入差距在扩大的占 32.3%，认为差距在缩小的仅占 12.9%。另外，自我感知方面，受访者认为家庭收入在本地区处于中下层，特别是下层的比例明显升高。在“您认为，您家庭目前的收入在您所在地区属于哪个层次”问题的回答中，认为家庭处于中下层和下层的比重共占 53.1%，高于上次调查的 46.7%。其中认为处于下层的占 23.4%，远高于上次调查的 15.7%（具体见表 6–3）。

表6-3　　受访者自我认为家庭收入在本地区的层次

层 级	2016年调查		2015年调查	
	次数	占比（%）	次数	占比（%）
上层	69	0.7	92	0.7
中上层	582	6	955	7.5
中层	3672	37.7	5695	44.8
中下层	2890	29.7	3943	31
下层	2282	23.4	1996	15.7
说不清/不回答	249	2.6	33	0.3
总计	9744	100	12714	100

（四）城乡差距、行业差距、就业类型差距仍是值得高度关注的问题

调查显示，居民收入水平在城乡之间、不同行业之间、不同就业类型之间仍然有着较为明显的差异。具体如下。

①分城乡来看，尽管城乡居民认为收入下降的比例均有所上升，但农村居民认为收入下降的比例更高。调查显示，城镇受访者认为家庭收入下降的比例为 26.4%，高出上次调查 5.8 个百分点，城乡结合部受访者认为家庭收入下降的比例达到 30.8%，高出上次调查 4.6 个百分点，而农村受访者认为家庭收入下降的比例达到 40.1%，高出上次调查 7.6 个百分点。

②分行业来看，多数行业收入较为平稳，部分传统行业收入下降较为明显。总体上，绝大多数行业的收入较为平稳，例如，房地产业、信息传输、计算机服务和软件业等行业认为收入下降的比例较低。而一些传统行业在经济结构调整过程中，面临着较大的转型升级压力，收入下降较为明显。如，采矿业受访者认为收入下降的比例达到 67.7%，高出上次调查 24.2 个百分点。农林牧渔业受访者认为收入下降的比例为 35.4%，高出上次调查 9.4 个百分点。建筑业受访者认为收入下降的比例也达到 38.1%。

表6-4　部分行业的收入变化情况（%）

	大幅增加	小幅增加	没有变化	小幅减少	大幅减少	总计
房地产业	0.0	25.9	59.3	14.8	0.0	100.0
信息传输、计算机服务和软件业	4.2	30.6	52.8	9.7	2.8	100.0
居民服务和其他服务业	2.0	24.0	63.1	9.1	2.0	100.0
农、林、牧、渔业	0.5	8.0	56.1	26.8	8.6	100.0
采矿业	0.0	11.8	20.6	41.2	26.5	100.0
建筑业	0.2	12.2	49.5	26.4	11.7	100.0

③从工作职位和就业性质来看，一线岗位工作人员认为收入下降的比重远高于管理岗位及专业技术人员，非正规就业人员认为收入下降的远高于签订劳动合同的职工。调查显示，一线生产人员、临时聘用人员、务农和个体工商户认为收入下降的比重分别为 28.0%、24.8%、37.2%，都高于管理人员及专业技术人员认为收入下降的比例。是否签订劳动合同对收入变化影响较大，没有签订劳动合同的受访者认为收入减少的占到 32.6%，高出上次调查 6.4 个百分点，分别比无固定期限劳动合同和有期限劳动合同高 18.4 个和 22.4 个百分点。

二、收入变化对居民生活满意度的影响

收入水平直接关系到居民的生活水平与质量。2016 年，收入下降面的扩大对居民生活产生了较为直接的影响。具体如下。

一是调查显示，受访者总体生活满意度有所下降。受访者对“您对自己家庭目前的生活状

况总体是否满意”问题的回答中，满意和基本满意的受访者占比 59.1%，低于上次调查 5 个百分点，不太满意和很不满意的占 16.4%，高出上次调查 1.7 个百分点。在对“就您家庭生活（包括收入、工作、教育、医疗、住房、养老等）而言，您最不满意的是”的问题回答中，收入水平仍然是最不满意的，占 28.1%。

表6-5 近两次调查总体生活满意度对比（%）

	2016年调查	2015年调查
很满意	15.9	14.0
基本满意	43.2	49.9
一般	24.0	21.1
不太满意	11.8	11.8
很不满意	4.6	2.9
不回答/不清楚	0.5	0.3
总计	100.0	100.0

表6-6 “就您家庭生活而言，您最不满意的是”情况

项目	样本数	百分比（%）
就业状况	373	3.8
收入水平	2741	28.1
子女教育	612	6.3
医疗	1373	14.1
养老	501	5.1
住房	726	7.5
社会保障	24	0.2
家庭关系	21	0.2
土地问题	15	0.2
没有不满意的	3079	31.6
不回答/不清楚	238	2.4
其他	41	0.4
总计	9744	100.0

二是居民消费增速有所放缓。收入水平直接影响到消费支出。随着收入下降面的扩大，居民消费的增速较上年有所下降。根据国家统计局的数据显示，2016 年社会消费品零售总额 332316 亿元，比上年增长 10.4%，扣除价格因素，实际增长 9.6%，低于 2015 年 1 个百分点。居民消费支出增速进一步降低，2016 年，全国居民人均消费支出实际增长 6.8%，分别比 2014 年、2015 年低 0.7 个、0.1 个百分点。

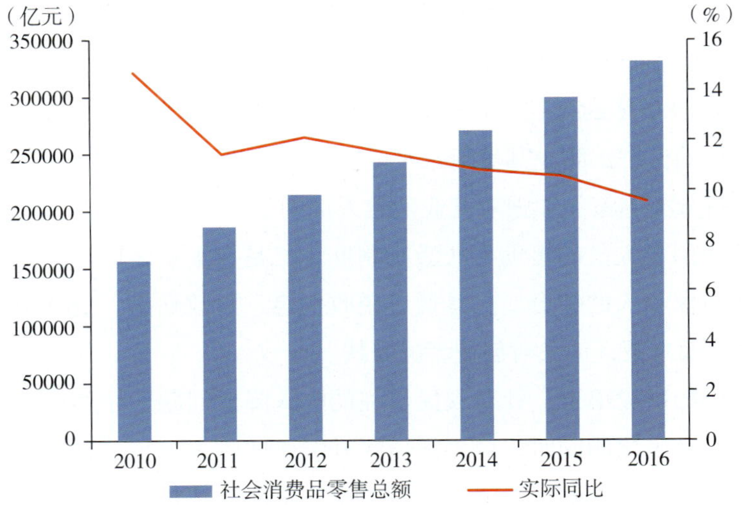

图6-1 2010 ~ 2016年社会消费品零售总额及其实际增速

数据来源：国家统计局。

三是低收入家庭对收入减少的感知较为明显，对其保障力度仍不足。调查显示，低收入家庭对于收入下降的感知较为明显，分不同家庭收入层次来看，低收入群体认为收入减少的比重明显更高。其中1万元以下认为收入减少的占35.8%，1万 ~ 2.99万元的认为收入减少的占35.8%，3万 ~ 4.99万元的认为收入减少的占32.6%。尽管2016年国家加大了救助保障的力度，调查显示，获得过政府有关部门提供经济援助的占12.3%，高出上次调查3.5个百分点。但也要看到，调查显示家庭收入在3万元以下的人群获得社会救助的比例仅为23.0%，低保、特困户生活救助、医疗救助的比重比上次调查更低。

表6-7 不同收入家庭获得政府部门援助的情况

家庭总收入	2015年，您的家庭是否获得过政府有关部门提供的经济援助			总计
	是	否	无回答	
1万元以下	355	840	2	1197
1万 ~ 2.99万元	348	1508	5	1861
3万 ~ 4.99万元	216	1738	13	1967
5万 ~ 9.99万元	190	2583	11	2784
10万 ~ 14.99万元	58	1194	6	1258
15万 ~ 24.99万元	15	414	1	430
总计	1182	8277	38	9497

三、相关对策建议

在经济增速放缓时期，收入问题影响更为广泛，直接影响到经济社会的稳定发展，针对当前调查反映出的居民收入下降面进一步扩大的问题，必须采取综合措施加以应对。

①着力促进实体经济发展。近期出现的收入下降面扩大的情况与经济增速下行直接相关，

因此，要想解决居民增收问题，提高居民收入预期，根本是促进实体经济发展，增强经济持续增长的动力，只有这样才能为居民收入的不断提高奠定坚实基础。

②继续强化对弱势群体的保护。在经济增速下行带来居民收入增速普遍放缓的大背景下，更应重视对弱势群体的保护，防止其生活水平受到严重冲击，从而影响到经济社会的稳定发展。具体而言，一是坚持分类施策，加强对就业困难人员的重点关注，制定差别化的就业促进政策，同时建立健全对就业困难人员的援助帮扶激励制度。二是在重点区域、重点行业积极实施以工代赈，实现稳就业与保收入的结合。三是通过税收优惠、财政贴息、贷款担保、专项基金、政策性金融支持等多方面政策，加大对创业者的帮扶。

③全面拓宽农民的增收渠道。针对农民面临的收入降低问题，在加快推进新型城镇化、有序推进农业转移人口市民化的同时，应多渠道提升农民的收入水平。具体而言，建议加快农业结构调整，推进一二三产业的融合，探索农业新业态，全面提升农业效率；通过培育农民合作社、专业大户等方式，促进农业生产经营方式创新，鼓励发展农业的适度规模经营；探索推进土地经营权入股农业产业化经营；按照农村土地所有权、承包权、经营权分置的要求，加快推进农村土地流转，让农民分享土地增值收益。

④充分发挥社会保障和税收政策作用，防止收入差距进一步扩大。在社会保障政策方面，继续扩大社会保障的覆盖面，尤其要发挥好最低生活保障制度的兜底功能；合理确定社会保险基金的统筹层次，逐步整合规范各个险种费率、费基及相应的参保待遇，做到更加公平合理；完善筹资机制，建立合理的责任共担机制，加强对中低收入者的支持；提高社保的便携性，利于劳动力的顺畅流动。在税收政策方面，通过建立综合与分类相结合的征税模式、完善累进税率设计、加大税收覆盖面等一系列举措，增强个人所得税对居民收入分配的调节功能；以扩大征税范围、合理设计税率与改革征收模式为重点，加快推进消费税改革；改革完善财产税体系，建议尽快将对财产全环节特别是财产保有以及赠与继承环节的征税提上议事日程；提高税收征管能力，为税收促进收入公平分配提供重要保障。

（执笔：张　亮）

第七章
教育专题研究报告

2016年是“十三五”开局之年，也是持续深化教育综合改革之年。这一年，教育供给侧改革大力推进，重点在城市义务教育招生入学“多校划片”、高考跨省生源调控、统筹推进县域内城乡义务教育一体化、民办教育分类管理、中考改革“两考合一”、中小学教师职称制度改革等方面，出台一系列指导意见和政策举措；12月28日，国务院常务会议通过国家教育事业发展“十三五”规划，明确提出“十三五”时期要继续把教育摆在优先发展的战略地位。总体上，2016年教育改革发展态势良好。

从国务院发展研究中心“中国民生调查”课题组对全国5万多户家庭进行的电话调查来看，城乡居民对教育状况总体满意，对教育总体评价稳步提升。但是，教育领域仍有不少问题值得关注。从数据更为详细的8省近万户居民入户问卷调查结果来看，主要表现在各学段均存在一些公众不满意的问题，子女教育仍然是家庭消费支出压力最大的选项，义务教育阶段失学辍学和基础教育阶段未就近入学问题仍然存在。对此，建议继续深化相关领域改革，着力解决公众关切问题；采取积极措施，切实减轻中低收入家庭子女教育支出压力；完善相关政策措施，有效解决义务教育阶段失学辍学等问题。

一、城乡居民对教育的总体满意度情况

（一）教育综合改革主要进展

从促进教育公平方面来看，一是着力推进普惠性幼儿园发展，中央财政安排149亿元，重点支持地方扩大普惠性学前教育资源。二是统筹推进城乡义务教育一体化改革发展，重点推进学校建设标准、教师编制标准、生均公共经费基准定额、基本装备配置标准“四统一”，中央财政下达专项补助资金336亿元推进改善贫困地区义务教育薄弱学校基本办学条件。三是加快推进普及高中阶段教育，中央财政下达资金39.7亿元支持中西部贫困地区扩大普通高中教育资源，下达32亿元支持集中连片特困地区改善普通高中办学条件，下达中职免学费补助资金107亿元分类推进中等职业教育免除学杂费。四是设计出台高考跨省生源计划调控方案，进一步增加面向部分中西部省（区）的生源计划，保障和增加人口大省高等教育入学机会，缩小各省高考录取率差距。

从提高教育质量方面来看，一是着力提升职业教育办学质量，编制《制造业人才发展规划指南》，推进职业教育产教融合工程，健全职业教育教师学生实践实训体系，推进职业院校教师提高计划。二是调整优化高等教育学科专业结构，支持高校设置一批国家战略新兴产业发展、传统产业改造升级、社会建设和公共服务领域改善民生急需的专业，着力提升高等教育人才培养质量，稳步推进学位授权点动态调整，加强研究生教育质量保障体系建设。

从完善体制机制方面来看，一是继续深化考试招生制度改革，扩大重点高校面向农村和贫困地区招生规模，大力推进高职分类考试，推进中考改革并探索建立全面考查、综合评价、择优录取的新招生录取机制，推进普通高中学业水平考试和综合素质评价改革，进一步完善农民工随迁子女在当地就学和升学考试政策。二是推进民办教育分类改革发展，确立非营利性和营利性学校分类管理的法律依据，加强支持和规范民办教育发展的顶层设计，制订出台《关于鼓励社会力量兴办教育促进民办教育健康发展的若干意见》及两个配套文件，依法依规促进民办教育持续健康发展。三是推进教师队伍建设，继续实施“特岗计划”，中西部 21 个省份招聘特岗教师 6.8 万人，推动落实连片特困地区乡村教师生活补助政策，下达中央奖补资金 29.8 亿元；扩大实施中小学教师资格考试和定期注册改革试点，深化教师评聘制度改革。四是健全教育经费投入机制，统一城乡义务教育学校生均公用经费基准定额，下达中央财政城乡义务教育补助经费，推动建立职业教育生均拨款制度。

（二）城乡居民对教育状况的满意度评价

从电话调查来看，2016 年教育总体满意度为 47.5%，较 2015 年提高 2.6 个百分点。其中，16.1% 的表示“非常满意”，31.4% 的表示“比较满意”。另有 31.6% 的被访者表示“一般”。被访者表示不满意的总占比为 15.6%，其中，“不太满意”的为 10.1%，“非常不满意”的为 5.5%。另有 5.3% 的被访者表示“不清楚 / 不了解 / 不评价”。总体来看，被访者对教育的满意程度较高。

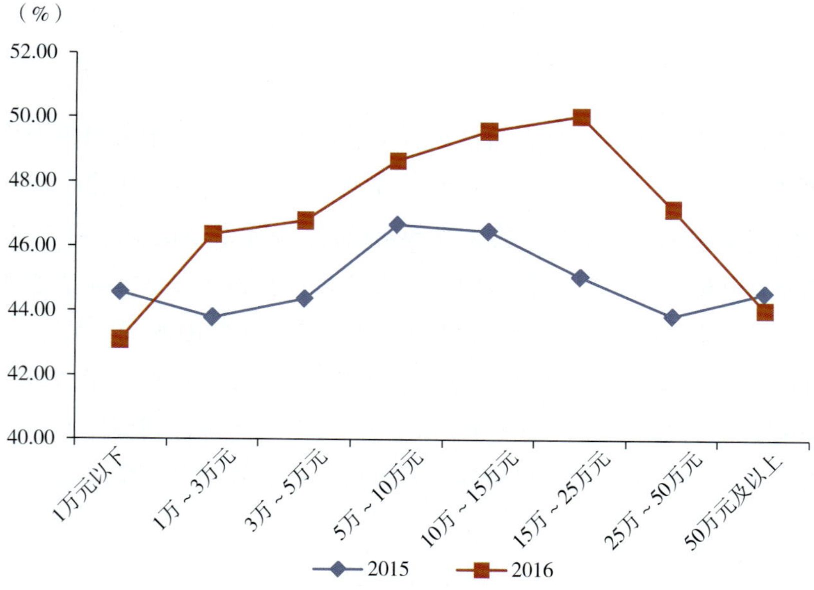

图7-1　不同家庭年收入的被访者对居住地教育状况的满意度（%）

分城乡来看，农村被访者对居住地教育状况的总体评价略高于城镇被访者。有 49.0% 的农村被访者表示满意，城镇被访者表示满意的为 46.5%。与 2015 年相比，农村家庭对居住地教育状况的满意度提高幅度相对较大（3.2 个百分点）。

分收入来看，家庭年收入在“15 万 ~ 25 万元”的被访者表示满意的占比最高，为 50.1%；家庭年收入在“1 万元以下”的占比最低，为 43.1%。与 2015 年相比，除“1 万元以下”的下降 1.5 个百分点、“50 万元以上”的下降 0.5 个百分点外，其余各年收入段家庭对居住地教育状况的满意度均有不同程度的提高，其中，“15 万 ~ 25 万元”的更是提高 5 个百分点。

二、当前教育领域存在的主要问题

需要指出的是，由于区域、城乡、校际间教育发展差距较大，以及部门联动的有效机制、配套制度还不健全，致使相关改革举措推进不平衡、协同推进难度大，部分地区、部分领域、部分环节进展较为缓慢；加之一些长期形成的深层次教育问题难以在短期内从根本上破解，当前深化教育综合改革也面临着巩固已有成果、破解新挑战的双重压力。因此，虽然一年来教育领域改革发展成就显著，但仍存在不少问题值得关注。从入户问卷调查结果来看，主要表现在以下几方面。

（一）各学段公众关切的问题

学前教育方面，1322 份有效问卷[①]中，从“最不满意的一项”来看，排在前三位的依次为“入园贵”、“入园难”和“教育质量差”，占比分别为 42.2%、15.6% 和 11.9%。分城乡来看，城市排在前三位的选项无变化，而“幼儿园距离远”取代“入园难”成为乡村的第二位。分户籍来看，本地人口和流动人口排在前三位的选项均无变化。

义务教育和普通高中教育方面，2874 份有效问卷中，从“最不满意的一项”来看，排在前三位的依次为“教育质量差”、“不得不上补习班”和“课业负担重”，占比分别为 19.8%、15.4% 和 13.7%。分城乡来看，“教育质量差”排在城市的第三位，而“上学距离较远，就学不便”取代“不得不上补习班”成为乡村的第二位。分户籍来看，本地人口排在前三位的选项无变化，而“外地孩子上学难”取代“教育质量差”成为流动人口的第一位。

职业教育方面，249 份有效问卷中，从“最不满意的一项”来看，排在前三位的依次为“就业质量不高”、“缺少实训，实践能力培养不足”和“学校风气不好”，占比分别为 34.3%、20.1% 和 14.2%。无论是分城乡还是分户籍来看，排在前三位的选项均无变化。

高等教育方面，488 份有效问卷中，从“最不满意的一项”来看，排在前三位的依次为“高校毕业生就业难”、“学费贵”和“教学内容和方法落后，能力培养不够”，占比分别为 52%、30.2% 和 10.3%。无论是分城乡还是分户籍来看，排在前三位的选项均无变化。

① 即该学段有孩子在上学（含幼儿园）的家庭数，以下同。

（二）家庭消费支出方面的问题

4985 户有上学子女的家庭中，选择子女教育是“家庭消费支出压力最大的一项”的占比最高，为 39.5%；而选择医疗、住房（贷款、房租）、食品的占比分列二、三、四位，依次为 21.0%、11.8% 和 9.6%。

分城乡来看，城市家庭选择子女教育是“家庭消费支出压力最大的一项”的占比为 41.6%，高出乡村家庭 3.7 个百分点。分户籍来看，流动人口与户籍人口差异不大，前者仅低于后者 0.8 个百分点。分学段来看，子女处于义务教育阶段的家庭中，仍有 37.8% 选择教育是“家庭消费支出压力最大的一项”，小学和初中分别为 36.0% 和 43.2%；子女处于学前和高中阶段的家庭中，持相同看法的比例分别为 30.4% 和 56.5%。

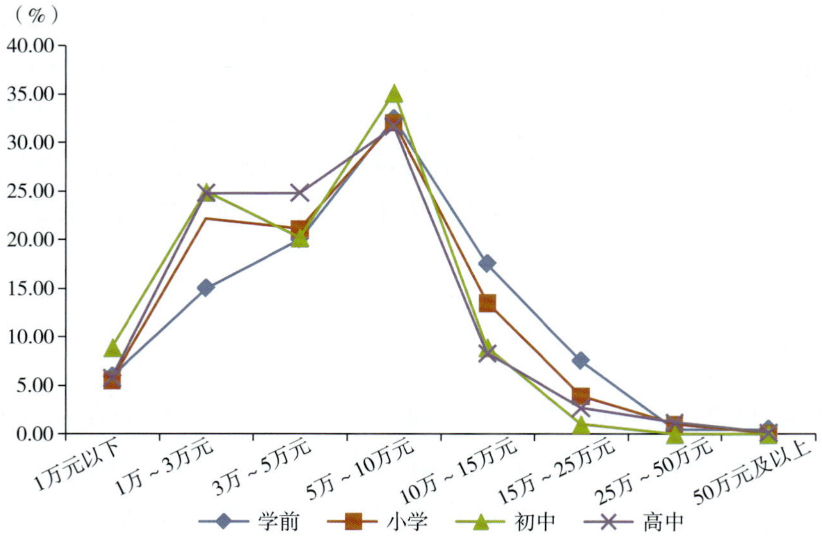

图7-2 不同学段选择教育支出压力最大的家庭年收入占比（%）

从收入分层来看，选择子女教育是“家庭消费支出压力最大的一项”的被访者主要来自中低收入阶层，家庭年收入在“1 万～3 万元”、“3 万～5 万元”和“5 万～10 万元”的占比依次为 20.7%、22.2% 和 31.9%。

（三）失学辍学和未就近入学的问题

从入户问卷对家庭成员“受教育状况”调查情况来看，义务教育阶段失学辍学问题仍然存在。其中，小学辍学率[①]为 5.84%，初中辍学率为 2.23%。分城乡来看，乡村的小学辍学率为 6.34%、初中辍学率为 2.54%，城市的分别为 4.85% 和 1.63%，乡村的失学辍学问题较城市更为突出。从有关调研来看，学习困难（厌学）、家庭经济困难和路途较远是学生辍学的主要原因。

① 本报告以7～12岁为小学学龄段，小学辍学率=小学学龄段选择“没上过学”和“小学辍学或肄业”人数之和/小学学龄段总人数；以13～15岁为初中学龄段，初中辍学率=初中学龄段选择“没上过学”和“初中辍学或肄业”人数之和/初中学龄段总人数。

基础教育方面，3911 份有效问卷中，未就近入学的占比为 24.9%。从未就近入学的原因来看，954 份有效问卷中，“为了上更好的学校”排在首位，占比为 47%。无论是分城乡、分户籍还是分学段来看，排在首位的选项均无变化。

三、若干建议

（一）继续深化相关领域改革，着力解决公众关切问题

学前教育方面，加快建立健全包括生均拨款、收费、资助一体化等在内的投入与成本分担机制；充分考虑人口政策调整和城镇化进程的需要，科学规划幼儿园布局，加快新建、改扩建一批公办园，扶持普惠性民办园发展；大力发展公办园，把公办园占比和公办园就读幼儿占比作为各地建设公益普惠的学前教育公共服务体系的考核指标；努力减少企事业单位办园和集体办园的流失，将其纳入教育部门统一建设和管理，在资金投入上与教育部门办园同等待遇；加强对普惠性民办园的认定、支持与监督，灵活调配财政性经费对普惠性民办园投入，通过财政补贴和收费管理引导社会资本举办有质量的幼儿园，实现办园主体的增量，推进学前教育持续有效的资源扩容；建立完善幼儿园质量评估体系，完善动态监管机制，规范办园行为，加强业务指导，坚定不移地遏制“小学化”倾向，提升幼儿园保教科学化水平；依法落实幼儿教师待遇，完善工资待遇保障机制，引导和监督民办园依法保障幼儿教师工资和待遇；加强幼儿教师队伍建设，补足配齐专任教师编制，健全幼儿教师培养培训机制，支持各地师范学校建设，拓展高师、师专和幼师的能力培养，对幼儿教师等保教人员提供差异化、更加贴近工作实际需要的在职培训。

义务教育和普通高中教育方面，加快建立基于学业水平考试成绩、结合综合素质评价的学校考试招生录取模式和规范有序、监督有力的管理机制；规范各类社会补习机构和教辅市场，正确引导校外教育需求，合理安排学生课内外学习活动，切实减轻学生课业负担；考虑到普通高中教育的特点，可在一定限度内允许开设一些与学生兴趣或就业紧密结合的选修课程，开展不同形式的文体活动；合理规划与调整农村学校布局，完善公共交通服务体系，因地制宜办好村小学或教学点，尤其要保障低龄儿童就近入学；积极推动已出台的“两为主”、“两纳入”和“两统一”[①]等政策落地见效，保障进城务工人员子女平等接受义务教育以及在当地参加升学考试，一般省份及中等以下城市应尽快放开并给予同等权利，特大城市可设定一定条件逐步放开。

职业教育方面，加快建设就业配套机制，加大职业资格准入制度覆盖范围和实施力度；加大对职业教育学校办学标准、教育质量以及培训价格的严格监管，对经济困难家庭青少年接受职业教育提供经济援助；重构校企联合办学利益结构，加强行业协会等组织建设，完善行业企业参与的质量评价体系，建立对企业和实习学生的补贴机制，发展或恢复大企业举办职业学校；选择

---

① “两为主”即以公办学校为主，以流入地政府为主；“两纳入”即纳入城镇发展规划，纳入财政保障范围；“两统一”即统一以居住证为主要依据为随迁子女提供义务教育服务，统一随学生流动携带“两免一补”资金和生均公用经费基准定额资金。

农村和中西部地区职业培训主体时，更多发挥东部企业和民间培训力量的作用，以更好实现培训和就业的结合。

高等教育方面，核心是解决就业结构性矛盾，提升就业质量，实现稳定就业；逐步调整教学内容，完善教学方式，加强社会实践，改革完善对高校和教师的评价与激励机制，全面扭转重“科研”、轻教学，重知识传授、轻能力培养等问题，全面提高高校教育质量，使人才培养能够更好适应经济社会发展要求；进一步加大包括奖学金、助学金、助学贷款、学费减免、伙食补贴等在内的普通高校学生资助政策力度；控制部分高校专业设置、招生的盲目性，强化政府宏观指导和总量调控，对办学能力不足、就业状况差的专业实施强制淘汰，加强高校专业设置、培养目标、培养方式与企业和市场结合，增强毕业生就业创业能力，拓展就业面。

（二）采取积极措施，切实减轻中低收入家庭子女教育支出压力

全面落实教育扶贫政策，健全完善家庭经济困难学生资助体系，加大助学力度，对家庭经济困难寄宿生补助生活费，对普通高中建档立卡贫困生、低保家庭贫困生和特困救助供养学生率先免收学杂费，推动地方健全学前儿童资助政策，逐步分类推进中等职业教育免除学杂费，鼓励地方参照中央政策出台高校毕业生赴基层就业学费补偿和贷款代偿政策；尽快建立以学籍为基础的全国学生资助管理信息系统，并实现与人口、低保、扶贫等部门信息系统对接或信息共享，提高资助“精准度”；加大财政投入，完善政府补贴，规范学校收费行为，合理确立非义务教育阶段培养成本分担机制，推动地方财政明确分担比例，明确中央奖补标准。

（三）完善相关政策措施，有效解决义务教育阶段失学辍学等问题

建立健全学习帮扶制度，改善农村学校办学条件，提升农村义务教育质量和水平，促进农村初中普职教育融合以提供多种成才渠道；进一步落实好已有的教育扶贫政策，健全完善家庭经济困难学生资助体系，确保其不因家庭贫困而失学辍学；加强农村学校布局规划，在人口稀少、地处偏远、交通不便的地方保留或设置教学点，切实保障学生就近上学的需要；充分利用中小学生学籍信息管理系统等平台，建立健全义务教育阶段学生失学辍学动态监测、日常管理和督促复学等制度，并强化对地方各级政府特别是其主要领导的考核问责。

此外，进一步完善并严格执行已出台的划片就近入学等政策，核心是优化教育资源配置，加快推进基本公共教育服务均等化；同时，构建利用信息化手段扩大优质教育资源覆盖面的有效机制，尽快缩小区域、城乡、校际差距，从而消除择校现象，切实减轻家庭因择校带来的教育支出压力。

（执笔：佘　宇）

第八章 医疗卫生专题研究报告

2016年，我国卫生健康事业在发展和改革方面都取得了显著成绩，全国卫生与健康大会确立了把人民健康置于优先发展战略地位的方针，重申了坚持医药卫生体制改革的公益性方向，医药卫生体制改革从试点走向全面突破，群众对医药卫生工作的满意度提高。同时，卫生健康工作也还存在多方面的挑战，同群众的期待仍有一定差距，需要继续坚持正确的改革方向，不断推进健康中国建设，让人民有更多的获得感。

一、2016年卫生健康事业发展的成就

2016年，以党中央召开全国卫生与健康大会为标志，卫生健康工作的政治地位进一步提高，医疗改革的范围拓展、力度增加，居民的感受持续改善。

（一）重申了坚持医药卫生体制改革的公益性方向

近年来，我国经济发展逐步进入新常态，对医药卫生事业的发展方向一度产生新的争论，医改也遇到一些阻力。2016年，党中央召开全国卫生与健康大会，习近平总书记发表重要讲话，重申了人人享有基本医疗卫生服务的改革目标和坚持公益性的改革方向，特别是提出把人民健康置于优先发展的战略地位和“将健康融入一切政策”的指导思想，这是新中国成立以来对卫生健康工作的最高定位，也是重要的理论创新，视野从医药卫生体制改革上升为卫生健康领域的综合改革。会后发布了《健康中国2030》规划纲要，部署健康中国建设。中办、国办出台《关于进一步推广深化医药卫生体制改革经验的若干意见》等文件，推动改革从试点走向全面展开，政策体系不断完善。

（二）基础性工作不断夯实

改革和发展互相促进，改革要以必要的基础性工作为基础。2016年，基层医改、基本医保、大病医保、基本药物制度、药品生产流通使用制度、重大疾病防控、医疗卫生服务体系规划、促进中医药发展等工作不断推进，基础不断夯实，为改革打下了坚实基础。2016年全国财政医疗卫生支出1.32万亿元，比2015年增长10%，政府医疗卫生支出占财政支出的比重，提高到7.0%。

基本公共卫生服务覆盖面继续扩大，分级诊疗在 70% 左右的地市开展试点，在 200 个公立医院综合改革试点城市开展家庭医生签约服务。药品生产流通使用制度继续完善，基本药品定点生产、药品国家谈判、集中招标采购等政策取得成效。

（三）改革从试点走向全面突破

公立医院改革是医改最核心的内容，也关系到建设健康中国的全局。2016 年，公立医院改革的范围扩大，县级公立医院改革实现全覆盖，确立了 11 个综合医改试点省，涌现了福建三明、北京、贵州余庆、安徽天长等典型，初步形成了可复制、可借鉴的模式和比较系统的经验，公立医院改革的目标模式已经初步显现，省级医改综合试点逐步推开。以公立医院改革为抓手，拉动了医疗卫生行政管理体制、医保管理、财政投入、分级诊疗、药品生产流通使用等领域的变革，公立医院逐步登上改革舞台的中心，对整个医改的牵引作用不断显现。可以说，医改已经从局部走向全局，从防守走向进攻，已经在“深水区”站稳了脚跟，大踏步前进。各级党委政府的重视程度不断提高。北京、安徽、福建、贵州、甘肃等省份都大幅度增加了对医疗卫生的投入，党委和政府主要领导亲自抓医改，各级干部对卫生健康工作的重视和熟悉程度明显提高。我国的医改赢得了国际赞誉，和其他一些国家陷入福利陷阱、医改进退失据形成对比。

二、居民对卫生健康工作的感受和评价

2016 年度中国民生满意度电话调查和中国民生问题入户调查（下简称调查），分别询问了关于就医行为、医疗费用、主观感受等方面的问题。结果显示，2016 年，我国医改的步伐明显加快，在部分省份、部分领域出现了明显突破，群众满意度有所提高，特别是部分试点省的满意度明显提高，这些成绩来之不易，值得充分肯定。

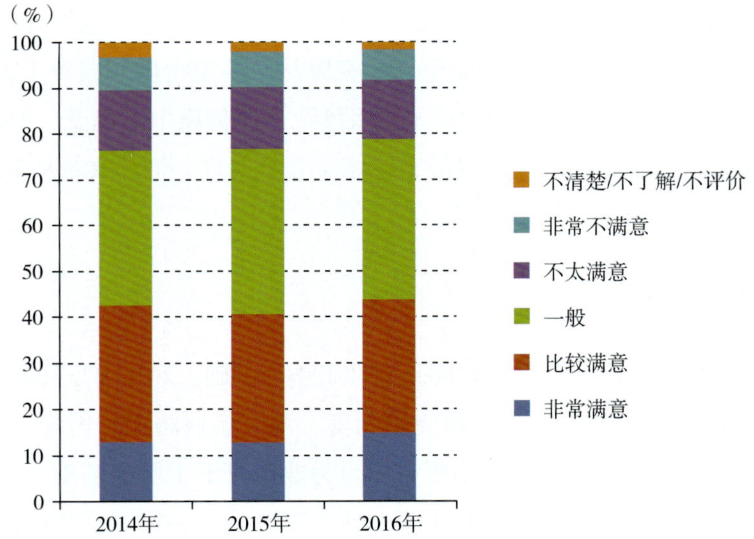

图8-1　居民对居住地医疗服务的满意度（%）

（一）对居住地医疗服务的满意度有所上升

2016 年度电话问卷调查结果显示，对居住地医疗服务表示“非常满意”、“比较满意”和“一般”的分别占 14.8%、28.9%、35.0%，合计为 78.7%，比 2014、2015 年度上升约 2 个百分点。而选择“不太满意”和“不满意”的比例，均比前两年下降了一个百分点左右。从不同群体看，农村、女性、家庭年收入 5 万 ~ 15 万元等群体对居住地医疗服务的总体评价较高。从城乡比较来看，城镇居民对当地医疗服务满意度提升较为明显，农村尚不明显。

表8-1 居民对居住地医疗服务的满意度（%）

	非常满意	比较满意	一般	不太满意	非常不满意	前三项合计
2014年	13.00	29.60	33.70	13.30	7.10	76.30
2015年	12.80	27.90	36.10	13.50	7.70	76.70
2016年	14.80	28.90	35.00	12.90	6.60	78.70

表8-2 居民对居住地医疗服务的满意度（分城乡）（%）

		非常满意	比较满意	一般	不太满意	非常不满意	前三项合计
2016年	城镇	12.30	29.20	36.60	13.70	6.50	78.10
2015年	城镇	10.10	28.50	37.60	14.00	7.70	76.20
2014年	城镇	9.90	29.70	35.60	14.20	7.20	75.20
2016年	农村	19.20	28.40	32.30	11.60	6.90	79.90
2015年	农村	17.50	26.80	33.30	12.60	7.80	77.60
2014年	农村	17.90	29.50	30.80	11.90	6.80	78.20

（二）大多数居民认为最近一年来居住地医疗服务有所改善

对最近一年来居住地医疗服务状况是否有所改善，表示“有明显改善”、“略有改善”和“没变化”的分别占 22.5%、31.3%、38.3%，合计为 92.1%。经医生诊断应住院者未住院的比例，2014 年和 2015 年分别为 25.5% 和 19.6%，而 2016 年大幅下降到 8.2%，表明医疗卫生服务的可及性已经显著改善，看病难的问题得到缓解。

表8-3 居民对最近一年来居住地医疗服务状况是否有所改善的评价（%）

	明显改善	略有改善	没变化	略有恶化	明显恶化	前三项合计
城镇	19.5	31.9	40.7	2.5	1.6	92.1
农村	28.0	30.1	34.1	2.2	2.2	92.2
总体	22.5	31.3	38.3	2.4	1.8	92.1

（三）把医疗卫生纳入最不满意民生问题的居民比例有所下降

2016 年，在询问“对家庭生活最不满意的地方”时，回答排在前三位的依次是收入（28%）、医疗（14%）、住房(7.4%)。相比 2015 年询问“您最不满意的民生问题有哪些”时，41.5% 的居民选择“收入水平”，27.6% 的居民选择 “医疗卫生”，以下依次是养老（16.4%）、住房（16.2%）、就业（14.8%）。尽管 2013 ~ 2016 年，医疗卫生连续成为群众最不满意的三个民生问题之一，但是 2016 年把医疗卫生纳入最不满意民生问题的居民比例有所下降，从 2015 年的 27.6% 下降到 14%。

表8-4　城乡居民对家庭生活最不满意的项目

最不满意的一项	频数	百分比（%）
就业状况	365	3.8
收入水平	2729	28.0
子女教育	610	6.3
医疗	1361	14.0
养老	498	5.1
住房	724	7.4
其他	141	1.4
没有不满意的	3079	31.6
不回答/不清楚	224	2.3
总计	9731	100

（四）部分医改综合试点省取得较为明显的成效

其中，第一批医改试点省福建省是满意度提高最快的省份，2016 年度居民对医疗服务满意度比 2014 年和 2015 年分别提高 9.4% 和 10.7% 的百分点，是所有省份中提升最快的。上海市、陕西省、浙江省等试点省份的满意度排名和改善程度均靠前。不过，东北三省的满意度位于各省末位，且辽宁、吉林是 2016 年的满意度比 2015 年下降最多的省份，值得引起重视。

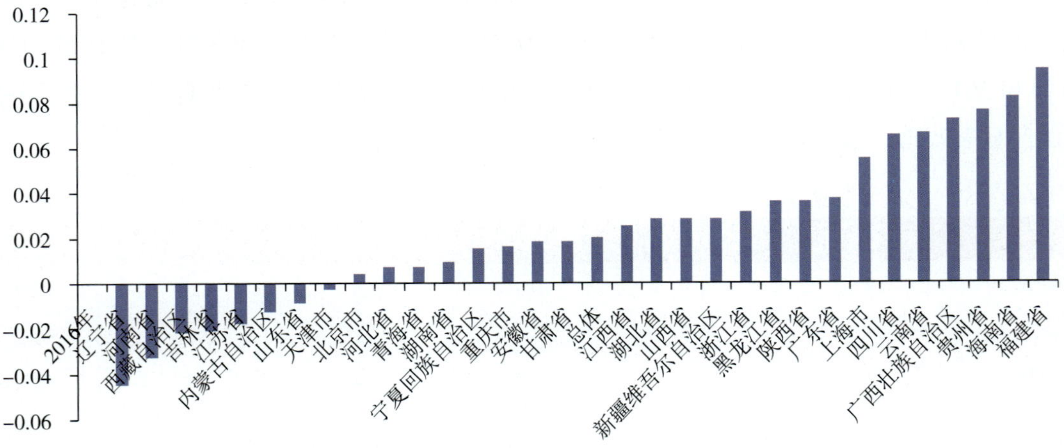

图8-2　各省份居民2016年对医疗服务满意度比2015年变化情况

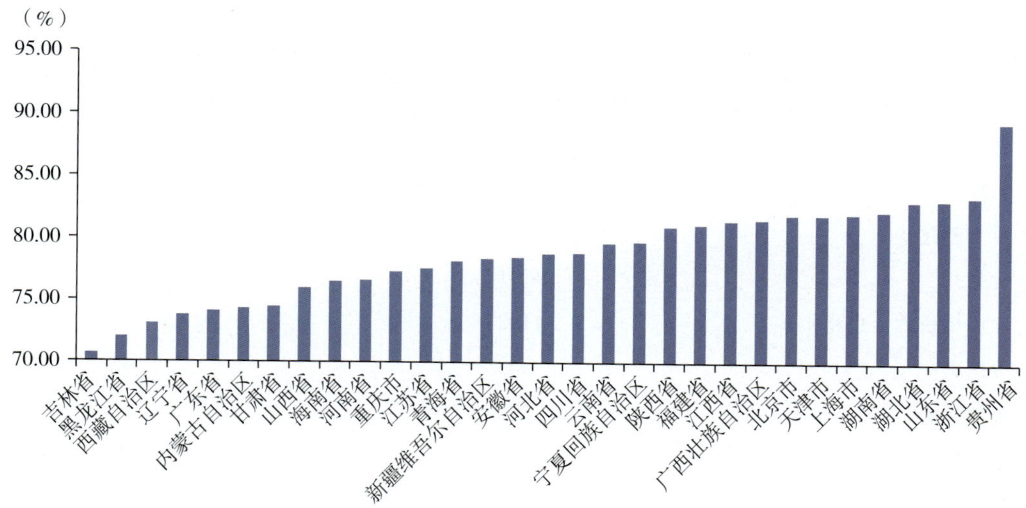

图8-3　各省份居民2016年对医疗服务的满意度（%）

三、医疗卫生工作存在的问题和挑战

在看到成就的同时，调查也表明，群众对医疗卫生工作总体满意度还不高，医保报销比例仍然比上年有下降，医疗费用上涨给居民带来的主客观压力仍然较大，需要进一步巩固和扩大改革成果，尽快在全国范围内取得实效。

（一）医疗卫生仍然是居民感到负担最重的领域

2015 年起，调查询问居民“您是否担心医疗费用没有保障”。2015 年，回答“非常担心”和“比较担心”的共计 59.4%，回答“不太担心”和“一点也不担心”的共计 23.2%。而 2016 年将有关选项合并后，选择“担心”的占 63.4%，选择“不担心”的占 14.5%。可见，居民对医疗卫生负担的担心加重了。

表8-5　　居民对“您是否担心医疗费用没有保障”的回答情况（%）

<table>
<tr><th>医保类型</th><th>2015年</th><th>2016年</th></tr>
<tr><td>非常担心</td><td>22.88</td><td rowspan="2">63.4</td></tr>
<tr><td>比较担心</td><td>36.58</td></tr>
<tr><td>一般</td><td>12.96</td><td>6.2</td></tr>
<tr><td>不太担心</td><td>16.53</td><td rowspan="2">14.5</td></tr>
<tr><td>一点也不担心</td><td>6.67</td></tr>
</table>

在询问“在各种家庭开支中，您感觉压力最大的是”问题时，2013 ~ 2015 年分别有 17%、27.2%、24.3% 的家庭回答为“医疗”，均居第一位，而 2016 年度问卷调查，回答“医疗”的比例达到 28.8%，超过以往三年，并仍然居于第一位。

表8-6　居民对“在各种家庭开支中，您感觉压力最大的是”的回答情况

	频次	百分比（%）
合计	9708	100
医疗	2797	28.8
子女教育	2109	21.7
食品	1241	12.8
住房（贷款、房租）	1192	12.3
没压力	943	9.7
人情送礼	555	5.7
婚丧嫁娶	244	2.5
其他	244	2.5
赡养老人	201	2.1
交社保	131	1.3
交通	51	0.5

在询问医疗支出的来源时，2013 年和 2014 年，分别有 17.6% 和 15.9% 的家庭因为看病需要向外筹措资金，其中绝大多数筹资方式是向人借款。而 2015 年（2016 年度调查），这一比例又有所上升，有 18.7% 的居民家庭曾因医疗支出而向外筹措资金，其中 18% 是借钱，0.5% 是变卖家产。之所以这一比例出现反弹，可能的原因，一是医疗费用上升过快和居民收入增幅下降，二是大多数地方仍然实行的是患者先垫付医药费、再报销的方式，患者特别是农村患者在报销之前也没有能力支付押金和医药费。

（二）城镇住院患者医保报销比例略有下降

近 3 年的问卷均询问了住院患者医保报销的比例。2016 年，城镇职工医保、城镇居民医保、新农合的实际报销比例分别为 51.6%、39.8% 和 35.2%，其中城镇职工、城镇居民医保实际报销比例比前一年均有显著下降。需要引起高度重视。新型农村合作医疗患者实际报销比例比上年略有上升。

表8-7　住院患者医保报销实际比例（2013～2016年）

医保	频数	实际支付费用	各类医保报销	其他费用	实际报销比例（%）			
					2016	2015	2014	2013
城镇职工医保	427	11154	11886	1625	51.6	53.9	52.0	55
城镇居民医保	389	14934	9884	1897	39.8	48.2	44.0	46.5
大病医疗保险	13	9544	6480	1056	40.4			
新型农村合作医疗	1651	12474	6772	1406	35.2	34.6	35.8	39.4
合计					39.2	41.4	40.0	44

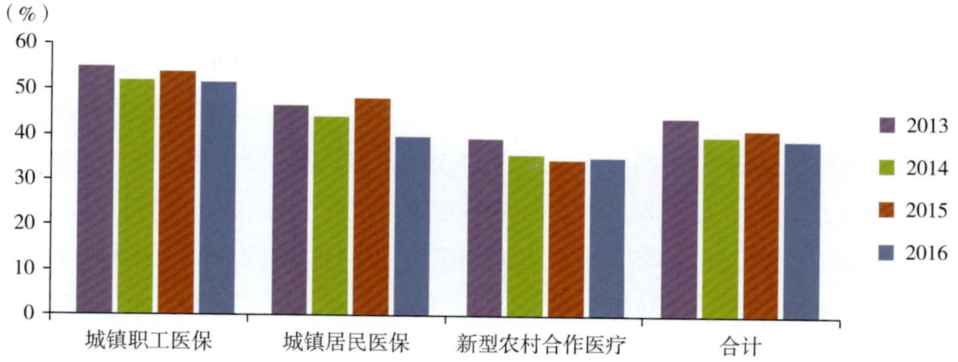

图8-4　住院患者医保实际报销比例（2013～2016年）（%）

居民感到负担加重，有多方面原因。从医疗服务量看，全国住院量从2005年的7000多万猛增到2015年的2.1亿，2016年在经济增速下降的情况下，医药行业销售收入增长9.7%，利润增长13.9%，医药板块市盈率为35倍，远高于A股平均水平。这些变化，其中很大一部分是过度医疗、过度用药所导致的，根本原因是医疗机构的逐利性问题尚未解决。全国卫生总费用从2008年的1.45万亿元增长到2015年的4.10万亿元，7年时间增长到近3倍，平均每年增长16%。据初步核算，2016年全国卫生总费用预计达4.63万亿元，比2015年增长14.1%，是GDP增长速度的两倍。居民医疗支出占家庭消费的比例，城市是6.7%，农村是9.2%，分别比2010年上升0.2和1.8个百分点，导致居民感到负担增加。

（三）分级诊疗格局尚未形成

从2005～2016年，去医院看病的患者比例从33.8%上升到41%，去基层医疗机构的从63.3%下降到55.5%。去医院住院的比例从71.1%上升到77.3%，去基层的比例从23.3%下降到18.2%，病人不仅没有向下流动，反而向上流动，造成大医院越来越拥挤。在询问“您对医疗服务最不满意的一项是”时，回答比例最高的为“看病太贵”，占42.65%，其次是大医院看病难，占11.48%。值得注意的是，对于现实中普遍存在的过度医疗、基层医疗机构能力弱等问题，居民反映较少，仅分别有0.9%、4.53%的比例。这表明，患者已经习惯了去大医院就诊，习惯了或者没有意识到过度医疗的严重性，这种就医意识也会影响患者对医改的满意度和政策效果的显现。

表8-8　居民对“您对医疗服务最不满意的一项是”的回答情况

	频数	比例（%）
看病太贵	4156	42.65
大医院看病难	1119	11.48
医护人员态度差	199	2.04
医疗水平差	319	3.27
红包、回扣问题严重	79	0.81
基层医疗机构能力弱	441	4.53
过度医疗普遍	88	0.9
没有不满意的	636	6.53

上述问题的存在，最根本的是公立医院逐利性、商业化的运行机制尚未根本扭转。公立医院公益性，主体是政府，政府要为公立医院兜底，尽到保障责任。近年来政府对医疗的投入不断增加，但是一方面，投入的力度还远远不够，2016年政府卫生投入占财政总支出的比例为7.1%，而世界上高收入国家为13.3%，中高收入国家为11.5%，低收入国家为10%，我国仍然有很大差距。另一方面，对公立医院的直接投入不足，医院的基础建设、学科发展、设备更新、人事薪酬等硬性支出，只能靠创收和贷款，不解决公立医院和医生的生计，医院和医生就要想办法过度医疗，从患者和社保那里赚钱，最终要转嫁到病人头上。政府不投入学科建设，医生就只能成群结队参加医药代表召开的研讨会，成为腐败和利益交换的温床。从数字来看，2015年财政补助占公立医院收入仅8.97%，比2010年仅略有提高。中央属和省属医院仅有4.1%和6.8%，导致越大的医院逐利性越强。

（四）流动人口的医疗保障覆盖面仍然有待提高

如表8-9所示，在流动人口中，参加城镇职工医保、城镇居民医保、新型农村合作医疗的比例分别为28.9%、16.1%、37.0%。考虑到流动人口主要是农民工，按规定应当参加城镇职工基本医保，城镇职工基本医疗的参保比例仍然偏低。流动人口的参保比例总计为83.4%，远低于本地人口的96.7%，流动人口的医疗保障覆盖面仍然有待提高。

表8-9　本地人口和流动人口医保覆盖率

	城镇职工基本医疗	城镇居民基本医疗	城乡居民大病医保	新型农村合作医疗	参保人口合计	总计
本地人口	1737	1317	101	5462	8617	8911
流动人口	241	134	12	308	695	833
医保覆盖率（%）						
本地人口	19.5	14.8	1.1	61.3	96.7	100.0
流动人口	28.9	16.1	1.4	37.0	83.4	100.0

四、进一步推进健康中国建设的政策建议

当前，居民对医药卫生工作的意见仍然主要集中于看病贵和大医院看病难这两个方面。出现这些反映，原因是多方面的。既有经济发展、老龄化、疾病谱变化、医疗技术进步等客观原因导致的医疗服务需要增加、医疗价格上涨等因素，也有公立医院逐利机制尚未破除、分级诊疗格局尚未形成、药品生产流通环节的公益性不足等因素。为此，提出如下建议。

（一）提高基本医疗卫生的公共品属性

基本医疗卫生保障和服务具有公共产品属性，是兜住发展底线和民生底线的重要制度安排。当前我国已经建立了基本医疗保障、基本公共卫生服务和基本药物等制度的基本框架，但是这

几个制度的公共品属性和保障力度还不够，应该通过增加投入、转变机制，提高其公共品属性。一是提高基本医保的公共品属性。在当前实现基本医保制度全覆盖的基础上，逐步实现按照实际收入缴纳保费，缩小不同医保待遇的差距。在实现医保异地结算的基础上，探索实行异地参保，解决流动人口医疗保障覆盖面不高的问题。调整医保支付方式，推广我国一些地方健康扶贫的经验，改变“医保支付有上限、个人支付无上限”，为“医保支付无上限，个人支付有上限”，对患者自付费用进行封顶，这项制度将控制费用的压力从患者转移到自付和医保部门，避免了居民暴露在大额医疗支出风险中，是医疗保障制度的重大创新。建议进一步开展探索，避免医疗资源过度浪费，减少因病致贫、因病返贫现象，降低群众的不确定性，显著提升获得感。直至将此办法扩大到全体参保者。二是提高基本医疗卫生服务的公共品属性。尽快制定全国通用的基本医疗卫生服务内容，地方可以在这个基础上增补。基本医疗卫生服务应该覆盖影响人民健康的主要病种，使用目前经济有效的技术和药物。目录范围可以随着经济发展不断扩大。凡是纳入目录的服务，政府必须确保人人能够公平享受，并设定个人负担的上限。政府要根据提供基本医疗卫生服务的需要，核定医疗卫生机构的编制和投入。对于贫困人口、贫困地区、农村、老年人、长期慢性病人等特殊群体，可以首先扩大基本医疗卫生服务和基本药物的保障范围。三是提高基本药物的公共品属性。药品是特殊的商品，既有商品性，又有公益性，当前主要是提高药物特别是基本药物的公共品属性，扩大基本药物和经济适用的药物供给，推进药品自主创新，治理医药生产流通环节虚高费用。推进药物和医疗器械产业整合和国产化。把药物纳入过剩产能行业，控制信贷规模和新项目审批。统一对进口原研药品、耗材、设备和国内独家品种价格进行谈判，加快制定药品分类管理办法和统一进口器械管理标准。可以设立中国基本药械集团总公司，组织生产公立医院使用的基本药物和非专利医保药物、低价药和紧缺药，实行定点生产、直接统一配送到医疗机构，按成本价保本微利销售，以调控全国药价。

（二）进一步贯彻保基本、强基层、建机制的基本原则

群众感受到大医院看病难和医疗费用上涨的一个重要原因是，保基本、强基层、建机制的原则尚未得到有效落实，基层医疗卫生机构已经实现了公益性，但大型公立医院仍然在逐利性机制下运行，上下不能联动，公立医院的逐利性机制和基层的公益性机制发生冲突，不利于优质资源下沉到基层。解决这一问题，要以建设紧密型医联体为抓手，通过转变机制，引导更多资源下沉到基层，加快形成分级诊疗格局。一是加快建设激励相容的紧密型医联体。我国安徽天长、福建三明等地在建设紧密型医联体方面已经探索出有益经验，由大型公立医院和基层医疗卫生机构形成紧密型医联体，内部实现资源共享，人、财、物统一管理，业务统一管理和统一绩效考核。以医联体为单位实现医保资金按人头总额预付制，医保部门对医联体总体进行考核，考核结果与资金拨付和调整奖惩基金挂钩。明确不同级别医疗机构功能定位，规范转诊标准、明确转诊流程，发挥县级公立医院优质医疗资源的引领和带动作用，为居民提供全过程服务。实践证明，紧密型医联体是实现分级诊疗、缓解大医院看病难看病贵的有力抓手，应当尽快总

结经验，积极推广。二是进一步深化基层医改。在公立医院改革取得一定成效的基础上，同步推进公立医院改革和深化基层医改，巩固前一阶段基层医改的成果。利用公立医院改革的机遇，引导更多资源下沉到基层，同时改革收支两条线、薪酬制度等政策，在基层实行更加灵活的人事、薪酬、财务等制度，激发基层的活力。

（三）推进公立医院改革攻坚

公立医院是我国医疗卫生服务的主体。居民感受到医疗费用负担重的一个重要原因是公立医院的逐利性过强、公益性体制机制尚不完善。当前，公立医院改革已经从试点全面推开，但最关键的两个问题——公立医院财政投入和医务人员薪酬制度还需要继续突破：一是确保公立医院稳定的资金投入。当前，我国对医疗卫生财政投入增长很快，但投入方式还有进一步创新的空间，目前大部分投入是通过医保购买服务的方式进入公立医院，客观上刺激公立医院逐利性增强，过度服务和过度用药普遍，不利于扭转逐利机制。下一步，应当进一步促使医疗服务筹资方和服务方更好地融合，从国家层面明确将分散在人社、卫生计生、物价等部门的医疗、医保、医药管理职责等统一划入一个机构，统筹使用财政和医保基金，直接保障公立医院的发展和人员薪酬，使公立医院建立正确的激励机制。二是加快建立符合医务人员行业特点的薪酬制度。在取消药品加成、规范药品流通秩序的同时，如何通过薪酬制度改革调动医务人员积极性，关系到公立医院改革的成败。一些试点地方对公立医院医务人员薪酬制定了参考指标。山西省运城市将城市公立医院绩效工资总量核定标准提高 20% ~ 100%，规定了医务人员通过夜班服务、上门服务、节假日服务、延时工作或从事其他超额劳动可获得额外合规报酬。河北出台了《关于开展公立医院薪酬制度改革试点工作的实施意见》，明确按照 1.5 ~ 2 倍标准核定公立医院绩效工资总量，部分地方推行院长年薪制和任期目标责任制，试点的唐县医务人员年收入最高达 27 万元。江苏省已经出台了薪酬改革的意见，将公立医院绩效工资总量较大幅度上调，院长绩效工资和高层次卫生人才薪酬待遇不纳入绩效工资总量核定。但总的来看，大多数地方还没有对医务人员薪酬改革给出硬指标，也没有明确医务人员薪酬的来源，这不利于扭转医务人员的激励机制，提高积极性。应当积极落实习近平总书记在 2016 年全国卫生与健康大会上提出的“允许医疗卫生机构突破现行事业单位工资调控水平，允许医疗服务收入扣除成本并按规定提取各项基金后主要用于人员奖励”，按照《关于开展公立医院薪酬制度改革试点工作的指导意见》（人社部发〔2017〕10 号）要求，积极探索实施薪酬制度改革，充分调动医务人员积极性。国家层面尽快出台人事薪酬制度改革的硬指标，明确医务人员薪酬的总额控制指标和平均薪酬标准，确保资金来源。三是加快建设互联互通的医疗卫生信息系统。建立覆盖到每个居民和全部卫生机构、互联互通的医疗卫生信息系统，是实现分级诊疗、为人民提供全流程健康保障的必要工具，也有利于推进自主创新、拉动投资需求。信息系统的软件开发需要大量初始投入，应组建大型企业，集中优势资源开发在全国范围通用的医疗卫生信息软件。打破各部门、各系统、各地区的界限，打通预防、治疗、预约挂号、药品流通、医保收支信息系统之间的藩篱，实现信息系统的互联互通。加强公立医院药品招标、采购、配送、使用和付费过程的信息公开，规范药品购销和使用行为。推进医疗卫生领域的信息公开，公立医院的财务、运行、药品采购情况要完全向社会公开，私立医院的财务、运行和药品采购状况也要向社会公开，即使是私立营利性医院，也要对其利润率进行管制，防止过度逐利。

（执笔：江　宇）

第九章
住房保障专题研究报告

2016年入户调查住房方面的内容包括产权属性、住房面积、合租情况、住房成套率、住房诉求、住房配置等。住房调查不仅反映了整体住房条件特点，而且也反映出新市民[①]与当地市民的住房条件存在较大差异，新市民的住房不满意率相对较高，因此，下一阶段应坚持以人民为中心的发展思想，加大力度解决新市民群体的基本住房需求，为扎实推进新型城镇化提供有力保障。

一、住房自有率情况

从各国住房发展情况的对比来看，近年来经过住房制度改革和房地产市场迅猛发展，我国住房自有率处于国际较高水平。此次入户调查结果与往年结果类似，受访家庭的住房自有率达到90.4%，较2015年又提高了2.6个百分点。

一是农村地区居民住房自有率高于城市地区居民。在农村地区，受访家庭的住房自有率高达96.7%，在城市地区，受访家庭的住房自有率为82.0%，农村地区住房自有率高于城市地区4.7个百分点（见图9–1）。在农村地区，受访家庭主要居住在自建住房之中，其比例为92.5%，而购买商品房的比例仅为2.1%。在城市地区，受访家庭居住在自购商品房中的比例为32.0%，比重远高于其他类型房屋，居住在自建住房的比例为19.5%。

二是当地市民住房自有率高于新市民。在城市地区，受访家庭中本地市民的住房自有率为90.0%，新市民的住房自有率平均为65.6%，两者相差24.4个百分点，这说明，自1998年住房制度改革以来，经过近20年的发展，本地市民或者说本地户籍人口的住房矛盾已经得到基本解决，但常住人口中的新市民的住房问题日益凸显，这是对当前住房需求人群特点发生阶段性转变的一个基本判断。在受访的新市民中，外省农业户口居民住房自有率仅有24.4%，这主要因为该类型受访家庭的收入较低、财富积累较弱、工作流动性较高、举家迁移比例较低，因此，也最缺乏在居住地购买住房的支付能力和内在动机，通过调研也发

---

① 本报告中“新市民”是指已居住在城市中，但没有该城市户口的受访者。其中，包括居住在城市中的本地农业户口受访者、外地农业户口受访者、外地非农业户口受访者。需要说明的是，虽然外地非农业户口家庭已具有城镇户口，但受当前户籍管理制度的限制，仍然无法完全享受常住地的公共服务，就这一点来说，他们仍然属于“新市民”范畴。“本地市民”是指居住在城市中，并具有本市（县、区）非农业户口的受访者。

现，近几年农民工回乡置业的现象越来越多。另外值得注意的是，具有当地农业户口的新市民住房自有率并不低，在受访市民中该比例达到 87.4%，远高于其他几种类型的新市民（见图 9–2）。这一方面是受到“村改居”和农村变为市区的作用，另一方面这也说明对于农业转移人口就地就近转移来说，住房并未构成一个主要的瓶颈因素，更多的制约可能是来自于就业、教育、医疗等其他经济社会因素。

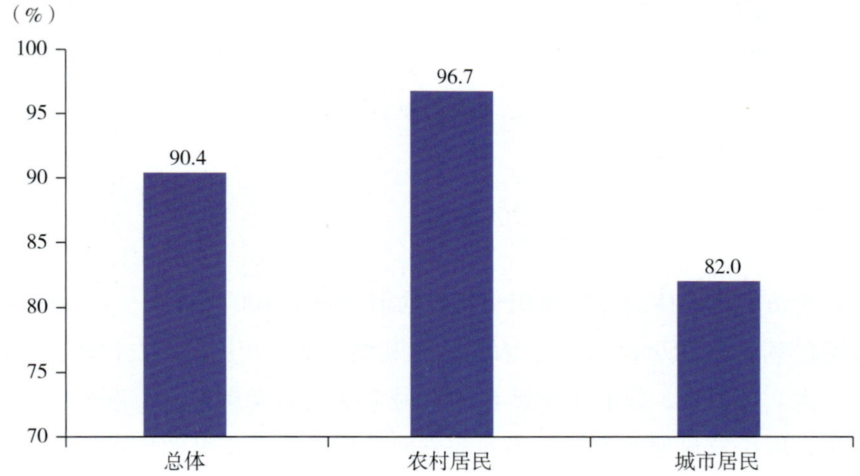

图9-1 受访家庭的住房自有率（%）

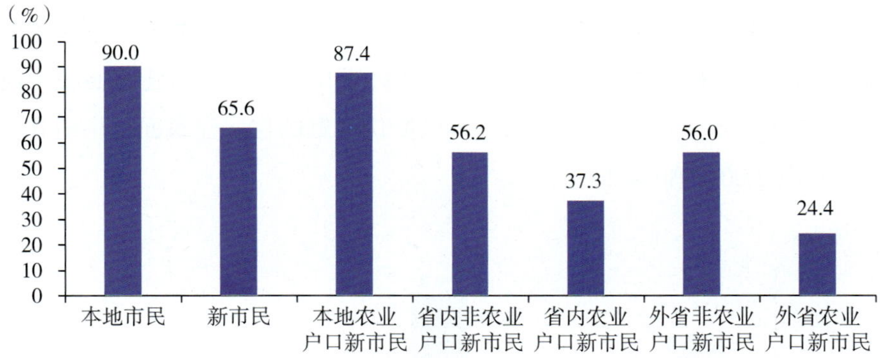

图9-2 城市地区受访家庭的住房自有率（%）

三是在租赁住房时，新市民选择合租的比例较高。受住房消费支出预算和中小户型租赁住房供给有限的影响，新市民在租赁住房时，选择合租的比例相对较高，这在一定程度上降低了居住的舒适性和私密性。在城市地区受访者中，当地市民租赁住房时，选择合租的比例为 9.8%，是各类市民的最低水平。而新市民租赁住房时，选择合租的比例平均为 15.6%，高于本地市民 5.8 个百分点，其中，外省农业户口的新市民租赁住房时，选择合租的比例最高，达到 22.0%（见图 9–3），合租降低了居住成本，但也必然牺牲一部分居住质量。

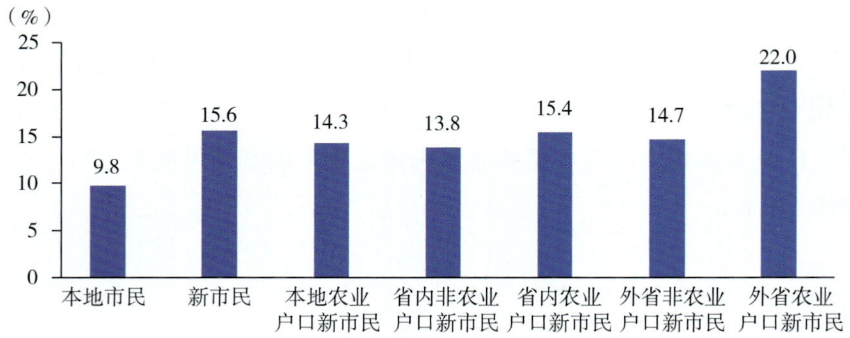

图9-3　城市地区受访家庭的住房合租率（%）

二、建筑面积与住房成套率情况

调查表明，受访家庭的住房建筑面积中值和均值分别为100平方米、115.0平方米，受访家庭的总体住房成套率[①]为78.2%。其中，农村地区和城市地区相比较，农村地区受访家庭的住房建筑面积相对较大。可以说，具有中国特色的农村宅基地制度作为一项重要的土地制度，在降低住宅土地成本，解决农村地区家庭住房问题方面发挥了非常积极的作用。不能忽视的是，受当前农村基础设施建设水平相对较低的影响，农村住房成套率相对较低。在城市地区受访家庭中，部分新市民则面临住房建筑面积较小、住房成套率较低的双重困扰。

一是农村地区的住房建筑面积高于城市地区。其中，农村地区受访家庭的住房建筑面积中值和均值分别为100平方米、129.4平方米，城市地区受访家庭的住房建筑面积中值和均值分别为80平方米、96.2平方米（见图9-4）。农村地区受访家庭的住房建筑面积中值和均值分别比城市地区受访家庭高出25.0%和34.4%。

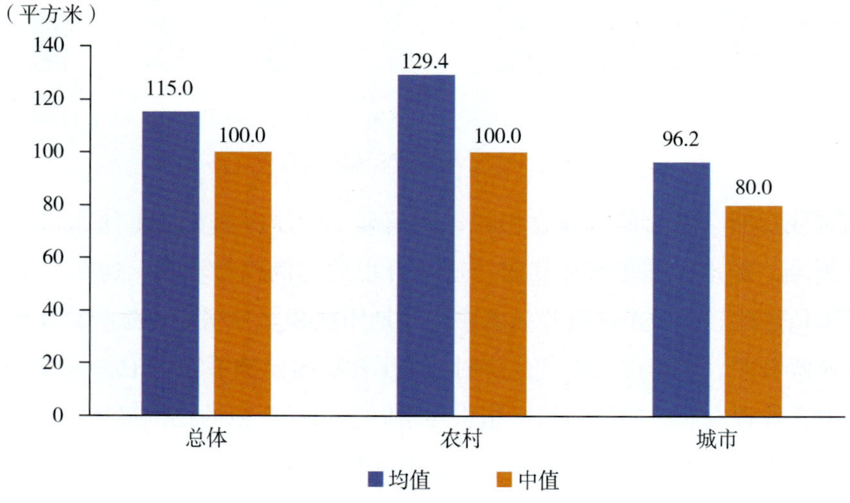

图9-4　受访家庭的住房建筑面积（平方米）

① 住房成套率=具有独立厨房和卫生间的住房数量/住房总数量，住房成套率是表征住房设施完备程度和居住质量的基本指标。

二是部分新市民的住房建筑面积相对较低。在城市受访家庭中，新市民的住房建筑面积中值为 89 平方米。与直观印象不同的是，新市民的住房建筑面积比本地居民还高出 12.1%。究其原因，在新市民中包括了本地农业户口家庭。受回乡置业、征地拆迁安置、行政区划性质变化、所在地住房价格相对较低等一系列原因，本地农业户口家庭的住房条件明显好于其他类型居民。例如，新市民中的本地农业户口家庭住房建筑面积中值达到 99 平方米，比本地居民高出 24.7%，从而导致新市民整体住房建筑面积并不低。进一步对新市民住房建筑面积进行结构化分析发现，农业户口新市民的住房建筑面积较低，其中，省内农业户口新市民的住房建筑面积中值为 68 平方米，外省农业户口新市民的住房建筑面积中值为 49 平方米，分别相当于城市地区受访家庭总体水平的 85% 和 61.3%（见图 9–5）。

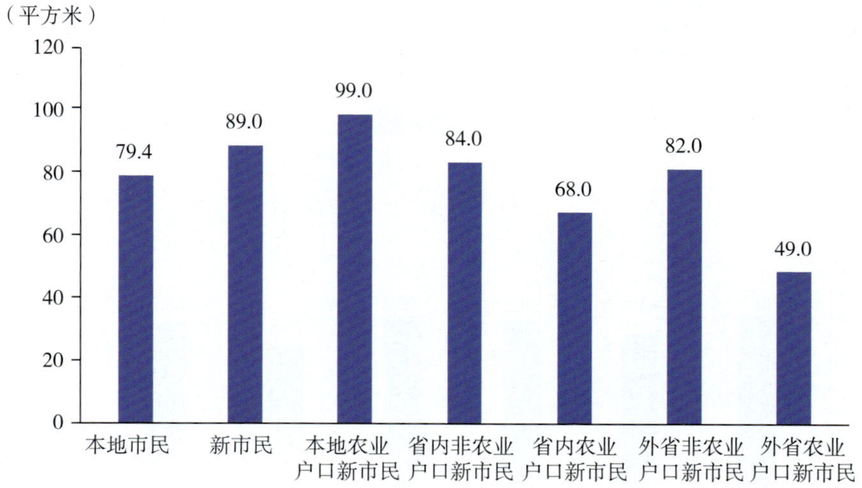

图9-5　城市地区受访家庭的住房建筑面积中值（平方米）

三是城市地区的住房成套率高于农村地区。调查表明：城市地区随着城镇化建设不断推进和基础设施配套不断完善，住房条件得到极大改善，城市地区受访家庭的住房成套率达到 87.8%。农村地区受访家庭的住房成套率为 70.6%，较城市地区低了 7.2 个百分点，这意味着我国农村地区住房质量仍有较大改进空间，加大农村社区建设力度和户型建设水平，加快完善农村水、电、煤气等生活性基础设施，可以切实提高农民居住质量、改善农村人居环境。

四是部分新市民的住房成套率偏低，住房条件相对较为简陋。在城市地区，受访的本地市民住房成套率为 90.7%，高出整体水平 2.9 个百分点，新市民的住房成套率为 81.8%，低于城市地区整体水平 6.0 个百分点。当然也并非所有新市民住房条件都与本地市民存在较大差距，例如，从新市民住房成套率的结构看，本地农业户口新市民、外地非农业户口新市民的住房成套率仅略低于本地市民 1.5 ~ 3.4 个百分点。而非本地农业户口家庭的住房成套率则明显偏低，其中，省内非本地农业户口家庭的住房成套率为 65.5%，外省农业户口家庭的住房成套率为 56.7%（见图 9–7），分别比本地市民低了 25.2 个百分点和 34.0 个百分点。这是因为这两类外地农业户口家庭的住房支付能力偏低，短期内难以通过市场化渠道购买住房，而政策性住房体系对其覆盖程度不足，有些城市还没有放开对外地户籍常住人口购买政策性住房的有关限制，另外，这两类家庭的住房成套率低还与就业类型有关，如一部分受访者选择居住在雇主提供的集体宿舍、工作场所以及工棚中，这些居住方式均属于非成套住房。

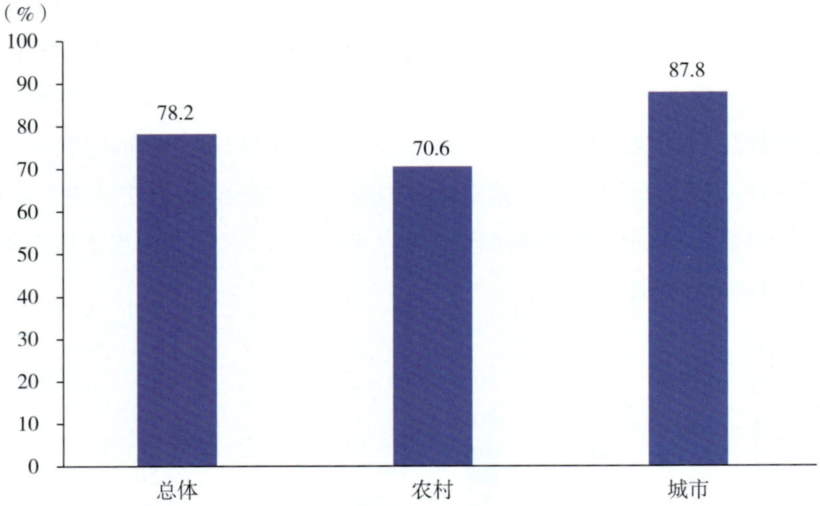

图9-6　受访家庭的住房成套率（%）

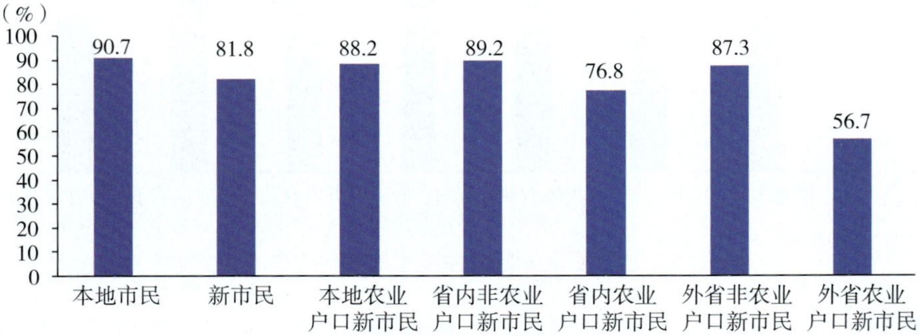

图9-7　各类城市居民的住房成套率（%）

三、不同类型居民的居住区域情况

从城市受访对象分布情况看，在主城区居住的比例为 53.0%，在城乡结合部居住的比例为 28.6%，在镇上居住的比例为 18.4%。在不同居住地中，各类市民的比例存在一定差异性，例如，在城市地区受访家庭中，本地市民居住在主城区的比例最高，而本地农业户口新市民在城乡结合部居住比例最高。

一是本地市民主要住在主城区，有相当比例新市民住在城乡结合部。在城市地区受访者中，居住在主城区的比例为 62.6%，居住在城乡结合部的比例为 26.0%，居住在城区以外的镇（街）的比例为 11.4%。在受访的本地居民中，居住在主城区的比例为 69.9%，是各种类型市民中比例最高的群体，居住在城乡结合部的比例为 19.4%，居住在市县城区以外的镇（街）上的比例为 10.7%。在受访的新市民中，除了有 47.2% 的受访者居住在主城区以外，有 39.8% 的受访者住在城乡结合部，有 13.0% 的受访者居住在市县城区以外的镇（街）（见图 9–8）。这说明，城乡结合部地区也是新市民和外来务工人员主要的居住地之一。值得公共服务部门注意的是，虽然城乡结合部的居住成本较低，但在这些区域往往存在相当数量的小产权住房，由于处于非正式规划区，供水、供电、交通等基础设施建设相对滞后，缺乏有效的监督管理，在安全、卫生以及生活的便利性方面都存在一定问题。

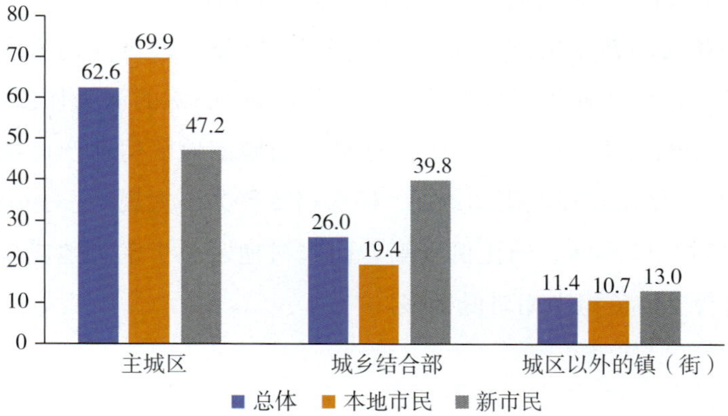

图9-8 各类城市居民的居住地点（%）

二是除了本地农业户口家庭以外，外地农业户口家庭居住在城乡结合部的比例也较高。从新市民居住地的结构分析看，非农业户口受访者居住在主城区的比例较高，其中，省内非农业户口新市民、外省非农业户口新市民居住在主城区的比例分别为 79.4% 和 77.4%，比本地市民还分别高出 9.5 个百分点和 7.5 个百分点，这说明，作为新市民迁移到其他城市，就业特点很大程度上决定了居住地点，各类新市民住房需求也存在较大差异，非农业户口新市民的就业倾向使他们更愿意选择在主城区生活。本地农业户口新市民居住在城乡结合部的比例最高，达到 51.8%，这是因为城乡结合部是受城市扩围和新城区建设影响最大的区域，本地农业户口家庭更容易通过“村转居”和征地拆迁等方式，享受到新型城镇化建设的红利。但对于外地农业户口新市民来说，选择居住在城乡结合部的主要原因则是居住成本和就近就业。调查表明：省内农业户口新市民、外省农业户口新市民居住在城乡结合部的比例分别为 26.0% 和 39.4%（见图 9–9），综合其他调查指标分析，这两部分群体的居住质量也相对较低。

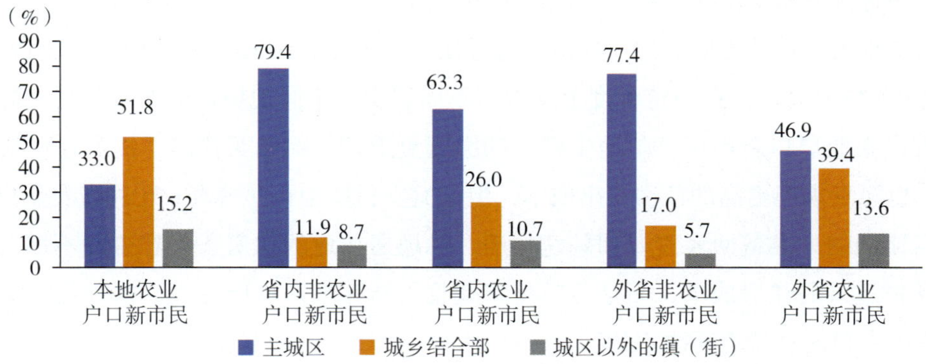

图9-9 各类新市民的居住地点（%）

四、住房支出压力情况

在全部受访家庭中，有 12.5% 的人认为住房消费支出压力（包括贷款和房租）最大，该比例排在家庭消费支出压力最大选项中的第四位，位于医疗、子女教育、食品之后。因此，住房支出相对于医疗、教育、食品来说，其支出刚性并没有想象中那么大。调研表明：城市地区受访者的住房支出压力高于农村地区，新市民住房支出压力大于本地市民。

一是城市居民的住房消费支出压力高于农村居民。在城市地区受访家庭中，有 19.7% 的人认为住房消费支出压力最大。在农村地区受访家庭中，有 9.3% 的认为住房消费支出压力最大。前者比后者高出 10.4 个百分点（见图 9–10）。这是因为城市地区房地产市场行情较热、房价持续高位运行，而且住房租赁市场供给渠道单一、住房租赁行为不太规范、住房租赁的稳定性较低，因此，城市地区居民对住房不满意的比例较高。而农村地区由于宅基地成本低，住房支出主要是建房成本，住房消费支出负担则相对低很多。

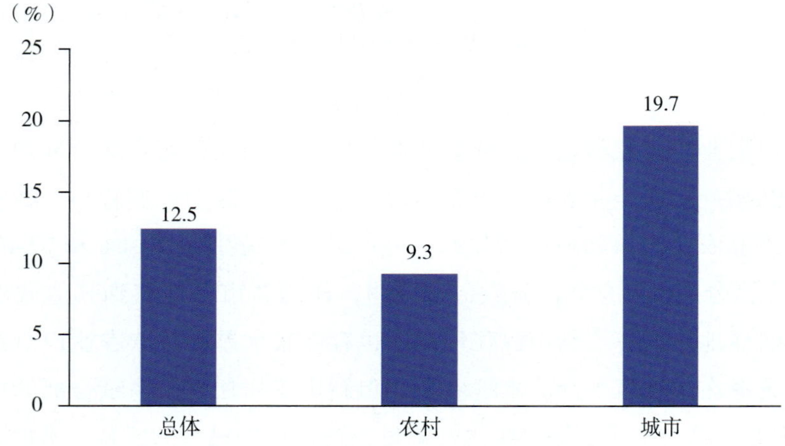

图9-10　受访家庭选择住房消费支出压力最大的比例（%）

二是本地市民住房支出压力总体上低于新市民。在城市地区受访家庭中，本地市民认为住房支出压力最大的比例最低，但仍有 17.0% 的本地市民选择住房支出压力最大。新市民群体认为住房支出压力最大的比例为 25.2%，较本地市民高出 8.2 个百分点。在新市民群体中，省内农业户口新市民选择住房支出压力最大的比例最高，达到 45.0%，相当于该类群体中接近一半的人都感到住房支出大。而外省农业户口新市民选择住房支出压力最大的比例最低，为 19.7%（见图 9–11）。从这个数据对比，在一定程度上反映了不同层次、不同地域群体对于住房问题的态度截然不同。省内农业户口新市民“落地生根”的愿望更迫切，对购买住房、提高住房质量的诉求更为急迫，也愿意承担更高的住房支出成本，但家庭支付能力仍显薄弱；在外省农业户口新市民中，有相当比例的人准备回乡置业和翻建住房，对现居住地的住房条件看得并不那么重，当然也不愿意支付过多的住房成本，而是希望将家庭收入转移至户口所在地，这种住房需求特征也是现阶段中国人口流动特点所决定的。

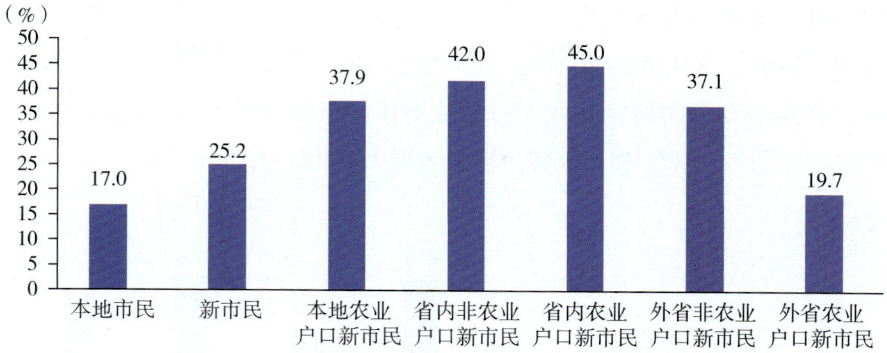

图9-11 各类市民选择住房消费支出压力最大的比例（%）

五、住房满意率情况

调查表明：在全部受访者家庭生活最不满意选项中，表示对住房最不满意的比例为11.3%，该比例在家庭生活最不满意选项中排在第三位，位于收入水平和医疗之后。其中，城市地区受访者的住房不满意率高于农村地区。在城市地区受访对象中，外地非农业户口居民的住房不满意率相对较高。

一是城市地区居民的住房不满意率高于农村地区居民。在城市地区受访者中，表示对住房最不满意的比例为14.2%。在农村地区受访者中，表示对住房最不满意的比例为8.8%（见图9–12）。前者较后者高出5.4个百分点。城市和农村住房不满意率的对比也意味着，在新型城镇化进程中，城市住房需求相对旺盛，因此，解决城市住房问题显得更为迫切。

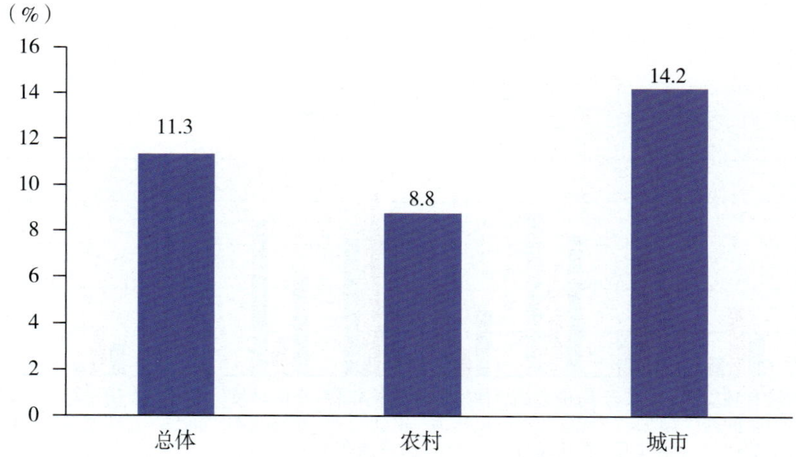

图9-12 受访对象对住房最不满意的比例（%）

二是新市民对住房最不满意的比例高于本地市民，在新市民群体中，外地非农业户口居民对住房最不满意率相对较高。在城市地区受访对象中，本地市民表示对住房最不满意的比例为13.2%，新市民表示对住房最不满意的比例为16.5%，后者较前者高出3.3个百分点（见图9–13）。在新市民群体中，各类新市民的住房不满意程度存在较大差别，例如，许多本地农业户口新市民是通过征地拆迁、城中村改造或集中“村转居”等方式，解决了住房问题，这部分居民对住房最不满意的比例最低，其比例为10.5%，较本地居民还低了2.7个百分点。而省内、外非农业户口新市民由于在房价较高的城区就业，自有住房比例又相对较低，因此，对住房最不满意的比例较高，其比例分别为26.0%和26.6%，较本地居民高出了12.8个百分点和13.4个百分点。

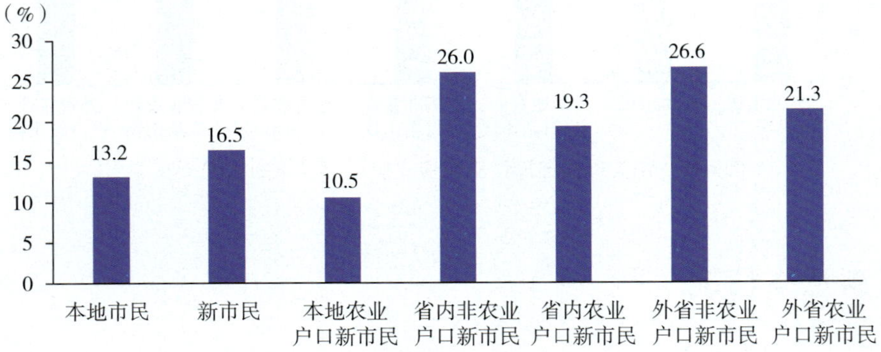

图9-13　各类市民对住房最不满意的比例（%）

三是总体上看，住房面积小、建筑年代久远和小区设施落后、房价太高而无法改善住房条件是排在前三项的问题，但城乡居民的住房诉求存在差别。在对住房不满意的受访家庭中，具体选项排在前三位的分别是：住房面积太小（26.8%）、建筑年代久远和小区设施落后（18.7%）、房价太高而无法改善住房条件（16.2%）。在农村地区对住房不满意的受访家庭中，选项排在前三位的分别是：住房面积太小（27.5%）、建筑年代久远和小区设施落后（22.0%）、水电燃气等设施不全（16.2%）。在城市地区对住房不满意的受访家庭中，选项排在前三位的分别是：住房面积太小（26.2%）、房价太高而无法改善住房条件（18.9%）、小区环境和物业差（17.9%）（见图9-14）。

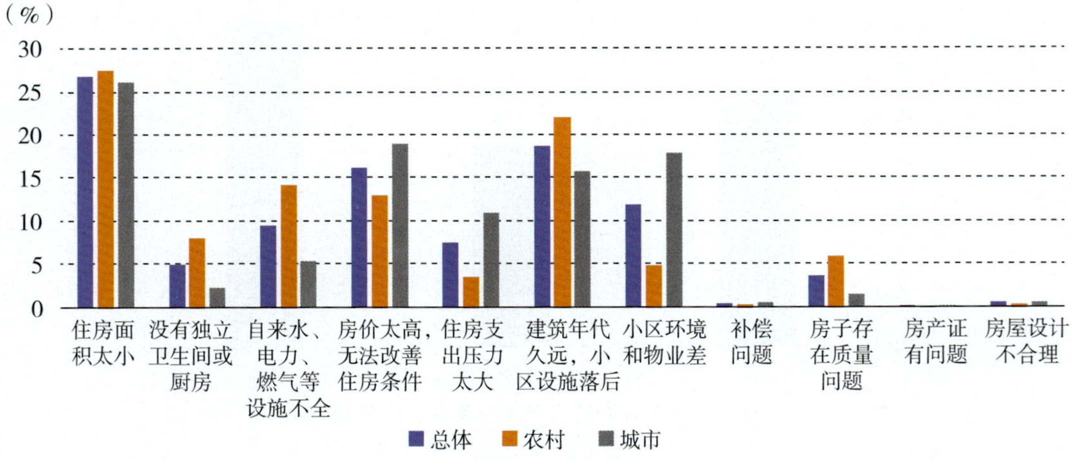

图9-14　受访家庭住房不满意的主要方面（%）

四是除了希望提高房子面积以外，本地市民和新市民的住房诉求各有侧重。在对住房不满意的本地市民中，选项排在前三位的是住房面积太小（28.4%）、小区环境和物业差（18.9%）、建筑年代久远和小区设施落后（17.5%），从这些住房诉求看，本地市民除了重视最基本的住房面积因素以外，对城市公共设施和人居环境都提出更高要求。在对住房不满意的新市民中，选项排在前三位的是住房面积太小（25.8%）、建筑年代久远和小区设施落后（19.3%）、房价太高而无法改善住房条件（15.4%）（见图 9–15）。进一步对新市民进行结构化分析发现，省内非本地非农业户口新市民、省内非本地农业户口新市民、外省非农业户口新市民对房价最为关注，这三类群体选择房价太高而无法改善住房条件的比例分别为 24.0%、25.2%、30.6%，因此，促使住房回归居住本质，房价回归合理区间，切实降低新市民的住房支出成本，是解决新市民住房问题的着力点之一。

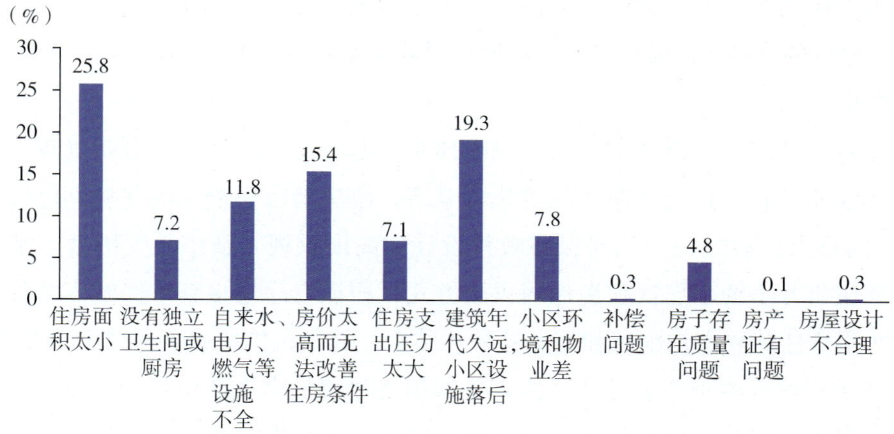

图9-15　新市民住房不满意的主要方面（%）

六、政策建议

一是应高度重视解决新市民群体的住房问题。随着新型城镇化进程快速推进，受现有城乡两元分割的影响，形成了一批规模庞大的“新市民”群体。按照常住人口计算，2016 年我国城镇化率已经达到 57.4%，城镇常住人口达到 7.9 亿。根据公安部公布的数据，2016 年全国户籍人口城镇化率达到 41.2%。户籍人口城镇化与常住人口城镇化率之间的差距为 16.15 个百分点，新市民规模约为 2.2 亿人。2016 年 12 月 21 日，习近平在中央财经领导小组第十四次会议上指出：“要准确把握住房的居住属性，以满足新市民住房需求为主要出发点，以建立购租并举的住房制度为主要方向，以市场为主满足多层次需求，以政府为主提供基本保障，分类调控，地方为主，金融、财税、土地、市场监管等多策并举，形成长远的制度安排，让全体人民住有所居。”住房问题涉及千家万户切身利益，特别是新市民更加具有复杂性、综合性、多样性，切不可笼统地看待住房困难问题，要高度重视解决新市民住房问题，采取分层次、分群体的分析方法，制定出有针对性、有效率的住房公共政策。

二是各级政府应坚持因城施策原则，因地制宜地完善住房供应体系。在一线城市和热点二线城市，可通过调整城市总体规划、产业布局，逐步提升和疏解城市功能，在新产业区适当增加新房供给，着重发展各类租赁住房，发挥公共租赁住房和市场化租赁住房两方面积极性，促使产城融合发展，实现就业和生活有机结合。而在三、四线城市，要引导新市民在常住地实现安居乐业，消除住房以及附着在住房上的相关公共服务差异性。

三是加快形成房地产长效机制和基础性制度。对于购置基本住房[①]的家庭，采取优惠的利率和首付政策，并可在一定的额度内抵减个人所得税，也可考虑对首套基本住房的抵押贷款采取财政贴息政策，降低住房抵押贷款付息压力。按照十八届三中全会提出的“建立政策性住房金融机构”要求，构建符合我国国情的政策性住房金融体系，为购买基本住房的家庭，提供长期、稳定、低息的政策性信贷支持。改革住房公积金制度，从提高制度本身吸引力入手，扩大住房公积金在新市民中的覆盖面，解决当前住房公积金制度存在的公平性和效率性问题，进一步发挥互助性住房金融的优势。积极稳妥推进房地产税收体系建设，理顺交易和持有环节的税负比例，适时推出房产税。

四是有序将“新市民”群体纳入住房保障体系。通过此次调查数据分析发现，在新型城镇化不断推进和农业转移人口公共服务均等化背景下，解决新市民群体的住房问题已是下一阶段“住有所居”的重点内容之一，住房保障政策设计应高度重视“新市民”因素。结合户籍城镇化工作，发展租售并举的多层次住房保障供给方式，积极有序地将新市民纳入常住地的住房保障体系。公共租赁住房要实物配租和租金补贴相结合，鼓励机构持有者运营管理公共租赁住房，积极推进公共租赁住房的资产证券化，探索公共租赁住房的房地产信托投资基金（REITs），分散公共租赁住房投资风险，增强后续运营的可持续性。大力发展政策性住房，探索共有产权住房供给方式，加大中低价位、中小户型住房供应规模。

五是积极推进旧城更新，落实棚户区改造任务。调查发现，一些居民的居住质量亟须进一步提高。旧城更新和棚户区改造对于着力改善城镇居民住房条件，改变城市面貌和城市功能，拉动经济增长都具有重要意义。应综合考虑当地棚户区数量、房地产市场情况、住房保障情况，以及地方债务负担和财政支撑能力等因素，引导地方政府量力而行、尽力而为，逐步推进。加大对中西部地区、东北老工业基地、边疆地区、少数民族聚集地区、地震等灾害多发地区、独立工矿区、资源枯竭型城市的支持力度。进一步完善拆迁利益协调机制，稳慎破解“拆迁难”问题，鼓励各地探索建立规范透明、公平公正的征收拆迁规范和制度。

（执笔：刘卫民）

---

① 基本住房是指首次置业、具有一定建筑面积和市场价格标准限制、用于解决基本住房需求的住房。

第十章
环境保护专题研究报告

从 2016 年的调查情况来看，对于总体生态环境状况，过半受访者认为有所改善。对于一些突出生态环境问题，受访者的主观感受不一。比如，对于农村生活垃圾处理，受访者认为有明显改善；但对于水环境质量，受访者认为有所改善的比重则很低。环境污染继续成为受访者最不满意的社会环境因素，受访者对突出生态环境问题的反映仍较强烈。我国生态环境保护政策实施的总体成效逐步显现，然而水、大气等重点领域政策的见效速度仍较慢。实现公众心目中的生态环境质量改善，增强其获得感，需持续推进各项短期和长期政策的落实。

一、公众对生态环境质量改善的评价

（一）受访者对总体生态环境状况的评价

过半受访者认为总体生态环境状况有所改善。受访者对总体生态环境状况的主观感受分布大体为 55∶33∶11，即 55% 的受访者认为有所改善、33% 的受访者认为没有变化、11% 的受访者认为有所变差。与上年比，认为总体生态环境状况有所改善的受访者比重降低 4.1 个百分点，认为有所变差的受访者比重提高了 0.5 个百分点，公众能够感受得到的生态环境状况改善程度较 2015 年略有收窄，但整体上仍处于较高水平（见图 10-1）。城市受访者主观感受降低拉低了全部受访者认为总体生态环境状况有所改善的比重。与 2015 年相比，城市受访者认为生态环境状况有所改善的比重降低了 7.8 个百分点，认为有所变差的比重则升高了 2.2 个百分点。

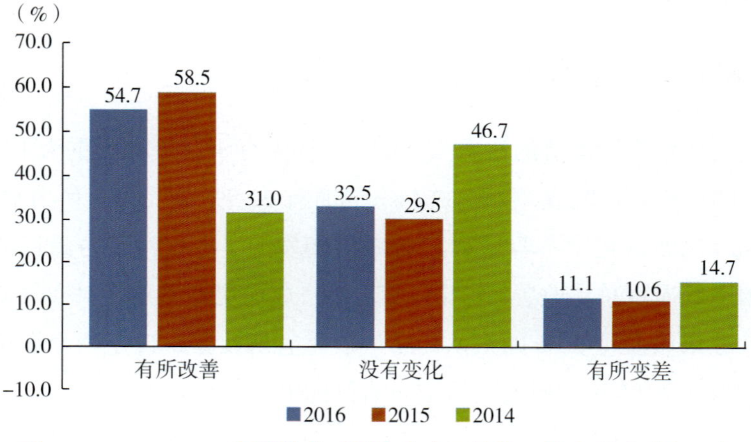

图10-1　2014～2016年受访者对总体生态环境状况的主观感受（%）

城市受访者认为总体生态环境状况有所改善的比重为 50.2%，较乡村受访者低 8 个百分点；认为有所变差的比重为 12.8%，较乡村受访者高 3 个百分点（见图 10-2）。由此可见，过去一年，相比于城市地区，乡村生态环境治理的整体效果更突出。

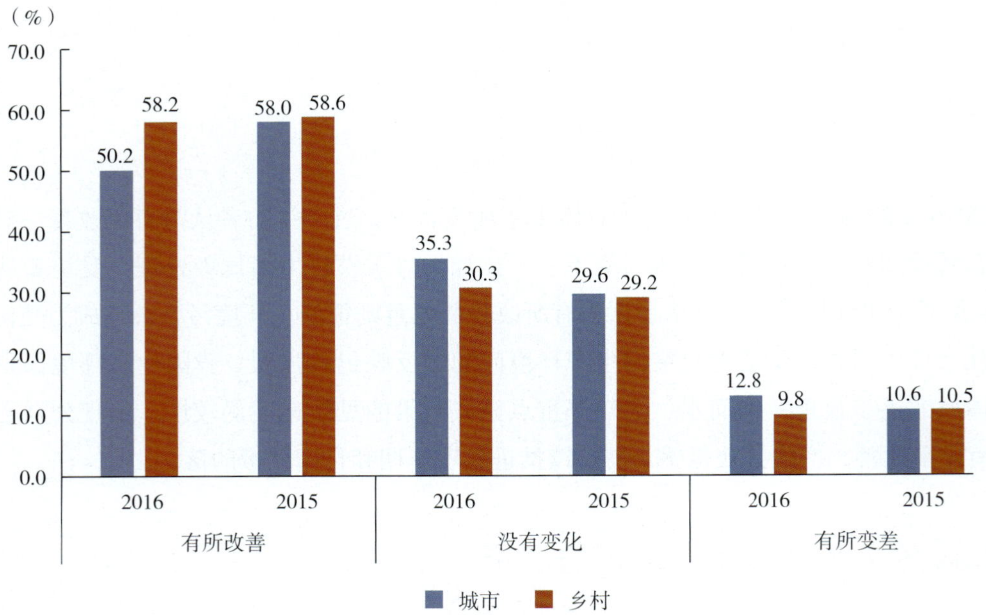

图10-2　2016年和2015年城市和乡村地区受访者对总体生态环境状况的主观感受（%）

（二）受访者对生活垃圾处理改善程度的评价

受访者认为生活垃圾处理有所改善的比重为 55%，是调查所涉生态环境问题中改善程度最高的一项。农村生活垃圾处理改善显著。农村受访者认为生活垃圾处理有所改善的比重达到 61.1%，这反映自十八大以来，农村生态文明建设、美丽乡村创建等举措取得了让人感受得到的成效。相比之下，城市受访者认为生活垃圾处理有所改善的比重较低，只有 47%。虽然近年城镇生活垃圾收运体系日趋完善、处理设施数量和能力不断增长，但仍无法满足快速增长的城镇生活垃圾处理需求。

（三）受访者对空气质量改善程度的评价

受访者认为空气质量有所改善的比重为 43.7%，认为有所变差的比重为 17.5%。城市受访者认为空气质量改善的比重不足四成，仅为 37.4%，同时有 22.5% 的受访者认为空气质量有所变差。可见，城市空气质量的改善程度不容乐观。2013 年印发的《大气污染防治行动计划》提出“经过五年努力，全国空气质量总体改善”。当前缺乏从公众主观感受角度对空气质量总体改善进程进行判断的标准。如果假设将 60% 的人认为空气质量有所改善，确定为全国空气质量总体改善的主观感受底线，则到 2017 年实现大气污染防治目标仍有不小差距。

（四）受访者对水环境质量改善程度的评价

受访者认为周边河流湖泊等水环境质量有所改善的比重只有 30.0%，同时有 21.5% 的受访者认为水环境质量有所变差。在各类环境质量主观感受的调查中，认为水环境质量有所变差的比重最高。城市受访者认为水环境质量有所改善的比重刚过 1/4，只有 26.1%；而认为有所变差的比重为 19.4%。2015 年印发的《水污染防治行动计划》要求城市建成区 2017 年前实现黑臭水体河面无大面积漂浮物、河岸无垃圾、无违法排污口。目前，城市受访者认为周边河流湖泊水体质量有所改善的比重偏低，城市黑臭水体整治需加快进度。

（五）受访者对生态环境问题的反映仍较强烈

2016 年，受访者最不满意的社会环境因素[①]仍为环境污染，选择该项的受访者比重[②]为 31.4%（见图 10–3），较上年提高 7.2 个百分点，公众对环境污染问题愈发关注，说明了环境问题已经成为制约人民生活水平提高的重要因素。

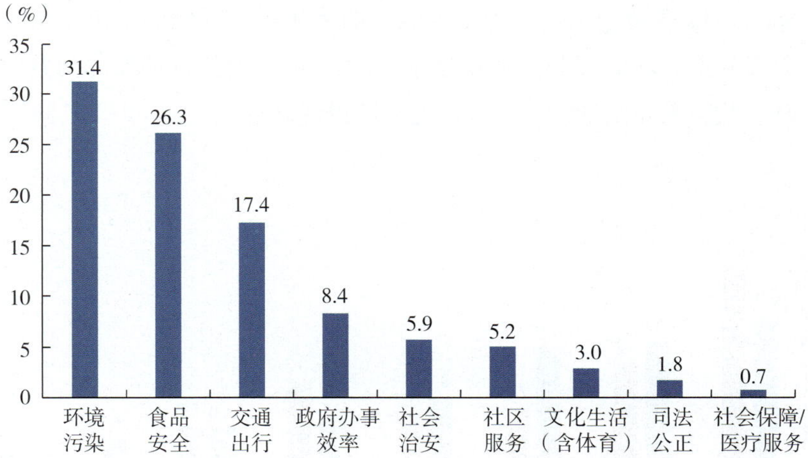

图10-3　受访者最不满意的社会环境因素的比重（%）

注：2016 年受访者对社会环境没有不满意的比重为 46.3%，图中样本为“有对社会环境因素不满意的人群”。

受访者最不满意的环境污染问题为空气污染和生活垃圾。受访者选择“空气质量不好”“生活垃圾处理不及时”为最不满意的环境污染问题的比重最高，分别为 13% 和 12.7%。选择前者的受访者比重较上年降低 7 个百分点，这和受访者对其他环境问题也开始关注有关（见图 10–4）。比如，选择“噪声污染”为最不满意环境问题的受访者比重就明显提高。总体上，受访者对各类突出环境问题的选择比重相对接近，这反映出当前我国各类生态环境问题集中爆发，生态环境形势更复杂。

---

① 调查问卷中的社会环境因素包括：社区服务、社会治安、交通出行、食品安全、环境污染、司法公正、政府办事效率、文化生活（含体育）。

② 这里的样本量指对社会环境存在不满意的群体。

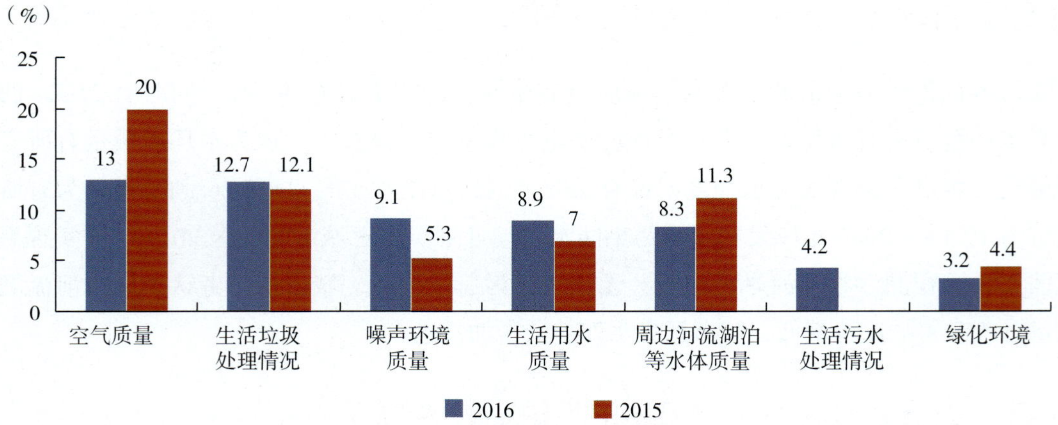

图10-4 2015年和2016年受访者反映最不满意的环境污染和环境质量问题的比重（%）

城市受访者最不满意的环境污染问题为空气污染。认为“空气质量不好”是居住地周边最不满意的环境污染问题的城市受访者比重为17.8%，较上年降低6.3个百分点（见图10–5）。同时，城市受访者选择“生活垃圾处理不及时”为最不满意环境污染问题的比重为15.1%。此外，城市噪声污染凸显。选择“噪声污染严重”为最不满意的环境污染问题的城市受访者比重为14.5%，较上年提高7.4个百分点。环保部公开数据显示，2015年全国各省环保部门共收到35.4万件噪声污染投诉，占环境投诉总量的35.3%，居各类环境投诉之首。

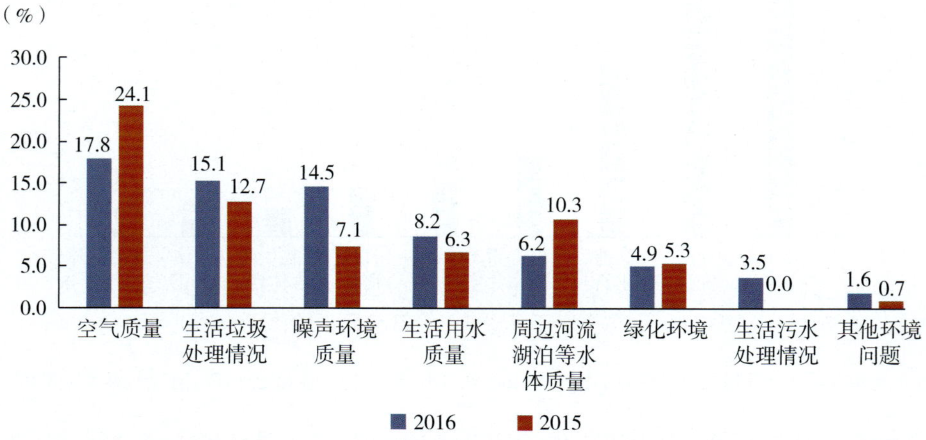

图10-5 2015和2016年城市受访者反映最不满意的环境污染和环境质量问题的比重

农村受访者最不满意的环境污染问题为生活垃圾。10.9%的农村受访者认为“生活垃圾处理不及时”是居住地周边最不满意的环境污染问题。农村受访者反映各项最不满意的环境污染问题相对分散（见图10–6）。除了生活垃圾，农村受访者反映的环境问题还依次包括“周边河流湖泊水体污染”“生活用水质量不高”“空气质量不好”，这三项问题的反映比重较接近，平均为9.5%。与上年相比，多数环境问题有所缓解，其中反映空气质量的受访者比重下降最为明显，降低了5.3个百分点；反映生活垃圾处理、周边河流湖泊水体污染的受访者比重分别降低了0.4个百分点、2.8个百分点，而反映生活用水质量问题的受访者比重提高了1.3个百分点。各类生态环境问题集中显现，要求农村生态环境保护工作更需统筹兼顾。

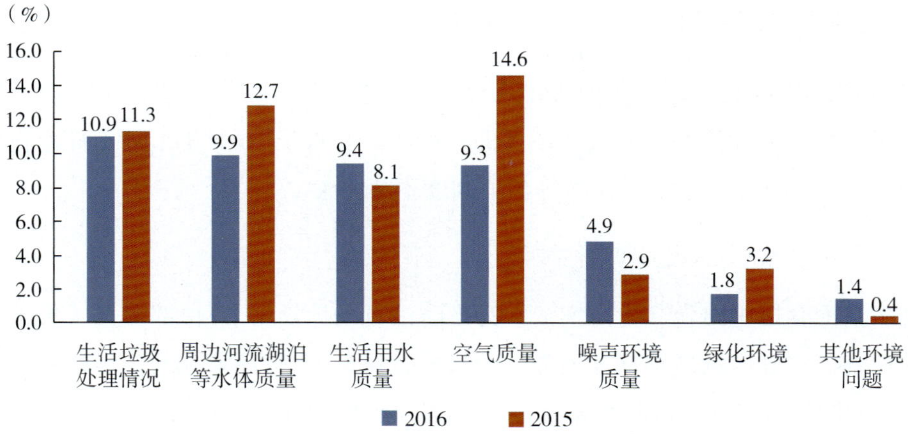

图10-6　2015和2016年乡村受访者反映的最不满意的环境污染和环境质量问题（%）

农村受访者对牲畜粪便、地膜农膜、农药化肥、农村污水、周边工业排污等各类农村环境污染处理的评价中，认为农村污水和牲畜粪便处理得好的受访者比重均超过了一半，分别为57.5%和50.2%（见图10–7）。与上年相比，农村受访者对除农村污水处理外的其余各项污染处理的满意程度基本持平。对农村污水处理的好评比重大幅提高15个百分点，差评比重下降了10个百分点，这在一定程度上反映出近年我国农村污水处理工作取得了积极进展。

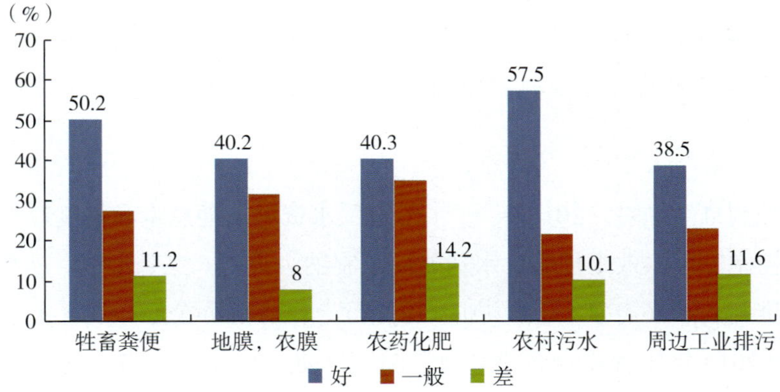

图10-7　2016年农村受访者对农村环境问题处理的评价（%）

二、2016年我国生态环境保护取得的进展

虽然受访者认为环境污染仍是最不满意的社会环境因素，但积极的是超过半数的受访者认为生态环境质量有所改善。这是公众对政府生态环境保护工作的肯定，我国生态环境保护政策的实施取得了积极成效。2016年是继续贯彻落实中央关于加快生态文明建设决策部署的一年，一些重大生态环境保护制度实施的广度和深度明显提高，全国各地改善水、空气、垃圾处理等生态环境质量的力度不断加大。

（一）继续深入推进水环境质量改善

2016 年我国水资源和水环境保护法律法规继续健全。国务院常务会议审议通过《水污染防治法（草案）》，全国人大常委会通过《环境保护税法》并将于 2018 年 1 月 1 日起施行。水污染防治、水资源管理、城乡供水安全保障等各项制度不断完善。

1. 协调联动，深入推进水污染防治

水污染防治配套措施出台。为落实《水污染防治行动计划》，环保部印发《关于落实〈水污染防治行动计划〉实施区域差别化环境准入的指导意见》，严格环境准入，实施差异化的环境准入政策。《水污染防治行动计划考核规定》《水污染防治专项资金绩效评价办法》印发，实施水污染防治行动计划的激励机制得以建立。

重点领域水污染防治工作深入开展。工业领域，实施了工业污染源全面达标排放计划，制定了重点行业清洁生态技术推广方案。农业领域，继续加强畜禽养殖污染防治，设立畜禽养殖禁养区制度。2016 年中央财政资金投入 2 亿元在河北、浙江等 10 个省实施畜禽粪污资源化利用试点工作。城市黑臭水体治理领域，全国城市黑臭水体阶段性排查工作完成，建立了城市黑臭水体整治监管平台。交通领域，船舶港口污染防治相关规划和技术指南陆续出台。

以长江流域为重点的流域污染防治工作加快推进。《重点流域水污染防治“十三五”规划》编制完成。长江流域污染防治工作全面推开，《关于加强长江黄金水道环境污染防控治理的指导意见》《长江经济带生态环境保护规划》《2016–2017 年长江经济带生态环境保护行动计划》出台。

2. 严格水资源管理，促进全社会节约用水

水资源总量控制继续推进。2016 年《“十三五”水资源消耗总量和强度双控行动方案》正式印发。用水总量控制、用水效率控制、水功能区限制纳污控制“三条红线”指标体系建立。

河长制全面推开。2016 年 12 月中共中央办公厅、国务院办公厅印发《关于全面推行河长制的意见》，要求到 2018 年年底前全面建立河长制。目前，31 个省、自治区、直辖市和新疆生产建设兵团均明确了牵头负责的党政领导，落实了河长制办公室或工作牵头部门，细化了责任分工。

水资源价格和交易制度继续完善。国务院办公厅《关于推进农业水价综合改革的意见》印发，要求用 10 年左右时间，建立健全农业水价形成机制。水利部《关于印发〈水权交易管理暂行办法〉的通知》出台，填补了我国水权交易制度空白，对水权交易行为进行规范管理。

节水制度加快完善。2016 年 4 月，国家发展和改革委印发了《水效领跑者引领行动实施方案》。2016 年 10 月，国家发展和改革委联合八个相关部委联合制定印发了《全民节水行动计划》，其中涉及 10 项具体的节水行动，覆盖了生产生活的各个方面①。2016 年 11 月，住建部会同国家发展和改革委印发了《关于印发城镇节水工作指南的通知》（下称《通知》）。《通知》强调推进

---

① 10项节水行动包括：农业节水增产行动、工业节水增效行动、城镇节水降损行动、缺水地区节水率先行动、产业园区节水减污行动、节水产品推广普及行动、节水产业培育行动、公共机构节水行动、节水监管提升行动、全面节水宣城行动。

节水型城市建设和加快城镇节水改造。

3. 多措并举，保障城乡居民饮用水安全

饮用水水源地安全保障继续加强。2016 年 2 月，国家发展和改革委联合 5 个部委共同发布了《关于做好“十三五”期间农村饮水安全巩固提升及规划编制工作的通知》，要求各省市确保农村地区饮用水安全。2016 年 12 月，水利部、住建部和卫计委共同发布了《关于进一步加强饮用水水源保护和管理的意见》。

生活饮用水水源信息公开制度建立。环保部印发了《全国集中式生活饮用水水源水质监测信息公开方案》，方案要求自 2016 年 1 月起，地级及以上城市按月公开集中式生活饮用水水源水质监测信息。县级行政单位所在城镇尽快完成饮用水水源地监测并报送数据，并最迟于 2017 年年底前进行水源水质监测信息试发布。

（二）从薄弱环节加快空气污染治理

1. 大气污染联防联控政策继续强化落实

《京津冀大气污染防治强化措施（2016–2017）》出台，带动全国大气污染防治持续深入，为破解北京及周边地区大气污染防治的难点问题提供了重要指导。

国家环境保护督察制度率先在河北开展，强化落实地方政府责任。2016 年 1 月中央第一环保督察组在河北省开展为期一个月的环保督察试点工作。河北省“边督边改”、当地环境整治和执法力度不断加大。中央环保督察的震慑效应明显，提升了当地党委、政府环境保护责任意识，企业守法意识显著增强，地方政府的环境保护责任得到强化。

大气污染区域联防联控机制取得新进展，污染治理长效机制加快完善。《生态文明体制改革总体方案》提出建立污染防治区域联动机制。统一规划方面，2015 年《京津冀协同发展生态环境保护规划》正式发布。统一标准方面，2016 年，为统一应对京津冀区域重污染天气，环保部发函统一京津冀重污染天气预警分级标准。统一监测方面，截至 2016 年底，京津冀及周边地区县级空气质量自动监测点位的数据和国家网实现了互联互通，区域空气重污染预警会商平台已搭建。统一执法方面，2015 年末京津冀三省正式启动了“京津冀环境执法联动工作机制”，同时印发了《京津冀及周边地区机动车排放污染控制协同工作实施方案（试行）》。

2. 秋冬季重污染防治政策措施继续加强

中央加大对地方的重污染天气应急专项督查。环保部对京津冀及周边地区开展冬春季大气污染防治督查，结合综合督查和约谈后督察、重污染天气应急督查，不断创新督查方式。

地方重污染天气应急响应机制在摸索中日渐完善。2016 年重点区域继续完善重污染天气应急预案。比如，北京市结合空气重污染红色预警的应急响应实践，第三次修订了《北京市空气重污染应急预案》。北京空气重污染应急响应实践表明，重污染应急措施能够有效降低 PM2.5 浓度。

春节期间各地积极落实烟花爆竹禁放措施。环保部积极部署春节期间烟花爆竹禁限放工作，采取科学制定工作方案、精准管理、严格监管、强化空气质量预测预报、加大宣传等综合管理手段。上海市发布《上海市烟花爆竹安全管理条例》，扩大禁燃范围；限制烟花爆竹销售量。陕西省明确划定烟花爆竹禁限放区域和禁限放时间。

3. 继续实施交通污染防治政策，加快流动污染源治理

重型柴油车污染治理提速。全国柴油车排放的氮氧化物（NO_X）接近汽车排放总量的 70%，颗粒物超过 90%[①]。2017 年 1 月 1 日起，全国全面供应符合第五阶段国家标准（国 V 标准）的车用汽油、柴油，停止销售低于国 V 标准的车用汽油、柴油。

机动车尾气监管力度继续加大。目前地方出台系列政策法规，加强执法检查，控制尾气污染取得一定成效。地方实施的政策措施主要包括：严把新车环保准入，严查严处新生产机动车排放不达标；严格上路执法检查，严处机动车超标排放行为；加强机动车尾气检测。

启动船舶排放控制区建设。2015 年底交通运输部出台《珠三角、长三角、环渤海（京津冀）水域船舶排放控制区实施方案》后，长三角区域船舶排放控制区于 2016 年 4 月 1 日起在全国率先启动，提出分阶段控制船舶燃油的硫含量，同时区域内统一船舶大气污染排放标准和船用燃油标准。

4. 继续深入开展污染点源和面源治理

压缩煤炭使用，加强散煤治理，推广使用优质煤。2016 年我国煤炭消费量下降 4.7%，煤炭消费占全国能源消费总量的 62.0%，比上年下降 2.0 个百分点。煤炭消费量的下降与我国经济增速放缓相关，也与各地采取严格的电代煤、气代煤、淘汰燃煤小锅炉等控煤措施密切相关。

加快燃煤机组超低排放改造。燃煤电厂超低排放电价支持政策开始实行。全国约一半燃煤机组完成超低排放改造。河北省从 2016 年起，对完不成超低排放升级改造的燃煤机组依法责令停止生产。

加大挥发性有机物削减。2016 年印发的《“十三五”生态环境保护规划》提出，在重点地区和重点行业开展挥发性有机物总量控制。工业和信息化部、财政部联合印发《重点行业挥发性有机物削减行动计划》。开展挥发性有机物排污收费试点[②]。广东省、北京市等出台了相关行业的挥发性有机物排放标准。

扬尘治理稳步推进。扬尘污染是颗粒物主要来源之一。各地通过制定实施法规政策、征收扬尘排污费等措施治理扬尘污染。依法治理扬尘。例如，天津市制定《天津市大气污染防治条例》，设专章规定扬尘污染防治。科学治理扬尘。天津市分别制定了市环保、市建委、市容园林委等部门的专业化扬尘防治技术规范。征收扬尘排污费。例如，天津市对每公斤扬尘征收 1.5 元的排污费，扬尘排污费作为环境保护专项资金。建立扬尘监测网络。例如，西安市建立了扬尘污染防治监测网络和实现了信息共享，重点扬尘污染源单位安装了自动监控设备。

秸秆焚烧和综合利用稳步推进。2016 年各地主要通过加强巡查和监管、严格问责、以奖促

① 环境保护部，《2015年中国机动车污染防治年报》。

② 财政部、国家发展和改革委、环境保护部关于印发《挥发性有机物排污收费试点办法》的通知，财税[2015]71号。

治等措施，打击秸秆焚烧，推动秸秆综合利用。

（三）加快完善垃圾治理相关制度

2016 年以来，我国通过垃圾强制分类、两网融合、推广垃圾焚烧技术、引进民间资本等一系列制度创新，加快推进生活垃圾的减量化、资源化和无害化处理。

1. 源头控制，推动生活垃圾减量化

2016 年 12 月，工业和信息化部、商务部联合发布了《关于加快我国包装产业转型发展的指导意见》，强调在包装行业应开展绿色生产，构建循环发展体系，强化绿色发展理念，发展绿色包装材料，推广绿色包装技术。河北立法规定，禁止生产、销售超薄型一次性塑料袋，禁止生产、采购和使用不符合国家标准的一次性发泡塑料餐具，固定门店的餐饮服务企业不得提供一次性木质筷子。海南省发文禁止商品零售场所、服务场所在经营和服务过程中使用一次性塑料制品，禁止销售无合格产品标志的塑料购物袋。

2. 强制分类，奠定垃圾减量化、资源化基础

2016 年 3 月，“十三五”规划纲要发布，明确加强“生活垃圾分类回收”与“再生资源回收”有效衔接。2016 年 6 月，国家发展和改革委、住建部联合发布《垃圾强制分类制度方案（征求意见稿）》，提出了垃圾分类的总体要求和目标，划定了垃圾强制分类实施范围和对象，制定了实施路线。2017 年初，《生活垃圾分类制度实施方案》（国办发 [2017]26 号）出台，首次从国家层面明确了垃圾分类回收的统一标准。

3. 鼓励焚烧，明确垃圾无害化处理新方向

2016 年，环保部等四部委联合发布了《关于进一步加强城市生活垃圾焚烧处理工作的意见》，要求进一步推广垃圾焚烧方式。

2016 年 12 月，国家发展和改革委、住建部联合印发了《“十三五”全国城镇生活垃圾无害化处理设施建设规划》，其中特别要求到 2020 年底，直辖市、计划单列市和省会城市（建成区）生活垃圾无害化处理率达到 100%；其他设市城市生活垃圾无害化处理率达到 95% 以上；具备条件的直辖市、计划单列市和省会城市（建成区）实现原生垃圾“零填埋”；设市城市生活垃圾焚烧处理能力占无害化处理总能力的 50% 以上，其中东部地区达到 60% 以上。

同时，为了保障垃圾填埋场的安全性，避免因为垃圾填埋而导致的二次污染，住建部于 2016 年 3 月、6 月和 7 月分别发布了《生活垃圾填埋场防渗土工膜渗漏破损探测技术规程》《城镇环境卫生设施属性数据采集表及数据库结构》和《生活垃圾卫生填埋场运行监管标准》。

4. 多管齐下，农村垃圾处理全面启动

2016 年初，住建部等部门出台并着手落实《关于全面推进农村垃圾治理的指导意见》等政策文件，该文件提出农村垃圾治理需因地制宜建立“村收集、镇转运、县处理”的模式。除此之外，

村庄保洁制度、垃圾源头减量等方式也成为农村垃圾处理的新举措。2017 年初，环保部、财政部联合印发《全国农村环境综合整治“十三五”规划》。环保部、财政部印发了《关于加强“以奖促治”农村环境基础设施运行管理的意见》，要求以县级行政区为单元，实行农村生活垃圾和污水处理统一规划、统一建设、统一管理。

三、当前生态环境保护政策存在的主要问题

尽管 2016 年我国在加快生态环境保护和生态文明建设方面取得了积极进展，但公众对各类环境污染问题的反映仍较强烈，对生态环境质量改善的获得感仍偏低。这表明当前我国环境保护政策见效的速度赶不上公众环境质量诉求提高的速度，政策的针对性和有效性亟待提高。

（一）政策体系不完备，政策质量有待提高

一些领域仍存在政策空白。尽管当前我国生态环境保持和生态文明制度体系不断完善，但由于资源环境问题的复杂性，我国在一些领域仍存在政策缺失。比如，在农村水污染防治领域，目前已经出台了有关畜禽养殖污染防治的部门规章，但有关化肥、农膜、污泥等防治措施尚没有专门规定。目前出台的《畜禽养殖污染防治管理办法》，主要针对规模化养殖场和养殖小区，对于散户养殖尚无相关管理规范。

政策本身的质量有待提高。近年我国陆续出台了大量政策，不少政策是在时间紧、任务重、调研和论证不充分的情况下制定，政策的质量水平仍有提升空间。例如，当前我国农村垃圾处理政策就缺乏针对性。国家对农村生活垃圾处理技术标准有一些原则性表述，但对于适合农村实用的小型简易垃圾填埋场或焚烧炉就缺乏相应的管理措施。此外，生态环境保护的政策组合有待优化。当前我国基本建立了系统完整的生态文明制度体系，但目前更多地依靠各类约束机制，激励机制仍不足，难以对各类主体自觉调整行为形成内生动力，从而也加大了政府的监管成本。

政策手段和政策目标间的一致性不明朗。长期以来我国资源环境领域的政策目标主要围绕提高资源能源效率和减少污染物排放。党的十八大以来，我国将改善生态环境质量作为加快生态文明建设的重要目标，出台了一系列创新性的政策举措。但这些举措在很大程度上仍服务于旧目标，对生态环境质量改善的效果还不明确。比如，为了改善大气环境质量，各地对工厂排污、机动车尾气、散煤燃烧等问题进行了大规模治理，但是大气环境质量，特别是在冬季，并未明显改善；不少污染治理措施能够减排的污染物规模可以估算，但却难以估算其对改善环境质量的贡献。这就导致尽管全社会采取了不少措施，但环境质量的改善预期仍难以把握。

（二）政策实施的推进机制不健全

政策文件上传下达机制有待加强。近年生态环境保护政策密集出台，文件数量多、综合性和专业性都较强，而制定政策的部门又缺少对地方进行及时和充分的政策宣传，中央和地方沟通

不足，导致地方对中央政策的理解出现偏颇。地方在不能全面理解中央生态文明建设和环境保护相关政策时，往往找不到政策的实施重点，或者选择性地执行政策，或者对一些政策束之高阁。

政策执行的统筹协调性不足。当前我国生态环境保护政策执行和推进过程中，存在“三重、三轻”现象，协调性不足。一是“重政府，轻社会”。过多依赖政府去推动环境保护，尚未充分调动社会组织、公众的积极性。二是“重专业治理，轻统筹协作”。生态环境保护与宏观经济决策、社会协调治理政策的融合不够；环保、国土、水利、能源等部门的统筹协作较弱。目前，不少政策要求某个部门牵头，会同其他部门实施。实际工作中，由于牵头部门缺乏协调同级部门的手段，“会同其他部门实施”基本等同于“其他部门不实施”，导致原本属于多部门协同推进的政策收缩为单个部门推进的政策，从而使得政策目标有所降低、政策内容也有所变少，政策体系的总体效应降低。三是“重城市，轻农村”。一直以来，生态环境保护政策的重点关注对象是城市，相关的环境治理基础设施也主要在城市建设，而对农村的投入不足。虽然近年来出台了专门针对农村污水、生活垃圾等方面的政策措施，但由于历史欠账较多，农村的生态环境问题正面临着越来越严峻的挑战。

政策实施的评价、考核、问责机制有待健全，政策落地见效的激励不足。政府部门过多集中在发文出政策，没有对政策实施解决了多少实际问题，群众到底认不认可、满不满意等情况进行评估。比如，近年国家发布了大量环保标准，然而缺乏对这些标准执行成效的评估和监督。再比如，为落实国家水污染防治行动计划，一些省份除制定本省的水污染防治行动计划外，还出台了多个水污染防治专项行动，多数时间耗在了文件制定上。生态环境保护政策未执行，或执行不到位时，缺少对责任主体的严格追责和问责。按照有关法律，地方政府对当地环境质量负责，而地方环境质量变差时，地方政府并没有被追责；企业要依法达标排放，但一直以来企业超标排放现象严重，反映出监管部门对违法排污企业的追责不严，同时监管部门自身的监管不力也未被严格追责。总体来说，现有的评价、考核、问责机制不利于切实推进政策落地。财政和人力资源保障严重不足。地方面临多重发展目标，在财政资源有限的情况下，配置给生态保护的资金也往往较少。比如，2017 年河北省治理大气污染需要地方财政负担 149 亿元左右，省级财政负担的 42 亿元已落实，而市县由于财力不足资金难以筹措到位。人力和物力保障不足。一些地区环保部门缺人、缺编制的现象普遍，环境执法车辆，执法装备等保障能力不足，基层环境执法监管队伍薄弱。同时，现有专业人才缺口较大，这具体表现在两方面。一方面缺乏新兴领域的专业高级人才，比如垃圾处理领域；另一方面，在当前推进“五位一体”总体布局、贯彻落实绿色发展理念的大形势下，缺乏既懂环保、又懂经济的复合型人才。

（三）政策制定和实施的基础条件不足

认识层面，全社会尚未形成生态自觉。部分领导干部在 GDP 增长和生态环境保护的抉择上还存在犹豫，“生态环境保护是经济发展的负担”这种偏颇的认识仍普遍存在。公众对生态环保的关注大多停留在与自身利益密切相关的层面，没有做到知行合一。企业环境守法意识薄弱，逃避环境监管和执法的侥幸心理普遍存在。目前，尚未形成人人、事事、时时崇尚生态文明和绿色发展的氛围。

理论层面，缺乏支持绿色工业化和城镇化的基础知识体系。发达国家的环境问题是在一二百年工业化发展过程中逐步显现的。以发达国家的大气污染为例，20 世纪 50 ~ 60 年代发达国家主要面临煤烟型污染造成的酸雨问题，70 年代以后比较突出的是机动车尾气和挥发性有机物污染，2000 年至今的主要问题跟中国一样，是 PM2.5 以及地面臭氧问题。与发达国家的污染历程相比，中国在相同发展阶段面临的环境问题要复杂得多。中国传统的煤烟型污染、臭氧污染、PM2.5 污染、挥发性有机物污染等问题一起出现，生产与生活、城市与农村、工业与交通环境污染交织在一起。中国面临的环境压力比世界上其他国家都大，且中国需要在保持经济快速发展的同时，有效解决这些环境问题的难度就更大。

基础研究层面，缺乏对生态环境污染问题的系统科学认知。比如，当前我国大气污染的相关基础研究仍较薄弱。对于区域性大气污染机理尚不清，区域污染监测、传输和影响评估预报综合平台尚未构建。目前的大气污染源解析等成果仍不足以全面支撑大气污染精准治理的需求，无法实现科学化、目标化、定量化的大气污染区域联防联控管理，导致目前尽管大气污染防治政策涵盖方方面面，各地都做了很多努力，但对“牛鼻子”政策的认识还不足还不清，工作中往往“眉毛胡子一把抓”。

数据支撑层面，缺乏健全的资源环境统计、监测、调查体系。当前我国各项生态文明建设和生态环境保护政策的科学化、精准化程度明显提高，这些制度的执行需要建立在完整、及时、准确的数据基础体系上。然而，当前我国资源环境领域的统计、监测、调查体系仍比较碎片化，数据的完整性、精确性、及时性不够，部门数据间可比性不高，数据打架现象时有发生。这导致生态文明制度的制定、执行、评价、反馈都缺乏可靠的数据支撑，生态文明建设目标评价考核制度、生态环境损害责任追究制度、排污许可制度的有效实施受到影响。

公众环境诉求高而自觉保护环境的实践少，做不到知行合一。比如，2016 年河北省受访者选择“生活垃圾处理不及时”为其最不满意的环境质量问题的比重为 17.4%，比 8 个调查省所有受访者的这个比重高出 4.7 个百分点。尽管河北省受访者对生活垃圾处理问题反映较强烈，但同时居民对垃圾收费等管理制度又缺乏认识和理解，全省垃圾处理费收缴率平均不足 30%。全国来看，垃圾存储点、中转站、处理厂等设施的建设和运行常遭周边公众反对。

四、进一步提升公众环境质量获得感的若干建议

（一）结合公众主观感受，提高生态环境保护政策的针对性

完善生态环境保护政策体系，增强政策体系的科学性和完备性，同时重点关注城乡居民的关切和诉求，从小事、从基层务实地解决环境民生问题。具体来说，一方面继续加快生活垃圾处理设施建设，提高城镇生活垃圾无害化处理率。深入开展农村环境综合整治，提高农村废弃

物资源化利用水平，打好农业面源污染治理攻坚战。另一方面针对空气质量、水环境质量等公众主观感受的短板，深入推进大气、水污染防治行动计划。开展大气污染来源和组分分析，促进科学化和精准化治污。形成长期保持生态环境治理高压态势的社会预期，深入持久地落实各项污染防治措施。

（二）健全政策实施的推进机制，确保政策有效落地

加强政策宣传和解读，特别是加强对居委会、村委会等基层组织的政策传达和培训，确保基层能够及时获知和理解相关政策，发挥其在政策推进落实、动员群众、提高社区参与水平中的桥梁作用。在解决跨部门、跨地区的环境问题时，需在明确各地区、各部门职责范围的基础上，建立有效的沟通协作机制，互通有无，完善部门联动和上下游联动机制，共同构成环境保护的合力，从而提高环境治理的力度和效果。推进落实党政同责和一岗双责制度。继续实施环境保护督察制度，促进地方各级党委和政府对辖区内环境质量责任的落实。健全领导干部考核机制，落实生态文明建设目标评价考核制度，建立健全常态化的公众生态环境质量主观感受调查制度。鼓励地方政府积极将公众生态环境质量主观感受纳入当地评价考核体系，建立以精准提高公众生态环境质量改善获得感的激励机制。

（三）提高公众参与水平，加强政府和公众的有效交流

严格执行新《环保法》及有关规章制度，完善监督机制。积极发挥公众在环境保护方面的作用，向公众普及环境保护知识，鼓励公众对污染环境和破坏环境的违法现象进行监督，并建立顺畅的信息沟通渠道，及时有效地反馈公众所反映的问题，提高公众对于环境治理的获得感。同时，政府需主动与公众开展信息交流，拓宽交流渠道，让公众全面客观地了解改善生态环境质量的艰巨性，及时公开生态文明建设的相关进展，保持信息透明，及时解答公众疑惑，争取社会的广泛理解和支持。

（四）增加生态环境保护投入，加强环保能力建设

针对环保要求不断提高和环境污染治理能力不足之间的矛盾，持续加强环境执法监管队伍能力建设，增加环境保护基础设施建设投入，拓展环保融资渠道。在地方优先解决生态环保部门缺人、缺车、缺编制等问题。数据支撑体系方面，需深入推进生态环境监测体制改革，加快生态环境监测网络建设，提高生态环境监测数据质量。在科学研究方面，尽快建设一支由环境保护专家、学者、城市环境管理工作者组成的学术队伍，有重点地开展环境管理科学研究工作，力求从理论和技术层面推动绿色发展取得新突破。

（执笔：王海芹　王超然[①]）

① 王超然为清华大学博士研究生。

第十一章
食品安全专题研究报告

持续六年的中国民生调查[①],都反映公众食品安全满意率长期“居低不上”；而客观数据显示，“十二五”期间，我国食品相关工作有了长足进步（如食品及相关产品的质量抽查合格率都在90%以上且大体呈上升趋势）。2016年的中国民生调查，反映食品安全满意率有所上升，但不同人群的满意率改善情况有较大差别，总体满意率仍然垫底；公众对食品安全工作进步的获得感明显不足，公众较有安全感的食品获取渠道建设仍然不够。

一、食品安全的公众评价和相关工作情况

公众对食品安全状况的评价可由电话调查和入户调查得出，主要包括公众食品安全满意度、群体认知度、公众所认为的安全食品获取渠道等；对2011 ~ 2016年我国食品安全领域政府重点工作进行阶段性总结，可以得出相关工作的开展情况及客观效果。

（一）主观评价情况

从年份看，2011 ~ 2013年公众的食品安全满意度逐年下滑，其中2013年下滑幅度最大，2013年以后虽然仍处于较低水平，但已缓慢持续提升。

1. 公众食品安全满意率“居低不上”但各类人群变化规律不同

从2011 ~ 2016年的中国民生调查的电话调查看，相比其他民生领域的公众满意率，我国公众食品安全满意率自“十二五”以来长期处于末位，且满意率均在50%以下（表11-1）[②]。

表11-1　　2011 ~ 2016年主要民生领域公众满意率排名

民生领域	2011	2012	2013	2014	2015	2016
义务教育	1	1	3	2	3	4
社会保障	2	2	2	5	5	6

① 始自2011年的国务院发展研究中心中国民生调查包括民生指数主观调查和客观分析，主观调查分为电话调查（约5.5万个样本）和入户调查（约1万个样本）两部分，涵盖了被调查者的基本特征、民生工作满意度、总体生活状况等多个内容。以下凡中国民生调查的电话调查和入户调查，皆分别简称电话调查、入户调查。

② 食品安全满意率：食品安全满意程度有“1——很不满意，2——比较不满，3——一般，4——比较满意，5——非常满意”，取“4——比较满意，5——非常满意”在人群中的百分比为食品安全满意率。

续表

民生领域	2011	2012	2013	2014	2015	2016
安防	3	3	1	1	1	1
生态环境	4	4	4	3	4	2
交通	5	5	6	4	2	3
医疗	6	6	7	8	8	8
食品安全（满意率）	7（37.5%）	9（30.8%）	9（29.3%）	9（33.8%）	9（33.4%）	9(40.3%)
社会服务	8	7	5	6	7	7
政府办事服务	9	8	8	7	6	5

在中国民生调查中，公众仅在对食品安全了解的情况下做出是否满意的评价，故对食品安全状况做出回答的人数占比可以看作该人群的食品安全认知率①，该认知率可以表征人群对食品安全信息的获取和认识水平，并间接反映公众对食品安全的敏感度。2011 ~ 2016 年，我国公众的食品安全认知率均在 96% 以上，略低于公众对安全保卫（99.46%）、环境（99.41%）、交通（99.35%）的认知率，在民生领域中排名靠前，这说明食品安全是公众高度关注的民生领域。

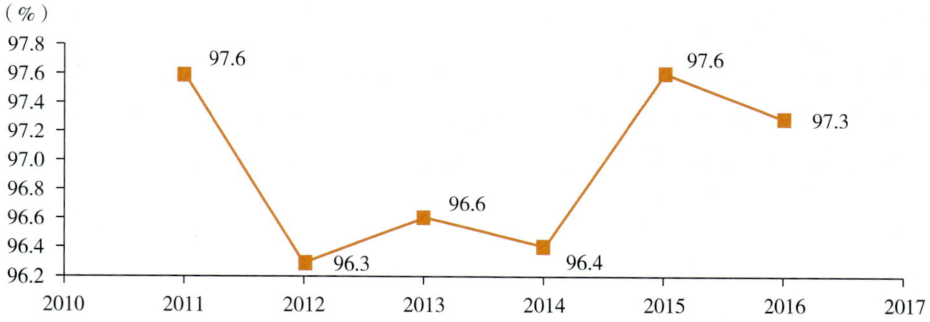

图11-1 2011 ~ 2016年公众食品安全认知率（%）

从入户调查的公众食品安全改善评价看，公众 2014 年的食品安全的改善评价满意率为 47.2%，2015 年为 52.26%，2016 年下降至 45.15%，公众对当前食品安全状况的改善不够乐观。

这种笼统的满意率难以看出具体变化趋势，从年龄、城乡、收入水平、文化水平四个维度进行划分，总结不同人群的食品安全满意率、认知率的变化规律。

①年龄。

对比不同群体的食品安全满意率，发现中老年人的食品安全满意率通常较高，18 ~ 24 岁的青年群体次之，25 ~ 45 岁群体的满意率最低。这种现象与不同年龄段人群在日常购买食品中的角色及其食品消费结构有关：25 ~ 45 岁人群是日常食品购买和餐饮消费的主体，且因为家庭原因接触食品的范围更广。从不同年龄的满意率变化看，18 ~ 24 岁的人群对食品安全的评价波动较大，这说明其对食品安全工作的感受更为敏感，易于从主观感觉中体会到客观工作的变化。

① 由于电话调查中关于食品安全现状评价的提问包含了对农药残留、重金属、添加剂、细菌超标、餐饮服务业的卫生状况的提示，故可以检验公众对食品安全的认知情况。本文的公众食品安全认知率指：剔除对食品安全状况评价为“不清楚/不了解/不评价”的受访者后，剩余的受访者占总受访人群比。

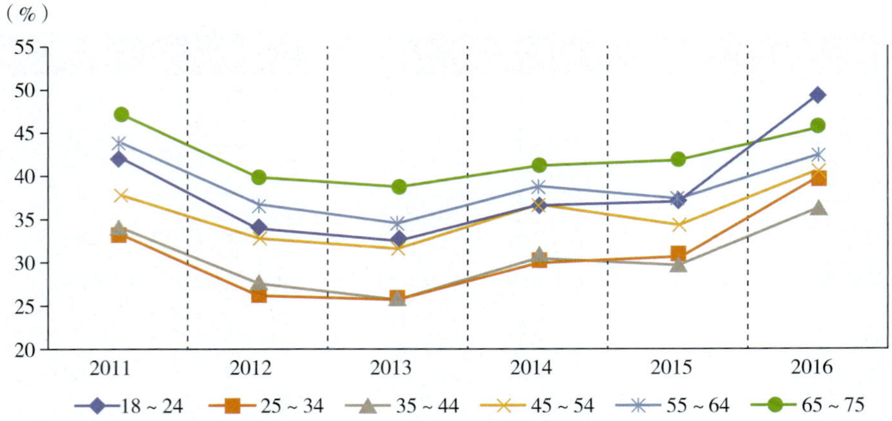

图11-2 不同年龄段人群的食品安全满意率(%)

从不同年龄段的食品安全认知率看，青年人群的认知率高于中老年人群，如65～75岁人群"十二五"期间的食品安全认知率仅为93.3%，而18～24岁人群为98.8%。老年人群在食品安全信息的可得性上差于青年群体，这解释了青年人群的食品安全满意率为何存在较大波动。

②城乡。

从城乡食品安全满意率看，城镇居民的食品安全满意率明显低于农村居民。原因可能是城镇住户普遍受教育水平较高，对食品安全的要求高于农村住户。但城镇人群的满意率提高幅度高于农村人群，2016年城镇居民的食品安全满意率提高幅度为27.5%，农村地区仅为12.2%。原因可能在于城镇地区食品安全工作更为全面到位，使得城镇居民的食品安全满意率提高得更快。

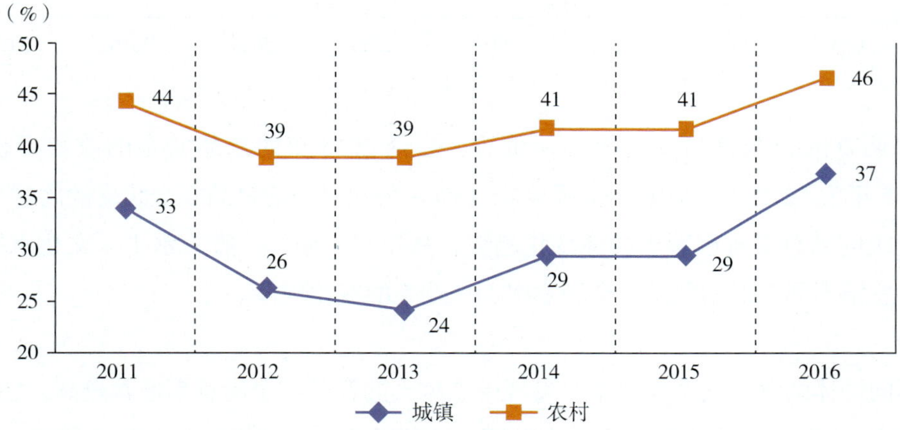

图11-3 城乡食品安全满意率(%)

从城乡居民食品安全认知率看，城镇居民的食品安全认知率远远高于农村，反映出城镇地区食品安全信息可得性优于农村地区，相似的现象在收入和文化水平维度上同样出现。2014年之后农村地区人群的食品安全认知率增速快于城镇地区，城镇和农村地区的食品安全认知差距缩短，农村地区对食品安全状况变化趋于敏感，提升食品安全认知的工作在农村地区初见成效。

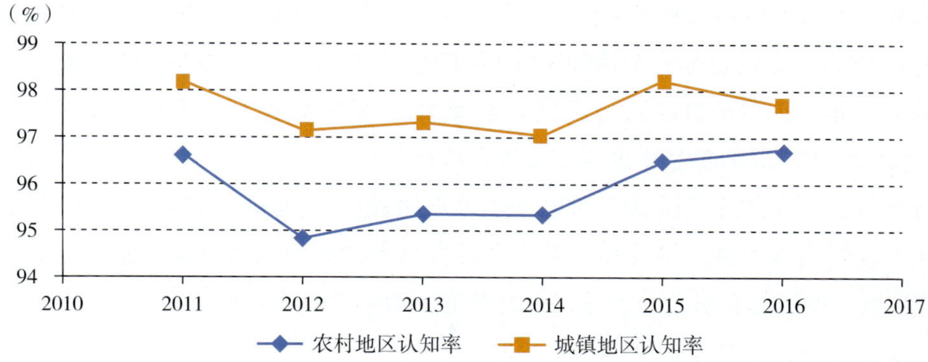

图11-4　城乡食品安全认知率对比（%）

城乡食品安全主观评价的差异也体现在对食品安全状况及政府工作的评价上。以食品安全政府工作改善评价为例，2013 年的电话调查发现：农村地区认为食品安全政府工作有所改善的占比为 57.36%，城镇地区该比率为 48.53%。2016 年的入户调查进一步对食品安全政府工作效能进行探究，发现农村地区公众对当地政府食品安全工作效能的正面评价率为 50.21%、城镇地区为 33.23%；通过对城镇地区更为具体的划分发现：省会城市、地级市的公众对当地政府食品安全工作效能的正面评价率分别为 26.11%、37.73%，县域对当地政府食品安全工作效能的正面评价率为 55.92%，贫困县的这一数据为 48.53%。

从公众食品安全满意率、认知率及食品安全状况和政府工作改善评价等方面看：一方面，城镇居民更为了解食品安全信息，但主观感受却差于农村地区，其中不乏食品安全的主观要求偏高的因素[①]；另一方面，不同区域食品安全监管的行政资源充足与否明显影响公众的食品安全评价，如农村地区食品安全满意率提升不明显等。

③收入水平。

收入直接关系到食品来源和消费结构。由 2011 ~ 2016 年不同收入人群的食品安全满意率看，收入因素对食品安全的影响逐渐缩小，虽然较高收入人群的食品安全满意率仍相对较低，但 2016 年各个收入人群的食品安全满意率均接近 40%，这也表明不同收入的人群对食品安全的需求将会趋同。

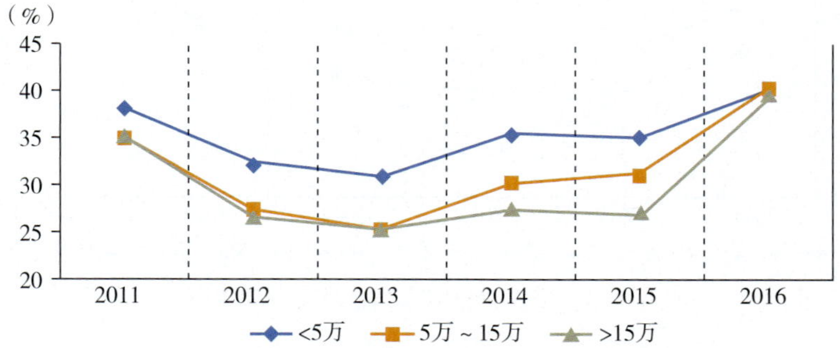

图11-5　不同家庭收入人群的食品安全满意率（%）

① 王志刚、杨胤轩、许栩："城乡居民对比视角下的安全食品购买行为分析——基于全国21个省市的问卷调查"，《宏观质量研究》，2013年第3期，第113 ~ 122页。

不同家庭收入水平群体的食品安全认知存在差异，但差异水平较为稳定。2011 年较高收入人群（收入≥ 25 万元）的食品安全认知率为 98.97%，较低收入人群为 96.5%（收入＜ 3 万元）；2016 年较高收入水平人群的食品安全认知率为 98.7%，而较低收入人群为 96.22%，尽管相差幅度不大，但较低收入人群的食品安全认知率仍有待提升。

在食品安全状况改善的获得感上，2016 年入户调查显示较高收入群体的食品安全改善评价满意比例高于较低收入人群，尽管收入对公众的食品消费结构和消费量的制约减少，但收入所影响的消费环境、渠道都会对公众食品安全改善的主观感受产生影响。

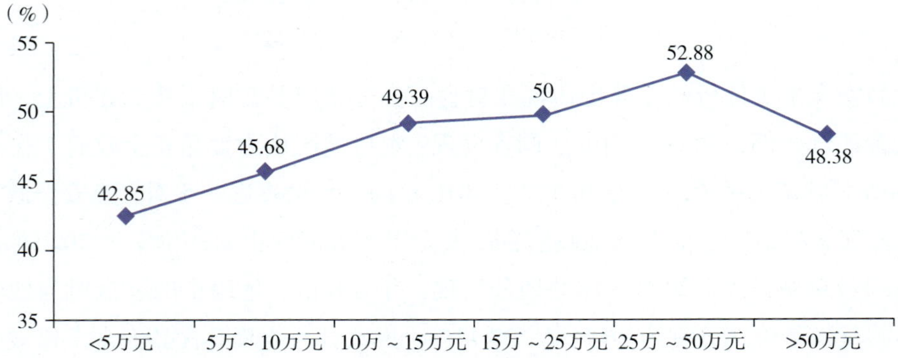

图11-6　2016年不同收入水平的食品安全改善评价情况（%）

④文化水平。

从不同文化程度人群的食品安全满意率看，文化程度较低的人群食品安全满意率较高。高教育水平（本科以上）人群的食品安全满意率在 2014 年之后有明显提升，2016 年本专科文化水平人群的满意率超过了高中教育水平人群的满意率，甚至改变了“十二五”期间教育水平越高、食品安全满意率越低的现象。

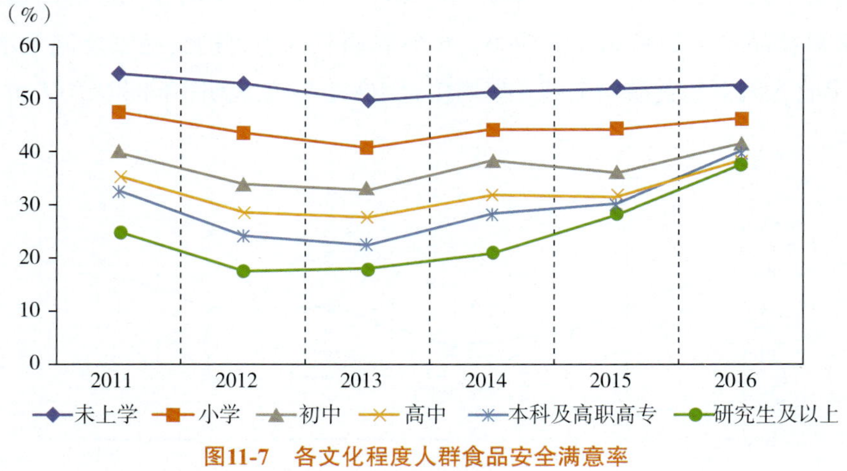

图11-7　各文化程度人群食品安全满意率

对比 2011 年与 2016 年不同教育水平人群的食品安全认知率：2011 年小学及以下、中学及职高、本科与以上学历人群的认知率分别为 95.98%、98.52% 和 99.05%；2016 年分别为 93.07%、97.4% 和 98.78%。文化水平依然是影响公众食品安全认知的重要因素，不同教育水平间的食品安全认知率差异变大，如小学及以下人群和本科以上教育水平人群的食品安全认知率差异由 2011 年的 3.07% 上升到 2016 年的 5.71%，主要是原因是低文化水平人群的食品安全认知率大幅度下降。

2016 年入户调查显示，不同文化水平人群的食品安全改善感受差别明显，如大专及本科以上文化水平人群的食品安全改善满意价率最低，为 39.42%，而小学及以下文化水平人群为 45.56%。

总体看，公众的食品安全满意率在 2013 年后有所提升，但农村地区和较低收入水平人群的食品安全满意率提升缓慢；公众安全认知率也有明显的群体差别，存在食品安全认知率越高的人群对食品安全满意率的变化越敏感的现象。

2. 公众认可的安全食品获取渠道

公众所认可的安全食品获取渠道直接体现了公众食品消费偏好及食品安全工作中对食品销售渠道的监管效能。2016 年的电话调查显示，公众所认可的安全食品获取渠道主要为超市、大型商场、农贸市场以及自己种（如图 11–8），超过 60% 的个体认为超市和大型商场为食品安全有保障的购买场所。但这些渠道的销售额占比不足 50%，“十二五”期间这个比例基本未变。

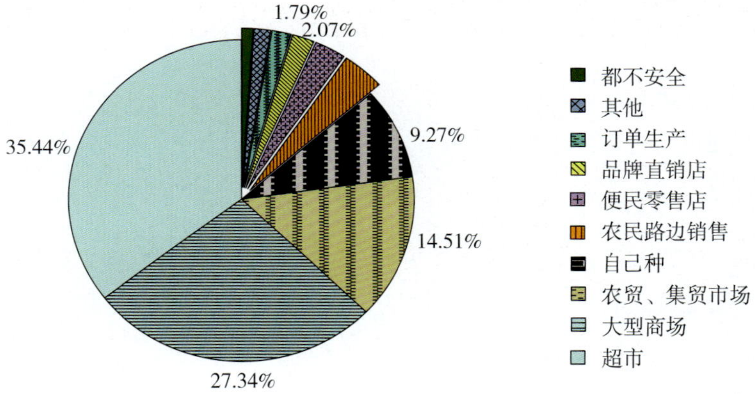

图11-8 电话调查反映的公众认为的安全食品获取渠道

而从入户调查看（图 11–9，保障家庭食品安全的措施也包括了安全食品获得渠道），自己生产和超市购买依然为公众优选的安全食品获取渠道，公众对食品的质量认证、品牌等较为看重。

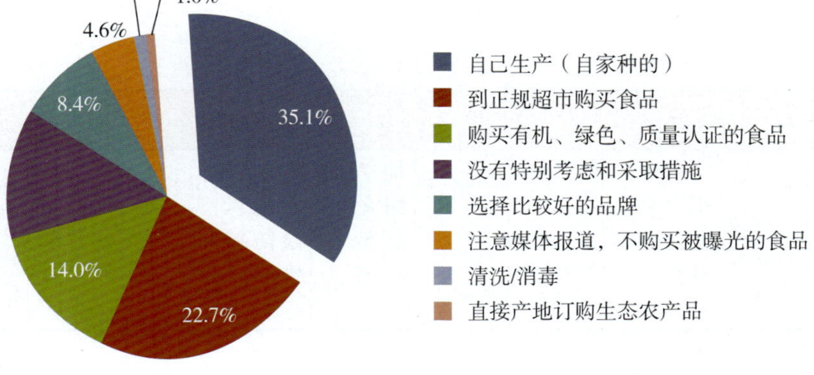

图11-9 入户调查反映的保障家庭食品安全的措施

（二）食品安全的客观工作及效果

食品安全的客观工作，涉及生产、销售、监管、风险交流、公众教育等多个方面。

1. 国家相关工作情况

在食品安全问题频发、公众对食品安全评价很低的背景下，国务院及食品安全监管部门自2010年以来对每年的食品安全工作进行重点部署。通过分析2011年以来国务院每年颁布的政府食品安全重点工作安排，总结各年份的主要工作项目（如表11–2[①]、表11–3）。到2015年，我国食品安全工作主要集中在以下几个方面：①整顿；②食品安全监管能力建设；③对食品安全利益相关者（政府食品安全工作主体，企业，消费者）的治理参与能力建设；④食品安全标准的建设和完善；⑤食品安全工作的风险应急能力建设；⑥食品安全体系的建设和完善。从企业角度来看，2011年还强调食品生产企业的遵规守法，而2012年以后开始强调企业在食品安全上的主体责任。

表11-2　我国食品安全重点工作（2011-2015）

工作项＼年份	2011	2012	2013	2014	2015
整顿工作	✓	✓	✓	✓	✓
食品安全重点领域治理	✓			✓	✓
监管能力、水平建设	✓	✓	✓	✓	✓
食品安全组织建设		✓	✓	✓	✓
食品安全执法	✓	✓	✓	✓	✓
应急、风险管控			✓	✓	✓
企业食品安全管理能力建设	✓				
企业主体责任落实		✓	✓	✓	✓
公众食品安全教育	✓			✓	✓
引导公众参与		✓		✓	
媒体舆论管理				✓	
标准建设				✓	✓
完善食品安全治理体系					✓
食品安全制度体系建设				✓	✓

表11-3　2016年食品安全重点工作

序号	1	2	3	4	5	6	7	8	9	10	11
重点工作	完善食品安全法规制度	完善统一权威的监管体制	健全食品安全标准体系	落实食品安全责任制	严格落实生产经营主体责任	加大食用农产品源头治理力度	强化风险防控措施	突出重点问题综合整治	保持严惩重处违法犯罪高压态势	推动食品安全社会共治	加强食品安全监管能力建设

① 资料来源：国发办，《2011–2016年食品安全重点工作安排》。

2016 年是新《食品安全法》颁布实施后的第一年，从 2016 年的食品安全重点工作部署看，我国注重加强食品安全三个方面的体系建设：法制体系、政府监管体系、市场标准体系，意在构建全国范围的食品安全网。其次，落实监管者和生产者两个方面责任，并就食品安全风险防范、农产品源头监管等重点领域做出针对性措施。这些措施已初见效果：2016 年的入户调查显示，新《食品安全法》出台后，认为政府相关工作有改善的公众占比为 74.3%。

2. 具体工作进展

在构建食品安全可追溯体系方面，2002 年我国开始农产品质量安全追溯体系建设，从技术体系和制度体系着手食品安全可追溯建设，目前，已建成的食品安全查询及追溯体系有国家食品安全追溯平台，食品安全监管、追溯与召回公共服务平台，中国产品质量电子监管网等。各地方政府也着手构建本地区的食品安全追溯体系，如广东省水产品质量安全追溯平台、北京市肉类蔬菜流通追溯平台等。

我国还通过加强食品污染物和食源性疾病监测网络建设，建成食源性疾病主动监测网络。至 2014 年底，全国共设置监测点 2489 个、食源性疾病哨点医院 1956 家，实现了监测点覆盖 80% 县级区域的年度目标，全年共接到食源性疾病暴发事件 1480 起，监测食源性疾病 16 万人次，报告事件数和监测病例数较 2013 年分别增长 47.9% 和 103%[①]，食源性检测工作正将越来越多的食源性问题纳入研究。此外，“十二五”期间，食品安全中毒事件数和因事件中毒或死亡的人数都明显下降[②]，如图 11–10。

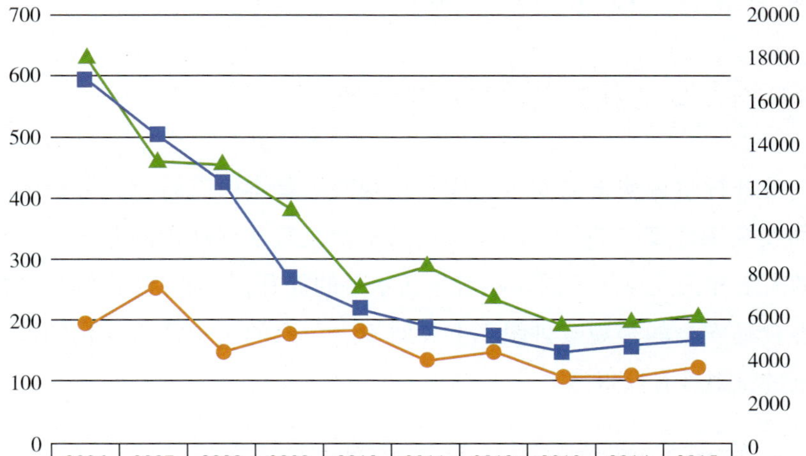

	2006	2007	2008	2009	2010	2011	2012	2013	2014	2015
事件数	596	506	431	271	220	189	174	152	160	169
死亡人数	196	258	154	181	184	137	146	109	110	121
中毒人数	18063	13280	13095	11007	7383	8324	6685	5559	5657	5926

图11-10　2006 ~ 2015年我国食品中毒事件主要指标变化

① 数据来源：《中国卫生与计划生育统计年鉴》，2014、2013年。

② 卫计委：《国家卫生计生委办公厅关于全国食物中毒事件情况的通报（2006–2015）》，[EB/OL] http://www.nhfpc.gov.cn/yjb/s3585/201402/f54f16a4156a460790caa3e991c0abd5.shtml,–/2015–07–12。

3. 实际工作效果

从食品安全工作客观成果看，“十二五”期间，相关抽检结果显示，日常食品、食品相关产品等的质量抽查合格率都在 90% 以上，2016 年食品及食品安全相关产品的抽检合格率依然保持较高水平，大体呈上升趋势[①]，如图 11–11。

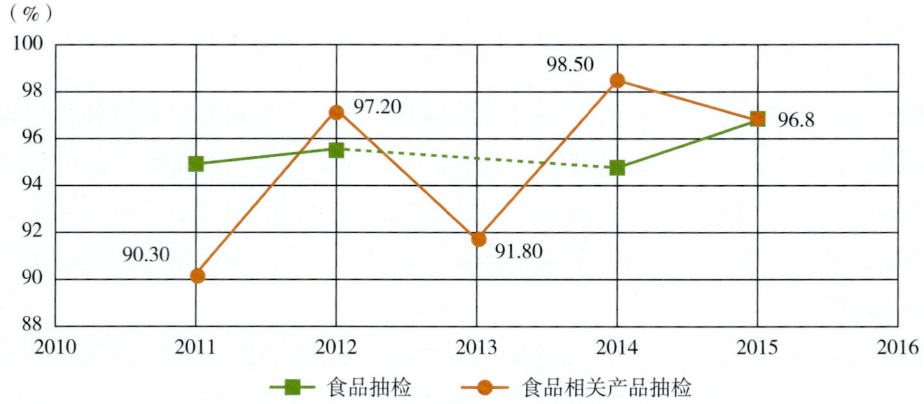

图11-11　近年食品抽检合格情况

从工作的范围、力度和客观指标看，我国的食品安全工作正向着体系化、全过程监控的方向发展。但 2016 年民生入户调查显示，公众认为食品安全状况有改善的仅为 45.15%，较前两年略有下降 (2015 年为 52.26%，2014 年为 47.21%)，对食品安全政府工作效能的认可率仅为 41.51%，显然，食品安全的客观工作仍存在短板和漏洞。

二、影响食品安全获得感的原因分析

公众的总体评价说明食品安全工作的小幅改善基本没有转化为公众的获得感。不同背景的人群对食品安全满意度的差异，以及对食品安全改善状况评价的差异，主要是源于各个人群对食品安全的需求和关注点的不同。随着生活水平的提升，公众对食品“量”的需求逐渐转变为“质”的要求。在食品安全的客观改进跟不上和对不上公众的主观需求变化的情况下，公众对食品安全工作的改进就很难有获得感。

（一）食品安全客观工作方面的问题

食品安全工作涉及多个环节，其中仍有短板和漏洞。一是源头问题。如食品生产依赖的环境有所恶化，我国耕地土壤点位污染物超标率为 19.4%，且多是由于工矿业和农业等人为活动造成土壤结构改变直接影响粮食生产。二是流通问题。冷链物流设施不足，网络食品流通的风险

① 数据来源：2009 ~ 2012年数据来源于国家质量监督总局公告，2013年数据缺失，2014 ~ 2015年数据来自国家食品药品监督总局上半年公告，2016年数据来自食药监总局有关报道（http://health.cnr.cn/jkgdxw/20170304/t20170304_523635399.shtml），图中以不同线形表示相应数据段；食品相关产品抽检合格率数据源于国家质检安检总局2016年产品质量抽检公告。

逐渐暴露，国家食药监总局 2017 年 2 月公布的 4 批次不合格食品抽检样品中有 3 批次源自网络销售渠道[①]。

三是食品监管存在短板，对农村地区的监管明显薄弱。民生调查发现，2016 年较低收入、较低教育水平、农村人群的满意率提升幅度不大等问题，均指向当前我国农村地区的食品安全监管和风险交流工作不到位、农村食品监管资源配置不足：绝大多数乡镇没有食药监执法队伍，地方政府推动的“三监合一”改革（以整合工商、质监、食药监部门职能为核心的市场监管体制改革）也大多在地级市以上层面，食品安全相关宣教活动也基本不下农村，农村地区人群很可能因此在食品安全工作方面的获得感增进不大。不仅监管资源下沉不够，而且越到欠发达地区和基层，地方食品安全监管的自觉主动性越不足，监管中的地方保护越严重。

公众认可的食品销售渠道建设不能满足公众需求。2016 年的调查显示，公众普遍认可的安全食品获取渠道主要为超市、大型商场、农贸市场以及自己种，超过 60% 的公众认为超市和大型商场为食品安全有保障的购买场所。但这些公众所放心的销售渠道因价格和服务方便性问题一直难以满足公众需求。

（二）食品安全主观评价引导方面的问题

公众的主观评价受客观工作的影响，所获取的食品安全信息对主观评价也有很大影响。随着公众关注点逐渐从“吃得饱”向“吃得健康、吃得放心”转移和网络媒体影响的扩大，客观工作的短板和漏洞更易放大、扩散。当前公众的食品安全科学认知所依赖的信息不充分，甚至偏离现实，导致对食品安全的误判。食品安全问题关乎每个人的切身利益，无论是监管者、生产者、经营者或消费者，食品安全问题会裹挟直接、间接相关人员成为当事者，并引起一系列连锁反应，可能影响到整个区域甚至全国。一些触及大众心理底线的食品安全事件也会在跨时空的传播过程中被反复提及，对相关行业造成二次乃至多次冲击，带来持久、深远的影响。

调查显示，超过 95% 的公众的食品安全判断依据来自外界的信息，其中又以媒体为主。但食品安全信息渠道却基本没有发展为完备的风险交流机制，各地农产品质量安全公共信息发布不到位，食品安全相关信息分散在农业部门、卫生部门、质检部门等[②]，没有建立统一权威和点对点双向互动的信息平台，有关部门对食品安全新闻事件的回应不及时、不科学或缺乏针对性，导致现有食品安全信息可得和可信度不高，这也是造成公众食品安全获得感不高的原因之一。部分媒体的夸大、失实报道[③]更加大了公众疑虑。如 2016 年发生的“假疫苗”和“假奶粉”事件以及 2015 年的草莓“乙草胺”事件，先以媒体的曝光迅速引起公众的关注[④]，在一定舆论压力下，

---

① 总局通告4批次食品不合格，http://www.sda.gov.cn/WS01/CL1199/169359.html。

② 农业部门负责农产品进入流通前的质量抽查，卫生部门负责食源性疾病及存在风险的食品进行检测，质检部门负责进口食品及食品相关产品的抽查。

③ 2014年，由中山大学与腾讯公司等联合进行的微信谣言分析表明：65%的谣言主题为人身安全、食品安全和疾病养生，其中涉及人身安全的高达50.98%，食品安全的为37.65%，疾病相关占比为11.69%。这些耸人听闻的帖子背后或有政治目的或有经济利益。

④ 李祥洲、邓玉：“食用农产品质量安全问题的国民心态分析——以北京市‘草莓农残超标致癌’舆情事件为例”，《中国食物与营养》，2015年第6期，第5～9页。

政府开始介入事件的调查，并就调查结果再通知公众，但公众的食品安全信心已严重受损，进而影响相关食品行业的发展。失实报道和谣言问题也引起了政府的高度重视，多个政府部门近期采取联合行动①，这也反映了过去这方面的信息管理和主观引导不力。

（三）食品安全的主客观差异

发展水平越高的区域，其公众对食品安全的要求就越高。调查显示，较高教育水平的人群、城镇居民、发达地区居民的食品安全满意度偏低，而通常这些人群拥有的食品安全保障程度并不低于其他人群。如低收入人群（3万元/年以下）和低教育水平人群（小学以下）主要以自己种或在街边向农民直接购买，拥有的食品安全保障资源分散。高收入人群和高教育水平人群超过70%以超市、商场为主，并更有可能选择品牌直销和订单生产等新方式（见表11-4）。又如甘肃省和上海市食药监年度报告显示，2015年两地的食品抽检合格率分别为95%和97%，但中国民生调查课题组的电话调查却显示，甘肃省有41.1%的受访者对食品安全感到满意，而上海仅为27.1%，后者的食品安全预期和对食品安全事件的敏感度要显著高于前者。

表11-4 群体特征和食品安全主要购买渠道交叉分析表

	"您认为哪个渠道购买的食品最具安全保障"						
	商场、超市	品牌直销	街边售卖点	订单生产	自己种	都不安全	其他
教育水平（%）							
小学以下	50.61	0.67	4.35	1.23	15.05	0.22	4.68
小学	52.78	1.3	5.56	1.77	13.37	0.92	2.05
初中	63.64	1.96	3.43	1.66	9.37	0.88	1.18
高中	71.56	2.57	3.34	1.67	5.26	1.58	1.11
高职、大专	76.21	2.89	4.04	1.62	3.23	2.08	0.23
本科及以上	72.32	5.66	2.75	4.28	3.06	1.38	0.61
收入分组（%）							
1万元以下	42.46	1.51	5.28	0.75	21.77	1.4	3.99
1万～5万元	59.48	1.49	4.02	1.46	10.74	1.13	1.9
5万～10万元	68.06	2.56	3.77	1.79	6.76	0.91	0.77
10万～25万元	69.78	2.74	3.99	3.25	4.56	1.2	1.08
25万元以上	72.38	4.48	3.73	2.99	6.72	0.75	0.75
年龄段（%）							
18～24	68.40	4.55	2.81	3.03	3.68	1.08	0.65
25～34	69.46	3.11	3.41	2.46	5.93	1.68	0.66

① 2017年7月，国务院食品安全办等10部门印发《关于加强食品安全谣言防控和治理工作的通知》（食安办〔2017〕23号）。

续表

	“您认为哪个渠道购买的食品最具安全保障”						
	商场、超市	品牌直销	街边售卖点	订单生产	自己种	都不安全	其他
35～44	66.51	2.66	3.79	2.22	7.3	1.01	1.33
45～54	62.66	1.99	4.2	2.05	9	0.86	1.59
55～64	58.75	1.35	3.98	0.98	11.1	1.01	1.92
65～75	55.04	0.65	5.22	0.87	15.52	1.23	2.32

必须看到，随着监管的加强，公众的食品安全满意度也会提升，如 2016 年公众的食品安全总体满意率从 33.4% 上升到 40.3%，这与 2016 年我国全年食品安全领域无大事件发生不无关系；高教育水平（本科以上）人群的食品安全满意率在 2014 年之后有明显提升，2016 年本专科文化水平人群的满意率甚至超过了高中教育水平人群的满意率，改变了“十二五”前期教育水平越高、食品安全满意率越低的现象。这说明只要政府措施全面到位，是能在公众的主观感受上得到反映的。

由以上分析可知，公众食品安全获得感受客观工作状况和主观评价引导工作的影响。客观工作当中短板或不足在公众的日常食品安全问题遭遇和食品安全评价中有所体现，而公众的选择行为和评价特征又反映了其最为迫切的食品安全需求，两者的偏离以及工作短板的存在会降低公众的食品获得感。主观上，食品安全风险交流机制建设缓慢，主观评价引导不到位，对食品安全新闻事件反应不及时，缺乏针对性，更加深了公众对食品安全的疑虑。因此，食品安全的客观工作和主观评价引导都必须跟上，才能准确反映公众的需求，从而提高公众的获得感。

三、提高公众食品安全获得感的建议

改善公众食品安全获得感，既要立足客观工作、补齐生产和流通环节的短板、加强监管和安全食品获取渠道建设；也要从引导公众评价的角度，完善食品安全风险交流机制，提高食品安全信息的可获取性和食品安全问题的针对性。

（一）从客观工作方面，聚焦重点、补齐短板，完善食品监管体制，有针对性地加强安全食品获取渠道建设

从以下三方面采取措施：①抓好源头治理。加强产地土壤和水环境治理，引导农民科学使用化肥、农兽药和添加剂。补齐和提高食品生产流通过程的国家标准，全面覆盖网络渠道。②推动上下同步的三监合一改革，建立统一的食品安全监管体制，加强全方位、全过程、下基层的监管，形成跨区域食品和网售食品监管机制，以监管推动食品产业转型升级。健全基层管

理体系，加强基层食药监专业执法队伍建设，允许各地增加基层食品监管人员的数量并采用灵活的聘用机制，并强化激励机制，促进食品安全监管的人力资源下沉到乡镇层面[①]。③关注低收入人群、农村人群的食品消费环境，用多种优惠措施加强有安全保障的食品购买和消费渠道（如超市、大型商场）建设。

（二）从引导主观评价角度，完善风险交流机制，提高食品安全信息的可获取性和针对性，提升公众的认知理性

主要措施包括三方面：①建立统一的跨部门的风险交流和信息发布平台，在加强食品安全信息发布管理的同时丰富信息公开内容，形成“公开为常态、不公开为例外”的新常态，增强食品安全信息的可得性。②制定食品安全问题应急响应机制，主动回应并迅速处理即将造成社会恐慌的苗头性、趋势性问题，建立谣言案例库，提高处理效率。③完善公众参与食品安全风险交流的机制建设，加大政府、专家和消费者等不同层面的风险交流，引导公众形成合理的风险感知[②]。

（执笔：苏　杨　赵鑫蕊　荣薇薇*[③]）

---

① 这方面的建议是有中央文件依据的：2014年，十八届四中全会通过的《中共中央关于全面推进依法治国若干重大问题的决定》中明确：“推进综合执法，大幅减少市县两级政府执法队伍种类，重点在食品药品安全、工商质检等领域内推行综合执法”。

② 王怡、宋宗宇：“社会共治视角下食品安全风险交流机制研究”，华南农业大学学报（社会科学版），2015年第14卷第4期，第123~129页。

③ 本文的资料搜集和相关分析由李林美、张激滟、张信、韩玉婷、杨良敏、苏红巧和王蕾完成。荣薇薇，就职于中国农业发展银行广西分行。

第十二章 养老保障专题研究报告

2016 年的调查结果显示，虽然近些年我国养老工作取得了明显进步，但当前老年人依然面临养老保障不足、医疗负担沉重、养老照料体系不完善三类问题，需引起高度重视。

一、2016 年民生调查揭示的主要问题

（一）样本的人口学特征及满意度

接受入户调查的 2755 位老年人中，男性 1755 人，占 63.7%，女性 999 人，占 36.3%。户口状况上，具有本市（县、区）非农户口的有 919 人，占 33.4%，本市（县、区）农业户口的有 1773 人，占 64.4%。教育程度上，小学及以下的占 55.4%，初中文化的占 29.7%，高中及以上的占 14.9%。婚姻状况上，有配偶的占 84.9%，丧偶、离婚或未婚的占 13.7%。

以在同一家庭内共同生活且收支共享的成员数量计算，老年人的家庭平均人口为 3.56 人，略低于非老年人的 3.78 人。在不同区域，家庭规模存在显著不同，其中，农村地区老年人家庭成员最多，平均规模为 3.83 人，大大高出中心城区的 3.15 人和城乡结合部的 3.09 人。

老年人中独居的比例占 5.4%，随着年龄的上升，这一比例还在不断增加，60 ~ 69 岁、70 ~ 79 岁以及 80 岁以上人群中独居的比例，分别为 5.1%、7.6% 和 13.8%。从区域上看，老年人独居比例因所在地有所不同。市县郊区的城乡结合部最高，为 7.2%，农村中这一比例最低，为 4.9%。

63% 的老年人对自己家庭生活状况总体表示“很满意”或“基本满意”，表示“不太满意”或“很不满意”的比例为 12.5%。针对家庭生活中不满意的项目，40.5% 的老年人表示“没有不满意的”，在给出的不满意项目中，收入水平和医疗两项最为突出，分别占到了老年人总数的 20.3% 和 18.7%。对于社会环境，表示“没有不满意的”比例占到了 55.9%，在给出的不满项目中，环境污染所占比例最高，占到了老年人总数的 12.1%。

基于全国电话调查对各领域民生满意度的分析结果显示，除治安、住房和环境三项外，无论对生活还是对其他各项民生领域，60 岁及以上老年人群的满意度，均高于 59 岁及以下的非老年人群。对整个社会而言，拥有一批具有更高满意度的老年人，是社会良性运行的积极因素。老年人的满意度较高，既令人欣慰，更需要加以重视和维系。

表12-1 老年人和非老年人的满意度得分比较

	59岁及以下（A）	60岁及以上（B）	B—A		59岁及以下（A）	60岁及以上（B）	B—A
当前生活	61.669	58.242	6.573	教育	60.672	64.732	4.060
去年生活改善	58.750	62.768	4.018	医疗	57.821	61.068	3.247
未来信心	72.603	74.390	1.787	环境	63.600	63.774	0.174
交通	60.095	66.030	5.935	社保	61.271	66.900	5.629
治安	70.624	70.227	–0.397	社区公共服务	61.412	63.429	2.017
住房	64.655	64.682	0.027	食品安全	56.252	58.252	2.000
司法公正	61.966	65.053	3.087	政府服务	62.059	63.161	1.102
就业	59.417	63.532	4.115				

注：分析显示，在治安、住房和环境三项上的差异，在统计上不具有显著意义，即这三项的差异不明显。

（二）在养老保障方面存在的问题

近年来，我国养老保障体系不断完善，三项养老保险制度已经基本上实现了人群全覆盖。调查结果显示，95.3% 的老年人有不同形式的养老保险。但需指出的是，老年人目前享有的各类养老保险以社会保险为主，企业年金、村集体养老金及商业养老保险发展尚不充分，各自所占比例均低于 1%。

除养老金外，16.2% 的老年人在过去一年中获得过政府提供的经济援助，非老年人中的比例为 10.7%。其中，获得过低保的老年人占 6.5%，非老年人中的比例为 6.0%，获得过医疗救助的老年人占 1.1%，非老年人中的比例为 1.0%。这些数据反映出，相比非老年人，老年人获取经济援助的比例更高。计算结果显示，老年人一年中所获得经济援助的平均值为 3064 元。

调查显示，当前我国老年人具有较高的劳动参与率。35.4% 的老年人从事有收入的工作，这一比例在中心城区、郊区、镇和农村分别占到了 7.1%、22.4%、34.2% 和 50.8%。工作的平均月收入为 1170 元，收入水平因老年人所在地存在差异，农村地区最低，为 919 元，中心城区最高，为 4382 元。

在崇尚孝道的背景下，来自子女的经济支持一直是老年人的重要生活来源。调查发现，上一年度子女或亲属对老年人进行支持的比例为 34.8%，这表明近六成的老年人实际上并没有得到来自子女的经济支持。在支持程度上，所受经济来源的数额因人存在巨大差距，最少的 34 元，最多的 50 万元，均值为 6410 元。

值得关注的是，尽管养老保险已基本实现了全覆盖并且老年人的劳动参与率较高，但老年人的收入状况并不乐观。特别是城镇中不属于职工养老保险和机关事业单位养老保险的老年人和农村中的老年人，其收入状况更值得关注。

数据分析结果显示，随受访者年龄增加，低收入家庭所占比例越来越高。2015 年年收入在 3 万元以下的家庭，在 60 ~ 69 岁、70 ~ 79 岁以及 80 岁及以上受访者中所占比例，分别为

41.0%、55.7% 和 44.8%，远高于低年龄组的比例。其中，2015 年家庭年收入不到 1 万元的比例，在 60 ~ 69 岁、70 ~ 79 岁和 80 岁及以上三个年龄组中分别占 20.9%、35.7% 和 13.8%。这一结果显示，我国老年人中有相当一部分属于低收入阶层。与此相呼应，调查也发现，老年人中对养老经济来源表示“有些担心”或“很担心”的比例，占到了 58.6%。

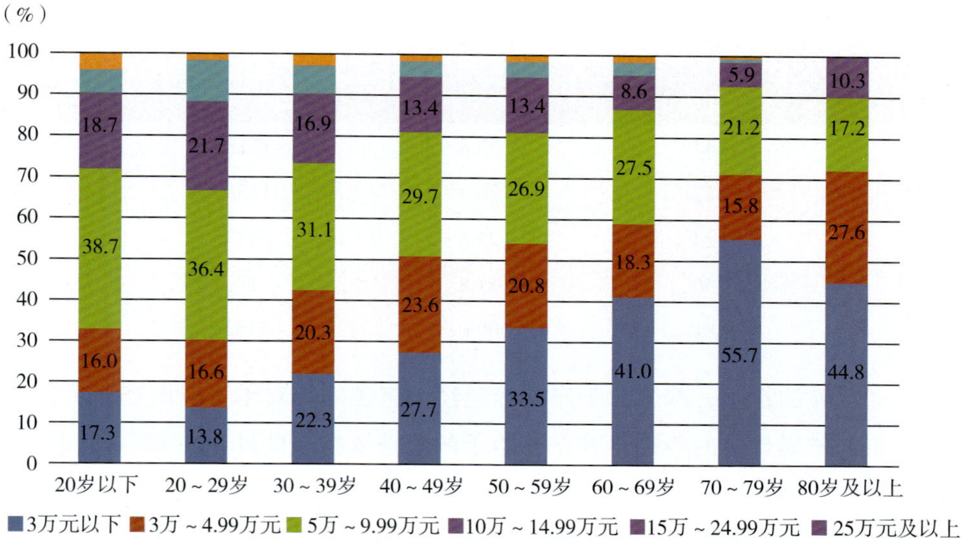

图12-1　不同年龄组人群2015年家庭收入分布情况（%）

不同户口状况的家庭收入存在着明显差异。对不同户口状况老年人家庭收入情况的比较显示，本地农业户口老年人中家庭低收入的比例最高。在这一群体中，家庭年收入在 3 万元以下和 1 万元以下的比例，各为 53.3% 和 30.7%，分别高出本地非农户口老年人 30.3 和 24.6 个百分点。

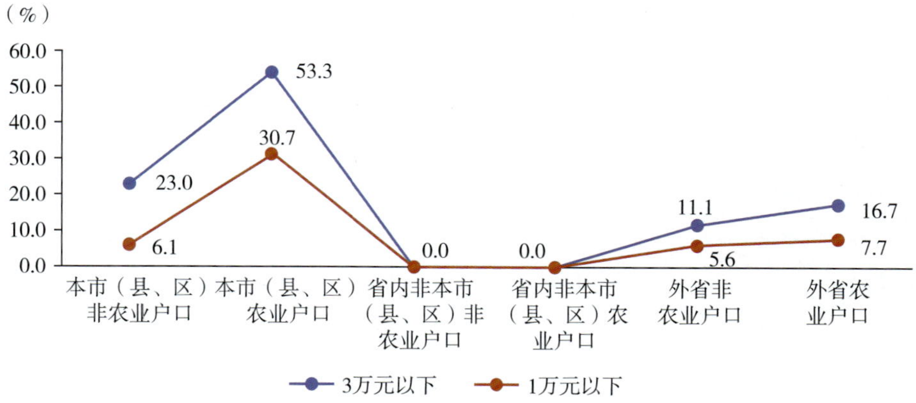

图12-2　不同户口状况老年人家庭年收入在3万元和1万元以下的比例（%）

注：由于调查中省内非本市（县、区）农业户口等四类流动老年人口的样本量有限，不宜对这四类群体间的差距做有效性推断。

对养老保障的担心，不仅限于老年人。事实上，受养老保障制度不完善尤其是居民养老标准低等因素影响，尚未进入老年阶段的人群对未来养老保障表示了更高的担心。60 岁以下且未退休的非老年人中，对未来养老经济来源存在担心的比例为62.4%。从不同参保人群性质看，新型农村社会养老保险人群的担心比例最高，为70.2%，其他依次为：城镇居民养老保险67.5%，城镇职工基本养老保险60.8%，机关事业单位养老保险44.7%。由此可见，养老金制度的不同，对居民的养老保障安全感有着重要影响。

表12-2　对养老的经济来源是否担心

	60岁以下且未退休		60岁以上或不足60岁已退休	
	频数（人）	比例（%）	频数（人）	比例（%）
不担心	1644	25.8	1218	36.3
有些担心	2357	36.9	1135	33.9
很担心	1624	25.5	827	24.7
没想过	756	11.8	172	5.1
合计	6381	100.0	3352	100.0

居民对养老保障的担忧，部分源于当前养老经济来源的相对单一。调查显示，老年人的养老经济来源，主要依靠自己的养老金和子女给予的经济支持。此外，在60岁以上或不足60岁已退休的受访者中，承包田地也成为一个重要经济来源。这一结果表明，虽然近些年多层次养老保障体系的重要性一再被强调，但现状反映出这方面依然有待做出更大努力。

表12-3　当前或预期的养老经济来源

	60岁以下且未退休		60岁以上或不足60岁但已退休	
	频数（人）	比例（%）	频数（人）	比例（%）
自己的退休金/养老金	2192	34.3	1446	43.1
配偶的退休金/养老金	126	2.0	110	3.3
储蓄	673	10.5	110	3.3
投资理财收入	47	0.7	4	0.1
靠承包田地	589	9.2	582	17.4
商业养老保险	72	1.1	4	0.1
房产收益（租房或卖房）	19	0.3	8	0.2
由儿女或其他亲属赡养	1461	22.9	563	16.8
低保或社会救济	110	1.7	134	4.0
打零工	279	4.4	182	5.4
其他	107	1.7	210	6.3
没想过	716	11.2		—
合计	6391	100.0	3353	

（三）在生活照料方面存在的问题

随着老龄化加剧，失能、半失能老人的比例和数量都在增加。调查显示，尚未进入老年阶段的受访者，预期自己主要靠配偶相互照顾（39.4%），其次是子女照顾（36.8%）；从已进入老年阶段的受访者看，实际上主要由配偶互相照顾（53.8%）和自行照顾（35.2%），子女进行生活照料的比例仅为10.4%。这一结果显示，老年人生活照料中不仅子女的作用明显不及预期，利用机构等其他方式提供照料的比例更是微乎其微。另外，调研还发现，老年人中相当一部分处于独居状态，60 ~ 69岁、70 ~ 79岁和80岁及以上老年人中的独居比例分别为5.1%、7.6%和13.8%。同时，我们的其他调查也发现，由于缺少相应的照料支持，部分老年人生活质量低下，一些极端事件也时有发生。上述种种情况表明，多元化养老照料体系的建设任重而道远。

表12-4　老年生活照料者的预期和现实

60岁以下且未退休受访者的预期			60岁以上或不足60岁已退休受访者的现实		
选项	频数（人）	比例（%）	选项	频数（人）	比例（%）
自己照顾自己	906	14.2	自己照顾自己	1180	35.2
配偶相互照顾	2518	39.4	配偶相互照顾	1802	53.8
子女照顾	2348	36.8	子女照顾	350	10.4
其他亲属帮忙照顾	19	0.3	其他亲属帮忙照顾	12	0.4
雇佣保姆	16	0.3	社区或邻里帮助	3	0.1
养老机构	201	3.1	其他	5	0.1
其他	3	0.1			
没想过	377	5.9			
合计	6388	100	合计	3352	100

（四）在疾病负担方面存在的问题

随着老龄化加剧，疾病负担加重成为不可避免的现实问题。调查显示，近四成的老年人患有疾病，其中一半丧失了劳动能力。随着年龄增长，老年人的健康状况出现明显下降，保持健康状态的老人所占比例，在60 ~ 69岁、70 ~ 79岁和80岁及以上群体中分别占62.4%、48.1%和24.1%。

老年人的就医选择，因所在地区不同存在显著差异。调查发现，平时感觉身体不舒服需要看医生时，农村地区46.7%的人会选择到村卫生室，选择自行买药的比例为21.0%。在中心城区，选择去社区卫生服务站的比例占20.8%，选择自己买药的比例占到了31.0%，此外选择区县医院和域内最好的大医院的比例分别为25.0%和15.9%。但在城乡结合部的郊区，选择自己买药的比例占到了38.3%。

近年来，我国医疗保障制度建设取得了明显成效，职工医疗保险和居民医疗保险覆盖面迅速扩张且不断巩固。调查显示，老年人中享有医疗保险的比例达到了98.2%，同时，有商业保险的占0.5%。但需关注的是，虽然保险覆盖面较高，但受筹资水平低等因素影响，医疗保障水平不高，个人自付压力仍然较重，尤其是参加居民医疗保险的老年人个人自付压力更大。过去一年中，10.5%的老年人家中出现过应住院没有住院的情况，超半数是因为无钱住院。看病借钱的比例，在老年人中占 20.1%，农村地区达 26.2%。六成以上的老年人担心未来生病后没钱看病。与此相对应，在医疗服务最不满意的项目中，42.9% 的人认为“看病太贵”。

二、人口老龄化的现状和未来趋势

自 20 世纪 80 年代开始，迅速下降的生育率、持续低水平的人口死亡率以及不断延长的人均预期寿命，共同造成了我国人口老龄化的快速发展[①]。按照国际惯用标准[②]，我国于 2000 年进入老龄化社会。2000 年第五次人口普查时，60 岁及以上老年人在我国总人口中所占比例达到 10.33%，65 岁及以上人口所占比例达到 6.96%，标志着我国正式进入老龄化社会（图 12–3）。

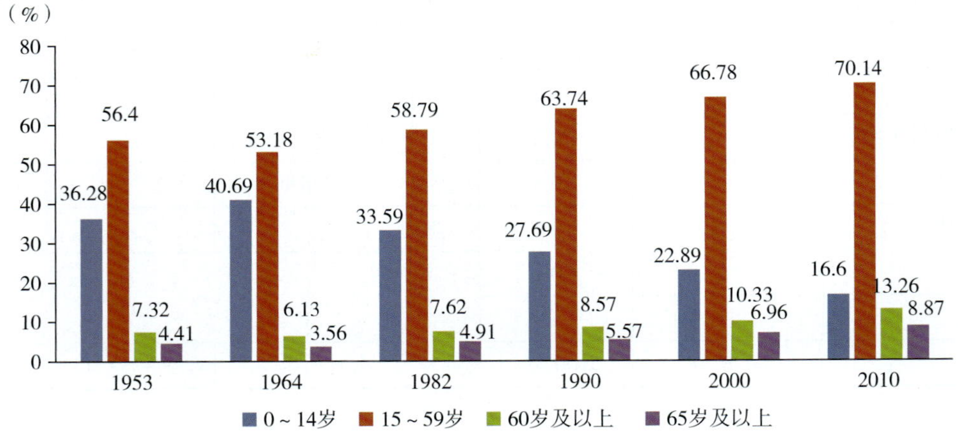

图12-3　历次普查人口年龄结构（%）

资料来源：历次人口普查。

2000 ~ 2015 年的 15 年间，我国人口老龄化以更快的速度发展，老年人口规模和比重都在迅速上升。2016 年，人口老龄化延续了进一步快速发展势头。60 岁及以上人口从 2015 年末的 2.22 亿人增加至 2016 年末的 2.3 亿人，一年中增加了 886 万人，所占比例从 16.1% 增加至 16.7%，增长了 0.6 个百分点。65 岁及以上人口从 2015 年末的 1.44 亿人增加至 2016 年末的 1.5 亿人，年增 617 万人，在总人口中所占比例从 10.5% 增加至 10.8%，增长了 0.3 个百分点[③]（图 12–4）。

---

① 1992年，我国的总和生育率开始低于2.1的人口更替水平，之后一路走低。同时，我国人口死亡率从1949年的20‰迅速降至1965年的9.5‰后持续下降，自20世纪80年代至今一直保持在6‰～7‰的水平上。人均预期寿命，从20世纪50年代前期的40.80岁增至1982年的67.77岁，到2010年第六次人口普查时增至74.83岁，截至2015年末我国人均预期寿命已提高到76.3岁。

② 国际关于老龄化社会的通用标准为，一个国家内60岁及以上人口在总人口中所占比例达到10%，或65岁及以上人口在总人口中所占比例达到7%，即表明该国进入老龄化社会。

③ 资料来源：国家统计局：《2015年国民经济和社会发展统计公报》（2016年2月29日）、《2016国民经济和社会发展统计公报》（2017年2月28日）。

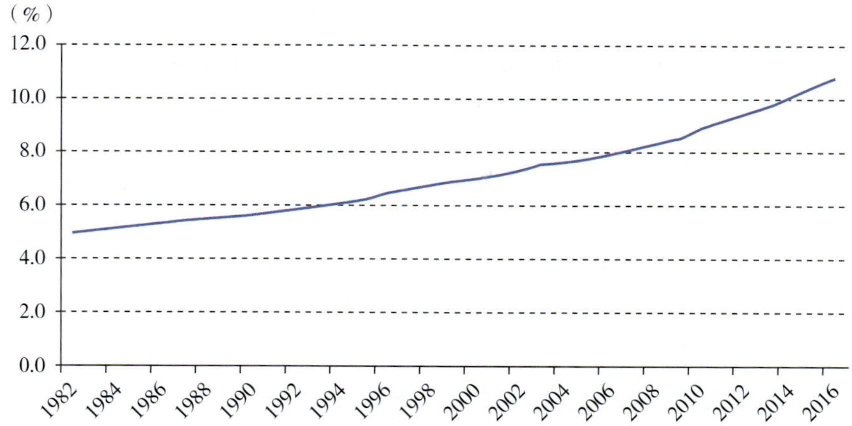

图12-4　65岁以上人口在我国总人口中所占比例（1982～2016年）（%）

资料来源：国家统计局。

随着新中国成立后第一、第二次人口生育高峰期[①]出生人口陆续进入老年阶段，在今后一段时期内，我国将迎来老龄化更为快速的发展时期。根据联合国《世界人口展望》2015年的预测，我国60岁及以上人口所占比例，将于2030年达到25.3%，2050年达到36.3%（图12-5）。这预示着，在今后相当长的时期内，我国的人口老龄化程度将日趋严重，应对老龄化给经济社会发展带来的各种影响，已成为我国谋划中长期发展战略中一个不可回避的重要方面。

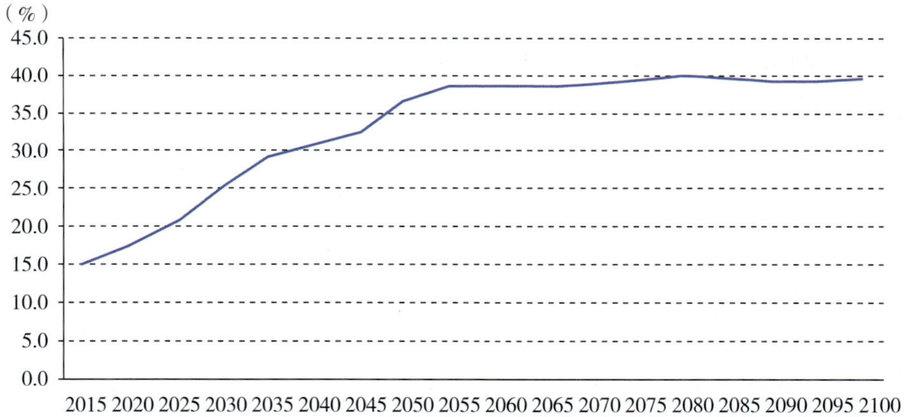

图12-5　我国60岁及以上人口在总人口中的比重（2015～2100年）（%）

资料来源：UN，World Population Prospects, The 2015 Revision.

三、2016年应对老龄化的制度构建和地方实践

面对日益深化的人口老龄化，2016年我国进一步提升了养老保障的水平和范围。与此同时，国家层面进行了密集的制度构建，各地的相关实践也有所进步。

① 这两次出生高峰期分别出现在1945～1957年和1962～1976年。

2016年继续提升了养老保障水平，上调幅度为2015年退休人员月人均养老金的6.5%[①]。这是自2005年以来的连续12年上调，也是2014年10月机关事业单位养老保险制度改革以来企业和机关事业单位退休人员第一次同步调整待遇，成为统筹各类退休人员待遇调整的第一步。在提升保障水平的同时，我国进一步扩大了养老金的覆盖范围。截至2016年末，全国参加城镇职工基本养老保险人数为3.78亿人，比2015年末增加2501万人；参加城乡居民基本养老保险的人数为5.08亿人，比2015年末增加了375万人。

应对老龄化所进行的国家层面的制度构建，主要包含了五方面的努力。

一是在国家战略的顶层设计中进一步加大了对养老问题的重视。2016年，以习近平总书记为核心的党中央对应对人口老龄化、发展养老服务业做出了一系列重要指示。2016年5月，中央政治局专门就应对老龄化问题进行了第三十二次集体学习。2016年10月，全面深化改革领导小组第二十八次会议，研究通过了《关于全面放开养老服务市场提升养老服务质量的若干意见》。此外，2016年3月发布的《国民经济和社会发展“十三五”规划纲要》以“积极应对人口老龄化”为名，专设一章，明确了2020年我国应对人口老龄化的目标。2017年2月28日出台的《“十三五”国家老龄事业发展和养老体系建设规划》，就积极应对人口老龄化提出了系统谋划，明确了“居家为基础、社区为依托、机构为补充、医养相结合的养老服务体系”的新提法，以及八个领域的具体工作。

二是关于养老方面的制度建设持续推进。这一年，各地针对养老陆续出台了多项措施。首先在贯彻《中华人民共和国老年人权益保障法》方面，上海等地制定了《老年人权益保障条例》，安徽、山西等地则制定了实施办法。其次，在推动居家养老服务发展方面，包括苏州在内的多地制定实施了《居家养老服务条例》。此外，在其他相关的制度建设方面，老龄办等部门先后出台了《关于开展老年人意外伤害保险工作的指导意见》和《关于推进老年宜居环境建设的指导意见》。

三是医养结合试点启动。2016年5月17日，国家卫计委、民政部发布《关于遴选国家级医养结合试点单位的通知》，提出遴选国家级医养结合试点单位，为全国医养结合工作提供示范经验。6月22日，国家卫计委、民政部联合下发通知，确定了第一批国家级医养结合试点单位，北京市东城区等50个市（区）入选。通知表示，各省（区、市）要积极探索地方医养结合的不同模式，并积极协调解决存在的困难和问题，2016年年底前每省份至少启动1个省级试点，积累经验、逐步推开。

四是启动长期护理保险试点。2012年，青岛在全国率先建立了覆盖全市基本医保参保人群的长期医疗护理保险制度，于2015年交由商业保险机构经办。2016年，国家“十三五”规划纲要提出，探索建立长期护理保险制度，开展长期护理保险试点。2016年6月，人社部印发了《人力资源社会保障部办公厅关于开展长期护理保险制度试点的指导意见》，决定在河北省承德市、

① 2015年我国企业退休人员的养老金月平均水平为2270元。

吉林省长春市、上海市、重庆市等 15 地开展长期护理保险制度试点。意见明确要求根据护理等级、服务提供方式等制定差别化的待遇保障政策，对符合规定的长期护理费用、长期护理保险基金支付水平总体上控制在 70% 左右。

五是其他领域中涉及养老的工作也在推进。2016 年，应对老龄化在其他领域的制度构建中也开始有所体现，其中医疗领域尤为明显。在这一年度国务院先后印发的《"健康中国"2030 规划纲要》、《"十三五"深化医药卫生体制改革规划》、《"十三五"卫生与健康规划》中，均对从医疗领域应对人口老龄化提出了相关要求。

除上述制度构建外，各地还在应对人口老龄化的相关实践中做了积极探索。这些探索，主要体现在以下三个方面。

一是积极进行居家养老服务体系建设。在 2016 年各地开展的具体养老工作中，推进社区和居家养老服务建设成为一项重点内容。具体做法是在街道建立养老照料中心的基础上，开始在城镇各个社区探索建立养老驿站，为居家老年人提供生活照料。这方面的工作，在北京、合肥、海口等地均有明显进步。同时，一些地方还针对性地加大了对农村地区居家养老的支持。如，长春市在 2017 年 4 月，明确提出将补齐农村养老服务短板作为强化养老服务体系的一项重要内容加以推进。

二是推进医养结合工作的具体展开。2016 年的地方实践的第二个重点领域是对医养结合的探索。大部分地区推进的主要方式，是在养老机构探索如何提供医疗护理服务。如在重庆，医养结合是当前着力探索的新型养老模式。具体做法是与公立医疗机构合作，在老年养护中心专门建设了康复护理院。与此同时，整合社区服务资源，在重庆建设了 15 个社区长者照护中心，为老年人提供日间照料等服务。在此基础上，重庆计划到 2017 年将初步建立医养结合的政策体系、标准规范和管理制度，建成一批兼具医疗卫生和养老服务资质及能力的医疗卫生机构或养老机构，50% 以上的养老机构能够以不同形式为入住老年人提供医疗卫生服务。

三是实施补贴，提升养老保障水平。为提升老年人保障水平，各地政府先后出台了高龄津贴、养老服务补贴以及护理补贴等政策。截至 2016 年，北京、天津、河北等 26 个省（区、市）先后出台了高龄津贴政策。在补贴对象上，大多数是针对具有本市户籍的 80 岁以上的老人，个别省份是 70 岁以上的老人。在月补贴额度上，自 50 元至 300 元不等。在资金来源上，江苏、湖南、海南和贵州四个省份由省级财政承担，其他省份由各级财政分担。

除上述领域外，各地在提升基础养老金水平[①]，探索长期护理保险的具体做法[②]，开展养老机

① 如，银川市通过在2012年、2013年、2015年和2017年四次统一提高全市城乡居民养老保险基础养老金最低标准之后，城乡居民基础养老金达到了月220元的最低标准，在宁夏全区"五市"和西部五省中排名第一，在全国也属中等偏上水平。长沙市城乡居民养老保险自2011年启动实施以来，基础养老金从启动之初的60元增加到目前的130元，高出省标55元。

② 如，2017年，上海市政府制定发布《长期护理保险试点办法》，决定在徐汇、普陀、金山三个区先行开展长期护理保险试点工作；在加快培育护理需求评估队伍和护理服务队伍的基础上，择机再扩大到全市。试点办法对于社区居家照护和养老机构照护，规定了40余项具体服务项目，分为基本生活照料和常用临床护理两类，如头面部清洁梳理、沐浴、协助进食/水、排泄和失禁的护理、生活自理能力训练、鼻饲、造口护理等。

构质量建设[①]，促进社会力量参与[②]，推进养老服务产业发展[③]，探索智慧养老[④]等方面，开始进行积极探索。

四、解决养老领域当前突出问题的政策建议

上述对制度构建和实践活动的梳理反映出，面对日益严峻的老龄化，近些年政府全面推进了养老工作的开展，取得了明显进步，但需指出的是，由于应对人口老龄化工作开展的时间尚短，目前依然存在很多不尽人意的地方。基于2016年度的调查结果，对如何解决养老工作当前面临的主要问题，我们提出如下三项建议。

一是切实提升养老保障安全。一方面，要稳步扩大城镇职工养老保险覆盖范围，使更多人进入到这一保障体系。另一方面，对不能由城镇职工养老保险覆盖的居民，在稳步提升新农保和城镇居民养老保险保障水平的同时，探索以多种方式增加老年人的财产性收入，鼓励有能力的老年人继续就业。在农村，可结合宅基地、承包地制度改革，摸索增加其获取财产性收入的渠道。对于那些收入低且缺乏其他收入来源的老人，进一步完善低保制度，实现应保尽保。

二是切实降低老年人的疾病和医疗费用负担。一方面，建立高质量的初级医疗卫生体系，对老年人进行疾病早期干预和健康管理，减少老年人患病风险。另一方面，医保制度可考虑探索对老年人实施个人自付最高限额，同时强化医疗救助，防止老年人因病致贫。此外，要进一步深化医药卫生体制改革，大力宣传和培养理性治疗观念，控制不必要的医疗及过度治疗，控制医疗费用，提升宏观绩效。

三是加快构建多元化的养老照料体系。按照“十三五”规划确定的“居家为基础、社区为依托、机构为补充”的养老服务体系构建原则，充分发挥社区在提供养老照料中的依托作用。同时，积极提倡老年人之间实施互助，提升这一群体的相互帮扶能力。此外，还要通过宣传、教育强化责任意识，并辅以工作制度安排为子女照顾老人提供便利。针对特殊困难的老年人群体，进一步发挥公立养老机构的托底作用。

（执笔：冯文猛　王莉莉[⑤]）

---

① 进入2017年以来，上海、河北等多地已经将提升养老机构质量作为一项重要工作，明确推进“五查五改、对标达标”的115项内容，同时上海等地还在探索建立黑名单制度，强化对养老机构的监督和管理。

② 如，重庆等地出台了相关激励政策，鼓励社会力量兴办养老机构。济南市当前的民办和公建民营养老机构占比达到85%以上。

③ 如，2015年，海南省出台《关于加快发展养老服务业的实施意见》，提出加大财政金融扶持力度，建立社区居家养老服务网络，建立健全老年人福利制度，推进养老机构发展，培育养老服务产业。温州市通过金融创新、政策扶持等举措，发展多元化的老龄产业体系。济南市也在加快养老与房地产、医疗、保险、旅游等融合步伐，大力发展候鸟式养老、旅游养老、农家养老、以房养老、会员制养老等新兴业态，拉长产业链条，提高产业聚集度。

④ 如，浙江省台州市建立了“一键通”服务平台建设，完成了市区“一键通”紧急救助、上门服务约定、照料中心托管试点，初步形成立足城乡社区居家养老服务照料中心、养老服务专业组织、社区助老员，通过“967890”一键通养老服务平台，向空巢、高龄、失能以及家庭困难的居家老人提供形式多样的养老服务。武汉市在2017年3月，明确提出了联手打造智慧养老服务平台的做法。

⑤王莉莉，就职于中国老龄科学研究中心。

第十三章
政府服务专题研究报告

2016年的调查结果表明，随着放管服改革逐步推进，城乡居民对政府服务满意度持续改善，但政府服务质量和效率仍有改进空间，特别是畅通信息渠道、简化办事程序、提高服务意识等方面，今后需要针对这些重点环节进一步深化放管服改革。

一、群众对政府服务满意度的总体评价

对政府服务和办事效率的总体评价不仅可以反映群众对政府服务的满意度，也能促进政府自身进一步优化服务，不断提升政府治理能力。为此，"中国民生调查"课题组对这一问题进行了持续跟踪调查。近三年来，城乡居民对政府服务满意度评价较高，对政府服务和办事效率表示满意（含"很满意"、"基本满意"，下同）的受访者从2014年的61.8%提高到2016年的63.3%，总体呈现持续改善态势。

2016年调查结果显示，63.3%的受访者对本地政府服务和办事效率表示满意，较上年提高3.44个百分点。其中，17.1%的受访者表示"很满意"，比上年提高6个百分点；10.3%的受访者表示"不太满意"和"很不满意"，较上年下降0.39个百分点。但同时也应看到，由于受调查样本特点影响，不同区域、群体之间的评价具有显著性差异，尤其是城乡居民、不同学历、个别省份的群体对此评价差异较大。

（一）城镇居民对政府服务评价低于农村居民

入户调查选取的8个省份中，城镇居民对政府服务评价低于农村居民。59.3%的城镇居民对政府服务感到满意，比农村居民低7个百分点。按照统计口径划分，有57.8%的主城区受访者对政府服务感到满意，低于农村受访者9个百分点。随着放管服改革的深入推进，相关审批事项和公共服务已下放至乡镇一级政府，在一定程度上也表明基层政府服务意识和干部作风有所改善。相比而言，由于经济社会发展程度不同，涉及城镇居民的有关审批事项种类相对较多、程序相对繁琐，满意度评价可能会因人因事有所差异。

（二）高学历受访者对政府服务评价相对较低

受访者对政府服务满意度评价不仅受自身或家庭成员的经历、直观感受影响，还与其学历

层次、认知水平相关，高学历的受访者对政府服务满意度的评价通常较为谨慎。调查结果也表明，较高学历的受访者对此评价低于较低学历的受访者。有 63.8% 的本科学历受访者、49.3% 的研究生及以上学历受访者对“居住地政府服务和办事效率评价”表示满意。相比之下，有近七成的初中及以下学历受访者表示满意，初中学历受访者、大专 / 高职学历受访者占比分别为 68.4% 和 68.7%。

（三）不同省份受访者评价与主观感受存在差异

入户调查选取的 8 个省份中，四川、浙江受访者对目前居住地政府服务满意度评价最高，表示满意的比例为 78.6% 和 76.9%，不满意的比例仅为 8% 和 5.2%。安徽、河北、山西、江苏的受访者对政府服务满意的比例均在 65% ~ 75% 之间。相比之下，广东受访者对政府服务满意度的评价最低，仅 50% 的受访者表示满意，还有 16.8% 的受访者表示不满意。从分省调查结果看，部分省份政府满意度评价与主观感受差异较大，出现这种情况可能与不同省份之间的调查抽样有关。以广东省为例，有超过一半的受访者来自粤东、粤西等经济欠发达地区，政府服务水平相比广州、深圳有所偏低；其他受访者虽然居住在广东、深圳城区，但大多数属于外来人口，这些群体特征也会影响对政府满意度的评价。

二、改善政府服务需要关注的几个问题

当前，围绕证明材料多、办证程序繁琐、办事不便利、服务“碎片化”等突出问题，各地深入推进放管服改革，努力改善政府服务水平。但同时也应看到，一些影响政府服务满意度的几个重点问题还需要持续关注。

（一）政府办事程序及效率有所提升，但与群众真实感受仍有一定差距

2016 年调查结果显示，63.1% 的受访者认为现在找政府办事比以前更容易了，较上年提高 2.53 个百分点。而认为“没有变化”和“更加困难”的受访者比例分别为 13.7% 和 5.8%，与上年基本持平。此次入户调查中，有 43.2% 的受访者到过居住地政府部门（包括政务服务中心、街道办、村委会等）办事，比上年增加 10 个百分点以上，他们对政府改进服务、提高办事效率的感受相比其他受访者更加直接，也更能真实反映群众诉求。在所有到政府部门办过事的受访者中，有 54% 的受访者表示对办事过程很满意，与上年相比下降了 3 个百分点，这说明政府办事程序及效率虽有提升，但与群众日常生活密切相关的“最后一公里”仍有梗阻。

此外，受访者认为最不满意的排前两位的分别是“程序复杂和不公开”、“相互推诿、效率低”，分别占 15.9% 和 10.5%，与上年比较排序基本一致。群众办事多次跑路、办证要件不清、来回折腾盖章等问题仍然存在，应该引起有关部门高度重视，尽快补齐服务短板。

（二）政策信息获取方式相对单一，新媒体渠道有待进一步拓宽

政府办事程序是否简化、办事要件是否齐全，在一定程度上还取决于政策信息获取的便捷性和权威性。当前，群众获取政府为民办事的信息及政策渠道仍然局限于传统媒介。2016 年调查结果显示，48.6% 的受访者首位选择“电视、收音机”，其次是“干部下来宣传动员”和“报纸杂志”，分别占 15.6% 和 12.3%。相比之下，通过微信、微博、公众号等新媒体以及政府网站方式获得政策信息的占比分别为 6.3%、3.4%。如果对受访者三项选择进行加权统计，排列靠前的依次是“电视、收音机”、“干部下来宣传动员”，选择“听同事朋友等介绍”和“新媒体（微信、微博、公众号等）”的受访者比例接近。

随着“互联网 +”、大数据的迅速发展，群众获取政策信息的渠道更加多样化，通过各类新媒体、政府门户网站获取政府办事信息的渠道更加广泛，但选择新媒体的群体比较有限，目前主要集中在受过较高程度教育的城市居民。此次入户调查中，分别有 41.7% 和 38.3% 的本科及以上学历受访者首选“新媒体（微信、微博、公众号等）”和“政府网站”，而初中及以下学历受访者的首选比例仅为 23.3% 和 6.8%，他们更倾向于“电视、收音机”和“干部下来宣传动员”。因此，应当针对不同群体的特殊性，注重政策信息传递的有效性，使群众在找政府办事的过程中能够准确获取政策信息，尤其是在办证要件、办事程序、办事流程等方面，避免群众办事多次跑路。

（三）“互联网 + 政务服务”逐步推广，但同时应考虑不同群体的适应性

近年来，各地按照“简化手续、优化程序、在线运行、限时办结、把审批变成服务”的要求，通过打造线上线下政务服务大厅，严格执行审批程序和时限规定，地方政务服务中心实行集中式审批的做法获得了群众较高评价。从政府服务最需提高的角度看，25.8% 的受访者认为应该实行“一站式”窗口办理，5.5% 的受访者建议促进政务信息网上公开，2.4% 的受访者认为应该实现网上业务办理。随着《关于加快推进“互联网 + 政务服务”工作的指导意见》出台，全面公开政务服务事项，政务服务网上办理加快推进，这与受访者的期待基本一致。

但同时也应看到，一方面，部分偏远地区目前尚不具备接入信息网络条件，基层服务网点与网上服务平台缺乏有效对接，不同部门之间信息不能互联互通，容易造成数据互不兼容；另一方面，一些文化程度较低、长期居住在农村的群众还不能适应网上自助办理业务，同时也缺乏相应的知识能力。本次入户调查中，多数受访者处于初中学历水平，仅有 5.45% 的受访者具有大学本科及以上学历，他们在政务服务窗口办事仍采用纸质材料申报，信息化操作的辅助方式尚不健全。如果互联网政务服务没有考虑这部分群体特点，也容易产生政府服务新的短板。

三、优化政府服务模式的探索与实践

为群众提供优质、高效、便捷的公共服务，关键在于探索形成具有可操作性、确保有效落

地的举措，从根本上遏制服务过程中“不作为、乱作为、不善为”等问题。总体来看，国家有关部委根据《2016年推进简政放权放管结合优化服务改革工作要点》，按照职责分工不断优化政府服务，制定了统一、规范、多级联动的“互联网＋政务服务”技术和服务体系，以更大力度推进政务公开，不断提升政务服务效率。目前，各类无谓的证明和繁琐的手续逐步取消，政府方便群众办事举措持续改进。一方面，全面公布地方各级政府部门权力清单和责任清单，进一步压缩负面清单，全面推进决策、执行、管理、服务、结果公开和重点领域信息公开，让人民群众和企业了解放权情况、监督放权进程、评价放权效果。另一方面，逐步打破“信息孤岛”和数据壁垒，努力实现数据信息互联互通和充分共享，集中式审批、“一站式”窗口办理逐步推广，各地相继实现了“一号一窗一网”的政务服务新模式，各地群众普遍反映办事更方便、更快捷、更有效率。

一年多来，国务院相继出台《关于简化优化公共服务流程方便基层群众办事创业的通知》《关于加快推进“互联网＋政务服务”工作的指导意见》《“互联网＋政务服务”技术体系建设指南》，鼓励地方积极探索、敢于担当、创新服务，逐渐形成了一批可复制、可推广、有特色的地方探索。比如，广东省的“一门一网”政府服务、浙江省的“最多跑一次”改革、四川省的“精准发力”优化服务。

（一）广东：全面推行“一门一网”政府服务

广东省自2013年开始大力推进行政审批标准化建设，将一项事权从哪里来、找谁来办、该怎样办、多长时间能办完、怎样投诉等信息准确告知群众，将部门权力晒在阳光下，让群众按图索骥即可办事，审批人员也全面遵循行政审批标准审批。2016年4月，广东开始全面推行“一门一网”政府服务模式改革，提出办事人到政府机关现场跑动次数不超过2次，逐步做到企业和群众办理的大部分事项可以做到“零跑动”，真正实现“一门在基层、服务在网上”。目前，广东大部分政务事项可以在网上办理，办事人只需登录1次，就可办理31个省直部门的870项事项，以及进入所有地市分厅办理业务。与此同时，基层行政服务中心也不再有层级之分，部分地区已实现任一综合服务窗口可以办理所有事项。

“一门式、一网式”政府服务模式改革是在行政审批和服务事项标准化的基础上，依托“互联网＋政务服务”建设政务服务大数据库，用“信息跑路”替代“群众跑路”，为各类网上办事提供可靠的后台支撑，打造实体综合服务窗口和网上统一申办受理平台。一方面，改变以往群众办事挨个排队、挨个窗口跑的流程，将各部门办事大厅和办事窗口分类整合到行政服务中心的综合服务窗口，实行前后台受审分离，大力推动职能部门向综合窗口授权或委托审查。另一方面，坚持从群众办事习惯、互联网普及程度等实际出发，对省网上办事大厅主厅和各分厅、窗口的办事导航进行功能拓展和界面创新，并提供PC端、手机端及自助设备等多种渠道，为群众提供全程在线咨询服务，方便群众办事，不断提升政务服务智慧化水平。

（二）浙江：加快推进“最多跑一次”改革

浙江省自2013年初就提出打造“办事最快”政府的号召，积极推进以“四单一网”为代表的清单管理制度。2016年底，浙江进一步提出加快推进“最多跑一次”改革，使群众和企业到政府部门办理行政审批和政务服务等事项，在申请材料齐全、符合法定受理条件时，实现“最多跑一次是原则、跑多次是例外”的要求。2017年初，浙江全省各级政府部门已公布第一批“最多跑一次”事项共40961项，其中省级750项、设区市本级平均674项、县（市、区）平均364项。2017年还重点推进行政服务中心“一个窗口受理”改革、优化浙江政务服务网、建立统一政务咨询投诉举报平台等三大“前台”，打造政府服务群众和企业的友好界面。

“最多跑一次”对政府自身改革和服务提出了更高要求，是在“四单一网”改革基础上的深化。它以群众和企业到政府办事需求为导向，以“减负惠企、便民利民”为改革宗旨，紧紧围绕与企业和人民群众生产生活最相关领域事项展开，体现了实事求是、因事制宜、分类管理的特点。一是进一步规范各类事项“最多跑一次”的认定标准，制订具体办事流程和办事指南，形成覆盖行政许可、行政处罚、行政服务等领域的“一次办结”机制。二是充分发挥四级行政审批（便民）服务体系的平台作用，加强对市、县、乡镇（街道）的指导，确保基层能够接得住、接得好。三是全面推行“互联网＋政务服务”，逐步实现“一号一窗一网”[①]，形成各项便民服务“在线咨询、网上办理、证照快递送达”的运行机制。

（三）四川：精准发力进一步优化政府服务

近年来，四川省扎实推进放管服改革，按照《四川省简化优化公共服务流程方便基层群众办事创业工作方案》，着力聚焦企业群众反映最多、问题最突出的“焦点”和“难点”，提出在全国率先集成公开关于创业就业的政策支持、政策解读、法律和信息咨询等内容，使广大群众能够通过一个窗口知晓并能办理所有创业就业方面的审批和公共服务类事项。通过全面清理公共服务事项、简化优化服务流程、全面公开并进驻政务服务中心，切实解决两头跑、反复跑的问题。

精准发力是进一步优化政府服务的前提，也是改革坚持问题导向、紧扣群众诉求的体现。从审批权相对集中的“武侯经验”到精准发力的公共服务供给侧改革，四川营造了更加优良的政务环境，体现了民生关切无小事。其一，针对政府办事效率低下，扎实推进“四个减少”，即减少申请材料、减少办理环节、减少办理时间、减少自由裁量权，着力解决行政审批的“痛点”。其二，针对政策信息获取不便，以公共服务公平、可及为目标，明确劳动就业、社会保障、医疗卫生、住房保障、民政救助年审年检、资格证明等与群众日常生产生活密切相关的公共服务事项及具体办理流程。其三，针对“互联网＋政务服务”面临的新情况，强化主动服务、跟踪

① “一号”是要实现群众办事“一号”申请，避免重复提交办事材料、证明和证件等；“一窗”是要实现政务服务事项“一窗”受理，就近能办、同城通办、异地可办；“一网”是要实现多渠道服务的“一网”通办，大幅提高政务服务的便捷性。

服务，探索并推广政府全程代办审批事项，及时帮助解决企业群众在办事过程中遇到的困难和问题。

四、深化放管服改革的重点及政策建议

简政放权、放管结合、优化服务是深化行政审批制度改革的重要内容，也是新时期推动经济社会持续健康发展的战略举措。虽然近年来政府服务满意度持续改善，但离人民群众的诉求还有差距，放权不到位、监管有缺位、服务常错位和改革红利未充分释放等问题仍然存在。深化放管服改革，要始终以群众需求为导向，紧紧围绕群众反映突出的问题，在简政放权基础上，更加注重监管机制创新，重点逐步向优化政府服务转移，努力增强公共服务的公平性和可及性，切实提升政府服务质量，使人民群众有更真实的获得感。

一是进一步简化优化公共服务流程。积极响应群众诉求，深入研究与群众生活密切相关的全生命周期管理服务，全面梳理劳动就业、社会保障、医疗卫生、住房保障、民政救助、年审年检等领域的服务事项，进一步减少无谓证明和繁琐手续。依托“互联网 + 政务服务”平台，逐步实现证件数据、相关证明信息等跨部门、跨区域、跨行业互认共享，切实做到“证件联用、信息联通、服务联动”。

二是深入推进“互联网 + 政务服务”。一方面，促进政务服务事项全面公开，加快推进政务服务事项网上办理，公共决策网上互动，畅通公众互联网沟通渠道，切实提高便民服务的质量和效率。另一方面，加快构建统一的“一站式”政务服务平台，积极推广一站式办公、一条龙服务、预约服务等多种创新机制，逐步实现实体政务大厅与网上服务平台融合发展。此外，对于无法纳入信息网络的偏远地区群众，也要通过代理服务、主动服务等方式，提供便捷优质的公共服务，同时加快将网上政务服务向基层延伸。

三是建立健全“群众点菜”机制。针对此次调查中反映的问题，不仅要在畅通信息渠道、简化办事程序、提高服务意识等方面拿出具体举措，更要从创新体制机制上下功夫，进一步明晰部门权责、解决内部职能边界，打破由部门利益带来的“中梗阻”。比如，建立健全“三张清单”制度，进一步增强政府权力运行的透明度，减少部门之间相互推诿、扯皮和“懒政”现象。探索建立以群众满意度为导向的政府绩效评价机制，进一步提升各级政府官员的服务和责任意识。

（执笔：龙海波）

第三部分

省域民生发展报告

第十四章
浙江省民生发展报告

民生是人民幸福之基、社会和谐之本。习近平总书记多次强调，要时刻把人民群众安危冷暖放在心上，多为群众办实事、办好事。2015 年，浙江省委、省政府认真贯彻落实中央关于做好民生工作的各项要求，继续扎实推进民生保障各项工作，着力改善人民生活，确保人民群众安居乐业和社会安定有序。

一、浙江省民生发展总体情况

浙江始终把改善民生作为保增长、保稳定、促发展的出发点和落脚点，在继续做好面上民生工作和坚持每年办十件民生实事的同时，更加突出了对欠发达地区和贫困家庭的民生保障工作。2015 年初，省委、省政府作出了年内全面消除家庭人均年收入 4600 元以下贫困现象决策，确保改善民生“一个都不能少”；作出了对淳安等 26 个欠发达县（市、区）集体摘帽决定，跟进出台了《关于推进淳安等 26 县加快发展的若干意见》（浙委发〔2015〕8 号），通过增强生态经济“造血”功能、加快新型城镇化步伐、着力提升民生保障水平、促进城乡居民收入持续普遍较快增长、大力推进生态环境保护和建设等五大政策十六项具体措施，继续加大对“摘帽”后淳安等 26 县（市、区）的政策支持。全省继续保持新增财政收入的七成以上花在民生方面，主要用于重点支持实施省政府“十方面民生实事”和教育、医疗、就业、社保、保障房等方面，这也是浙江自 2006 年以来，连续第 10 年将 2/3 以上新增财力用于民生。浙江民生工作扎实推进，民生投入继续增加，民生实事越办越好，人民群众的获得感、幸福感进一步增强。

（一）民生实事扎实推进，城乡居民生活持续改善

2015 年，浙江每年办十件民生实事已进入第 11 个年头。省政府继续按照“先网络投票、政府商议，后社会公示、各方听证，再党委讨论、人大通过”的工作程序，确立了加大雾霾治理力度、加强农产品质量安全保障和餐桌安全治理、加强水环境治理、加快电商服务网络建设、改造提升农村公路、加快推进农村生活污水治理和城市垃圾分类处理、加强低收入群众和困难群众帮扶、加快公共文化体育服务体系建设、加快养老服务体系建设、加快推进义务教育均衡化等 10 方面实事。通过全省上下的共同努力，上述 10 方面民生实事工作已于当年底全面或超额完成。其中全年完成黑臭河整治 446 公里，累计完成整治 5106.2 公里；提升农村公路技术等级 3000 公里以上，

完成农村公路路面维修3000公里以上；落实农村生活污水治理资金约183.6亿元，实施农村生活污水治理村10010个，受益农户245万户；家庭人均年收入低于4600元以下的22万户低收入农户共43万人通过“消除4600”工程摆脱了贫困；省财政下达补助资金9.28亿元用于提高城乡居民低保标准，全省城市低保月平均标准达到653元，农村低保月平均标准达到570元，同比分别增长11%和17%；新增农村文化礼堂1481个，完成年度目标任务的148.1%；新增机构养老床位3.59万张，新增护理型床位2.14万张，新建城乡社区居家养老服务照料中心6120个，分别完成年度目标任务的128.2%、142.7%、122.4%；复核通过771所中小学校的标准化建设，累计4400所中小学校完成了达标任务。以为民办实事为牵引，浙江全面推进民生事业发展，切实解决民生难题，让老百姓得到了更多看得见、摸得着的实惠。

①城乡居民收入增长继续保持全国领先。2015年，浙江全体居民人均可支配收入35537元，名义增长8.8%，扣除价格影响因素实际增长7.3%。分收入来源看，人均工资性收入20654元，增长8.3%；人均经营净收入6182元，增长3.7%；人均财产净收入4079元，增长13.7%；人均转移净收入4622元，增长14.3%。城镇常住居民人均可支配收入43714元，名义增长8.2%，扣除价格影响因素实际增长6.7%。分收入来源看，人均工资性收入24948元，增长7.0%；人均经营净收入6646元，增长4.2%；人均财产净收入6048元，增长12.9%；人均转移净收入6073元，增长13.8%。农村常住居民人均可支配收入21125元，名义增长9.0%，扣除价格影响因素实际增长7.5%。分收入来源看，人均工资性收入13087元，增长11.2%；人均经营净收入5364元，增长2.4%；人均财产净收入608元，增长12.0%；人均转移净收入2066元，增长13.4%。城乡居民收入已分别连续15年和31年居全国各省区首位。城乡居民收入差距继续缩小，继2014年的2.09之后进一步下降到2.07，仍为全国城乡收入差距最小的省份之一。

②就业再就业形势总体保持稳定。浙江始终把扩大就业摆在经济社会发展的突出位置，不断完善就业政策，多渠道开发就业岗位，积极鼓励大众创业、万众创新，努力营造良好的就业环境，扎实推进就业再就业工作。2015年，全省新增城镇就业人数110.5万人，较上年增加3.07万人，增长2.9%，其中42.95万名城镇失业人员实现再就业；年末城镇登记失业率为2.93%，比上年下降0.03个百分点；城镇零就业家庭实现了“基数归零，动态归零”。

③城乡居民居住条件不断改善。2015年，围绕国家出台的一系列房地产政策，浙江有针对性地研究出台了《关于促进房地产市场平稳健康发展的通知》（浙政办发〔2015〕76号）、《浙江省住房公积金个人住房异地贷款管理办法》等配套措施，把控土地供应，规范市场秩序，推进房地产市场平稳向好发展。至2015年末，全省居民人均住房建筑面积达到48平方米，其中，城镇常住居民人均住房建筑面积40.5平方米，农村常住居民人均住房建筑面积61.3平方米。

（二）民生改革纵深推进，城乡基本公共服务有效供给不断增强

2015年，浙江明确了以推进考试招生制度、高校专业设置、高校财政投入、教育教学等为内容的教育领域综合改革以及以推进公立医院综合改革、药品采购供应机制改革、“双下沉、两提升”长效机制建设、分级诊疗制度建设和“智慧医疗”体系建设等为主要内容的医疗卫生改

革发展重点工作，推进社会事业加快发展，进一步扩大公共服务的有效供给。

①教育综合改革深入推进。重点推进考试招生制度、高校专业设置、高校财政投入、教育教学等领域的体制机制改革创新，同时着力在加强基础教育重点县建设、促进民办教育发展等方面下功夫，研究制定了高中课改、综合素质评价、生涯规划、高中学考、高考选考科目考试等 8 个配套文件，出台了《关于加快发展现代职业教育的实施意见》，进一步理顺教育发展体制机制，促进教育机会公平惠及和教育质量不断提升。2015 年，全省拥有普通高等学校 108 所，在校大学生 105.5 万人，普通高考录取率 87.1%，高等教育毛入学率 56%，同比提高 2 个百分点；中等职业教育学校（含技工学校）357 所，招生 22.9 万人，在校生 64.6 万人；十五年教育普及率达到 98.47%，同比提高 0.07 个百分点；所有县（市、区）通过国家义务教育基本均衡县评估，在全国率先宣布中小学生招生全部实现零择校，“三残”儿童义务教育全面普及，符合条件的外来务工人员子女全面实现流入地升学。

②城乡优质医疗资源优化配置。关注重点领域和关键环节，突出问题导向、需求导向和目标导向，以“双下沉、两提升”为突破口，着力推进公立医院综合改革、药品采购供应机制改革，加快分级诊疗制度和“智慧医疗”体系建设，加大社会力量办医扶持力度，努力改善城乡居民医疗卫生条件。2015 年，全省共有卫生机构 3.1 万个（含村卫生室）。各类医院床位数 23.8 万张，比上年增长 11.7%。卫生技术人员 40.4 万人，增长 7.7%；其中，执业（助理）医师 15.7 万人，注册护士 15.9 万人，分别增长 7.8% 和 9.6%。医院年诊疗 24621 万人次，增长 2.9%。孕产妇死亡率 5.28/10 万，5 岁以下儿童死亡率 4.65‰，婴儿死亡率 3.27‰。通过深入推进优质医疗资源“双下沉、两提升”，15 家省级医院、39 家市级医院分别与 122 家县级医院签订 5 ～ 8 年的合作办医协议，实现城市优质医疗资源下沉县（市、区）全覆盖；其中 7 家省级医院安排医院自有资金 3 亿元与地方政府开展合作投资办医，探索长效合作机制。通过推进分级诊疗制度建设，全省规范签约人数超过 710 万人。全省在谈、在建社会办医项目 211 个，其中投资额 5 亿元或规划床位数 500 张以上的重大项目 30 个。“智慧医疗”体系加快建设，13 家省级医院与省级平台实现互通，10 个市的市级卫生信息平台建成，66 个县（市、区）建立了区域影像、临床检验或心电诊断等共享中心。

③公共文体服务能力有效提升。将完善国有文化资产管理体制和工作机制、推动基本公共文化服务标准化均等化、推进重点国有文化企业股份制改造等作为文化领域重点突破改革项目，同步推进完善新闻舆论导向管理机制、创新思政理论课教学方法和学生考试评价方式、推动政府部门由办文化向管文化转变、改革文化产品评价体系和激励机制、建立加强文化遗产保护推广和地方戏曲剧种振兴工作机制、构建多层次文化产品和要素市场等重点改革项目，着力突破制约文化发展的体制障碍，切实提高公共文化服务能力。到 2015 年底，全省共有县级以上文化馆 102 家，县级以上公共图书馆 98 家、乡镇分馆 557 个，博物馆 105 家，美术馆 112 家，农村文化礼堂 4928 个，乡镇综合文化站和村级文化设施覆盖率均达到 100%；有线电视用户 1537.17 万户，广播、电视综合覆盖率分别达到 99.6% 和 99.69%；建成国家级和省级全民健身活动中心 31 个，乡镇（街道）及中心村农民健身广场 425 个，健身绿道超过 1000 公里。

④社会保障制度更趋公平。继续完善社会保障制度，着力推进全民参保登记，建立全民参保信息系统，全面实施大病保险制度，制定出台《关于进一步做好建筑业工伤保险工作的指导意见》、《重特大工伤事故工伤保险应急处理工作预案》和《进一步做好工伤职工劳动能力鉴定工作的若干意见》，为建立更加公平可持续的社会保障制度打下良好基础。2015 年，全省参加企业基本养老保险人数 2398 万人，参加城镇职工基本医疗保险人数 1993 万人，参加失业保险人数 1260 万人，参加工伤保险人数 1930 万人，参加生育保险人数 1285 万人。正常缴费企业退休人员基本养老金月均水平超过 2750 元；城乡居保基础养老金最低标准提高到 120 元；因工死亡职工供养亲属抚恤金月人均提高 130 元。全民参保登记入库户籍人员 4544 万人，约占本省户籍人口的 95%。

⑤交通基础设施建设不断加快。以建设舟山江海联运服务中心、杭州都市圈共建共享交通设施等作为交通发展年度重点推进项目，以点带面，以城带乡，进一步加快城乡交通基础设施建设步伐，有效发挥大交通的先导作用。到 2015 年底，全省综合交通线网总规模（公、铁、航道）12.9 万公里。其中，铁路营运里程为 0.25 万公里，公路里程为 11.7 万公里，内河高等级航道里程约 1 万公里。沿海港口总吞吐能力达 10 亿吨，集装箱吞吐能力 1800 万标箱，内河港口总吞吐能力 4.2 亿吨。省内 7 个民用机场旅客吞吐能力达 4600 万人次。

（三）美丽浙江建设扎实推进，环境质量得到持续改善

坚持把“绿水青山就是金山银山”作为指导发展的核心理念，坚持一张蓝图绘到底、一任接着一任干，坚定不移地照着“绿水青山就是金山银山”的路子走下去，将绿水青山护得更美，把金山银山做得更大。

①美丽乡村建设扎实推进。坚持因村制宜编制村庄建设规划，分类确定村庄的人口规模、功能定位和发展方向，全面开展村道硬化、路灯亮化、村貌洁化、垃圾收集、河沟清淤、卫生改厕、农户改水、村庄绿化，进一步美化乡村环境。2015 年，全省各级投入美丽乡村建设资金 254 亿元。截至年末，共开展 10010 个村的农村生活污水治理，受益农户（已接入和正在接入）245 万户；开展农村垃圾减量化资源化处理试点村 104 个；98% 的村实现生活垃圾集中收集处理，79% 的村实现生活污水有效治理，农村生活污水治理农户受益率为 66%，已有 58 个县（市、区）成为美丽乡村创建先进县。与此同时，注重发展美丽经济，重点推进设施农业、循环农业、休闲农业、有机农业、园艺农业等高效生态农业发展，并依托农村的特色产业、山水风光、人文景观、传统文化、民俗风情和革命遗址等资源发展乡村旅游业。到 2015 年底，全省共培育乡村旅游村（点）3246 个，“农家乐”经营农户达 1.6 万户，从业人员 14.8 万人，农家乐接待游客 2.2 亿人次，直接营业收入 229.5 亿元。

②空气质量持续改善。近年来，浙江围绕“两美浙江”建设的决策部署，深入推进治气降霾六大专项行动，突出重点项目攻坚，加强政策调度，加强联防联控，促进空气质量进一步好转。2015 年，全省加强燃煤锅炉和黄标车淘汰，淘汰改造燃煤锅炉 17814 台，淘汰黄标车 32 万辆。加强工业废气治理，电力、钢铁、玻璃行业大气限期治理全面完成，82 条水泥熟料生产线全部完成脱硫脱硝改造或停产转产。完成 VOCs 污染企业整治 999 家。全省霾平均日数 53 天，

比上年减少 16.7 天。11 个设区城市环境空气 PM2.5 年均浓度平均为 47 微克 / 立方米，比上年下降 11.3%。设区城市日空气质量达标天数（AQI）比例范围为 59.7% ~ 90.8%，平均为 78.2%；69 个县级以上城市日空气质量达标天数（AQI）比例范围为 59.7% ~ 99.4%，平均为 85.0%。

③水体质量日趋好转。近年来，浙江以治污水为突破口，持续推进“五水共治”，严格落实“河长制”，突出抓好“清三河、两覆盖、两转型”等重点工作，很多地方的垃圾河、黑河、臭河变成了风景河。2015 年，全省完成黑臭河整治 446 公里，累计完成黑臭河整治 5106 公里，累计消灭垃圾河 6496 公里。221 个省控断面中，Ⅰ ~ Ⅲ类水质断面占 72.9%，比上年提高 9.1 个百分点；满足水环境功能区目标水质要求断面占 75.1%。11 个设区城市的主要集中式饮用水水源地水质达标率为 92.8%，县级以上城市集中式饮用水水源地水质达标率为 89.4%。全省 145 个跨行政区域河流交接断面中，满足水环境功能区目标水质要求断面占 73.1%。全省近岸海域共发生赤潮 12 次，累计面积约 837.5 平方千米，其中有害赤潮 3 次，有害面积 78.5 平方千米，与上年同期相比，赤潮发生次数下降 6 次，减少面积 882.5 平方千米。

④城乡绿化取得明显成效。继续深入实施“1818”平原绿化行动，持续开展森林城市创建活动，积极创导全民义务植树，美丽浙江呈现新的面貌。2015 年，全省完成新植树木 5 亿多株，新增平原绿化 207 万亩、省级生态公益林 625 万亩，造林更新面积 39.7 千公顷，其中人工造林 19.6 千公顷，无林地和疏林地封育 10.6 千公顷，迹地更新 9.5 千公顷。根据 2015 年浙江省森林资源年度监测结果显示，全省森林覆盖率为 60.91%（含灌木林）。新增水土流失治理面积 682 平方公里。人均公园绿地面积 13.33 平方米，比上年增长 3.7%。

（四）以“大平安”理念推进“平安浙江”建设，公众安全感满意率进一步提高

紧紧围绕“五位一体”总体布局和“四个全面”战略布局，坚守“大平安”理念，坚持问题导向、效果导向，精准发力、持续发力，积极推进社会治理创新，坚持不懈推进平安浙江建设，着力解决影响社会和谐稳定的突出问题，确保了社会大局持续稳定，有力保障了经济社会持续健康发展。

①社会环境和谐稳定。着力构筑大平安格局，把平安建设贯穿于“五位一体”总体布局之中统筹谋划，坚持下好先手棋、打好主动仗，坚持底线思维、严防固守，坚持打防结合、综合治理，坚持整合资源、多元化解，坚持重心向下、固本强基，牢牢守住“不出大事”这条底线。扎实开展“百日维稳攻坚大会战”，圆满完成抗战胜利 70 周年纪念活动、国庆 66 周年、党的十八届五中全会、第二届世界互联网大会等重大活动维稳安保任务，切实增强了人民群众的安全感。2015 年以来，全省没有发生重大政治性事件、非法聚集事件、大规模群体性事件和暴力恐怖事件，刑事发案、信访总量、安全生产事故等指标继续呈下降趋势，人民群众安全感满意率达到 96.34%，较 2014 年提高 0.14 个百分点。

②安全生产形势持续向好。重点围绕“健全安全生产隐患排查治理体系，完善企业自主排查治理隐患机制”和“建立安全生产预防控制体系，加强重点行业领域安全风险控制，分组分

类整合推进安全生产标准化和诚信机制建设”两项安全领域重点任务推进改革，以标本兼治、管好源头为目标，着力加强安全生产隐患排查治理体系和预防控制体系建设，各类事故防控水平进一步提高。2015 年，全省各类安全事故起数在与 2014 年同比下降 6.2% 的基础上再下降 5.5%，死亡人数、受伤人数也分别同比下降了 4% 和 6.5%。

③食品药品安全更有保障。全面推进食品药品“三网六体系”建设，启动实施“餐桌安全治理行动”三年计划，切实深化食品药品监管体制改革，扎实推进基层监管站所和乡镇（街道）食安办建设，深入开展肉品水产品安全专项整治“百日会战”和“四品一械”8 大专项行动，保持对危害食品药品安全违法犯罪行为的重拳打击力度，坚决捍卫广大人民群众用餐用药安全。2015 年，全省共立案查处食品药品案件 15977 件，涉案金额 1.2 亿元，罚没款 2 亿多元，捣毁非法生产窝点 200 余个。

二、浙江省促进民生改善的政策举措

2015 年，浙江省继续围绕民生改善制定出台相关政策，以制度强化保障，确保民生改善稳定和可持续。

（一）提高居民生活水平方面政策

一是提高城乡居民收入。2015 年，省委研究制定《浙江省国民经济与社会发展第十三个五年规划的建议》，要求到 2020 年生产总值、人均生产总值、城乡居民收入均比 2010 年翻一番。省政府下发《关于调整机关事业单位工作人员基本工资标准两个实施办法的通知》，要求从 2014 年 10 月 1 日起，调整公务员基本工资标准，同时将部分规范津贴补贴纳入基本工资。调整后，职务工资标准由现行的 340 ~ 4000 元提高到 510 ~ 5250 元；级别工资各级别起点标准由现行的 290 ~ 3020 元提高到 810 ~ 6135 元，其他各级别工资档次标准相应提高。与此同时，要求适当调整机关工人技术等级（岗位）工资标准，适当提高直接从各类学校毕业生中录用的公务员试用期工资标准，适当提高新参加工作工人的学徒期、熟练期工资标准。省政府下发《关于调整全省最低工资标准的通知》，要求从 2015 年 11 月 1 日起，将浙江省最低月工资标准调整为 1860 元、1660 元、1530 元、1380 元四档，非全日制工作的最低小时工资标准调整为 17 元、15.2 元、13.8 元、12.5 元四档。

二是改善城乡居民居住条件。2015 年，省政府办公厅下发《关于促进房地产市场平稳健康发展的通知》，要求扎实推进保障性安居工程建设，确保 2015 年全省新开工各类保障性安居工程住房 21.6 万套，基本建成 16.9 万套。积极探索通过 PPP 模式和政府购买服务等方式，吸引社会资本参与棚户区改造和公共租赁住房建设运营。出台《关于进一步加强村庄规划设计和农房设计工作的若干意见》，要求推进村庄规划、村庄设计、建房图集全面覆盖，到 2017 年底，全面完成村庄规划编制（修改），全面完成 4000 个中心村村庄设计、1000 个美丽宜居示范村建设，有效保护 1 万幢历史建筑，建成一大批“浙派民居”建筑群落，切实改善农村人居环境。下发《关于全面推进城镇危旧住宅房屋治理改造工作的通知》，要求通过政府、业主、社会共同努力，逐步消除城镇危旧住宅房屋安全隐患，在全面完成城镇住宅房屋结构安全排查、建立城镇住宅房屋使用安全“一楼一档”的基础上，2015 年完成对全省存在比较严重的结构安全问题、影响安全使用的丙类城镇住宅房屋的安全鉴定工作，力争 2017 年底前基本完成城镇危险住宅房屋治理改造，并建立完善城镇住宅房屋使用安全管理制度。

（二）增强公共服务供给方面政策

一是促进创业就业。2015 年，省政府出台《关于大力推进大众创业万众创新的实施意见》，要求通过创造更为宽松公平的市场环境、打造更为有力的创业创新平台、加快构建各具特色的众创空间、培育更为活跃的创业创新主体、构筑更为活跃的创业创新投融资体系、加强研究型大学和研究院建设、开启更为广阔的“互联网 +”创业、建设更为完善的创业服务体系、健全更为高效的组织保障等具体政策举措，大力推进大众创业万众创新，以大众创业培育经济新动力，用万众创新撑起发展新未来。出台《关于支持大众创业促进就业的意见》，明确要求深入实施就业优先战略，积极推进大众创业，鼓励企业吸纳就业，统筹做好高校毕业生、就业困难人员、农村劳动力、退役军人、残疾人等各类群体就业工作，进一步激发大众创业活力，促进创业带动就业。出台《关于加快发展众创空间促进创业创新的实施意见》，明确要求到 2020 年，全省培育 1000 家以上有效满足大众创业创新需求、具有较强专业化服务能力的众创空间等新型创业服务平台；培育一批天使投资人，聚集创业投资机构 300 家以上，管理资金规模 3000 亿元以上，投融资渠道更加畅通；创业创新人才队伍不断壮大，吸引科技创业创新人才 50 万人以上；孵化培育具有较强市场竞争力的科技型小微企业 30000 家以上、高新技术企业 10000 家以上，并从中成长出能够引领未来经济发展的骨干企业，形成新的产业业态和经济增长点；培养创业导师 5000 人以上；创业创新政策体系更加健全，服务体系更加完善，全社会创业创新文化氛围更加浓厚，努力打造创业天堂、创新高地。

二是加强养老保障和社会救助。2015 年，省政府出台《关于贯彻落实〈国务院关于机关事业单位工作人员养老保险制度改革的决定〉的实施意见》，明确在全省范围内统一机关事业单位基本养老保险制度和政策，统一基本养老保险缴费比例和缴费基数，统一基本养老金计发办法、统筹项目和标准以及基本养老金调整办法，统一编制和实施基本养老保险基金预算，统一集中管理职业年金基金，统一基本养老保险业务经办规程和管理制度，统一信息管理系统。下发《浙江省临时救助办法》，要求对遭遇突发事件、意外伤害、重大疾病或其他特殊原因，导致基本生活陷入困境，其他社会救助制度暂时无法覆盖或救助之后基本生活暂时仍有严重困难的家庭或个人，给予的应急性、过渡性救助。临时救助对象适用于本省户籍人口、持有《浙江省居住证》人口和困难发生在本省的流动人口，包括家庭对象与个人对象。

三是提高医疗服务能力。2015 年，浙江省政府出台《关于推进“双下沉、两提升”长效机制建设的实施意见》，要求到 2015 年底前，城市三甲医院优质医疗资源下沉，实现所有县（市、区）全覆盖，县级医疗资源下沉实现所有乡镇全覆盖，基层卫生人才培养培训任务全面完成。到

2017 年底，城市三甲医院人、财、物全面下沉的长效机制建立，重点项目有效推进，合作办医成效日益显现；城市公立医院在主城区的扩张得到有效控制，普通门诊服务量逐步减少；分级诊疗体系更加完善，实现 90% 左右的患者在县域内诊疗，群众就医满意度显著提升。出台《关于加快推进中医药健康服务发展的意见》，要求中医药服务创新服务模式，鼓励多元投资，加快市场培育，积极构建特色健康服务体系。到 2020 年，基本建成覆盖全生命周期、内涵丰富、优势突出、与城乡居民需求相适应的中医药健康服务体系，中医药健康服务快速发展，成为浙江健康服务业的重要力量。通过发展中医养生保健服务、中医医疗服务、中医药健康养老和康复服务，更好保障百姓的身体健康。出台《关于推进责任医生签约服务工作的指导意见》，明确提出到 2020 年，全省规范签约服务覆盖一半人口，基层就诊比例达到 60% 以上，促进基层首诊、双向转诊、分级诊疗就诊秩序和公立医院与基层医疗卫生机构分工协作机制的形成，使责任医生真正成为居民健康的“守门人”。下发《浙江省进一步加强乡村医生队伍建设实施方案》，要求改革乡村医生服务模式和激励机制，健全和完善乡村医生补偿、养老和培养培训政策，稳定和优化乡村医生队伍，加强医疗卫生服务监管，全面提升村级医疗卫生服务水平，通过 10 年左右的努力，力争使乡村医生逐步具备执业助理医师以上资格，乡村医生各方面合理待遇得到较好保障，基本建成一支素质较高、适应需要的乡村医生队伍，保障农村居民享受安全、有效、方便、价廉的基本医疗服务和均等化的基本公共卫生服务。

四是促进各类社会事业全面发展。

促进文化繁荣发展。浙江省政府出台《关于进一步推动我省文化产业加快发展的实施意见》，要求大力培育文化产业主体，积极推动文化产业融合发展，扎实推进特色文化建设，加快发展对外文化贸易，并为文化产业发展提供财政、税收、土地、人才、版权等方面的优惠政策。

促进教育事业发展。浙江省政府出台《关于推动我省高等教育新一轮提升发展的若干意见》，要求坚持特色发展、创新引领，进一步优化高等教育结构，加快构建现代高等教育体系和高校治理体系，全面提升高等教育质量和现代化水平，力争到 2020 年，全省高等教育竞争力和综合实力进入全国前 6 位，10 所左右高校在全国同层次、同类型高校中处于领先地位，高职教育在全国继续保持领先水平，高等教育服务经济社会发展的能力显著增强，高校错位发展、特色发展格局进一步完善，高等教育国际化接近或达到发达国家和地区水平，基本建成高等教育强省。出台《加快发展现代职业教育的实施意见》，要求创新育人模式，提高育人质量，增进学校人才培养与社会人才需求和使用的契合度，强化职业教育的吸引力、竞争力，到 2020 年，形成与浙江省发展格局和水平相适应、产教深度融合、中等职业教育与高等职业教育有机衔接、职业教育与普通教育互通互补，学校、企业、社会多元办学，体现终身教育理念，具有浙江特色和全国领先水平的现代职业教育体系。

促进卫生事业发展。浙江省政府出台《关于加强新时期爱国卫生工作的实施意见》，要求全面推进改革创新，充分调动社会力量的积极性和创造力，不断改善城乡环境卫生面貌，切实维护群众健康权益，通过广泛开展爱国卫生运动，影响健康的主要环境危害因素得到有效治理，城乡居民生产生活环境得到优化；群众文明卫生素质显著提升，健康意识不断增强，良好的健康生活方式和习惯逐步养成；重大传染病、慢性病、地方病和精神疾病等公共卫生问题防控干预取得明显成效；提前实现国家下达的各项目标任务，城乡居民主要健康指标继续保持全国前列。

促进残疾人事业发展。浙江省政府出台《关于加快推进残疾人全面小康进程的实施意见》，明确强化残疾人权益保障和公共服务，促进残疾人就业增收和融合发展，加快推进残疾人全面小康进程。到 2020 年，在全国率先建成比较完善的残疾人社会保障和基本公共服务体系，促进残疾人共享经济社会发展成果、共享全面小康。出台《关于进一步健全残疾人康复和托养服务体系的意见》，明确到 2017 年，全省新增残疾人专业康复机构 20 个、康复床位 1000 张，新增残疾人专业托养机构 50 个、床位 5000 张，新增残疾人小康阳光庇护中心 1000 家。到 2020 年，每个市、县（市）都建有 1 所以上残疾人专业康复机构，每个县（市、区）都建有 1 所以上残疾人专业托养机构，平均每百名残疾人的康复和集中托养床位达到 3 张以上，基本实现符合条件的残疾人享有康复和集中托养、日间照料或居家安养等不同层次的服务。

促进体育事业发展。浙江省政府出台《关于加快发展体育产业促进体育消费的实施意见》，要求到 2025 年，基本建成布局合理、功能完善、门类齐全的体育产业体系，建立多方合作、充满活力、富有效率、更加开放、有利于体育产业发展的体制机制，体育产业发展水平继续走在全国前列。其中，体育设施供给明显增加，人均体育场地面积超过 2.25 平方米；新建足球场地 500 片以上，实现全省 90% 以上乡镇建有足球场；新建或改建社区中小型多功能运动场馆 2000 个，新建社区与行政村的体育设施覆盖率达到 100%；公共体育设施和符合条件的公办学校体育场地向社会开放率达到 100%，在城市社区建设 15 分钟健身圈，全省经常参加体育锻炼的人数达到 40% 以上；群众体育健身和消费意识显著增强，人均体育消费支出明显提高。下发《关于推进公共体育设施和学校体育场地设施向社会开放工作的通知》。要求各级各类公共体育设施要带头向社会开放。除重大赛事和维修保养以外，全年向公众开放，每天开放时间不少于 8 小时。在公休日、法定节假日、学校寒暑假期间适当延长开放时间。公共体育设施在全民健身日全面免费向社会开放。

促进慈善事业发展。浙江省政府出台《关于加快推进慈善事业发展的实施意见》，要求坚持政府推动、社会实施、公众参与、专业运作，鼓励支持与完善监管并重，推动慈善事业健康有序发展。到 2020 年，慈善法规政策体系健全完善，体制机制协调顺畅，培育和监管制度全面确立，慈善活动专业规范，慈善行为自主高效，慈善信息公开透明，慈善理念深入人心，组织化、专业化、多元化的现代慈善事业发展格局基本形成，实现县（市、区）、乡镇（街道）、村（社区）慈善组织全覆盖，全省注册志愿者人数突破 600 万人。

（三）加强生态环境保护方面政策

一是加强环境基础设施建设。浙江省政府下发《浙江省加强节能标准化工作实施方案》，要求进一步创新节能标准化管理机制，健全节能标准体系，强化节能标准实施与监督，加快形成一批符合浙江特点、具有国内领先水平的节能地方标准，积极参与能效、能耗限额国家标准、行业标准制修订工作。到 2020 年，重点高耗能行业实现能耗限额标准全覆盖，节能标准化能力显著增强，节能标准实施与监督机制有效建立，节能标准对产业结构升级和生态省建设的支撑作用更加明显，为建设“两美”浙江和标准强省奠定坚实基础。出台《关于加强农村生活污水治理设施运行维护管理的意见》，要求到2015年底，各县（市、区）建立起以县级政府为责任主体、乡镇政府（街道办事处）为管理主体、村级组织为落实主体、农户为受益主体以及第三方专业服务机构为服务主体的县域农村生活污水治理设施运行维护管理体系。根据农村生活污水治理设施规模和所处环境，以处理水量计量、水质监测、污泥规范处置、污水收集系统和终端处理系统的“防渗漏、防堵塞、防破损、防故障”为主要任务，建立数据监测、巡查维修、设备更换等制度，实现农村生活污水治理设施长期稳定运行。下发《关于切实加强城镇污水处理工作的通知》，要求加快城镇污水处理设施建设规划编制和建设工作，切实增强城镇污水处理设施运行管理能力，全面提升城镇污水处理水平。到2017年底，基本实现全省城镇截污纳管和污水处理全覆盖，污水处理率明显提高；全面完成城镇污水处理厂提标改造和污泥处理处置设施建设，县以上城镇污水处理厂污泥无害化处置率达到95%以上，污水处理设施运行实现有序管理。到2020年底，全省县以上城市污水处理率保持在95%以上，建制镇污水处理率达到70%；城镇污水处理厂出厂水水质全面提升，并实现稳定达标排放，县以上城镇污水处理厂污泥无害化处置率达到100%，污水处理设施运行管理实现规范化、信息化、智能化。

二是着力改善环境条件。下发《关于全面推广实施与污染物排放总量挂钩财政收费制度的通知》，明确在全省全面推广实施与污染物排放总量挂钩的财政收费制度，并要求对各地每年排放的主要污染物，按每吨3000元收缴。为积极稳妥推进该项改革，对除开化县、淳安县以外的其他市、县（市），收费标准分3年到位。具体为：2015年，按每吨1000元收缴；2016年，按每吨2000元收缴；2017年起，按每吨3000元收缴。开化县、淳安县按每吨3000元的标准收缴。下发《浙江省餐厨垃圾资源化综合利用行动计划》，要求到2017年底，全省11个设区市本级和省级餐厨垃圾资源化综合利用试点县（市）项目加快建设，收运体系基本建立。到2020年底，全省餐厨垃圾收运体系进一步完善，餐厨垃圾资源化综合利用能力基本实现全覆盖，餐厨垃圾资源化综合利用环保产业规模居全国前列。下发《浙江省创建国家清洁能源示范省行动计划（2016–2017年）》，要求到2017年基本形成国家清洁能源示范省建设框架和清洁能源发展机制，全省能源清洁化水平达到国内先进水平。全省能源消费总量控制在2.2亿吨标准煤以内，完成省政府确定的年度节能降耗目标任务；煤炭消费量不超过2012年水平；节能指标保持全国前列，力争单位生产总值能耗比2013年下降15%；非化石能源占能源消费比重提高到18%；能源领域二氧化硫、氮氧化物、粉尘等主要污染物排放力争再削减20%；能源领域碳排放达到国家要求；电煤消费占煤炭消费比重力争提升到80%；清洁煤电占煤电装机容量比重达到85%；煤炭消费占能源消费比重下降到55%以下。下发《浙江省农药废弃包装物回收和集中处置试行办法》，要求建立以“市场主体回收、专业机构处置、公共财政扶持”为主要模式的农药废弃包装物回收和集中处置体系。

三是切实加强环境治理。下发《浙江省2015年主要污染物总量减排计划》，要求强化污染减排刚性约束，创新污染物总量控制制度，确保完成年度和“十二五”期间主要污染物总量减排任务。具体减排目标是，2015 年全省化学需氧量（COD）、氨氮（NH_3—N）、二氧化硫（SO_2）和氮氧化物（NO_X）排放量比 2014 年分别下降 2%、2%、2% 和 4%，全面完成“十二五”减排目标任务。省控及以上重点污染源自动监控数据传输有效率、自行监测结果公布率和监督性监测结果公布率分别达到 80%、70% 和 90%（其中国控重点污染源分别达到 85%、90% 和 98%）。下发《关于进一步加大力度推进燃煤（重油）锅（窑）炉淘汰改造工作的通知》，要求加快推进高污染燃料禁燃区建设和淘汰改造非禁燃区分散燃煤锅（窑）炉，减少燃煤污染，改善空气环境质量。明确到 2017 年底，全省县级以上城市禁燃区（除集中供热外）全部淘汰改造燃煤（重油）锅（窑）炉，非禁燃区基本淘汰改造 10 蒸吨 / 小时以下分散燃煤锅（窑）炉。下发《农业“两区”土壤污染防治三年行动计划（2015–2017 年）》，要求按照属地管理、预防为主、谁污染谁治理、用养结合的原则，加强土壤污染源头防控，改善土壤生态环境，建立健全土壤污染监测预警体系，不断提高土壤污染防控能力，努力构建农业“两区”土壤污染防治长效机制，促进农业可持续发展。到 2015 年底前，基本完成农业“两区”土壤污染现状和成因调查分析。到 2017 年，基本掌握全省永久基本农田土壤污染状况及其走势；基本扭转农业“两区”土壤污染加重态势，基本消除重大土壤环境安全隐患；农业“两区”内土壤清洁和尚清洁率达到 90% 以上。

（四）加强公共安全保障方面政策

一是加强食品药品安全监管。浙江省政府出台《关于加快推动商贸流通业健康发展的实施意见》，要求切实保障食品药品安全。明确要进一步加强餐饮安全监管，完善相关规定和管理措施，防止不合格食材流向餐桌，严厉打击“黑作坊”“黑快餐”等危害百姓身体健康的企业。加强药品流通监管，开展药品运输环节监管试点，规范药品配送和药学服务等行为。同时，要求对运送生鲜食品、主食制品、药品等车辆，实行特殊运行管理。下发《农业“两区”绿色发展三年行动计划（2015–2017 年）》，要求通过在农业“两区”内实施产品质量、生态循环、新型主体、设施装备、“两化”（农业现代化和信息化）融合和科技服务等六大提升行动，深入推进农业“两区”绿色发展，全面构建“产出高效、产品安全、资源节约、环境友好、科技先进、融合发展”的绿色农业产业体系，使农业“两区”成为全省农业绿色发展的先行区和示范区。到 2017 年，实现新型农业生产经营主体标准化生产程度达到 90%、农产品质量安全追溯率达到 90%；农业“两区”产地全面达到无公害标准，其中 20% 左右的农产品通过绿色食品认证或有机农产品认证。

二是加强安全生产监管。浙江省政府下发《关于加强安全生产监管执法的通知》，要求进一步强化安全生产法治建设，提高安全生产监管执法水平，促进全省安全生产形势实现根本好转，切实维护人民群众生命财产安全和健康权益，明确了加强安全生产法制和标准建设、全方位落实安全生产责任、创新安全生产监管执法机制、规范安全生产监管执法行为、加强安全生产监管执法能力建设等五个方面共 20 条措施。

三是加强突发事故处置能力建设。出台《关于进一步加强社会应急联动工作的意见》（下称《意见》），提出加强社会应急联动工作，要以保障公众生命财产安全为根本，以建立健全应急联动机制和完善落实应急预案为基础，以提高预防和处置突发事件整体效能为重点，顺应人民群众对公共安全和应急服务的期待和需求，有效防范和处置各类突发事件，确保人民群众安居乐业，社会安定有序。为此，《意见》提出进一步加强社会应急联动工作的组织和指挥体系建设，完善社会应急联动工作运行机制，进一步加强社会应急联动能力建设，切实加强对社会应急联动工作的领导，不断提高各级政府应对突发事件和服务群众的能力水平。

三、民生问题入户调查情况

2016 年 7 ~ 8 月，浙江省政府发展研究中心委托浙江泰昆慧谷经济信息咨询有限公司集中开展了民生问题入户调查，调查样本 1200 个，涉及居民 3805 人，其中男性 1947 人，女性 1858 人，分别占 51.2% 和 48.8%；初中（含）以下文化程度 2376 人，高中、中专 648 人，大专以上 781 人，分别占 62.5%、17% 和 20.5%；非农户口 1570 人，农业户口 2235 人，分别占 41.3% 和 58.7%；未婚 1078 人，已婚 2727 人，分别占 28.3% 和 71.7%；本省 3549 人，外省 256 人，分别占 93.3% 和 6.7%。调查结果显示：

（一）对家庭生活状况“很满意”的比重大幅提高

在“您对自己家庭目前的生活状况总体是否满意”调查中，选择“很满意”的占 23.1%，同比提高 6.4 个百分点；“基本满意”占 55.5%，同比下降 3 个百分点；“很不满意”占 1.4%，同比提高 0.5 个百分点。总体来看，随着民生实事工程的持续推进，城乡居民对自己家庭目前的生活状况的满意度进一步提高，得到的实惠更多了。

（二）就业人员收入稳步提升

就业人员平均税后收入（包括工资、奖金、经营收入）4261 元，比上年增加 517 元，增长 13.8%，增幅较上年同期提高 0.7 个百分点。在对“2015 年以来月平均收入是否增加”的调查中，1% 的就业人员表示“大幅增加”，同比提高 0.1 个百分点；26.8% 的就业人员表示“小幅增加”，同比提高 6.1 个百分点；59.9% 的就业人员表示“没有变化”，同比下降 1.7 个百分点；1.8% 的就业人员表示“大幅减少”，同比提高 0.1 个百分点，与上年提高 0.9 个百分点相比下降明显。

（三）低收入家庭与高收入家庭继续呈现一降一升态势

调查显示，低收入家庭（年收入小于 5 万元）占比 20.1%，同比下降 6.4%；中等收入家庭（年收入 5 万 ~ 15 万元）占比 65.9%，同比提高 2.1%；高收入家庭（年收入 15 万元以上）占比 14%，同比提高 4.3%。与上一年入户调查情况综合起来看，两年来，全省低收入家庭比重累计下降 8.8 个百分点，而中等收入家庭、高收入家庭比重分别提高 1.1 和 7.7 个百分点，民生工程给家庭普遍带来了实实在在的好处（见表 14-1）。

表14-1 各类家庭年收入占比情况（%）

收入区间	2015年	2014年	百分比（±）
1万元以下	2.2	2.1	0.1
1万～2.99万元	6.2	7.4	–1.2
3万～4.99万元	11.7	17.0	–5.3
5万～9.99万元	38	45.2	–7.2
10万～14.99万元	27.9	18.6	9.3
15万～24.99万元	11	7.6	3.4
25万～49.99万元	2.2	2.1（25万元以上）	0.9
50万元及以上	0.8		

（四）家庭消费压力主要在住房和子女教育支出上

在家庭收入逐步提高过程中，居民家庭消费支出的压力也在进一步提高。本次调查的消费领域主要包括食品、住房（贷款、房租）、子女教育、交通、医疗、赡养老人、人情送礼、婚丧嫁娶、交社保等方面。调查显示，在家庭支出压力最大的方面(限选一项)，前三位依次为住房（贷款、房租）、子女教育、医疗，比重分别为20.2%、19.6%和17.5%（见表14–2）。由于上年这项调查不涉及购房消费，且选择可任选三项，因此相关数据无法进行年度比较。但房地产市场的非理性发展给居民带来的消费压力不能忽视。

表14-2 选择家庭消费支出压力最大的一项

消费支出压力选项	压力最大选项占比（%）
食品	6.4
住房（贷款、房租）	20.2
子女教育	19.6
交通	0.7
医疗	17.5
赡养老人	2.6
人情送礼	12.0
婚丧嫁娶	3.4
交社保	2.8
其他（请注明）	0.7
没压力	14.1

（五）学前教育最不满意的是入园难，高等教育最不满意的是就业难

在调查中，566户家庭有孩子正在上学或准备上学（幼儿园），占调查总户数的47.2%。在子女教育不同阶段，受访者对“最不满意”的选项各有不同，其中学前教育最不满意的是入园难，高等教育最不满意的是就业难。在“学前教育方面，您最不满意的一项是”，17.9%的人选择“入园难”，16.6%的人选择“入园贵”；在“义务教育和普通高中教育方面，您最不满意的一项是”，17.4%的人选择“课业负担重”，13.1%的人选择“不得不上补习班”；在“职业教育方面，

您最不满意的一项是”，20%的人选择“就业质量不高”，17.5% 的人选择“缺少实习实训，实践能力培养不足”；在“高等教育方面，您最不满意的一项是”，44.7%的人选择“毕业生就业难”，13.8% 的人选择“学费贵”。“难”与“贵”，仍是教育领域亟待解决的焦点问题。

（六）就业状况总体良好，但压力在增大

本次调查中，就业人员共有 2297 人，其中具有专业技能和相关职业资格证书的占 25.5%，具有专业技能但没有职业资格证书的占 11.2%，既无专业技能又没有职业资格证书的占 63.3%，就业人员职业技能素养较上年有提高，但总体水平仍然较低。就业类型排在前三位的是民营和私营企业职工、专业务农、个体工商户，分别占 30.2%、12.7% 和 9.8%，与上年相比个体工商户比重下降了 11.6 个百分点；所属行业排在前三位的是制造业、农林牧渔业和批发零售业，分别占 23.5%、12% 和 11%，与上年相比制造业从业人员占比下降 8.2 个百分点，批发零售业下降 6.1 个百分点，表明制造业和服务业吸纳劳动力就业能力有所下降；就业人员中有 38%的人没有与劳动单位签订劳动合同，较上年下降 4.2 个百分点，表明劳动合同制在继续推进，但进展不快。

（七）商业养老保险潜力有待发掘

在对“现在有什么样的养老保险”的问答中，2304 人具备参加各类养老保险条件，其中 1870 人参加了各类养老保险，434 人没有参加任何养老保险，参保率约为 81.1%，较上年提高了 8.6 个百分点。从分类情况看，参加城镇职工基本养老保险的比重为 60.2%，居首位，同比提高 22.7 个百分点；参加新型农村社会养老保险的比重为 26%，居第二位，同比提高 1.2 个百分点；参加城镇居民基本养老保险的比重为 7%，居第三位。参加商业养老保险的比重为 1.5%，有企业年金的占 0.8%，商业养老保险参保比重较低，发展潜力较大（见表 14–3）。个人缴纳养老保险金额均值约为 244 元，约占平均税后收入的 5.7%。在对 60 岁以上退休（或不足 60 岁已退休）的受访者调查中，主要依靠退休金或养老金养老的占比最高，为 61.4%；依靠儿女赡养的占比居次，为 11.5%；依靠储蓄养老的占比列第三，为 11%，表明社会养老作用还没有有效发挥。对以后养老经济来源，31.1%人选择“不担心”，同比下降 17 个百分点；47.3%的人选择“有些担心”，同比提高 17.1 个百分点；7.5%的人选择“很担心”，同比下降 7.3 个百分点。

表14-3　养老保险参保情况

养老保险参保项目	参保人数（人）	比重（%）
城镇职工基本养老保险	1126	60.2
城镇居民基本养老保险	131	7.0
机关事业单位养老	56	3.0
新型农村社会养老保险	486	26.0
商业养老保险	28	1.5
企业年金	15	0.8
村集体养老金	26	1.4
其他，请说明	2	0.1
没有任何养老保障	434	23.2

（八）大病医疗保险和商业医疗保险参保率仍然偏低

在参加各项医疗保险情况调查中，新型农村合作医疗参保人数最多，为 1694 人，比重为 44.5%；城镇职工基本医疗保险参保 1303 人，比重为 34.2%。城乡居民大病医疗保险和商业医疗保险参保人数较少，占比仅为 2.2%和 1%（见表 14-4），医疗保障选择性单一问题依然存在。随着全省“双下沉、两提升”的深入推进，城乡居民就医去向有了新的变化。在回答“您和您的家人平时感觉身体不舒服需要看医生时，一般最先去哪个医疗机构”问题时，列第一位的选择是“区、县医院”，人数占比 27.4%；第二位的选择是“社区卫生服务中心（站）”，人数占比 23.4%；第三位的选择是“乡镇卫生院”，人数占比 17.8%。而选择“区域内最好的大医院”的人数，仅占 8.8%。

表14-4 医疗保险参保情况

参保类别	选择人数（人）	比重（%）
城镇职工基本医疗保险	1303	34.2
城镇居民基本医疗保险	533	14.0
城乡居民大病医疗保险	83	2.2
公费医疗	38	1.0
商业医疗保险	39	1.0
新型农村合作医疗	1694	44.5
没有任何医疗保险	119	3.1

（九）住房需求渐趋稳定

调查人群中，92.4% 的家庭已经拥有了自有住房（包括自购商品住房、政策性住房、单位福利分房、自建住房或拆迁安置房），其中 17.7% 的家庭拥有 2 套及以上的住房，8.3% 的家庭在其他城市（县、区）拥有住房，住房面积平均值为 144 平方米（可能与农村受访者较多有关），而租房家庭仅为 7.6%。从目前自有住房的高比重情况看，未来一段时间，居民购买改善型住房的意愿可能会有所下降。

（十）生态环境明显改善

随着“两美浙江”建设加快和“五水共治”、“三改一拆”等工作的有效开展，浙江城乡居民对生态环境质量的不断改善感受颇深。在对“过去一年，您家所居住的社区（或村庄）环境质量改善情况”的调查中，28.9%的受访者认为有“明显改善”，52.8%的受访者认为有“改善”，同比分别提高 18 个和 1.5 个百分点。另外，61.3%的受访者认为“空气质量”有改善，66.4%的受访者认为“生活用水质量”有改善，77.3%的受访者认为“生活污水处理情况”有改善，79.9%的受访者认为“生活垃圾处理情况”有改善，60.7%的受访者认为“噪声环境质量”有改善，80.5%的受访者认为“绿化环境”有改善。在上年的调查中，对“生活垃圾处理”、“生活污水处理”两项好评的受访者均只有 45%，显示 2015 年在这些方面进步很大。当然，在表示环境“变差”的受访者中，29.3%的人认为“空气质量不好”，11.4%的人认为“生活垃圾处理不及时，常出现垃圾乱堆、散发异味等现象”，10.4% 人认为“生活用水供应有问题，饮用水质量不高或者不卫生”。

（十一）食品安全工作好评度继续提高

在“您认为 2015 年以来，食品安全问题是有所改善，还是更加严重”的调查中，选择“明显改善”的占 12.6%，同比提高 4.2 个百分点；选择“有些改善”的占 56.8%，同比提高 11.2 个百分点；选择“严重恶化”的占 1.7%，同比下降 2.5 个百分点。在“您认为当地政府在加强食品安全监管、保障食品安全方面的工作是否有力”的调查中，选择“到位”和“比较到位”的占 30.5%，选择“做了不少工作，但效果不是很好”的占 23.1%，选择“做了一些工作，但还不到位”的占 41.4%，只有 5%的人选择“基本没人管”。总体看，群众对于政府部门加强食品安全监督的工作是认可的，但对其取得的实效还是有更高的期待。

（十二）对政府公共服务的满意度高

在“您对目前所在地政府服务和办事效率的总体评价是”的调查中，整体满意率达 94.5%，比上年提高了 1.5 个百分点，其中选择“很满意”比例为 19.4%，同比提高 11.1 个百分点。选择“不太满意”、“很不满意”的分别为 4.3%和 1.2%，同比下降 0.9 个和 0.6 个百分点，表明浙江深入推进“四单一网”建设，率先建设全省统一的政务公开平台、公共服务平台和公共数据平台，公共服务能力进一步提升，城乡居民对政府公共服务的满意度进一步提高。在表示“很不满意”的受访者中，45.6%的人反映“程序太复杂和不公开（如，需要盖的章太多、需要开各类繁琐证明）”。政府服务还需在这方面做更多工作。

（十三）“收入水平”与“食品安全”仍是基本民生问题的最大关切

从上述情况看，受访者对于民生调查问题总体反映较好，评价也较高，但对问卷调查中设定的“就您家庭生活（包括收入、工作、教育、医疗、住房、养老等）而言，您最不满意的是”和“在社会环境方面，您感觉最不满意的是”问题时，“收入水平”列家庭生活最不满意的第一位，占比 22.1%，“医疗”列第二，占比 14.6%，“住房”列第三，占比 13.4%；对社会环境的不满意中，“食品安全”列第一，占比 26.1%，“环境污染”列第二，占比 23.8%，“交通出行”列第三，占比 10.2%。

四、当前浙江省民生领域存在的突出问题

2015 年，浙江全面改善民生的各项工作取得了明显成效，但对比高水平全面建成小康社会

的要求，仍然存在一些短板和薄弱环节，需要下更大功夫予以研究解决。

（一）社会保险的公平性和可持续发展问题有待破解

随着浙江省大社保体系的不断完善和社会保障待遇水平的不断提高，社会保障的公平性与可持续性问题开始显现。如：全省失业保险参保率仅为74%，农民工和城镇职工失业后的生活补助待遇相差较大，推行企业年金的仅有3000多家企业且近半为国有企业，参保职工占比仅为2.6%，与全国平均水平的7%存在差距。另外，社保基金可持续性的压力正在逐渐加大。截至2015年底，全省累计结余社保基金近5000亿元，但从收支平衡上看，随着人口老龄化逐步加剧，基金长期支付压力或将进一步显现。

（二）医疗保障统筹层次较低的问题有待解决

虽然全省已经初步建成了全民医保体系，城镇职工基本医疗保险、城镇居民基本医疗保险、城乡居民大病医疗保险、新型农村合作医疗保险、商业医疗保险等医疗保险险种不断推行和完善，医疗保障的覆盖面已有大幅度提高，但目前全省基本医疗保险制度普遍实行的是县级统筹。这种统筹模式，统筹层次较低，基金盘子较小，容易导致基金抗风险能力弱化、统筹地区之间政策衔接难度加大等问题，继而引起参保人员医疗保险关系转移和异地就医费用结算的困难，需要抓紧进行顶层设计和统筹规划，尽早改变这一状况。

（三）薄弱地区公共服务能力有待提高

这方面主要表现在教育、卫生、文化领域。以基础教育为例，虽然全省各县（市、区）均已于2015年通过了国家义务教育基本均衡县评估，基础教育整体工作和水平走在全国前列，但与浙东、浙北地区相比，浙南、浙西地区基础教育投入相对较少，学校教学条件和师资力量普遍薄弱。2015年，全省启动临海、温岭、仙居、瑞安、永嘉、苍南、青田、缙云、江山、常山和永康等11个重点县基础教育提升工作，这项工作需要持之以恒、常抓不懈。此外，文化、卫生领域也都存在一批相对薄弱县，需要加大支持力度，进行精准施策，促使其跟上全省步伐。

（四）食品药品安全行政监管力度有待加强

从近几年来的民生入户调查情况看，“食品安全”问题均是广大人民群众最为关切的问题之一。浙江虽是一个食品医药产业大省，但食品行业生产经营单位小、散、乱现象普遍，全省仅在淘宝网上就有食品经营者93万户；医药产业层次不高、素质不强，同质竞争激烈，低价竞争普遍。而且，从近年查办的相关案件看，食品药品违法行为已呈现出主体多样化、作案链条化、形式复杂化、渠道网络化的新态势。从监管方面看，食品药品行业行政执法管理存在着监管手段落后、监管网络不密、监管专业力量缺乏等问题，迫切需要进一步完善。

五、民生领域主要政策建议

（一）正确处理高考制度改革创新与总体稳定的关系

高考制度改革牵一发而动全身。高考制度改革事关我国教育事业健康发展，事关千万学子和广大人民群众的切身利益。目前，全国人民对于高考制度改革创新的关注度也是越来越高，国家层面的高考制度改革创新还在不断探索之中。但从广大群众和高考学子的切身感受看，现在的高考制度改革过于频繁，缺乏整体性设计和战略性考虑，让广大考生、老师甚至是地方教育主管部门都难以适应：今年是全国性统考，明年是本省试点；今年是文理分开，明年是文理不分；今年英语考一次，明年考两次；今年某项比赛加分，明年不能加分；今年允许这个省的考生参加某个高校的自主招生，明年则被取消，等等。高考制度改革如此频繁变动，一则改革成本巨大，二则参与者疲于应付、难以适应。因此，对于高考制度改革，建议国家层面要更加谨慎，推进每一项改革前要多加调查研究、多方征求意见，成熟一项出台一项，出台一项稳定一项，切不能频繁调整、朝令夕改。

（二）加强养老服务体系建设

目前，我国已经进入了老龄化时代。有资料显示，全国现有 60 岁以上老年人口超过了 2.2 亿人，其中失能老人就接近 4000 万人。浙江现在 60 岁以上老年人口超过 900 万人，约占总人口的 20%；其中农村老年人口超过了 600 万人。老龄化社会带来的健康服务需求十分巨大，老年人的教育、养老需求也不小。但从现况看，我国养老事业和养老产业发展相对滞后，难以跟上快速发展的老龄化社会步伐。因此，建议国家层面对养老事业和养老产业发展要尽早谋划，积极采取综合性应对措施，加快推进养老服务体系建设，提高养老服务能力水平，以更好地满足日益增长的老年人的教育、养老、医疗、护理、康复等服务需求，保障好老年人的晚年生活，促进社会和谐稳定。

（三）加强食品药品行业行政管理能力建设

在食品药品行业中，由于目前监管方式主要是行政许可，有些企业一旦取得行政许可，便有一劳永逸、终身享受的思想，缺乏安全生产经营的社会职责。要有效解决食品安全问题，不能仅靠企业自律，还必须加强行政监督和管理。因此，建议国家层面进一步创新食品药品行业行政管理体制机制，加快建立全国性食品药品行业行政监督和管理联动机制，尽早实现对食品药品行业“黑名单”企业的联网查询、联手打击和联合惩治，使之寸步难行。同时要加强对地方保护主义的打击力度，进一步净化食品药品行业发展环境。

（浙江省政府发展研究中心专题组

专题负责人：朱卫江

成员：刘晓清　郭明忠　涂云海）

第十五章
江苏省民生发展报告

国以民为本，社稷亦为民而立。根据国务院发展研究中心统一部署，2016 年 7~8 月，江苏省政府研究室与南京农业大学公共管理学院组成 4 个调研组，近 100 名教师与研究生顶酷暑战高温深入省内 10 个县（市、区）、20 个乡镇（街道）、40 个村（居），对 1200 名常住居民生产生活情况进行深入调查，了解民生状况、收集民生诉求、分析民生特征。这是江苏省继 2015 年问卷调查之后的第二次入户调查。总体上看，江苏民生工作稳步推进，居民基本社会保障更加完善，农村自然环境整治初见成效，政府办事效率有所提高，居民整体上感受较为满意。但同时也面临着经济下行大环境下收入差距进一步扩大、基本公共服务供给不均衡、居民民生需求日益多元化的压力和挑战。

一、江苏省民生发展现状

（一）围绕建机制、抓重点、强动力，民生领域改革稳步推进

医药卫生体制改革。发挥江苏作为国家医药卫生体制改革试点省的先行优势，及时制定出台了深化医药卫生体制改革的意见和综合医改试点方案，基本形成医改政策框架。大力推进公立医院综合改革，建立稳定长效的公立医院补偿机制。选择南京、苏州、镇江和新沂、启东、建湖等 3 市 3 县（市）开展先行先试。完善大病保险监管机制，在南京鼓楼医院等 7 家医院推进新农合商业保险机构驻院代表服务试点。扎实推进分级诊疗，实行差别化的医保报销比例和起付线政策。推进医疗资源纵向整合，加快构建分级诊疗制度，到本年度全省建有医疗联合体 169 个，其中医疗集团 45 个，促进医疗资源下沉。

教育综合改革。完善部省共建国家教育现代化试验区和国家高等教育综合改革试验区协作机制，统筹推进全省教育现代化建设和示范区建设。推进教育治理方式改革，扩大高校办学自主权，新增授予 13 所高校副教授学科评议权、10 所本科高校自主认定高校教师资格权限，3 所民办高职院校纳入自主招生首批试点。推进义务教育教师“县管校聘”管理体制改革。深化创新创业教育改革，实施江苏高校协同创新计划和“校企联盟”行动计划，建立协同单位 684 个、联盟 7000 多个、产学研联合体 1669 个。

文化体制改革。着眼于强化国有文化资产监管，出台省级文化企业监事会管理办法。着眼

于做强做大市场主体，推动国有文化企业兼并重组，凤凰出版传媒集团整合江苏文化产业集团，接收新华社下属《现代快报》，综合排名跃居全国出版业50强第6位；全省广电网络基本形成，真正实现了“一省一网”。深化公益性文化事业单位改革，总结推广南京图书馆法人治理结构改革经验。制定出台促进文化金融发展的指导意见，推动文化金融创新。新组建省文化投资管理集团。

社会治理创新。深化户籍制度改革，放宽城镇落户条件，实施设区市范围内本地居民户口通迁制度，全面实行流动人口居住证制度，逐步建立以居住证为载体的基本公共服务提供机制。制定政府向社会组织购买公共服务的实施意见和具体办法，形成了较为完善的政府购买服务政策体系，2015年仅民政部门用于购买社会组织服务或支付社会组织发展的资金近亿元。健全公共安全体系，深化食品药品监管体制改革，推动安全生产责任制全覆盖。创新风险隐患排查整治措施，及时有效化解影响社会安定的深层次矛盾，公众安全感保持全国领先。

（二）围绕抓统筹、强协调、促公平，基本公共服务水平不断提升

公共就业服务。先后印发《关于进一步做好新形势下就业创业工作的实施意见》、《关于支持农民工等人员返乡创业的实施意见》、《发展众创空间推进大众创新创业带动就业工作实施方案》等文件，形成创业就业的政策“组合拳”。实施全民创业工程、农民工和企业职工技能提升、大学生创业引领和农村创业富民行动，统筹做好各类人群就业工作。2015年，全省城镇失业人员再就业77.74万人，高校毕业生年末总体就业率96.7%，自主创业并带动就业93.88万人，完成企业职工技能提升培训151.05万人、城乡劳动者就业技能培训66.45万人，城镇登记失业率控制在3%以下，城镇零就业家庭和农村零转移家庭持续保持动态为零。

终身教育服务。实施学前教育五年行动计划，评估认定了21个学前教育改革发展示范区和234所省优质幼儿园。深入推进义务教育均衡发展，所有县（市、区）全部通过国家县域义务教育基本均衡督导认定，成为继上海、北京、天津之后全国首个实现全覆盖的省份。加强城乡薄弱地区、薄弱学校、薄弱环节改造，完成义务教育薄弱学校改造项目500个，遴选小学特色文化建设项目35个、薄弱初中质量提升项目42个。大力推进普通高中特色多样发展。启动第三批35所省高水平现代化职业学校创建工作，推动职业教育基础能力建设。出台终身教育学分银行实施细则，加快发展社会教育，全省50所开放大学挂牌成立，新增省级社区教育示范区23个。实施江苏高校优势学科和品牌专业建设工程，推行完全学分制和弹性学制，不断提高高校人才培养质量。

医疗卫生服务。以城市大医院为龙头，发展医疗联合体、医疗集团；以县医院为龙头，推进县乡村医疗一体化，每个三级综合医院对口支援1~3所县级人民医院，所有基层机构与上级医院结成对口帮扶关系。坚持价格调整、医保支付、政府投入多管齐下，全面实施药品零差价销售。坚持“强基层”，推动医疗卫生工作重心下移、医疗卫生资源下沉，2015年全省投入10亿元扶持855个基层机构基础设施建设和设备配置，建成省级示范乡镇卫生院344所、村卫生室440个。

加强以全科医生为重点的基层队伍建设，每万人常住人口拥有3名全科医生，提前实现2015年国务院提出的“城乡每万名居民有2~3名合格的全科医生”目标。加大对计划生育特殊困难家庭的扶助力度，在全国首创将独生子女死亡后合法收养子女家庭纳入特别扶助。

（三）围绕稳增长、促转型、增活力，民生服务产业发展提速增效

健康服务业。鼓励引进知名健康服务机构，提供体检、心理咨询、健康咨询等健康服务。规范发展母婴护理、养生美容等服务市场，健全行业标准体系。鼓励有条件的地区面向国际国内市场，整合当地优势医疗资源、中医药等特色养生保健资源、绿色生态旅游资源，发展养生、体育和医疗健康旅游，推出一批以医疗保健养生、中医药文化传播为主题的医疗旅游示范产品。鼓励充分运用市场化机制，通过委托保险公司经办或购买保险产品和服务等方式，提升公共养老、健康、“救急难”等服务运行效率。

文化体育产业。以文化创意功能区建设为抓手，大力实施“创意+”“1+1>2”“1+N”“互联网+”“资本+”“商业模式+”等战略，引导文化产业特色化、差异化、集群化发展，加快形成具有江苏特色的现代文化产业体系。2015年，全省文化产业增加值年均增长高达30%，是GDP同期增速的2倍多，增加值占GDP比重达到4.57%。健全体育产业门类体系，基本形成以健身休闲、竞赛表演、场馆服务、体育培训、用品制造、服务贸易、彩票销售等为主的体育产业体系，以体育旅游、体育康复、体育传媒等为代表的新兴体育产业蓬勃发展。全省体育产业增加值提高到818.96亿元，年均增长16.3%，占地区生产总值比重提高到1.17%。

社会养老服务业。按照市场化、品牌化、项目化方式，通过推进一批养老服务业重大项目、培育一批服务业集聚区和创新企业，全力推动养老服务业规模壮大、水平提升。2015年，建成城乡社区居家养老服务中心1.9万多家，省级健康养老服务业集聚区1个，在证交所挂牌养老服务企业5家，投资建成20亿元以上的养老服务项目5个。养老机构床位数达到每千名老年人30张以上，社会投资兴办的养老机构床位占养老床位总数的比例达到50%以上，护理型床位占养老床位总数的30%以上。

（四）围绕保基本、全覆盖、多层次，社会保障体系更加健全

社会保险。全面启动机关事业单位养老保险制度改革。推动整合城乡居民基本养老和医疗保险制度，全省35个统筹地区实现了居民医疗保险城乡统筹。推进全民参保登记计划，推动进城落户农民参加城镇社会保险，帮助困难群体接续社会保险关系，全省主要险种参保率保持在95%以上。稳步提高城乡社会保障待遇水平，企业退休人员基本养老金人均增长10%，城乡居民养老保险基础养老金最低标准提高到每人每月105元，城镇居民医保财政补助标准提高到每人每月不低于380元，职工医保、居民医保、大病保险政策范围内支付比例分别稳定在80%左右、70%以上、50%以上。新农合大病保险制度覆盖全体参合人群，人均筹资提高到500元以上，政府补助标准不低于400元，项目增加到12类45项。

社会救助。颁布《江苏省社会救助办法》和《江苏省临时救助实施办法》，首次将持有当地居住证的非本地户籍人口纳入临时救助范围。加强最低生活保障，城市和农村平均保障标准分别达到每人每月 583 元和 518 元，分别比上年度提高了 9% 和 11%。不断缩小城乡基本民生保障差距，城乡低保平均保障标准之比为 1.12∶1，在全国各省区中差距最小，已有 46% 的涉农县（市、区）实现了城乡低保标准一体化。农村 411 万低收入人口整体实现 4000 元脱贫目标。

住房保障。扩大住房保障范围，明确将具有稳定职业、参加当地社会保障并居住达到一定年限的农业转移人口和外来务工人口纳入公共租赁住房保障范围，将进城落户农民纳入城镇住房保障体系。探索推进产权共有机制，试点公租房租售转换，南京、张家港、常熟等地出台了共有产权住房实施细则，常州市区、镇江新区、丹阳市积极开展公共租赁住房租售并举试点。全年全省新增保障外来务工和新就业人员 10 万多人，超额完成国家下达的保障性安居工程建设目标任务，保障性住房覆盖 20% 城镇常住人口，住房保障体系健全率达到 88%。

（五）围绕抓系统、重源头、可持续，城乡生态环境进一步改善

生态文明制度建设。健全生态空间管控制度，优化调整省级生态红线，所有设区市和大多数县（市、区）印发了辖区红线规划、管控办法、补偿政策。颁布《江苏省排污许可证发放管理办法》和《全省主要污染物排污权核定方案》，全省 4 万多家企业领取了排污许可证。出台《江苏省二氧化硫排污权有偿使用和交易管理办法》，在全省电力、钢铁、水泥、石化、玻璃等行业中，推行排污指标有偿使用和交易试点。推进水环境区域补偿由太湖、通榆河流域向全省扩展，逐步形成上下游“双向补偿”。完善生态补偿机制和绿色发展评估机制，绿色发展综合指数达 76.4。

重点环境风险防控。加强重点风险源、风险集中区以及重要区域的环境风险防控，组织实施重点环境风险企业环境安全达标建设工程。加强大气污染防治，推行能源消费强度和消费总量的“双控”机制，积极发展可再生能源和清洁能源，全省煤炭消费总量、煤炭占能源比重连续第二年“双下降”，关停燃煤热电企业 13 家，新增可再生能源并网装机 141 万千瓦，全省 PM2.5 平均浓度为 54.5 微克 / 立方米，较上一年同期下降 17.4%。深入推进太湖治理，全面落实“双河长制”。切实保障饮用水源地环境安全，强化水源地环境监测预警，基本实现全省县级以上地表水源地水质自动监测设备“全覆盖”。

城乡环境综合整治。强化节能减排和资源节约集约利用，实施 1 万多个重点节能减排工程，单位土地 GDP 产出率提高 50%，单位 GDP 能耗下降和主要污染物减排超额完成国家任务。积极推进城镇生活污水处理厂提标改造，建制镇污水处理设施覆盖率达 90.4%。大力推进覆盖拉网式农村环境综合整治行动，全省 2177 个村庄完成整治任务，建成小型污水处理设施 1537 套，铺设污水管网 4335 公里，创建了 1300 多个三星级康居乡村、150 个美丽乡村建设示范村庄。

二、民生发展问卷调查分析

本次调查采用了分层多阶段概率与规模成比例的抽样方法，在江苏抽取了 1200 名年龄在 18~69 岁之间的常住居民，采用入户面对面访问的调查方式，共回收有效调查问卷 1196 份，有效率 99.7%。在 1196 名调查对象中，男性占 51.0%，已婚有配偶占 87.4%，初中、小学及以下教育程度占 75.0%，被访对象及其家庭成员的基本特征见表 15–1。问卷内容由国务院发展研究中心设计，主要包括受访者的工作与就业、基本民生问题、收入和消费、子女教育、医疗卫生、养老保障、住房保障、生活环境和政府服务等 9 个方面，我们附加了一道为江苏民生工作评分的题目。下面逐一分析此次调查的主要发现。

表15-1　　被访对象及其家庭成员基本特征

变 量	被访对象（N=1196）		家庭成员（N=3710）	
性别	样本数	占比（%）	样本数	占比（%）
男	610	51.0	1863	50.2
女	586	49.0	1847	49.8
年龄	样本数	占比（%）	样本数	占比（%）
20岁及以下	13	1.1	972	26.2
21~30	126	10.5	670	18.1
31~40	153	12.8	577	15.6
41~50	268	22.4	450	12.1
51~60	346	28.9	458	12.4
60岁以上	290	24.3	578	15.6
婚姻状况	样本数	占比（%）	样本数	占比（%）
从未结过婚	53	4.4	1234	33.3
同 居	39	3.3	84	2.3
已婚有配偶	1045	87.4	2223	59.9
离 婚	23	1.9	35	0.9
丧 偶	36	3.0	134	3.6
教育程度	样本数	占比（%）	样本数	占比（%）
小学及以下	445	37.2	1596	43.3
初 中	452	37.8	1142	31.0
高中/中专/技校	182	15.2	482	13.1
大专/高职	72	6.0	224	6.1
本 科	43	3.6	221	6.0
研究生及以上	2	0.2	20	0.5
就业分类	样本数	占比（%）	样本数	占比（%）
农业就业	311	26.0	433	11.7
行政事业单位	23	1.9	68	1.8
企 业	211	17.6	817	22.1

续表

变 量	被访对象（N=1196）		家庭成员（N=3710）	
就业分类	样本数	占比（%）	样本数	占比（%）
自营业者	109	9.1	205	5.5
民办社会组织	2	0.2	17	0.5
在校生	13	1.1	959	25.9
其他就业	130	10.9	368	9.9
待业	292	24.4	372	10.1
未工作过	105	8.8	461	12.5

（一）关于工作与就业

1. 外来务工人员签订合同比例明显上升

在就业方面（见 15–2），农村居民有工作的比例为 67.7%，比城市居民高 2.5 个百分点。农村居民有工作的比例之所以高，可能是因为城乡居民对是否有工作的理解不一致，农村居民一般认为打零工就算是有工作，而城市居民一般认为有了正式工作才算是有工作。农村居民签订劳动合同的仅为 59.0%，比城市低 10.7 个百分点，从另一个侧面证实了上述猜测。从地区看，苏中居民有工作的比例为 83.3%，分别比苏南、苏北高 19.1 个百分点和 13.3 个百分点，但签订劳动合同比例最高的却是苏北，分别比苏南、苏中高 5.3 个百分点和 17.9 个百分点。从户籍（是否为流动人口）看，外地务工人员参加工作比例为 82.8%，是本地居民的 1.3 倍，签订合同比例为 67.9%，也高于本地居民 4.5 个百分点，外地务工人员参加工作的比例之所以高，是因为他们外出的主要目的就是找工作，工作意愿和积极性较本地人高，如果没有工作，他们就会返回家乡或到其他地方再找。与 2015 年调查相比，外地务工人员签订合同比例上升了 13.0 个百分点，表明其对合法保障工作权益的意识明显加强。

表15-2 被访居民工作与就业基本情况（%）

	城乡		地区			户籍所在地		合计
	城市	农村	苏南	苏中	苏北	本地	外地	
是否工作	65.2	67.7	64.2	83.3	70.0	63.1	82.8	66.4
签订合同	69.7	59.0	65.2	52.6	70.5	63.4	67.9	64.3
有养老保险	74.1	89.0	75.9	91.2	84.2	87.8	58.2	81.6
其他社会保险	6.2	2.3	5.8	2.5	2.8	2.7	9.7	4.2

2. 农村居民参加养老保险高于城市居民

在社会保障方面（见表 15–2），虽然城乡居民享有养老保险的比例均超过 70%，但城乡间差异明显，农村比城市高 14.9 个百分点；6.2% 的城市居民参加其他社会保险，比农村高 3.9 个百分点。从地区看，苏南居民参加养老保险比例最低，仅有 75.9%，比苏中低 15.3 个百分点，比苏北低 8.3 个百分点，但苏南居民参加其他社会保险的比例（5.8%）超过苏中、苏北比例之和。从户籍看，外地务工人员参加养老保险的比例只有 58.2%，而本地居民则达 87.8%，外地务工人员参加养老保险比例较低的原因：一方面，他们工作流动性大，多为打零工，劳动关系模糊；另一方面，外出务工人员在老家一般都参加了新型农村养老保险，无论是个人还是企业，对缴纳城镇职工养老保险的积极性不高。与 2015 年调查相比，外地务工人员比本地居民参加养老保险的比例，从少 17.5 个百分点扩大至少 29.6 个百分点。

3. 劳动工作量较上一年略有下降

总体上看，59.8% 的居民认为工作量相较于上一年没有明显变化（见表 15–3），但 24% 的居民表示有小幅或大幅减少，16.2% 的居民表示有小幅或大幅增加，也就是说，认为劳动工作量减少的比例相对较高。在工作量感受方面，认为工作量小幅增加的城市居民比例高于农村居民 5.1 个百分点。从地区看则差异明显，69.2% 的苏中居民认为没有变化，苏南、苏北约有 1/4 的居民认为小幅或大幅减少。外地和本地居民认为工作量减少的比例大体相同，但在减少程度上略有差异。

表15-3　被访居民工作量变化情况（%）

	城乡		地区			户籍所在地		合计
	城市	农村	苏南	苏中	苏北	本地	外地	
大幅增加	4.9	4.0	7.2	1.9	2.0	4.5	4.2	4.4
小幅增加	14.4	9.3	15.8	6.9	8.7	11.4	13.3	11.8
没有变化	58.2	61.4	53.6	69.2	63.2	60.2	58.2	59.8
小幅减少	15.6	17.5	17.0	15.7	16.6	16.0	18.8	16.6
大幅减少	6.9	7.8	6.4	6.3	9.5	7.9	5.5	7.4

（二）关于基本民生问题

1. 超半数居民对目前家庭生活状况总体满意

关于对家庭目前生活状况满意情况（见表 15–4），有 58.5% 的居民表示基本满意或很满意，远大于不太满意和很不满意的比例（13.2%）。从城乡看，农村居民对家庭生活状况满意的比例略高于城市居民，大约多 2.1 个百分点，这主要得益于，近些年江苏省对改善农村民生方面投入的不断增加，农村居民的生活持续改善。从地区看，苏中地区居民的满意度最高，其次是苏南，分别比苏北高 20.6 和 15.9 个百分点。从户籍看，外来务工人员对目前生活状况总体满意的比例比本地居民高 4 个百分点，这主要是因为江苏省很多地区对外来务工人员在落户、就业、医疗、子女入学等民生领域实施优惠政策，外来务工人员开始享有与本地居民相同的市民待遇。与 2015 年调查相比，全省居民对目前生活状况满意的比例下降了 7.5 个百分点，其中苏北地区从 59.6% 下降至 47.2%，减少了 12.4 个百分点，下降幅度比较明显。

表15-4　　被访居民对目前家庭生活状况总体满意情况（%）

	城乡		地区			户籍所在地		合计
	城市	农村	苏南	苏中	苏北	本地	外地	
很满意	16.8	14.5	15.6	17.2	14.4	15.4	16.7	15.6
基本满意	40.1	45.7	47.5	50.6	32.8	42.4	45.1	42.9
一般	28.8	24.3	25.9	24.7	28.3	26.2	28.4	26.6
不太满意	8.7	10.4	7.4	6.3	13.6	9.9	7.8	9.5
很不满意	4.9	4.4	2.4	0.8	10.8	5.2	2.0	4.7
不回答/不清楚	0.7	0.7	1.1	0.4	14.4	0.8	0	0.7

2. 收入和医疗仍是居民最不满意的事项

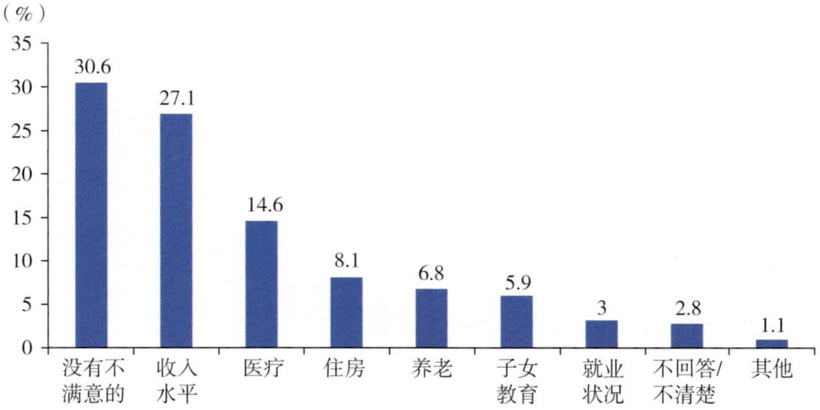

图15-1　被访居民家庭生活最不满意事项（%）

在家庭生活方面，居民最关心的是收入和医疗问题，其次是住房、养老和子女教育问题。如图 15–1 所示，分别有 27.1%、14.6% 的居民对收入和医疗表示不满意，8.1%、6.8% 的居民对住房、养老表示不满意，居民对不满意事项排序与上一年调查结果相同。

3. 环境污染和食品安全是居民最为关注的社会问题

表15-5　　被访居民对社会环境最不满意事项（%）

	城乡		地区			户籍所在地		合计
	城市	农村	苏南	苏中	苏北	本地	外地	
社区服务	3.3	1.0	2.4	1.3	3.6	2.0	2.9	2.2
社会治安	3.8	2.2	5.2	0	1.4	2.7	4.4	3.0
交通出行	7.4	10.2	6.3	9.6	12.2	9.3	6.4	8.8
食品安全	16.8	5.8	16.2	2.1	3.9	10.1	17.6	11.4
环境污染	16.9	14.6	19.0	15.1	11.9	16.5	12.3	15.8

续表

	城乡		地区			户籍所在地		合计
	城市	农村	苏南	苏中	苏北	本地	外地	
司法公正	0.7	1.0	0.7	0.4	1.4	0.9	0.5	0.8
政府办事效率	4.8	1.2	3.2	2.1	2.8	3.0	2.9	3.0
文体生活	1.5	2.0	1.1	3.3	1.9	1.7	2.0	1.8
没有不满意	38.7	52.9	35.6	51.9	55.0	46.0	44.1	45.7
不回答/不清楚	5.1	5.6	6.9	2.1	4.7	5.2	5.9	5.4
其他	1.2	3.4	3.4	2.1	1.1	2.5	1.0	2.3

总体而言，大部分居民对社会环境表示满意，没有不满意的占45.7%，其中，环境污染和食品安全是居民最为关注的社会问题。如表15-5所示，对环境污染不满意的，城市高于农村，苏南高于苏中、苏北，本地高于外地，但差异并不明显；对食品安全不满意的，城市高于农村11个百分点，苏南分别高于苏中、苏北14.1、12.3个百分点，外地高于本地7.5个百分点，差异比较明显。此外，交通出行在最不满意的社会环境事项中列第三位，农村、苏北、本地居民的不满意程度要明显高于城市、苏南苏中和外地居民。

（三）关于收入和消费

1. 城乡、地区之间居民收入差距进一步扩大

在个人月平均收入方面（见表15-6），农村居民为2297元，不及城市居民的2/3。苏北居民为1561元，较苏中少1319元，较苏南少2432元，地区差距十分明显。与2015年调查相比，城乡和地区之间居民收入差距进一步扩大。

表15-6　　被访居民个人月均收入情况

	城	乡	地	区		合计
	城市	农村	苏南	苏中	苏北	
平均收入	3697	2297	3993	2880	1561	2990

2. 医、教、住、食位列家庭支出压力前四位

在家庭消费支出压力中（见表15-7），医疗、子女教育、住房和食品位列前四位，占比分别为25.5%、22.1%、15.6%和8.9%，4项合计占72.1%。其中，城乡居民的子女教育和食品支出压力差别不大，农村居民的医疗支出压力略大，但在住房方面，21.1%的城市居民认为压力最大，而在农村地区这个数字仅有9.7%。从地区看，苏南、苏中和苏北居民的医疗支出压力差别不大，但苏南居民住房和食品支出压力最大，苏北居民子女教育支出压力最大。值得注意的是，苏中居民的人情礼节支出压力为18.4%，是苏北的2.7倍、苏南的4.3倍。

表15-7　　被访居民家庭消费支出压力最大项（%）

	城乡		地区			户籍所在地		合计
	城市	农村	苏南	苏中	苏北	本地	外地	
食 品	9.5	8.2	11.9	4.6	6.9	9.2	7.4	8.9
住房（贷款、房租）	21.2	9.7	19.4	10.0	7.2	12.3	31.4	15.6
子女教育	22.4	21.8	22.0	19.2	26.7	21.0	27.5	22.1
交 通	0.5	0.9	0.6	0.4	1.1	0.7	0.5	0.7
医 疗	22.5	28.6	23.8	28.9	27.5	27.2	17.2	25.5
赡养老人	2.5	1.7	2.0	2.1	1.9	2.2	1.5	2.1
人情送礼	3.9	11.6	4.3	18.4	6.9	9.0	1.5	7.7
婚丧嫁娶	1.8	3.7	2.6	2.5	3.1	3.0	1.5	2.8
交社保	1.5	1.2	1.5	0.8	1.4	1.5	0.5	1.3
其他	2.5	1.9	2.2	1.7	3.6	2.4	1.5	2.5
没压力	11.3	10.5	9.7	11.3	13.6	11.2	9.8	11.0

（四）关于子女教育

本次调查共有 655 名被访者家中有正在就读的子女，学生总数量 667 名，其中学前教育阶段 229 名，占 34.3%；义务教育和中学阶段 361 名，占 54.1%；职业教育阶段 32 名，占 4.8%；本科及以上阶段 45 名，占 6.7%。本次调查分别针对居民关心的学前教育、义务教育和普通高中教育中存在的不满意事项进行了询问。

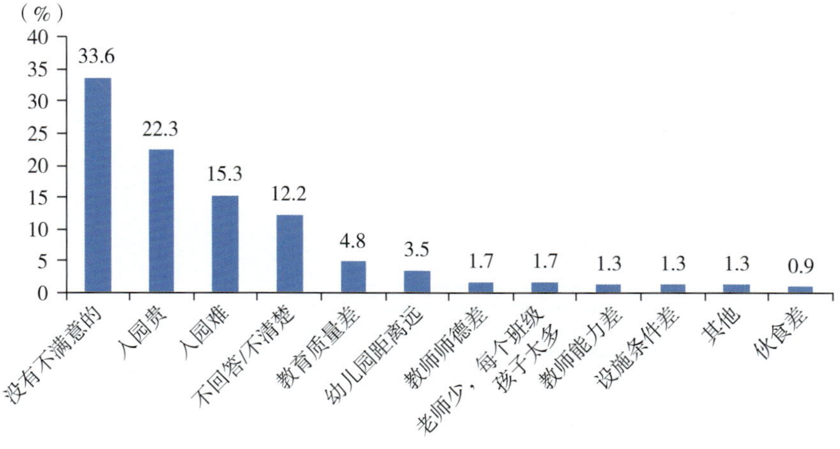

图15-2　学前教育方面最不满意事项（%）

1. 幼儿入园难入园贵问题日渐凸显

对于学前教育中最不满意事项的调查显示，有孩子准备上或者正在上幼儿园的 229 户受访家庭中，22.3% 的家庭认为入园贵，15.3% 的家庭认为入园难，分别高于排名第三的教育质量差

（4.8%）17.5 和 10.5 个百分点。此外，选择幼儿园距离远的家庭占 3.5%，教师师德差的占 1.7%，老师少、每个班级孩子太多的占 1.7%，教师能力差的占 1.3%，设施条件差的占 1.3%，伙食和其他占 2.2%，这些事项选择率相加为 11.7%，依旧小于排名前两位的入园问题。由此可见，入园门槛高成为家长最为担忧的事项。

2. 居民对基础教育满意度总体较高

如图 15-3 所示，受访民众对义务教育和普通高中教育的满意度较高，达到 44.6%。但调查也反映了基础教育存在的薄弱环节，比如教育质量差、不得不上补习班、课业负担重、上学距离远上学不方便等，认为这些问题存在的比例分别达到 10.4%、6.8%、6.5% 和 5.7%。此外，还有 5.2% 的外地务工人员认为外地孩子上学难。

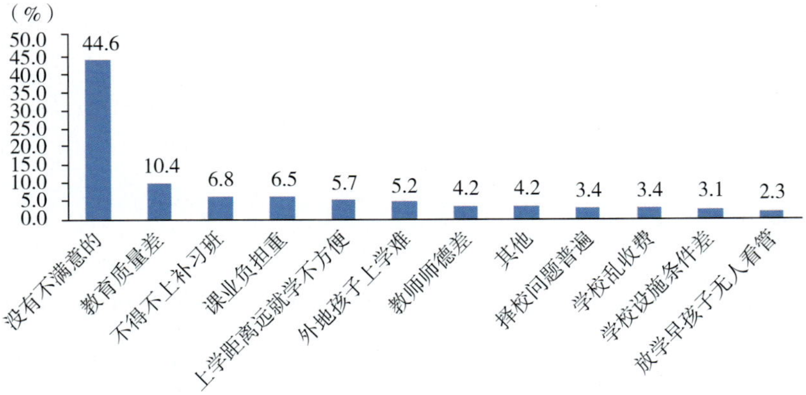

图15-3 义务教育和普通高中教育方面最不满意事项（%）

（五）关于医疗卫生

1. 农村居民就医首选村卫生室的比例明显增多

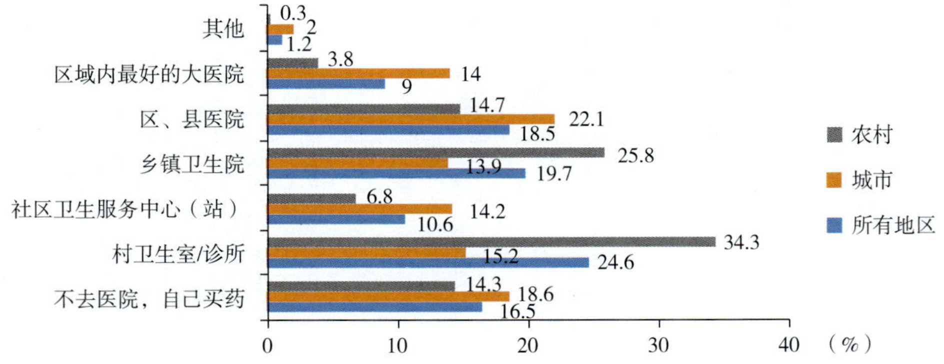

图15-4 城乡居民生病最先选择医疗机构比重（%）

如图 15-4 所示，受访者患病时偏好就近就医。其中，农村居民首选村卫生室或村诊所的占 34.3%，比上一年调查（18.7%）增加了将近一倍，首选乡镇卫生院的占 25.8%，首选区、县医院的占 14.7%；城镇居民首选区、县医院的占 22.1%，不去医院自己买药的占 18.6%，首选区域内最好大医院的占 14%。

2. 超半数城乡居民对未来看病问题表示担忧

在被问及"是否担心将来看病没钱"问题时，62.7% 的老百姓表示担心（非常担心和比较担心）。作为城乡居民共同关心的生病就医问题，城乡和地区之间也表现出一定的差异。如表 15–8 所示，农村地区有 64% 的家庭担心以后的看病问题，高出城市 2.4 个百分点。苏北地区有 70.8% 的家庭担心以后的看病问题，高出苏中地区（59.8%）11 个百分点，比苏南（60.9%）高 9.9 个百分点。本地居民和外来务工人员在该问题上表示担心的比例分别是 63% 和 61.8%。可见，无论城乡、本地外地或是不同地区，对此问题都显得信心不足。经济落后地区的居民对于未来可能生病后没钱看病的问题更为担忧。

表15-8　受访者对未来就医的经济保障担心程度（%）

	城乡		地区			户籍所在地		合计
	城市	农村	苏南	苏中	苏北	本地	外地	
非常担心	28.9	30.8	28.9	22.6	38.3	30.6	26.0	29.8
比较担心	32.7	33.2	32	37.2	32.5	32.4	35.8	32.9
一般	10.5	9.2	10.2	11.3	8.1	9.2	13.2	9.9
不太担心	16.8	13.9	17.1	16.3	11.7	15.9	12.7	15.4
一点儿也不担心	7.4	7.1	6.1	7.5	6.7	7.5	6.4	7.3
说不准	3.7	5.8	5.6	5.0	2.8	4.4	5.4	4.7

（六）关于养老保障

1. 退休金和养老金是居民养老最主要经济来源

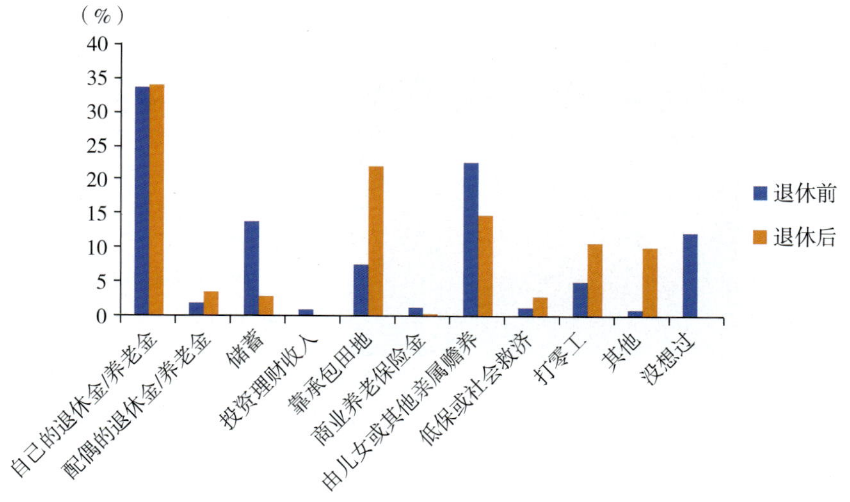

图15-5　未退休和已退休人员养老经济来源比重（%）

关于退休后养老的经济来源问题，如图 15–5 所示，33.9% 的已退休人员和 33.4% 的未退休人员，都认为退休金和养老金是退休后的主要经济来源，但占比较上一年调查分别降了 19.1 个百分点和 14.4 个百分点。对于已退休人员，除退休金和养老金外，承包土地和由儿女或其他亲属赡养分别占 21.8% 和 14.7%，打零工占 10.6%。对于未退休人员，22.5% 对儿女或其他亲属赡养有较高预期，13.6% 认为可依靠储蓄养老，仅 7.5% 认为可依靠承包土地养老。由此可见，退休人员和未退休人员在“靠子女”和“靠自己”上，选择有明显差异。

2. 商业养老保险未能成为江苏居民养老“第三支柱”

本应发挥养老经济来源一大支柱作用的商业养老保险大面积遇冷，如图 15-6、图 15-7 所示，该项在已退休人员实际养老方式和未退休人员主要养老方式预期中的占比均非常低，几乎可以忽略不计。

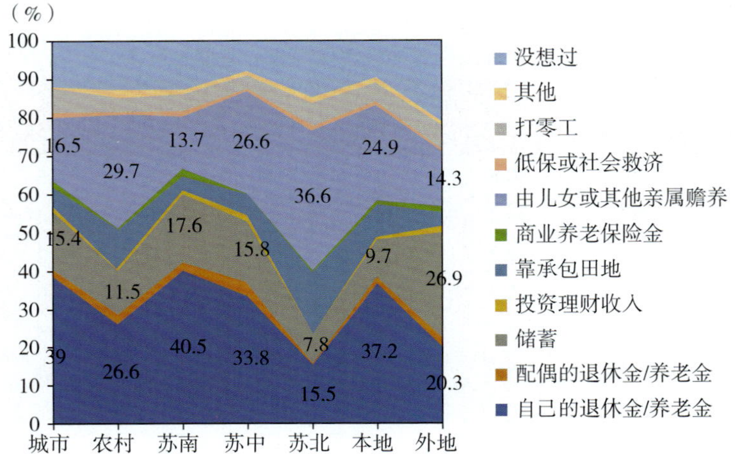

图15-6　未退休人员主要养老方式预期比例面积（%）

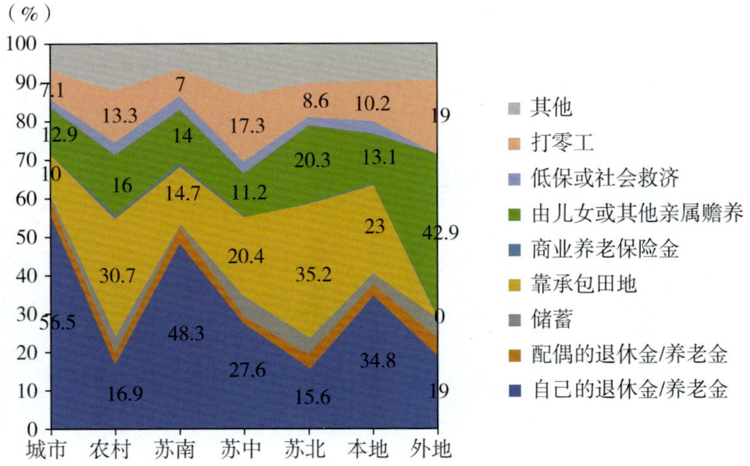

图15-7　已退休人员实际养老方式比例面积（%）

3. 退休老人主要靠自己或配偶之间相互照顾

对于已退休人员，如图 15-8 所示，无论是城市还是农村，苏南还是苏中、苏北，本地还是外地，自己照顾自己和配偶相互照顾的比例都在 90% 左右；而由子女照顾的比例很小，平均只有 7.1%。

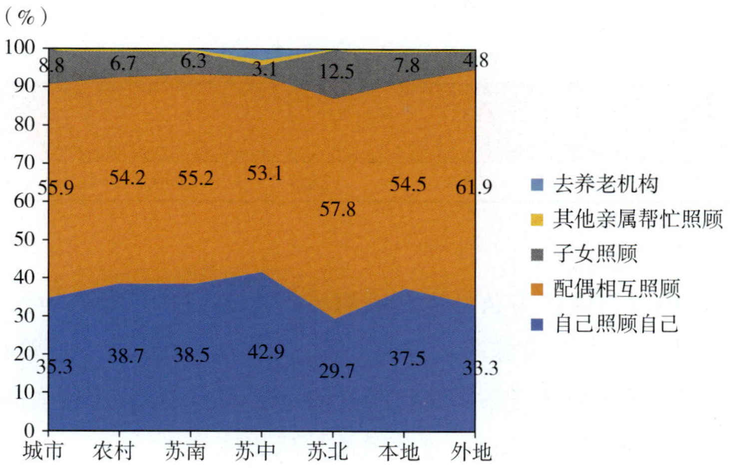

图15-8　已退休人员实际老年照顾情况（%）

（七）关于住房保障

1. 城市家庭与农村家庭住房面积差距缩小

从表 15–9 可以看出，自建住房为家庭住房主体，达 62.6%，其次是自购商品住房，达 13.1%。在商品房方面，苏南为 20.5%，比苏中的 3.8% 多 16.7 个百分点，比苏北的 6.9% 多 13.6 个百分点。在租赁房方面，苏南为 19.3%，比苏中的 5.0% 多 14.3 个百分点，比苏北的 1.2% 多 18.1 个百分点。可见，苏南自购商品住房和市场租赁房比例最高。

表15-9　受访居民住房性质比较（%）

	城乡		地区			合计
	农村	城市	苏南	苏中	苏北	
自购商品住房	2.9	23.0	20.5	3.8	6.9	13.1
父母住房	2.5	3.3	3.0	1.2	3.9	2.9
购买的政策性住房	0.2	0.7	0.3	1.3	0.0	0.4
单位福利分房	0.2	4.1	3.3	0.8	1.1	2.2
单位租住房（公寓/宿舍）	0.5	1.8	1.7	1.7	0.0	1.2
廉租房（或公租房）	1.0	2.6	3.5	0.0	0.3	1.8
市场租赁房	1.4	20.3	19.3	5.0	1.2	11.0
自建住房	89.6	36.4	42.7	85.4	80.8	62.6
拆迁安置房	0.9	6.4	5.0	0.0	3.9	3.7
借助其他亲朋好友	0.2	0.2	0.2	0.4	0.0	0.2
其他	0.7	1.2	0.5	0.4	1.9	0.9

在住房面积方面（见表 15–10），农村家庭平均为 154.1 平方米，城市家庭平均为 110.3 平方米，农村比城市户均多 43.8 平方米。与上一年调查相比（农村比城市户均多 60.4 平方米），农村与

城市户均面积之差缩小了16.6平方米。从地区看，苏中户均面积最大，达160.7平方米，苏南为128平方米，苏北为119.2平方米，苏中分别比苏南、苏北多32.7平方米和41.5平方米。

表15-10　受访居民住房建筑面积比较　单位：平方米

	城乡		地区			合计
	农村	城市	苏南	苏中	苏北	
家庭建筑面积	154.1	110.3	128.0	160.7	119.2	131.9

2. 近半居民对当前住房条件比较满意

近一半的受访居民对当前住房条件比较满意（见表15-11），但认为住房面积太小的仍占13.3%，认为建筑年代久、小区设施落后的占9.2%，认为房价太高、无法改善住房条件的占10.2%。从地区看，苏中居民对住房条件满意度最高，苏南居民认为房价太高、无法改善住房条件的最多，苏北居民认为建筑年代久远、小区设施落后的最多。

表15-11　受访居民住房条件态度比较（%）

	城乡		地区			合计
	农村	城市	苏南	苏中	苏北	
住房面积太小	9.0	17.4	14.4	9.8	14.0	13.3
没有独立卫生间或厨房	2.2	4.0	4.2	1.8	2.4	3.2
自来水、电力、燃气等设施不全	3.2	4.2	5.2	1.8	2.7	3.7
房价太高，无法改善住房条件	6.6	13.7	13.6	1.8	10.4	10.2
每个月住房支出压力太大	2.8	6.0	8.1	2.2	1.2	4.4
建筑年代久远，小区设施落后	9.6	8.8	7.4	6.3	14.0	9.2
小区环境和物业差	2.6	9.8	10.5	1.3	3.0	6.4
没有不满意的	64.0	36.0	36.6	75.0	52.3	49.6

（八）关于生活环境

1. 对牲畜粪便、工业污染、农药化肥处理评价较低

在农村地区环境污染物处理评价中（见表15-12），评价非常差的是牲畜粪便（3.5%）、周边工业污染（3.0%），对农药化肥处理的评价也比较低，认为不太好和非常差的分别达到10.3%和1.7%。可喜的是，对秸秆焚烧评价较高，认为非常好或比较好的达79.3%。

表15-12　农村地区环境污染物处理评价（%）

	农村地区各项环境污染物处理					
	非常好	比较好	一般	不太好	非常差	说不清
牲畜粪便	16.7	35.1	28.7	8.3	3.5	7.7
地膜、农膜	14.6	23.8	33.3	4.0	0.3	24.0
农药化肥	10.8	31.6	35.2	10.3	1.7	10.4
秸秆焚烧	40.9	38.4	9.4	2.7	0.1	8.6
周边工业企业污染	20.4	32.9	25.7	7.5	3.0	10.5

2. 城市居民对食品安全形势更为悲观

对于食品安全形势（见表 15–13），31.1% 的居民认为较上一年有所改善，但仍有 18.5% 的居民认为在恶化。其中，城市居民认为食品安全在恶化的比例达 22.1%，比农村高 7.2 个百分点；认为食品安全在改善的，城市比农村低 4.3 个百分点。这说明，城市居民对食品安全形势更为悲观。

表15-13　食品安全变化趋势判断（%）

	城乡		合计
	城市	农村	
明显改善	2.5	4.4	3.4
有些改善	26.5	28.9	27.7
没有变化	32.3	33.5	32.9
有些恶化	16.5	12.4	14.4
严重恶化	5.6	2.5	4.1
不知道	16.6	18.3	17.5

（九）关于政府服务

1. 政府服务和办事效率满意度明显提升

在政府服务和办事效率满意度评价方面（见表 15–14），13.4% 的居民表示很满意，46.9% 的居民表示基本满意，此两项之和比上一年调查高了 5.4 个百分点，相应地，表示不太满意和很不满意的从 12.4% 下降至 10.2%，说明这两年政府服务工作得到了老百姓的认可。其中，农村居民的满意率为 66%，高于城市 11.2 个百分点。

表15-14　政府服务和办事效率满意度（%）

	城乡		合计
	城市	农村	
很满意	10.7	16.2	13.4
基本满意	44.1	49.8	46.9
一　般	25.6	18.9	22.3
不太满意	7.3	6.1	6.7
很不满意	4.5	2.6	3.5
不清楚	7.8	6.4	7.2

2. 程序复杂、信息不公开和相互推诿问题突出

关于政府部门工作行为（见表 15–15），近六成居民表示没有不满意的，但仍有 16.9% 的居民认为政府部门存在程序太复杂、政务信息不公开问题，14% 的居民认为政府部门之间相互推诿、效率低，其中，城市居民的负面评价比农村高六七个百分点，苏南地区的负面评价也高于苏中、苏北地区。

表15-15 政府部门行为评价（%）

	城乡		地区			合计
	城市	农村	苏南	苏中	苏北	
程序太复杂和不公开	19.8	13.9	19.8	16.8	12.3	16.9
相互推诿、效率低	17.8	10.2	15.8	9.4	14.9	14.0
要找关系	6.5	5.0	5.8	4.7	6.5	5.8
吃拿卡要、乱收费	0.2	0.9	0.5	0.9	0.4	0.5
服务态度不好	4.4	4.8	4.9	3.7	4.7	4.6
没有不满意的	51.3	65.2	53.3	64.5	61.2	58.3

3. 居民办事难度有小幅下降

在政府办事简化度评价方面（见表15–16），53.4%的居民认为政府办事有所简化或明显简化，与上一年调查基本一致。可喜的是，在办事更加困难方面，从上次调查的8.5%下降至6.4%，下降了2.1个百分点。与上一年调查相比，苏中地区政府办事有所简化或明显简化的从49%提升至69.6%，相反，苏南从53.1%下降至46.6%，苏北从56.7%下降至54.1%，无论是纵向比还是横向比，苏中地区政府办事简便程度得到了当地居民的较高评价。

表15-16 政府办事简化度评价（%）

	地区			合计
	苏南	苏中	苏北	
明显简化	9.2	13.5	12.1	10.9
有所简化	37.4	56.1	42.0	42.5
没有变化	16.9	14.9	18.2	16.9
更加困难	7.4	3.3	6.7	6.4
不清楚	29.1	12.2	21.0	23.3

（十）居民生活满意度指数略有下降

生活满意度指数是对城乡居民生活满意度的测量，主要包括对当前总体生活满意度的评价、对近一年中生活改善情况满意度的评价以及对当前生活水平的定位等。本次调研，选取了“您对自己家庭目前的生活状况总体是否满意”、“您感觉与上一年相比，今年家庭总收入是会增长还是下降”以及“您认为，您家庭目前的收入在您所在地区属于哪个层次”3个问题进行测量。依据满意度、增长程度和层次，由低到高为每个选项赋值1~5分，不回答或者不清楚赋值为0，将3项得分相加即可得到受访者对于生活总体满意度的得分，合计总分区间为0~15分。生活满意度是居民对一定时期内自身生活状况的总体性评估，本次调查中，生活满意度指数操作化为居民三项得分之和占总分15分的比例，我们分城乡和地区计算了居民的生活满意度指数。

表15-17　居民生活满意指数

	城乡		地区			合计
	城市	农村	苏南	苏中	苏北	
最大值	0.87	0.93	0.93	0.93	0.87	0.93
最小值	0.20	0.13	0.13	0.20	0.20	0.13
中位数	0.60	0.53	0.60	0.60	0.53	0.53
平均数	0.56	0.55	0.57	0.59	0.52	0.56
标准差	0.15	0.15	0.14	0.14	0.16	0.15

从表 15-17 数据看，全省平均数为 0.56，说明多数居民对于生活是基本满意的，但与上一年的 0.64 相比，居民生活满意度指数下降了 0.08。具体来说，城乡居民的生活满意度基本相同，苏中地区的居民生活满意度略高于苏南、苏北地区，苏北地区居民对于生活满意度评价的内部差异最大。

（十一）近九成居民对江苏省民生工作持积极肯定态度

在这次问卷最后，我们附加了一道题，就是请被访者对江苏民生工作进行总体打分，评分区间为 0~10 分，其中 0 分表示最不满意、没有满意的，10 分表示非常满意、没有不满意的。在 1196 份有效问卷中，1191 户居民对江苏民生工作打了分，江苏省民生工作平均得分为 7.6 分，其中得分 6~10 分的达 89%，还有 16.8% 的居民给江苏民生工作打了满分，说明绝大多数居民对江苏民生工作持积极肯定态度。这可能主要得益于江苏省近年来在教育、医疗、养老、住房、社会保障等一系列民生工作领域的大量财力投入和工作力度的加强。

表15-18　江苏省民生工作得分百分比（%）

	城　乡		地　区			合计
	城市	农村	苏南	苏中	苏北	
0分	0	0.3	0.2	0	0.3	0.2
1分	0.2	0	0.2	0	0	0.1
2分	0.9	0.3	0.7	0	0.8	0.6
3分	0.2	0.5	0.2	0	0.8	0.3
4分	0.5	0.8	0.2	0.4	1.4	0.7
5分	8.5	9.6	8.2	7.1	12.1	9.1
6分	12.3	14.4	16.6	8.4	11.5	13.4
7分	18.2	15.7	15.5	22.3	16.6	17.0
8分	30.2	29.1	30.4	26.9	28.1	29.6
9分	11.4	13.2	13.6	13.4	9.8	12.3
10分	17.7	15.9	14.3	21.4	18.5	16.8

三、民生领域突出问题分析

（一）城乡、地区间居民收入差距较大

如图 15–1 所示，收入水平不高是当下城乡居民最关心的民生问题，所占比例高达 27.1%。从城乡、地区和户籍看（见表 15–19），农村家庭收入在 3 万元以下的占比 22.1%，是城市地区的 1.44 倍；苏北为 26.6%，是苏南的 3.8 倍、苏中的 1.2 倍。由此可见，低收入人群的城乡、地区间差异性较为突出。相较于 2015 年而言，这种收入差距更为明显。

表15-19　　居民家庭年收入比较（%）

	城乡		地区			户籍所在地		合计
	城市	农村	苏南	苏中	苏北	本地	外地	
1万元以下	4.3	9.0	3.9	6.7	11.1	8.0	0	6.6
[1～2.99）万元	11.0	13.1	7.4	9.6	21.9	13.7	3.9	12.0
[3～4.99）万元	16.6	16.0	14.0	13.8	20.6	16.7	14.2	16.3
[5～9.99）万元	35.4	30.6	36.1	30.5	29.2	32.5	35.8	33.0
[10～14.99）万元	19.9	21.4	25.1	25.9	10.3	18.6	30.4	20.7
[15～24.99）万元	9.5	6.0	9.9	7.5	4.7	7.0	11.8	7.8
[25～59.99）万元	2.6	1.4	2.6	2.5	0.6	1.7	3.4	2.0
50万元及以上	0.3	0.7	0.4	0.8	0.6	0.6	0	0.5
不清楚	0.3	1.9	0.6	2.5	1.1	1.2	0.5	1.1

从居民对家庭收入变化的感知来看（见表 15–20），44.9% 的居民认为较上一年变化不大，但认为收入下降的比例明显高于认为收入增加的比例，并高出 23.8 个百分点。其中，42.4% 的农村居民和 30.6% 的城市居民认为收入有些减少或明显减少。

表15-20　　被访居民家庭年收入较上一年增减情况（%）

	城　乡		地　区			户籍所在地		合计
	城市	农村	苏南	苏中	苏北	本地	外地	
显著增长	1.2	0.7	0.7	1.3	1.1	1.0	0.5	0.9
有些增长	16.6	9.9	19.0	9.6	6.9	11.7	21.1	13.3
差不多	46.2	43.5	43.8	54.8	38.1	46.0	39.7	44.9
有些减少	21.9	26.9	20.1	22.6	32.5	24.4	24.0	24.3
明显减少	8.7	15.5	8.6	9.6	19.7	13.1	6.9	12.0
说不准	5.4	3.5	7.9	2.1	1.7	3.8	7.9	4.5

造成居民对收入不满意，以及城乡、地区间收入差距拉大的主要原因有以下几个方面：一是江苏的居民收入与经济发展水平不相适应，以 2015 年数据为例，该年度江苏人均 GDP 为 88085 元，人均可支配收入 29539 元；浙江人均 GDP 为 77862 元，人均可支配收入 35537 元，江苏人

均 GDP 比浙江高 1 万多元，人均收入却少近 6000 元；二是地区间经济差距较大，苏南、苏中、苏北经济发展不平衡，使地区间收入存在巨大的差距，且差距持续拉大；三是居民收入与期待不相称，江苏作为发达省份，2015 年苏北城镇居民人均可支配收入为 26349 元，低于全国平均水平（31195 元）近 5000 元。省第十三次党代会明确把"聚焦富民"作为高水平全面建成小康社会的核心要义，对切实提高居民收入，解决老百姓总体还不富裕这一问题，具有极强的针对性和导向性。

（二）看病贵和看病难依然是医疗领域最大难题

看病贵、看病难依然是居民关心的重大民生问题。在询问受访居民对医疗服务不满意事项中，如图 15-9 所示，看病太贵高达 47.5%，成为居民对医疗服务最不满意事项。在 1196 户受访家庭中，166 户家庭 2015 年以来曾经因为家里人看病而借钱、变卖资产或者抵押贷款。如图 15-10 所示，看病贵在城乡表现差异较大，当受访居民被问及"在被建议住院而没有住院的原因"时，虽然没钱住院均是城乡居民的首选，但是农村居民这一比例高达 77.6%，比城市高 26.1 个百分点，这主要是因为农村居民家庭收入、医疗保险报销比例均低于城市。

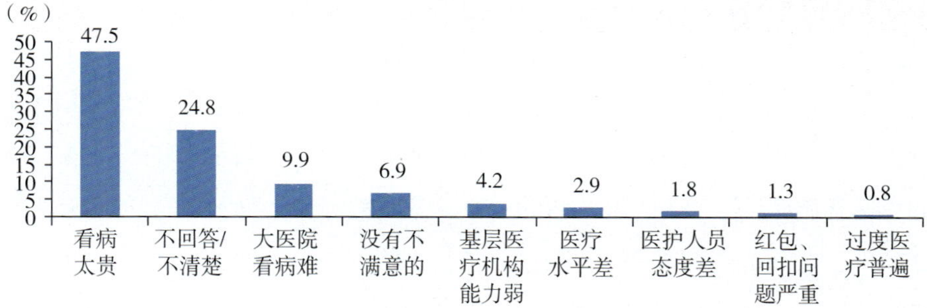

图15-9　对医疗服务最不满意事项（%）

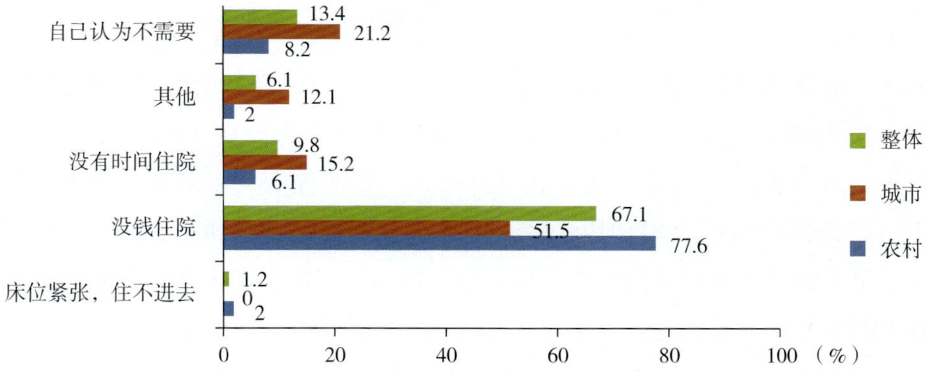

图15-10　城乡居民不遵医嘱没有住院的原因比重（%）

与看病贵相似，看病难是受访居民关心的另一个问题，9.9% 的居民认为看病难是其对医疗服务最不满意事项之一。居民看病难，一方面体现在就医方式上，与私立医院相比居民更倾向于去公立医院就医，而公立医院本身数量有限，导致挂号难、就诊难、住院难；另一方面，看病难还体现在没钱住院上，如图 15–10 所示，不遵医嘱没有住院的原因，67.1% 的居民选的是没钱住院。可见，看病贵、看病难依然是百姓就医过程中最大的难题。

（三）居民对环境污染越来越不满意

生态环境的好坏不仅关乎居民的身体健康，同时也是居民关心的重要民生问题。近年来，尽管江苏省在生态文明建设中取得重大进展，但人多地少、资源匮乏、环境脆弱的特殊省情并没有改变，总体上还没有迈过生态环境高污染、高风险的阶段，保生态与稳增长之间的矛盾仍然较大，环境质量与群众期盼还有相当大的差距，是全国环保压力最大、任务最重、挑战最多的省份之一。表 15–5 数据显示，15.8% 的受访居民对环境污染问题表示不满意，是受访居民对社会环境最不满意事项中所占比例最高的，10.1% 的居民认为所在社区最近一年总体生态环境质量在变差（见表 15–21），调查结果一方面反映出江苏省生态环境问题依然严峻，另一方面也反映出老百姓对所在的社区生活环境存在忧虑。

表15-21　　居住社区生活环境质量改善情况比较（%）

	居住社区各项生活环境质量					
	明显改善	有些改善	没有变化	有些变差	明显变差	说不清
总体生态环境	13.9	39.5	34.5	7.7	2.4	2.0
空气质量	8.4	32.9	38.6	14.1	3.9	2.1
生活用水质量	10.0	35.3	46.7	4.9	1.3	1.8
周边河流湖泊等水体质量	5.8	18.1	37.5	23.1	9.8	5.7
生活污水处理	5.7	27.3	47.5	9.3	3.2	7.0
生活垃圾处理	12.2	45.4	33.2	5.9	1.5	1.8
噪音环境质量	6.2	19.8	57.1	8.2	6.6	2.1
绿化环境	9.5	34.0	48.1	5.2	1.0	2.2

具体来看（见表 15–22），周边的河流、湖泊等污染严重，经常出现水体黑臭河流，是居民最不满意的环境问题，达 17.6%，这主要是因为江苏省作为经济大省、工业大省，产业密集、城市密集、人口密集，国土空间承载负荷较大，资源能源约束趋紧，产业结构偏重，单位国土面积污染物排放高于全国平均水平，导致部分水体污染严重。此外，10.4% 的受访居民认为空气质量不好是最不满意的生态环境问题，这与近年来雾霾天气有很大关系。数据显示，2015 年全省 PM2.5 平均浓度为每立方米 58 微克，距离二级标准（35 微克）还有不小的差距；空气质量平均达标率为 66.8%，一年中还有 1/3 的天数是不达标的。在全国 74 个重点城市空气质量排名中，江苏 13 个设区市总体处于中等偏后水平，在长三角地区空气质量靠后，与珠三角相比差距就更大。

表15-22 居住社区生态环境问题比较（%）

	城乡		地区			合计
	城市	农村	苏南	苏中	苏北	
空气质量不好	12.5	8.3	16.1	3.5	5.5	10.4
生活用水供应有问题，饮用水质量不高或者不卫生	4.3	1.8	2.8	0.4	5.2	3.1
周边的河流、湖泊等污染严重，经常出现水体黑臭	11.3	24.3	16.4	26.4	13.9	17.6
生活污水专门收集和处理率不高，往往直接排放	5.0	7.8	4.9	6.1	9.0	6.4
生活垃圾处理不及时，常出现乱堆、有异味等问题	10.5	4.9	8.2	6.5	7.8	7.8
周边施工、交通、娱乐场所等噪声污染严重	18.1	7.9	20.8	6.5	4.9	13.2
周边绿化率不高	5.3	0.7	2.6	2.6	4.1	3.1
没有不满意的	33.0	44.3	28.2	48.0	49.6	38.4

四、江苏省民生工作对策建议

“十三五”时期，是江苏聚力创新、聚焦富民、高水平全面建成小康社会的决胜阶段。加快完善基本公共服务体系，进一步加强和改善民生，面临着新的机遇和挑战。从经济增长看，新常态下产业结构深度调整，发展动力转换，经济增速换挡，财政增收难度加大，民生投入保障面临较大压力，需要积极调整财政支出结构，更加注重保障基本民生、关注低收入群众生活，增加基本公共服务供给。从社会发展看，城乡居民消费需求转型升级，人民群众对过上更好生活有了新期盼，对民生保障质量和水平有了新要求，需要更加注重公平正义，合理引导社会预期，加快完善民生工作体制机制。从人口结构看，人口老龄化程度加深，“全面两孩”政策实施，老年人口抚养比及少儿人口抚养比升高，城乡人口流动性增强，需求多元化和保障多重化更加突出，需要民生保障与人口年龄结构、群体结构、空间结构等相匹配。从服务方式看，随着移动互联网、物联网、大数据、云计算等信息技术快速发展，全面深化改革的深入推进，市场活力进一步释放，为民生领域培育多元供给主体、创新服务提供方式、扩大市场开放增添了动力。制国有常，利民为本。这就要求各级政府，必须全面贯彻党的十八大和十八届三中、四中、五中、六中全会精神，紧紧围绕习近平总书记提出的“七个更”目标，突出人民的主体地位，把增进人民福祉、促进人的全面发展作为一切工作的出发点和落脚点，把民生建设放到经济社会发展大局中来谋划，坚守底线、突出重点、完善制度、引导预期，更加注重机会公平，着力保障基本民生，切实解决实际问题，努力促进共同富裕，不断增强全省人民的获得感和幸福感，使发展成果更多更公平地惠及全体人民。

（一）以创业就业为抓手，推动城乡居民持续增收

让人民群众拥有更满意的收入，是缩小城乡居民收入差距、推动城乡居民共享发展的重要基础。为此，要积极采取措施推进创业创新增加就业机会，深入实施富民优先政策，进一步落实促进城乡居民增收的各项政策措施，不断拓宽城乡居民增收渠道，提高低收入人群的收入能力，增加对低收入人群的保障能力，有针对性地改善民生。一是坚持就业优先战略，实施更加积极的就业政策。推进就业政策与教育、劳动关系、社会保障等民生政策的统筹协调，围绕解决结构性就业矛盾、提升就业质量，不断提高政策针对性和有效性。加强财税、金融、产业、贸易等经济政策与就业政策的配套衔接，建立宏观经济政策对就业的影响评价机制和公共投资、重大项目建设带动就业的评估机制。着力扶持发展就业容量大、吸纳就业能力强的现代服务业、智力和劳动密集型产业、战略性新兴产业和小微型企业，努力创造更多就业岗位。二是推动大众创业创新，健全创业创新的支持体系。鼓励创业是新常态下的就业常态。完善和落实重点就业群体自主创业税收政策，鼓励和引导金融机构加大对劳动密集型产业、服务业、小微企业的信贷投放，进一步健全小额担保贷款等金融服务。进一步推广小额信用贷款，对没有外出就业、有一定技能又有创业意愿的农户发放小额信贷贴息贷款，支持发展特色优势产业，提高农村金融服务的瞄准性，满足广大农户增收需求。强化农民工就业培训和信息服务，支持返乡农民、个体工商户、农业经纪人等从事农业开发，多渠道多形式帮助农民就业创业。按照“政府引导、市场化运作”的模式，将包括政策支持、专业创业服务中介、服务机构、投资机构、知识产权管理、培训机构等多重要素汇聚，打造创业服务平台，重点对科技型创业创新者、初创企业者提供创业扶持。大力实施大学生创业引领计划，普及创业教育，加强创业培训，激发大学生创业热情，优化创业流程，简化创业程序，完善各方面优惠政策，鼓励设立支持大学生创业基金。三是强化收入分配机制，培育合理的收入分配格局。健全科学的工资水平决定机制、正常增长和支付保障机制，完善最低工资增长机制、企业工资集体协商机制、市场评价要素贡献并按贡献分配的机制，全面落实机关事业单位工资改革政策，改革津补贴制度。规范收入分配秩序，保护合法收入，整顿不合理收入，调节过高收入，打击和取缔非法收入，扩大中等收入者比重，着力提高中低收入群体收入水平，构建中等收入者占多数的“两头小、中间大”的橄榄型社会结构，使地区之间、城乡之间、阶层之间、行业之间的收入差距趋向合理。进一步落实城乡居民收入增长与经济增长、财政收入增加联动机制，督促企业适时增加城镇职工工资，多渠道增加居民工资性收入和财产性收入。完善最低工资标准，健全工资正常调整机制。落实机关事业单位养老保险制度改革。

（二）以重点领域为突破口，着力补齐民生事业短板

从本次调查数据来看，上学难上学贵、看病难看病贵、社会保障、环境污染等问题，依然是广大居民最关心的问题。要从解决群众最关心、最直接、最现实的利益问题入手，突破重点领域，推动民生事业由点及面全面发展。一是优先发展教育事业。坚持按照教育发展规律和经济社会

发展需要，优化教育资源配置，促进义务教育均衡发展，加快普及高中阶段教育，大力发展职业教育，提高高等教育质量，重视学前教育，关心特殊教育，形成各级各类教育全面协调可持续发展的良好格局。着眼于构建现代国民教育体系，提高学生综合素质，大力实施素质教育。更新教育观念，改进人才培养模式，深化教学内容方式、考试招生制度、质量评价制度等改革，减轻中小学生课业负担，全面提高教育质量和水平。加大财政对教育的投入，规范教育收费，健全公共财政投入和保障机制，为全体国民提供接受良好教育的机会和条件。扶持贫困地区教育，健全学生资助制度，保障经济困难家庭、进城务工人员子女平等接受义务教育，鼓励和规范社会力量兴办教育。二是强化医疗卫生服务。加快建立基本医疗卫生制度，实现人人享有基本医疗服务的目标。坚持公共医疗卫生的公益性质，坚持预防为主、以农村为重点、中西医并重，实行政事分开、管办分开、医药分开、营利性和非营利性分开，强化政府责任和投入，完善国民健康政策，鼓励社会参与，建设覆盖城乡居民的公共卫生服务体系、医疗服务体系、医疗保障体系、药品供应保障体系，为群众提供安全、有效、方便、价廉的医疗卫生服务。完善重大疾病防控体系，提高突发公共卫生事件应急处置能力，健全城乡居民大病保险制度，保障待遇重点向困难群体倾斜，探索建立长期护理保险制度。加强农村三级卫生服务网络和城市社区卫生服务体系建设，以深化公立医院改革为突破口，深化医疗卫生管理体制、医疗机构运行机制、卫生投入体制、医疗服务和药品价格形成机制改革。建立国家基本药物制度，扶持中医药和民族医药事业发展。三是健全覆盖城乡居民的社会保障体系。坚持广覆盖、保基本、多层次、可持续的指导方针，以社会保险、社会救助、社会福利为基础，以基本养老、基本医疗、最低生活保障制度为重点，以慈善事业、商业保险为补充，加快建立覆盖城乡居民的社会保障体系。促进城镇职工基本养老保险制度规范化，完善社会统筹与个人账户相结合的企业职工基本养老保险制度，促进机关、事业单位基本养老保险制度改革，探索建立农村养老保险制度。全面推进城镇职工基本医疗保险、城镇居民基本医疗保险、新型农村合作医疗制度建设，使基本医疗保险制度覆盖城乡全体居民。健全最低生活保障制度，做到应保尽保，切实解决他们的基本生活问题。积极发挥商业保险的补充作用，采取多种方式充实社会保障基金，搞好基金投资运营，实现保值增值，同时加强基金监管，杜绝非法侵占、挪用，确保社保基金安全。加快建立适应全体居民需要的多层次住房保障体系，特别要健全廉租住房制度，合理确定廉租住房保障标准，健全廉租住房保障方式，加大廉租住房建设力度。四是推进生态文明建设。坚持以提高环境质量为核心，推进联防联控和流域共治，制定大气、水、土壤三大污染防治行动计划的施工图。根据区域、流域和类型差异分区施策，实施多污染物协同控制，提高治理措施的针对性和有效性。实施大气环境质量目标管理和限期达标规划，加强重污染天气应对，深化区域大气污染联防联控，明显降低细颗粒物浓度，改善区域空气质量。实施以控制单元为基础的水环境质量目标管理，实施流域污染综合治理，优先保护良好水体，推进地下水污染综合防治，大力整治城市黑臭水体。实施农用地土壤环境分类管理，加强建设用地环境风险管控，开展土壤污染治理与修复，强化重点区域土壤污染防治。

（三）以制度建设为保障，健全民生发展长效机制

保障和改善民生是一项艰巨而又复杂的系统工程，必须发挥制度体系的保障功能，加强经济社会与民生工作的统筹协调，切实做到齐抓共管、相互衔接、整体实施，推动民生工作与经济社会发展相适应，让群众共享改革发展的成果。一是完善财政支持制度，新增财政向民生项目倾斜。财政是保障与改善民生的重要政策手段和财力保障，雄厚的财政实力对完善保障与改善民生至关重要。政府要加快推动经济发展，做大经济总量这个“蛋糕”，进而提高政府财政收入，将新增财政向民生项目倾斜，把保障和改善民生的各项措施上升为公共政策，形成规范的制度安排，提供稳定的资金保障，使民生问题得到长效化推进。加快推进公共财政体制改革，切实增强各级财政对民生工作的保障能力，真正实现财政政策从经济建设型向民生建设型转变。二是健全市场参与制度，促进民生服务供给主体多元化。充分发挥市场机制作用，在民生领域引入政府与社会资本合作（Public Private Partnership，简称 PPP）模式，加快建立政府主导、社会参与、公办民办并举的公共服务供给形式，推动民生服务主体的多元化和服务方式的多样化。坚持诚信守约、交易公平、收益共享、风险共担和防止暴利五大原则，对现行法规政策进行梳理，保障各主体合法利益。明确社会资本的合理回报，尽快制定省级层面的诚信建设指导意见，建立包括企业、政府、中介机构、金融机构在内的信用评级制度及评价查询系统，明确各主体失信成本和惩戒力度。建立省级层面的 PPP 融资平台，积极争取保险资金、专业投资机构资金参与，拓宽民生服务融资渠道。建立规范化的专业咨询机构遴选和退出机制，发挥财务、经济、法律、工程等咨询机构的专业作用。三是统筹公共服务衔接制度，推动区域、城乡公共服务一体化发展。公共服务城乡一体化是人民共享发展成果的重要举措，是改善民生、统筹城乡发展、构建和谐社会的重要任务。加大政府公共服务投入向农村倾斜力度，加强对农村的资金分配力度，尤其是教育、医疗、就业、社保、生态等基本公共服务领域的建设。新增预算内固定资产投资优先投向农村基本公共服务项目，财政经费要保障农村基本公共服务机构正常运转和开展服务。鼓励和引导城市优质公共服务资源向农村延伸，充分利用信息技术和流动服务等手段提高农村共享城市优质公共服务资源的水平。加大对苏北等经济薄弱地区基本公共服务财政投入和公共资源配置的倾斜力度，政府基本公共服务投资项目优先安排，降低经济薄弱地区专项拨款的县级配套，实现区域间基本公共服务支出水平的初步均衡。建立统筹衔接的城乡基本公共服务制度，抓紧制定和实施统筹城乡基本公共服务制度的工作目标和阶段任务，在就业制度、住房制度、教育制度、社保制度和医疗卫生制度等方面逐步实现城乡一体，使城乡居民享受平等、公平的基本公共服务，逐步消除户口所具有的身份、待遇和等级差别。鼓励各地开展统筹城乡基本公共服务制度改革试点，苏南等有条件的地区，可率先把农村居民纳入城镇基本公共服务保障范围，优先加快推进城乡居民基本养老与医疗保险、社会救助与社会福利、基本医疗卫生、人口与家庭服务、住房等制度的整合。苏中、苏北暂不具备条件的地区，要注重缩小城乡待遇差距，预留制度对接的衔接口。加强区域间基本公共服务制度的衔接，促进基本公共服务在省内无障碍流转。加快推动省内各地区基本公共服务框架、内容和实施步骤相互对接，减少制度障碍，促

进形成省内待遇逐步趋同的自我调节机制。健全义务教育经费省级统筹、各级政府共担、管理以县为主的体制，统筹优质普通高中资源，合理规划布局结构。全面实行参保人员在统筹区域范围内所有定点医疗机构自主选择就医，研究参保人员在省市级定点医疗机构就医即时结报办法和异地就医结算管理办法，建立残疾人医疗康复流转服务平台。探索建立优待救助对象省内流动机制，允许抚恤、优待人员、农村“五保”供养对象和城市“三无”人员等在省内的流动转移。四是建立健全监督考核制度，推动民生事业公开透明发展。在经济社会民生协调发展中，坚持强化人大、政协对民生服务的监督功能，充分发挥各类社会组织的监督作用，积极引入第三方评估机构，实行严格的考核问责制度，完善民生事业的监督考核机制。进一步完善公众参与机制，坚持人民群众的主体地位，尊重人民群众的首创精神，充分依靠和发挥广大人民群众的力量和智慧，调动广大人民群众参与监督的积极性，推动民生事业公开透明发展。

（江苏省政府研究室专题组
专题组顾问：郑　焱
专题负责人：沈　和
成员：陈幼迪　刘亮亮　印家林　帖　明　丁　文　李　波　辛璄怡
统稿：金世斌　于　水）

第十六章
安徽省民生发展报告

“十三五”时期是全面建成小康社会的决胜阶段，民生则是全面建成小康社会的题中之意。“坚持共享发展，持续改善民生”是我国由“低水平的、不全面的、发展很不平衡的小康”走向全面小康的必由之路，是“发展为民”、“改革发展成果让人民共享”的现实体现。2016 年是国务院发展研究中心组织的全国范围的“中国民生问题调查”的第四年，安徽省也是连续第四年参与调研。今年的调研在问卷内容设计上进行了优化，同时安徽省的 10 县样本也重新抽样，主体思想和目标仍然和前三年基本相同，都是从被访者个人及家庭基本情况、工作与就业、基本民生问题、收入与消费、子女教育、医疗卫生、养老保障、住房保障、生活环境和政府服务等方面来收集一手资料，系统了解和掌握安徽省民众对于民生问题的感受和在民生问题上的诉求，具有很强的针对性和现实性。

在问卷调查中，课题组严格按照国务院发展研究中心的要求，认真执行调查实施方案，完成了对 10 个目标县区、40 个村居、1200 多户的入户问卷调查工作，完成合格问卷 1222 份。本报告撰写的数据主要源于历年《安徽省统计年鉴》、安徽省民生工程网、问卷调查汇总数据，同时结合实地调研观察进行分析。

一、安徽省近年来民生发展总体情况

党的十八大以来，以习近平同志为总书记的党中央坚持立党为公、执政为民，从人民群众最关心的医疗、教育、收入分配、社会保障、住房、食品药品安全、环境保护等现实问题入手，加大保障和改善民生力度，就业保持总体稳定，居民收入持续稳定增长、消费水平不断提高，基本公共服务水平和均等化程度显著提高，覆盖城乡居民的基本医疗保险制度和社会保障体系基本建立，改革发展成果正更多更公平惠及全体人民。

2007 年以来，安徽省委省政府坚持科学发展，建设美好安徽，累计投入 3906 亿元①，在全国率先实施民生工程，通过项目化手段、工程化措施解决民生问题，取得了明显成效。根据党的十八届五中全会提出的“必须坚持发展为了人民、发展依靠人民、发展成果由人民共享，作出更有效的制度安排，使全体人民在共建共享发展中有更多获得感”的总任务，省委省政府要求

---

① 数据来源：安徽民生工程网站。

按照“以人为本、统筹兼顾，量力而行、雪中送炭，突出绩效、共建共享”的原则，尊重群众意愿，回应群众关切，统筹安排民生工程项目。

（一）民生工程投入继续加大

民生工程具有目标可量化、实施有抓手、项目可考核、结果可追溯的特点，已成为安徽保障改善民生有效的制度安排、最具特色的工作品牌。2007 年，安徽省正式实施民生工程，九年来，安徽民生工程项目数量从 12 项逐步增加到 33 项（累计实施 56 项）。民生工程资金投入和受惠人口数量逐年增加，人均收益金额逐年提高。2015 年，安徽省民生项目支出 4379 亿元[①]，比上年增长 14.2%，全面完成 33 项民生工程建设任务。

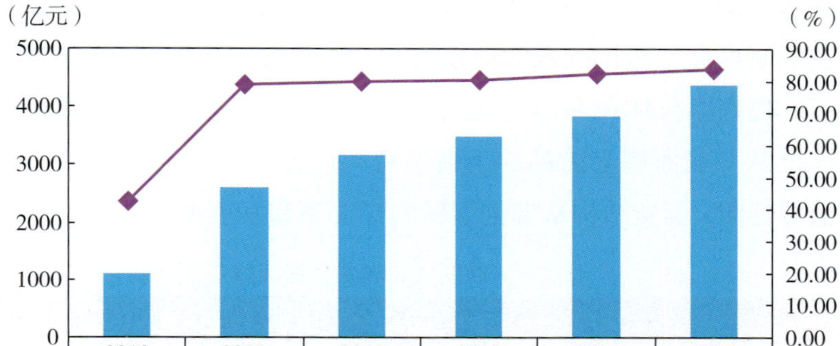

	2010	2011	2012	2013	2014	2015
投入资金（亿元）	1096	2600.7	3161.2	3487	3833	4379
占全省财政支出比重（%）	42.40	78.70	79.90	80.20	82.20	83.70

图16-1　2010~2015年安徽省民生投入总金额及所占财政支出比重

数据来源：安徽省预算执行情况和预算草案报告（2010~2016 年）。

表16-1　安徽省民生工程投入情况一览表

年份	项目数（个）	投入资金（亿元）	惠及人口（万）	人均收益（元）
2007	12	120	4000	200
2008	18	176	5000	350
2009	28	254	6000	420
2010	33	345	6000	570
2011	33	468	6000	780
2012	33	540	6000	900
2013	33	605.6	6000	1059
2014	33	686.3	6000	1138
2015	33	726.5	6000	
2016	33	825.5	6000	

数据来源：安徽省人民政府工作报告（2011~2016），安徽民生工程网站。

① 数据来源：安徽省2015年预算执行情况。

“十三五”时期，安徽省将继续加大民生工程实施力度。2016年，将按照十八届五中全会提出的“坚守底线、突出重点、完善制度、引导预期”的思路，遵循“以人为本、统筹兼顾，量力而行、雪中送炭，突出绩效、共建共享”的原则，加快补齐民生短板，围绕扶贫攻坚和精准扶贫工作、“三农”工作、创业就业、社会保障、教育文化、其他城乡公共服务等方面，投入825.5亿元[①]，继续实施33项民生工程。与2015年相比，新增6项，退出6项，提标6项，继续实施21项，强化责任落实、精准推进、问题导向、统筹协调和共建共享，切实增强人民群众的获得感、幸福感。

（二）居民收入和消费水平不断提高

近年来，随着对外开放的不断深入，安徽省城镇居民在家庭收入逐年增长的同时，生活消费水平也不断提高。居民收入的快速增长，为物质生活质量的整体改善提供了重要的物质基础。生活水平的提高不仅体现在消费支出的数量增长，更表现在消费档次和消费结构发生的新变化。消费档次已从一般家庭必需品的生活消费向服务、旅游、保健、信贷、小轿车和住房甚至收藏等高档消费延伸；消费结构从温饱型转向享受型和发展型。

表16-2　“十二五”时期城镇和农村居民家庭人均消费性支出情况　单位：元

年份	2011	2012	2013	2014	2015
城镇	13181	15012	16285	16107	17234
农村	4957	5556	5725	7981	8975

数据来源：安徽省人民政府工作报告（2011~2016）。

（三）城乡居住条件总体上有所改善

安徽省2015年新增各类保障性安居工程40.3万套[②]，基本建成35.8万套，完成农村危房改造17.9万户。为了不断加快推进保障性住房建设，通过重建、修缮加固形式，对居住在危房中的农村分散供养五保户、低保户、贫困残疾人家庭和其他贫困户开展危房改造，同时随着安徽省推行廉租房、公租房制度，城镇的人均居住面积以及居住环境都得以不断提升。

就农村地区居住条件而言，常住居民人均住房面积由2013年的每人32平方米，增加到2014年的44.67平方米，再到2015年的46.76平方米，居住状况逐年改善[③]。这一方面与农村居民年均收入不断增长有关，另一方面也与全省各地区新农村建设，居民生活环境改善有关。

（四）基本社会保障体系不断完善

2010年全省基本养老、基本医疗、失业保险参保人数分别达669.5万人、1529.4万人和384

---

① 数据来源：安徽民生工程网站。

② 数据来源：安徽省人民政府工作报告（2016）。

③ 数据来源：安徽省统计年鉴（2016）。

万人，首批新型农村社会养老保险试点参保人数达 349.4 万人[①]。社会救助整体合力不断增强，城乡低保、五保集中供养、大病医疗救助和孤儿救助等工作加快推进。20.9 万户城市低收入家庭享受廉租房住房保障，并完成城市及国有工矿棚户区住房改造 22.6 万户、农村危房改造 4.3 万户。实施采煤塌陷区村庄搬迁应急工程建设，惠及 25.7 万人[②]。

2011 年在 2010 年基础上继续扩大社会保障覆盖面，五大保险均超额完成全年任务，城乡居民养老保险试点县（市、区）达到 67 个。开工建设各类保障性住房 42.9 万套，基本建成 20.5 万套[③]。

2012 年实现城乡居民社会养老保险制度全覆盖，企业退休人员养老金人均月增加 175 元，农村居民最低生活保障、农村五保户供养补助和重度残疾人生活救助标准均提高 10% 以上。政策范围内新农合、城镇职工医疗保障住院费用报销比例进一步提高。开工建设各类保障性住房 43.8 万套，基本建成 34.4 万套[④]。

2013 年安徽省累计投入 236.9 亿元，占比 39.1%。新农合、城镇居民医疗保障财政补助标准由 240 元提高到 280 元，政策范围内报销比例超过 70%，医疗保险待遇提高，进一步深化了医疗卫生体制改革；城镇居民养老保险参保人数达 3308.7 万人，当年参（续）保率达到 100.2%，符合待遇领取条件的人员养老金发放率 100%。推进社会保障扩大覆盖面以及提高标准，城镇居民医疗保险、新农合补助标准均提高 40 元，实现城镇基本医疗保险省内异地就医即时结算，企业退休人员养老金实现九连增，城乡最低生活保障标准分别提高 11.8% 和 18.4%，困难群体社会救助制度实现城乡全覆盖[⑤]。

2014 年安徽省基本养老参保达 3337.2 万人，增长 0.86%；城镇基本医疗保险参保人数 1756.4 万人，其中 7 城镇职工参保人数 39.9 万人；失业保险、工伤保险、生育保险参保人数分别为 422.0 万人、503.8 万人和 482.8 万人，分别增长 3.2%、7.4% 和 5.3%。全面发展社会事业，基本公共服务水平进一步提高。落实积极就业政策，发放各类就业补贴 28.9 亿元，10.5 万就业困难人员重新走上就业岗位，高校毕业生初次就业率达 89.6%。进一步提升社会保障水平，城乡统一的居民养老保险制度全面实施，企业退休人员养老金人均月增加 168 元。实施一揽子政策解决老民师、老村干、老农民技术员等“老字号”群体生活困难。社会保障覆盖范围逐年扩大，社会保障体系不断完善[⑥]。

2015 年安徽省继续推进保障性住房等民生工程项目建设和管养，持久发挥工程效用。统筹安排 26.9 亿元，支持大别山片区、皖北连片特困等地区精准扶贫、精准脱贫，支持开展光伏扶贫试点。建立“1+20”政策体系，在 3000 个贫困村实施整村推进工程，减少贫困人口 75 万人。投入 11.2 亿元落实“老字号”群体生活补助政策，拨付 56.4 亿元提高城乡居民低保标准，完善

① 数据来源：安徽省统计年鉴（2012）。
② 数据来源：安徽省人民政府工作报告（2011）。
③ 数据来源：安徽省人民政府工作报告（2012）。
④ 数据来源：安徽省人民政府工作报告（2013）。
⑤ 数据来源：安徽省人民政府工作报告（2014）。
⑥ 数据来源：安徽省人民政府工作报告（2015）。

家庭经济困难学生资助体系，为90.3万人次发放补助资金24亿元，让困难群众感受到党和政府的温暖。企业退休人员基本养老金人均月增196元，城乡居民基础养老金最低标准每人每月提高到70元。实施重特大疾病医疗救助、困难残疾人生活补贴、重度残疾人护理补贴等制度。深化医药卫生体制综合改革，城市公立医院改革全面实施，城镇基本医保省内异地就医实现双向结算。安排2.2亿元新建五保供养机构床位2万余张，全面取消城市公立医院药品加成，基本公共卫生服务财政补助标准人均35元提高到40元，建立村医执业风险防控分担机制，健全疾病应急救助机制。安徽财政拨付就业专项资金23.9亿元，支持开发5.3万个公益性岗位，开展技能培训34.5万人[①]；调剂省级失业保险2亿元用于充实创业贷款，发挥政策稳岗作用。落实支持就业创业政策，帮助10.3万就业困难人员再就业，高校毕业生总体就业率达95.9%[②]。

（五）教育投入逐年增加，文化服务建设稳健发展

安徽省预算内教育经费支出逐年增加。自2011年起，全省实施学前教育三年行动计划，加快义务教育学校标准化建设，提高农村义务教育阶段学生人均公用经费补助标准，加固改造中小学校舍944万平方米[③]。在此基础上2012年新建、改扩建公办幼儿园800所，完成2314所城乡义务教育标准化学校建设。2014年教育公平和质量继续改善，均衡配置义务教育资源，义务教育学校标准化覆盖率提高到78.4%。完成2291所义务教育阶段学校标准化建设，高中阶段毛入学率达到91.9%，超过全国平均水平5.4个百分点。2015年投入846.9亿元，推进义务教育经费保障机制建设，建立公办高职院校生均财政拨款制度，推进职业教育和培训资源资金整合，支持教育事业发展。

文化服务建设方面稳健发展。2015年投入86.3亿元[④]，支持构建现代公共文化服务体系，促进文化、体育、广电传媒事业发展。新建30个乡镇综合性文化服务中心和300个农民文化乐园，广播电视由村村通向户户通延伸。全民健身运动广泛开展。合肥、铜陵、芜湖入选第四届全国文明城市，入选数居全国首位。哲学社会科学、参事文史、档案、地方志工作进一步加强，民族宗教、妇女儿童、老龄、红十字等事业取得新成绩，援疆援藏、气象、地震、防灾减灾工作取得新进展。

二、安徽省改善民生的政策举措及成效

民生工程已成为安徽保障改善民生最有效的制度安排、最具特色的工作品牌。过去一年，安徽省深入实施创新驱动发展战略，高度重视改善民生，基本公共服务水平明显提升，各项民生工程又好又快实施，社会效益明显，群众满意度和获得感进一步提升。

---

① 数据来源：安徽省2015年预算执行情况。
② 数据来源：安徽省人民政府工作报告（2016）。
③ 数据来源：安徽省人民政府工作报告（2012）。
④ 数据来源：安徽省人民政府工作报告（2016）。

（一）基本公共教育与公共文化类

健全家庭经济困难学生资助体系，加大财政投入，落实和完善各项助学政策，从制度上基本解决家庭经济困难学生的就学问题。继续向家庭经济困难寄宿生补助生活费，实施农村义务教育阶段学校校舍维修改造长效机制。

通过有线联网、无线覆盖等形式，不断提高广播电视，尤其是农村广播电视的基本服务水平，进一步扩大政府公共文化服务覆盖面。全省完成 5640 个 20 户以下自然村村村通工程和 6 个高山无线发射台站基础设施改造任务[①]。

美术馆、公共图书馆、文化馆（站）、博物馆免费开放。其中：实施美术馆、公共图书馆、文化馆（站）公共空间设施场地免费开放、基本公共文化服务项目免费提供。博物馆在保持原有开放内容前提下，提升展示水平和服务质量，充分发挥博物馆纪念馆宣传教育功能。

对全省 15539 个行政村开展文化活动给予专项补助。其中：文化信息共享工程，以文化信息共享工程村服务点网络设施为基础，做好宽带接入、运行维护及文化宣讲等活动。农村文化活动，通过政府采购方式，每年每个行政村送正规演出不少于 1 场。农家书屋运行维护，对农家书屋进行维护管养，补充更新出版物，确保每周开放时间不少于 5 天。农村电影放映活动，每行政村每年放映 12 场公益电影。农村体育活动，每行政村每年 6 场体育活动[②]。

表16-3　　基本公共教育与公共文化类项目实施情况

项目名称	完成情况
义务教育经费保障机制改革	免除城乡义务教育阶段学生学杂费并补助学校公用经费学生数6091753人，向农村义务教育阶段免费提供国家课程教科书学生数5410910人，补助义务教育阶段家庭经济困难寄宿生生活费学生数174478人，维修改造农村义务教育阶段学校校舍面积1882879平方米，完工率101%
高校、中职和普通高中家庭经济困难学生资助	发放高校国家奖助学金259312人、中职学校国家助学金101367人、中职学校免学费补助378114人、普通高中国家助学金247331人，发放资助资金23.5亿元
广播电视“村村通”工程	20户以下已通电自然村通广播电视完工5640处、完工率100%，无线发射台站基础设施开工6个，已完工6个，完工率100%
公共文化场馆开放	全省免费开放公共图书馆105个，文化馆120个，美术馆7个，乡镇文化站1283个，博物馆89个，共计1604个
农村文化建设专项补助	农村文化活动已演出18733场，完成率121%；农村电影放映已放映196694场，完成率105.5%；已开展农村体育活动98398场，完成率105.3%；文化信息共享工程补助资金3110.4万元，完成率100%；农家书屋更新出版物1519733册

数据来源：http://ah.people.com.cn/n2/2016/0107/c358266-27490910.html（下同）。

（二）劳动就业服务类

完善就业服务体系。开展 30 万城乡劳动者就业技能培训，人均补助 600 元，促进劳动者素质就业和稳定就业。开发公益性岗位，给予社保补贴、岗位补贴，安置困难人员就业，年人均

① 数据来源：安徽民生工程网站。
② 数据来源：安徽民生工程网站。

补助 7000 元；开发就业见习岗位，给予就业见习补贴，为高校毕业生提供就业见习机会，人均见习 9 个月，每月补助 600 元；开发基层公共管理和服务岗位，给予岗位补贴和社保补贴，吸纳高校毕业生就业，年人均补助 1.02 万元[①]。

表16-4　劳动就业服务类项目实施情况

项目名称	完成情况
就业技能培训	就业技能培训完成人数344712人，参培率114.9%。培训合格率95.6%，培训后取得职业资格证书或专项职业能力证书人数达到培训人数的72%以上
就业扶持工程	公益性岗位开发55041个，完成率110%； 组织13096名高校毕业生参加就业见习，完成率119%； 稳定提供高校毕业生基层特定岗位12000个，完成率100%

（三）社会保险和基本医疗卫生类

继续巩固和完善新农合制度，逐步提高报销待遇。实现城镇居民医保制度全覆盖，将本地区城镇非从业居民纳入城镇居民基本医疗保险制度覆盖范围。实现大病保险在全省各统筹地区全覆盖，由商业保险机构承办，用于支付参合参保群众大病保险合规可补偿费用的补偿。在全省 74 个县（市、区）实行县级公立医院药品零差率销售，财政给予补助，减轻患者负担。各地结合经济发展、医疗消费水平和基金承受能力，逐步提高重大疾病保障水平。

合理确定救助范围、逐步提高医疗救助水平，在全省建立起管理制度化、操作规范化的城乡医疗救助制度。实施 1 万例贫困白内障患者免费复明手术，为 8 万名贫困精神残疾人提供基本精神药物治疗费用补助，为 1 万名聋儿、脑瘫、智力残疾、孤独症等贫困残疾儿童进行康复训练和医疗救助，对艾滋病、结核病、晚期血吸虫病等重大传染病人减免医疗费用[②]。

实施建立居民健康档案、健康教育、预防接种等项目，逐步扩大服务人群，提高服务水平。开展免费婚前医学检查，实施农村孕产妇住院分娩补助，开展免疫规划接种补助，加强妇幼保健机构管理养护。

表16-5　社会保险和基本医疗卫生类项目实施情况

项目名称	完成情况
新型农村合作医疗	全省参合人数达到5162.7万人，参合率不低于95%； 人均财政补助标准达380元，人均缴费均不低于100元； 住院率7.37%； 参合农民住院实际补偿比58.11%； 继续扩大按病种付费范围
城镇居民基本医疗保险	全省参保人数达到941.8万人，参保率达到96%以上，人均财政补助标准达380元，基本医疗保险政策范围内住院费用支付比例达到70%； 住院医疗费用实际报销（兜底报销）比例不低于35%
城乡居民大病保险	已实现城乡居民大病保险全覆盖，省内医疗机构报销比例较上年提高5个百分点，起付线标准为1万~2万元，基本实现在当地定点医疗机构实行大病保险即时结算，稳步提高大病保险保障绩效。全省城镇居民大病保险补偿3.43万人，补偿资金1.62亿元。新农合大病保险补偿18.7万人次，补偿资金6.79亿元

① 数据来源：安徽民生工程网站。
② 数据来源：安徽民生工程网站。

续表

项目名称	完成情况
基本公共卫生服务	城乡居民健康档案电子建档5157万人，电子建档率达到85.53%； 65岁以上老年人、高血压患者、Ⅱ型糖尿病患者规范管理人数分别达611万人、544万人、129万人，规范管理率分别达81.95%、65.88%、93.12%
城乡医疗救助	资助3012233名城乡低保户、特困供养人员及低收入困难群众参合、参保，救助城乡困难群众882462人次
妇女儿童健康水平提升工程	全省完成免费婚检1146073例、完成率108.9%，婚前医学检查率达到94.5%； 农村孕产妇分娩补助552750例、完成率114.7%，孕产妇住院分娩率达99.95%； 免疫规划接种完成剂次17121871次。国家扩大免疫规划的各免疫规划疫苗接种率达99.36%、疫苗建卡率达100%
县级公立医院药品零差率补助	全省74个县区144所县级公立医院全部实施药品零差率销售，省级财政补助各县区2.51亿元医院药品零差率补助资金已通过一般转移支付方式下达各县区
贫困残疾人救助与康复	一、二级生活救助434539人，完成率100.3%； 三级生活救助102462人，完成率106%； 白内障复明手术完成12332例，完成率123%； 贫困精神残疾人药费补助83881例，完成率105%； 残疾儿童抢救性康复完成11994例，完成率115%
重大传染病医疗救治	救治艾滋病患者5929例，完成率148%；救治贫困结核病人10443例，完成率100%；救治晚期血吸虫病人4813例，完成率106.5%，共计支出资金5375万元

（四）基本社会服务类

深入实施养老保险制度，进一步健全城乡居民社会保障体系，向农村五保对象发放补助，财政补助标准由每人每年 1870 元提高到 2050 元。实施农村敬老院建设，支持社会力量兴办养老机构，积极引导社会养老服务机构加大养老服务力度[①]。

表16-6　　基本社会服务类项目实施情况

项目名称	完成情况
城乡居民基本养老保险	参续保缴费人数2296.12万人，待遇发放人数929.33万人，符合领取条件的人员养老金发放率达100%，累计发放金额938828万元
农村五保供养及敬老院建设	保障农村五保供养对象422414名，发放五保供养资金136667万元，分散供养标准达217元/月人，集中供养标准达387元/月人，农村五保供养水平提高10%以上； 农村敬老院完工162个、完工率100%，新增床位20510张，完成率102.55%
社会养老服务体系建设	社会办养老机构床位数占城市养老床位数比例达到50%； 城乡社区养老服务设施覆盖率分别达到100%和50%； 77个县（市、区）建立低收入老人居家养老服务补贴制度，103个县（市、区）建立低收入老人高龄津贴制度； 养老机构综合责任保险基本实现全覆盖
计划生育家庭特别扶助	确认特扶对象33944人，完成率105.9%，发放扶助金11569万元

（五）基本住房保障类

通过新增公租房，发放租赁补贴保障困难家庭基本住房需求。对城市规划区范围内简易结构房屋较多、建筑密度较大，使用年限久，房屋质量差，建筑安全隐患多，使用功能不完善，

① 数据来源：安徽民生工程网站。

配套设施功能不健全的区域实施改造。通过重建、修缮加固形式，对居住在危房中的农村分散供养五保户、低保户、贫困残疾人家庭和其他贫困户开展危房改造。在山区库区开展农村住房保险试点工作，探索政府通过购买商业保险进行风险管理的新模式。

表16-7　基本住房保障类项目实施情况

项目名称	完成情况
公共租赁住房保障	新增公共租赁住房开工62969套，开工率103.2%；新增租赁补贴17790户，完成率170%；基本建成114887套，完成率111.2%；分配入住139985套，完成率195%
棚户区改造	完成各类棚户区改造住房340527套、完成率101.2%；基本建成243535套，完成率160%；分配入住119903套，完成率123.6%
农村危房改造	开工100000户，开工率100%，完工100000户，完工率100%
山区库区农村住房保险试点	完成参保280.2万户，完成当年参保任务，已发生理赔资金2675.9万元

（六）农村基本生产生活改善类

围绕“生态宜居村庄美、兴业富民生活美、文明和谐乡风美”的建设目标，大力培育中心村、整治自然村、提升特色村。开展八类小型水利工程改造，提高农村抗旱排涝能力，提升农业生产条件。积极推进集中供水工程建设，延伸集中供水管网，提高农村自来水普及率。开展农村公路危桥重建、加固、维修，增强农村公路的通行能力。坚持“一事一议”民主议事机制，发挥财政奖补资金的激励引导作用，支持和促进“村内户外”的小型农田水利设施、道路、植树造林、环卫设施等公益事业建设。对家庭人均纯收入低于当地农村低保标准的农村困难群众实施生活救助，保障全省农村低保对象基本生活。做到应保尽保、应退尽退；按户施保、分类施保。建立健全孤儿救助管理工作体系，向社会散居或福利机构集中供养的孤儿发放生活补助，保障其基本生活权益。根据救助对象实际需求，按照自愿、无偿原则，对生活无着的流浪乞讨人员提供主动救助、生活救助、医疗救治、教育矫治、返乡救助、临时安置、源头预防、未成年人社会保护等救助服务。

表16-8　农村基本生产生活改善类项目实施情况

项目名称	完成情况
政策性农业保险	种植业承保10410万亩，完成率231%；养殖业承保130万头，完成率174%。保险理赔兑现率91.2%
美好乡村公共服务体系奖补	足额落实美好乡村公共服务体系奖补资金10.5亿元
小型水利工程改造提升	小水库已开工400座，开工率100%，已完工334座，完工率84%；小泵站已开工118811千瓦，开工率104%，已完工118579千万，完工率103%；小水闸已开工1287座，开工率103%，已完工1272座，完工率102%；中小灌区已开工96个，开工率102%，已完工94个，完工率100%；塘坝已开工62498处，开工率102%，已完工62277处，完工率101%；河沟已开工7057条，开工率106%，已完工6969条，完工率104%；机电井已开工40224眼，开工率128%，已完工39975眼，完工率128%；末级渠系已开工347万亩，开工率116%，已完工347万亩，完工率116%
农村饮水安全工程	已建成894个，完工率100%

续表

项目名称	完成情况
农村公路危桥加固改造	以往年度续建项目已开工156座，开工率100%，本年应完工项目已完工150座，完工率100%；2015年项目已开工750座，开工率100%，本年应完工项目已完工524座，完工率100%
"一事一议"财政奖补	已审批项目13185个，已实施项目13185个，已完工项目13185个，完工率100%
农村居民最低生活保障	全省农村低保保障对象196.2万人，支出资金38.79亿元，人均补差水平比上年提高10%
孤儿基本生活保障	保障孤儿基本生活27365人，保障标准为机构集中养育孤儿每人每月不低于1000元，社会散居孤儿不低于600元，发放保障资金2.06亿元
生活无着人员社会救助	共救助流浪乞讨人员147835人次，使用救助资金1.31亿元，全省基本实现城乡街面基本无流浪未成年人

三、安徽省民生问题调查问卷分析

（一）样本点总体情况

2016年度安徽省民生问题调查最终完成入户且访问成功的问卷数量为1222份，具体按市、县、街道和村居分布情况如表16-9。其中社区类型样本点19个，行政村即村委会样本点21个。在这40个村、居委点中，总户籍人口达197382人，扣除其中的总流出人口25752人，加上他们的流入人口17852人，最后涉及的总常住人口数为189482人。人口流出的方向和目的地绝大多数是城市的城区和县城的社区；而农村地区则大多是人口的净流出地，尤其贫困地区的农村，如本次调查的三个国家级贫困县长丰、舒城、临泉县，还有怀远县、淮南市潘集区的农村也是如此。而马鞍山的当涂县，被抽到的均是农村，其人口流入流出均少，属于皖江城市带，经济较发达地区。当然人口流动在一定的时空点上，对一定的人群来说是有益的，因为人是机会导向的，可能城市里有就业机会，生活也更加便捷，这是他们为追求美好生活而迁移的自由和权利。但是，对人口净流出的农村来说，农村的空心化、人口老龄化、留守老人、留守儿童居多等诸多后遗症，也是客观现实的问题。这种情况也直接影响到我们的实地入户抽样和访问，常吃闭门羹。后面分析被访者的年龄分布时还会提到。这反映出安徽省作为中部欠发达省份和区域，城乡二元分化现象仍然突出。

表16-9　　2016年安徽省民生指数调查抽样统计表

地级市	县/区	乡镇街道	村居名称	实际完成样本数量	常住人口数	流入人口数	流出人口数	户籍人口数
合肥市	长丰县	双凤开发区	宇桥社区	30	2249	3	271	2517
			凤霞社区	30	6971	2238	608	5341
		吴山镇	薛店村	24	2006	5	1518	3519
			东岗社区	31	2457	91	992	3358

续表

地级市	县/区	乡镇街道	村居名称	实际完成样本数量	常住人口数	流入人口数	流出人口数	户籍人口数
合肥市	庐江县	庐城镇	塔山社区	29	11388	681	443	11150
			鲍井社区	31	18979	8652	268	10595
		冶父山镇	魏岗村	33	4462	6	2252	6708
			梁岗村	30	2311	0	1383	3694
芜湖市	镜湖区	赭山公共服务中心	黄果山社区	30	7810	344	47	7513
			官山社区	30	13110	307	99	12902
		滨江公共服务中心	七更点社区	31	10095	552	91	9634
			狮子山社区	30	6723	362	43	6404
蚌埠市	龙子湖区	延安街道	合力社区	34	3863	56	12	3819
			群力街社区	32	6902	336	102	6668
		曹山街道	龙河社区	37	6805	1062	95	5838
			工农社区	33	15752	2222	42	13572
	怀远县	万福镇	回汉村	31	3838	0	772	4610
			陈安村	30	3349	1	1095	4443
		淝河乡	庙东村	28	2576	0	1390	3966
			陈庄村	30	1535	0	1123	2658
淮南市	潘集区	泥河镇	大圩村	31	1436	0	219	1655
			瓦房村	30	2467	0	257	2724
		夹沟镇	蔡郢村	30	1521	0	361	1882
			鸽笼村	30	2164	0	457	2621
马鞍山市	当涂县	黄池镇	尚兴村	30	2089	0	0	2089
			福山村	30	3024	0	0	3024
		大陇乡	龙潭村	31	3499	21	16	3494
			新生村	29	3335	9	32	3358
阜阳市	临泉县	城关街道	西城社区	31	6174	46	47	6175
			银泉社区	30	9651	38	264	9877
		陈集镇	柘树桥村	32	2490	7	2974	5457
			李钟营村	34	1298	0	2061	3359
六安市	舒城县	万佛湖镇	荷花村	28	1121	0	1024	2145
			白鹿村	28	692	0	516	1208
		高峰乡	高峰村	31	1500	3	1772	3269
			明花村	32	1514	1	1624	3137
池州市	贵池区	清溪街道	齐山社区	31	1984	204	129	1909
			翠屏苑社区	30	3658	568	50	3140
		牛头山镇	木闸社区	30	3119	2	862	3979
			长丰社区	30	3565	35	441	3971
合计				1222	189482	17852	25752	197382

（二）被访者及其家庭基本人口统计特征

本部分分析 1222 位被访者及其所在家庭成员，在年龄、性别、教育程度和就业状况等方面的基本情况。

表16-10　　被访者基本情况表

个人情况	分组	数量（人）	百分比（%）
性别	男	765	62.60
	女	457	37.40
年龄分组	18～30	78	6.38
	31～40	153	12.52
	41～50	326	26.68
	51～60	299	24.47
	61～70	256	20.95
	71岁及以上	110	9.00
婚姻状况	未婚	35	2.86
	同居	76	6.22
	初婚有配偶	985	80.61
	再婚有配偶	20	1.64
	离婚	27	2.21
	丧偶	79	6.46
受教育状况	没上过学	215	17.59
	小学（含肄业）	336	27.50
	初中（含肄业）	415	33.96
	高中/中专/技校（含肄业）	165	13.50
	大专/高职（含肄业）	60	4.91
	本科（含肄业）及以上	31	2.53
健康状况	健康	907	74.22
	有病或残疾但有劳动能力	155	12.68
	丧失劳动能力但能自理	145	11.87
	不能自理需人照顾	15	1.23
户籍所在地	本市（县、区）非农业户口	348	28.48
	本市（县、区）农业户口	838	68.58
	省内非本市（县、区）非农业户口	4	0.33
	省内非本市（县、区）农业户口	18	1.47
	外省非农业户口	7	0.57
	外省农业户口	7	0.57

根据表 16–10，被访者中男性超过 60%，达 62.6%，被访者年龄在 40~70 岁之间的占比超过 70%，40 岁以下的仅 18.9%，典型的倒金字塔人口年龄结构。这与前面提到的农村人口净流出有关，而且流出的大多数是青壮年人。被访者的婚姻状况，超过 80% 为初次婚姻有配偶状态，由于涉

及个人隐私，该数据或有偏差。

被访者的受教育情况，没有上过学、近乎文盲者占比 17.59%，小学（含肄业）和初中（含肄业）教育水平的分别占比 27% 和 33%，这三种学历教育的人接近总被访者的 80%。这固然与本次被访问对象中 70% 属于农业户口（包括本地、省内和外省的农业户口），地处农村有关，也可能与被访者年龄偏大（上年纪者，解放前后乃至改革开放前，学历普遍不高）有关。

表16-11　被访者及其家庭成员的基本情况表

家庭户总情况	分组	数量（人）	百分比（%）
性别	男	2461	52.77
	女	2203	47.23
年龄分组	0～20	1095	23.31
	21～30	727	15.47
	31～40	584	12.43
	41～50	811	17.26
	51～60	650	13.84
	61～70	521	11.09
	71～120	310	6.60
婚姻状况	未婚	1404	29.60
	同居	225	4.74
	初婚有配偶	2850	60.09
	再婚有配偶	47	0.99
	离婚	47	0.99
	丧偶	170	3.58
受教育状况	没上过学	980	20.99
	小学（含肄业）	1171	25.09
	初中（含肄业）	1464	31.36
	高中/中专/技校（含肄业）	609	13.05
	大专/高职（含肄业）	234	5.01
	本科（含肄业）	192	4.11
	研究生及以上	18	0.39
健康状况	健康	3921	82.67
	有病或残疾但有劳动能力	367	7.74
	丧失劳动能力但能自理	327	6.89
	不能自理需人照顾	128	2.70
户籍所在地	本市（县、区）非农业户口	1117	23.63
	本市（县、区）农业户口	3477	73.54
	省内非本市（县、区）非农业户口	16	0.34
	省内非本市（县、区）农业户口	67	1.42
	外省非农业户口	24	0.51
	外省农业户口	27	0.57

根据表 16–11，被访者及其家庭成员总人数 4664 人。总体来看，其年龄和性别分布趋于均衡，接近安徽省总体人口的年龄和性别分布，这也说明本次抽样，既可以作为全国的 8 个省区的抽样组成部分，也可以满足单独分析和研究安徽省民生发展状况和满意度的抽样要求。

被访者及其家庭成员总体上的受教育状况，依然不容乐观。没上学者的比例近 21%，小学（含在读和肄业）、初中（含在读和肄业）教育水平分别达 25% 和 31%，三类加起来达 77%。另外农村人口仍然高达 75%。（后面我们将按照户籍来进行城镇和农村分组，分别考察和分析其对相关民生问题的影响和作用。）

（三）被访者及其家庭成员的工作与就业情况

1. 被访者及其家庭成员总体的就业类型和行业分布

在所有 1222 个被访者当中，直接回答有工作的 685 人，加上回答处在“在职休假、在职培训、临时停工或季节性歇业”状态的 25 人，共计 710 人，分别占比 56% 和 2%，没有工作的 512 人，占比 42%。在就业群体中，主要集中在专业务农（38.10%），民营、私营企业职工（18.69%），个体工商户（12.55%），其中专业务农人口占据主体，占总调查人口的 1/3，各种就业类型所占比例详见图 16–2。就不工作的原因分析可得，正常退休（27%）、照顾家庭（25%）以及丧失劳动能力（36%）所占比例较大。

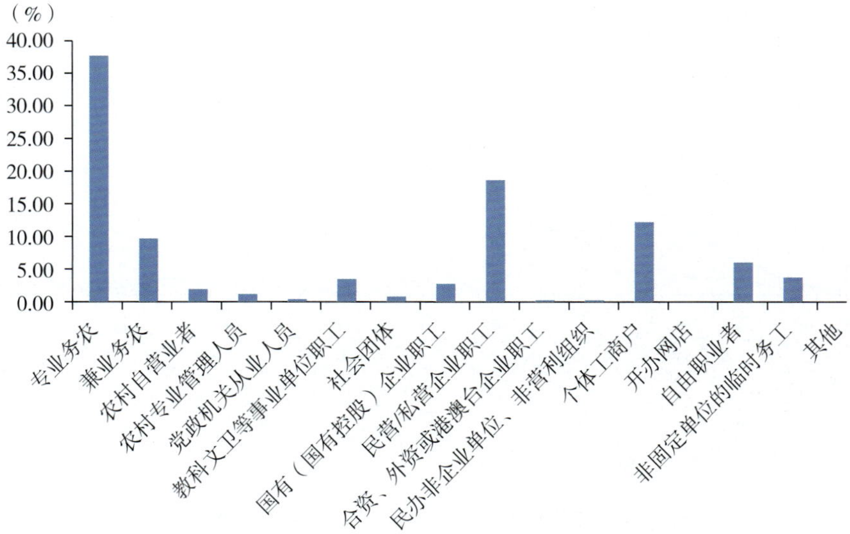

图16-2　被访者就业类型所占比例（%）

从这个结果可以看出，在安徽农村主要以农民、农业生产为主和特色（“三农”问题突出），在城市也是以民营、个体工商户和自由职业等就业主体和就业类型为主，吃公家饭和端铁饭碗的越来越少了。作为佐证，即使考虑被访者及其家庭成员在内总体的就业情况，也高度吻合，见图 16–3。两处不同之处，只是在民营私营企业和专业农民两点上此消彼长，考虑到安徽农村老年人居多，且务农为主，而外出的大多数是青壮年，大多打工，主要就业在民营企业中，因此，这样的变化完全可以理解。

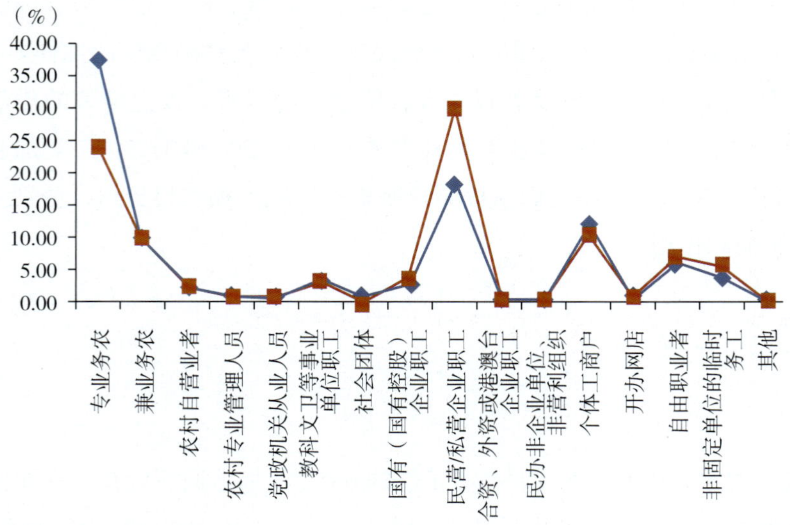

图16-3　被访者及其家庭成员总的就业类型（%）

注：蓝色线表示被访者，橘黄色线代表家庭整体情况，下同。

图 16–4 是有工作的被访者及其家庭成员行业分布图。以农业等第一产业为主，其次是建筑业和制造业。

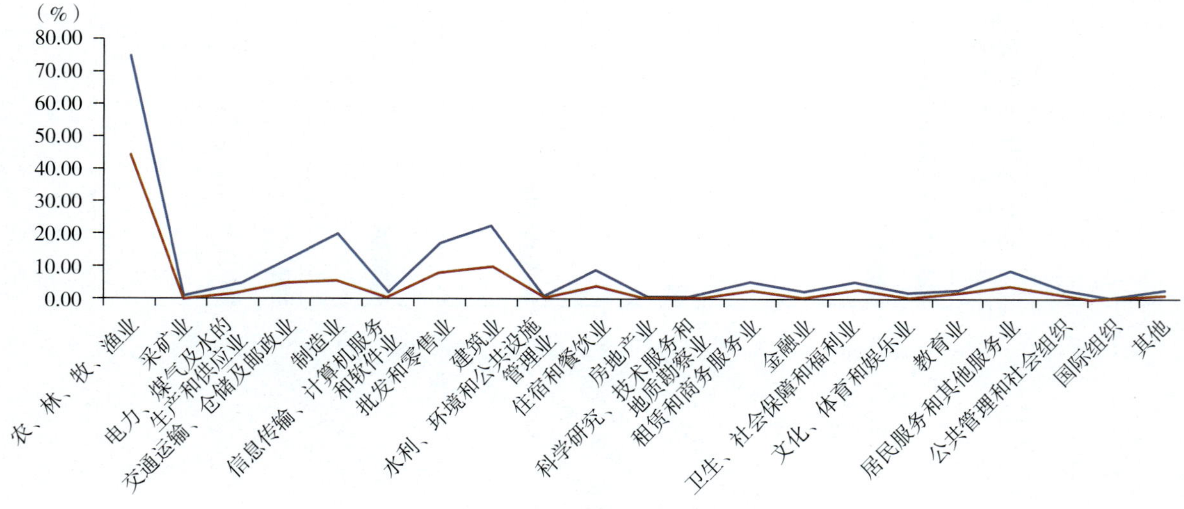

图16-4　被访者及其家庭成员分别所处行业（%）

在询问有工作的被访者及其有工作家庭成员的工作职位时，除了因为是农民而不适用之外，被访者及其家庭成员大多是“一线生产人员”、“临时聘用人员”和“一般业务员”，同样可以得出“矮挫穷”成堆，“高富帅”和“白富美”难寻，见图 16–5。

图 16–6 反映的是被访者及其家庭成员总体的职业技能情况，超过 2/3 是既无技能也无证书，有技能有证书的不到 1/5。

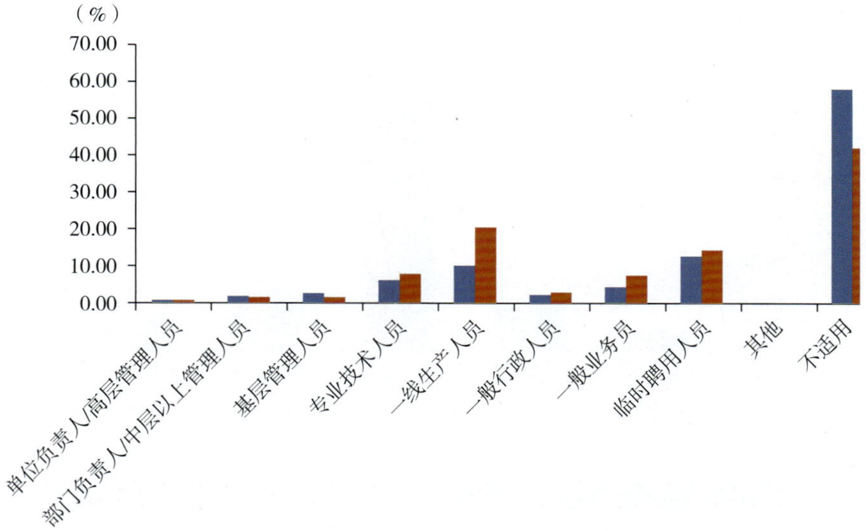

图16-5 被访者及其家庭成员工作职位情况（%）

注：左侧表示被访者，右侧代表家庭整体，下同。

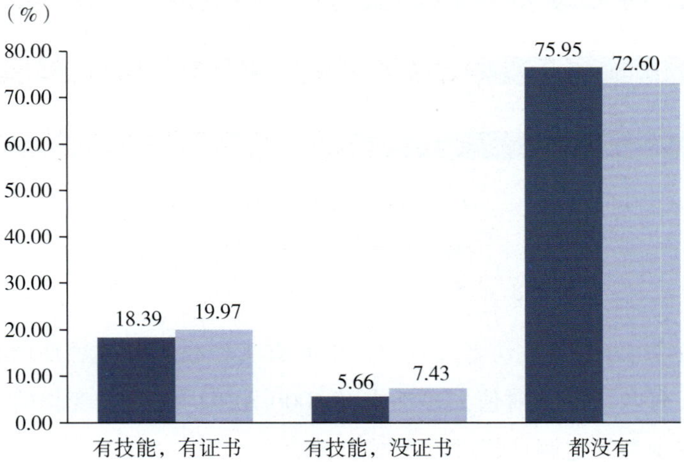

图16-6 被访者及其家庭成员工作技能情况（%）

2. 工作量变化和收入变化情况

与上年同期相比，无论被访者还是家庭成员总体，近六成反映工作量没有变化。这点不足为奇，但是看两头，反映工作量减少的比例是超过工作量增加的。背后的原因是什么呢？与实体经济下行，下岗失业或者隐形失业者增多有关吗？还是由于新技术、新商业模式，尤其是电商发展、互联网技术等的普及，从而解放了劳动力，带来的技术红利？

图 16–7 反映的是被访者当中，城镇被访者和农村被访者工作量变化的不同，这是虽简单，但非常重要的分析方法。笼统地看可能看不出端倪，但进一步细分或者增加维度，进行交叉或关联分析，可以发现很多有意思或意义的规律或现象。图 16–7 中显示，觉得工作量大幅减少或有些减少的，是农民或农村户口的，明显大于城镇居民，也就是说城市居民较农村居民认为工作量增加的居多，这也进一步佐证了人口往城镇流动是有原因的。

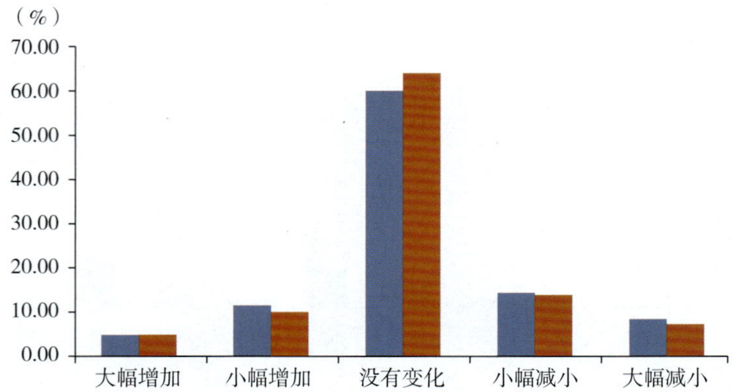

图16-7　被访者和家庭成员工作量较上年同期相比变化情况（%）

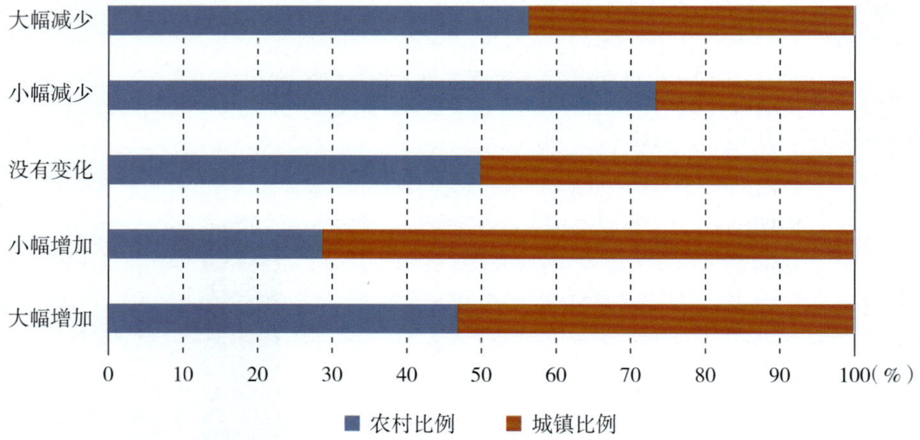

图16-8　被访者工作量变化的城乡差别（%）

图 16–9 和图 16–10 分别是被访者及其家人中间有工作收入者的月平均收入分布及其变化情况，从中可以看出，月收入的绝对值大多集中在 4000 元以内。收入变化情况，除了近一半没有变化之外，月收入减少者的比例是超过收入增加者的。

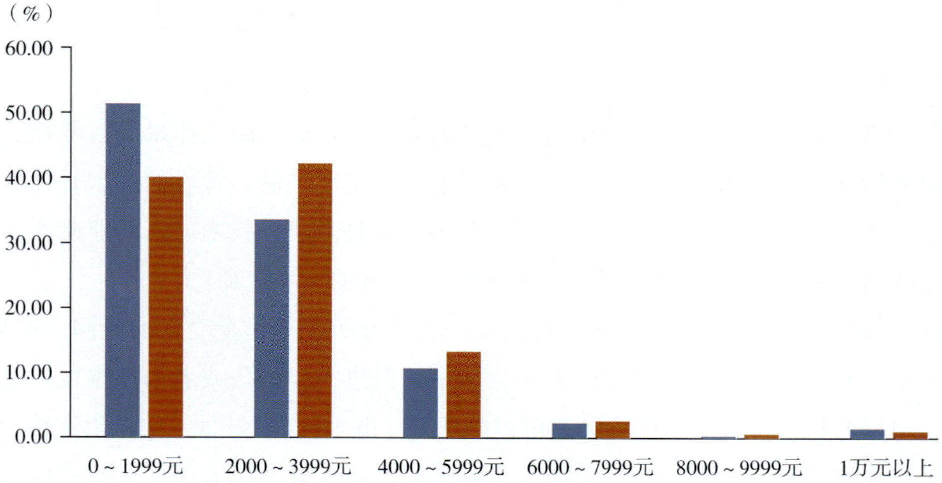

图16-9　被访者及其家人月平均收入分布（%）

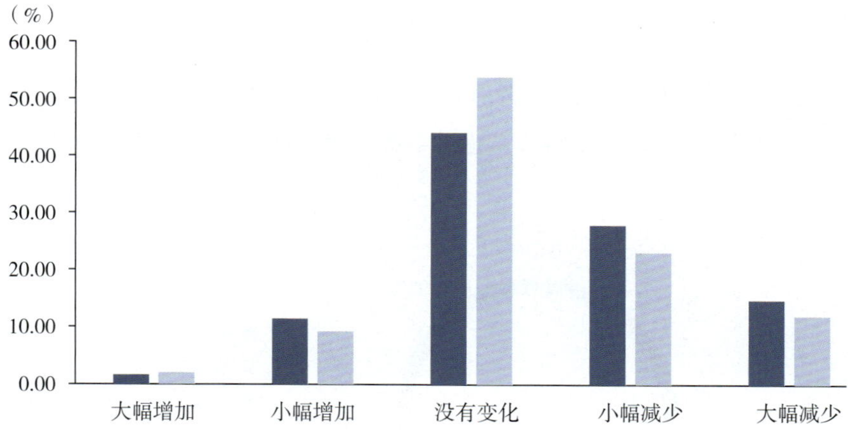

图16-10　被访者及其家人月平均收入变化情况（%）

图 16–11 还是考察被访者月收入变化的城乡差别，总的来说与被访者工作量变化情况类似，农村居民的收入减少幅度超过城镇居民。虽然农村被访者声称“大幅增加”的比例超过城镇被访者的比例，分别是 1.48% 和 0.61%，但比例值都非常小，凤毛麟角。总之，调查时被访者的状态是工作量有减少，收入也在减少，实体经济下滑的压力不容小觑。调查结果显示，有工作的被访者的就业环境也不容乐观，超过一半的有工作的被访者没有签订劳动合同（54%），有近 15% 的被访者没有参加任何养老保险。

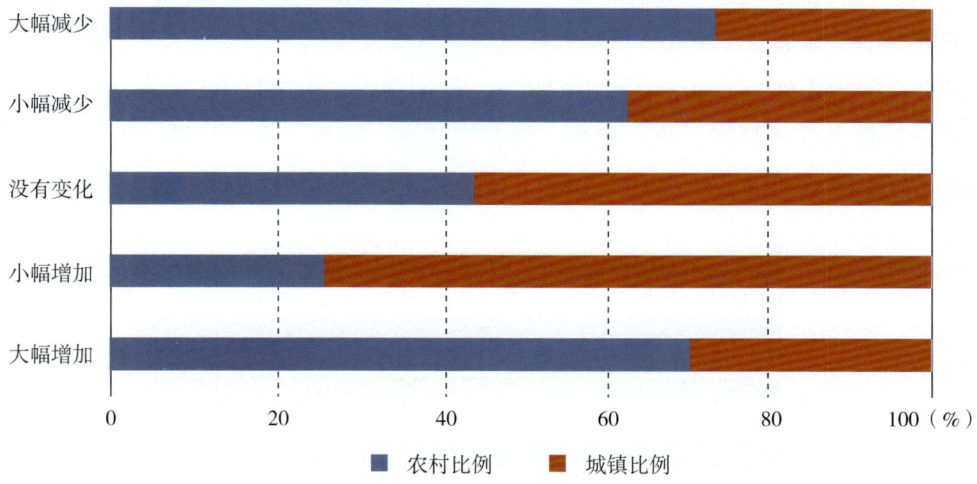

图16-11　被访者月收入变化的城乡差别（%）

在 1222 名调查者中，没有工作的占 41.89%。而无工作的被访者当前不工作或从上一份工作离职的原因，排在前三位的是丧失劳动能力（35.5%）、离退休（27%）和料理家务（25%）；而无工作的被访者最后一份工作所属行业显示，排在前三位的分别是农林牧副渔业、制造业和建筑业。无工作的被访者最近三个月中，高达 94.78% 的没有找过工作。这些都说明，传统行业凋敝、年龄大了、身体不行以及家人（父母或孩子）需要照顾等原因，是造成被访者失业的主要原因。

（四）被访者对基本民生问题的满意度情况

根据调查的数据统计，1222 位被访者对自己家庭目前的生活状况，很满意的近 18%，基本满意的达 39.28%，两者加起来约为 57%，超过半数，见图 16-12。回答很不满意和不满意的共计近 15%。

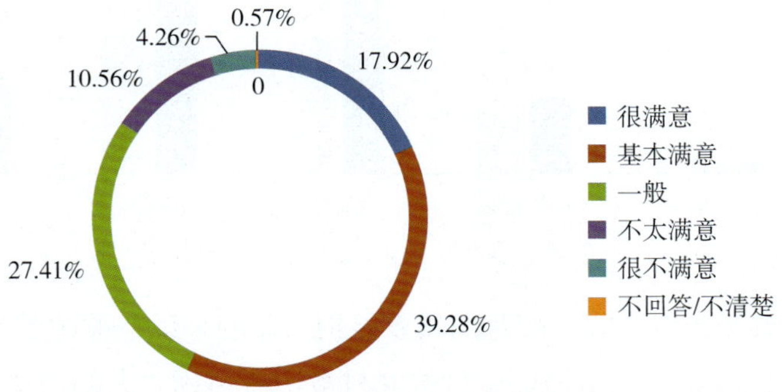

图16-12　被访者对自己家庭目前的生活状况总体满意度情况

可以说，尽管我们的老百姓收入有所下降，工作难找，但我们的社会经济发展总体进步，政府的民生工程、支持“三农”建设等项目的开展和政策倾斜，老百姓还是认可的。在图 16-13 至图 16-17 中，我们针对居民该项满意度情况与他们的性别、城乡、年龄、学历、家庭收入水平等基本人口统计特征进行了关联分析，可以看出，男性比女性满意度高，城市居民比农村居民对自己家庭生活整体满意度更高；年轻人和老年人的满意度高于中老年人，尤其是 41 ～ 50 岁阶段的被访者，因为正处于上有老下有小的状态，压力山大，可以想象；而被访者的学历和家庭收入，毫无意外地是学历越高，收入越高，满意度越高。另外，由于与被访者的婚姻状态关联结果不明显，这里没有列出。

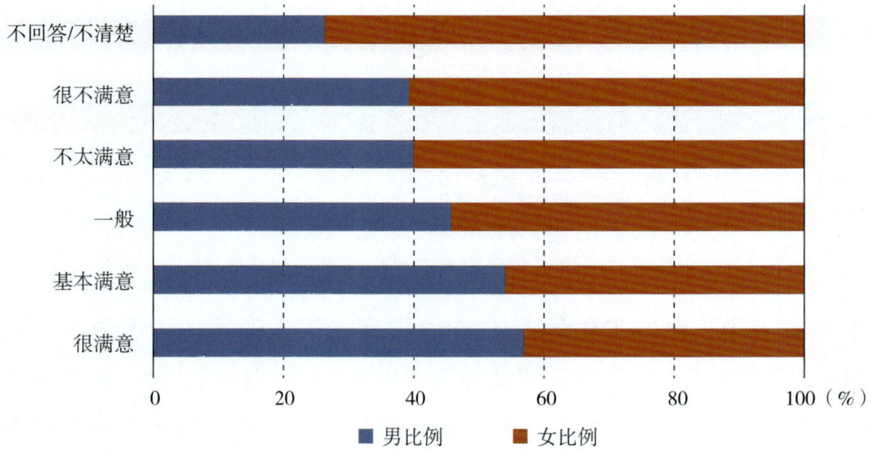

图16-13　被访者家庭生活状况满意度：性别因素（%）

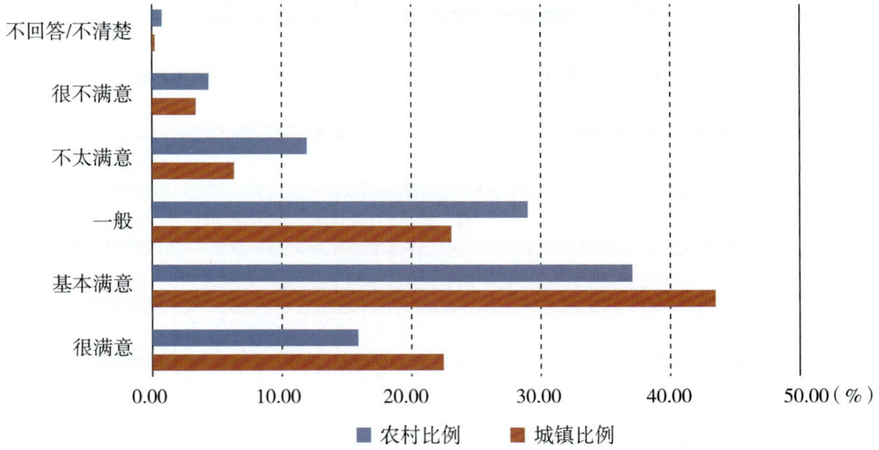

图16-14　被访者家庭生活状况满意度：城乡因素（%）

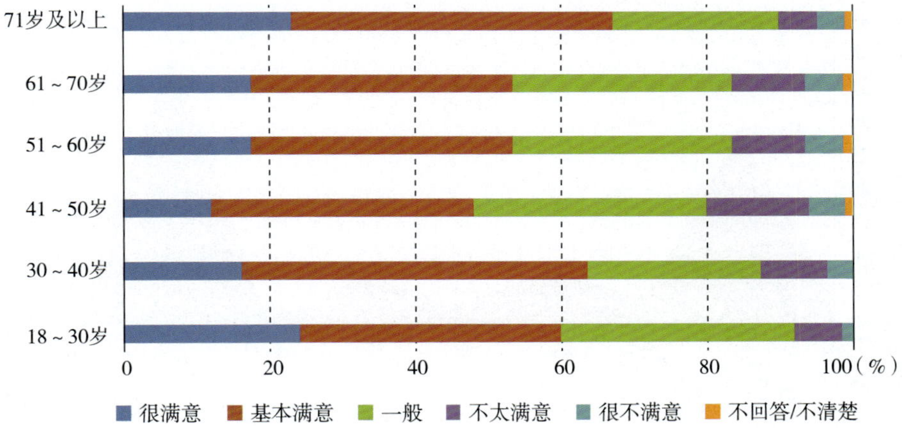

图16-15　被访者家庭生活状况满意度：年龄因素（%）

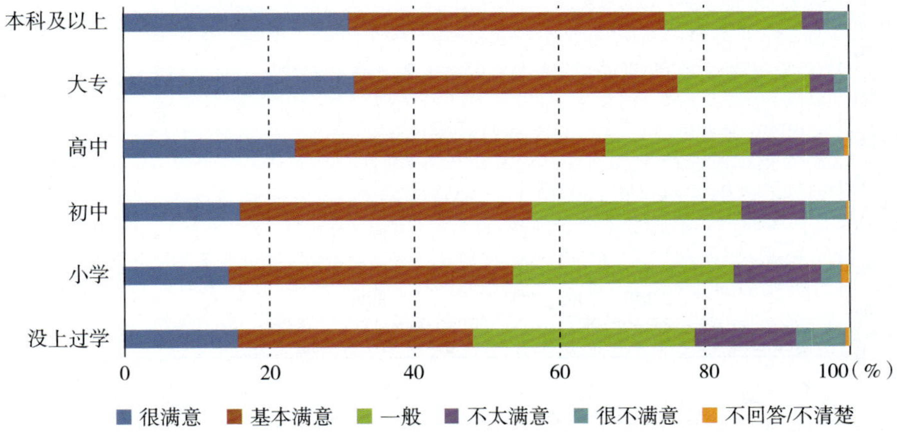

图16-16　被访者家庭生活状况满意度：学历因素（%）

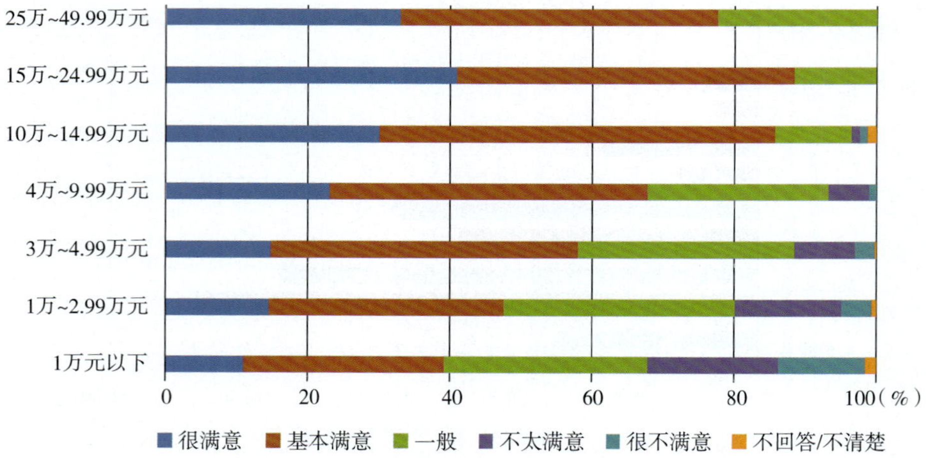

图16-17　被访者家庭生活状况满意度：收入因素（%）

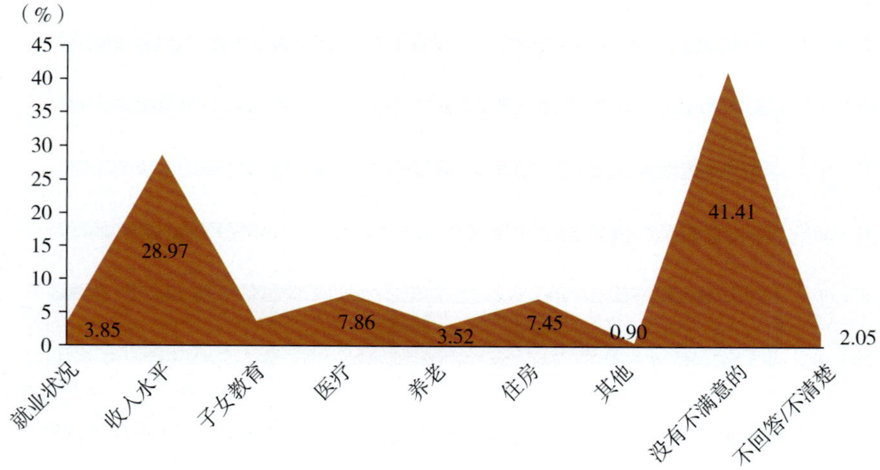

图16-18　被访者对自己家庭生活最不满意情况（%）

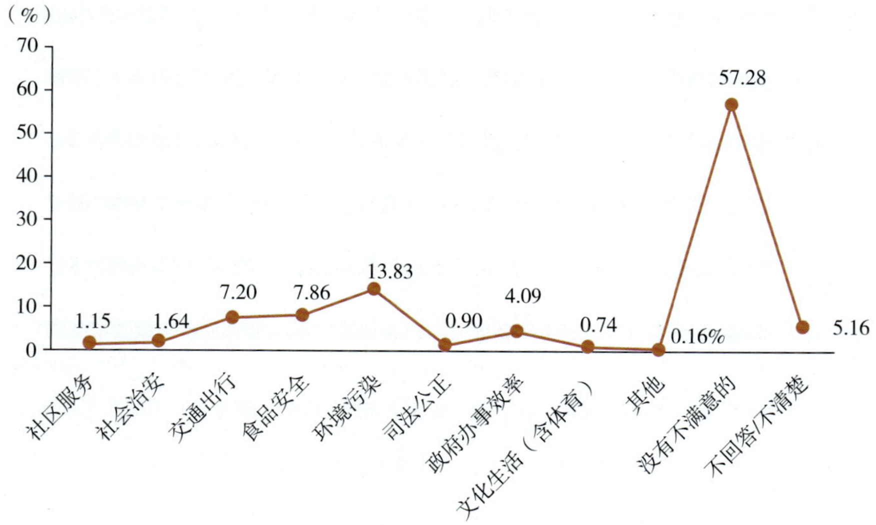

图16-19　被访者对社会环境最不满意情况（%）

图 16–18 是被访者对自己家庭生活最不满意的选择，需要注意的是，图 16–12 和图 16–18 的结果应该是独立的，也就是说可能被访者在前面对总体满意，但不妨碍在本题中，他对具体的子女教育问题最不满意。当然本题中有超过 40% 的受访者说没有不满意的。在最不满意方面，钱袋子瘪即收入方面最不令人满意，有近 30% 的人选择。其次是医疗、住房、子女教育、就业和养老等。

图 16–19 是被访者对外部社会环境最不满意的情况统计，也有高达 57% 的受访者说没有不满意的，这一方面可能说明老百姓确实对社会环境满意度较高，另一方面，可能与题目设计有关系，因为前面刚问人家总体满不满意，如果回答了很满意，这里可能不太好意思又对哪个方面说不满意。在最不满意方面，总排名靠前的有环境污染 13.8%、食品安全 7.8%、交通出行 7.2%、政府办事效率 4% 等。

图 16–20 和图 16–21 中我们简单梳理了对社会环境最不满意的城乡差异和性别差异情况。可以看出，城里人对食品安全、文化体育设施以及服务以及社会治安等不满意度相对较高，农村人对社区服务和交通出行等不满意度较高。在男女差异方面，男性对司法公正、环境污染和政府办事效率不满意的较多，而女士们对食品安全、交通出行和社区服务等不满意度较高。这些与城乡居民和男女居民在收入差距、社会地位和家庭角色等方面因素和影响基本吻合。

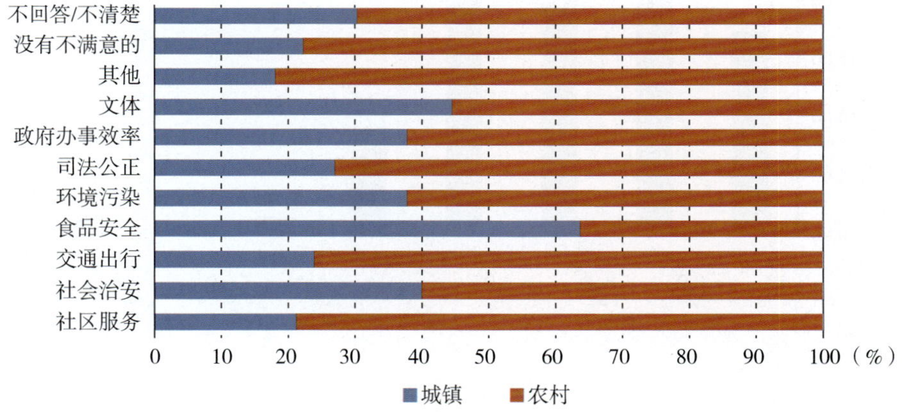

图16-20　被访者对社会环境最不满意情况：城乡差别（%）

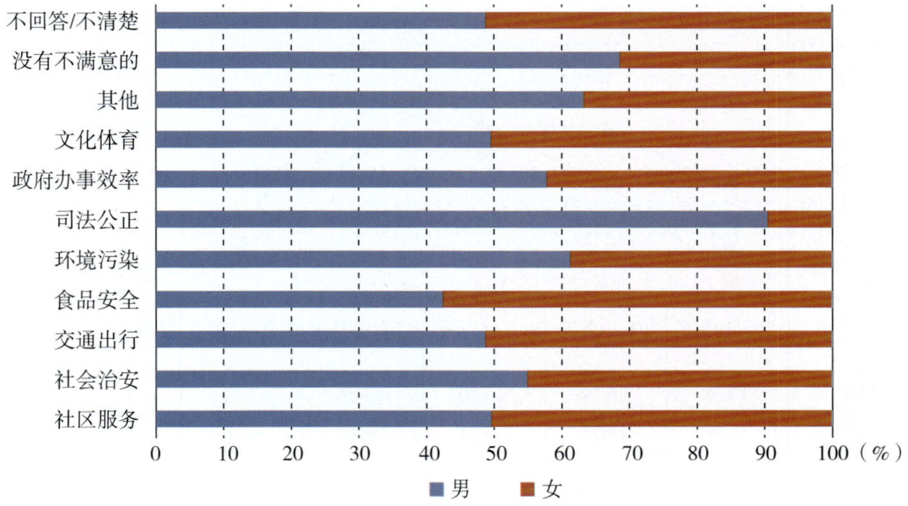

图16-21　被访者对社会环境最不满意情况：性别差别（%）

（五）被访者及其家庭的收入与消费情况

本部分主要了解被访者家庭年均收入、和上年相比的增降情况、所处的层级、被访者所感知到的收入水平差距以及消费支出压力最大的情况等。

图 16–22 是被访者 2015 年度家庭总收入分布。超过 1/4 的被调查者家庭年收入为 1 万 ~3 万，占调查总量的比例最大，其次为家庭年收入为 5 万 ~10 万元和 3 万 ~5 万元，均超过 23%。家庭年收入 1 万元以下的也有 17% 之多，年收入超过 10 万，总占比不超过 10%，这说明安徽的整体家庭收入不高。另外，本次调查是连续第四年，我们列举并对比了 2013 年和 2014 年的抽样家庭总收入数据，见图 16–23。2015 年的收入整体是下降的，尤其是与 2014 年比，2014 年 5 万 ~10 万元的收入组最多，占比 38.82%，而 2015 年该组收入的家庭占比下降至 23.76%，下降 16.06 个百分点，全被赶往低收入组。

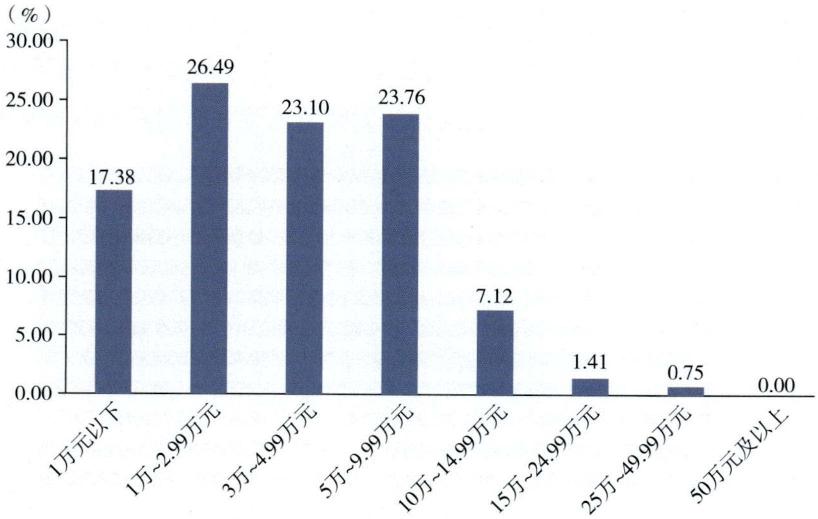

图16-22 被访者2015年家庭总收入情况（%）

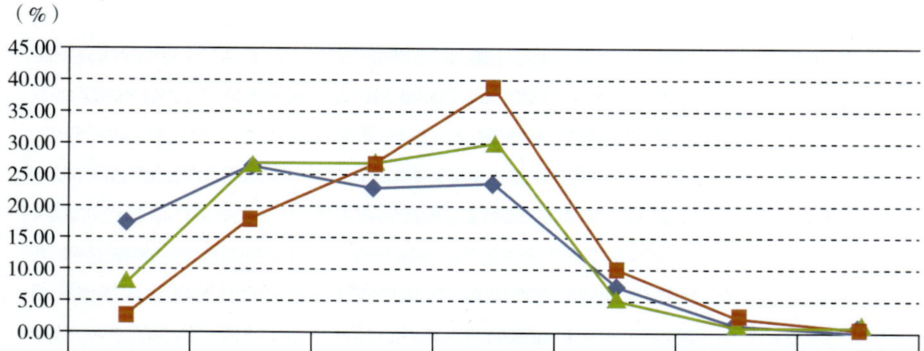

	1万元以下	1万~3万元	3万~5万元	5万~10万元	10万~15万元	15万~25万元	25万及以上
2015年（%）	17.38	26.49	23.10	23.76	7.12	1.41	0.75
2014年（%）	3.38	18.25	26.31	38.82	10.13	2.50	0.44
2013年（%）	8.57	27.08	27.33	30	5.25	1.42	1.16

图16-23 2013~2015年的抽样户家庭年收入对比（%）

表16-12　　2015年被访者全家的年收入：按城乡划分

	1万元以下	1万~2.99万元	3万~4.99万元	5万~9.99万元	10万~14.99万元	15万~24.99万元	25万~49.99万元	合计
城镇	29	85	97	106	27	4	4	352
比例（%）	8.24	24.15	27.56	30.11	7.67	1.14	1.14	100
农村	181	233	182	181	59	13	5	854
比例（%）	21.19	27.28	21.31	21.19	6.91	1.52	0.59	100

注：表中 50 万元以上为 0，未列。

表 16–12 是对 2015 年家庭年收入的细分，就城乡差别而言，城镇收入相对高于农村地区。可以看出城镇居民家庭年收入水平最高点是 5 万 ~10 万元，所占比例为 30.11%，而农村地区收入水平的最高点是 1 万 ~3 万元，所占比例为 27.28%，超过 20% 的农村家庭年收入低于 1 万。

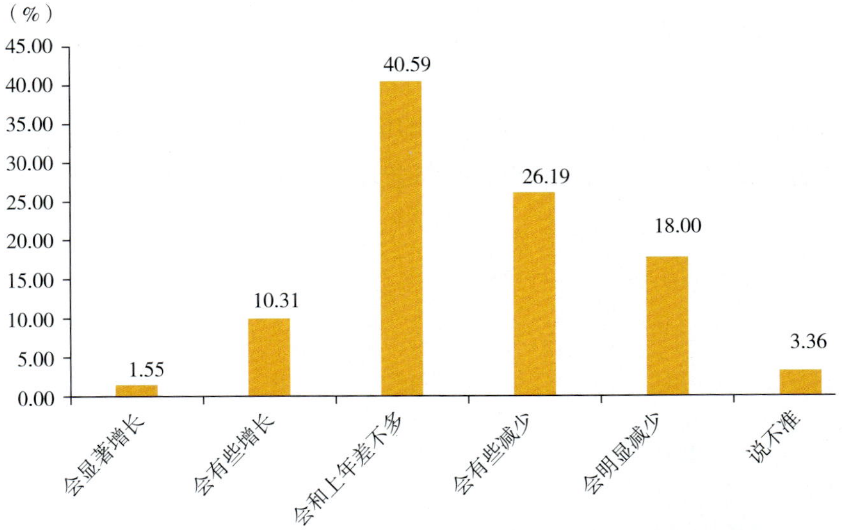

图16-24　与2015年相比，2016年被访者家庭总收入增降情况（%）

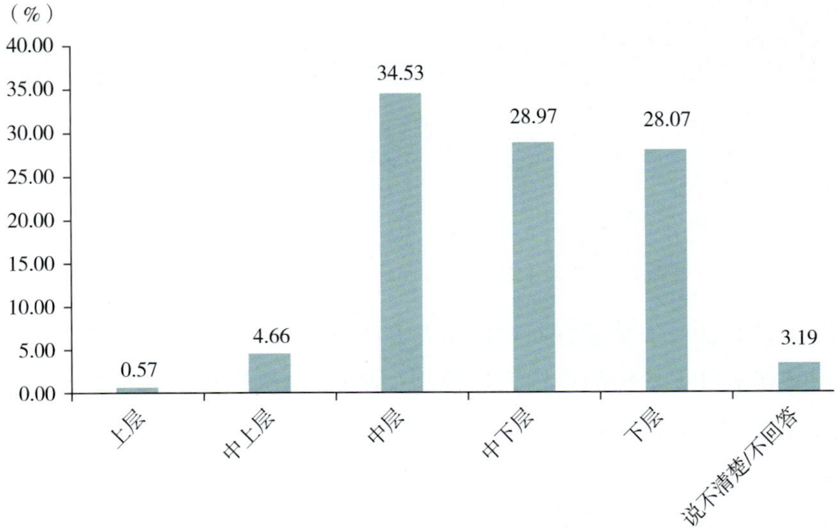

图16-25　被访者自认为属于所在地区的层级层次（%）

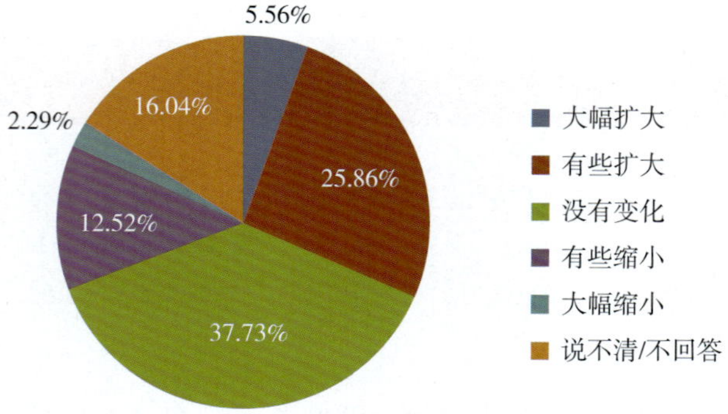

图16-26 近两年被访者感觉周围家庭间的收入差距（%）

从图 16-24~ 图 16-26 可以看出，超过 44% 的被访者认为总体家庭收入与上年相比有所减少，另外有 40.59% 的认为收入没有变化；绝大部分（超过 90%）被访者认为自己处于中层及以下；而超过 30% 的被访者感觉近两年来自己周围家庭间的收入差距正在扩大，没有变化的占比 37.73%。

图 16-27 反映的是 2016 年居民家庭消费支出压力最大的项目。从高到低依次是：子女教育、医疗、住房、食品、人情送礼、婚丧嫁娶、赡养老人、交社保和交通等。也有超过 13% 的被访者认为没有压力。

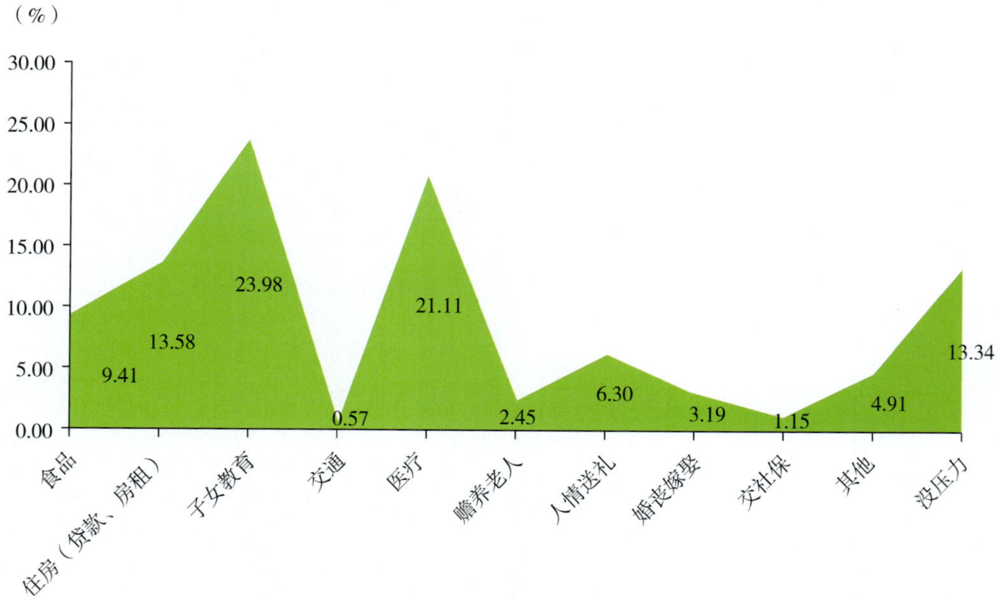

图16-27 感觉家庭消费支出压力最大的一项（%）

子女教育投入成本是有子女家庭面对的主要开支压力，虽然全省范围内已免除城乡义务教育阶段学杂费，但高中以上学校的费用依然较高，各种辅导班等培训机构、学习用品的购买等一系列家长为提高孩子综合素质所付出的额外教育支出也比较高。

就家庭支出压力最大项目的城乡对比来看（图 16-28），城镇在住房、医疗、赡养老人和交社保方面的压力大于农村，农村地区子女教育、食品、婚丧嫁娶和人情送礼等项目上的压力高于城镇地区。

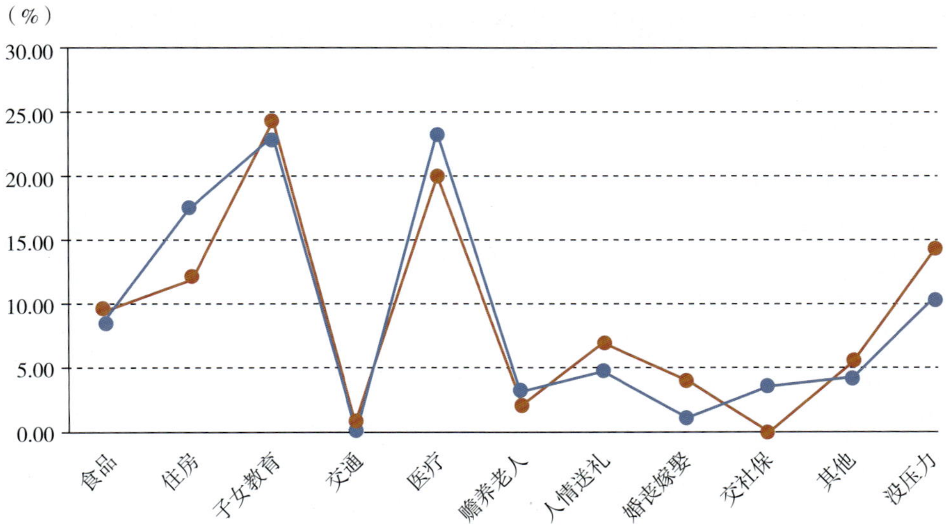

图16-28　家庭支出压力最大项的城乡对比（%）

表 16–13、表 16–14，是 2015 年被访者家庭是否获得过政府或有关部门提供的经济援助、援助的具体类型和援助金额等情况。近 80% 被访者家庭没有获得援助；获得经济援助的主要是低保户，近 42%，其他类型包括农村五保户、医疗救助、临时救助和特困户救助等。从金额上看，超过 75% 的家庭在 3000 元以下（表 16–15）。

表16-13　家庭获得政府或有关部门经济援助情况

	人数	比例（%）
是	250	20.49
否	970	79.51
合计	1220	100

注：缺损值 2 个。

表16-14　家庭获得经济援助的类别

	人数	比例（%）
低保	101	41.91
农村五保供养	25	10.37
农村特困户生活救助	9	3.73
医疗救助	25	10.37
灾害紧急救助	0	0.00
临时救助	22	9.13
其他	59	24.48
合计	241	100

表16-15　2015年家庭获得各类救助资金额度

资助金额	人数	比例（%）
500以下	30	14.08
500～999	43	20.19
1000～2999	88	41.31
3000～4999	30	14.08
5000～9999	15	7.04
1万及以上	7	3.29
合计	213	100

注：缺损值 28 个。

（六）被访者在子女教育方面满意度情况

本次调查的 1222 户当中，有孩子上学或准备上学的 692 家，没有孩子上学的 530 家。各家分别有多少个孩子上学，上哪类学校，见表 16–16 和表 16–17，其中绝大多数有 1 个或 2 个孩子上学，分别占 69.08% 和 26.59%。具体而言，上小学的最多（38.61%），其次是幼儿园（18.82%）、初中和高中的占比都接近 15%。

表16-16　被访者孩子上学数量

	人数	比例（%）
1个	478	69.08
2个	184	26.59
3个	23	3.32
4个	7	1.01
总计	692	100

表16-17　孩子（们）目前上学阶段

	人数	比例（%）
学前（幼儿园）	176	18.82
小学	361	38.61
初中	141	15.08
高中	132	14.12
中职（包括中专、职高、技校）	17	1.82
大专或高职	32	3.42
本科及以上	76	8.13
总计	935	100

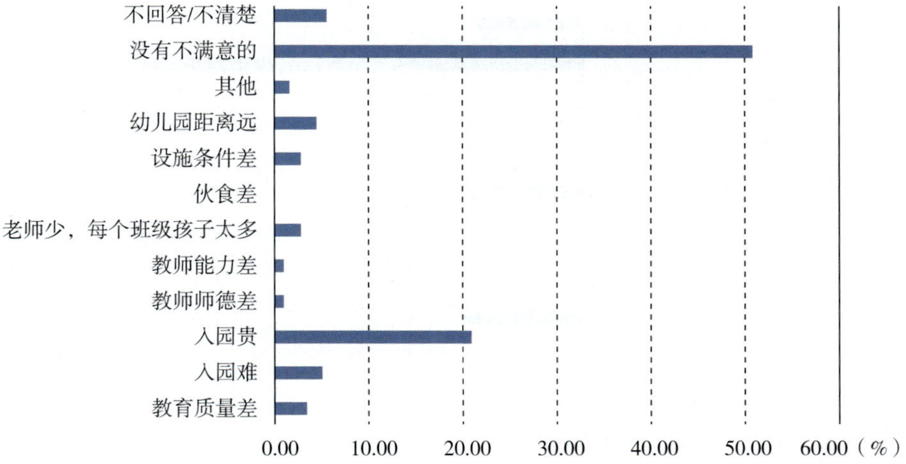

图16-29 被访者对学前教育最不满意调查（%）

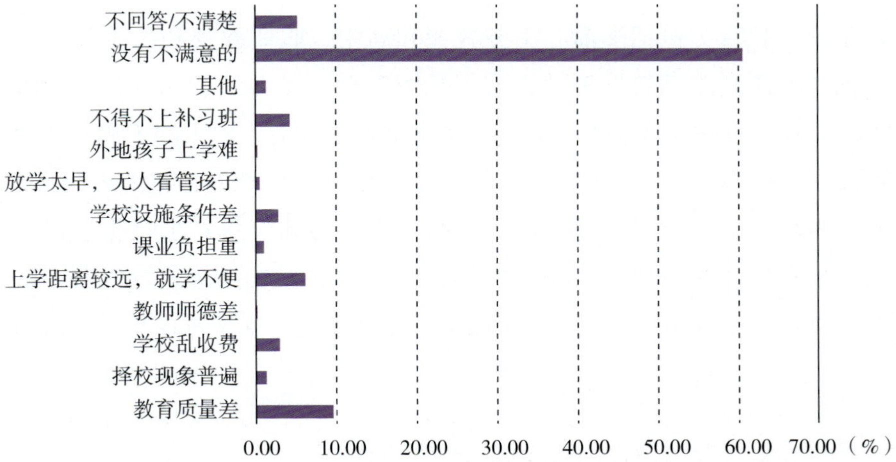

图16-30 被访者对义务和高中教育最不满意调查（%）

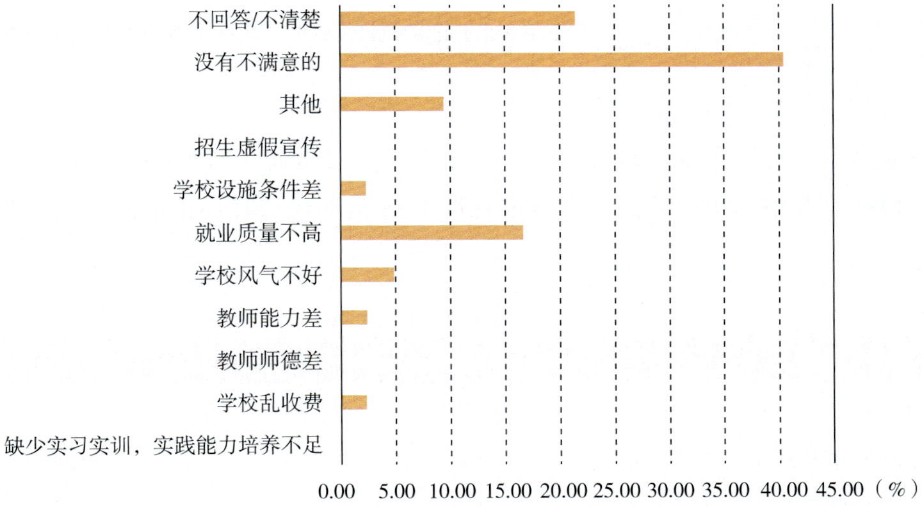

图16-31 被访者对职业教育最不满意调查（%）

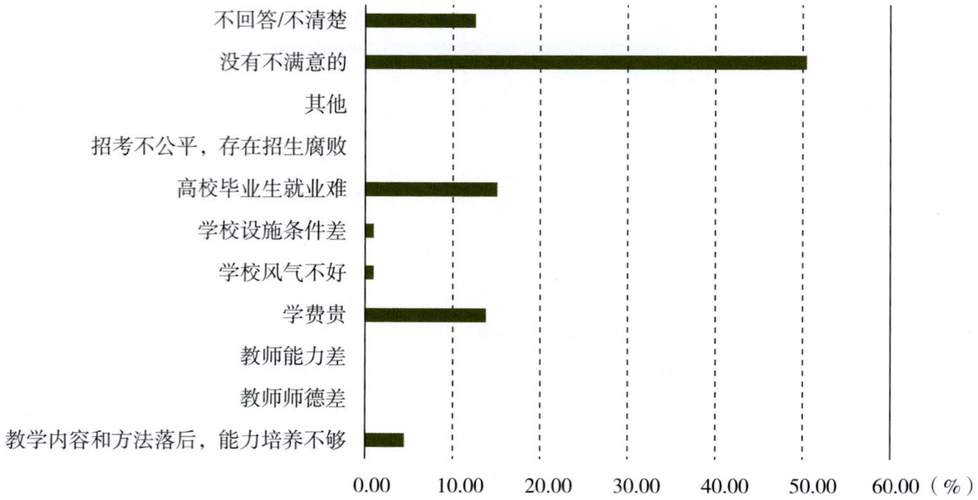

图16-32　被访者对高等教育最不满意调查（%）

对被访者在子女教育（包括学前、义务教育和高中、职业教育和高等教育等）最不满意方面的调查，把“不清楚不回答”和“没有不满意”部分（两项加总都达到60%）除外，剩余所反映的问题中被访者最不满意的地方有：在学前教育方面，突出的不满意的是入园贵，占20.90%，其他是入园难、距离远等；在义务教育和高中教育方面，教育质量差占比最高，为9.80%，其他还有“上学距离较远，就学不便”和“不得不上补习班”等；在职业教育方面，16.67%表示就业质量不高是最大的问题，其次是“学校风气不好”；在高等教育方面，认为高校毕业生就业难的有15.29%，认为学费贵的有14.12%，其他就是“教学内容和方法落后，能力培养不够”。

（七）被访者医疗卫生方面的状况

“看病难、看病贵”的问题一直以来广受社会各界批评指责，是民生领域重点解决和关注的问题，事关千家万户。本次调查主要关注群众的主要就医场所、就医意识及花销负担情况。

1. 就近就医是主要的选择方式

调查数据显示，村卫生室或诊所（41.57%）和区、县医院（17.84%）是群众首选的就医场所，方便快捷是其中的主要原因，当然也有近15%的居民选择不去医院，自己买药，见表16-18。

表16-18　被访者及家人生病后的第一选择

看病的选择	人数	比例（%）
不去医院，自己买药	176	14.40
村卫生室/诊所	508	41.57
社区卫生服务中心（站）	130	10.64

续表

看病的选择	人数	比例（%）
乡镇卫生院	91	7.45
区、县医院	218	17.84
区域内最好的大医院	91	7.45
其他	8	0.65
总计	1222	100

众所周知，基层卫生医疗机构基础设施、人才队伍、服务能力和技术水平有限，与公立医院相比有较大差距。因此为了有效服务群众，提升基层医疗卫生机构的人员素质和设备水平很有必要。同时对比城乡地区居民的就医情况，可以发现存在较大差异，见表 16–19。城镇地区的居民更倾向于到区、县医院、社区卫生服务中心（站）和区域内最好的大医院等就医场所。而在农村地区，村卫生室或诊所（55.28%）是最为主要的就医场所，其次则为区、县医院（12.78%），说明农村地区更倾向于就近就医。

表16-19 被访者及家人生病后的第一选择：城乡差别

		不去医院自己买药	村卫生室/诊所	社区卫生服务中心（站）	乡镇卫生院	区、县医院	区域内最好的大医院	其他
城镇	人数	61	25	84	11	107	69	2
	比例（%）	16.99	6.96	23.40	3.06	29.81	19.22	0.56
农村	人数	121	476	46	80	110	22	6
	比例（%）	14.05	55.28	5.34	9.29	12.78	2.56	0.70

2. 就医意识逐步提高，家庭就医负担仍然较重

调查中对于群众的就医意识也进行了调查，在 1222 户被调查对象中，有 95 户医生建议住院而没有住院的，其中 53 户被调查者不住院的原因是没钱住院，这在一定程度上能反映出住不起院在部分家庭依然存在。

在 1222 户被调查对象中，有 392 户家庭在近一年中有住院经历，实际支付住院医疗费平均为 11839.6 元，报销费用平均为 6725.5 元，其他费用平均为 1870 元。在目前安徽省的医疗保障体制下，本次调查显示老百姓住院个人承担的医疗费用比例为 64.3%，报销比例为 36.23%。但仍有 21.2% 的被调查者因家人看病需要借钱。在问及是否担心未来生病没钱看病时，37.7% 的被访者表示“非常担心”，“有些担心”的比例为 24%，总计超过六成。

3. 近三分之一被访者认为看病贵

由图 16–33 可以看出，除去约 37% 的被访者没有不满意值得肯定之外，剩余被访者对医疗服务最不满意的一项是看病太贵，超过 30%，其次是大医院看病难，其他方面则是医保报销比例太低和基层医疗机构能力弱等。

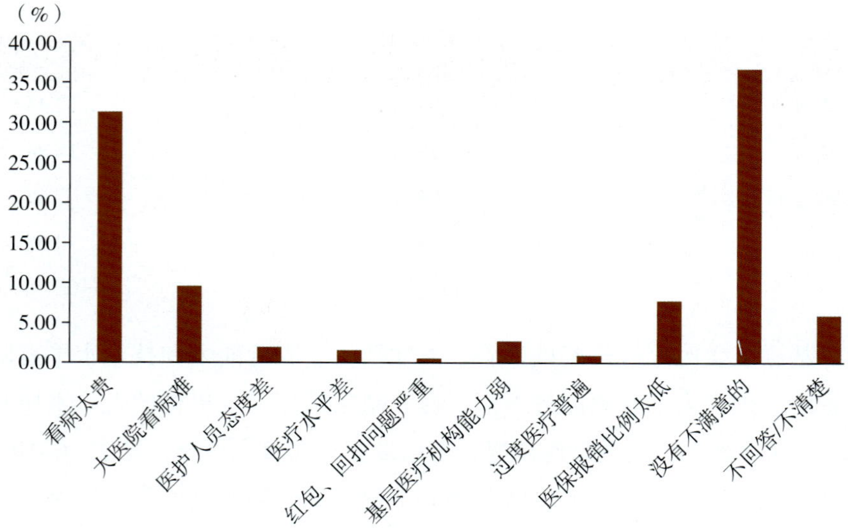

图16-33　对医疗服务不满意的原因分析（%）

因此，无论是从 2015 年家庭平均支付住院医疗总费用、报销比例，还是被访者对医疗服务不满意的回答来看，城乡居民家庭就医负担仍然较重，医疗卫生改革之路还很长。

（八）被访者养老保障情况统计分析

养老保障问题在我国当前的人口发展形势下有着重大现实意义，调查中根据被调查对象的年龄和就业情况差异，分别对已退休和未退休的人员进行了调查，主要包括经济保障来源、养老负担和养老规划等几个方面。

图 16–34~ 图 16–36 分别比较了未退休人群（772 人）和已经退休人群（447 人）[①] 针对养老的经

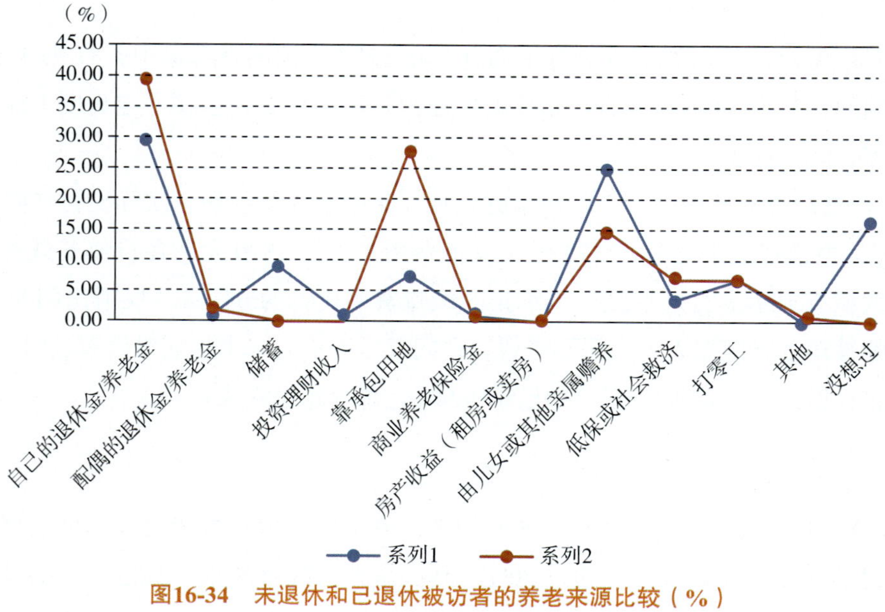

图16-34　未退休和已退休被访者的养老来源比较（%）

① 这里有缺失值，3人未回答。

济来源、是否担心和由谁来照顾自己等三个方面的回答。未退休者较多地选择：自己的退休金或养老金、儿女或其他亲属赡养、储蓄，还有一部分人没有想过（近 16%），考虑到未退休者年龄分布较广（从 18 ~ 59 岁），所以有人没考虑养老，有的回答得有些理想主义色彩，如指望子女和储蓄等，可以理解。从已经退休人群的回答来看，主要靠自己：自己的退休金或养老金，自己的劳动（承包田地和打零工）等，也有部分年龄偏大的，只能依靠儿女或亲属赡养。而依靠配偶的养老金退休金、投资理财收入、商业养老保险金和房产收益来养老的两种人群几乎没有选择。由此来看，商业化养老和养老多元化，还任重道远。

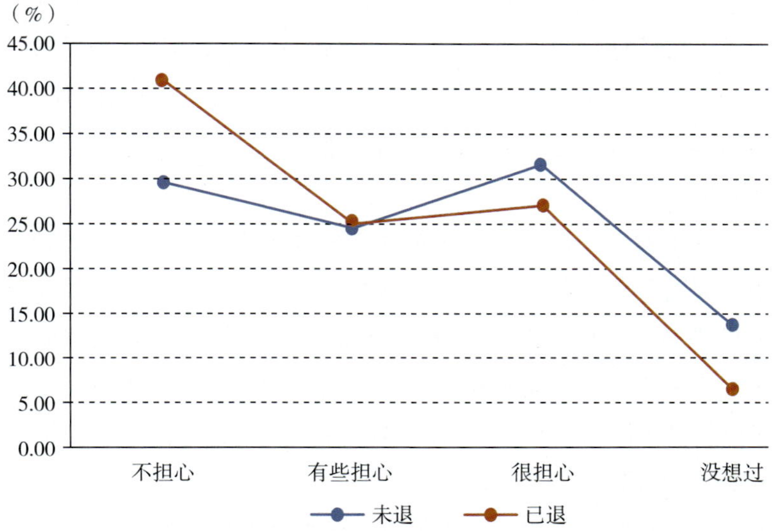

图16-35　未退休和已退休者养老经济来源的担心状况（%）

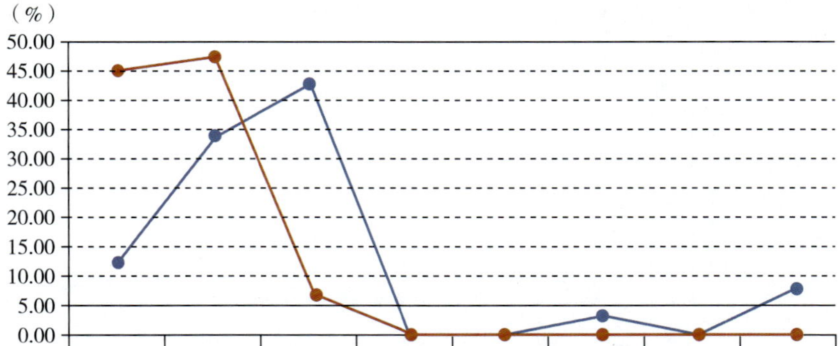

	自己照顾自己	配偶相互照顾	子女照顾	其他亲属帮忙照顾	雇佣保姆	去养老机构	其他	没想过
未退休（%）	12.18	34.07	42.75	0.13	0.13	2.98	0.00	7.77
已退休（%）	45.39	47.42	6.74	0.45	0.00	0.00	0.00	0.00

图16-36　未退休和已退休者对由谁照顾自己的回答（%）

注：问卷里 GA03 和 GB03 题的答案 [6] 是不同的，分别是“去养老机构”和“社区或邻里帮助”，所以本图里的“去养老机构”只代表未退休者，已经退休的选项是“社区或邻里帮助”。

对现在和未来的养老是否担心，图 16–35 显示，未退休人群和已经退休人群分别有三成和四成被访者不担心，但是两者中都有三成左右的表示非常担心，有 1/4 的人表示有些担心。实际上两组人群中超过半数是对养老有担心的；而且未退休的人中很担心的比例超过了已经退休的，人们对未来养老是担心的。当前，人口老龄化形势在我国日益严峻，且安徽省的老龄化水平高于全国平均水平，如何从体制和机制上解决这些预期和心理问题，还有很多工作要做，如加大养老资金投入和完善养老保障制度设计，有很强的现实性和必要性。

针对由谁来照顾自己，已经退休和未退休人群的回答也是理想主义者和现实主义者之间的区别。未退休者从高到低的排列是指望子女（42.75%）、依靠配偶（34.07%）、自己照顾自己（12.18%）的模式，而已经退休者则是配偶相互照顾（47.42%）、自己照顾自己（45.39%），依靠子女照顾的只有 6.74%，在指望子女照顾上落差非常大。由此来看，中国传统的养儿防老观念需要改正和面对现实了。

但是，从另一方面来看，中国人的养老模式依然处于指望自己、配偶和孩子三大样上。因为在所有被访者中，只有一位选择雇佣保姆照顾自己，所有被访者中，正在养老机构养老或者将来愿意进入养老机构养老的只有极少部分（2.98%）。一方面说明社会养老的观念还没有深入人心，另一方面说明安徽省社会养老机构的发展还处在起步阶段。当然，这样的回答比例可能与入户调查的方式有关联（因为是在被访者家里访问，而不是养老院等机构进行的调查），是否存在系统性偏误，则另当别论。

图 16–37 和图 16–38 我们单独对两个人群的养老经济来源考察了其中的城乡差别，从中看出城乡二元性很有意义和必要，因为无论是已经退休还是未退休的人群，对城镇居民来说，他们最大的指望是养老金或退休金，而对农村居民来说，最大的指望是儿女养老和承包田地。

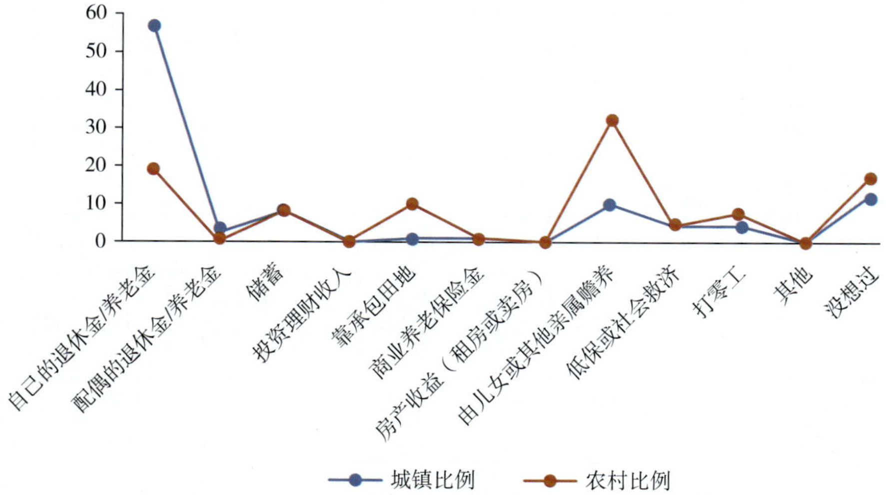

图16-37 未退休人群的养老经济来源：城乡差别（%）

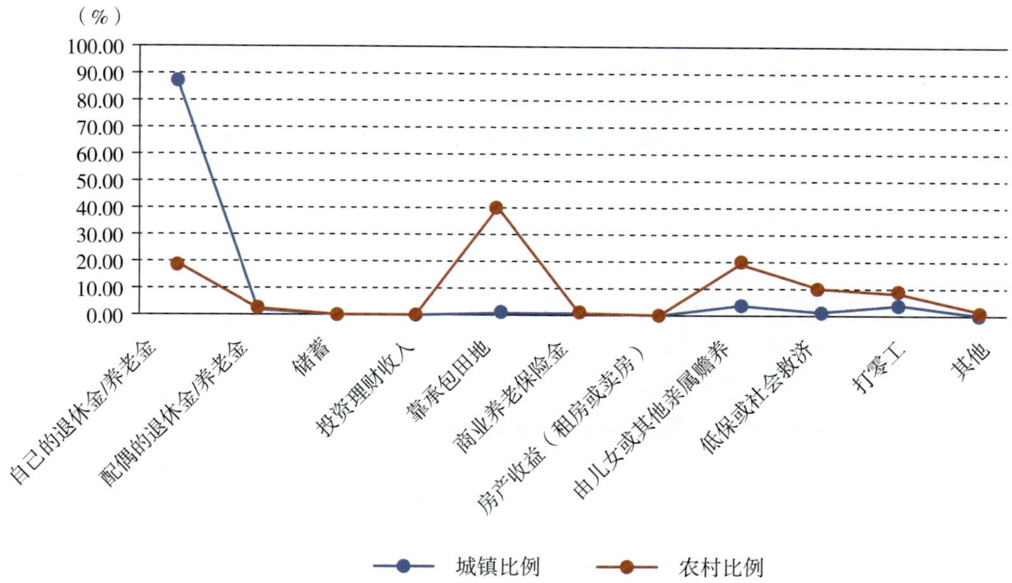

图16-38　已退休人群的养老经济来源：城乡差别（%）

（九）被访者住房保障情况统计分析

1. 城乡地区住房类型差异明显，且户均建筑面积差异大

在住房类型方面，城乡住房类型差异比较明显，在农村地区超过75%的为自建住房，还有不到10%的未拆迁安置房；在城镇地区，住房类型比较多样，自购商品房比例最高，为37.36%，其次则为拆迁安置房、自建住房、单位福利分房，占比均超过10%，还有近8%的城镇受访者承认住的是父母的房子。

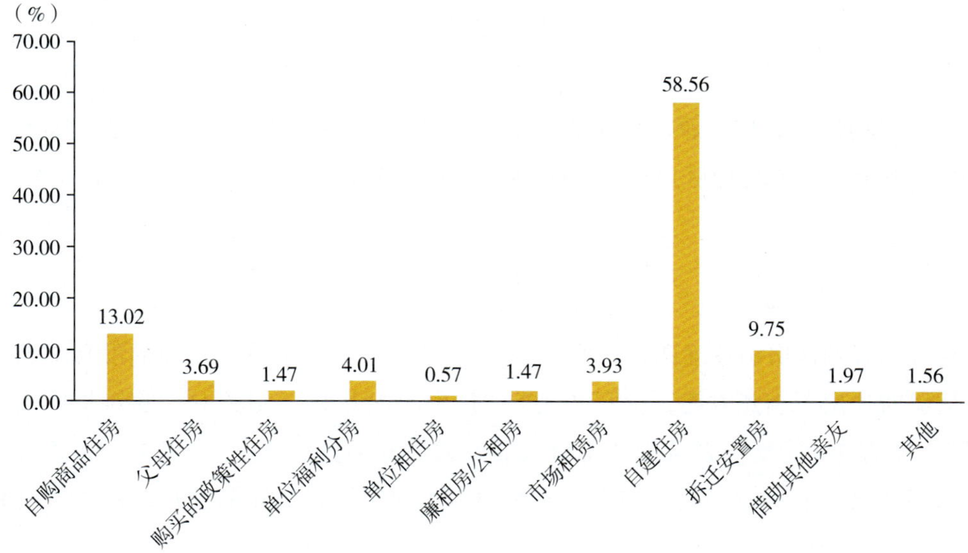

图16-39　被访者的总体住房类型分布（%）

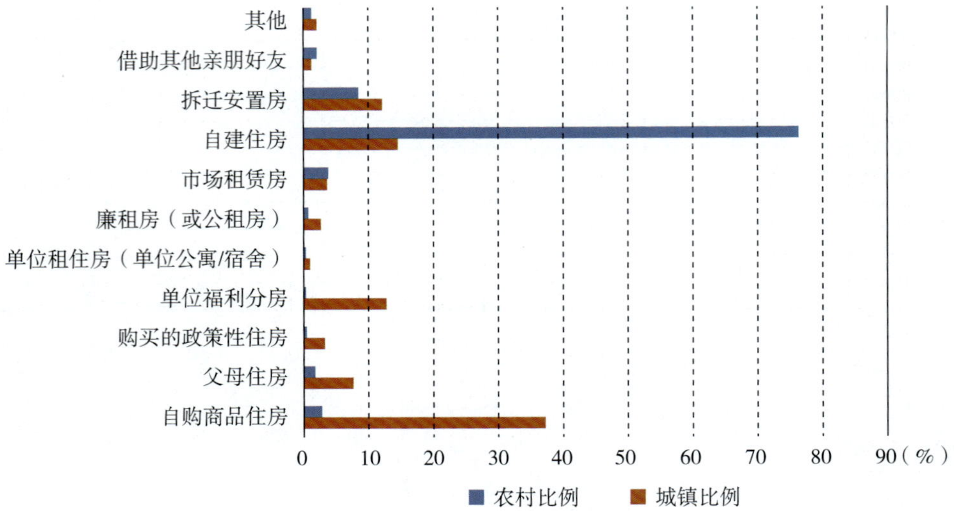

图16-40 被访者的住房类型分布：城乡差别（%）

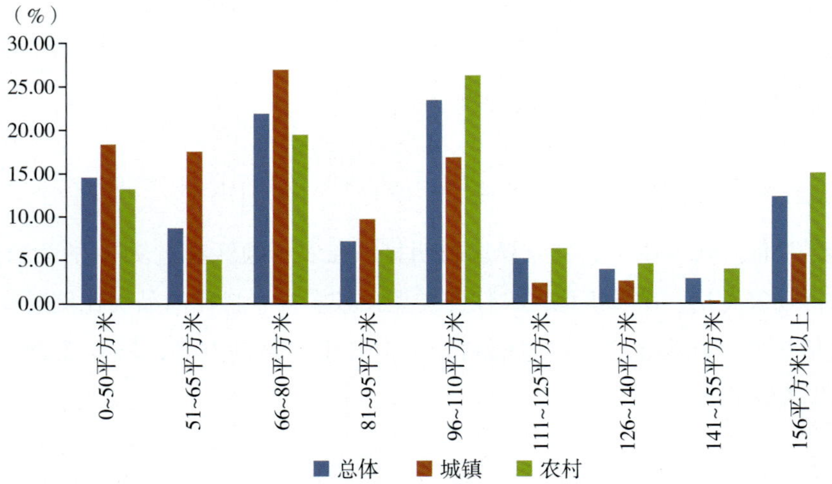

图16-41 被访者的住房面积：总体和城乡差别（%）

此外，从户均住房面积来看，全部抽样家庭户均住房面积为100.75平方米。城乡之间建筑面积差异也较明显，在农村地区户均建筑面积达到108.17平方米，而城市则为82.6平方米①。

2. 居民住房满意度水平较高，但仍有部分因为住房面积、设施和房价因素而不满意

通过对被访者的住房满意度调查，见图16–42，有一半被访者在住房方面没有不满意的，值得肯定。居民对住房不满意方面，主要体现在“住房面积太小”、其次是“建筑年代久远，小区设施落后”，还有7%的受访者认为“房价太高，无法改善住房条件”。表16–19显示，25.89%的被访者家里或者没有独立厨房，或者没有单独卫生间，或者两样都没有。其中既没有独立厨

① 这里根据本次民生调查数据计算得来，城镇户口家庭共357个，缺失值2；农村户口家庭863个，两组都包括本地、本省和外省户口。虽然外省的户口可以不计算在内，但因为户数不多，影响很小。

房也没有独立卫生间的有145户，其中城镇居民有23户，其余为农村家庭户。农村地区，有些家庭因为贫困而导致没法改善厨房和卫生间条件，但仍然有部分城镇家庭户存在这种现象，我们进一步核查得知，很大一部分属于蚌埠市龙子湖区的一个社区，可能是老工业区、城乡结合部或者城中村，希望有关方面重视起来。

表16-20　被访者住房是否有独立的厨房和卫生间

	有独立厨房，但没有独立卫生间	有独立卫生间，但没有独立厨房	有独立厨房和卫生间	既没有独立厨房，也没有独立卫生间	合计
人数	156	15	905	145	1221
比例（%）	12.78	1.23	74.12	11.88	100

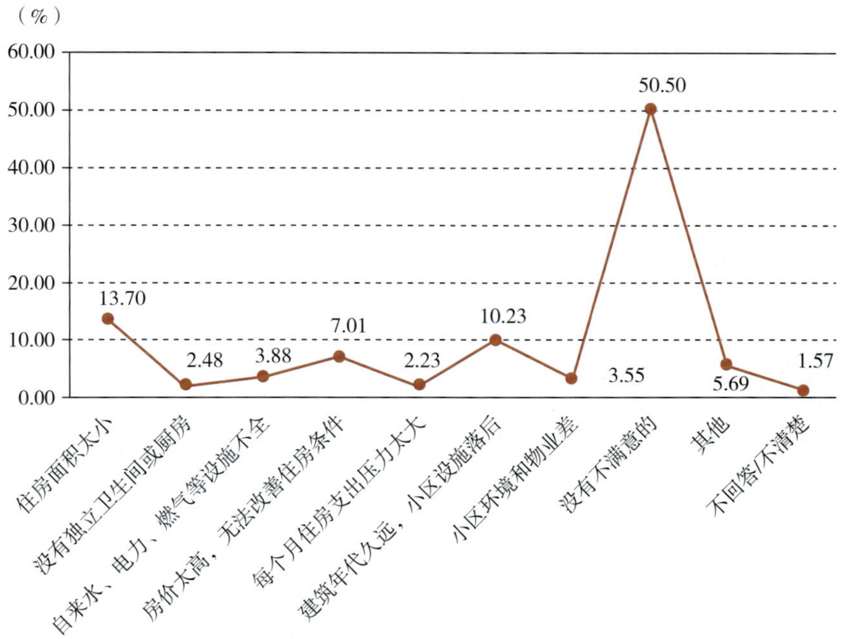

图16-42　被访者对住房满意度情况（%）

表16-20~表16-22，是被访者在本市县或镇上拥有的住房、在其他城市的住房以及农村老家的住房情况，因为涉及个人隐私或者被访者故意隐瞒等，答复的比例不是很高，但总的来说，被访者在本市、县城或者中心镇拥有1套住房的比例近12%，2套的很少，不到2%。在其他地市县区拥有住房的更少，不到2%。在农村老家拥有住房的占比刚超过10%。

表16-20　被访者在本市（市区、县城、中心镇）是否还有其他住房

住房套数	0套	1套	2套及以上	合计
人数	1061	144	17	1222
比例（%）	86.82	11.78	1.39	100

表16-21　被访者在其他城市（县、区）是否还有住房

住房套数	0	1	2	合计
人数	1197	21	2	1220
比例（%）	98.11	1.72	0.16	100

表16-22　　被访者在农村（老家）是否还有其他住房

住房套数	0	1	2	合计
人数	1087	126	8	1221
比例（%）	89.03	10.32	0.66	100

（十）被访者对环境保护及食品安全情况满意度

本次调查对于生活环境调查主要从生态环境质量、生活方便程度、农村的农业污染处理以及食品安全问题等方面来反映。

1. 居住地生态环境质量总体评价较好，但细分领域仍有待改善

图 16–43 反映被访者总体对环境各方面的改善与否的回答情况。总体生态环境状况认为明显改善或有些改善的加总超过一半，达到 57.53%，另外有 31.83% 的人认为没有变化，认为总体生态恶化的不超过 10%，这说明安徽省城乡居民对近些年的生态环境保护工作是认可的。

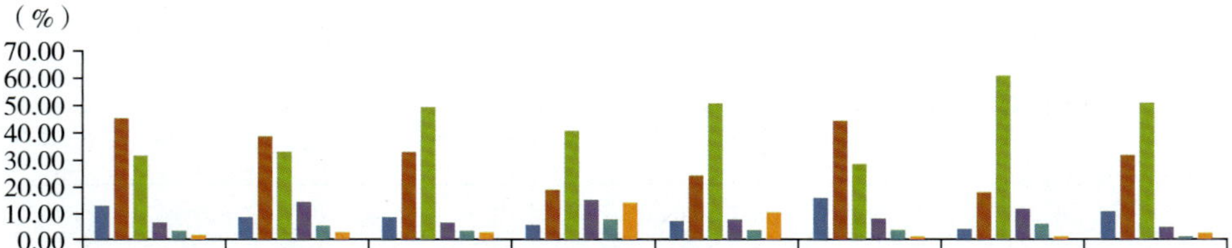

	总体生态环境状况	空气质量	生活用水质量	周边河流湖泊等水体质量	生活污水处理情况	生活垃圾处理情况	噪声环境质量	绿化环境
明显改善（%）	12.36	8.18	8.67	5.07	6.30	15.38	4.34	10.15
有些改善（%）	45.17	39.03	32.08	18.49	24.14	44.27	17.51	31.83
没有变化（%）	31.83	32.82	48.69	40.26	50.08	28.23	59.41	50.08
有些变差（%）	6.71	13.42	6.06	14.98	7.28	7.20	11.95	4.58
明显变差（%）	2.78	4.83	2.70	7.77	2.86	3.52	5.48	1.23
说不清（%）	1.15	1.72	1.80	13.42	9.33	1.39	1.31	2.13

图16-43　被访者对所居住的社区（或村庄）环境质量改善情况（%）

在具体环境保护领域，改善榜排名靠前的有：生活垃圾处理认为改善的近 6 成；其次是空气质量，认为改善的达约 47%；再次是环境绿化，近 42%。排名靠后的（即认为改善占比较少的）有：环境噪声、周边河流湖北水体质量和生活污水处理情况。

从被访者认为变差的排名来看：周围河流湖泊水体质量（认为“有些变差”甚至“明显变差”加总超过 22%，最高）。其次是空气质量（同上，两项加总超过 18%）、噪声环境质量（两项加总超过 17%）。另外，生活垃圾处理和生活污水处理方面，也分别有超过一成的被访者认为变差。

随着政府对公共卫生事业和环境保护投入的加大，如美丽乡村、美丽安徽建设和绿色发展等，

民众对环境绿化、生活用水、污水处理和垃圾处理等周遭的微环境的改善是认可的，但是对周围河流湖泊的水体质量、噪声污染和空气质量等方面认为变差的比例相对还较大，应该进一步想办法，用制度、技术等科学方法和手段来深入解决。因为相比而言，这些领域的环境治理更宏观，更难以立竿见影出成效，更容易陷入“囚徒困境”和“公共地悲剧”等陷阱中去。

对居住地周围环境最不满意方面，见图 16–44，有近一半没有不满意，这与前面的回答基本一致。但就具体某项不满意而言，总体上，生活垃圾处理问题不满意度最高，达 12.03%；其次是噪声污染，近 9%；接着就是空气质量问题和生活用水问题以及周边河流湖泊水体污染问题。这与老百姓的生活息息相关，而且具体细微，是持续性的问题，不能搞运动式的治理。从城乡差别来看，城镇居民最不满意的前三位是：噪声污染、生活垃圾处理和空气质量；而农村居民最不满意的前三项则是：生活垃圾处理、生活用水质量和周边河流湖泊水体污染问题。城镇居民抱怨噪声污染，可能与城乡大建设有关，也与交通工具的增加有关。

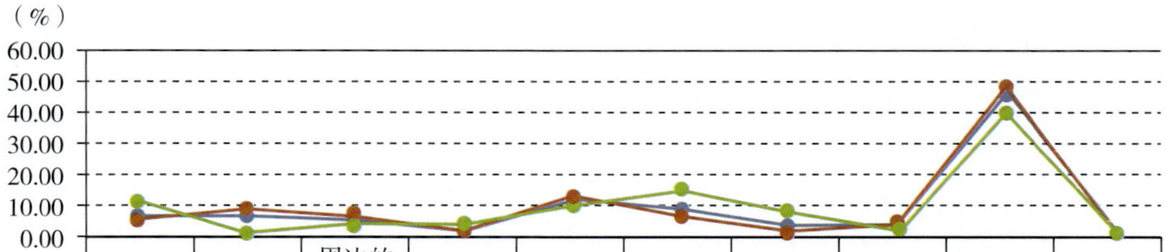

	空气质量不好	生活用水问题	周边的河流、湖泊水体质量	生活污水处理问题	生活垃圾处理问题	噪声污染严重	周边绿化率不高	其他	没有不满意的	不回答/不清楚
总体（%）	7.53	6.63	5.89	3.44	12.03	8.92	3.85	3.85	46.15	1.72
农村（%）	6.05	8.73	6.64	3.03	12.57	6.52	1.98	4.07	48.89	1.51
城镇（%）	10.92	1.68	4.20	4.48	10.92	14.85	8.40	3.36	39.78	1.40

图16-44　被访者对居住地周围环境最不满意的问题：总体及城乡差别（%）

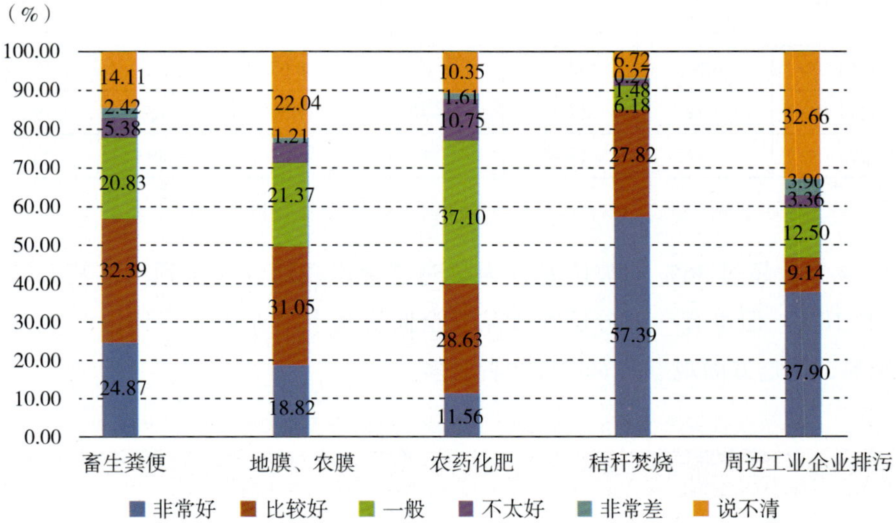

图16-45　农村被访者对农村的污染治理情况（%）

图 16–45 显示的是农村户口被访者对农村特定污染问题的主观感受。随着政府和民众对空气质量，尤其是 PM2.5、雾霾等环境危害的认知，安徽乃至全国都对农村秸秆焚烧加大监管和治理力度，所以这里被访者认为治理和改善得“非常好 + 比较好”，合计达到约 85%。另外，认可度接近或超过 50% 的还有“对牲畜粪便”和“地膜、农膜”污染的治理工作。相反，对农药、化肥的污染治理认可度不高，认为改善的刚达到 40%，认为不太好或变差的共约 12%。

2. 食品安全问题有所改善

在问及被访者 2015 年食品安全问题是有所改善还是更加严重时，总体上，认为改善的超过 4 成（包括回答明显改善和有些改善的），认为变差的（明显变差和有些变差）超过 10%。城乡区别方面，城镇人群对食品安全问题认为改善的超过变差的，即 27.81% 的城镇被访者认为改善了，13.48% 的认为变差了，相差约 14 个百分点；而农村人群则相反，认为变差的达 26.65%，认为改善的只有 21.67%，相差约 5 个百分点。这些都说明，广大农村地区的食品安全问题不容小觑，一些假冒伪劣商品，尤其有些食品在城市可能进不了流通领域，但在农村的集镇市场可能畅通无阻，缺乏监管；同时散布在农村的小作坊和食品加工企业也可能是祸根之一，监管起来，鞭长莫及。

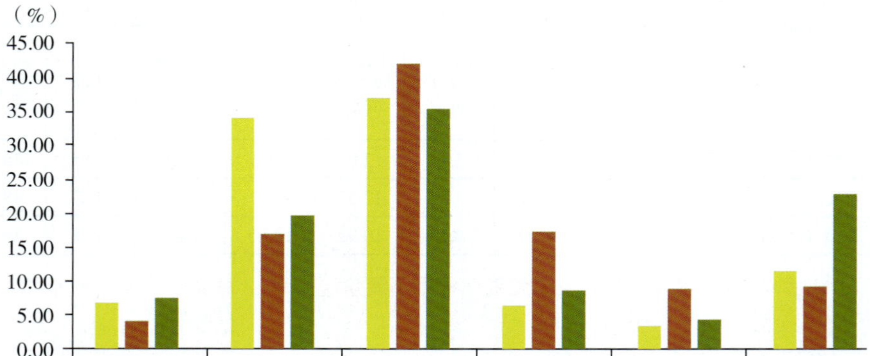

	明显改善	有些改善	没有变化	有些变差	明显变差	说不清
总体（%）	6.79	34.12	37.3	6.63	3.52	11.70
农村（%）	4.29	17.38	42.18	17.50	9.15	9.50
城镇（%）	7.87	19.94	35.67	8.99	4.49	23.03

图16-46　被访者对食品安全变好或变差：总体及城乡差别（%）

表 16–23 显示，超过 46% 的被访者认为政府监管比较到位或很到位，其次是说不清或者不知道，有 22.18%。但也有一部分反映食品安全监管基本没人管或不到位，分别有近 12% 和 13%，不难想象，持这方面观点的农村被访者居多。

表16-23　受访者对当地政府加强食品安全监管、保障食品安全的工作是否认可

是否有力	人数	比例（%）
基本没人管	146	11.95
做了一些工作，但还不到位	158	12.93

续表

是否有力	人数	比例（%）
做了不少工作，但效果不是很好	74	6.06
政府监管工作比较到位	468	38.30
政府监管很到位	105	8.59
不知道/说不清	271	22.18
合计	1222	100

面对食品安全问题，图 16–47 显示了老百姓选择的结果。34.84% 的人选择自己生产，有约 1/4 的人选择到正规超市购买食品，有 13.36% 的人没有特别考虑或采取措施。购买有机、绿色和质量认证食品的超过 11%，直接产地订购生态产品的较少，仅 1% 多。

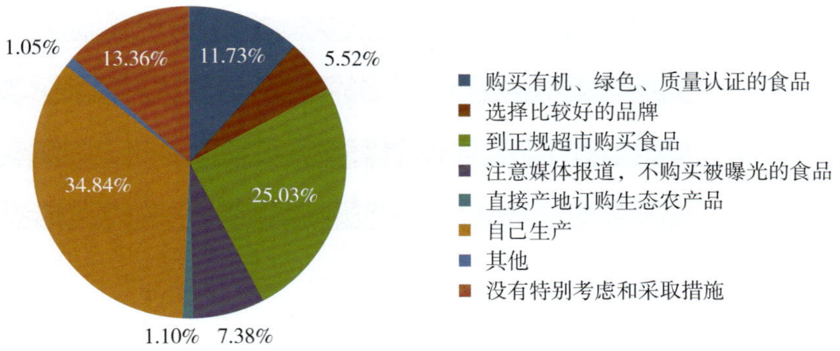

图16-47　被访者保障家庭食品安全主要采取的措施（%）

注：本题是多选题，总回答数 1722。

表16-24　受访者对我国未来食品安全状况的改善是否有信心

信心状况	人数	比例（%）
一定会有效改善	348	28.48
相信会逐步改善	534	43.70
可能会有一些作用	61	4.99
担心落实不下去，难以带来有效改善	65	5.32
不指望能改善	66	5.40
不清楚	148	12.11
合计	1222	100

表 16–24 说明对我国未来食品安全状况的改善是否有信心时，大部分（43.7%）被访者表示相信食品安全会逐步改善；有 28.48% 的被访者认为一定会改善；相反，担心落实不下去或者不指望改善的共有 10.72%。

（十一）政府服务

1. 对政府服务工作总体满意

对于居住地政府的服务工作和办事效率总体评价，所有被访者中很满意（26.92%）和基本满意（43.04%）累计比例为69.97%，不到10%的被调查者对于政府工作不满意，这表明绝大部分被调查者对于政府的工作给予了肯定。城乡差别方面不太明显，唯一较明显的是农村地区居民在“不太满意”项上超过城镇居民较多。

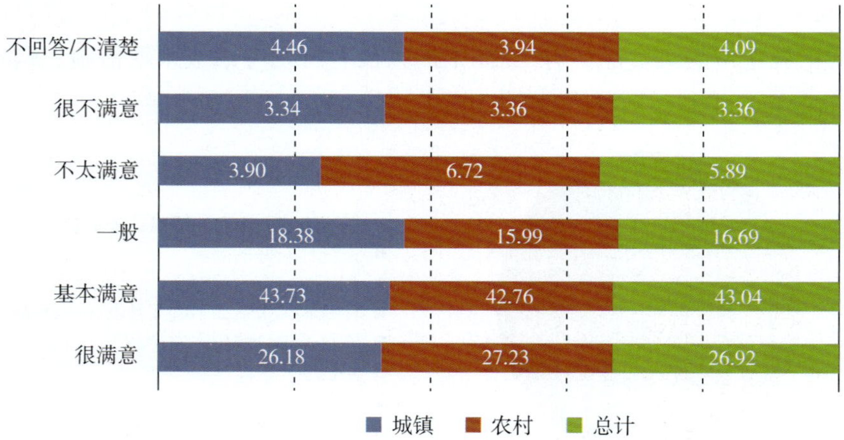

图16-48　被访者对当地政府服务和办事效率的总体评价（%）

图16-49和图16-50分别反映被访者如何了解到政府政策信息的，其中传统的广播电视媒体，无论城乡都是第一提及的，是广泛使用且被认可的获取方式，尤其是农村地区。另外，农村第二常见的渠道来源，是依赖“干部下来宣称和动员，或者下发的宣传材料”等。城市人群除了电视收音机是首选媒体，其他如网站、新媒体等方式也颇受青睐。

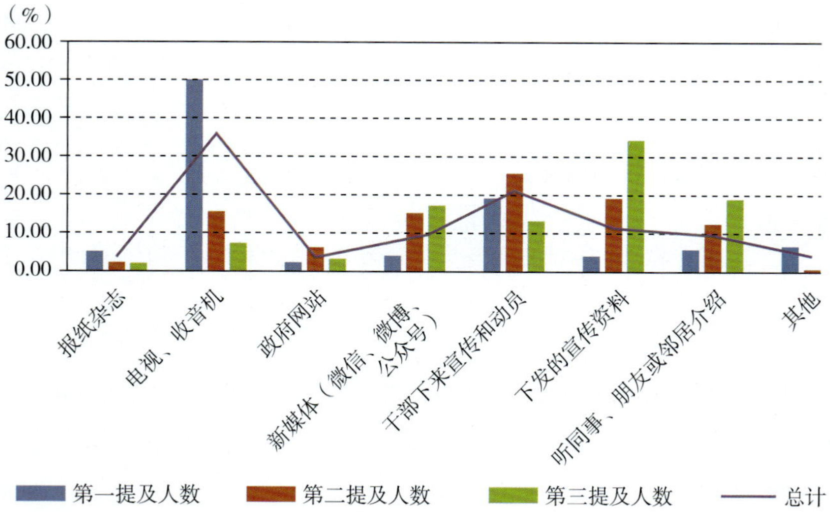

图16-49　被访者了解政府政策信息的渠道（%）

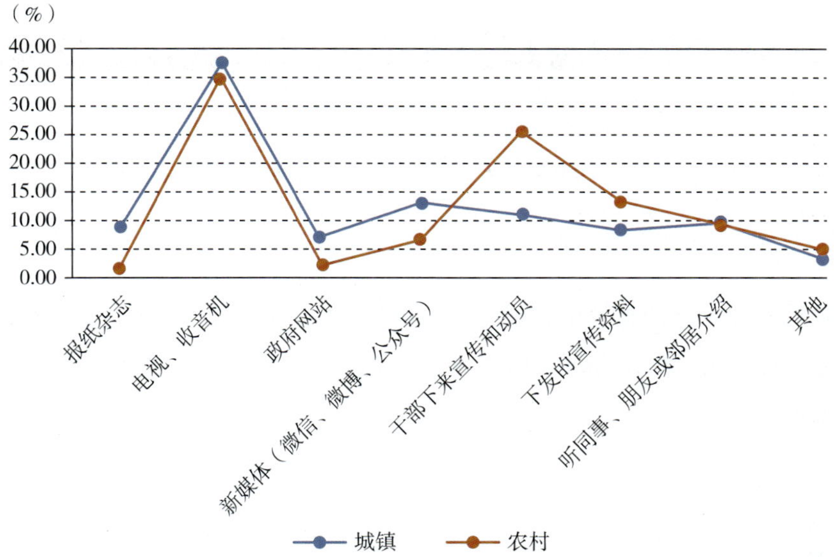

图16-50　被访者了解政府政策信息的渠道：城乡差别（%）

谈到与政府部门打交道过程中，被访者最不满意的一点是什么时，大部分（58.92%）表示没有什么不满意的，其次是程序太复杂、不公开和互相推诿、效率低，这两个分别占 9.57% 和 8.18%。

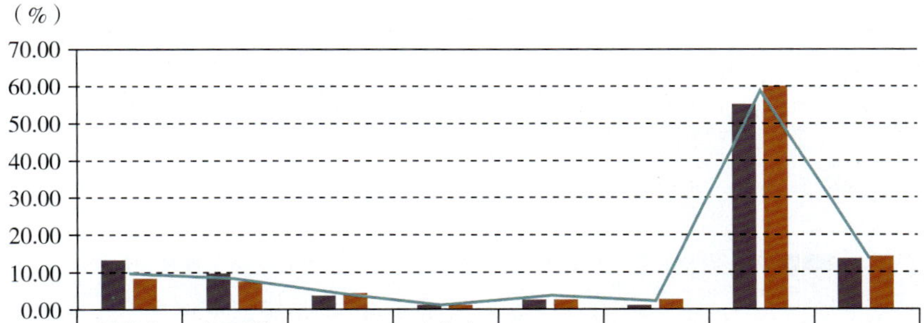

	程序太复杂和不公开	相互推诿、效率低	要找关系	吃拿卡要、乱收费	服务态度不好	其他	没有不满意的	不回答/不清楚
城镇（%）	13.09	10.3	3.34	0.84	3.06	0.84	55.43	13.37
农村（%）	8.11	7.42	4.17	0.70	2.78	2.32	60.37	14.14
总计（%）	9.57	8.18	3.93	0.74	2.86	1.88	58.92	13.91

图16-51　对本住地政府服务不满意的情况：总体及城乡差别（%）

表 16-25 显示了老百姓找政府办事是否简化明了。随着反腐倡廉、反四风等工作的深入持久开展，有七成的被访者认为是简化了的。

表16-25　　找政府办事是否比以前简单了（总体及城乡差别）（%）

	城镇	农村	总计
明显简化了	38.16	24.22	28.31
有所简化	34.82	44.15	41.41
没有变化	9.75	8.69	9.00

续表

	城镇	农村	总计
更加困难了	5.85	7.42	6.96
不清楚	11.42	15.53	14.32
总计	100.00	100.00	100.00

2. 对政府服务工作的建议

被访者对政府服务工作的建议中，按照第一提及的项目排名，“减少行政审批”的意见最高，近 30%；其次是实行一站式窗口办理，所占比例有 22%；再次是简化各类手续证明和提升政府官员服务和责任意识。

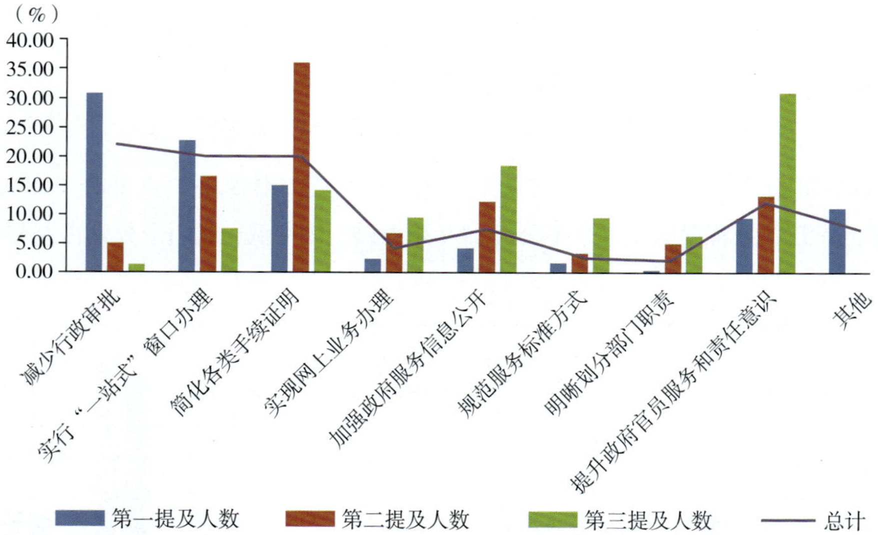

图16-52　对政府服务工作的建议（%）

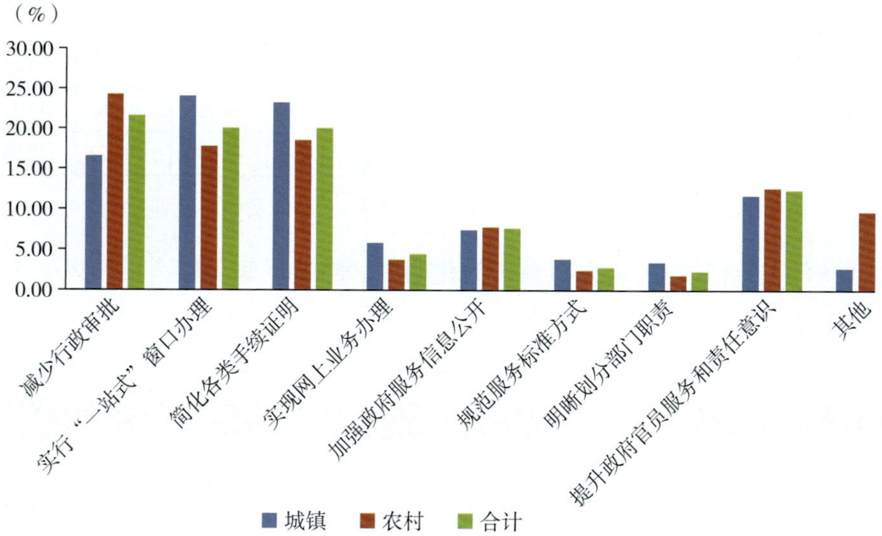

图16-53　对政府服务工作的建议：城乡差别（%）

四、关于民生问题的政策建议

进一步提升安徽省民生水平，既要打好“持久战”，也要打好“攻坚战”，一件事情接着一件事情办、一年接着一年干。要全省上下同心协力，把推进发展和增进福祉统一起来，精准施策，抓住重点，聚焦难点，持续发力，不断增厚民生福祉，扎实增进人民群众获得感。

（一）聚焦富民，着力补齐低收入群体增收的“短板”

“小康不小康，关键看老乡。”低收入群体增收是全面建成小康社会的重点和难点。一是着力增加就业机会。优化创业环境，进一步简化优化创业审批程序，提供线上线下相结合的便捷的创业服务。降低创业准入的制度成本，加大对创业创新的用地支持力度，充分利用闲置的商业用房、厂房、库房等，兴办众创空间、文化创意、工业旅游、“互联网 +”等新业态。打造创业服务云平台、创业创新竞赛服务平台。二是着力提高低收入群体的人力资源水平。收入能力与产业结构、劳动力素质密切相关，提高低收入人群的适应能力，帮助其积极适应产业机构结构调整所带来的就业格局的变化。关键应提高农村儿童和贫困家庭子女的人力资源积累能力，防止贫困代际传递，从根本上消除贫困。在城乡义务教育均衡发展、义务教育向学前和高中延伸、加大职业教育和专业技能培训力度、改善高等教育招生制度的公平性等方面，向贫困地区和低收入人群倾斜，帮助实现起点公平。三是加快促进农村居民增收致富。要有序开展资源变资产、资金变股金、农民变股东改革试点。大力培养新型职业农民，引导农村劳动力就地就近转移就业，建立健全农民工返乡创业平台，支持农民工持续增加农民收入。加大农村特困群体救助力度。加强价格行为监管、监测和预警，维护粮、油、肉等居民生活必需品的市场价格稳定。

（二）加快实施健康安徽建设，着力补齐基层医疗“短板”

没有全民健康，就没有全面小康。一是进一步深化医药卫生体制综合改革。要加强医疗、医保、医药“三医联动”，强化改革的整体性、系统性和协同性。一方面，加快药品生产流通领域系统性改革。严格药品经营企业准入，规范药品流通秩序，重点推进上游药品生产领域改革。严厉打击药品购销中的违法违规行为，预防和遏制药品、医疗器械与耗材采购中的不正之风和腐败行为。推行零售药店分类分级管理，鼓励连锁药店发展，组织医疗机构处方信息、医保结算信息与药品零售消费信息共享试点。积极推动医药分开。另一方面，推进医保管理改革。建立个人缴费标准与居民收入相挂钩的动态调整机制，使筹资标准、保障水平与经济发展水平相适应；健全医保支付机制，加强医保基金预算管理，全面推行医保付费总额控制，重点推进按病种或按疾病诊断分组等付费方式，建立适应不同人群、不同疾病、不同服务特点的多元复合式医保支付方式。二是转变观念，有效推进健康服务。要提高居民健康水平，仅仅关注疾病治疗是不够的，还要进一步帮助建立健康的生活方式，做好疾病预防和管理。加强基层卫生服务能力、建立家庭医生制度，逐步实现分级诊疗，利用“互联网 +”、大数据等手段，为居民提供一体化、个性化的健康管理服务。三是积极发展大健康产业。在主攻方向上，瞄准产业研发与技术创新、医疗服务、健康旅游、互联网＋大健康、中医药、医药物流等。着力提升合肥“领头雁”位置，以合芜蚌国家自主创新示范区为支撑，在智能化高端医疗设备、精准医疗、生物和生命科学等方面实现重大突破，带动安徽省整体健康产业雁阵起飞。皖南以国际文化旅游示范区为支撑，以园区建设为主题，致力于建设国际健康城；皖北以亳州为中心，以中医药为突破口，致力于建设国际药都。着力塑造“北华佗，南新安”品牌形象，实现安徽省健康产业集聚区南北遥相呼应。致力打造国际知名、华东首选的养生圣地。

（三）“严”字当头，着力补齐食品安全监管“短板”

加强食品安全工作，关键要严格按照习近平总书记强调的“严谨标准、严格监管、严厉处罚、严肃问责”的“四严要求”，把食品安全问题作为一项重大政治任务来抓。加快建立科学完善的食品药品安全治理体系，坚持产管并重，严把“从农田到餐桌”的每一道防线，对违法违规行为零容忍、出快手、下重拳，以持续的努力确保安徽省群众“舌尖上的安全”。一是建立最严谨的标准，为食品安全提供基础性制度保障。加快完善食品安全标准体系，抓紧制定一些急需的标准，推动食品安全标准与国际标准等高对接。二是用最严格的监管，守住不发生系统性区域性食品安全风险的底线。坚持源头严防、过程严管、风险严控，对生产经营过程采取彻查隐患、处罚到人、公开信息的综合措施。三是用最严厉的处罚，坚决遏制和打击违法犯罪行为。完善食品安全行政执法程序，严格落实食品安全法有关规定，完善办理危害食品安全刑事案件的司法解释，推动掺假造假行为直接入刑。以农村为重点加强监管执法力量和能力建设，以“零容忍”的举措惩治食品安全违法犯罪。四是用最严肃的问责，建立健全最严格的覆盖生产、流通、消费各环节的问责制度。推动各地区各部门切实依法履职尽责，不折不扣落实食品安全责任制，确保企业、政府和社会各方责任落实到位。

（四）下大力气解决居民反映较为强烈的环境问题，着力补齐环境治理的“短板”

一是优先处理影响人民群众生命安全的垃圾污染源。特别是有毒性、放射性等危害性较强的垃圾污染，着力解决“垃圾围城”、“垃圾围村”的现象。要以垃圾治理带动城乡居民生活环境的全面改善。适时开展环境专项整治行动，对破坏生态环境的行为不能手软、不能下不为例。“强制”在新建垃圾处理、污水处理项目上应用 PPP 模式。加快推广生活垃圾、生产垃圾收费制度。二是统筹城乡生活垃圾处理。要加快实现全省城乡垃圾收集、运输、处理一体化。在农村，按照“生态宜居村庄美、兴业富民生活美、文明和谐乡风美”要求，全面推进美丽乡镇建设、中心村建设和自然村环境整治，加强名镇名村和传统村落保护。三是加快推进集约高效、宜居适度、山清水秀的现代化城市建设。开展城市生态修复，深入推进海绵城市、地下综合管廊建设。科学划定城市开发边界、生态红线和永久农田。强化城市设计和特色塑造，彰显城市文化，依托现有山水脉络等独特风光，让城市融入大自然，让居民望得见山、看得见水、记得住乡愁。

（五）确保老有所安，着力补齐养老保障“短板”

紧紧抓住解决养老金不足这个关键问题，坚持开源节流，重在开源，确保老年人心里有底，基本生活无忧。一是加快推进社会保险制度改革。坚持社会统筹和个人账户相结合的基本养老制度，完善个人账户，健全多缴多得、长缴多得的激励机制。实施税收优惠政策，加快发展企业年金、职业年金等补充社会保险和关于民生的商业保险。整合城乡居民基本养老保险制度、基本医疗保险制度，实现城乡居民在制度上的公平和公共资源上的共享。扩大参保缴费覆盖面，适时适当降低社会保险费率。二是优化财政支出结构。认真做好各地养老金缺口测算，不断加大财政投入，分期逐年注入，提高政府对个人缴费的补贴标准。加大政府购买养老社会服务力度，省、市、县三级财政每年安排一定数量的购买养老服务专项资金，重点用于经济困难的高龄、失能老人的居家和社区养老服务，不断满足养老服务需要，减轻个人养老金支出的压力。三是提高养老基金的“自生”能力。划转部分国有资本充实社会保障基金，扩大社保储备基金，加强社会保险基金投资运营管理和监督，提高养老保险投资收益率。四是强化临时救助，实现有贫困就有救助。以缓解“急难”为核心，重点解决急难性贫困（突发火灾、交通事故和重大疾病等），前移救助窗口，实施精准救助，坚决防止极端事件发生。

（六）协同推进，着力补齐城乡居民住房“短板”

只有安居才能乐业。一是逐步扩大城镇住房保障覆盖范围。对城镇住房困难家庭和个人，通过提供公租房，满足基本住房需求。着力解决农业转移人口住房问题，把进城落户农民完全纳入城镇住房保障体系，稳步推进城镇住房保障公共服务覆盖全部常住人口。加快推进集中成片棚户区改造，逐步将其他棚户区、城中村改造和城市危房改造纳入城市棚户区改造范围。二是持续推进农村住房改造建设。提高农村危房改造政府补助标准，优先帮助住房最危险、经济最贫困农户解决最基本安全住房，加强工程验收管理和资金使用监管。加大对农村住房改造的金融支持力度，创新贷款模式和方式，鼓励农民通过林权抵押贷款、联保贷款等形式筹措资金，稳妥推进农村承包土地（指耕地）的经营权和农民住房抵押贷款试点，积极开展农村小额信贷服务。适当放宽农民改造建设住房贷款期限，确保必要的贷款额度，实行优惠利率。积极探索农村住房改造建设投融资方式，实行企业化、项目化运作。加强农房风貌管理，延续民居风格，推动改造具有传统民居特色的现代农房。

（安徽省政府发展研究中心专题组
专题负责人：孙东海
成员：陈干全　沈晓武）

第十七章
河北省民生发展报告

一、河北省民生发展总体情况

民生是人民幸福之基、社会和谐之本。民生保障也是实现全面建成小康社会目标的根基，全面小康不仅是经济发展，更是人民群众福祉的改善提升。社会保障达到何种程度，是小康社会的重要价值标准。河北省历来高度重视民生问题，不断加大民生投入，借力和引进京津公共服务资源，加快民生工程建设，不断推出改善民生的政策举措，全省居民收入水平和生活水平逐年提高，城乡差距持续缩小，社会大局保持和谐稳定，就业、教育、社保、医疗、养老、住房和文化服务等领域，取得了较大成就，民生发展状况总体良好，居民生活满意度不断提高，具体体现在以下几个方面。

（一）民生投入不断增加，民生保障能力进一步提高

2010 年以来，河北省民生投入力度逐年加大。2016 年，全年财政用于民生支出 4843.8 亿元，民生投入较上年增长 5.4%，较 2010 年增长了 2.2 倍。民生投入占全省一般公共预算支出的比重，2016 年为 80.2%，较 2010 提高了 25.2 个百分点。随着民生投入较快增长，河北省民生保障能力得到明显提高，民生工程建设速度不断加快，惠民利民项目不断增多，社会保障、医疗卫生、教育、农业、保障性住房、扶贫等各项民生事业不断取得新的进展。

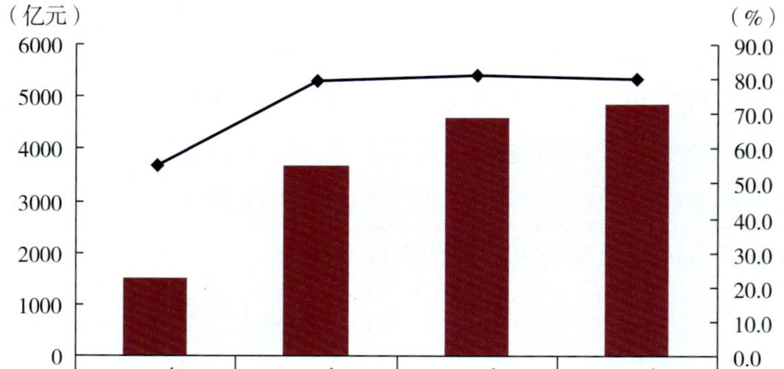

	2010年	2014年	2015年	2016年
民生投入（亿元）	1500	3678.9	4597.7	4843.8
占全省财政支出比重（%）	55.0	79.3	81.0	80.2

图17-1　2010～2016年河北省民生投入及占财政支出比重（%）

（二）多渠道拓宽就业岗位，居民收入水平持续增长

2016 年，河北省各级政府多渠道拓宽就业岗位，做好重点群体就业安置，高校毕业生就业率 95.3%，完善农民“双创”扶持政策，支持农民工返乡创业，壮大农村电商、休闲农业、乡村旅游等新业态，促进农村一、二、三产业融合发展，培育农业农村发展新动能，新增农村劳动力转移就业 56.2 万人，城镇新增就业 76 万人，登记失业率为 3.68%，比上年减少了 0.1 个百分点，零就业家庭保持动态为零。城乡居民收入稳定提高，2016 年，河北省城镇居民人均可支配收入 28249 元，比上年增加 2097 元，增长 8.0 %；农村居民人均可支配收入 11919 元，比上年增加 869 元，增长 7.9%。与同期地区生产总值相比，河北省城乡居民人均可支配收入增速均高于地区生产总值 6.8% 的增速。

（三）创新、完善扶贫机制和模式，脱贫攻坚成效显著

2016 年，河北省强力打好脱贫攻坚战，将脱贫攻坚作为重中之重，全省财政扶贫专项投入达 57.7 亿元，其中省级 21.6 亿元，较上年翻了一番。进一步整合经济、社会、文化、生态等诸多资源，协调推进扶贫开发，不断创新扶贫机制，完善扶贫模式，为贫困群众实现稳定脱贫开辟路径。2016 年，河北省扶贫工作攻坚克难，实施“五个一批”工程，启动 15.2 万人易地扶贫搬迁，推进产业、教育、医疗、金融扶贫。织牢社保兜底保障网，提高农村低保标准，全省实现低保线和扶贫线“两线合一”、动态管理，低保水平全部达到 2855 元 / 年以上。提升医疗保障救助水平，实现了基本医保待遇水平、大病保险报销水平、医疗救助水平“三个显著提高”。扎实推进教育扶贫，“三免一助”政策落地，惠及贫困生 2.7 万人。实现 100 万农村贫困人口稳定脱贫，农村贫困地区居民的收入水平和生活水平有了较大提高，2016 年，全省 62 个贫困县农村居民人均可支配收入比上年增长 10.5%，增幅高于全省平均水平 2.6 个百分点。

（四）教育改革不断推进，文化医疗卫生事业全面发展

2016 年，河北省进一步深化义务教育改革，推进新一期学前教育三年行动计划，加强义务教育标准化学校建设，完成学前教育三年行动计划二期目标，改造中小学校舍 288.3 万平方米，高校“双一流”建设稳步推进。健康河北建设强力启动，“全面两孩”政策落地实施。文化事业和文化产业快速发展。全民健身运动广泛开展。医药卫生体制改革成效明显，覆盖城乡的公共卫生和医疗服务体系基本建立。民族宗教、新闻出版广电、外事侨务、人民防空、史志档案、气象地震、地理信息、援藏援疆、妇女儿童、老龄、残疾人等事业都有了新的发展和进步。

（五）社会保障体系不断完善，社会保障水平进一步提高

2016 年，河北省进一步完善社会保障体系，在全国率先完成城乡居民基本医疗保险制度整合，

实现了制度、管理、信息系统等“六统一”，省医疗保险事业局挂牌运行。出台了《关于提高贫困人口医疗保障救助水平解决因病致贫返贫问题的实施方案》及细则，全面启动319万农村建档立卡贫困人口的医疗保障救助工作。省内异地就医直接结算基本实现。社保制度改革取得明显成效，社保覆盖面不断扩大。2016年，河北省城镇职工基本养老保险、城乡居民基本养老保险、基本医疗保险、失业保险、工伤保险参保人数分别达到1403.3万人、3446.1万人、6672.5万人、515.9万人、840.1万人。

2016年，河北省提高社会保险待遇，同步调整企业和机关事业单位退休人员养老金，总体比上年增长6.7%，其中，企业退休人员基本养老金比上年增长6.5%。城乡居民年低保标准较上年分别增长11.6%和25.8%。全省棚户区改造开工建设18.3万套，改造农村危房12.5万户。

（六）平安河北建设稳步推进，群众公共安全得到有效保障

2016年，河北省不断完善监管机制，进一步加大食品药品安全监管力度，全省食品药品安全得到有力保障。加强安全生产监管，对煤矿、非煤矿山、尾矿库、油气管网等高危重点行业实行专项整治，安全生产形势总体稳定。深入实施“护城河”工程，依法打击各类违法犯罪活动，强化社会管理综合治理，积极化解社会矛盾，平安稳定和谐的局面不断巩固。国防动员、双拥共建和优抚安置工作得到进一步加强。

（七）多策并举治理污染，生态环境质量逐步向好

2016年，河北省持续加力防治大气污染，集中开展散煤、焦化、露天矿山、道路车辆污染整治专项行动，推进重点区域无煤化和燃煤清洁利用，大力整治成品油市场，强化重污染天气应急响应，淘汰改造燃煤锅炉1.3万台，削减煤炭消费量500万吨，压减焦炭产能1279万吨，取缔关闭非煤矿山161个，淘汰老旧车14.2万辆，全省PM2.5平均浓度下降9.1%，达标天数增加16天。开展水污染防治百日会战，完成13条城市黑臭水体整治，潘家口、大黑汀水库网箱养鱼清理工作成效明显。山水林田湖生态修复国家试点获批，启动太行山绿化和“矿山披绿”攻坚战，全省完成造林523万亩。地下水超采综合治理，新增农业压采能力7.1亿立方米，建成111座南水北调配套工程水厂，引黄入冀补淀工程全线开工。在全国率先实行省级环保督察，改革省以下环保机构监测监察执法垂直管理体制，开展“利剑斩污”专项执法行动，查处环境违法企业3300多家，有力打击和震慑了环境违法行为。

（八）协调推进城乡一体，新型城镇化建设开创新局面

坚持完善城镇功能与建设美丽乡村双轮驱动，促进人口、产业聚集，2016年，河北省常住人口城镇化率达到53.0%。全省空间布局规划基本完成，新一轮城市总体规划修编启动实施，张家口、衡水、邯郸行政区划调整到位，新型城镇化综合试点稳步推进。投资2860亿元完善市政

基础设施，城市承载能力进一步增强。启动县城建设三年攻坚行动，加快实现集中供水、供热和垃圾达标处理，县城品质不断提升。以环境美、产业美、精神美、生态美为标准，在4260个重点村全力推进美丽乡村建设，农村面貌发生积极变化。

二、入户抽样调查受访者基本情况分析

（一）受访者地区分布

2016年，河北省民生问题入户抽样调查根据国务院发展研究中心拟定的抽样原则，采用PPS抽样方案，对全省6个市（包括城镇和农村）10个县（区）、20个乡镇（街道社区）的1280户居民家庭进行入户抽样调查，共回收有效问卷1200份。本次入户抽样调查将家庭户和户内最了解家庭情况者作为受访者，接受调查的受访者为18~69岁（不含）的成年人口（包括常住居民和流动人口）。

本次调查基本能够有效反映河北省民生问题的实际状况，抽样方法及样本的选取具有较强的科学性、代表性和有效性。2016年，河北省1200名受访者分布在全省11个地级市中的6个地级市（见表17-1）。

表17-1 受访者地区分布

抽样地点	受访者（人）	比重（%）
保定	240	20
沧州	120	10
邯郸	240	20
衡水	120	10
石家庄	240	20
唐山	240	20
合计	1200	100.0

（二）受访者户籍、性别、受教育程度构成分析

1. 农村户籍受访者比例明显高于城镇，流动人口比例较低

2016年，农村户籍受访者占76.4%，城镇户籍占23.6%，农村比城镇高52.8个百分点，与上年相比，农村户籍所占比例上升了18.3个百分点（见图17-2）。受访者为本市县户口占97.8%，为流动户口（省内流动人口、跨省流动人口）占2.2%，可见，受访者中流动人口所占比例较低。

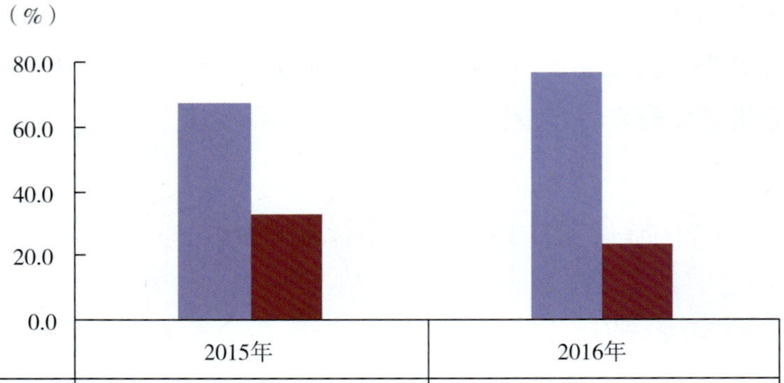

	2015年	2016年
农村户籍比重（%）	67.5	76.4
城镇户籍比重（%）	32.5	23.6

图17-2　2015～2016年河北省受访者户籍构成比较（%）

2. 受访者男性所占比例高于女性

2016 年，男性受访者占 56.8%，女性占 43.3%，男性比女性高 13.5 个百分点，与上年相比，男性所占比例提高 8.9 个百分点（见图 17–3）。

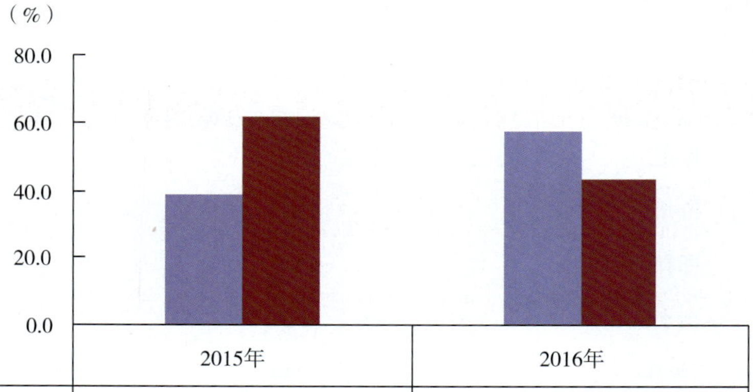

	2015年	2016年
男性比重（%）	38.5	56.8
女性比重（%）	61.5	43.3

图17-3　2015～2016年河北省受访者性别构成比较（%）

3. 受访者受教育程度偏低，城乡差异明显

从受教育程度上看，2016 年，受访者为小学毕业（含辍学或肄业）的占 24.0%，初中毕业（含辍学或肄业）的占 45.0%，高中 / 中专 / 技校毕业（含辍学或肄业）的占 20.8%，大专 / 高职（含在读和肄业）及以上的仅占 6.6%。受访者受教育程度在初中及以下的累计占 75.2%，说明受访者受教育程度较低。与上年相比，2016 年受访者受教育程度有所降低，其中，高中 / 中专 / 技校毕业（含辍学或肄业）和大专 / 高职（含在读和肄业）及以上所占比重分别较上年降低了 1.2 和 2.6

个百分点（见图 17–4）。

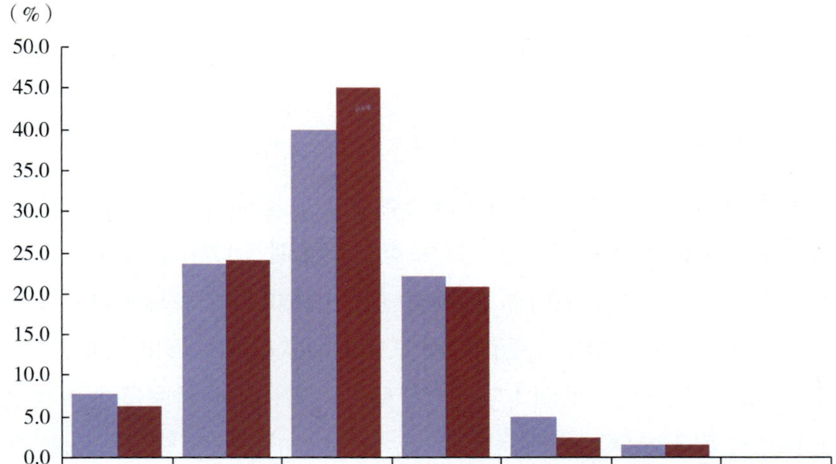

	没上过学	小学毕业（含辍学或肄业）	初中毕业（含辍学或肄业）	高中/中专/技校毕业（含辍学或肄业）	大专/高职（含在读和肄业）	本科（含在读和肄业）	研究生及以上（含在读和肄业）
2015年受访者受教育程度构成（%）	7.7	23.7	40.0	22.0	5.0	1.5	0.1
2016年受访者受教育程度构成（%）	6.2	24.0	45.0	20.8	2.4	1.5	0.1

图17-4　2015 ~ 2016年河北省受访者受教育程度构成比较（%）

分城乡看，受访者受教育程度城乡差异较为明显。2016 年，初中及以下毕业（含辍学或肄业）的受访者，在农村占 81.2%，城镇占 55.8%，农村比城镇高 25.4 个百分点；高中 / 中专 / 技校毕业（含辍学或肄业）和大专 / 高职（含在读和肄业）及以上的受访者，在农村分别占 17.5% 和 1.3%，城镇分别占 31.4% 和 12.8%，农村比城镇分别低 13.9 和 11.5 个百分点（见表 17–2），

表17-2　2016年河北省城乡受访者受教育程度构成（%）

受教育程度	农村居民	城镇居民	总体
没上过学	6.7	4.6	6.2
小学毕业（含辍学或肄业）	27.5	12.7	24.0
初中毕业（含辍学或肄业）	47.0	38.5	45.0
高中/中专/技校毕业（含辍学或肄业）	17.5	31.4	20.8
大专/高职（含在读和肄业）	1.0	7.1	2.4
本科（含在读和肄业）	0.3	5.3	1.5
研究生及以上（含在读和肄业）	0.0	0.4	0.1
合计	100.0	100.0	100.0

三、河北省民生问题调查问卷分析

（一）基本民生问题满意度状况

1. 居民对家庭生活状况总体满意，满意度城乡存在差异

河北省民生问题入户抽样调查数据（以下简称“调查数据”）显示，2016 年，在“您对自己家庭目前的生活状况总体是否满意”调查时，1200 名受访者中表示满意（含基本满意和很满意）的占大多数，为 65.1%；表示一般的占 20.5%；表示不满意（含不太满意和很不满意）的仅占 14.4%。与上年相比，受访者对家庭生活状况的总体满意度上升了 1.7 个百分点，不满意度下降了 1.6 个百分点（见图 17–5），可见，河北省居民对家庭生活状况的总体满意度较高。随着河北民生工程不断深入人心，将会有越来越多的居民家庭享受到政府惠民政策的福祉，群众满意度必将进一步提高。

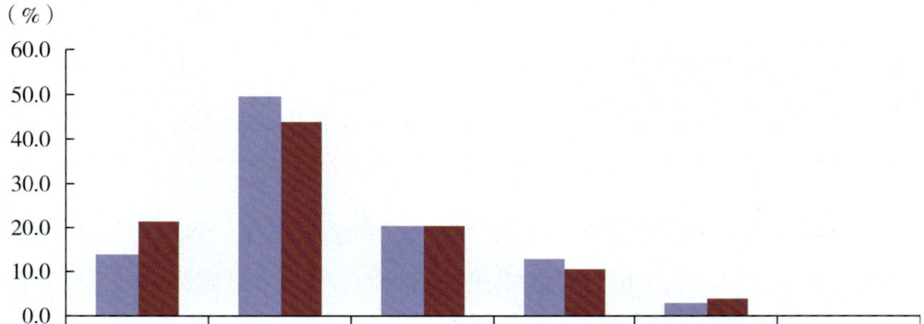

	很满意	基本满意	一般	不太满意	很不满意	不回答/不清楚
2015年居民对家庭生活状况的总体满意程度（%）	13.8	49.6	20.6	13.1	2.9	0.1
2016年居民对家庭生活状况的总体满意程度（%）	21.2	43.9	20.5	10.6	3.8	0.0

图17-5　2015～2016年河北省居民对家庭生活状况的总体满意度比较（%）

分城乡看，城乡居民对家庭生活状况的总体满意度存在一定差异。调查数据显示，2016 年，农村受访者对家庭生活状况的总体满意度为 67.6%，城镇受访者为 56.9%，农村比城镇高 10.7 个百分点（见表 17–3）。与上年相比，2016 年，农村受访者对家庭生活状况的总体满意度提高了 0.4 个百分点，城镇提高了 1.5 个百分点。

表17-3　2015～2016年河北省城乡居民对家庭生活状况的总体满意度比较（%）

满意程度	2015年			2016年		
	农村居民	城镇居民	总体	农村居民	城镇居民	总体
很满意	13.5	14.4	13.8	20.2	24.4	21.2
基本满意	53.7	41.0	49.6	47.4	32.5	43.9
一般	17.9	26.2	20.6	19.7	23	20.5

续表

满意程度	2015年			2016年		
	农村居民	城镇居民	总体	农村居民	城镇居民	总体
不太满意	12.4	14.4	13.1	10.4	11.3	10.6
很不满意	2.3	4.0	2.9	2.3	8.8	3.8
不回答/不清楚	0.2	0.0	0.1	0.0	0.0	0.0
合计	100.0	100.0	100.0	100.0	100.0	100.0

2. 居民对家庭生活最不满意的是收入和医疗，不满意度城乡存在差异

调查数据显示，2016 年，受访者对家庭生活各方面按不满意度高低排列依次是：收入（29.5%）、医疗（15.3%）、养老（5.5%）、子女教育（4.8%）、住房（3.7%）、就业状况（3.5%）。收入水平和医疗位居前两位，成为影响居民家庭生活满意度的最主要因素，这与上年受访者对家庭生活各方面最不满意的认知相同，只是对收入水平的不满意度较上年有所降低，下降了 5.6 个百分点，而医疗与上年相比变化不大（见图 17–6）。所以，提高居民收入水平和保障普通民众就医一直是民生工程需要持久关注的话题。

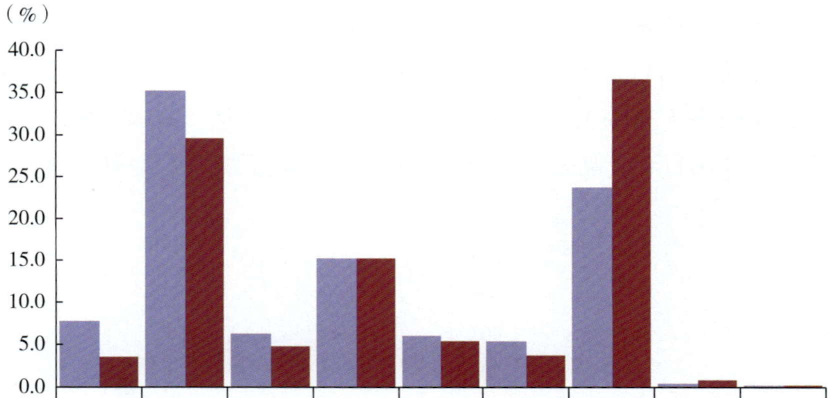

	就业状况	收入水平	子女教育	医疗	养老	住房	没有不满意的	不回答/不清楚	其他
2015年居民对家庭生活各方面不满意度（%）	7.8	35.1	6.3	15.1	6.1	5.5	23.7	0.3	0.1
2016年居民对家庭生活各方面不满意度（%）	3.5	29.5	4.8	15.3	5.5	3.7	36.7	0.8	0.2

图17-6　2015～2016年河北省居民对家庭生活各方面不满意度比较（%）

分城乡看，2016 年，城乡受访者对家庭生活各方面不满意度居前两位的均是收入和医疗，但不满意度居 3~6 位的城镇依次是：住房、养老、子女教育和就业状况；农村依次是：养老、子女教育、就业状况和住房。进一步分析得知，收入、医疗、住房和养老上的不满意度城镇比农村分别高 4.4、4.9、4.9 和 1.2 个百分点；而就业状况和子女教育上的不满意度则是农村比城镇分别高 1.3 和 0.2 个百分点（见表 17–4），可见，对家庭生活各方面的不满意度城乡受访者存在着差异。

表17-4　　2015～2016年河北省城乡居民对家庭生活各方面不满意度比较（%）

家庭生活不满意的方面	2015年			2016年		
	农村居民	城镇居民	总体	农村居民	城镇居民	总体
就业状况	8.1	7.1	7.8	3.8	2.5	3.5
收入水平	34.4	36.6	35.1	28.5	32.9	29.5
子女教育	5.8	7.3	6.3	4.8	4.6	4.8
医疗	14.1	17.3	15.1	14.2	19.1	15.3
养老	5.9	6.4	6.1	5.2	6.4	5.5
住房	3.6	9.4	5.5	2.5	7.4	3.7
没有不满意的	27.5	15.7	23.7	39.7	26.9	36.7
不回答/不清楚	0.5	0.0	0.0	1.1	0	0.8
其他	0.1	0.2	0.1	0.2	0.4	0.3
合计	100.0	100.0	100.0	100	100	100

3. 环境污染、交通出行和食品安全成为居民对社会环境最不满意的方面，不满意度城乡存在差异

调查数据显示，2016年，受访者对社会环境最不满意的是环境污染，在受访者中占22.5%；其次是交通出行，占10.6%；食品安全居第3位，占8.7%；后面依次是：社会治安（4.1%）、政府办事效率（3.0%）、社区服务（2.3%）、文化生活（1.5%）和司法公正（1.1%），可见，环境污染、交通出行和食品安全构成居民对社会环境不满意的主要方面（见图17-7）。

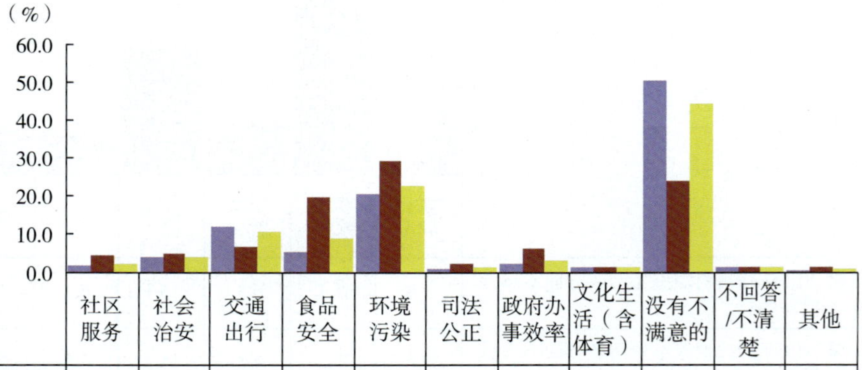

	社区服务	社会治安	交通出行	食品安全	环境污染	司法公正	政府办事效率	文化生活（含体育）	没有不满意的	不回答/不清楚	其他
农村居民对社会环境各方面不满意程度（%）	1.6	3.9	11.9	5.3	20.4	0.8	2.1	1.5	50.6	1.4	0.4
城镇居民对社会环境各方面不满意程度（%）	4.2	4.6	6.4	19.4	29.3	2.1	6.0	1.4	24.0	1.1	1.4
总体（%）	2.3	4.1	10.6	8.7	22.5	1.1	3.0	1.5	44.3	1.3	0.7

图17-7　2016年河北省城乡居民对社会环境各方面不满意度比较（%）

分城乡看，2016年，城乡受访者对社会环境各方面不满意度最高的均是环境污染，但对环境污染的不满意度城镇为29.3%，农村为20.4%，城镇比农村高8.9个百分点。进一步分析，对社会环境各方面不满意度居2~4位的城镇依次是：食品安全、政府办事效率和交通出行，农村依次是：交通出行、食品安全和社会治安。其中，食品安全的不满意度城镇为19.4%，比农村

高 14.1 个百分点；交通出行不满意度农村为 11.9%，比城镇高 6.4 个百分点（见图 17–7），可见，对社会环境各方面不满意度城乡受访者存在着一定差异。

（二）就业、收入和支出

1. 居民在业者居多，专业务农和兼业农民成为就业主体，技能型人才缺失

调查数据显示，2016 年，受访者中有工作收入的占 66.2%，没有工作收入的占 33.3%，说明受访者绝大多数在业。但与上年相比，没有工作收入的受访者提高了 6.3 个百分点，这主要是由于近两年经济增速放缓，导致少数居民就业困难。

受访者就业主要集中在专业务农和兼业农民上，分别占 52.3% 和 14.2%，非固定单位临时工占 10%，自营工商者（包括个体工商者、农村自营业者）占 7.1%，民营 / 私营企业职工（5.8%），其他类型就业所占比重较小，且较分散（见图 17–8）。

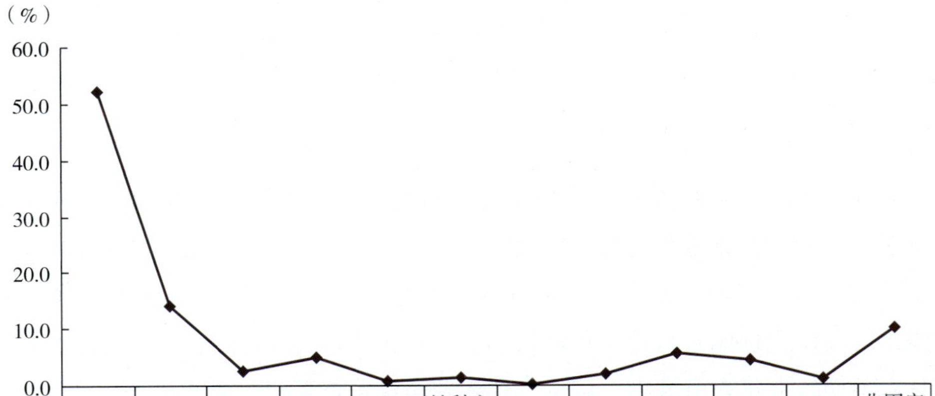

	专业务农	兼业农民	农村自营业者	农村专业管理人员	党政机关从业人员	教科文卫等事业单位职工	社会团体	国有企业职工	民营/私营企业职工	个体工商户	自由职业者	非固定单位的临时务工
各类就业人员占比（%）	52.3	14.2	2.7	5.0	0.9	1.4	0.3	2.0	5.8	4.4	1.1	10.0

图17-8 2016年河北省各类就业人员所占比重（%）

在技能证书方面，仅有 8.3% 的就业人员既有技能又有证书，超过八成的就业人员既没有技能，也没有证书（见图 17–9），说明技能型人才较为缺失。

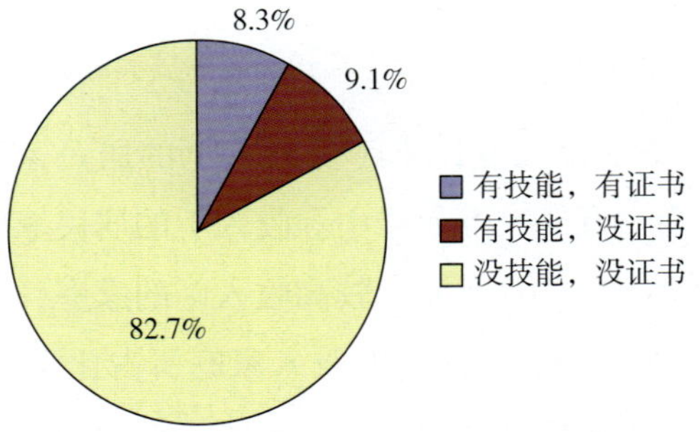

图17-9 2016年河北省就业人员技能证书状况（%）

2. 居民家庭收入水平总体较低，收入预期比上年略有下降，城乡收入差距明显

从居民家庭年收入分组情况看，调查数据显示，2015 年，受访居民家庭中，年收入为 5 万～10 万元的家庭所占比重最高，为 32%；其次是年收入为 3 万～5 万元、1 万～3 万元和 1 万元及以下的家庭，分别占 23.5%、20.1% 和 14.2%，这三组年收入的家庭累计占 57.8%；年收入为 10 万元及以上的家庭仅占 10.3%（见图 17–10）。中低收入的家庭占绝大比重，高收入的家庭所占比重较小，说明总体上看，河北省居民家庭收入水平还处于中低水平，与国内发达省份相比还有较大差距。

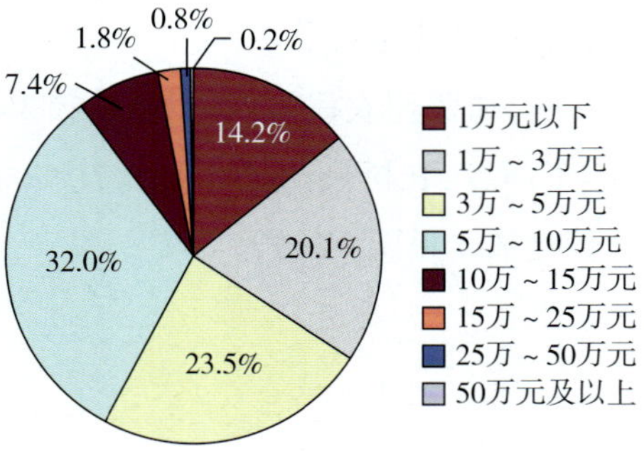

图17-10 2015年河北省不同年收入组的居民家庭所占比重（%）

在收入增长趋势判断上，2016 年，有近一半的受访者认为今年家庭预期收入与上年相比差不多，16.9% 的受访者认为今年预期收入比上年增长（包括显著增长和有些增长），但 27.8% 的受访者认为今年预期收入比上年减少了（见图 17–11）。由于认为今年预期收入比上年减少的群体比例较认为预期收入比上年增加的比例高出 10.9 个百分点，可以推测河北省 2016 年居民家庭收入预期较上年有所减少。可见，伴随着经济形势下行，更多的群体感觉到了收入的下降。

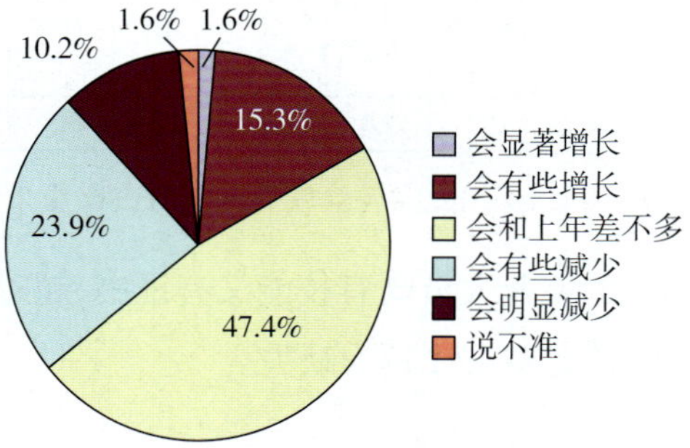

图17-11 2016年河北省对预期收入趋势判定的居民家庭所占比重（%）

分城乡看，年收入水平为 3 万元及以下（低收入）的居民家庭，农村占38.7%，比城镇高 18.9 个百分点；年收入水平为 3 万～5 万元（中等收入）的居民家庭，城镇占 27.2%，比农村高 4.8 个百分点；年收入水平为 5 万～10 万元（较高收入）的家庭，城镇占 43.1%，比农村高 14.5 个百分点（见图 17–12）。可见，当前河北省低收入家庭所占比重，农村高于城镇，而高收入家庭所占比重，城镇高于农村，说明城乡居民家庭收入水平还存在着较大差距。

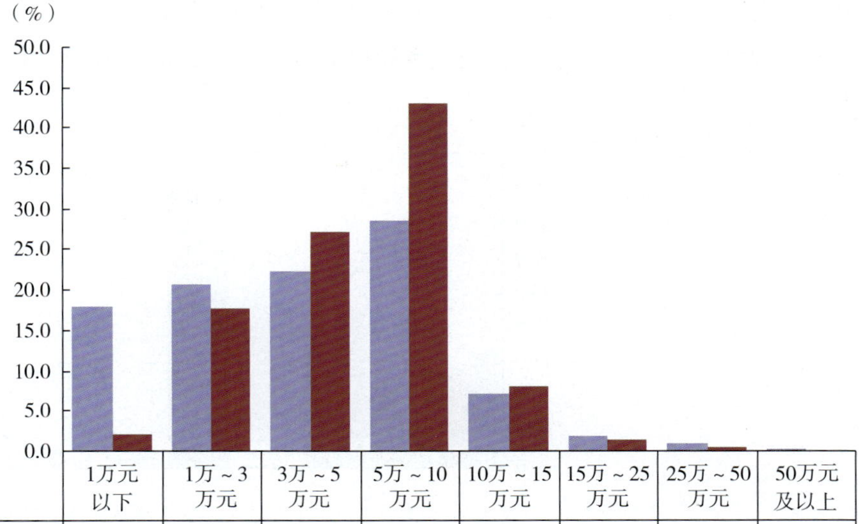

	1万元以下	1万～3万元	3万～5万元	5万～10万元	10万～15万元	15万～25万元	25万～50万元	50万元及以上
农村各组年收入的居民家庭所占比重（%）	17.9	20.8	22.4	28.6	7.2	1.9	1.0	0.3
城镇各组年收入的居民家庭所占比重（%）	2.1	17.7	27.2	43.1	8.1	1.4	0.4	0.0

图17-12　2016年河北省城乡各组年收入的居民家庭所占比重（%）

3. 居民家庭消费支出压力最大的是医、教、食、住，城乡压力差别明显

调查数据显示，2016 年，在“您感觉家庭消费支出压力最大的一项是什么”调查时，受访者家庭各项消费支出按压力大小排列依次是：医疗（34.5%%）、子女教育（22.2%）、食品支出（16.2%）、住房（7.1%）、婚丧嫁娶（3.8%）、赡养老人（2.2%）、人情送礼（2.1%）、交社保（0.5%）、交通（0.2%），其中，医疗、子女教育、食品支出和住房居前四位，带给居民消费支出的压力最大（见图 17–13）。这主要是由于当前医疗费用、教育成本较高、居民家庭收入水平较低以及房屋价格高涨，从而造成居民就医、子女上学、食品消费，购房还贷和租住房屋支出的压力增大。

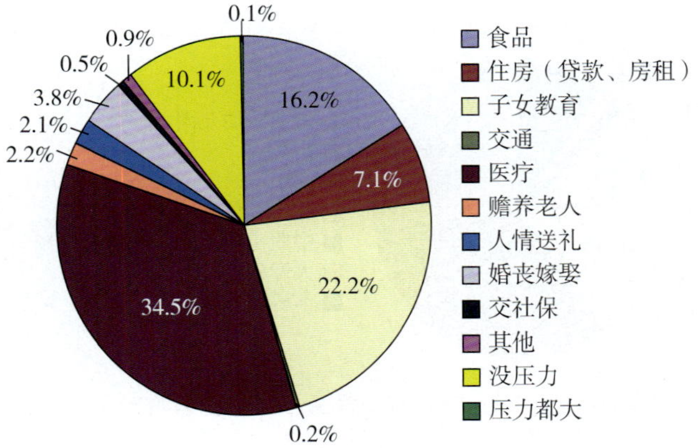

图17-13　2016年河北省居民家庭各项消费支出压力（%）

将居民家庭各项消费支出压力城乡对比来看，2016 年，城镇在医疗、住房（贷款、房租）

和人情送礼的压力普遍大于农村，农村在子女教育、食品、婚丧嫁娶、赡养老人和交通的压力均高于城镇（见图 17–14），说明城乡居民家庭在各项消费支出压力上存在明显差别。

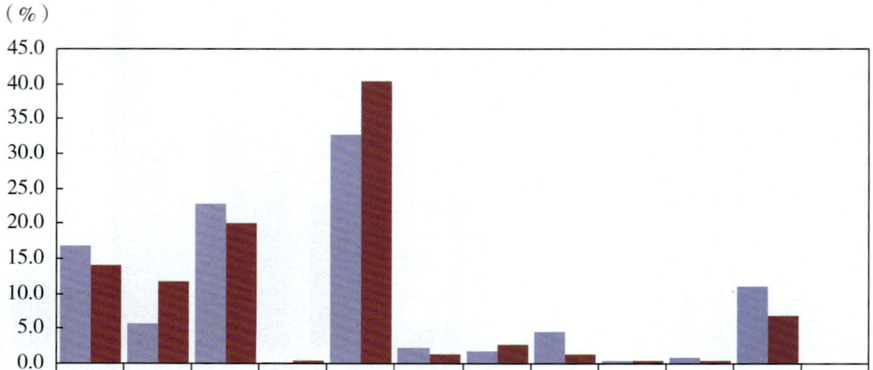

	食品	住房（贷款、房租）	子女教育	交通	医疗	赡养老人	人情送礼	婚丧嫁娶	交社保	其他	没压力	压力都大
农村居民家庭消费支出压力（%）	16.9	5.7	22.9	0.2	32.7	2.4	1.9	4.6	0.5	1.0	11.1	0.1
城镇居民家庭消费支出压力（%）	14.1	11.7	20.1	0.4	40.3	1.4	2.8	1.4	0.4	0.4	7.0	0.0

图17-14　2016年河北省城乡居民家庭各项消费支出压力比较（%）

（三）子女教育和医疗卫生

1. 子女教育主要集中在中小学及学前阶段，居民家庭对教育最不满意的是入园贵、上学远和教学质量低

调查数据显示，2016 年，从居民家庭子女所处教育阶段分布情况看，子女处于小学阶段的家庭所占比例最高，为 32.6%；其次是学前（幼儿园）的占 27.5%；中学（初中和高中）的占 26.8%，居第 3 位；本科院校及以上的占 9.3%，居第 4 位，其中，子女处在中小学和学前教育阶段的家庭累计超过 2/3。

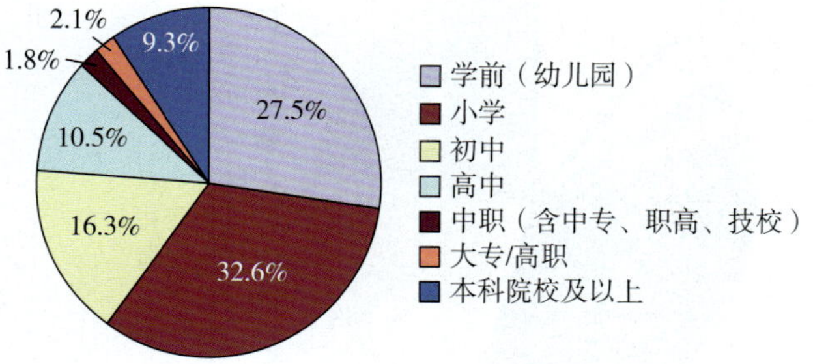

图17-15 2016年河北省居民家庭子女所处不同教育阶段分布比例

2016 年，在学前教育方面，受访者对家庭子女入园贵最不满意，占 25.5%；其次是教育质量差，占 8.0%；幼儿园距离远、入园难分别占 5.5%、4.0%，居 3、4 位（见图 17–16）。

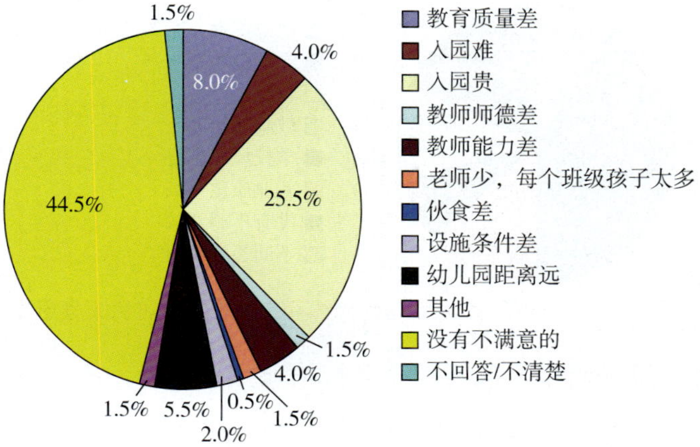

图17-16　2016年河北省对学前教育各项不满意问题的居民家庭所占比重

2016 年，在义务教育和普通高中教育方面，受访者最不满意的是教学质量差，占 12.3%；其次是上学距离较远，就学不便，占 7.4%；后面依次是课业负担重、不得不上补习班，分别占 6.5%、5.8%（见图 17–17）。

分城乡看，在义务教育和普通高中教育最不满意的问题上城乡居民存在一定的差异。2016 年，农村在教学质量差（13.6%）、上学距离较远就学不便（9.2%）、学校设施条件差（1.8%）和外地孩子上学难（2.0%）的问题上比城镇更为突出，但城镇在不得不上补习班（14.8%）、择校现象普遍（11.6%）、课业负担重（10.1%）、为了上更好的学校（6.5%）、教师师德差（4.5%）和放学太早无人看管孩子（4.0%）的问题上比农村更为突出（见图 17–17）。

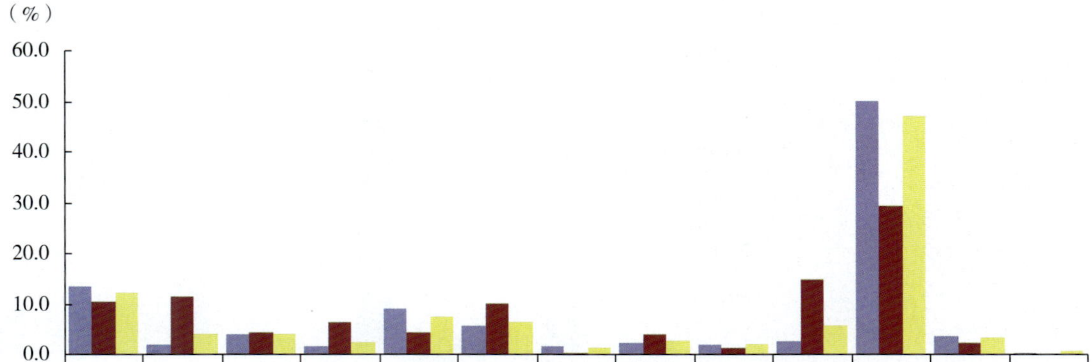

	教育质量差	择校现象普遍	教师师德差	为了上更好的学校	上学距离较远，就学不便	课业负担重	学校设施条件差	放学太早，无人看管孩子	外地孩子上学难	不得不上补习班	没有不满意的	不回答/不清楚	其他
农村（%）	13.6	2.0	4.1	1.8	9.2	5.8	1.8	2.5	2.0	2.8	50.2	3.8	0.5
城镇（%）	10.5	11.6	4.5	6.5	4.3	10.1	0.3	4.0	1.4	14.8	29.3	2.5	0.0
总体（%）	12.3	4.1	4.2	2.5	7.4	6.5	1.4	2.7	1.9	5.8	47.1	3.5	0.5

图17-17　2016年河北省对义务和普通高中教育各项不满意问题的居民家庭所占比重（%）

在职业教育方面，受访者最不满意的是就业质量不高，占 13.0%；其次是缺少实训，实践能力培养不足占 9.6%；学校乱收费占 5.8%，居 3 位（见图 17–18）。

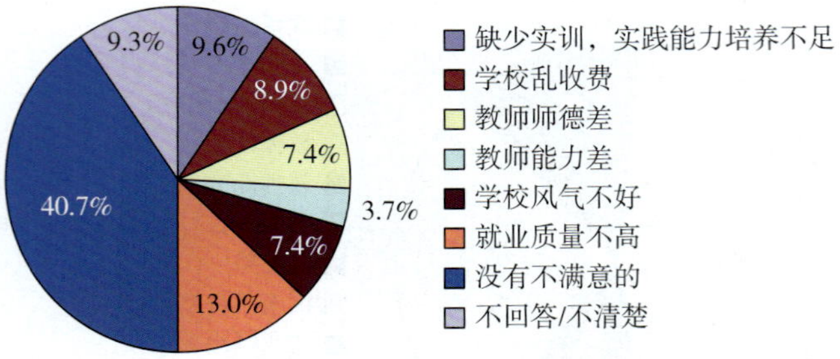

图17-18　2016年河北省对职业教育最不满意的问题居民家庭所占比重

在高等教育方面，受访者最不满意的是高校毕业生就业难，占29.5%；其次是学费贵，占14.8%；教学内容和方法落后，能力培养不够，占4.9%，居3位（见图17-19）。

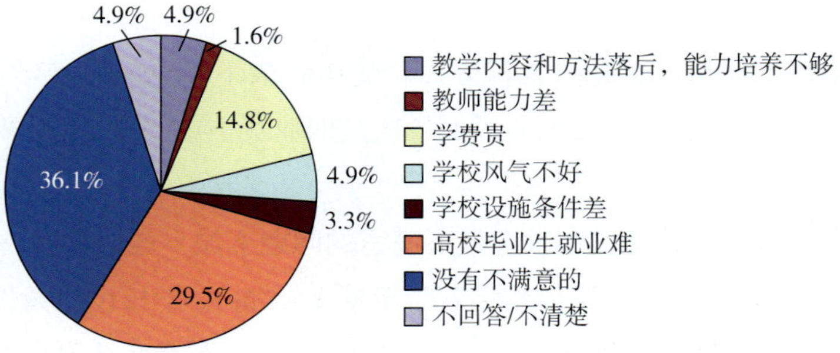

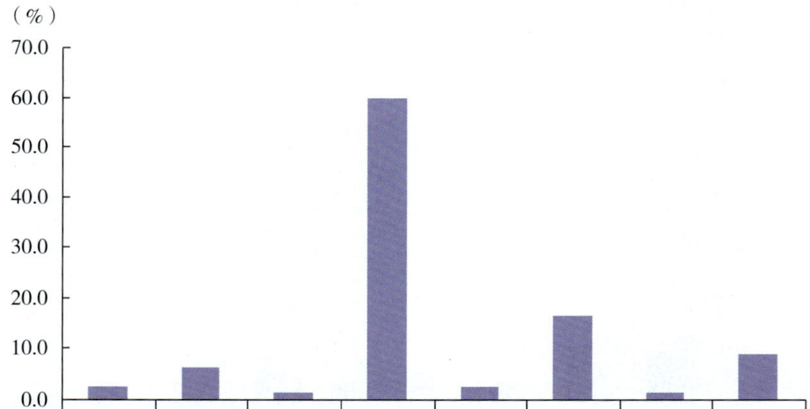

	最近学校招生名额有限	未被划在其招生片区内	受户口限制不能就读	为了上更好的学校	成绩达不到要求，未能考入	为了自己的方便	学费问题	本地无学校
子女未在离家近处上中小学和学前班的原因（%）	2.5	6.6	1.6	59.8	2.5	16.4	1.6	9.0

图17-20　2016年河北省子女未就近上中小学和学前班的各原因所占比重（%）

2016年，在调查受访者家庭子女未就近上中小学和学前班的原因时，近六成受访者表示是为了上更好的学校，16.4%的表示是为了自己的方便（在离工作单位近，能住校，离父母近的地方上学），9.0%的表示是本地无学校，6.6%的表示是子女未被划在其招生片区内（见图17-20）。

2. 多数居民就医选择基层医疗机构并对未来看病担心，民众对医疗最不满意的是看病难、看病贵

调查数据显示，2016 年，在对“您和您的家人平时感觉不舒服时，一般先去哪个医疗机构”调查中，73.1% 的受访者选择基层医疗机构（村卫生室 / 诊所、乡镇卫生院和社区卫服务中心），9.3% 选择不去医院，自己买药，仅 17.5% 选择区、县医院和区域内最好的大医院（见图 17–21）。

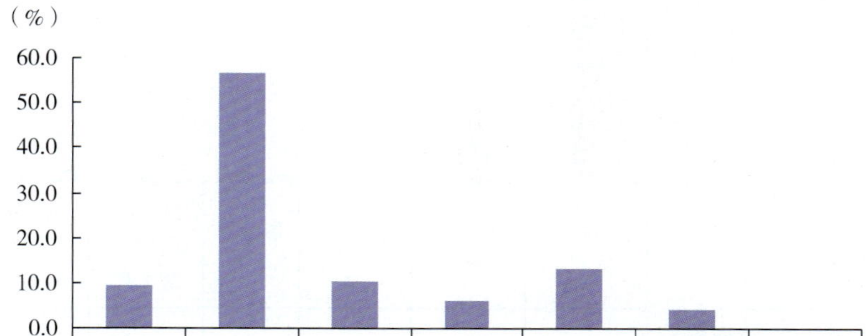

	不去医院，自己买药	村卫生室/诊所	社区卫生服务中心	乡镇卫生院	区、县医院	区域内最好的大医院	其他
■ 居民平时看病各种就医方式所占比重（%）	9.3	56.6	10.2	6.3	13.2	4.3	0.1

图17-21 居民平时看病各种就医方式所占比重（%）

2016 年，在对“您是否担心您及您的家人未来生病后没钱看病”调查中，近七成的受访者表示担心（非常担心和比较担心），表示不担心的仅占 23.2%（见图 17–22）。

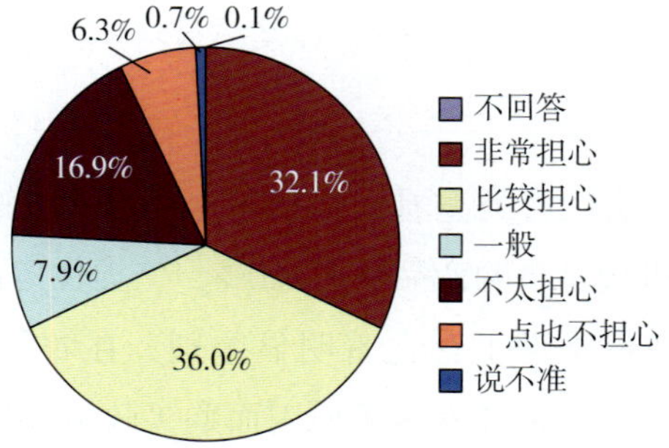

图17-22 2016年河北省居民对未来生病后没钱看病担心状况（%）

2016 年，在对“您对医疗服务最不满意的一项”调查中，超过半数的受访者表示最不满意的是看病太贵；其次是到大医院看病难，占 7.8%；后面依次是：基层医疗机构能力弱（1.8%）、医护人员态度差（1.7%）、过度医疗普遍（1.0%）。

分城乡看，城镇居民对看病贵、看病难、过度医疗普遍、医疗水平差和红包、回扣问题严重的不满意度分别超过农村 4.8、4.2、2.0、1.4 和 0.4 个百分点，农村居民则对基层医疗机构能力弱、医护人员态度差的不满意度分别超过城镇 1.8 和 0.4 个百分点（见图 17–23），说明城乡居

民对医疗服务方面的不满意度存在一定的差异。

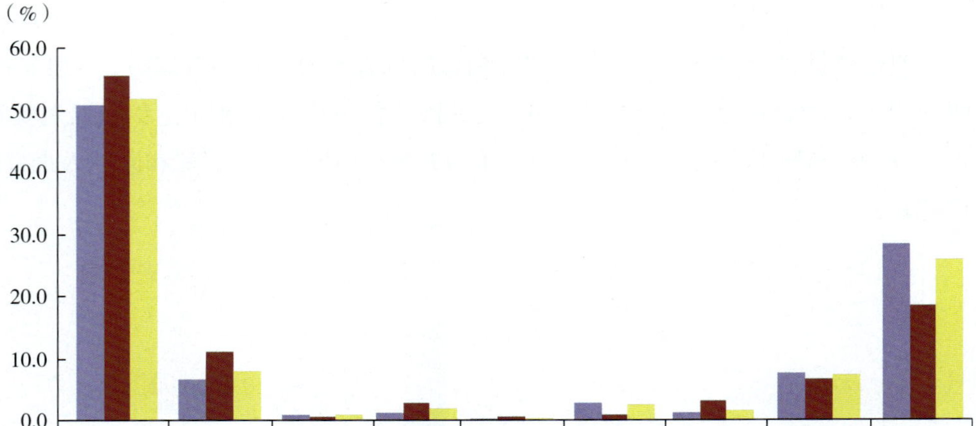

	看病太贵	大医院看病难	医护人员态度差	医疗水平差	红包、回扣问题严重	基层医疗机构能力弱	过度医疗普遍	没有不满意的	不回答/不清楚
■农村居民对医疗服务各项目的不满意度（%）	50.7	6.8	1.1	1.4	0.3	2.9	1.2	7.5	28.1
■城镇居民对医疗服务各项目的不满意度（%）	55.5	11.0	0.7	2.8	0.7	1.1	3.2	6.7	18.3
■总体（%）	51.8	7.8	1.0	1.8	0.4	2.5	1.7	7.3	25.7

图17-23　2016年河北省城乡居民对医疗服务各项目的不满意度（%）

（四）住房和养老保障

1. 自建、自购房屋及单位福利分房成为居民住房的主要类型，但住房类型城乡差别明显

调查数据显示，2016 年，从住房类型看，受访者中，自建住房占最大比重，为 71.9%；其次是单位福利分房占 10.6%；再次是自购商品房占 8.0%，三类住房占全部居民住房的 90.5%。

分城乡看，城乡居民在住房类型上存在着明显差别，在农村，自建住房占绝大比重，为 91.5%，仅有一小部分（2.7%）由于拆迁安置等原因而购买政策性住房，其他类型住房所占比重很低；在城镇，住房类型呈多元化，其中，单位福利分房所占比重最高，为 44.5%；其次是自购商品房占 27.6%，后面依次是：自建住房（8.5%）、父母住房（7.4%）、拆迁安置房（2.8%）、购买的政策性住房（2.5%）、购买的政策性住房（2.5%）、市场租赁房（2.1%）、廉租房（或公租房）（2.1%）、单位租住房（公寓 / 宿舍）（1.1%）等（见图 17–24）。

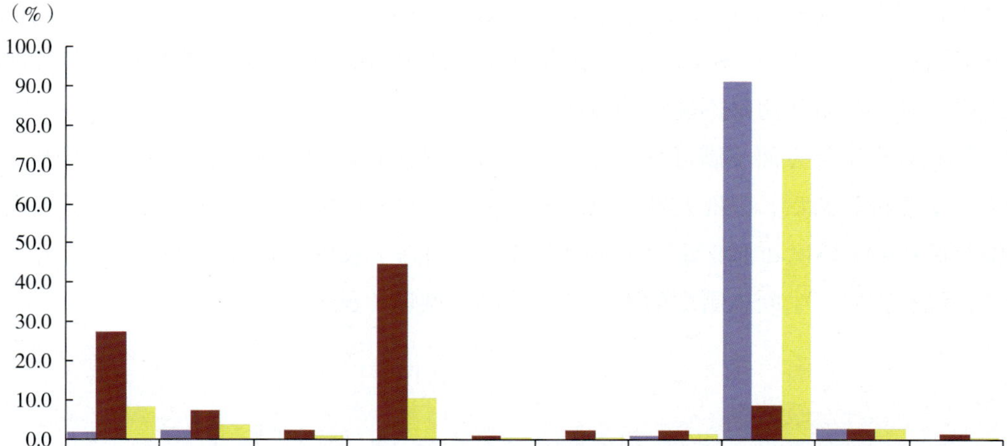

	自购商品住房	父母住房	购买的政策性住房	单位福利分房	单位租住房（公寓/宿舍）	廉租房（或公租房）	市场租赁房	自建住房	拆迁安置房	借助其他亲朋好友
农村住房类型（%）	2.0	2.3	0.2	0.1	0.1	0.0	0.9	91.5	2.7	0.2
城镇住房类型（%）	27.6	7.4	2.5	44.5	1.1	2.1	2.1	8.5	2.8	1.4
总体（%）	8.0	3.5	0.8	10.6	0.3	0.5	1.2	71.9	2.8	0.5

图17-24　2016年河北省城乡居民住房类型（%）

2. 居民对住房最不满意的是住房面积小、小区设施落后、户室设施不全及房价太高，不满意度城乡存在着差异

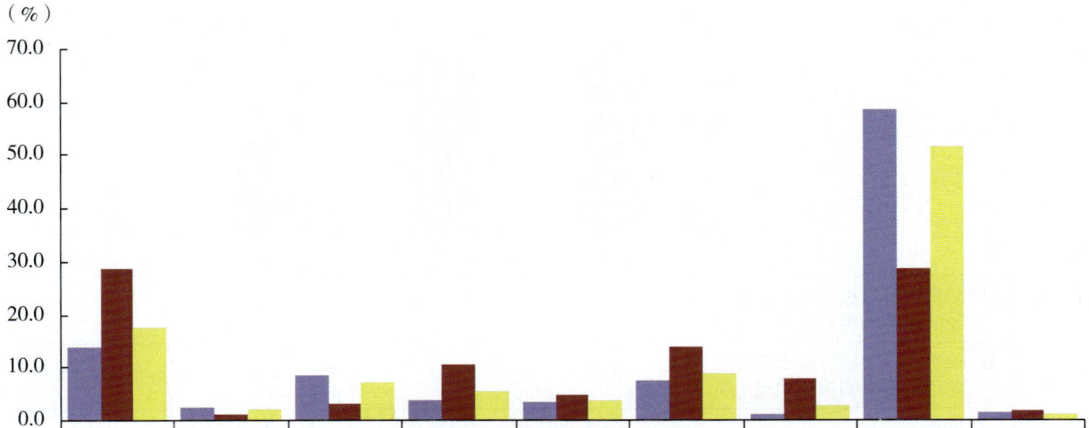

	住房面积太小	没有独立卫生间或厨房	自来水、电力、燃气等设施不全	房价太高，无法改善住房条件	住房支出压力太大（房租、还贷、物业等）	建筑年代久远，小区设施落后	小区环境和物业差	没有不满意的	其他
农村（%）	14.0	2.5	8.3	3.6	3.3	7.4	1.1	58.7	1.2
城镇（%）	28.6	1.1	3.2	10.6	4.6	13.8	7.8	28.6	1.8
总体（%）	17.4	2.2	7.1	5.3	3.6	8.9	2.7	51.6	1.1

图17-25　2016年河北省城乡居民住房最不满意的方面（%）

调查数据显示，2016 年，受访者对住房最不满意的方面依次是：住房面积小（17.4%）；建筑年代久远，小区设施落后（8.9%）；自来水、电力、燃气等设施不全（7.1%）；房价太高，无法

改善住房条件（5.3%）；住房支出压力太大（3.6%）；小区环境和物业差（2.7%）；没有独立卫生间或厨房（2.2%）（见图 17–25）。由此可见，住房面积小、小区设施落后、户室设施不全及房价太高、是居民对住房最不满意的方面。

从对住房各方面不满意度上看，城乡居民存在着差别。城镇居民对住房面积小；建筑年代久远，小区设施落后；房价太高，无法改善住房条件；住房支出压力太大；建筑年代久远，小区设施落后；小区环境和物业差等方面的不满意度均高于农村。农村对自来水、电力、燃气等设施不全，没有独立卫生间或厨房的不满意度上高于城镇（见图 17–25）。

3. 多数居民对未来养老保障担心，儿女赡养和退休（养老）金为主要养老期望，但在不同年龄组、城乡之间存在着差异

调查数据显示，2016 年，受访者中，对未来养老经济保障表示“担心”（有些担心和很担心）的占 60.9%，比“不担心”（36.5%）高 24.3 个百分点，仅有 4.3% 的受访者对未来养老经济保障“没想过”。

将 60 岁以下和 60 岁及以上两组受访者对比发现，60 岁及以上的受访者对未来养老经济保障表示“担心”的占 57.5%，“不担心”的占 42.2%，可见，已进入养老阶段的受访者（60 岁及以上）对未来养老经济保障并不乐观；而 60 岁以下的受访者对未来养老经济保障更为担忧，表示“担心”的占 62.2%（见图 17–26）。因此，河北省城乡居民未来养老经济保障形势较为严峻。

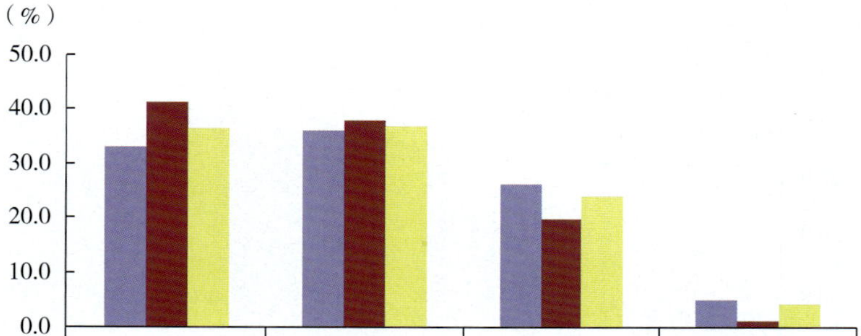

	不担心	有些担心	很担心	没想过
60岁以下居民对未来养老经济保障的担心状况（%）	32.9	36.2	26.1	4.8
60岁及以上居民对未来养老经济保障的担心状况（%）	41.2	37.9	19.5	1.3
总体（%）	36.5	36.9	24.0	4.3

图17-26　2016年河北省城乡居民对未来养老经济保障的担心状况（%）

从 60 岁以下受访者未来养老保障预期经济来源看，位居前 4 位的依次是：由儿女或其他亲属赡养（38.0%）、退休金 / 养老金（22.0%）、储蓄（14.9%）和靠承包田地（10.3%），有 5.5% 的受访者没有考虑过未来养老保障经济来源问题，说明 60 岁以下居民未来养老保障主要经济来源是由儿女或其他亲属赡养和退休金 / 养老金。

进一步对比 60 岁以下城乡受访者未来养老保障经济来源，在农村，由儿女或其他亲属赡养（41.8%）、储蓄（16.4%）、退休金 / 养老金（14.7%）、靠承包田地（11.7%）分别居前 4 位，成

为农村居民未来养老保障的主要经济来源；在城镇，退休金 / 养老金（66.%）、儿女或其他亲属赡养（15.2%）和储蓄（5.7%）分别居前 3 位，成为城镇居民未来养老保障的主要经济来源（见图 17–27）。可见，60 岁以下的城乡居民在未来养老保障的主要经济来源上存在较大差异。

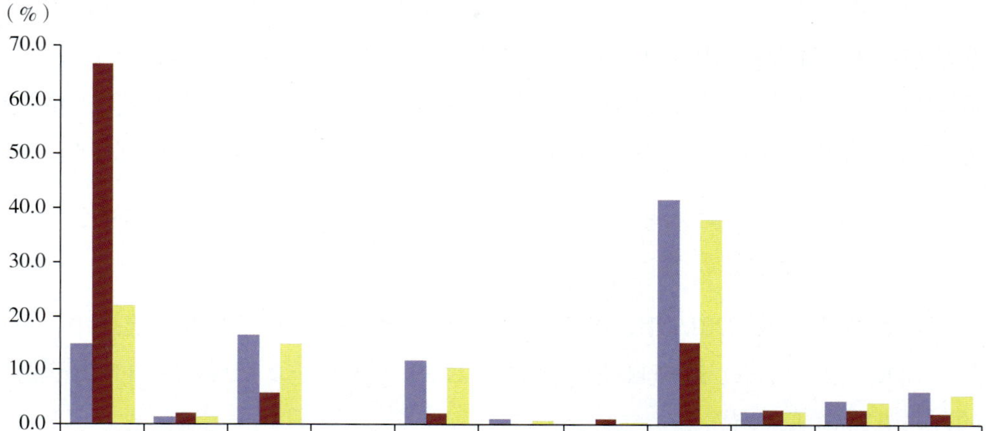

	自己的退休金/养老金	配偶的退休金/养老金	储蓄	投资理财收入	靠承包田地	商业养老保险金	房产收益（租房或卖房）	由儿女或其他亲属赡养	低保或社会救济	打零工	没想过
农村居民未来养老保障经济来源（%）	14.7	1.3	16.4	0.2	11.7	0.9	0.2	41.8	2.3	4.4	6.1
城镇居民未来养老保障经济来源（%）	66.7	1.9	5.7	0.0	1.9	0.0	1.0	15.2	2.9	2.9	1.9
总体（%）	22.0	1.3	14.9	0.1	10.3	0.8	0.3	38.0	2.4	4.2	5.5

图17-27　2016年河北省60岁以下城乡居民未来养老保障经济来源（%）

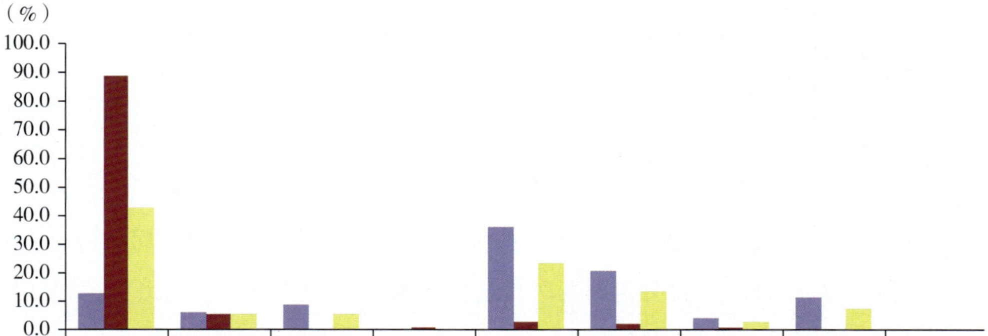

	自己的退休金/养老金	配偶的退休金/养老金	储蓄	投资理财收入	靠承包田地	由儿女或其他亲属赡养	低保或社会救济	打零工	其他
农村居民未来养老保障经济来源（%）	12.9	5.8	9.0	0.0	36.0	20.9	4.0	11.5	0.0
城镇居民未来养老保障经济来源（%）	88.8	5.1	0.0	0.6	2.8	2.2	0.6	0.0	0.0
总体（%）	42.5	5.5	5.5	0.2	23.0	13.6	2.6	7.0	0.0

图17-28　2016年河北省60岁及以上城乡居民未来养老保障经济来源（%）

再从 60 岁及以上受访者未来养老保障经济来源看，退休金 / 养老金（42.5%）居首位，其次是靠承包田地（23.0%），由儿女或其他亲属赡养（13.6%）居第 3 位，这与 60 岁以下受访者未来养老保障主要经济来源的排序明显不同。

进一步分析，60 岁及以上受访者未来养老保障经济来源城乡居民同样存在明显差异。在农村，靠承包田地（36.0%）、由儿女或其他亲属赡养（20.9%），退休金 / 养老金（12.9%）、打零工（11.5%）成为未来养老保障的主要经济来源；在城镇，退休金 / 养老金（88.8%）占绝大比重，成为未来养老保障的主要经济来源，其他养老保障经济来源所占比重较低，且较分散（见图 17–28）。

4. 绝大多数居民主要选择靠配偶、自我照顾和子女照顾养老，不同年龄组、城乡之间养老方式选择存在差别

调查数据显示，2016 年，60 岁及以上的受访者在当前养老方式选择中，配偶相互照顾的占最大比重，为 58.1%；选择自我照顾的占 29.8%；选择子女照顾的占 11.8%；选择其他亲属照顾的仅占 0.2%（见图 17–29）。

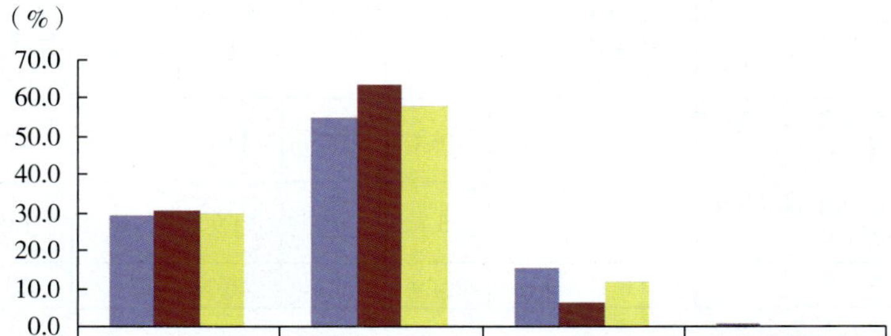

	自己照顾自己	配偶相互照顾	子女照顾	其他亲属照顾
农村居民各种养老方式所占比重（%）	29.5	54.7	15.5	0.4
城镇居民各种养老方式所占比重（%）	30.3	63.5	6.2	0.0
总体（%）	29.8	58.1	11.8	0.2

图17-29　2016年河北省60岁及以上城乡居民各种养老方式所占比重（%）

从 60 岁以下受访者未来养老方式选择上看，选择配偶相互照顾居首位，占 41.4%，比 60 岁及以上受访者低 16.7 个百分点；其次是选择子女照顾的占 40.3%，比 60 岁及以上受访者高 28.5 个百分点；再次是选择自我照顾的占 12.%，比 60 岁及以上受访者低 17.8 个百分点；后面依次是：没想过（2.7%），去养老机构（2.0%）、雇佣保姆（0.4%）和其他亲属帮忙照顾（0.1%）（见图 17–29 和图 17–30），可见，60 岁及以上和 60 岁以下的居民在养老方式的选择上存在着一定差别。

进一步将城乡受访者养老方式选择进行对比分析，60 岁及以上的受访者中，选择配偶相互照顾和自我照顾的受访者所占比例城镇较农村分别高 8.8 和 0.8 个百分点，选择子女照顾的比例农村较城镇高 9.3 个百分点；60 岁以下的受访者中，选择配偶相互照顾、自我照顾、去养老机构和雇佣保姆的比例城镇较农村分别高 3.9、3.8、7.6 和 0.6 个百分点，而选择子女照顾和其他亲属帮忙照顾的比例农村较城镇高 12.7 和 0.2 个百分点（见图 17–29 和图 17–30），可见，城乡居民在养老方式的选择上存在着一定差别。

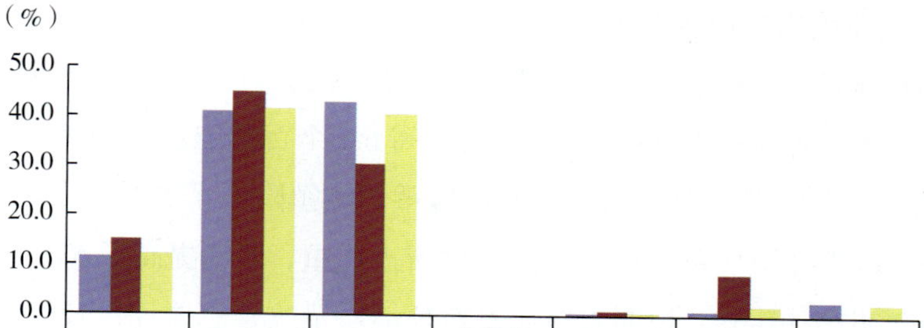

	自己照顾自己	配偶相互照顾	子女照顾	其他亲属帮忙照顾	雇佣保姆	去养老机构	没想过
农村居民各种养老方式所占比重（%）	11.4	40.8	43.2	0.2	0.3	0.9	3.1
城镇居民各种养老方式所占比重（%）	15.2	44.8	30.5	0.0	1.0	8.6	0.0
总体（%）	12.0	41.4	40.3	0.1	0.4	2.0	2.7

图17-30 2016年河北省60岁以下城乡居民各种养老方式所占比重（%）

（五）生活环境

1. 居民居住地生态环境质量总体稳定，对环境质量改善状况评价和有关环境问题的不满意度城乡差别明显

调查数据显示，2016 年，在对“近一年，您家所居住的社区（或村庄）质量改善情况”调查时，受访者中，认为居住地生态环境质量总体得到改善（明显改善和有些改善）的占 68.7%，比 2015 年提高了 3.9 个百分点；认为环境质量总体没有变化的占 22.3%，比上年降低了 6.5 个百分点；认为环境质量总体变差（有些变差和明显变差）的占 8.9%，比上年提高了 3.3 个百分点（见图 17–31），说明居民对居住地周围的生态环境质量改善状况总体评价较高，生态环境质量总体稳定。

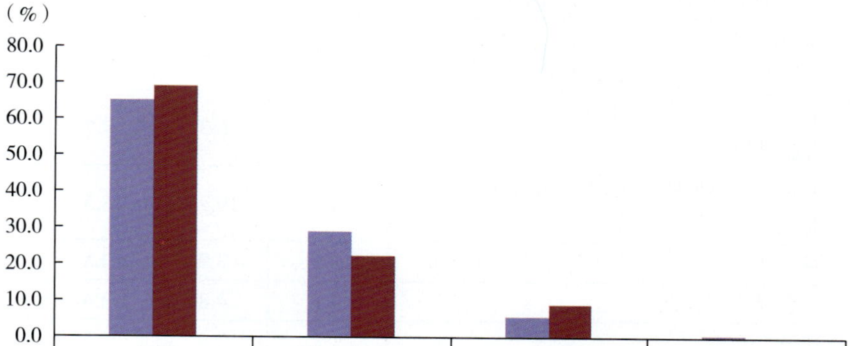

	改善	没有变化	变差	说不清
2015年居民对居住地生态环境质量改善状况评价（%）	64.8	28.8	5.6	0.8
2016年居民对居住地生态环境质量改善状况评价（%）	68.7	22.3	8.9	0.1

图17-31 2015～2016年河北省居民对居住地生态环境质量改善状况评价比较（%）

对生态环境质量改善状况的评价，城乡居民存在较大差异。2016 年，认为环境质量总体得到改善的在城镇占 53.7%，农村占 73.3%，城镇比农村低 19.6 个百分点；认为环境质量变差的在城镇占 13.8%，农村占 7.3%，城镇比农村高 6.5 个百分点。与 2015 年相比，2016 年认为居住地生态环境质量总体得到改善的居民所占比重，城镇降低了 5.3 个百分点，农村则提高了 5.7 个百分点；同时认为环境质量总体变差的居民所占比重，城镇提高了 5.7 个百分点，农村则降低了 2.9 个百分点（见表 17–5），说明农村居民对环境质量改善总体评价较好，并且对环境质量改善的满意度高于城镇。

表17-5　2015～2016年河北省城乡居民对居住地生态环境质量改善状况评价比较（%）

环境污染和环境质量变化状况	2015年			2016年		
	农村	城镇	总体	农村	城镇	总体
改善	67.6	59.0	64.8	73.3	53.7	68.7
没有变化	27.4	31.7	28.8	19.3	32.5	22.3
变差	4.4	8.1	5.6	7.3	13.8	8.9
说不清楚	0.6	1.2	0.8	0.1	0.0	0.1
合计	100.0	100.0	100.0	100.0	100.0	100.0

从居民对居住地环境污染和环境质量问题的不满意度上看，2016 年，受访者对生活垃圾处理不及时，乱堆乱倒、散发异味的问题最不满意，不满意度为 17.8%；其次是空气质量不好问题的不满意度为 16.9%；再次是周边的河流、湖泊、水库、沟渠等水体污染严重，出现水体黑臭问题的不满意度为 7.7%；生活污水专门收集和处理率不高、直接排放问题的不满意度居第 4 位，为 7.1%（见表 17–6）。

表17-6　2015～2016年河北省城乡居民对环境污染和环境质量问题的不满意度比较（%）

居住地环境污染和环境质量问题	2015年			2016年		
	农村	城镇	总体	农村	城镇	总体
空气质量不好	15.8	38.7	23.6	14.4	25.1	16.9
生活用水供应有问题，饮用水不卫生	8.4	8.1	8.3	5.8	9.2	6.6
周边的河流、湖泊、水库、沟渠等水体污染严重，经常出现水体黑臭	7.2	2.9	5.8	8.9	3.5	7.7
生活污水专门收集和处理率不高，往往直接排放	8.3	6.3	7.7	7.7	4.9	7.1
生活垃圾处理不及时，常出现垃圾乱堆、散发异味等现象	18.1	19.2	18.5	17.8	18.0	17.8
周边施工、交通、娱乐等噪声污染严重	3.8	3.9	3.8	5.0	14.1	7.2
周边绿化率太低	3.1	4.8	3.6	2.9	5.3	3.5
其他	1.3	0.8	1.2	0.4	2.1	0.8
没有不满意的	33.6	15.1	27.2	36.5	17.7	32.0
不回答/不清楚	0.4	0.2	0.3	0.6	0.1	0.4
合计	100.0	100.0	100.0	100.0	100.0	100.0

分城乡看，2016 年，对居住地环境污染和环境质量各种问题的不满意度城乡居民存在较大差异。城镇居民对生活垃圾处理不及时，乱堆乱倒、散发异味；空气质量不好；生活用水供应有问题，饮用水不卫生；周边施工、交通、娱乐等噪声污染严重；周边绿化率太低等问题更加关注，在上述问题的不满意度比农村分别高 0.2、10.7、3.4、9.1 和 2.4 个百分点。农村居民对周边的河流、湖泊、水库、沟渠等水体污染严重，经常出现水体黑臭以及生活污水专门收集和处理率不高，往往直接排放问题更加关注，在上述问题的不满意度比城镇分别高 5.4 和 2.8 个百分点（见表 17–6）。

与 2015 年相比，2016 年居民居住地环境污染和环境质量各种问题的不满意度，除周边的河流、湖泊、水库、沟渠等水体污染严重，经常出现水体黑臭和周边施工、交通、娱乐等噪声污染严重这两个问题的不满意度有所提高外，在其他各个问题上的不满意度均有所降低（见表 17–6），说明河北省居民居住地环境污染和环境质量总体向好。

2. 食品安全问题有所改善，对食品安全问题改善状况评价城乡存在较大差异

调查数据显示，2016 年，在对“您认为 2015 年以来，食品安全问题是有所改善，还是更加严重”调查时，除去 9.4% 的受访者表示不知道外，44.6% 的受访者认为食品安全问题得到改善（明显改善 3.4% 和有些改善 41.2%），33.2% 的受访者认为食品安全问题没有变化，12.8% 的受访者认为食品安全问题恶化了（有所恶化 9.4% 和严重恶化 3.4%）（见图 17–32），说明总体上看食品安全问题有所改善。

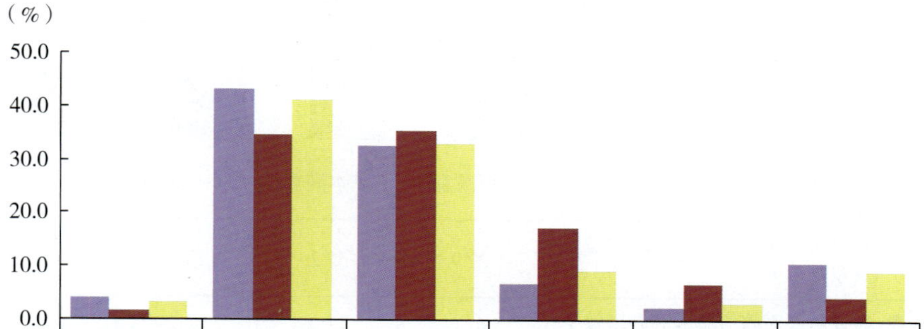

	明显改善	有所改善	没有变化	有所恶化	严重恶化	不知道
农村居民对食品安全改善状况评价（%）	3.9	43.2	32.5	7.0	2.4	11.0
城镇居民对食品安全改善状况评价（%）	1.8	34.6	35.3	17.3	6.7	4.3
总体（%）	3.4	41.2	33.2	9.4	3.4	9.4

图17-32 2015～2016年河北省居民对食品安全改善状况评价（%）

分城乡看，对食品安全问题改善状况的评价城乡居民存在较大差别。2016 年，认为食品安全得到改善的在城镇占 36.4%，农村占 47.1%，城镇比农村低 10.7 个百分点；认为食品安全问题恶化的在城镇占 24.0%，农村占 9.4%，城镇比农村高 14.6 个百分点（见图 17–32），可见，农村居民对食品安全问题改善状况的评价要高于城镇。相对于农村而言，城镇居民对食品安全问题

更加重视和敏感。这是因为在当前信息不对称的市场环境下，对食品质量的甄别需要依托于高科技检测设备，消费者一般较难甄别出食品质量的优劣。而城镇居民的总体文化水平高于农村居民，对于食品安全问题能获得更多的信息，因而对食品安全问题的重视程度也更高。

（六）政府服务

1. 居民对政府服务和办事效率总体满意，满意度城乡差异显著

调查数据显示，2016 年，在“您对目前所在地政府服务和办事效率总体评价”调查中，70.5% 的受访者表示满意（基本满意和很满意），15.8% 的受访者表示一般，10.3% 的受访者表示不满意（不太满意和很不满意），说明居民对政府服务和办事效率的总体满意度较高。

分城乡看，对政府服务和办事效率的满意度，城乡居民存在着较大差别。农村受访者对政府服务和办事效率的满意度为 75.1%，城镇为 55.5%，农村比城镇高 19.6 个百分点；而对政府服务和办事效率的不满意度，农村为 6.9%，城镇为 21.6%，城镇比农村高 14.7 个百分点（见图 17–33），可见，农村居民对政府服务和办事效率的满意度明显高于城镇。

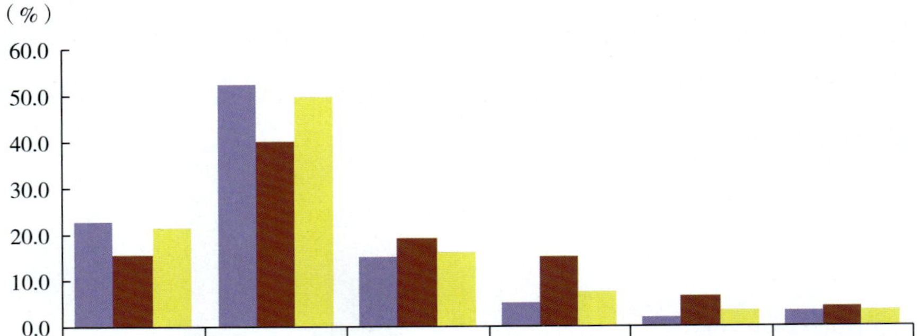

	很满意	基本满意	一般	不太满意	很不满意	不回答/不清楚
农村居民对政府服务和办事效率满意度（%）	22.9	52.2	14.8	4.9	2.0	3.2
城镇居民对政府服务和办事效率满意度（%）	15.5	39.9	19.1	15.2	6.4	3.9
总体（%）	21.2	49.3	15.8	7.3	3.0	3.3

图17-33　2016年河北省城乡居民对所在地政府服务和办事效率总体满意度（%）

2. 居民对在政府办事最不满意是办事程序繁琐、效率低和找关系，不满意度城乡存在差异

调查数据显示，2016 年，对于“在与政府部门打交道过程中，您最不满意的方面是什么”调查中，居民对在政府办事最不满意方面是程序太复杂和不公开，在受访者中所占比重最高，为 13.7%；其次是相互推诿和效率低的占 11.8%；要找关系的占 4.2%，居第 3 位；后面依次是：服务态度不好（2.3%），吃拿卡要、乱收费（0.7%），其他（0.7%），可见，办事程序复杂和不公

开，办事相互推诿和效率低以及办事要找关系等成为当前民众找政府办事最不满意的方面。

进一步进行城乡对比分析发现，在与政府打交道过程中，农村居民在上述各方面问题的不满意度均低于城镇居民（见图 17-34）。

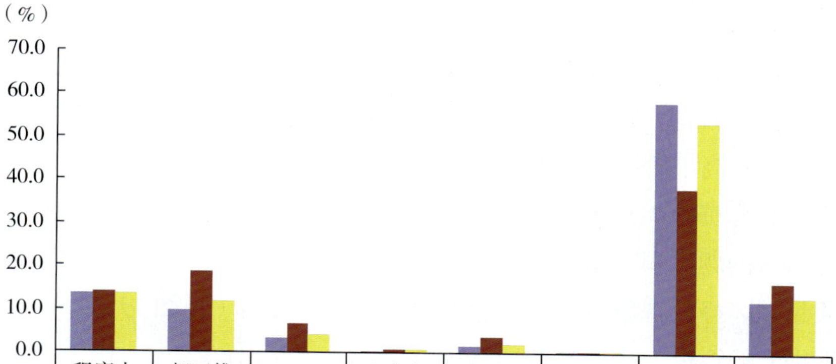

	程序太复杂和不公开	相互推诿、效率低	要找关系	吃拿卡要、乱收费	服务态度不好	其他	没有不满意的	不回答/不清楚
农村居民与政府部门打交道时最不满意的方面（%）	13.5	9.7	3.4	0.5	1.9	0.3	58.5	12.2
城镇居民与政府部门打交道时最不满意的方面（%）	14.1	18.7	6.7	1.1	3.9	0.4	38.5	16.6
总体（%）	13.7	11.8	4.2	0.7	2.3	0.3	53.8	13.3

图17-34　2016年河北省城乡居民在与政府部门打交道过程中最不满意的方面（%）

四、河北省民生领域存在的突出问题

（一）居民收入水平总体不高，扶贫脱贫力度有待进一步加大

居民收入问题是党和政府高度关注的民生问题，收入水平直接关乎城乡居民的生活水平和生活质量。2016 年，调查结果表明，河北省中低收入（年收入为 5 万元以下）居民家庭占 2/3，而高收入（年收入为 10 万元及以上）居民家庭仅占 1/10（见图 17-10），说明总体上看，河北省居民家庭收入水平不高，处于中低水平。同时调查发现，2016 年，河北省最低收入（年收入为 1 万元以下）的贫困居民家庭还占 14.2%（见图 17-10）。所以，目前河北省居民收入水平总体不高、贫困居民家庭占比还较高，从而使部分居民家庭，特别是贫困居民家庭生活压力增大，甚至生活艰难，进而影响着全省居民生活幸福指数的提高。因此，在“家庭生活最不满意的方面”调查中，居民对收入水平的不满意度最高，为 29.5%（其中城镇 32.9%，农村 28.5%）（见图 17-6）。

在当前河北省加快推进供给侧结构性改革、扩大内需的背景下，如何多渠道创造就业岗位，努力提高城乡居民收入水平，同时加大扶贫力度，不断创新扶贫脱贫机制，完善脱贫模式，使更多的贫困人口脱贫意义重大。一方面这是刺激消费、转变经济增长方式的迫切需求，另一方面是维护社会公平正义，保持社会和谐稳定的关键举措。

（二）教育质量差、择校普遍、上学远成为义务和普通高中教育的短板，影响着民众对教育满意度的提升

百年大计，教育为本。长期以来，河北省各级政府高度重视教育，特别是九年义务教育和普通高中教育，将其摆在了突出的位置。当前尽管免费义务教育已全面实施，均衡发展取得明显成效，高中阶段教育也已基本普及。但是，河北省教育体制机制还不够完善，教育投入不足，优质教育资源相对短缺，城乡、区域教育发展不平衡，在义务教育和普通高中教育方面还存在着诸多问题。调查结果表明，2016 年，在对义务和普通高中教育各项不满意问题调查时，教育质量差、择校现象普遍和上学远的问题尤为突出（见图 17–17），已成为制约着民众对教育满意度提升的短板。

教育质量差的问题无论城镇还是农村均普遍存在，只是农村比城镇表现得更为突出，其原因是随着河北省农村义务教育生源的减少，不少农村学校数量减少，规模缩小；同时随着城镇化发展和学生向城镇集中，不少农村优秀教师更希望到城镇工作，导致人才流失，形成农村教育质量差的情况。择校现象普遍的问题突出表现在城镇，尽管义务教育实行免试就近入学，但由于城镇中教育资源分布不均衡，公办学校数量不足，家长更希望子女上最好的学校、接受更好的教育，采取择校方式让自己的子女获得优质资源。上学远的问题上突出表现在农村，由于学校布局不合理，很多学校位于小镇或偏远乡村，交通条件差，多数学生上学距家较远，学生住校率低，造成部分学生上学远的问题，这在偏远或贫困地区尤为突出。因此，必须要加大教育体制改革，增加教育投入，促使教育资源均等化，切实解决义务教育和普通高中教育中教育质量差、择校普遍和上学远的问题。

（三）就医难、就医贵、报销比例低问题突出，医疗改革需进一步深化

健康是群众的基本需求。提高医疗机构的医疗水平和服务质量，确保人民群众病有所医，保障群众身体健康是一项重要的民生工程。当前，群众在就医方式选择上，公立医院（城市、县、区医院）更受信任，因为基层医疗机构（村卫生室 / 诊所、乡镇卫生院和社区卫服务中心）医疗水平和卫生设施的安全性上均落后于公立医院，加之公立医院数量少，供不应求，部分居民家庭没钱住院，致使看病难的问题突显。2016 年，调查结果显示，当居民有病需要就医时，超过七成的居民会选择基层医疗机构，只有不到 1/5 的居民会选择公立医院（见图 17–21）。

虽然河北省覆盖城乡的公共卫生和医疗服务体系基本建立，城乡居民医疗保险参保率较高，特别是“新农合”参保率也有了很大提高，但是对就医住院的花费报销比例有限，大病医保也有条件限制。特别是在农村地区，许多就医群众由于无法达到只有住院才能报销的条件要求，只能自己支付平时的门诊费用和药物费用，加之本身家庭收入较低，无形中提高了他们的看病费用，造成看病贵的难题。

而当居民住院治疗时，在现有的社会保障政策下，由于医保目录所列项目和药物均为最基本治疗方式和药物，对于一些疑难杂症用药和住院费用均不在报销之列，都要由个人付费。因此，个人医疗支付额度实际仍然较大（个人承担的医疗负担达到60%以上），从而降低了居民就医实际报销比例。因此，进一步深化城市公立医院综合改革，加快医疗、医保、医药“三医联动”的全面推开，破解群众看病难、看病贵和实际报销比例低的难题刻不容缓。

（四）环境污染问题依然严峻，居民生活和健康受到严重影响

生活环境关乎居民的身体健康，是老百姓关注的重要民生问题。尽管近年来河北省不断加大对环境污染的综合治理力度，增大改善环境、提高环境质量的资金投入，环境质量稳中向好。但是，由于经济的发展，工农业生产及人民生活所带来各种污染源的排放，导致生态环境的形势仍不容乐观，环境污染问题依然严峻。2016年调查结果显示，民众对社会环境最不满意的方面就是环境污染和环境质量差。受访者中，对目前环境不满意的占22.5%（其中城镇占29.3%，农村占20.4%）（见图17-7）。进一步调查发现，当前河北省环境污染和环境质量存在的问题，从城市看主要是：空气质量不好，雾霾严重；生活垃圾处理不及时，乱堆乱倒、散发异味；生活用水供应质量不好，饮用水不卫生；周边施工、交通、娱乐等噪声污染严重；周边绿化率太低等。从农村看主要是：河流、湖泊、水库、沟渠等水体污染严重，经常出现水体黑臭；生活污水专门收集和处理率不高，往往直接排放等。

环境污染严重和环境质量差，给人民的生活、出行和健康造成了严重影响，广大群众对治理污染、改善环境、提高环境质量的呼声颇高。因此，全社会要共同努力，减少污染源的排放，政府部门应加大对环境污染综合整治，提高生态环境质量，还给人民以蓝天、碧水和净土。

（五）食品安全形势不容乐观，监管力度有待进一步加强

民以食为天，食品安全是影响广大人民群众生活质量最重要的因素。尽管河北省各级政府历年始终重视对食品的监管，但食品源头隐患依然存在。小作坊、小加工点、黑窝点等无证无照非法生产、销售现象仍然屡禁不止；同时由于运输环节缺乏有效控制食品污染的设备和相应措施，致使过期、变质食品经过乔装打扮或再加工后重新进入市场，造成食品安全事件层出不穷，给民众身体健康带来严重危害，引发了社会对食品安全的忧虑和高度不满。调查结果表明，河北省城乡居民对社会环境最不满意的方面，食品安全问题的不满意度总体居第3位（其中城镇居第2位，农村居第3位）（见图17-7）。进一步调查发现，在“您认为2015年以来，食品安全问题是有所改善，还是更加严重”调查中，有12.8%的受访居民（其中城镇24.0%，农村9.4%）（见图17-31）认为食品安全存在恶化发展的倾向。

加强食品安全监管、保障食品安全是政府义不容辞的责任。2016年，在“您认为当地政府在加强食品安全监管、保障食品安全方面工作十分有力”调查中，认为政府监管工作到位（比较到位和很到位）的居民仅占36.4%，认为做了一些工作，但还不到位的占24.9%，认为做了不

少工作，但效果不是很好的占 10.3%，认为基本没人管的占 13.8%（见表 17–7），可见，总体上看民众对当地政府在加强食品安全监管、保障食品安全方面的工作还较不满意，政府对商品质量的监管力度尚显薄弱，致使不少城乡居民每年日常生活中会 1 次甚至多次买到过假冒伪劣产品或质量有问题的商品。因此，河北省食品安全水平还有待进一步提高，政府对食品安全的监管力度需要进一步加强。

表17-7　2016年河北省居民对政府加强食品安全监管、保障食品安全情况的认知度

食品安全监管、保障食品安全工作情况	居民比重（%）
基本没人管	13.8
做了一些工作，但还不到位	24.9
做了不少工作，但效果不是很好	10.3
政府监管工作比较到位	28.3
政府监管很到位	8.1
不知道/不清楚	14.7
合计	100.0

（六）居民养老方式渐显落后，社会养老事业发展较为缓慢

近年来，河北省老龄人口数量呈较快速度增长，如何满足老龄人口“老有所居”、“老有所养”和“老有所需”，切实解决老龄人口的生活问题，提高老龄人口的生活水平和质量是民生领域的一项重要课题。随着我国老龄化形势日益严峻，今后居民养老理念也必将发生深刻变化，社会养老将逐渐取代家庭式养老方式。但如前调查得知，目前河北省居民（包括 60 岁以下或 60 岁及以上）在养老方式上，选择家庭养老（如靠配偶相互照顾、子女照顾等）的居民所占比例高达 90% 以上，选择社会养老（如去养老院等）的居民所占比例仅为 2.0%（见图 17–29 和图 17–30），说明当前河北省居民养老观念陈旧，养老方式落后。同时，河北省社会养老资金投入与全国发达省份相比还尚显不足，养老设施建设的速度较慢、从事养老事业的机构、医护人员的数量和质量等都远不能适应老龄人口的增长。为此，完善养老保障制度设计，加大养老资金投入，加快养老设施建设，不断增加社会养老机构及医护人员的数量，提高养老服务质量，这是河北省各级政府和社会应着力做好的一项重要民生工作。

（七）政府为民服务意识尚有不足，办事效率与服务质量需进一步提高

政府的权力来自于人民，必须要服务于人民，关注普通民众的利益、需求和愿望，能够为民众排忧解难，解决他们最关心、最直接、最现实的利益问题。但调查数据表明，2016 年，针对“在与政府部门打交道过程中，您最不满意的方面是什么”调查中，尽管城镇有 38.5%、农村

有 58.8% 的居民对当地政府为居民办事表示满意，但仍有众多居民反映，在找当地政府部门办事过程中存在着程序复杂、相互推诿、效率低、服务质量低的问题，有些地方还存在着吃拿卡要、乱收费、办事需找关系、送礼等问题（见图 17–33），上述问题的出现反映出当前政府为民服务的意识尚有不足，这也在一定程度上损害了政府的形象。所以，政府要树立为民众服务的意识，加快由管制型政府向服务型政府的转变，切实提高为民办事效率与服务质量，这也是重要的民生问题。

五、关于民生问题的政策诉求和建议

（一）扩大就业创业规模，提高城乡居民收入水平

一是实施积极的就业政策，加大就业促进与扶助，扩大就业创业规模，积极做好去产能职工安置工作，实施援企稳岗政策，开展就业援助专项行动，统筹抓好高校毕业生、退役军人、农村转移劳动力就业。二是加强就业观念教育，支持自主创业、自谋职业，使更多的劳动者成为创业者，加强对创业者在资金、产品、技能、税收方面的援助，降低就业门槛。三是完善面向所有困难群众的就业援助制度，及时帮助零就业家庭解决就业困难。四是规范和协调劳动关系，完善和落实国家对农民工的政策，依法维护劳动者权益。五是建立健全城乡统一、高效优质的就业公共服务体系，加强对需要就业人员的职业与技能培训。五是坚持居民收入与和经济同步增长、劳动报酬和劳动生产率同步提高。着力增加居民收入，加强农民财产性权益保护，严厉打击拖欠农民工工资行为，稳定增加企业职工收入，深化绩效工资改革，提高机关事业单位工资收入水平。六是坚持精准扶贫精准脱贫基本方略，着力推进脱贫攻坚供给侧结构性改革，推动扶贫脱贫政策落地生根，在脱贫攻坚、推进共享中努力提高人民生活水平。

（二）进一步完善社会保障体系，扩大民众保障范围

一是深化养老保险制度改革，厘清政府、企业、个人责任，建立省市县分级管理、分级负责机制，完善个人账户制度，划转部分国有资本充实社保基金，积极发展企业年金、职业年金、商业养老医疗保险。二是推进社保扩面提标，实施全民参保计划，扩大灵活就业人员、农民工等重点群体的覆盖范围，提高城乡居民基础养老金标准，确保按时足额发放。三是建设保障性安居工程，提高棚改货币化安置比例，加大开工建设棚户区改造规模，做好公租房分配工作。四是抓好城乡社会救助，努力提高城乡居民年低保标准，进一步完善对贫困家庭的基本医疗保障，将贫困残疾人、重度残疾人纳入城乡医疗救助范围，建立健全农村留守儿童和妇女、老人关爱服务体系。五是大力发展养老事业，继续提高养老机构建设和运营补贴标准，加快推进全省医养结合型养老示范基地建设，提高养老院服务质量，积极帮助空巢老人解决实际困难。

（三）加大教育制度改革力度，实现全民教育公平化

一是坚持教育公益性原则，合理分配教育资源，实现教育资源向农村倾斜，加快农村教育基础设施和师资队伍建设，提高农村教师待遇，进一步提升农村教育教学质量。二是加大财政对教育投入，规范教育收费，扶持贫困地区，保障经济困难家庭、进城务工人员随迁子女基本享受平等接受义务教育的权利，健全学生资助制度，在大学阶段应通过提高助学金和助学贷款形式，减轻困难家庭大学生就学压力。三是进一步深化义务教育改革，推进新一期学前教育三年行动计划，加强义务教育标准化学校建设，切实解决居民家庭子女择校难、就学远、就学贵问题。四是推动普通高中课程改革，抓好中等职业教育质量提升工程，开展高等职业教育创新发展三年行动计划，加快高校“双一流”建设，调整优化专业设置，提高高等教育发展水平，培养适应我省发展需要的高素质人才。

（四）加快健康河北建设，提高民众健康水平

一是强化医疗、医保、医药“三医联动”，全面推开城市公立医院综合改革，深入开展县级公立医院综合改革示范县创建活动，推行分级诊疗制度，进一步提高县域内居民的就诊率。二是促进医疗资源向基层、农村流动，提高基层医疗服务供给，加强基层医疗人才培养，提高基层医务人员待遇，调节医疗供需平衡。三是实施家庭医生签约服务，推行“互联网＋健康医疗”，打造“智慧医药”。四是加快中医药强省建设。加强重大疾病防控等公共卫生工作。五是进一步理顺医疗服务价格，努力降低药品、器械、耗材费用，严控不合理检查、检验费用，提高体现医护人员技术劳务价值医疗服务价格。六是加强医疗质量监管，完善纠纷调解机制，构建和谐医患关系。七是深入实施全面两孩政策，改革完善计划生育服务管理。八是发展竞技体育和体育产业，开展全民健身运动，增强人民体质。

（五）强化公共安全治理，营造平安和谐的社会环境

一是要严格落实安全生产责任制，重点抓好煤矿及非煤矿山、油气管网、建筑施工、尾矿库、危险化学品等高危行业和领域专项整治，加强道路交通安全和消防安全管理，提升安全监管科学化规范化水平，二是深入实施食品药品安全放心工程，继续开展对重点地区、领域、环节的集中整治，落实最严格的食品药品安全监管制度，围绕生产链，完善监管链，构建安全链，确保人民群众“舌尖上的安全”。三是加快灾害预测预报预警和信息发布能力建设，制定综合防灾减灾救灾规划，切实增强抵御自然灾害综合防范能力。四是加强和创新社会治理，做好信访维稳工作，完善社会矛盾预防和排查化解综合机制，妥善处理各类突发事件。五是强化网络安全，净化网络生态，推进立体化、信息化社会治安防控体系建设，严厉打击各类违法犯罪行为，着力营造安定和谐的社会环境。

（六）深入开展蓝天、碧水、净土行动，加强生态环境综合整治

一是深入开展“蓝天行动”，完善大气污染防治顶层设计，工程减排结构减排并举，城镇农村齐抓，坚决控制污染物排放，继续深化散煤、焦化、露天矿山、道路车辆污染专项整治，加快“电代煤”“气代煤”等清洁能源替代工程建设。二是大力实施“碧水行动”，全面推行“河长制”，全覆盖落实各级责任，加强重污染河、湖环境综合整治，推进水源地安全防护，开展重点行业清洁化改造、城市黑臭水体治理、入河排污口污染综合整治行动，继续清理网箱养鱼，抓好近岸海域环境综合整治及功能提升。三是有序推进“净土行动”，抓好畜禽养殖废弃物处理和资源化利用、危险废物治理、涉重金属企业清理整顿、关停搬迁企业污染场地治理修复等专项整治，加强农业面源污染防治，实施化肥、农药零增长行动，建立垃圾分类投放、收集、运输、处理系统，推进山水林田湖海综合治理，深化地下水超采综合治理。

（七）坚持为民施政，扎实推进服务型政府建设

一是强化忧民、爱民、为民、惠民之心，提高服务意识，创新管理模式，不断提升公共服务质量和效率。三是深化“放管服”改革，以清单管理推动减权放权，扩大行政审批局改革试点，推动行政审批标准化，加快扩权强县改革；加强事中事后监管，实现“双随机一公开”监管方式全覆盖，做到放、管有度，使市场和社会活而有序。四是实施“互联网 + 政务服务”，打通信息孤岛，实行“一号申请、一窗受理、一网通办”，让信息多跑路、群众少跑腿。五是开展减证便民专项行动，全面清理各种证明和手续，最大程度方便群众。

（八）加快城乡一体化进程，建设河北美丽乡村

一是扎实推进以人为核心的新型城镇化，发展中小城市和重点小城镇，以行政区划调整为抓手，积极开展县改区、乡改镇、村改居和户籍制度改革，促进农民工市民化。二是加大绿色城市、智慧城市、人文城市建设力度，完善城市交通、地下综合管廊、污水处理等基础设施和公共服务设施。三是推进城市管理体制改革，实现城管数字化平台全覆盖，提升城市精细化管理水平。四是加大县城建设力度，开展城乡规划提升、基础设施建设、环境容貌整治等专项行动，促进县城扩容升级提质。五是依托历史文化、产业基础、资源禀赋，培育发展特色小城镇。扎实有序建设美丽乡村，建设宜居宜业、文明和谐的美丽家园。

（河北省政府研究室专题组
专题负责人：张春生
成员：孙增杰　田学斌　赵伟超　鲁勇兵　张瑞锋）

第十八章
四川省民生发展报告

一、四川省民生发展总体情况

（一）民生资金投入不断加大

面对错综复杂的国内外经济形势，在财力趋紧的情况下，四川深入开展“四大片区扶贫攻坚行动”、“百万安居工程建设行动”，加快实施藏区“六项民生工程计划”、彝区“十项扶贫工程”，民生工程扎实推进，投资稳步扩大。“十二五”期间，四川一般公共预算民生投入仍达2万亿元，是“十一五”时期的2.3倍，并确保全省一般公共预算民生支出的比重稳定在65%左右。其中，2015年四川全省十项民生工程和20件民生大事项目的各级预算执行总额达1720.34亿元，超出资金计划安排总额122.7%。民生投入中，资金预算执行最多的前三项依次是“社会保障工程”、“百姓安居工程”和“教育助学工程”，分别达到550.55亿元、310.69亿元和220.58亿元。

（二）城乡居民收入稳步增长

四川各地各部门高度重视居民增收工作，始终把助农增收摆在突出位置，深化农村改革，落实惠民措施，城乡居民收入保持平稳增长态势。2015年四川居民人均可支配收入17221元，比上年同期增长9.3%，高于全国平均增幅0.4个百分点。按常住地分，2015年，四川农村居民人均可支配收入首次突破万元，达10247元，同比增长9.6%，高于全国平均增幅0.7个百分点。其中，工资性收入3463元，增长9.7%；经营净收入4197元，增长8.2%；财产净收入224元，增长21.0%；转移净收入2363元，增长11.0%；四川城镇居民人均可支配收入26205元，同比增长8.1%。其中，工资性收入15242元，增长6.9%；经营净收入3054元，增长5.2%；财产净收入2169元，增长14.7%；转移净收入5740元，增长10.9%。此外，从增长速度来看，“十二五”期间，四川全体居民人均可支配收入年均增长高于人均GDP增长速度，达到12.9%。其中，四川农村居民人均可支配收入年均增长13.7%，增速比人均GDP快3.1个百分点；四川城镇居民人均可支配收入年均增长11.3%，增速比GDP快0.7个百分点。

（三）生活质量水平明显改善

随着居民收入的较快增长，四川城乡居民消费观念逐步改变，消费支出不断增加，但生活压力有所减缓，生活水平明显改善。2015年，四川城镇居民人均消费支出为19277元，比上年增长8.5%，其中，居住支出增长4.7%，生活用品及服务支出增长3.4%，交通和通信支出增长11.3%。农村居民人均生活消费支出为9251元，比上年增长11.4%。其中，居住消费支出增长12.7%，生活用品及服务消费支出增长4.8%，交通和通信支出增长15.2%，医疗保健消费支出增长16.0%。2015年，相对于2014年四川城乡居民的恩格尔系数均有所下降，达到比较富裕水平。其中，城镇居民恩格尔系数由2014年的40.1%下降为35.2%，农村居民恩格尔系数由2014年的43.2%下降为39.1%。

（四）社会保障体系不断健全

四川社会保障事业发展迅速，近年来不断加大保障力度，城乡居民的社会保障覆盖面逐步扩大，保障标准有所提高，社会保障体系不断健全。2015年四川全年纳入城市低保人员157.1万人，农村低保人数405.3万人，符合条件的五保供养对象全部纳入供养范围，共计49.5万人，其中集中供养五保人数26.6万人，集中供养率达到53.8%，养老服务设施总床位数48.3万张。新型农村合作医疗制度覆盖全部涉农县（市、区），住院费用实际补偿比例提高到63.5%。城镇和农村最低生活保障人均补助水平分别比上年提高20元和15元。此外，四川五大险种参保的人数实现新增长。2015年年末，四川参加城乡居民养老保险人数达到3020.4万人，参加城镇职工基本养老保险人数达到1939.0万人，是2010年的1.5倍；参加城镇基本医疗保险人数达到2655.7万人，是2010年的1.3倍；参加失业保险人数（不含失地农民）达到652.2万人，是2010年的1.4倍；参加工伤保险人数达到752.1万人，是2010年的1.3倍；参加生育保险人数达到670.3万人，是2010年的1.4倍。

（五）社会事业建设全面进步

四川历年来坚持教育优先、科教兴川理念，加强经济社会统筹发展，文教卫事业建设加快，社会事业取得全面进步，公共服务均等化水平不断提高。在文化事业方面，2015年末，四川有公共图书馆203个，比2010年增加42个；有文化站4579个，比2010年增加131个；有博物馆222个，比2010年增加114个。广播综合覆盖率为97.1%，比2010年提高0.9个百分点；电视综合覆盖率为98.3%，提高0.9个百分点。在教育事业方面，扎实推进科教兴川，教育建设蓬勃发展。2015年年末四川共有各级各类学校2.4万所，在校生1514.7万人，教职工102.1万人，其中专任教师84.5万人。2015年，四川普通高等学校在校学生138.8万人，增长4.5%；研究生培养单位38个，在校生9万人；小学6487所，在校生541.7万人，小学学龄儿童入学率达99.7%。在卫生事业方面，2015年四川全年新增省级卫生城市（县城）8个，年末医疗卫生机构达到80029个，其中基层医疗卫生机构76208个；医疗卫生机构床位数48.9万张，卫生技术人员47.3万人，其中执业医师14.9万人，执业助理医师3.3万人，注册护士19.1万人。乡镇卫生院4508个，执业医师和执业助理医师3.3万人，注册护士2.3万人。法定传染病报告发病率连续9年低于全国平均水平。孕产妇死亡率、婴儿死亡率和5岁以下儿童死亡率持续下降，分别降至21.68/10万、7.8‰、8.92‰。

（六）居民居住条件得到改善

2015年四川省全年房地产开发投资4813亿元，比上年增长9.9%。商品房施工面积38981.4万平方米，增长6.8%。商品房销售面积7671.2万平方米，增长7.4%。随着城乡居民收入水平的提高，城乡居民的居住条件得到一定程度的改善。2015年，四川全体居民人均居住支出为2401元，比上年同期增长8.3%，低于四川居民人均可支配收入增长速度。从商品住宅销售均价来看，四川房价收入比呈下滑态势，2015年四川省房价收入比为6.6，比全国平均水平低0.6，全国排名第15位，保持于6～7的合理区间。此外，随着藏区新居、彝家新寨、巴山新居及“百万安居工程建设行动”农村住房建设等统筹推进，农村生活条件不断改善，房屋配套设施也逐步得到完善，2015年四川农村自来水普及率、卫生厕所普及率分别比上年提高3.5和3.0个百分点。

（七）公共安全问题有所改观

2015年四川公共安全形势总体稳定好转，全年发生道路交通、工矿商贸、铁路交通、农业机械生产安全事故1843起，死亡1030人，分别比上年下降18.2%和15.9%，安全事故发生数和死亡人数持续保持下降态势，全省全年首次没有发生重特大事故。生产安全进一步提高，2015年四川全年亿元生产总值生产安全事故死亡人数为0.100人，下降10.4%；道路交通万车死亡人数为1.843人，下降6.2%；煤炭生产百万吨死亡人数为0.803人，下降4.1%。此外，四川省甲乙类传染病防控总体效果明显，全省甲乙类传染病22种，发病165770例，死亡1888人，发病率为317.59/10万，比全国平均值（470.35/10万）低32.48%，居全国第26位。

（八）环境治理力度持续加强

四川环保投资总量不断上涨，治理力度持续增强，2015年四川全省技术改造与转型升级专项资金（工业节能节水和淘汰落后产能方向）支持工业节能节水工程建设、绿色低碳发展示范项目合计75个，安排环保专项资金8.7亿元，完成工业企业治理项目444个，其中工业烟粉尘治理项目127个，工业挥发有机物治理项目77个，重金属污染综合整治项目30个，清洁生产审核项目210个。11条重点小流域环境治理工作全面展开，完成30个服务人口5000人以上乡镇集中式饮用水源地消除劣V类水质的目标任务。

二、基于问卷分析的民生问题

（一）调查地区经济社会基本情况

四川省共选中10个区/县一级调查点，各抽样点之间的经济发展水平差别较大。总体上看（见表18-1），四川省抽样点人均GDP为44127元，标准差为40151.5。成都市锦江区是五个中心城区之一，人均GDP最高，达到149163元，高出排在第二位的新都区（人均70095元）一倍。成都市彭州市和内江市市中区人均 GDP 超过 4 万元，可以算作是第三集团。剩下的 6 个区县整体发展水平较低，其中有 5 个是贫困县，分别是 4 个省贫县（大竹县、稻城县、岳池县和昭化区）和一个国贫县（南充市仪陇县）。这 6 个区县的人均 GDP 都没有超过 3 万元，其中甘孜州稻城县和南充市仪陇县的人均 GDP 在 2 万元以下。

主要是由于我国财政转移支付制度的影响，相对于各区县经济发展水平的巨大差距，居民可支配收入水平上的差距较小。各区县城镇居民的收入差别不大，均值为 27241 元，标准差为 4154.0，而农民的收入差别要大一些，均值为 12688 元，标准差达到 4334.6。

表18-1　四川省抽样区/县经济发展总体情况　单位：元

抽样点名称	人均GDP	城镇居民人均可支配收入	农民人均可支配收入	是否是贫困县
成都市锦江区	149163	35489	NA*	
成都市新都区	70095	34358	19349	
成都市彭州市	43268	26263	20299	
达州市大竹县	29648	24618	12853	省贫县
甘孜州稻城县	18418	26030	8615	省贫县
广安市岳池县	24072	25891	11470	省贫县
广元市昭化区	22683	23511	8769	省贫县
南充市仪陇县	16673	24474	9051	国贫县
内江市市中区	40503	26254	11727	
自贡市富顺县	26744	25524	12055	
总体均值	44127	27241	12688	
标准差	40151.5	4154.0	4334.6	

注：* 成都市锦江区没有农村人口。

我们重点关注村居一级的抽样点的人口流动情况。由于四川省是农村劳动力转移大省，人口流动规模大，这一点也反映在各村居抽样点的人口分布上。少数中心城区或中心镇是人口聚集的地方，而其他周边地区则是人口流出的地方。我们以人口净流入 / 出率来衡量各村居调查点的人口流动情况（表 18–2）。

人口净流入 / 出率（p）=（常住人口 − 户籍人口）/ 户籍人口

部分社区人口流入比例非常高，如成都市锦江区的国槐路社区、大竹县童家镇童家场社区和观音镇街道社区、岳池县新场镇永胜社区的人口净流入率均在 200% 以上。人口流出的调查点比人口流入的调查点更多，而部分调查点的人口减少了一半以上。

表18-2　四川省抽样村/居人口分布及人口流动情况

县区名	乡镇街道	村居名称	户籍人数	常住人口	人口净流入/出率*
成都市锦江区	成龙路街道	华新社区	8267	14460	++
		国槐路社区	6576	25181	+++
	狮子山街道	万科城花社区	1404	1093	--
		菱窠社区	19719	20608	+

县区名	乡镇街道	村居名称	户籍人数	常住人口	人口净流入/出率*
成都市新都区	木兰镇	梁胜社区	3721	3670	-
		长林社区	3517	3455	-
	泰兴镇	杨河社区	4019	3863	-
		高筒社区	7111	6983	-
成都市彭州市	通济镇	双杨村	721	655	-
		红山村	1342	1125	--
	蒙阳镇	柏桥社区	2555	4399	++
		桂桥村	2910	2572	--
自贡市富顺县	富世镇	釜江社区	7817	8174	+
		吉安社区	9782	16896	++
	兜山乡	香炉村	2322	1495	--
		双林村	3325	2639	--
广元市昭化区	元坝镇	五一村	831	755	-
		青梅路社区	3312	3197	-
	朝阳乡	凤阳村	780	336	---
		南马村	1500	1023	--
内江市市中区	白马镇	和平村	1877	1426	--
		白马街社区	5841	4666	--
	凤鸣镇	凤鸣村	3775	2650	--
		龙洞村	4042	3950	-
南充市仪陇县	二道镇	石缸村	855	395	---
		丝绸路社区	3281	750	---
	文星镇	鹅山寨村	1029	555	--
		龙凤社区	2157	3325	++
广安市岳池县	新场镇	永胜社区	758	2390	+++
		老庙子村	1044	630	--
	赛龙镇	老人坪村	1220	518	---
		顺梁寨村	648	444	--
达州市大竹县	观音镇	朝印村	1779	1979	+
		街道社区	3758	13000	+++
	童家镇	天星寨村	2385	1187	---
		童家场社区	1868	10866	+++
甘孜州稻城县	金珠镇	冷巴村	102	109	+
		贡巴村	1850	2056	+
	木拉乡	培考村	239	239	0
		向麦村	252	252	0

注：* 人口净流入 / 出百分比：+ p>0，++ p>50%，+++ p>200%；- p<0，-- p<-10%，--- p<-50%。

（二）基本民生问题满意度分析

根据四川省的入户访谈数据来看，老百姓对自己家庭目前生活状况的总体满意程度较高。很满意和基本满意占 62.4%，但是也有一定比例（14.4%）的被访者觉得不太满意或很不满意，需要引起重视（图 18–1）。

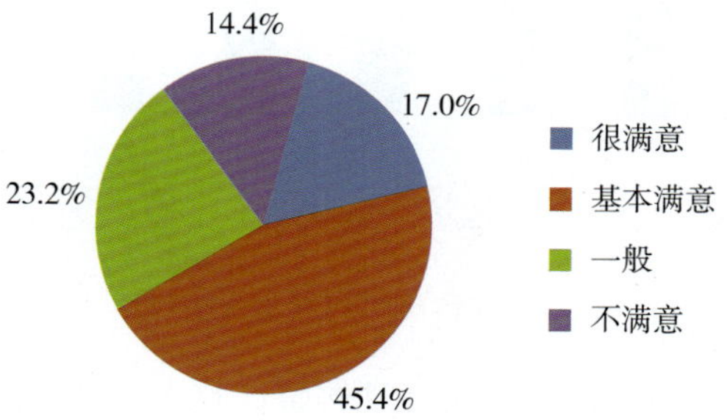

图18-1　对自己家庭目前生活状况的总体满意度

在进一步问到家庭生活中有哪些具体方面存在不满意时，有约 4 成（38.8%）的被访者表示没有不满意的，这与前一个问题的回答相互印证（图 18–2）。在剩下的被访者中，多数认为收入水平和医疗保障这两个方面还有不满意的地方，二者加起来占到近 60%，说明这是老百姓最关心的两件事。其他方面占比较低，依次是住房、养老、就业和子女教育等。下面我们根据问卷数据依次分析各个方面的具体情况。

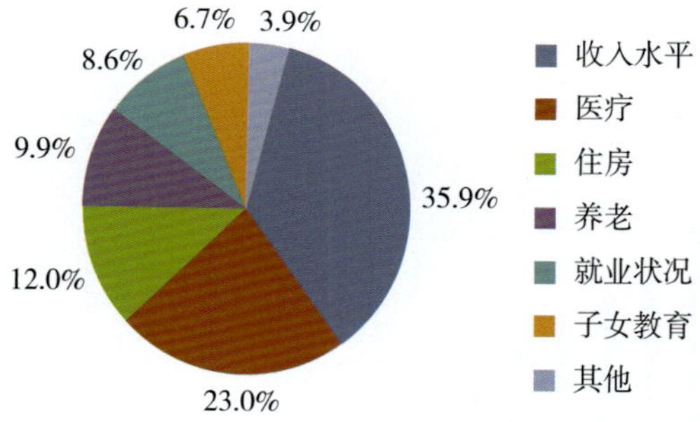

图18-2　家庭生活中最不满意的方面

（三）家庭收入水平

家庭收入结构总体上呈现偏左的正态分布，这基本符合传统的收入分布形态[①]。大多数家庭处于中等收入层，低收入家庭和高收入家庭相对较少；但是在收入区间上，低收入家庭更为集中，而高收入家庭较为分散（图 18–3）。

---

① 考虑到问卷设计是以不断累加的收入区间为准，这个收入分布应该向左偏得更多一些。

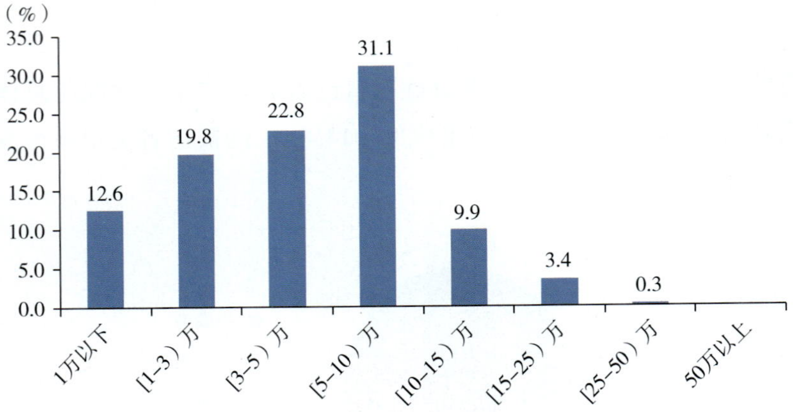

图18-3 家庭年收入水平(2015年)

由于收入核算的区间不是等距的，要正确理解整体收入水平，需要稍加分析。比如，初看收入5万～10万元的家庭是最多的，但是不能据此认为家庭收入主要集中在5万～10万。为了更准确地呈现收入分布，我们对收入数据进行等距模拟，即把各区间的原始数值分解到以1万元为间距的区间中，并进行曲线平滑处理，得到图18-4。我们看到收入低于1万元的家庭最多，占比超过12%。这部分低收入家庭大都是社会救助对象。去掉这部分家庭后，收入呈现偏正态分布。其中，收入4万～5万元的家庭占比最高。进一步分析发现，收入6万元以下的家庭总体占比为55.2%，因此，收入中位数落在收入5万～6万这个区间，大致在5.5万元左右（图18-4）。

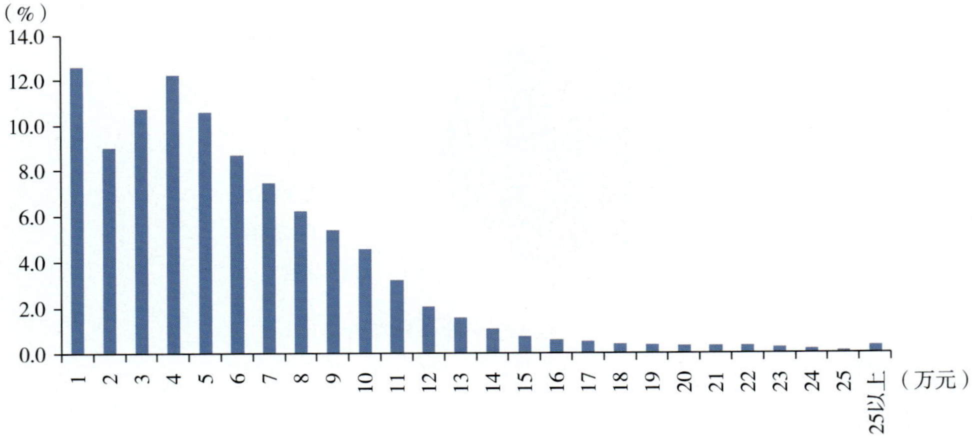

图18-4 家庭年收入等距分布拟合(2015年)

在比较2016年预计收入与上一年(2015)收入时，约有一半的被访者认为会基本不变，但是认为会有所减少的人(32%)比认为会有所增长的人(17%)要多出近1倍。这表明老百姓总体上对收入形势不乐观，也印证了前面满意度的统计发现(图18-5)。

进一步分析发现，家庭收入存在一定的分化趋势。相对于上层收入家庭，中低收入家庭面临更大的收入风险，预期收入下降的比例更高，比如收入在3万～5万之间的家庭中，有38%认为收入会下降，有16%认为收入会增长；而收入超过10万的家庭中只有27%认为收入会下降，同时有26%的认为收入会增长(图18-6)。值得注意的是，最底层的收入家庭呈现出相对固化的态势，认为收入基本不变的比例高达 66%，这部分家庭主要靠社会救助，缺乏生产发展能力是主要原因。

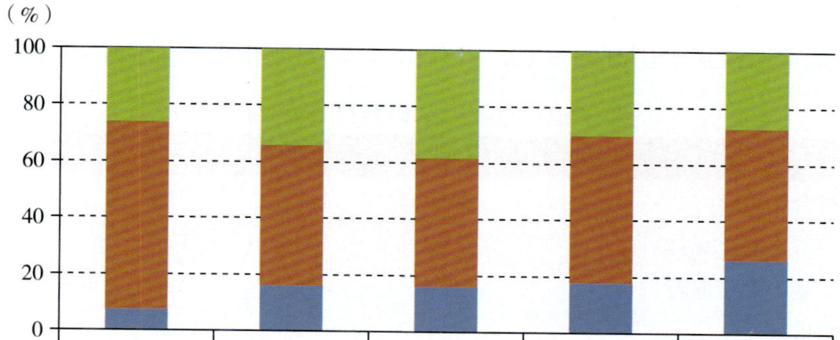

	1万以下	[1–3）万	[3–5）万	[5–10）万	10万以上
下降（%）	26.2	34.2	38.2	30.1	27.3
不变（%）	66.4	49.8	45.7	52.0	46.6
增长（%）	7.4	16.0	16.1	17.9	26.1

图18-5　不同收入水平家庭的收入变化趋势（%）

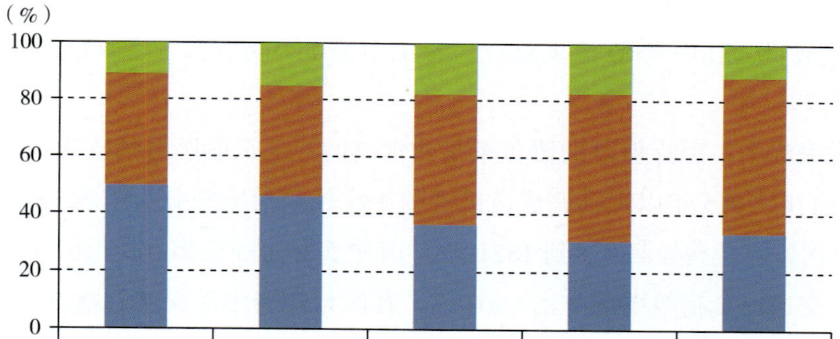

	1万以下	[1–3）万	[3–5）万	[5–10）万	10万以上
缩小（%）	11.0	15.2	18.0	17.5	11.8
不变（%）	39.4	38.9	45.7	51.6	54.6
扩大（%）	49.6	46.0	36.3	30.9	33.6

图18-6　不同收入水平家庭的对收入差距的感受（%）

（四）医疗卫生

我们从两个层次分析家庭医疗保障情况。一是以家庭为单位，分析家庭中是否有成员参加了相关医疗保险。二是以家庭成员为单位，分析所有家庭成员参加了至少一类医疗保险。

由于我国目前城乡医疗保险还没有并轨，我们引入户主户籍的变量以体现城乡家庭参保的不同特征。由于人口流动性较大，户主户籍并不能完全决定每个家庭成员的户籍。此外，进城农民工也可能会享受到城镇职工的医疗保险。因此在参加医疗保障的各个分类上存在一定的重叠是可以理解的。表 18–3 显示，在农村，新型农村合作医疗的覆盖面最大，绝大多数农村家庭都有成员参加；有约 3 成的城镇家庭中也有成员参加了新农合。有 68.6% 的城镇家庭中有成员参加了城镇居民基本医疗保险，有 40% 的城镇家庭中有成员参加了城镇职工基本医疗保险。总体上看，以新型农村合作医疗保险、城镇居民基本医疗保险和城镇职工基本医疗保险为代表的三大类保险基本上覆盖了所有的家庭，只有 1.9% 的家庭中没有任何成员参加这三类保险。

表18-3 家庭中有成员参加医疗保障的情况（%）

	总体	户主是农村户籍	户主是城镇户籍
新型农村合作医疗	70.2	93.1	33.1
城镇居民基本医疗保险	33.9	12.6	68.6
城镇职工基本医疗保险	21.4	9.7	40.4
商业医疗保险	6.6	6.0	7.5
城乡居民大病医疗保险	3.0	2.5	3.9
公费医疗	3.0	2.6	3.7
村集体二次报销福利	3.0	3.2	2.8
没有任何医疗保险	14.2	10.5	20.2
家庭样本数	1220	755	465

从每一个家庭成员来看，参加医疗保险的比例也非常高。我们调查的 1220 个家庭中共计有 4880 个家庭成员，其中 4562 个家庭成员参加了至少一类保险（占 93.4%），有 318 个家庭成员完全没有保险。

在调查家庭中，医疗保险的覆盖率是非常高的，那么就医看病支出与医疗保险的报销情况如何呢？我们以 2015 年以来家庭成员最近的一次住院情况来分析（表 18–4）。总体上看，平均每个家庭单次住院花费较高，达到 18218 元，其中实际医疗支出 9176 元，各类医保报销 7138 元，其他看护、交通、食宿等费用支出 1904 元。在医疗花费中医保实际报销比例为 43.8%。医疗各项开支在均值上没有体现出城乡之间的差别。但是标准差不一样，城镇家庭的医疗支出更离散一些，表明小额花费和大额花费都较农村家庭多；另一方面，农村家庭的医保报销额度更离散一些，表明存在小额报销和大额报销的城镇家庭多。

表18-4 家庭成员住院支出与报销情况

户主户籍		扣除医保报销后实际支付费用	其他费用（看护、交通、食宿）	各类医保报销
农村	均值	9178	1894	7387
	样本个数	333	324	326
	标准差	19910.06	5467.70	23603.84
城镇	均值	9173	1923	6700
	样本个数	189	185	186
	标准差	25284.02	4103.47	10901.15
总体	均值	9176	1904	7138
	样本个数	522	509	512
	标准差	21983.82	5010.75	19936.85

尽管多数家庭没有因为看病需要而借钱，但是需要借钱看病的家庭占比不低，达到 23.1%（图 18–7）。这就可以理解为什么有近 6 成的被访者对医疗服务表示不满意，而“看病太贵”是对医疗服务最不满意的一项（图 18–8）。

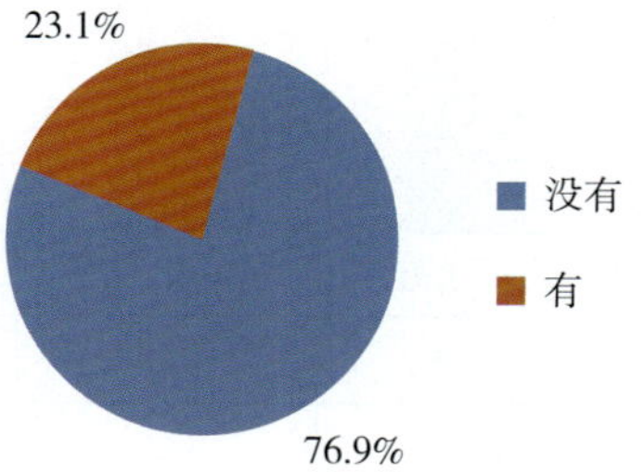

图18-7　2015年以来家里是否因看病而需要借钱

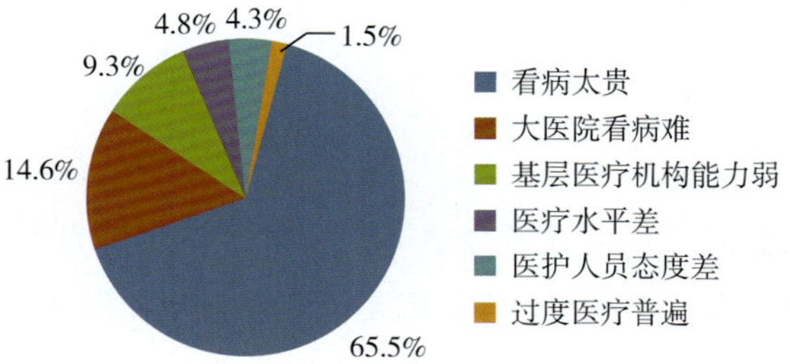

图18-8　对医疗服务最不满意的一项

考虑到住院花费较高，而医疗保险平均只能报销不到一半，因此可以理解多数家庭担心以后生病没钱看病。表示非常担心和比较担心的家庭占 65%，只有不到 30% 的家庭表示不太担心或不担心（图 18–9）。

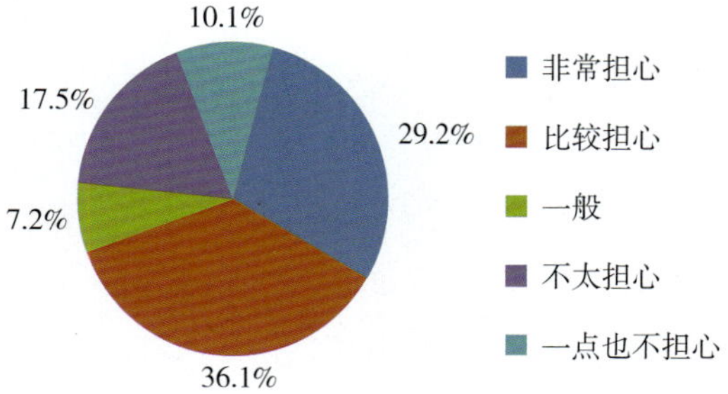

图18-9　是否担心未来生病后没钱看病

我们进一步分析对未来看病花费的感受是否因家庭收入水平不同而不同。收入水平低的家庭应该比收入水平高的家庭更担心没钱看病的问题。数据分析部分证明了我们的推测。当年收入超过 5 万元后，家庭对没钱看病的担心显著减少，特别是收入 10 万元以上的家庭中，只有 6.8% 的家庭非常担心（图 18–10）。但是，在收入 5 万元以下的家庭中，没有体现出随着收入增加，担心下降的趋势。

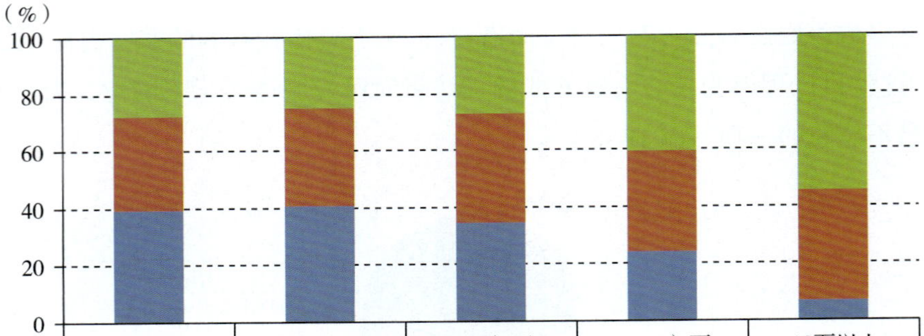

	1万以下	[1–3）万	[3–5）万	[5–10）万	10万以上
不太担心（%）	27.7	24.9	26.8	40.8	54.7
比较担心（%）	33.1	34.5	38.6	35.3	38.5
非常担心（%）	39.2	40.6	34.6	24.0	6.8

图18-10　不同收入水平家庭对看病花费的感受（%）

（五）住房保障

被访家庭中，农村家庭的居住形式较为单一，多以自建住房为主，其次是拆迁安置房，两者共占 85%。城镇家庭的居住形式较为多样，但是仍然以自建住房比例最高，占 36.6%。这与被调查的城镇家庭中，有不少是在乡镇上有关，虽然户主是非农户籍，但是仍然可以自建住房（表 18–5）。此外，还有 14% 的城镇家庭居住在拆迁安置房。这表明我们调查的城镇家庭中约有一半还是新近城镇化的产物。

表18-5　家庭居住的住房情况（%）

	户主是农村户口	户主是城镇户口
自建住房	75.5	36.6
拆迁安置房	9.3	14.2
自购商品住房	3.8	21.3
单位福利分房	1.1	8.8
父母住房	2.8	4.3
廉租房或公租房	0.1	6.5
市场租赁房	1.7	3.2
购买的政策性住房	2.1	1.9
单位租住房	0.7	1.9
借助其他亲朋好友	1.2	0.9
其他	1.7	0.4
样本个数	755	465

家庭人均居住面积为 38.6 平方米，农村家庭的人均居住面积更大一些，约有 40 平方米（表 18–6）。

表18-6　家庭人均居住面积　单位：平方米

户主户籍	均值	样本个数	标准差
农村	40.6	755	28.01
城镇	35.5	465	29.46
总体	38.6	1220	28.67

被访对象在住房方面的满意度较高，有超过一半的被访者（=52.9%）表示没有不满意的地方。图 18-11 显示，在表达了不满意的被访者中，具体指向较为分散，其中认为建筑年代久，小区设施落后排在第一位，其次是认为住房面积太小。值得注意的是，尽管房价是社会关注的热点，但是从实际调查来看，并不是一个非常紧迫的问题，在对住房情况不满意的被访者中，也只有约 10% 认为房价太高。事实上，高房价往往集中在特大城市，容易引起社会关注，而中小城市的房价并非是影响居住质量的关键性因素。

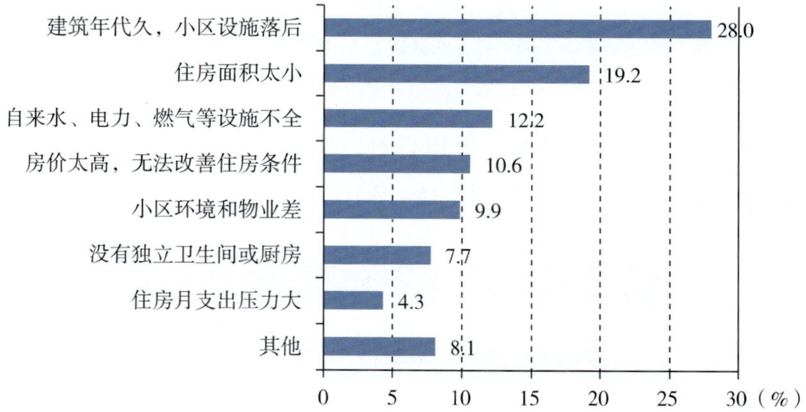

图18-11　在住房方面最不满意的地方（%）

（六）养老保障

对养老保障的调查分为两个群体，一是 60 岁以上或退休的群体，二是 60 岁以下且未退休的群体。前者面临着实际的养老问题，后者则需要考虑将来的养老问题。养老保障问题直接体现在养老的生活来源上，总体上看（图 18-12），最主要的生活来源是退休金或养老金（超过 4 成），这表明我国制度化的养老保障基本形成。排在第二位的是较为传统的儿女赡养，占比约为 2 成。值得注意的是在当前养老生活来源中，靠承包地养老占 16%，而在预期生活来源中只占 6.5%，这表明农村土地的养老属性将会进一步淡化。而储蓄的养老功能会逐渐强化，在未进入老龄群体中有 10% 的人预计会把储蓄作为养老生活来源。

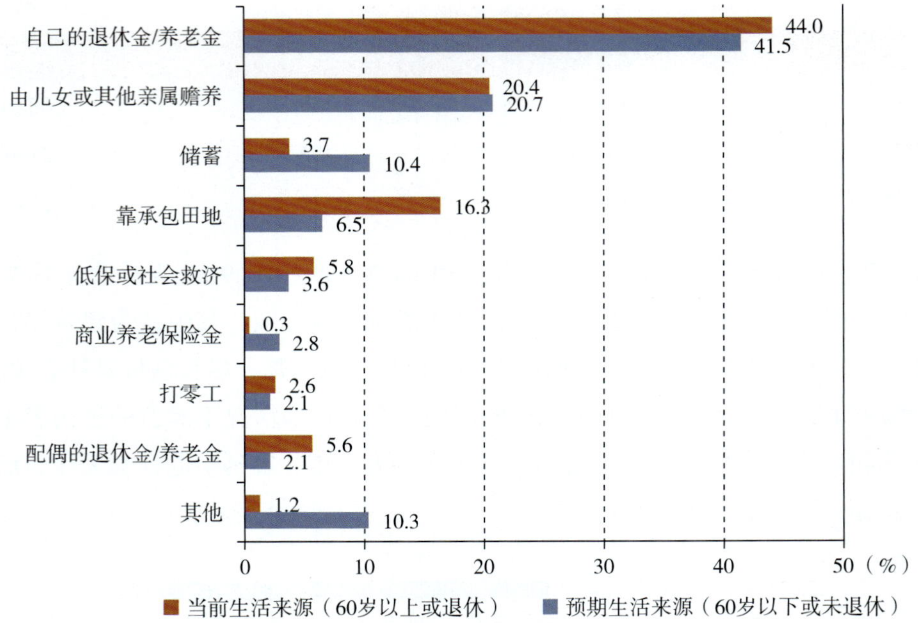

图18-12　在养老保障上预期生活来源和当前生活来源比较（%）

在问到对以后自己养老的经济来源是否担心时，多数还是表示有些担心或很担心。这一点在 60 岁以下或未退休的群体中更为明显（图 18–13）。

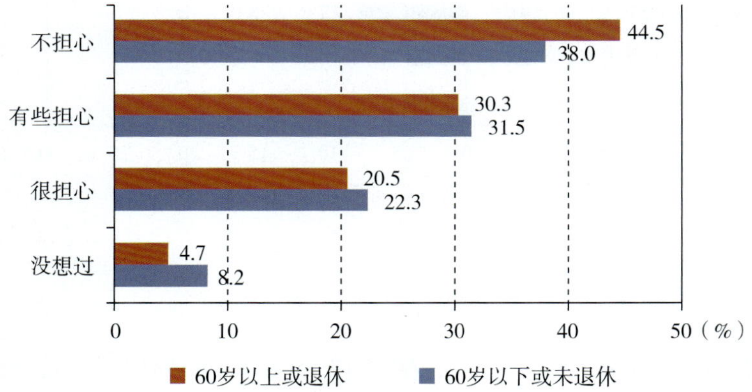

图18-13　对今后养老生活来源是否担心（%）

（七）子女教育

总体上看，被访家庭对子女教育相对满意度要高一些，在各个教育阶段，表示没有不满意的占比约有 70%，均高于有不满意的占比（表 18–7）。对子女教育不满意的主要方面因教育阶段不同而不同。在学前教育中，主要体现为入园贵、幼儿园距离远和教育质量差。在义务教育和普通高中教育阶段，主要体现为教育质量差、上学距离远和课业负担重。在职业教育阶段，主要体现为学校乱收费、缺少实训和就业质量不高。在高等教育阶段，主要体现为毕业生就业难和学费贵。

表18-7　　对不同子女教育阶段的满意度分析（%）

	样本个数	满意度	不满意的主要方面
学前教育	184	100	
没有不满意	120	65.2	
有不满意	64	34.8	100
其中：			
入园贵	22		34.4
幼儿园距离远	15		23.4
教育质量差	10		15.6
义务教育和普通高中教育	407	100	
没有不满意	282	69.3	
有不满意	125	30.7	100
其中：			
教育质量差	29		23.2
上学距离远，就学不便	23		18.4
课业负担重	21		16.8
职业教育	45	100	
没有不满意	33	73.3	
有不满意	12	26.7	100
其中：			
学校乱收费	3		25.0
缺少实训，实践能力不足	2		16.7
就业质量不高	2		16.7
高等教育	47	100	
没有不满意	32	68.1	
有不满意	15	31.9	100
其中：			
高校毕业生就业难	10		66.7
学费贵	5		33.3

三、四川省改善民生的政策举措及成效

在党中央、国务院和省委的领导下，四川省各族人民齐心协力、努力奋斗，按照中央“守住底线、突出重点、完善制度、引导舆论”的民生工作思路和省委省政府的总体部署，将稳增长、促改革、调结构、惠民生、防风险有机结合，切实解决群众最急盼的民生问题，2015 年全省就业促进、扶贫解困、民族地区帮扶、教育助学、社会保障、医疗卫生、百姓安居、民生基础设施、

生态环境、文化体育等十项民生工程涉及的125个小项和20件民生大事全面完成，社会事业发展加快，民生改善成效明显。

（一）就业促进工程

四川省大力实施“就业优先”战略，进一步加大了职业培训力度，提升劳动者素质，加强了失业保险制度建设，为促进再就业服务，通过报刊、电视、标语等形式，大力宣传创业优惠政策和具体实行办法，不断扩大就业规模。2015年四川全省开展品牌培训3.63万人，开展青年劳动者技能培训19.56万人，实现城镇新增就业101.94万人，城镇失业人员再就业25.87万人，下岗人员再就业42858人，就业困难人员就业8.53万人，城镇登记失业率4.12%，城乡残疾人居家灵活就业860399人，其中居家灵活就业直接补贴89454人。此外，不断促进高校毕业生就业。2015年四川全年认定高校毕业生就业见习基地2082个，按照标准对31226名城乡低保家庭的和残疾的2015届高校毕业生发放求职补贴，实现了应补尽补，2015年四川高校毕业生就业率达到88.58%，2012级藏区“9+3”毕业生初次就业率达到99.28%。

（二）扶贫解困工程

2015年，四川紧紧围绕脱贫任务目标，着力抓实基础设施、产业发展、教育文化、医疗卫生、社会保障、生态扶贫六大重点扶贫工程，通过城乡困难群众医疗救助、法律援助、计划生育奖励扶持、困难职工救助、贫困残疾人扶贫解困、贫困白内障患者手术复明、贫困家庭脑瘫儿童救助等项目扶持农村扶贫对象117.36万人，坚决打赢脱贫攻坚战。2015年，通过扶贫解困工程，符合医疗救助条件的贫困患者在政策范围内住院自付费用救助比例达到65%，为受援人群提供法律援助52.52万人次，确认“三项制度”奖扶对象1596254人，走访慰问困难职工35.6万人，为符合条件的建档困难职工提供生活和医疗救助，工会各级帮扶中心对建档困难职工实现帮扶全覆盖。扶持805276名农村贫困残疾人发展生产、改善生活状况，为286268名贫困残疾人适配亟需的基本型辅助器具，为贫困白内障患者实施复明手术10000例，为6507名贫困家庭脑瘫儿童提供手术治疗、康复训练和辅具适配等康复服务。

（三）民族地区帮扶工程

以统筹推进藏区新居、彝家新寨等建设为基础，四川大力实施民族地区帮扶工程，不断改善藏区、大小凉山彝区、羌族等民族地区农村生活条件。2015年，实施阿坝州扶贫开发和综合防治大骨节病试点工作成果巩固提升，开展粮食更换、产业培育、卫生防治等措施，对藏区36.44万名群众进行包虫病病情调查，免费药物治疗1.37万名患者，实施石渠县包虫病区打井150口；开展大小凉山禁毒专项治理，实现吸毒人员管控率达到100%，“无毒社区”创建率达到63%，完成彝家新寨建设新村192个，向24010户彝族群众发放“彝家新居”室内设施“四件套”；

推进 808 户摩梭家园民居改造，推进 10 个一般保护村落基础设施与公共服务设施建设。

（四）教育助学工程

教育助学工程包括实施民族地区教育发展十年行动计划、资助家庭经济困难学生、推进职业教育和特殊教育、实施乡村教育发展留守儿童寄宿制学校建设工程等内容。2015 年，四川省教育厅、财政厅、省发展改革委出台《关于普惠性民办幼儿园认定工作的指导意见》《关于加强城镇小区配套幼儿园建设和管理的指导意见》等文件，完成对民办和城市幼儿园扶持发展的政策制定。实施学前教育、义务教育、职业教育的学杂费减免。2015 年，四川全省建设城乡公办幼儿园 424 所，减免非民族地区 20 万名经济困难家庭幼儿的保教费；对 798.64 万名义务教育阶段学生免除学杂费，免费提供教科书和作业本；免除 75.33 万名中职学校学生学费。资助家庭经济困难学生，为 46.92 万名普通高中家庭经济困难学生发放生活补助，为 47.99 万名普通高中家庭经济困难学生免除学费，为 22.59 万名中职学校一、二年级涉农专业学生和非涉农专业家庭经济困难学生发放生活补助，为 31.8 万名地方属普通高校家庭经济困难学生发放生活补助，资助家庭经济困难职工子女上学 3.94 万人，资助家庭经济困难学生 6984 人。开展农村义务教育阶段学生营养改善计划和高海拔民族地区义务教育学校取暖，为 369.8 万名农村义务教育阶段学生提供营养餐，解决高海拔民族地区义务教育学校 29.25 万名学生取暖问题。

（五）社会保障工程

以社会保障工程为契机，加快发展健康养老服务，2015 年，四川开展农村区域性养老服务中心建设试点，建设区域性养老服务中心 105 个，新建改造养老床位和日间照料中心，建设城乡社区日间照料中心 2416 个，通过阳光家园计划，资助 136 家残疾人托养服务机构，居家托养智力、精神残疾人员 48939 人，为 26252 户残疾人家庭实施无障碍改造。提高城乡困难群众最低生活保障和城乡居民基本医疗保险财政补助标准，扩大城乡居民基本养老保险和城乡居民基本医疗保险覆盖人数和参保缴费人数，建立更加公平可持续的社会保障制度。

（六）医疗卫生工程

医疗卫生工程主要包括开展城乡居民健康档案管理、健康教育、慢性病管理等 11 类基本公共卫生服务，全面取消县级公立医院药品加成、实行免费婚前体检、孕前优生健康检查、听力残疾儿童救助、智力残疾儿童康复救助、食品安全等项目。2015 年，四川城乡居民健康档案规范化电子建档率达到 96.56%；为拟婚当事人开展婚前体检 32.99 万对，婚检率较 2014 年提高 20.02%；向城乡符合生育政策计划怀孕夫妇免费提供孕前优生健康检查，目标人群覆盖率达到 88.73%；救助贫困家庭重度听力残疾儿童 3046 名；为 2420 名贫困智力残疾儿童提供康复训练；抽检大宗食品样品 21661 个。

（七）百姓安居工程

统筹推进“百万安居工程建设行动”农村住房建设，缓解城乡居民住房困难，不断改善居民生活条件。2015 年，四川新开工建设保障性住房 50379 套，其中公共租赁住房 47667 套。向农民工定向供应公租房 10447 套，新开工改造城镇危旧房棚户区 300178 户。加大新村建设力度及其配套设施建设，2015 年四川新建新村聚居点 1604 个，实施农村危房改造 119862 户（不含彝家新寨、藏区新居建设），新增农村沼气用户 10.22 万户，解决 575.02 万农村人口和学校师生安全饮水问题，建成国家级安全社区 18 个，省级安全社区 233 个。

（八）民生基础设施工程

加强农村通村公路、公路安保、小农水、农村通信等基础设施建设力度，完善国省干线公路养护管理。2015 年，四川通过民生基础设施工程实施通村通达工程，建成农村通村公路 2964.8 公里；实施通村通畅工程，建成农村通村公路 10928.7 公里，建成路侧护栏 6800 公里，国省干线公路路面使用性能指数达到 81。新增有效灌面 91.65 万亩，新增节水灌面 142.25 万亩，实现 500 个自然村通电话，3200 个行政村通宽带；实施“宽带乡村”试点工程，行政村通光缆 1959 个。

（九）生态环境工程

面对日趋突出的环境问题，四川省进一步强化和落实了政府责任。2015 年，四川省进一步巩固天然林保护及退耕还林还草成果，管护国有林 18252 万亩，巩固退耕还林成果 1336.4 万亩，补偿集体和个人所有公益林 8296.93 万亩，实施草原禁牧补助 7000 万亩，草畜平衡奖励 14200 万亩，牧民生产资料综合补贴 45.2 万户；开展耕地质量建设和饮用水源地整治，实施“金土地工程”，建成高标准基本农田 675.78 万亩，建成高标准农田 188.56 万亩，完成 30 个劣Ⅴ类水源地整治，解决 46 万农村乡镇人口饮水安全问题。

（十）文化体育工程

2015 年，四川省通过文化体育工程不断巩固和完善城乡的公共文化体育设施网络，完成各级文化部门项目实施及乡镇、村文化站（室）设备器材购置工作，免费开放 196 个图书馆、206 个文化馆、4375 个乡镇综合文化站、89 个博物馆纪念馆和 14 个美术馆，为贫困地区中小学校配置文体设施 101 套，新建农民体育健身设施 2000 个，免费放映农村公益电影 569697 场次，完成 17 个试点县应急广播平台建设。

（四川省社会科学院专题组
专题负责人：郭晓鸣
成员：郭晓鸣　曾旭晖　周小娟）

第十九章
陕西省民生发展报告

民生问题历来都是国家、社会和公众十分关注的重大社会问题。陕西省委、省政府一直高度重视民生工作，2016 年，在经济新常态下，省委、省政府多措并举，完成民生支出 3595 亿元，大幅增加社会保障、就业教育、医疗卫生、安居工程等“十大领域”投入，连续多年保持新增财力和财政总支出的“两个 80%”用于民生政策的全面落实。同时，不断深化民生领域改革创新，着力提高保障和改善民生的质量和效益，努力在保障和改善民生中促进社会公平，民生事业总体发展水平稳步提高。

本报告主要包括四方面：陕西省民生事业发展概述、2016 年陕西省民生问卷调查研究、陕西省民生领域存在的主要问题和陕西省进一步改善民生的政策建议。

一、陕西省民生事业发展概述

“十二五”期间，陕西省民生工程取得了高速发展。陕西财政民生投入持续加大，民生支出从 2011 年的 2436 亿元，增加到 2015 年的 3582 亿元，年均增长 10.35%。“十二五”期间，陕西省民生工程在促进就业、收入倍增、全民社保、教育提升、卫生健康、文化惠民、住房保障、消除贫困、改善环境、生产服务等十大领域计划总投入 4905.77 亿元，实际完成总投入 6039.80 亿元，完成投入计划的 123.12%，其中：中央资金为 3271 亿元，省级投入 1342.51 亿元，市县投入 1396.89 亿元，其他投入 29.40 亿元。

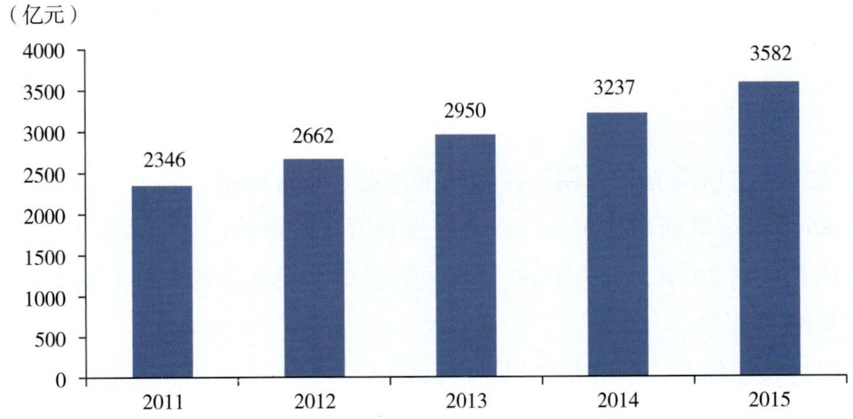

图19-1 陕西省“十二五”期间民生投入情况（亿元）

在《陕西省国民经济和社会发展第十三个五年规划纲要》中，强调坚持以人民为中心的发展思想，加大社会事业投入力度，健全公共服务体系，不断提高全省发展和共享共建水平，使发展成果更多、更公平惠及三秦百姓。要从以下六个方面推进民生事业的建设：

一是保持就业稳定，实施更加积极的就业政策，多渠道扩大就业。统筹做好高校毕业生、退役军人、城镇就业困难人员、农村转移劳动力等各类群体就业工作。

二是提高居民收入水平，实施城乡居民收入倍增计划，健全职工工资决定和正常增长机制，促进中低收入职工工资合理增长。完善最低工资和工资支付保障制度，推行企业工资集体协商制度，严格控制垄断行业工资总额。

三是推进教育现代化，实施十三年免费教育，加快义务教育均衡发展，推进公办义务教育学校标准化建设，实现“双高双普”目标；全面普及高中阶段教育，到2020年全省普通高中全部达到标准化。创新发展高等教育和职业教育，实施“一流大学、一流学科，一流学院、一流专业”计划，推进省属高水平大学建设。

四是健全社会保障体系，实施全民参保计划。建立更加公平、更可持续的社会保障制度，实现基本制度定型完备、法定人群全面覆盖、保障标准合理调整、完善社会服务体系。推动城乡最低生活保障制度统筹发展，完善城乡特困人员供养制度，加强受灾、教育、住房、就业和临时救助，健全重特大疾病、疾病应急、贫困人口等医疗救助制度体系，推进社会福利由补缺型向适度普惠型转变。

五是建设健康陕西，深化医药卫生体制改革。坚持保基本、强基层、建机制，实行医疗医保医药联动，建立覆盖城乡居民的基本医疗卫生制度。建立现代医院管理制度。完善分级诊疗制度，发展医联体、医疗集团、县镇一体化、对口帮扶、远程医疗。

六是推动人口均衡发展，坚持计划生育基本国策，完善生育政策，调控人口总量，促进人口均衡发展。实施全面两孩政策，修订陕西省《人口与计划生育条例》等法律规章，强化出生人口动态监测与信息管理。积极应对人口老龄化，完善以居家养老为基础、社区服务为依托、机构养老为支撑、信息服务为辅助的社会养老服务体系，五年新增养老床位10万张，每千名老年人拥有养老床位数达到40张。保护妇女、儿童等群体基本权益，健全残疾人服务体系。

2016年是“十三五”的开局之年，也是民生工作持续快速发展的一年。在全省上下凝心聚力、积极作为下，各项工作不断取得突破和良好效果，民生保障水平持续提高，主要体现在以下八个方面。

一是切实发挥扶贫政策托底作用。实施精准扶贫、精准脱贫，开工建设搬迁安置房24.4万套，安排搬迁86万人；贫困户新农合门诊费用县域内全额报销，贫困残疾人康复项目纳入基本医保，报销范围扩大到29项，解决了60万农村居民饮水安全问题，全年脱贫130万人，佛坪、定边摘掉贫困县帽子。

二是积极促进就业创业。新增发放创业担保贷款53亿元，城镇新增就业44.5万人，农村劳动力转移就业694万人，妥善安置去产能分流职工4.2万人，城镇登记失业率控制到3.3%。

三是持续提高社会保障水平。城镇企业退休人员基本养老金十二连调达到2447.95元，城乡居民医保政府补助标准由 400 元提高到 440 元。

四是大力发展教育事业。重点建设的 450 所幼儿园已投入使用 181 所，新建改扩建贫困地区义务教育薄弱学校校舍 194.9 万平方米，普通高中免学费政策顺利实施，高等教育综合改革、“四个一流”创建、院士工作室建设稳步推进。

五是继续深化医药卫生体制改革。医疗联合体和医疗集团达到 52 个，大病保险首段起付线降低 50%，县域内住院实现先诊疗后付费，建成 30 个危重孕产妇救治转诊中心，四医大消化系肿瘤研究获得国家科技进步奖创新团队奖。

六是着力发展文化事业。建成 1400 个卫星数字农家书屋和信息管理服务平台，为 1.4 万个农家书屋补充更新书，博物馆总数达到 270 座，《血狼犬》等六部影片获国际国内大奖。成功举办第十一届中国艺术节，改扩建各类文艺场馆 51 个，新创优秀舞台艺术作品 50 多部，获奖数量占所有奖项的 1/5。

七是高度重视体育事业发展。启动第十四届全国运动会筹备工作，陕西省运动员在里约奥运会取得 1 银、1 铜的成绩，残奥会取得 10 金、4 银的历史最好成绩。

八是深入推进平安陕西建设。国家安全、公共安全、环境安全、食品药品安全等领域监管进一步加强，生产安全事故和死亡人数分别下降 6.3% 和 9.1%。

总体来看，陕西省在充足的民生财政投入与健全的管理监督政策保障下，不断推动民生工程的建设与完善，取得了显著的成果，给陕西省居民也带来了巨大的便捷与实惠。

二、2016 年陕西省民生问卷调查研究

（一）调研设计

本次调查样本遵循经济有效的抽样原则，采用多阶段分层设计，PPS 系统抽样技术（systematic PPS sampling techniques）进行抽样。抽取后样本覆盖陕西省 7 个市，共有 10 个县（区）、20 个乡（镇、街道办事处）、40 个村（居委会）。陕西省 2016 年“中国民生问题调查”最终的抽样单位是户，在每个样本村（居委会）中随机抽取 30 户，全省共抽取 1200 户。

表19-1　　2016年陕西省民生问卷调查抽样分布

市	县/区	乡镇/街办	村居名称
西安市	新城区	自强路街道办事处	明宫社区
			向荣社区
		胡家庙街道办事处	金花社区
			骏景社区
西安市	长安区	郭杜街道办事处	书香路社区
			仁西村
		黄良街道办事处	黄良村
			大邵村

续表

市	县/区	乡镇/街办	村居名称
西安市	蓝田县	三里镇	罗李村
			魏家沟村
		灞源镇	西河寨村
			沟口村
宝鸡市	岐山县	凤鸣镇	凤东路社区
			四崖头村
		祝家庄镇	岐阳村
			西庄村
咸阳市	秦都区	古渡街道办事处	玉珠社区
			丽彩社区
		渭阳西路街道办事处	彩虹社区
			安居社区
	永寿县	社区服务管理中心	永兴路
			广场社区
		监军镇	蒿店村
			封侯村
延安市	子长县	瓦窑堡街道办	米粮山社区
			郭家崖窑村
		李家岔镇	李家岔村
			乔家岔村
汉中市	西乡县	城关镇	结友社区
			葛石社区
		堰口镇	官兵村
			肖家湾村
安康市	汉滨区	吉河镇	自力村
			天山村
		石梯镇	双村村
			叶沟村
商洛市	丹凤县	土门镇	土门村
			高峪村
		峦庄镇	桃坪村
			汪家沟村

（二）调查结果分析

1. 样本家庭成员人口学特征

①样本家庭居住的社区类型与地区类型。

从 2016 年调查样本家庭居住的地区类型来看，55.60% 的样本家庭居住在农村，这与本次调查的抽样设计有很大的关联；其次 24.90% 的样本家庭居住在市 / 县城的中心城区（主城区）；再次有 16.80% 的样本家庭居住在市 / 县城区以外的镇，另外有 2.70% 的样本家庭居住在市 / 县城的郊区。见图 19–2。

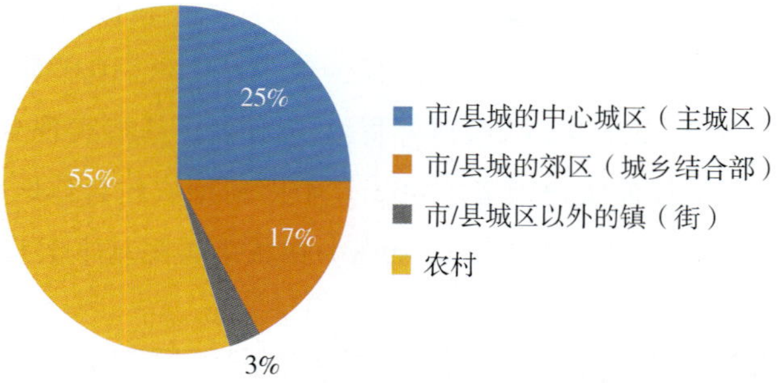

图19-2 2016年陕西省样本家庭居住的地区类型

从 2016 年调查样本家庭居住的社区类型来看，仍然是居住农村的样本家庭占大多数，为 62.80%；其次 11.80% 的样本家庭居住在普通商品房小区，10.40% 的家庭居住在未经改造的老城区，7.00% 的样本家庭居住在单一或混合的单位社区，5.50% 的样本家庭居住在新近由农村社区转变过来的城市社区，2.40% 的样本家庭居住在别墅区或高级住宅区。见图 19–3。

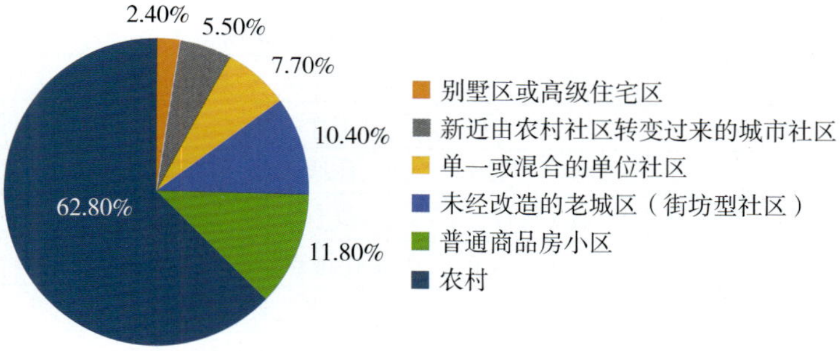

图19-3 2016年陕西省样本家庭居住的社区类型

②样本家庭成员基本情况。

2016 年调查中，共抽取 1200 户样本家庭，共有 4515 人，即平均每户样本家庭有 3.76 人，相较于 2014 年调查平均每户样本家庭 3.92 人，样本家庭规模有所减小。样本家庭成员人口学特征见表 19–2。

2016 年调查结果显示，样本家庭内成员男女性别比为 1.08 ∶ 1；15 ~ 64 岁样本家庭成员占比为 74.91%，可以粗略估算样本家庭抚养比为 33.49%，较 2014 年的 33.13% 提高 0.36 个百分点，家庭抚养压力增大。样本家庭成员婚姻状况以已婚和未婚为主，分别占比 64.03% 和 31.05%；从户口性质来看，样本家庭成员以农业户口为主，占 71.73%，非农户口仅占 28.27%。样本家庭成员中，77.46% 保持健康，10.33% 的样本家庭成员虽然有疾病或残疾，但仍有劳动能力，8.73% 的样本家庭成员因为疾病或残疾失去劳动能力，但生活可以自理，另外也有 3.48% 的样本家庭成员生活不能自理，需要别人照料。从受教育情况来看，16.69% 的样本家庭成员未上学，12.22% 属于小学教育水平，35.03% 属于初中教育水平，19.48% 属于高中教育水平，5.85%

属于大专教育水平，另外有 8.91% 的样本家庭成员达到本科及以上教育水平，相较于 2014 年的 5.31%，接受过高等教育家庭成员比例有所提高。从工作状况来看，48.17% 的样本家庭成员有工作，相较于 2014 年的 56.15%，样本家庭工作成员比例有所下降，而 51.27% 的样本家庭成员不工作，另外有极少数 0.55% 的样本家庭成员虽然在上学但从事兼职工作。绝大多数（80.22%）的样本家庭成员工作地点在本市（县、区），也有少数（9.71%，10.07%）的样本家庭成员工作地点在省内其他市（县、区）和外省。从医保参保状况来看，基本实现全覆盖（97.81%），仅有 2.19% 的样本家庭成员未参加任何医疗保障项目，其中以新型农村合作医疗保险的参保人数最多（70.95%），其次为城镇职工基本医疗保险（12.89%）和城镇居民基本医疗保险（12.19%）。

表19-2　　2016年调查样本家庭成员人口学特征

类别	N（%）	类别	N（%）
性别		**受教育状况**	
男	2340（51.85）	未上学	750（16.69）
女	2173（48.15）	小学（在读/肄业/毕业）	495（12.22）
年龄		初中（在读/肄业/毕业）	1419（35.03）
14岁及以下	674（15.06）	高中/中专/技校	789（19.48）
15～64岁	3353（74.91）	大专/高职	237（5.85）
65岁及以上	449（10.03）	本科	335（8.27）
婚姻状况		研究生及以上	26（0.64）
未婚	1401（31.05）	**工作状况**	
同居	5（0.11）	工作	2173（48.17）
初婚有配偶	2868（63.56）	休假、停工或歇业	25（0.55）
再婚有配偶	21（0.47）	没有工作	2313（51.27）
离婚	35（0.78）	**工作地点**	
丧偶	182（4.03）	本市（县、区）	1752（80.22）
户口性质		省内其他地市	212（9.71）
非农业户口	1276（28.27）	外省	220（10.07）
农业户口	3237（71.73）	**医疗保障参加项目数**	
是否一起吃住生活		0	99（2.19）
每天都回家	3478（77.80）	1	4416（97.48）
每周回来几天	118（2.63）	2	15（0.33）
每月回来几天	207（4.61）	**医疗保障参加情况**	
逢年过节才回来	637（14.19）	城镇职工基本医疗保险	584（12.89）
1年以上没有回家	48（1.07）	城镇居民基本医疗保险	552（12.19）
健康状况		城乡居民大病医疗保险	11（0.24）
健康	3494（77.46）	公费医疗	19（0.42）
有疾病仍有劳动能力	466（10.33）	商业医疗保险	44（0.97）
丧失劳动能力，生活能自理	394（8.73）	新型农村合作医疗	3214（70.95）
生活不能自理需要有人照料	157（3.48）	村集体二次报销福利	7（0.15）

2. 样本家庭成员工作与就业情况

本小节主要分析样本家庭工作成员就业与行业类型、工作职位、专业技能、工作量、工作收入、签订劳动合同、养老保险、不工作原因等情况。

①就业与行业类型。

2016年调查样本家庭中，16周岁以上就业人口为2145人，其中非农业户籍人口576人，农业户籍人口1569人。从就业类型看，36.04%的样本家庭工作成员为专业务农或兼业务农，除去务农人员以外，16.08%为非固定单位的临时务工，10.21%为民营/私营企业职工，9.79%为国有企业职工，相较于2014年调查就业类型，52.43%的样本家庭工作成员为专业务农或兼业务农，14.88%为非固定单位的临时务工，9.86%样本家庭成员为民营/私营企业职工，专业务农和兼业农民比例显著下降16.39个百分点，民营/私营企业职工比例提高0.35个百分点。分城乡来看，城镇户籍人口就业类型主要集中在国有企业、民营或私营企业、个体工商户、科教文卫等事业单位、党政机关从业人员。农村户籍人员就业类型主要集中在专业务农和兼业农民，占比达46.78%，16.57%农村户籍人员在非固定单位临时务工。这与实地调研情况相符，即多数农村劳动力举家外出务工，留在农村人员多以务农为主，农闲时就近务工为辅。见表19-3。

从2016年调查样本居民就业行业看，30.81%的样本家庭工作成员所在行业为农、林、牧、渔业，10.72%为建筑行业，还有诸如批发零售业、居民服务和其他服务业、住宿和餐饮业等。相较于2014年调查中行业类型分布，41.79%的样本家庭工作成员所在行业为农、林、牧、渔业，11.75%为建筑行业，农、林、牧、渔业从业人群比例下降，建筑行业从业人群比例略有上升。说明近两年伴随着产业结构变化，就业结构有所改善。分城乡来看，城镇户籍人口主要行业类型为批发零售业、公共管理和社会组织、交通运输邮政业等，农村户籍人员主要行业类型为农林牧渔业和建筑业。总体来看，城乡居民在就业类型和行业类型上存在较大差距。

表19-3　　2016年样本家庭工作成员就业类型占比（%）

就业类型	全部就业人员	城镇户籍人员	农村户籍人员
专业务农	26.39	5.56	34.03
兼业农民	9.65	1.22	12.75
农村自营业者	1.91	0.17	2.55
农村专业管理人员	0.70	0.00	0.96
党政机关从业人员	3.78	11.28	1.02
教科文卫等事业单位职工	4.76	11.98	2.10
社会团体（指工、青、妇）	1.59	3.47	0.89
国有企业职工	9.79	17.19	7.07
民营/私营企业职工	10.21	12.15	9.50
合资、外资或港澳台企业员工	0.84	1.39	0.64
民办非企非营利组织	1.68	2.26	1.47
个体工商户	6.43	12.15	4.33
开办网店	0.05	0.17	0.00

续表

就业类型	全部就业人员	城镇户籍人员	农村户籍人员
自由职业者	5.36	4.86	5.54
非固定单位的临时务工	16.08	14.76	16.57
其他	0.79	1.39	0.57
合计	100.00	100.00	100.00

表19-4　2016年样本家庭工作成员行业类型占比（%）

行业	全部就业人员	城镇户籍人员	农村户籍人员
农、林、牧、渔业	30.81	8.01	39.18
采矿业	2.01	0.70	2.50
电力、煤气及水的生产和供应业	1.69	2.79	1.28
交通运输、仓储及邮政业	6.09	9.06	4.99
制造业	6.41	7.49	6.02
信息传输、计算机服务和软件业	2.39	3.83	1.86
批发和零售业	8.33	12.72	6.72
建筑业	10.72	4.18	13.12
水利、环境和公共设施管理业	0.47	0.87	0.32
住宿和餐饮业	6.51	6.27	6.59
房地产业	0.51	0.52	0.51
科学研究、技术服务和地质勘察业	0.70	2.09	0.19
租赁和商务服务业	1.69	3.31	1.09
金融业	1.73	3.48	1.09
卫生、社会保障和福利业	3.75	7.49	2.37
文化、体育和娱乐业	1.17	1.74	0.96
教育业	2.15	3.83	1.54
居民服务和其他服务业	6.79	8.54	6.15
公共管理和社会组织	4.07	10.98	1.54
其他	2.01	2.09	1.98
合计	100.00	100.00	100.00

②家庭工作成员工作职位情况。

2016 年调查中，由于存在专业务农人员，所以 38.76% 的样本家庭工作成员不适用于该工作职位分布，除此之外，分布最多的为临时聘用人员，占 24.04%，相较于 2014 年的 16.79%，临时聘用人员比例有所上升，另外有 8.66% 的样本家庭工作成员为一线工作人员，一般业务员也较多，占 7.34%。见图 19–4。

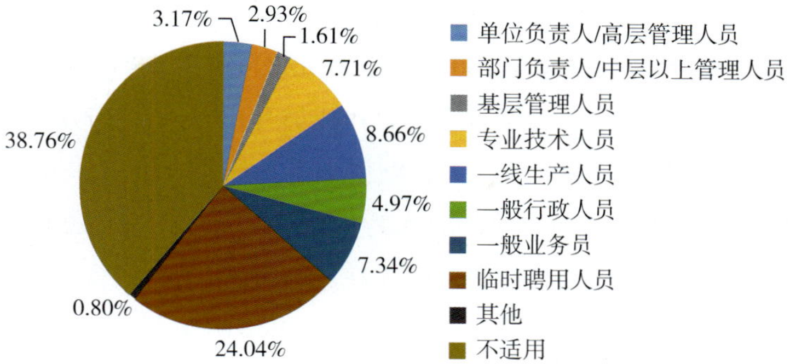

图19-4 2016年样本家庭工作成员工作职位

③家庭工作成员专业技能情况。

2016 年调查结果显示，73.27% 的样本家庭工作成员既无专业技能，也没相关证书，相较于 2014 年的 75.24% 降低 1.97 个百分点；仅 18.31% 的样本家庭工作成员既有技能又有证书。分城乡来看，38.53% 城镇户籍人口有技能有证书，只有 10.93% 农村人口有技能有证书，这与农村居民多从事务农对技术、证书需求不大有关。

表19-5 样本家庭工作成员专业技能及职业资格证书获得情况（%）

技能及证书	全部就业人口	城镇户籍人口	农村户籍人口
有技能，有证书	18.31	38.53	10.93
有技能，没证书	8.43	7.53	8.75
都没有	73.27	53.94	80.32
合计	100.00	100.00	100.00

④家庭工作成员工作量变化情况。

2016 年调查显示，总体来看，与上一年相比，65.45% 的样本家庭工作成员工作量没什么变化，12.29% 的样本家庭工作成员认为工作量增加，也有 22.26% 的样本家庭工作成员认为工作量在减少。

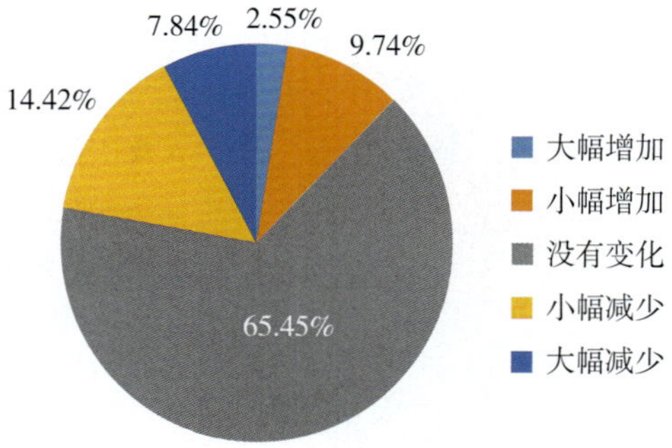

图19-5 2016年样本家庭工作成员工作量变化情况

⑤家庭工作成员收入情况。

2016 年调查中，样本家庭工作成员今年每个月税后平均收入为 2190.30 元，相较于 2014 年的月均收入 1573 元，增长了 39.24%。37.30% 的样本家庭工作成员月均收入在 1000 元及以下，24.30% 的样本家庭工作成员月均收入在 1001 ~ 2000 元之间，20.20% 的样本家庭工作成员月均收入在 2001 ~ 3000 元之间，9.80% 的样本家庭工作成员月均收入在 3001 ~ 4000 元之间，8.4% 的样本家庭工作成员月均收入在 4000 元以上，整体来看，样本家庭工作成员每月收入呈右偏分布。分城乡来看，城镇家庭工作成员月平均收入为 3506.89 元，农村家庭工作成员月平均收入为 1687.24 元，46.10% 农村家庭工作成员月平均收入在 1000 元以下，而仅有 15.10% 的城镇家庭工作成员月平均收入在 1000 元以下，城乡收入差异显著（P<0.01）。

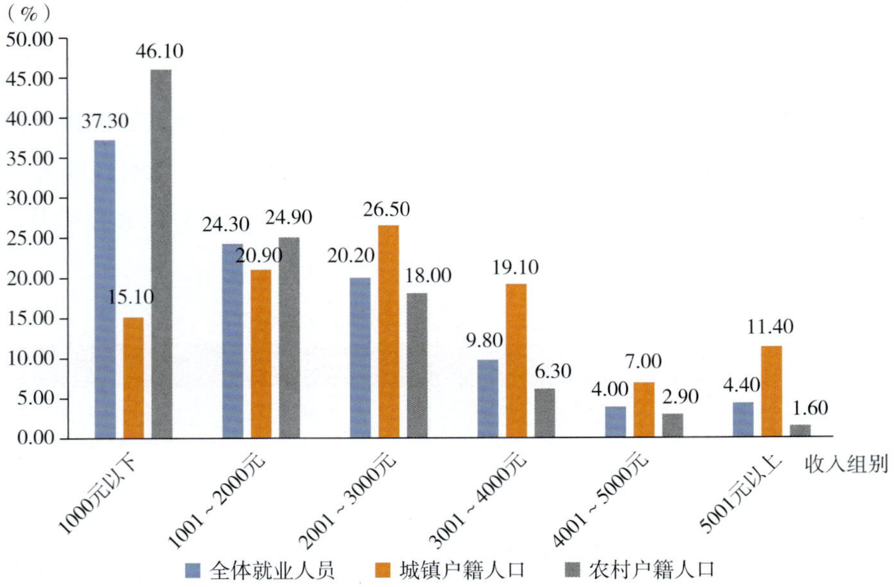

图19-6　样本家庭工作成员2016年每个月税后收入情况（%）

2016 年调查结果显示，与上一年相比，61.06% 样本家庭工作成员认为月均收入无明显变化，有 8.02% 的样本家庭工作成员认为月平均工资增加，30.61% 的样本家庭工作成员认为月平均工资减少。

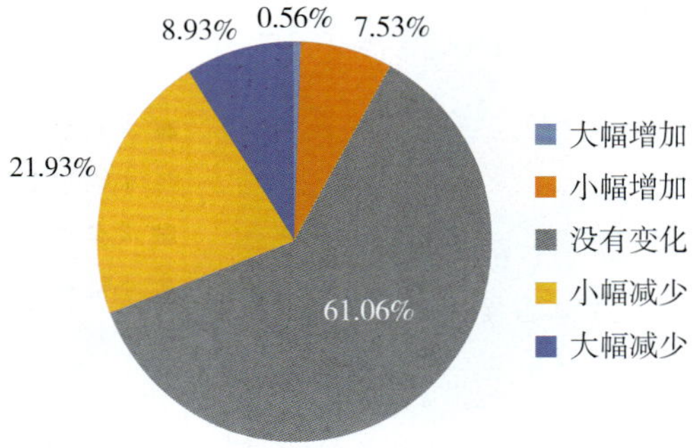

图19-7　2016年调查中样本家庭工作成员月平均收入较上一年变化情况

⑥家庭工作成员签订劳动合同形式情况。

2016 年调查显示，总体来看，37.96% 样本家庭工作成员没有签订劳动合同，15.77% 样本家庭工作成员签订有期限劳动合同，5.98% 样本家庭工作成员不需要签订劳动合同，5.69% 样本家庭工作成员签订无固定期限劳动合同，仅有 0.53% 样本家庭工作成员签订以完成一定工作任务为期限的劳动合同。此外，34.06% 的样本家庭工作成员因务农和个体工商户不适用。

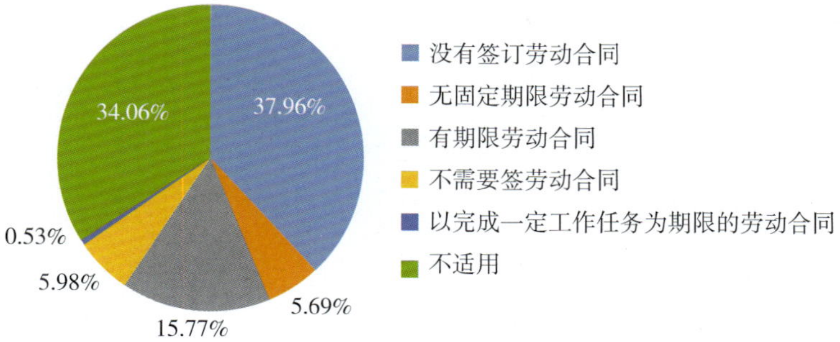

图19-8 2016年样本家庭工作成员签订劳动合同形式情况

⑦家庭工作成员参加养老保险情况。

2016 年调查结果显示，14.56% 的样本家庭工作成员没参加任何养老保险，58.10% 的样本家庭工作成员参加了新型农村社会养老保险，18.06% 的样本家庭工作成员参加了城镇职工养老保险，4.99% 的样本家庭工作成员参加了城镇居民养老保险。此外，1.35% 的样本家庭工作成员参加了商业养老保险，1.17% 的样本家庭工作成员参加了机关事业单位养老，极少数样本家庭成员参加企业年金（0.75%）、村集体养老金（0.14%）和其他养老保险（0.89%）。

表19-6 2016年样本家庭工作成员养老保险参加情况

养老保险类型	人数	占比（%）
城镇职工养老保险	387	18.06
城镇居民养老保险	107	4.99
机关事业单位养老	25	1.17
新型农村社会养老保险	1245	58.10
商业养老保险	29	1.35
企业年金	16	0.75
村集体养老金	3	0.14
其他	19	0.89
没有任何养老保障	312	14.56

2016 年调查结果显示，从样本家庭工作成员每月自己需要缴纳的养老保险金额来看，每个月平均缴纳养老保险金额为 84.02 元。65.50% 的样本家庭月均缴纳养老保险金额在 8 元及以下，这与新型农村养老保险参与人数较多有关，17.00% 的样本家庭月均缴纳养老保险金额在 8 ~ 100 元之间，8.00% 的样本家庭月均缴纳养老保险金额在 101 ~ 500 元之间，3.00% 的样本家庭月均缴纳养老保险金额在 500 元以上。整体来看，样本家庭工作成员每月自己需要缴纳的养老保险金额呈右偏分布。

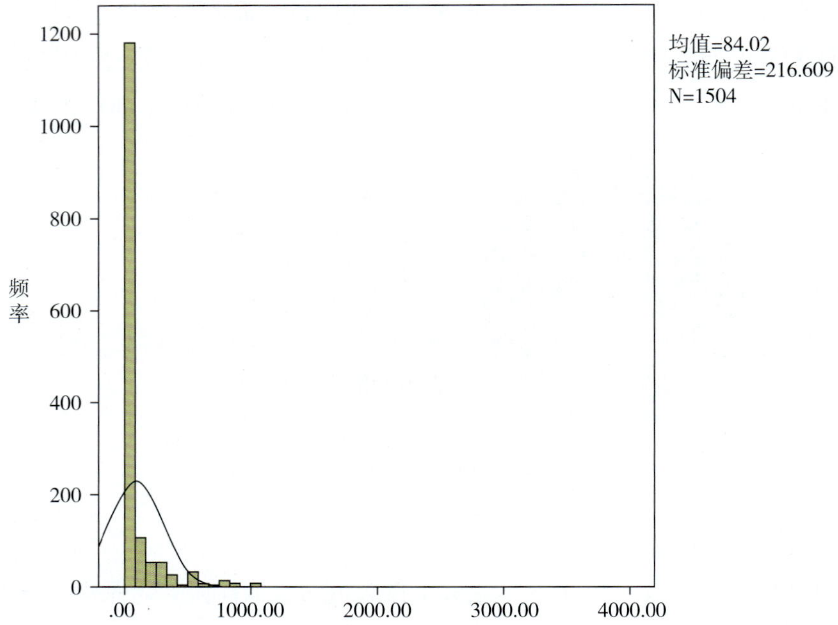

图19-9　2016年样本家庭工作成员每月自己需要缴纳的养老保险金额

⑧家庭工作成员工作情况。

2016 年调查中，样本家庭工作成员今年以来平均外出打工月数为 7.42 个月，46.00% 的样本家庭今年以来外出打工月数小于 3 个月，16.40% 的样本家庭今年以来外出打工月数在 3 ~ 6 个月之间，18.90% 的样本家庭今年以来外出打工月数在 6 ~ 9 个月之间，18.70% 的样本家庭今年以来外出打工月数在 9 个月以上。

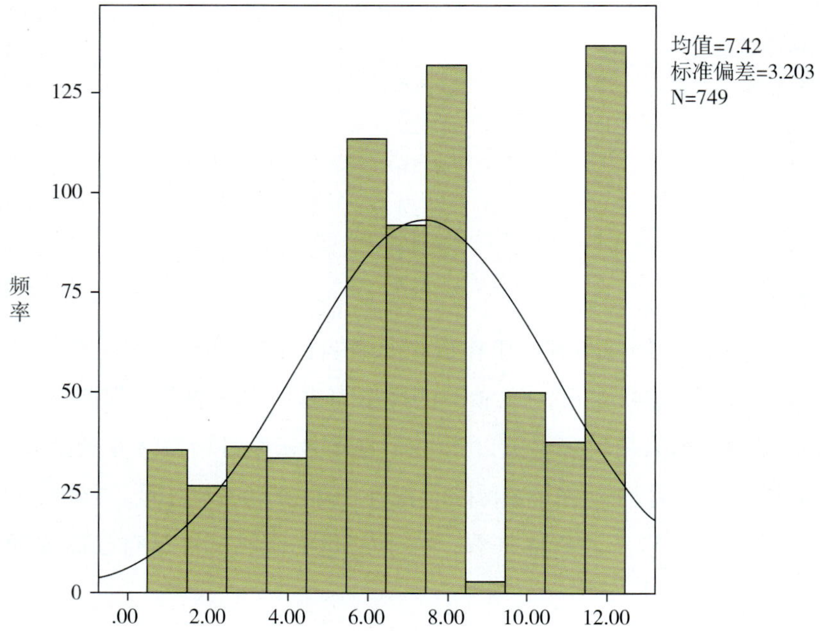

图19-10　样本家庭工作成员外出打工月数

2016 年调查结果显示，42.60% 的样本家庭非工作成员由于在校学习或年幼未工作，其次，26.17% 的样本家庭非工作成员由于丧失劳动能力未工作，15.15% 的样本家庭非工作成员由于料理家务未工作，10.18% 的样本家庭非工作成员由于离退休未工作。此外，样本家庭非工作成员未工作原因还包括本人原因、单位原因、毕业后未工作、不想工作、承包土地被征用及其他等。

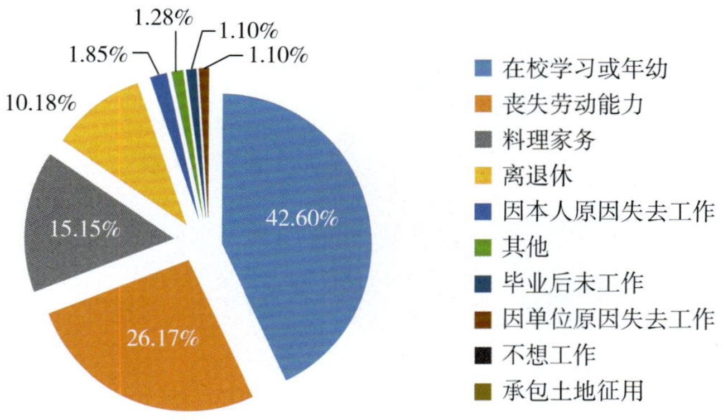

图19-11　2016年样本家庭非工作成员未工作原因

2016 年调查结果显示，54.17% 的样本家庭非工作成员最后一份工作所属行业为农林牧渔业，8.94% 的样本家庭非工作成员最后一份工作属于制造业，6.54% 样本家庭非工作成员最后一份工作所属行业为其他。

表19-7　2016年样本家庭非工作成员最后一份工作行业（TOP 10）

就业类型	N	占比（%）
农林牧渔业	630	54.17
制造业	104	8.94
其他	75	6.45
建筑业	47	4.04
批发和零售业	44	3.78
居民服务和其他服务业	37	3.18
卫生、社会保障和福利业	32	2.75
电力、煤气及水的生产和供应业	27	2.32
住宿和餐饮业	23	1.98
教育业	21	1.81

此外，2016 年调查结果显示，97.13% 的样本家庭非工作成员在最近三个月内未找过工作，仅有 2.87% 的样本家庭非工作成员在最近三个月找过工作。

3. 样本家庭基本民生问题情况

2016 年调查结果显示，陕西省样本家庭中有 55.98% 对目前生活状况总体满意，有 19.55% 的样本家庭表示满意度一般，有 23.90% 的样本家庭对目前生活状况不太满意甚至很不满意，相较于 2014 年调查，陕西省样本家庭中有 53.84% 的对目前生活状况总体满意，有 20.42% 的样本家庭表示满意度一般，有 25.42% 的样本家庭对目前生活状况不太满意甚至很不满意，总体来看，陕西省样本家庭对生活状况的满意程度较 2014 年略有提高，但总体满意状况仍有待进一步改善。

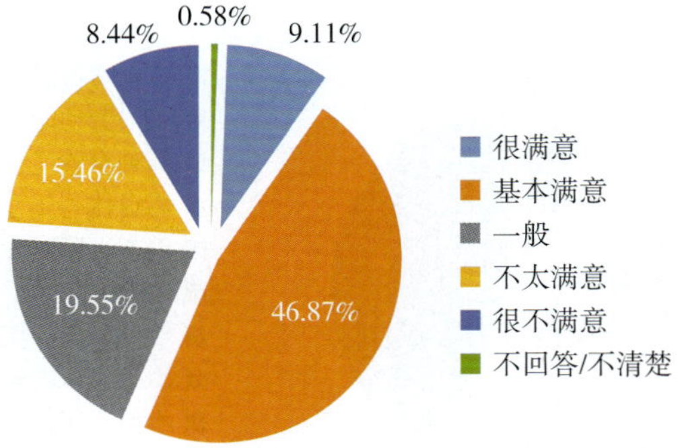

图19-12　2016年对目前生活状况总体满意程度（N=1197）

2016 年调查结果显示，陕西省样本家庭中有 35.48% 对家庭生活没有不满意的方面，有 29.88% 的样本家庭对家庭生活中的收入水平最不满意，相较于 2014 年的 27.07%，该比例提高 2.81 个百分点，有 10.68% 的样本家庭对家庭生活中医疗方面最不满意，6.43% 的样本家庭对家庭生活中的子女教育状况最不满意，有 5.51% 的样本家庭对住房最不满意，有 4.17% 的样本家庭对就业状况不满意。见图 19-13。总体来看，目前陕西省样本家庭对家庭生活中的收入水平、医疗、子女教育、住房和就业状况等问题最关注。

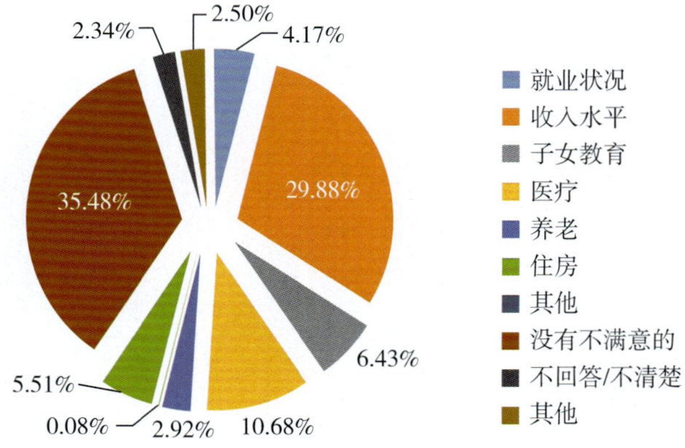

图19-13　2016年样本家庭对家庭生活最不满意的方面（N=1198）

2016 年调查结果显示，陕西省样本家庭中有 62.39% 对社会生活基本满意，有 7.67% 的样本家庭未回答或不清楚，有 7.09% 的样本家庭对社会生活中的食品安全问题不满意，有 6.17% 的样本家庭对社会生活中的环境污染问题不满意，有 5.00% 的样本家庭对社会生活中的交通出行问题不满意。见图 19-14。总体来看，目前陕西省样本家庭对社会生活满意程度较高，对社会生活中的食品安全、环境污染和交通出行等问题最关注。

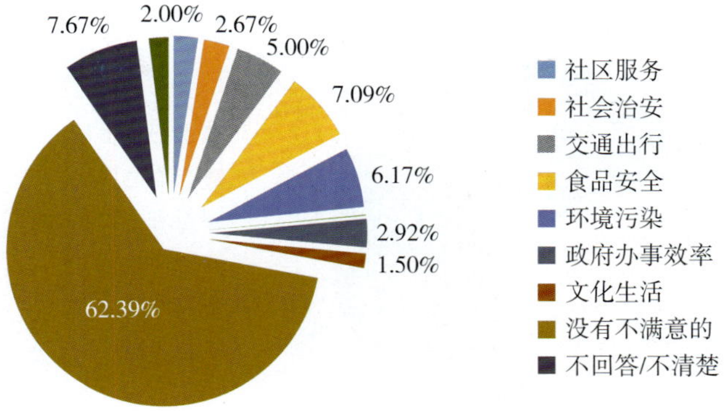

图19-14　2016年样本家庭对社会生活最不满意的方面（N=1199）

4. 样本家庭收入与消费情况

本小节主要分析陕西省样本家庭的收入水平、收入变化趋势、经济援助救助情况、收入差距变化情况、家庭支出主要压力等。

2016 年调查结果显示，70.64% 的样本家庭年收入在 5 万元以下，这与本次调查的样本主要来自于农村地区有显著关系，相较于 2014 年的 76.22% 降低 5.58 个百分点，说明近年样本家庭收入状况有所改善。19.37% 的样本家庭年收入在 1 万元以下，28.09% 的样本家庭年收入为 1 万 ~ 2.99 万元，23.18% 的样本家庭年收入为 3 万 ~ 4.99 万元，19.88% 的样本家庭年收入为 5 万 ~ 9.99 万元，另外有少数的样本家庭（9.48%）年收入在 10 万元及以上，经估算，样本家庭平均收入约为 4.55 万元。

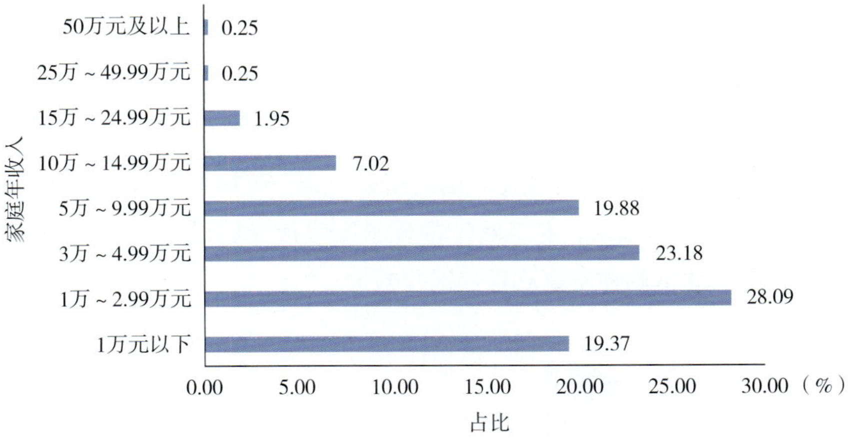

图19-15　样本家庭2016年家庭年收入情况（N=1182）

2016 年调查结果显示，样本家庭成员对家庭收入预期不乐观，相比于 2015 年，仅有 8.69% 的样本家庭认为 2016 年家庭总收入会有所增长，近一半（45.32%）的样本家庭认为 2016 年与 2015 年相比，家庭总收入没什么变化，甚至有 43.65% 的样本家庭认为 2016 年家庭总收入会有所减少。

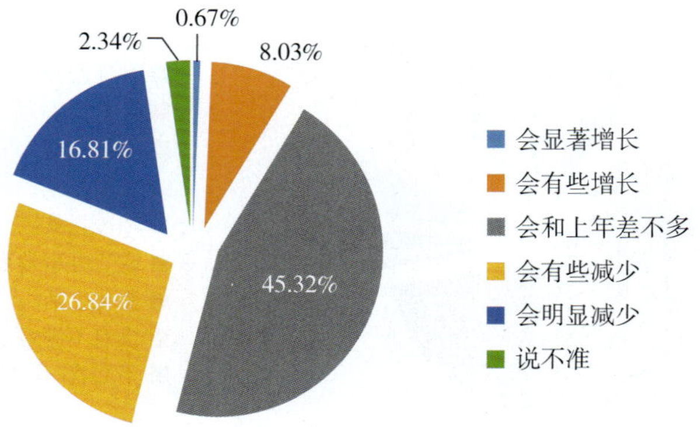

图19-16　2016年样本家庭较上一年家庭总收入变化趋势（N=1196）

2016年调查结果显示，仅6.27%的样本家庭受访者认为自己家庭收入在所在地区处于上层或中上层，32.22%的样本家庭受访者认为自己家庭收入在所在地区处于中层水平，而58.33%的样本家庭受访者认为自己家庭收入处于社会的中下层甚至下层水平。

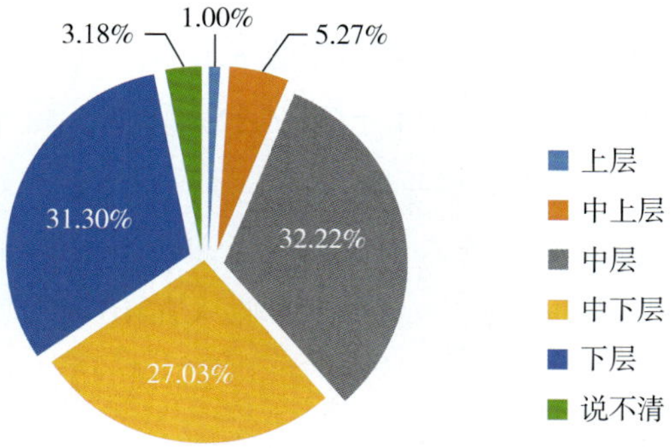

图19-17　2016年样本家庭受访者认为家庭收入在所在地区所处层次情况（N=1195）

此外，2016年调查结果显示，样本家庭中有171户家庭，在上一年接受过政府或有关部门提供的经济援助救助，占有效样本家庭数的14.32%。

2016年调查结果显示，在接受经济援助救助的家庭中，有67.76%样本家庭为低保户，有8.55%样本家庭接受农村特困户生活援助，有7.89%的样本家庭接受农村五保供养，有7.24%的样本家庭接受临时救助，有6.58%的样本家庭接受医疗救助。

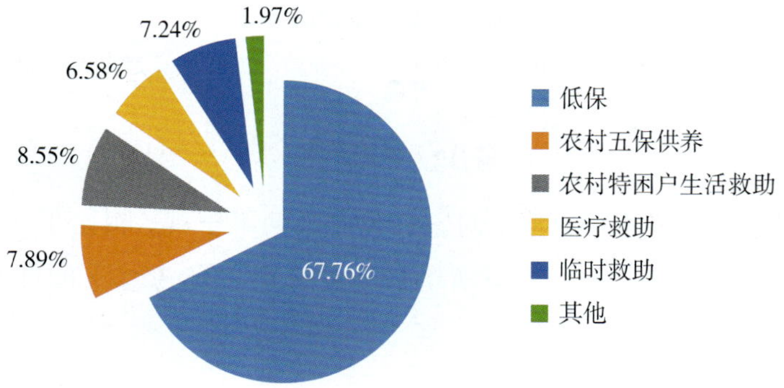

图19-18　2016年样本家庭获得经济援助救助形式（N=152）

2016 年调查结果显示，在接受经济援助救助的家庭中，各类救助资金平均为 3452.41 元，47.30% 的样本家庭接受救助资金为 2000 元以下，20.30% 的样本家庭接受救助资金在 2001 ~ 4000 元之间，14.20% 的样本家庭接受救助资金在 4001 ~ 6000 元之间，18.20% 的样本家庭接受救助资金在 6001 元以上。

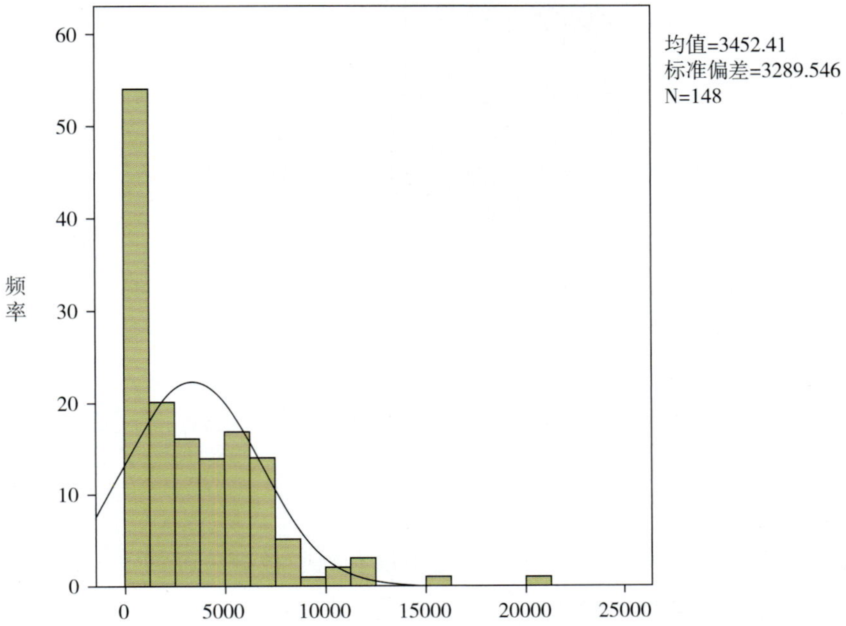

图19-19 2016年样本家庭获得各类救助资金（N=148）

2016 年调查结果显示，37.88% 的样本家庭受访者认为，近两年来周围家庭间的收入差距在扩大，31.14% 的样本家庭受访者认为周围家庭间收入差距没有变化，仅有 12.71% 的样本家庭受访者认为该差距在逐渐缩小。

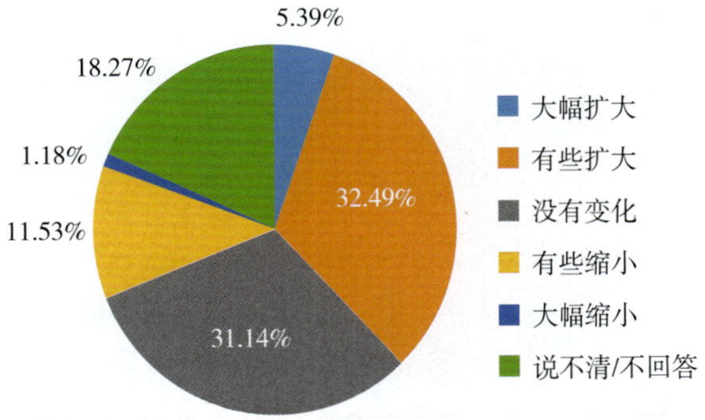

图19-20 2016年样本家庭受访者认为自己家庭与其他家庭收入差距变化趋势（N=1188）

2016 年调查结果显示，仅有 79 户样本家庭受访者表示目前家庭支出没有造成任何经济压力，而其余 1116 户样本家庭则有不同方面的经济压力，34.64% 的样本家庭受访者表示家庭支出压力最大的一项为医疗，相较于 2014 年的 34.93% 下降 0.29 个百分点，其次 26.78% 的样本家庭受访者表示家庭支出压力最大的一项为子女教育，相较于 2014 年的 24.66% 上升 2.12 个百分点。此外，

9.79% 的样本家庭受访者表示最大的家庭支出压力来源于食品支出，8.45% 的样本家庭受访者表示最大的家庭支出压力来源于住房。医疗和子女教育仍是样本家庭最大支出压力来源。

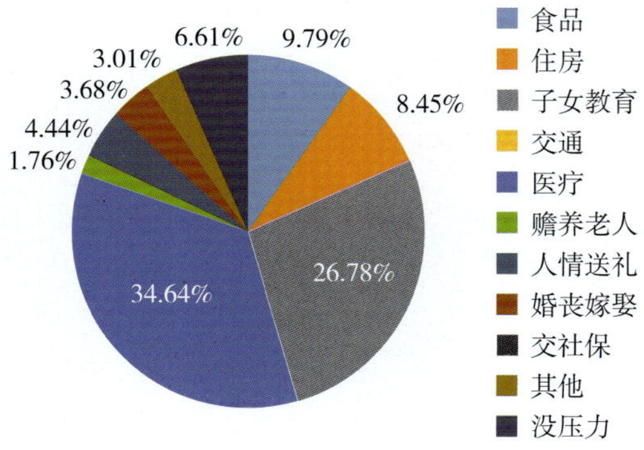

图19-21　2016年样本家庭受访者自我感知家庭支出压力最大的一项（N=1195）

5. 样本家庭子女教育情况

本小节主要分析样本家庭子女的教育阶段分布、教育机构选择、各教育阶段最不满意的内容等情况。

①样本家庭子女所处教育阶段分布情况。

2016 年调查结果显示，46.08% 的样本家庭中没有处于教育阶段的子女，而其余 53.92% 的样本家庭中均包含处于不同教育阶段的子女。其中，有 434 个样本家庭有 1 个孩子正在上学，有 191 个样本家庭有 2 个孩子正在上学，有 16 个样本家庭有 3 个孩子正在上学，有 4 个样本家庭有多于 3 个孩子正在上学。子女处于小学阶段的样本家庭最多，占包含有处于教育阶段子女样本家庭的 32.97%，其次为学前（幼儿园）阶段，占 25.25%，另外有 12.13% 的样本家庭，其子女处于本科院校及以上教育阶段。

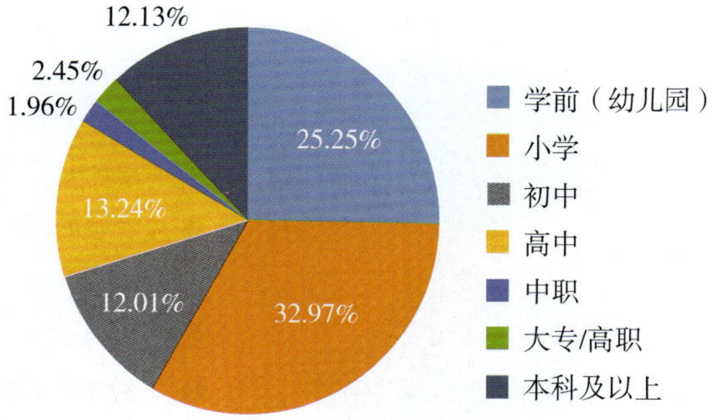

图19-22　2016年样本家庭子女所处教育阶段分布（N=816）

②样本家庭对学前教育满意情况。

2016 年调查结果显示，44.76% 的样本家庭表示对学前教育没有不满意的内容，10.48% 的样本家庭未回答或不清楚，样本家庭对学前教育方面最不满意的内容主要包括：入园贵（19.05%）、入园难（9.52%）、教育质量差（6.19%）。“入园贵、入园难”是样本家庭在学前教育方面最关心的问题。

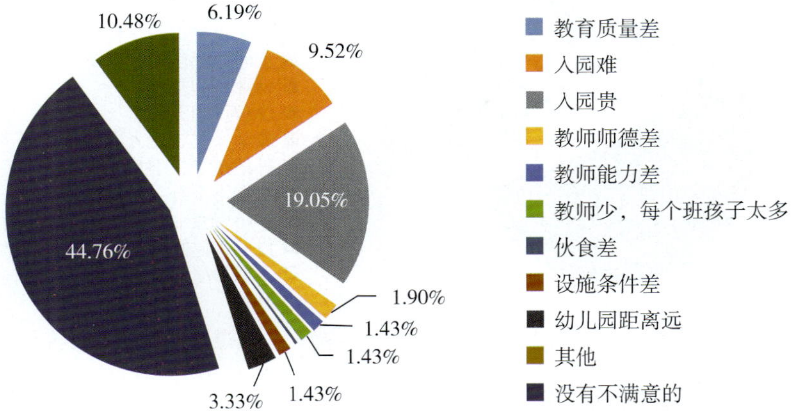

图19-23　2016年样本家庭在学前教育方面最不满意的内容（N=816）

2016 年调查结果显示，有 71.95% 的样本家庭（N=492）孩子在离家最近或比较近的地方上学（或幼儿园），28.05% 的样本家庭孩子未在离家最近或较近的地方上学。未在离家最近的地方上学的主要原因，32.47% 的样本家庭是为了上更好的学校，26.62% 的样本家庭是为了自己的方便（离工作单位近，能住校，离父母近的地方上学），20.78% 的样本家庭是因为学费问题，5.84% 的样本家庭是因为本地无学校，5.19% 的样本家庭是因为未被划在其招生片区内。

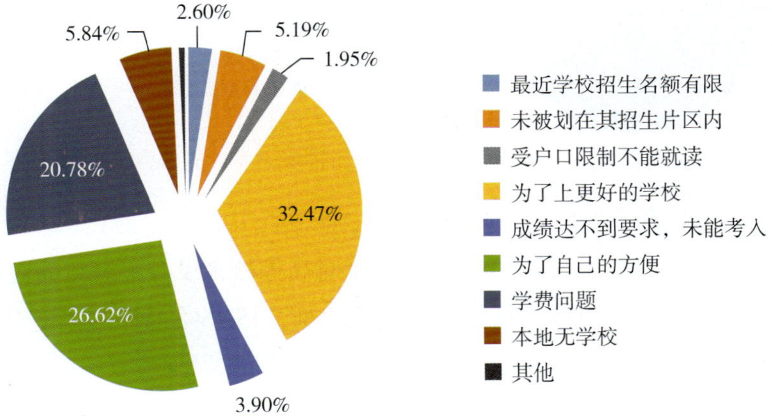

图19-24　2016年样本家庭未在离家最近的地方学习原因（N=154）

③样本家庭对义务教育和普通高中教育满意情况。

2016 年调查结果显示，56.46% 的样本家庭表示对义务教育和普通高中教育方面没有不满意的内容，10.29% 的样本家庭未回答或不清楚，样本家庭对义务教育和高中教育最不满意的内容主要包括：教育质量差（7.18%）、上学距离较远，就学不便（4.55%）、课业负担重（4.31%）。

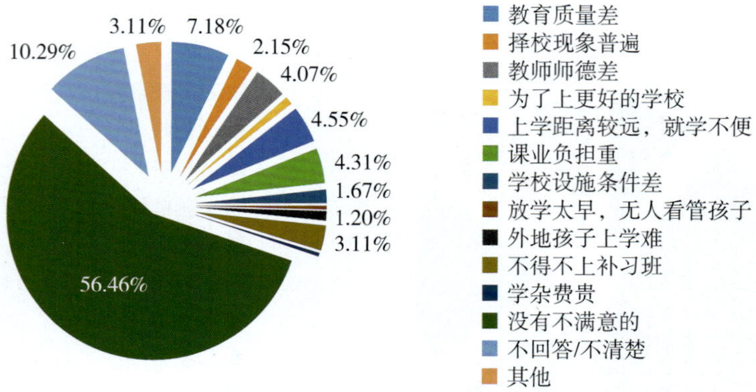

图19-25　2016年样本家庭在义务教育和普通高中教育方面最不满意的内容（N=418）

④样本家庭对职业教育满意情况。

2016 年调查结果显示，64.44% 的样本家庭表示对职业教育方面没有不满意的内容，17.78% 的样本家庭对职业教育最不满意的内容为就业质量不高。

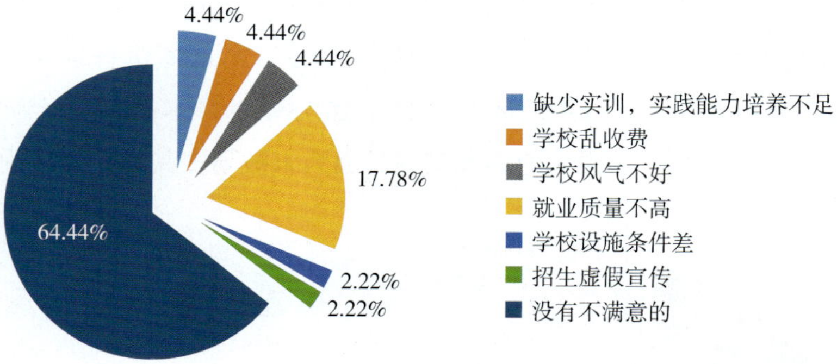

图19-26　2016年样本家庭在职业教育方面最不满意的内容（N=45）

⑤样本家庭对高等教育满意情况。

2016 年调查结果显示，47.42% 的样本家庭表示对高等教育没有不满意的内容，27.84% 的样本家庭对高等教育最不满意的内容为高校毕业生就业难，15.46% 的样本家庭对高等教育最不满意的内容为学费贵。

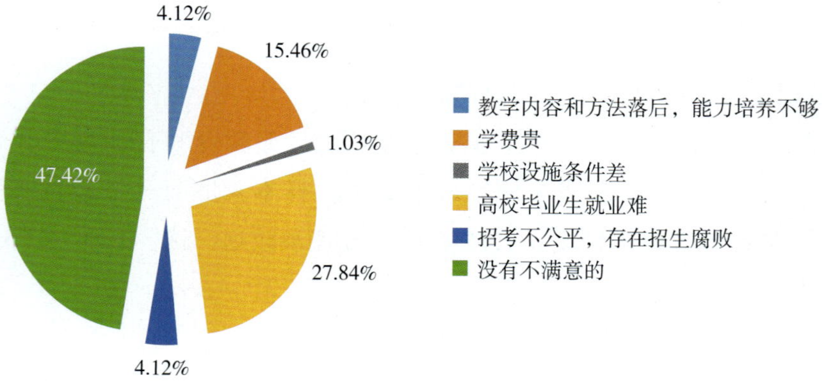

图19-27　2016年样本家庭在高等教育方面最不满意的内容（N=97）

6. 样本家庭医疗卫生情况

本小节主要分析样本家庭日常患病时对医疗机构的选择、样本家庭内成员住院及花费情况、报销情况、满意情况等。

2016 年调查结果显示，在日常患病时，12.04% 的样本家庭选择自己买药治疗，相较于 2014 年的 20.83% 降低 8.79 个百分点；而 34.05% 的样本家庭会选择去村卫生室或诊所就诊，相较于 2014 年的 43.50% 降低 9.45 个百分点；有 26.00% 的样本家庭选择区或县医院就诊，相较于 2014 年的 14% 增长 12 个百分点；有 10.95% 的样本家庭选择社区卫生服务中心(站)就诊，相较于 2014 年的 3.42% 增长 7.53 个百分点；10.54% 的样本家庭选择乡镇卫生院就诊，相较于 2014 年的 11.25% 降低了 0.71 个百分点；4.93% 的样本家庭选择区域内最好的大医院就诊，相较于 2014 年的 7% 降低了 2.07 个百分点。总体来看，相较于 2014 年，样本家庭对医疗服务利用程度提高，日常患病自我治疗比例下降；选择到村卫生室 / 诊所、乡镇卫生院、大医院就诊的比例下降，选择到区或县医院、社区卫生服务中心就诊比例上升，这一方面与医疗保障水平提升，群众选择更好的医疗资源有关，另一方面与城镇化建设进程加快，村镇向社区转变，乡镇卫生院转变为社区卫生服务中心有关。见图 19–28。该统计结果并不能有效反映陕西省所有居民日常患病时的医疗机构选择趋势，只在一定程度上代表农村居民日常患病时的医疗机构选择情况。

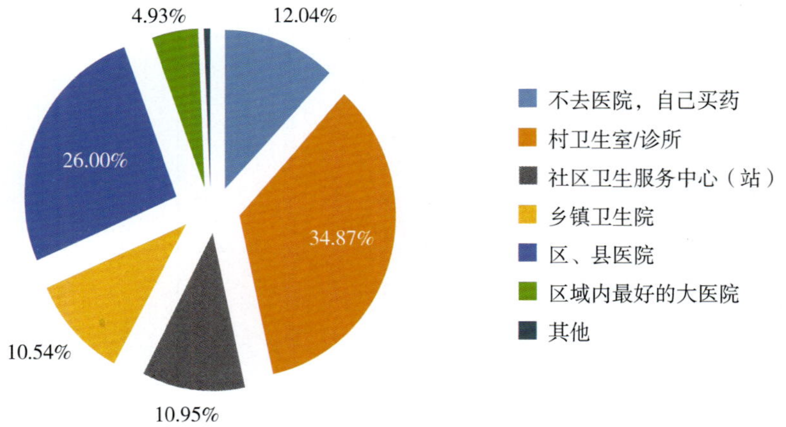

图19-28　2016年样本家庭日常选择医疗机构情况

2016 年调查结果显示，对于 2015 年以来家庭成员住院情况，59.27% 的样本家庭反映 2015 年以来没有成员住过院，40.73% 的样本家庭反映 2015 年以来家庭内有成员住过院，相较于 2013 年 35.41% 增长 5.32 个百分点。其中，47.11% 的样本家庭选择在县医院住院，31.94% 的样本家庭选择在市医院住院，此外 10.38% 的样本家庭在乡镇卫生院住院，9.38% 的样本家庭在省城医院住院。

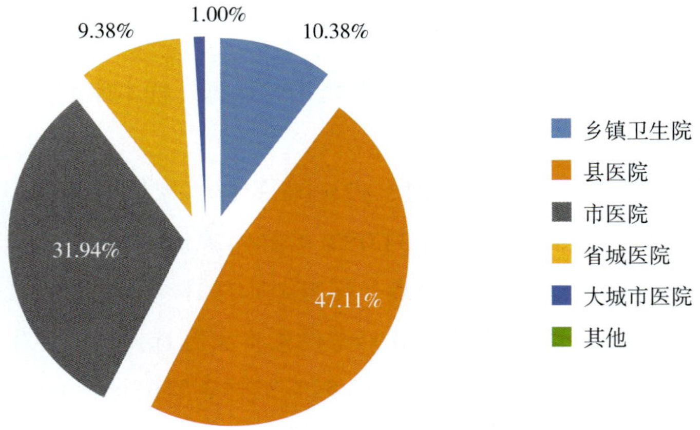

图19-29　2016年样本家庭住院级别情况

2016 年调查结果显示，上一年度家庭中有成员住院的样本家庭，医疗总费用在扣除医保报销后，平均自付费用为 11453.52 元，相较于 2013 年的 10085.02 元增长 13.57%，43.20% 的样本家庭医疗总费用在 2000 元及以下，22.30% 的样本家庭医疗总费用在 2001 ~ 5000 元之间，15.90% 的样本家庭医疗总费用在 5001 ~ 10000 元之间，18.60% 的样本家庭医疗总费用在 10000 元以上。

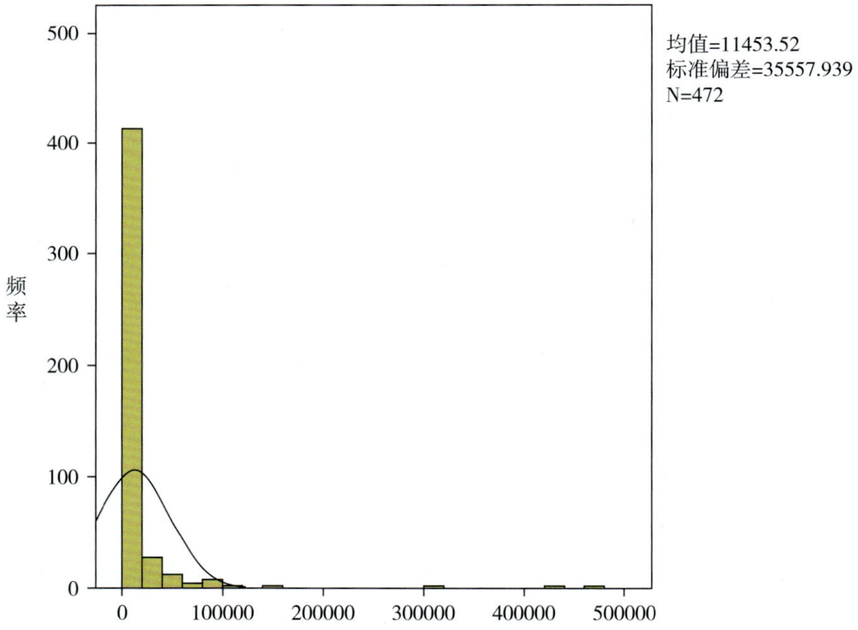

图19-30　2016年样本家庭住院实际支付诊疗费用情况

2016 年调查结果显示，样本家庭住院其他费用，包括看护、交通、食宿、红包、礼品等，平均花费为 1270.44 元，51.50% 的样本家庭住院其他费用为 500 元及以下，20.50% 的样本家庭住院其他费用在 501 ~ 1000 元之间，15.90% 的样本家庭住院其他费用在 1001 ~ 2000 元，12.10% 的样本家庭住院其他费用在 2000 元以上。

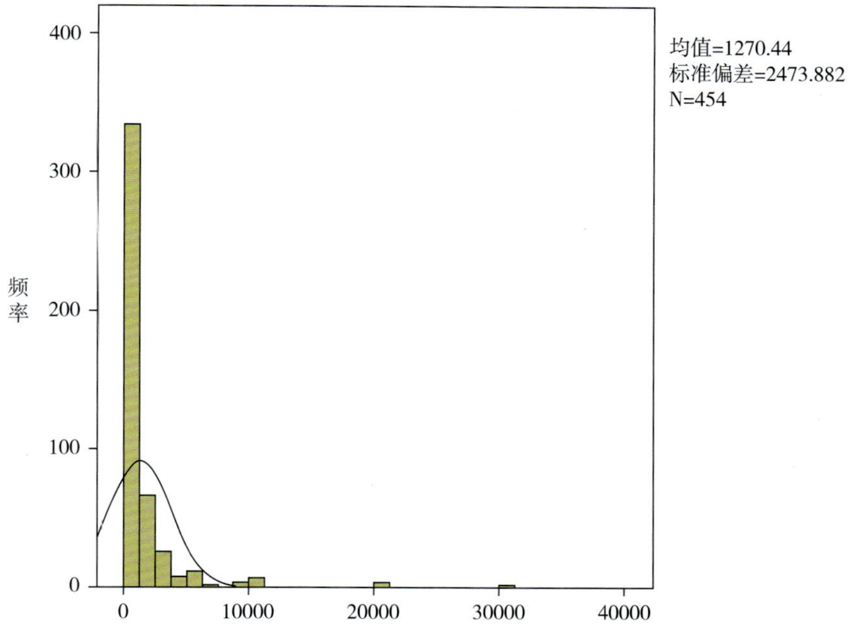

图19-31　2016年样本家庭住院其他费用情况

样本家庭住院后各类医保平均报销费用为 7196.93 元，44.60% 的样本家庭报销费用在 2000 元及以下，31.30% 的样本家庭报销费用为 2001 ~ 5000 元，12.30% 的样本家庭报销费用为 5001 ~ 10000 元，17.80% 的样本家庭报销费用为 10000 元以上。

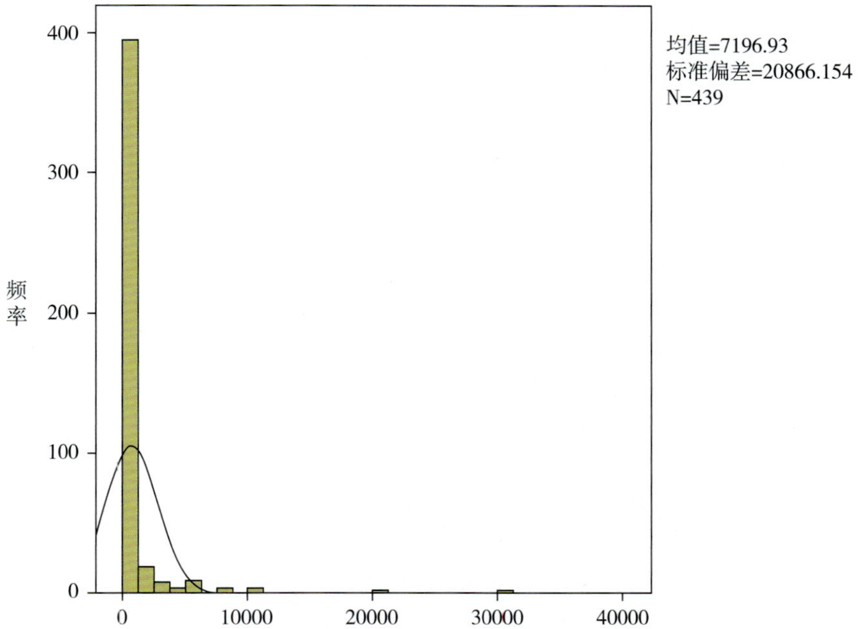

图19-32　2016年样本家庭住院各类医保报销情况

2016 年调查结果显示，样本家庭成员平均报销比例为 44.44%，相较于 2014 年的 34.96% 增长 9.48 个百分点，有 27.20% 的家庭实际报销比例在 30% 以下，48.30% 的样本家庭实际报销比例在 30% ~ 60% 之间，23.60% 的样本家庭实际报销比例在 60% ~ 90% 之间，有 8.90% 的样本家庭实际报销比例在 90% 以上。

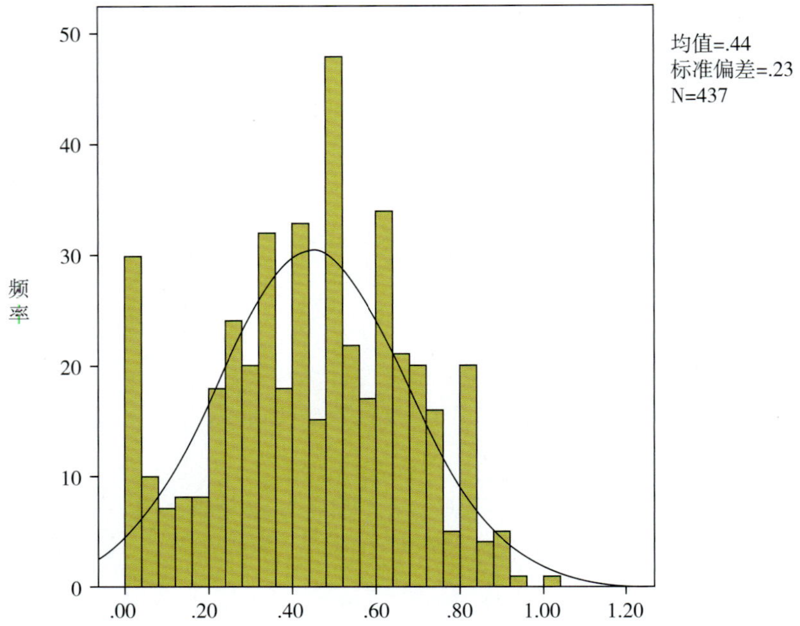

图19-33　2016年样本家庭住院实际报销比例情况

2016 年调查结果显示，16.58% 的样本家庭成员有医院建议住院而未住院的情况，相较于 2014 年调查的 10.54% 增长 6.04 个百分点。对于这些样本家庭成员应住院而未住院的原因，78.05% 的样本家庭反映是因为没钱住院，相较于 2014 年调查的 64.57% 增长 13.48 个百分点。这可以从两方面进行分析，首先是样本家庭收入比较低，其次为医疗机构医疗费用昂贵，将给样本家庭带来巨大的家庭经济压力，对于这部分人群，卫生部门在医疗保障或医疗救助政策方面应给予一定程度的倾斜。另外，则有少数的原因是自己认为不需要（9.76%）、没时间住院（6.34%）、其他原因（5.37%）。

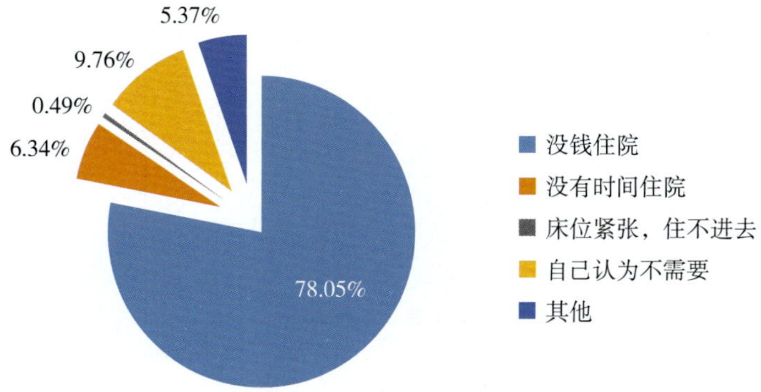

图19-34　2016年样本家庭成员因住院未住院原因

2016 年调查结果显示，当家庭成员患病时，30.75% 的样本家庭通过多种方式向外筹资，其中有 29.89% 的样本家庭通过找亲戚朋友借款来筹资，还有个别样本家庭通过变卖家庭财产或抵押贷款或其他方式筹资。

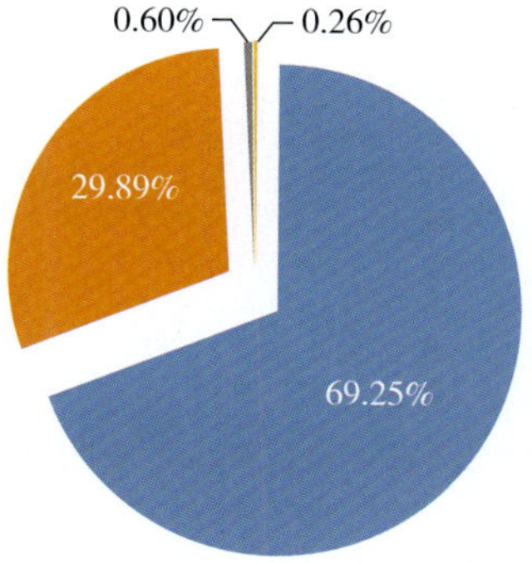

图19-35　2016年样本家庭因病筹资方式（N=1161）

2016 年调查结果显示，38.02% 的样本家庭对医疗服务最不满意的内容未回答或不清楚，36.25% 的样本家庭对医疗服务最不满意的内容为看病太贵，7.60% 的样本家庭对医疗服务最不满意的内容为大医院看病难，此外 3.71% 的样本家庭对医疗水平差不满意，3.71% 的样本家庭对基层医疗机构能力不满意，仅有 7.07% 的样本家庭表示对医疗服务没有不满意的内容。“看病难、看病贵”问题是造成样本家庭对医疗服务不满意的最主要因素。

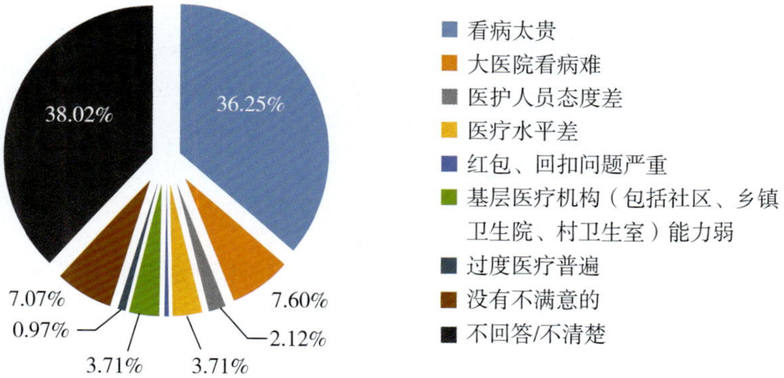

图19-36　2016年样本家庭对医疗服务最不满意的内容

7. 样本家庭养老保障情况

本小节主要分析样本家庭受访者对于养老保障的态度以及家庭养老的情况。

① 60 岁以下且未退休受访者养老保障情况。

养老经济来源。2016 年调查结果显示，31.31% 的样本家庭受访者反映未来主要依靠儿女养老；27.92% 的样本家庭受访者认为未来养老的资金来源为自己的退休金和养老金；19.74% 的样本家庭受访者反映暂时没想法；6.66% 的样本家庭受访者反映未来将依靠储蓄来养老。另外，还有部分样本家庭受访者表示未来将依靠配偶的退休金 / 养老金、投资理财收入、承包田地、商业养老保险金、房产收益（租房或卖房）、低保或社会救济、打零工等方式养老。总体来看，样本家庭受访者未来主要养老经济来源为子女援助和退休金、养老金。

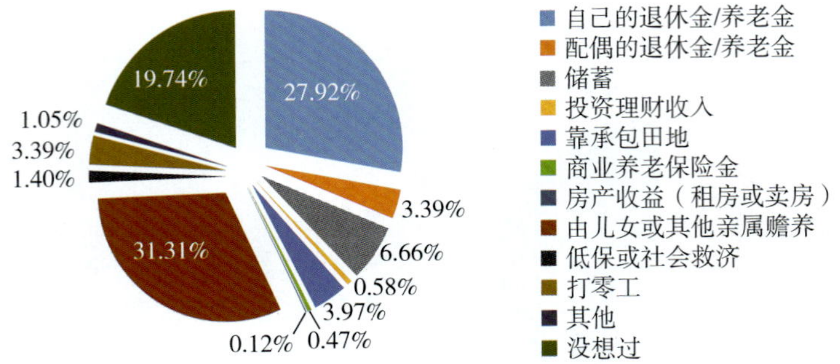

图19-37　2016年60岁以下且未退休受访者未来养老经济来源（N=856）

对未来养老经济保障的态度。2016 年调查结果显示，16.96% 的样本家庭受访者对于未来的养老经济来源不担心；28.54% 的样本家庭受访者则反映有些担心；41.17% 的受访者很担心养老的经济来源；13.33% 的样本家庭受访者反映还未考虑过未来养老经济来源问题。总体来看，69.71% 的样本家庭受访者对未来养老经济来源持担心态度。

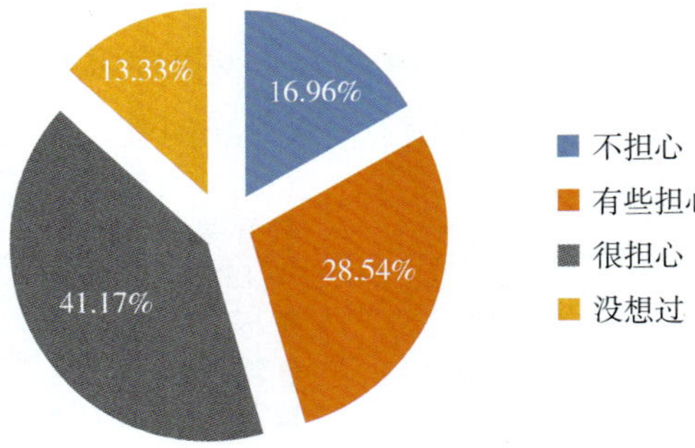

图19-38　2016年60岁以下且未退休受访者对养老经济保障的态度（N=855）

未来养老照料方式。2016 年调查结果显示，42.76% 的样本家庭受访者表示未来养老主要依靠子女照顾；35.28% 的样本家庭受访者表示将依靠配偶相互照顾；9.46% 的样本家庭受访者表示未来养老主要依靠自己照顾自己；9.11% 的样本家庭受访者表示还未考虑过这个问题。另外，有部分样本家庭受访者未来养老照料方式为去养老机构养老、雇佣保姆、其他亲属帮忙照顾。总体来看，样本家庭受访者未来养老照料方式为子女照顾和配偶相互照顾。

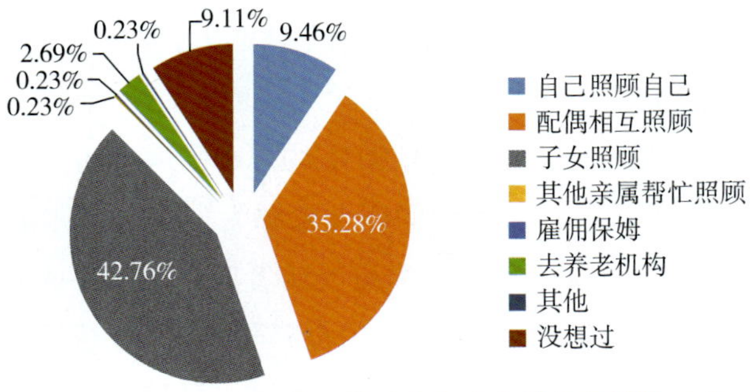

图19-39　2016年60岁以下且未退休受访者未来养老照料情况（N=856）

② 60 岁以上（或不足 60 岁已退休）受访者养老保障情况。

养老经济来源。2016 年调查结果显示，44.90% 的受访者表示养老的资金来源为自己的退休金和养老金；23.62%% 的受访者反映主要依靠儿女或其他亲属的经济支持；13.99% 的受访者反映依靠承包田地养老；5.54% 的受访者反映依靠配偶的退休金 / 养老金养老；5.25% 的受访者反映依靠打零工来养老。另外，还有部分受访者表示依靠低保或社会救济、储蓄、房产收益等方式养老。总体来看，样本家庭受访者未来主要养老经济来源为退休金、养老金以及儿女或其他亲属的经济支持。

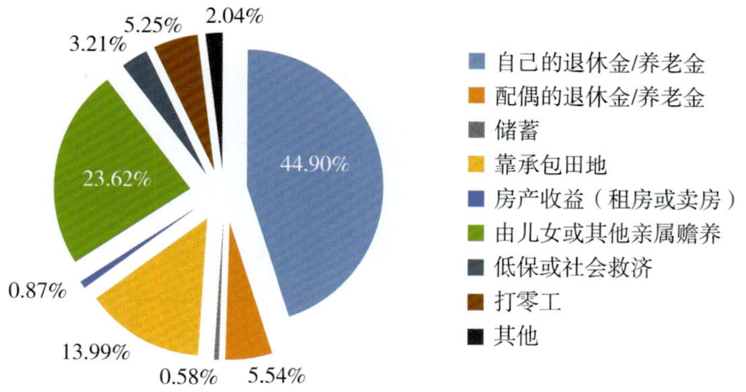

图19-40　2016年60岁以上受访者对养老经济保障的态度（N=343）

对以后养老经济来源的态度。2016 年调查结果显示，31.78% 的样本家庭受访者对于未来的养老经济来源不担心；30.03% 的样本家庭受访者则反映有些担心；34.99% 的样本家庭受访者很担心养老的经济来源；仅有 3.21% 的受访者反映还未考虑过养老经济来源问题。总体来看，65.02% 的样本家庭受访者对未来养老经济来源持担心态度。

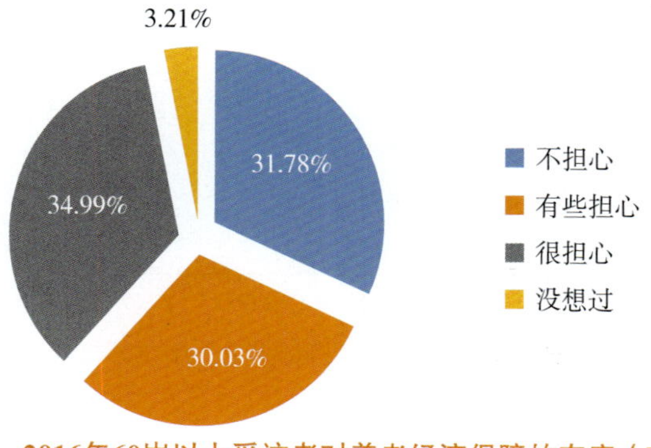

图19-41　2016年60岁以上受访者对养老经济保障的态度（N=343）

养老照料方式。2016 年调查结果显示，53.35% 的受访者表示将依靠配偶相互照顾；34.99% 的受访者表示养老主要依靠自己照顾自己；10.50% 的受访者表示养老主要依靠子女照顾。另外，有部分受访者未来养老照料方式为去养老机构养老、雇佣保姆、其他亲属帮忙照顾。总体来看，样本家庭受访者未来养老照料方式为配偶相互照顾和自己照顾自己。

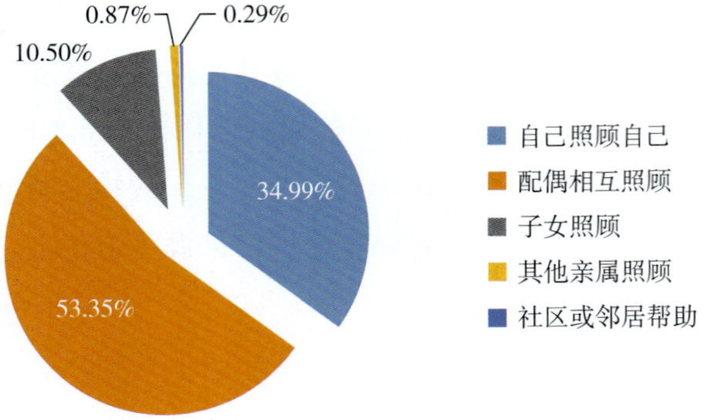

图19-42 2016年60岁以上受访者对养老经济保障的态度（N=343）

子女或其他亲属经济援助。2016 年调查结果显示，12% 的含 60 岁以上（或不足 60 岁已退休）受访者表示子女或其他亲属在经济上给予援助，年均值为 5314.58 元。其中，77.50% 在 5000 元以内，14.17% 在 5000 ~ 10000 元之间；8.33% 在 10000 元以上。

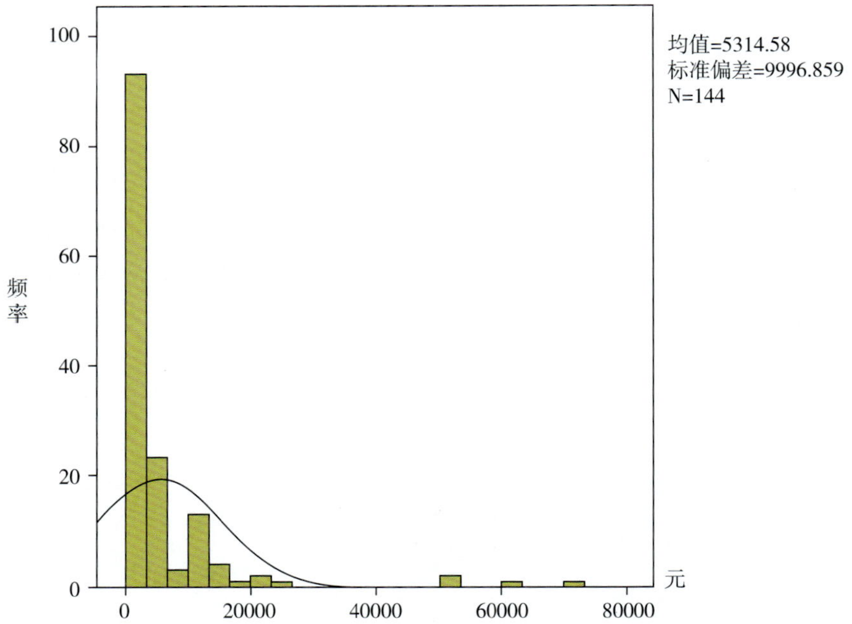

图19-43 2016年含60岁以上需要赡养和照顾老人的样本家庭养老支出（N=160）

8. 样本家庭住房保障情况

本小节主要分析样本家庭的住房类型、多套房情况、购房意愿及住房保障政策期望等情况。

①住房类型。

2016 年调查结果显示，63.60% 的样本家庭住房为自建住房；17.10% 的样本家庭住房为自购商品住房；5.60% 的样本家庭住房为市场租赁房；5.10% 的样本家庭住房为单位福利分房；3.60% 的样本家庭住房为父母住房。其他住房类型数量较少，如单位租住房（单位公寓 / 宿舍）、拆迁安置房、其他亲朋好友住房、政策性住房等。

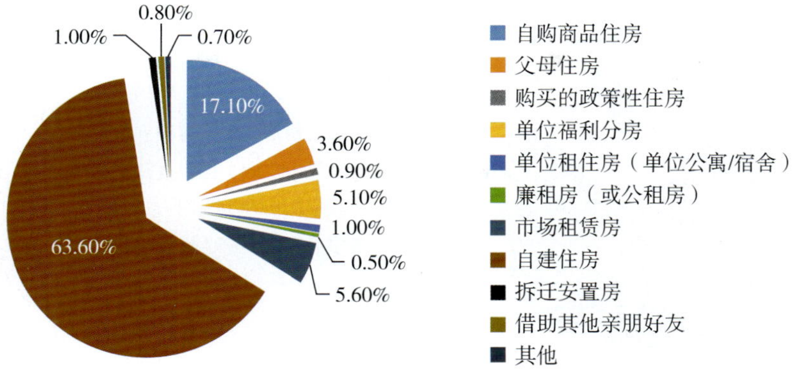

图19-44　2016年样本家庭住房类型（N=1198）

②住房面积。

2016 年调查结果显示，陕西省样本家庭住房面积平均为 122.37 平方米。其中，12.3% 的住房面积在 50 平方米以下；40.3% 的住房面积在 50 ~ 100 平方米之间；38.2% 的住房面积在 100 ~ 200 平方米之间；8.9% 的住房面积超过 200 平方米。

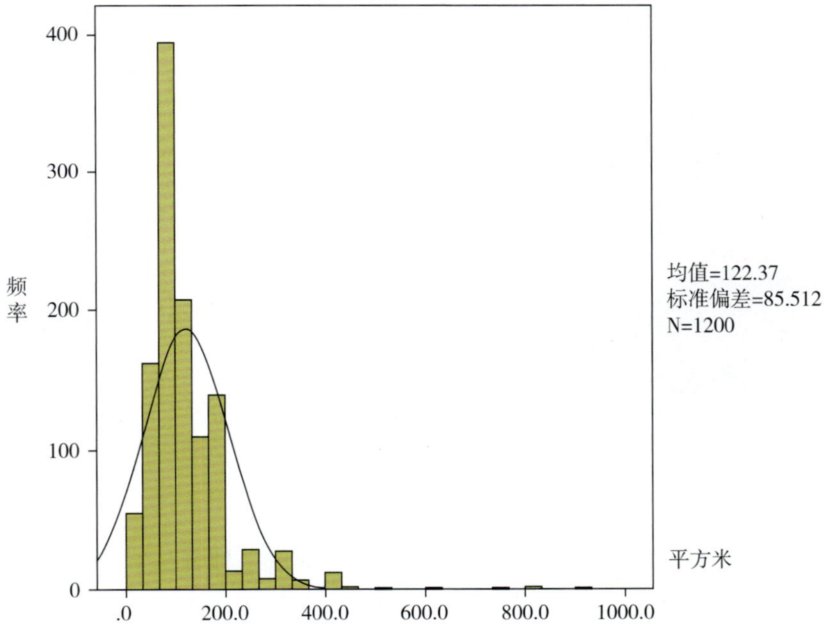

图19-45　2016年样本家庭住房面积频率分布（N=1176）

③住房条件。

2016 年调查结果显示，12.30% 的样本家庭与其他家庭（人）合（租）住。74.60% 的住房有独立的厨房和卫生间；11.40% 的住房既没有独立厨房，也没有独立卫生间。

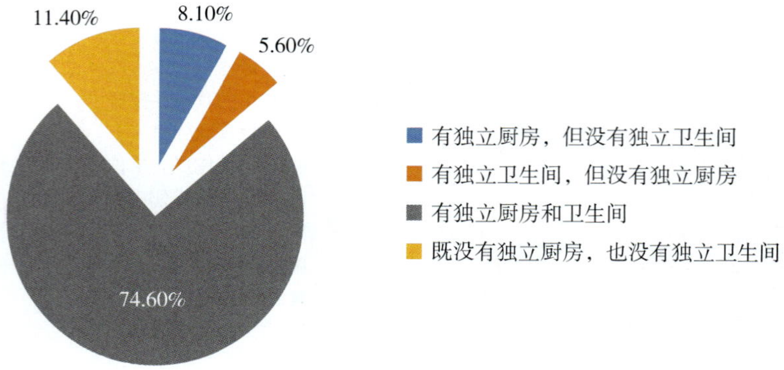

图19-46　2016年样本家庭住房条件（N=1196）

④住房问题。

2016 年调查结果显示，54.40% 的样本家庭对住房基本满意；11.70% 的样本家庭认为住房面积太小；7.90% 的样本家庭认为建筑年代久远，小区设施落后；4.50% 的样本家庭认为自来水、电力、燃气等设施不全。另外，还有部分家庭存在没有独立卫生间或厨房、房价太高，无法改善住房条件、住房支出压力太大、小区环境和物业差等问题。总体来看，有接近半数的样本家庭对目前住房不满意，主要问题包括住房面积小、建筑年代久远、小区设施落后等问题。

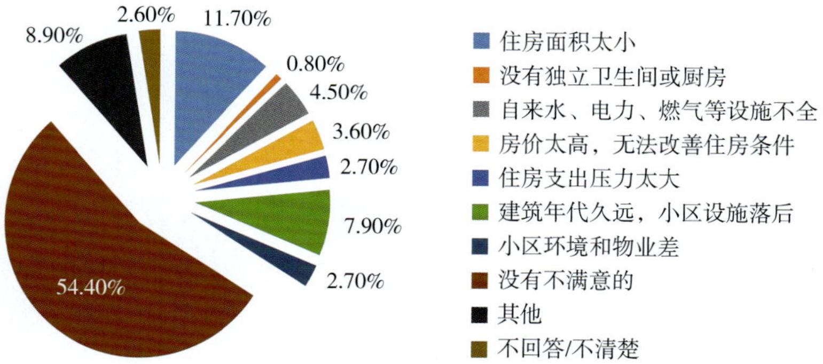

图19-47　2016年样本家庭住房问题（N=1197）

⑤多套住房情况。

2016 年调查结果显示，8.50% 的样本家庭在本市还拥有其他住房，本市其他住房所处状态主要是自己或家人居住（44.55%）、闲置（16.83%）、未交付（16.83%）；1.28% 的样本家庭在外市拥有其他住房，这些住房也主要是自己或家人居住（68.42%）、闲置（10.53%）、出租（10.53%）、间歇性回去居住（10.53%）。另外，有 13.45% 的样本家庭在农村拥有多套住房，这些住房主要是自己和家人居住（29.88%）、闲置（25.61%）、间歇性回去居住（15.85%）。

表19-8　2016年样本家庭多套住房情况

多套住房	是否拥有（%）		均值（套）
	是	否	
本市其他住房	8.50	91.50	1.20
外市其他住房	1.28	98.72	1.07
农村住房	13.45	86.55	1.06

表19-9　　2016年样本家庭多套住房所处状态（%）

状态	本市其他住房	外市其他住房	农村住房
自己（家人）居住	44.55	68.42	29.88
间歇性回去居住	3.96	10.53	15.85
交给亲戚或朋友看管	1.98	—	7.32
出租	13.86	10.53	6.71
闲置	16.83	10.53	25.61
未交付在建或装修	16.83	—	12.20
其他	1.98	—	2.44

9. 样本家庭对所居住地区生活环境评价情况

本小节主要分析样本家庭对所居住地区生活环境质量、农村居民污染治理、农业污染处理及食品安全等问题的评价情况。

①生活环境质量评价。

2016 年调查从总体环境质量状况、空气质量、生活用水质量、水体质量、生活污水处理情况、生活垃圾处理情况、噪声环境质量、绿化环境八方面对居住生活环境质量进行评价。

总体环境质量状况。2016 年调查结果显示，44.80% 的样本家庭受访者认为总体环境状况有所改善，较 2014 年 47.90% 水平下降 3.10 个百分点；41.50% 的样本家庭受访者认为没有变化，较 2014 年 40.41% 水平上升 1.09 个百分点；10.40% 的样本家庭受访者认为总体环境状况进一步恶化，较 2014 年 10.70% 水平下降 0.3 个百分点。

空气质量。2016 年调查结果显示，39.70% 的样本家庭受访者认为所居住环境的空气质量有所改善，42.10% 的样本家庭受访者认为没有变化；16.2% 的样本家庭受访者认为空气质量状况进一步恶化。

生活用水质量。2016 年调查结果显示，35.00% 的样本家庭受访者认为所居住环境的生活用水质量有所改善，42.00% 的样本家庭受访者认为没有变化；20.30% 的样本家庭受访者认为生活用水质量状况进一步恶化。

周边河流湖泊等水体质量。2016 年调查结果显示，18.60% 的样本家庭受访者认为所居住环境的周边河流湖泊等水体质量有所改善，39.70% 的样本家庭受访者认为没有变化；19.60% 的样本家庭受访者认为周边河流湖泊水体质量状况进一步恶化。

生活污水处理情况。2016 年调查结果显示，29.10% 的样本家庭受访者认为所居住环境的生活污水处理情况有所改善，48.30% 的样本家庭受访者认为没有变化；12.90% 的样本家庭受访者认为生活污水处理情况进一步恶化。

生活垃圾处理情况。2016 年调查结果显示，52.30% 的样本家庭受访者认为所居住环境的生活垃圾处理情况有所改善，30.30% 的样本家庭受访者认为没有变化；14.10% 的样本家庭受访者认为生活垃圾处理情况进一步恶化。

噪声环境质量。2016 年调查结果显示，15.29% 的样本家庭受访者认为所居住环境的噪声环境质量有所改善，57.18% 的样本家庭受访者认为没有变化；15.37% 的样本家庭受访者认为噪声环境质量进一步恶化。

绿化环境。2016 年调查结果显示，39.10% 的样本家庭受访者认为所居住环境的绿化环境质量有所改善，53.10% 的样本家庭受访者认为没有变化；4.90% 的样本家庭受访者认为绿化环境质量进一步恶化。

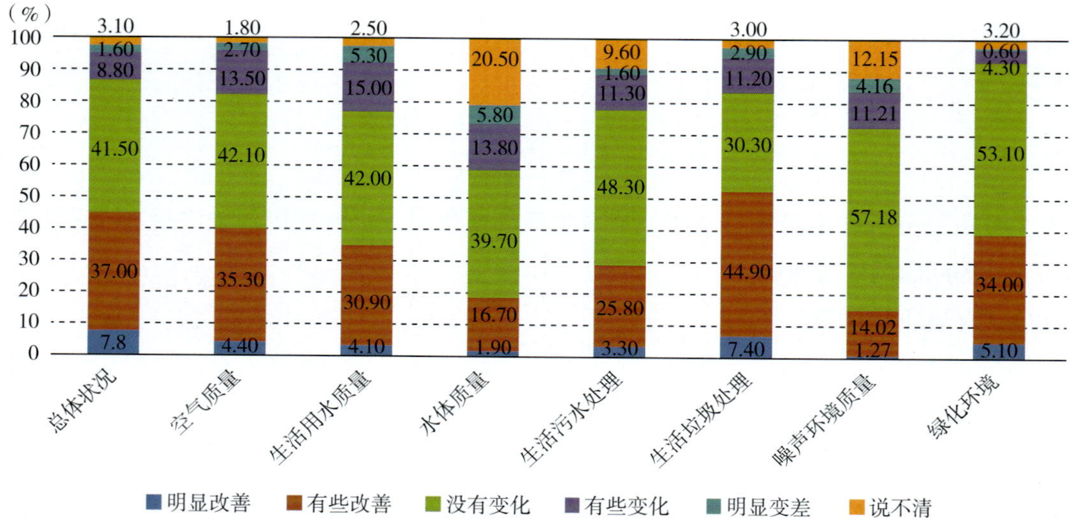

图19-48 2016年样本家庭居住地区生活环境质量评价（%）

②环境质量问题。

2016 年调查结果显示，46.70% 的样本家庭受访者对环境质量基本满意；11.90% 的样本家庭受访者认为生活垃圾处理存在问题（生活垃圾处理不及时，常出现垃圾乱堆、散发异味等现象）；11.60% 的样本家庭受访者认为生活用水供应有问题（饮用水质量不高或者不卫生）；5.70% 的样本家庭受访者认为空气质量存在问题；4.10% 的样本家庭受访者认为水体污染严重。另外，还存在生活污水收集和处理率不高、周边噪声污染、周边绿化率低等问题。总体来看，51% 的样本家庭受访者对环境质量不满意，主要问题包括垃圾处理不及时、饮用水质量不高以及空气质量差等。

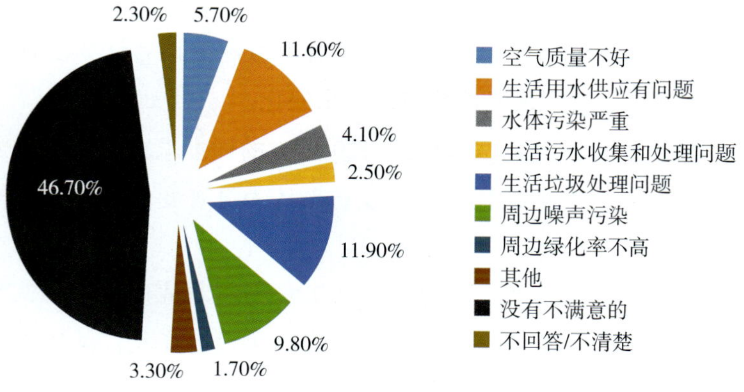

图19-49 2016年样本家庭居住地区生活环境质量问题（N=1195）

③农村居民污染治理评价。

2016 年调查从牲畜粪便、地膜农膜、农药化肥、农村污水与周边工业企业排污五方面对农村地区污染处理或治理状况进行评价。

牲畜粪便处理。2016 年调查结果显示，35.61% 的样本家庭受访者认为所居住环境的牲畜粪便得到有效处理，19.71% 的样本家庭受访者认为牲畜粪便处理效果一般；9.54% 的样本家庭受访者认为牲畜粪便未得到有效处理；35.14% 的样本家庭受访者说不清当地牲畜粪便处理状况。

地膜农膜使用。2016 年调查结果显示，22.22% 的样本家庭受访者认为地膜农膜使用得到有效治理，16.58% 的样本家庭受访者认为地膜农膜使用的治理效果一般；6.88% 的样本家庭受访者认为地膜农膜使用未得到有效治理；54.32% 的样本家庭受访者说不清当地地膜农膜使用治理状况。

农药化肥使用。2016 年调查结果显示，35.70% 的样本家庭受访者认为农药化肥使用得到有效治理，32.67% 的样本家庭受访者认为农药化肥使用的治理效果一般；8.83% 的样本家庭受访者认为农药化肥使用未得到有效治理；22.79% 的样本家庭受访者说不清当地农药化肥使用治理状况。

农村污水处理。2016 年调查结果显示，45.35% 的样本家庭受访者认为所居住环境的农村污水得到有效处理，21.70% 的样本家庭受访者认为农村污水处理效果一般；6.53% 的样本家庭受访者认为农村污水未得到有效处理；26.43% 的样本家庭受访者说不清当地污水处理状况。

周边工业企业排污治理。2016 年调查结果显示，5.44% 的样本家庭受访者认为周边工业企业排污得到有效治理，14.26% 的样本家庭受访者认为周边工业企业排污的治理效果一般；3.75% 的样本家庭受访者认为周边工业企业排污未得到有效治理；76.55% 的样本家庭受访者表示村庄周围无企业或说不清当地周边工业企业排污治理状况。

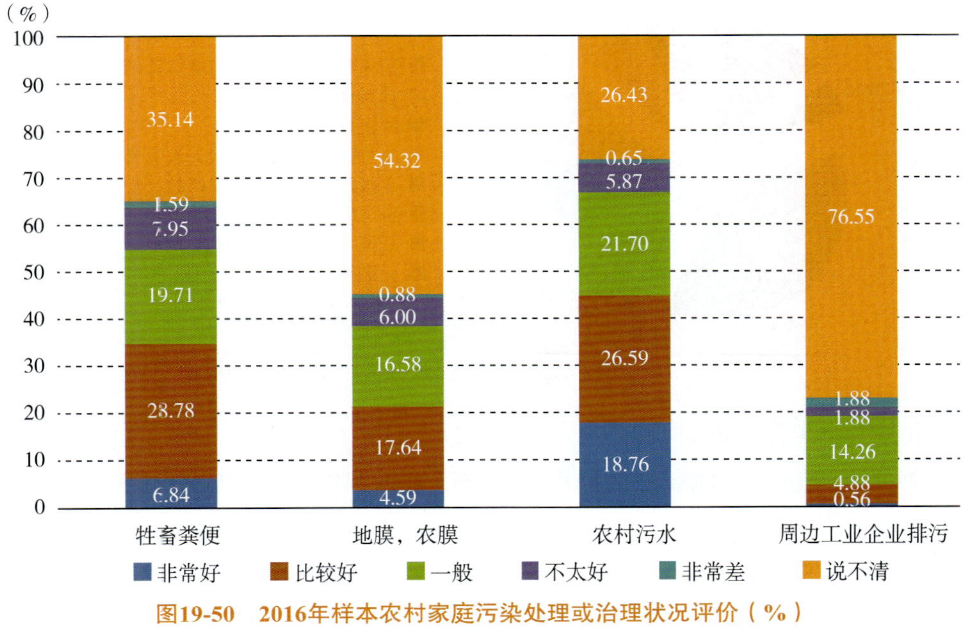

图19-50 2016年样本农村家庭污染处理或治理状况评价（%）

④食品安全问题改善状况。

2016 年调查结果显示，33.50% 的样本家庭认为近几年食品安全问题有所改善或者明显改善，较 2014 年 38.17% 的水平下降 4.67 个百分点；26.4% 的样本家庭认为食品安全问题没什么变化，较 2014 年 25.95% 的水平上升 0.45 个百分点；14.60% 的样本家庭认为食品安全问题在恶化甚至已经严重恶化，较 2014 年 21.82% 的水平下降 7.22 个百分点；26.40% 的样本家庭不知道目前食品安全问题改善状况，较 2014 年 14.07% 的水平上升 12.33 个百分点。

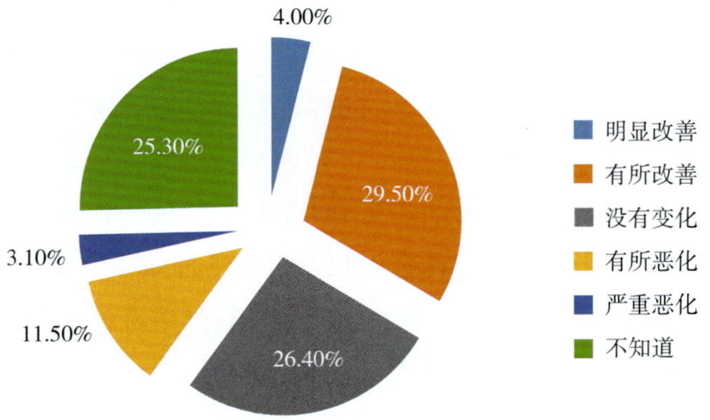

图19-51　近几年食品安全问题改善状况（N=1198）

⑤食品安全保障措施。

2016 年调查结果显示，38.21% 的样本家庭采取自己生产的方式确保食品安全；22.38% 的样本家庭采取到正规超市购买食品的方式确保食品安全；14.94% 的样本家庭未采取措施。另外，部分家庭采取选择比较好的品牌，注意媒体报道、不购买被曝光的食品，直接产地订购生态农产品等措施确保食品安全。

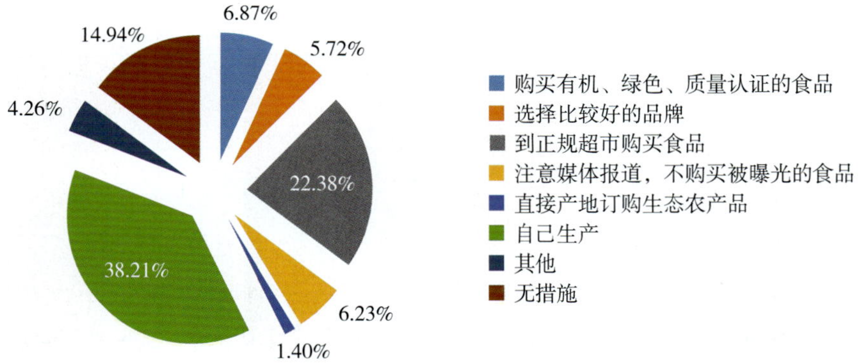

图19-52　2016年样本家庭食品安全保障措施（N=1198）

⑥政府食品安全工作评价。

2016 年调查结果显示，34.80% 的样本家庭受访者认为政府食品安全监管工作到位；21.00% 的样本家庭受访者认为政府做了一些工作，但还不到位；11.80% 样本家庭受访者认为食品安全问题基本没人管；32.30% 的样本家庭受访者不知道或不清楚政府食品安全工作情况。

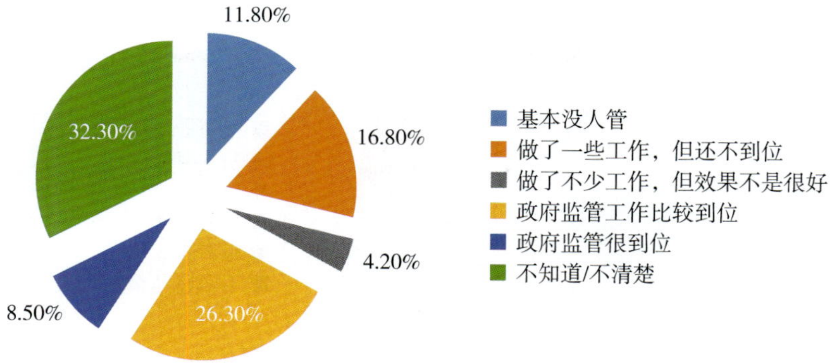

图19-53　2016年样本家庭对政府食品安全工作评价（N=1198）

⑦对未来食品安全问题改善的态度。

《食品安全法》确立了严格的食品安全监管制度，2016 年调查结果显示，20.00% 的样本家庭受访者认为未来食品安全问题一定会有效改善；42.10% 的样本家庭受访者相信会逐步改善；7.40% 的样本家庭受访者认为可能会有一些作用；9.80% 的样本家庭受访者不认为食品安全问题会得到改善。

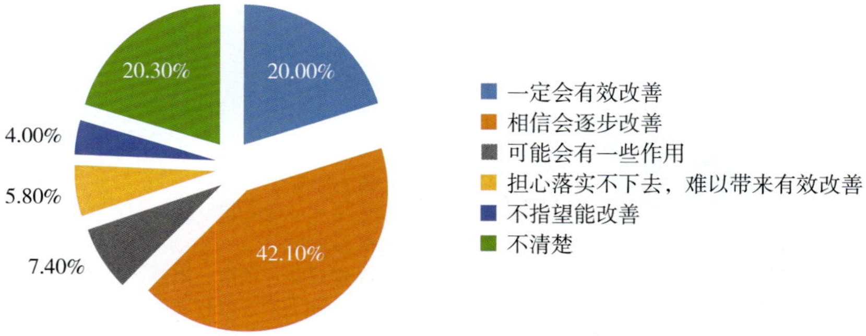

图19-54　2016年样本家庭对未来食品安全问题改善的态度（N=1196）

10. 样本家庭对政府服务评价情况

本小节主要分析样本家庭受访者对政府服务总体评价、政府为民办事的信息及政策获取渠道、政府服务存在的问题、政府办事程序简化程度评价及改进政府服务的措施。

①政府服务与办事效率总体评价。

2016 年调查结果显示，14.20% 的样本家庭受访者对目前居住地的政府服务和办事效率很满意，较 2014 年 9.69% 的水平上升 4.51 个百分点；47.90% 的受访者持基本满意态度，较 2014 年 44.86% 的水平上升 3.04 个百分点，15.30% 的样本家庭受访者认为一般，较 2014 年 16.21% 的水平下降 0.91 个百分点；13.30% 的样本家庭受访者持不满意态度，较 2014 年 18.13% 的水平下降 4.83 个百分点。

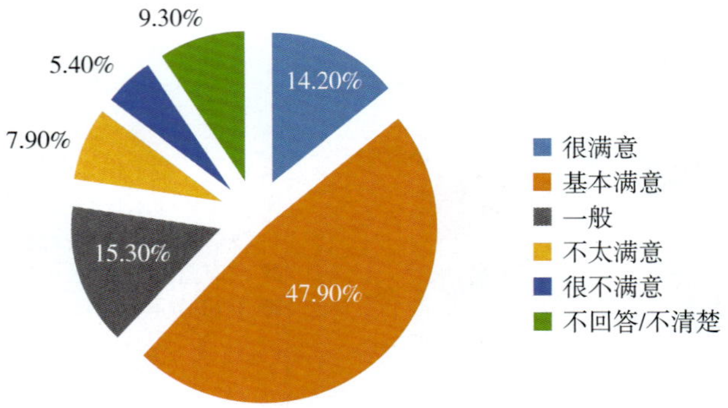

图19-55　2016年样本家庭对目前居住地政府服务和办事效率评价情况（N=1199）

②政府为民办事的信息及政策获取渠道。

2016年调查结果显示，38.22%的样本家庭受访者主要通过电视、收音机了解政府为民办事的信息及政策；21.12%的样本家庭受访者通过干部下来宣传和动员了解；10.74%的样本家庭受访者通过听同事、朋友或邻居介绍；10.64%通过新媒体（微信、微博、公众号等）了解。另外，有部分样本家庭受访者通过下发的宣传资料、报纸杂志、政府网站等方式了解政府为民办事的信息及政策。总体来看，接近七成的样本家庭受访者仍通过电视、收音机、干部宣传、同事、朋友或邻居介绍等传统渠道获取政府为民办事的信息。

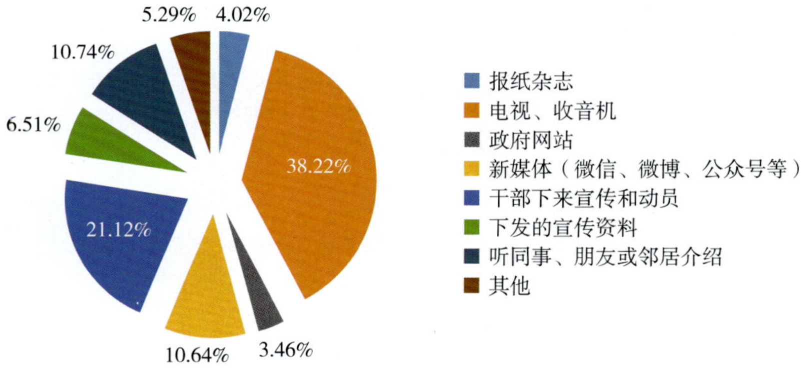

图19-56　2016年政府为民办事的信息及政策获取渠道（N=1200）

③政府服务存在的问题。

2016年调查结果显示，2015年以来共有36.5%的样本家庭受访者到过政府部门办事（包括各级政府部门、政务服务中心以及社区、街道、村委会等）。49.40%的样本家庭受访者对目前居住地的政府服务和办事效率基本满意；9.50%的样本家庭受访者认为存在相互推诿、效率低的问题；8.20%的样本家庭受访者认为存在程序太复杂和不公开的问题；4.50%的样本家庭受访者认为存在服务态度不好的问题。另外，有部分样本家庭受访者认为政府服务还存在要找关系、吃拿卡要、乱收费等问题。

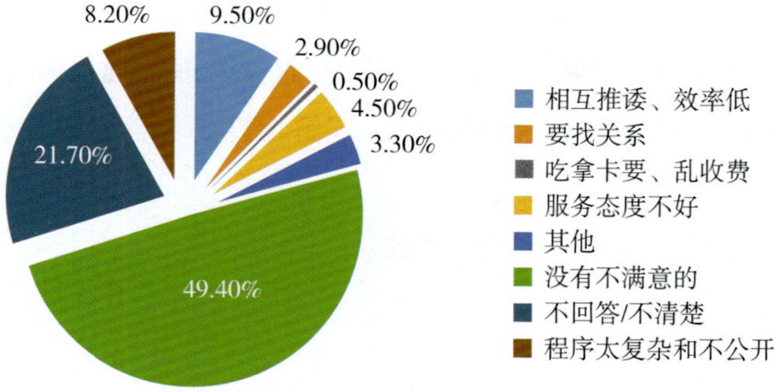

图19-57 2016年样本家庭所在地政府服务存在的问题（N=1199）

④政府办事程序简化程度评价。

2016 年调查结果显示，14.20% 的样本家庭受访者认为现在找政府办事比以前更简化（包括办事需要的环节、证明、盖章和等待时间减少）；40.50% 的样本家庭受访者认为有所简化；8.80% 的样本家庭受访者认为没有变化；8.00% 的样本家庭受访者认为更加困难；27.9% 的样本家庭受访者表示不清楚政府办事程序简化情况。

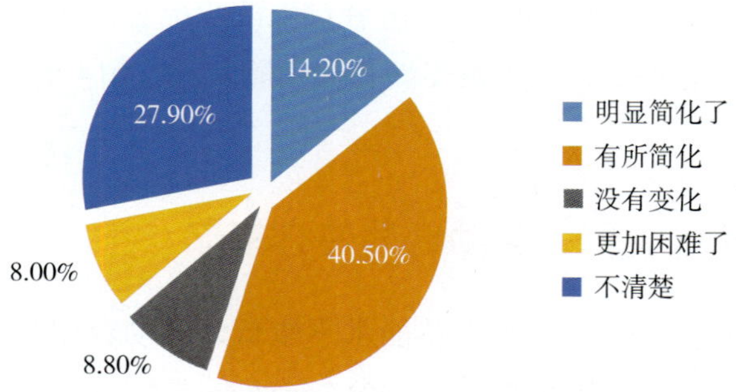

图19-58 2016年样本家庭受访者对政府办事程序简化程度评价（N=1192）

⑤改进政府服务的措施。

2016 年调查结果显示，16.96% 的样本家庭受访者认为应简化各类手续证明；15.83% 的样本家庭受访者认为应提升政府官员（包括乡镇干部）的服务和责任意识；12.50% 的样本家庭受访者认为应实行“一站式”窗口办理；8.87% 的样本家庭受访者认为应加强政府服务信息公开；7.62%

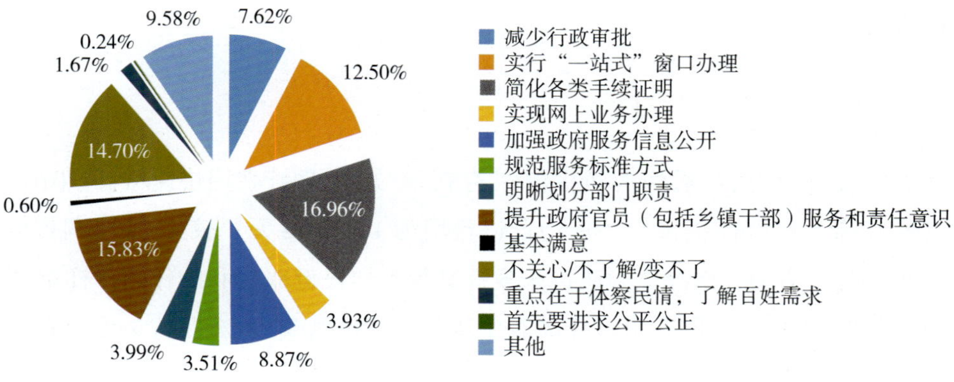

图19-59 2016年样本家庭受访者认为应改进政府服务的措施（N=1200）

的样本家庭受访者认为应减少行政审批；14.70% 的样本家庭受访者不关心、不了解、变不了。另外，有部分的样本家庭受访者认为应通过实现网上业务办理、规范服务标准方式、明晰划分部门职责、要讲求公平公正、重点在于体察民情、了解百姓需求等方式改进政府服务。

三、陕西省民生领域存在的主要问题

（一）城乡居民收入总体水平与收入状况满意度较低

2015 年，陕西省居民人均可支配收入为 17395 元，同期全国居民人均可支配收入为 21966 元，比全国平均水平低 4571 元；陕西省城镇居民人均可支配收入为 26420 元，同期全国城镇居民人均可支配收入为 31196 元，比全国平均水平低 4775 元，在全国排名第 16 位，在西部排第 3 位；陕西省农村居民人均可支配收入 8689 元，同期全国农村居民人均可支配收入为 11422 元，比全国平均水平低 2733 元，在全国排名第 26 位，在西部排第 7 位[①]。

居民对收入状况满意度低，43.45% 的受访者对生活状况总体满意度持一般或不满意态度，其中 29.88% 的样本家庭对家庭收入水平最不满意占比最大，较 2014 年 27.07% 的水平提高了 2.81 个百分点。

（二）劳动力技能水平低，劳动合同签订率低

在就业民生工程方面，仍存在劳动力技能水平较低、劳动合同签订率偏低等问题。首先，陕西省劳动力技能水平低，就业竞争能力弱，2016 年调查结果显示，73.27% 的样本家庭工作成员处于既无专业技能，又无相关证书的状态。就城镇居民而言，有 53.94% 的工作成员无技能无证书，即过半数城镇家庭工作成员劳动技能水平低；就农村居民而言，80.32% 的农村居民无技能无证书，缺乏必要的技能限制了农民就业选择。总体而言，陕西省城乡居民就业竞争能力弱。其次，2016 年调查结果显示，陕西省城乡居民劳动合同签订率低，有 37.96% 的样本家庭工作成员应签订而未签订任何劳动合同，较 2014 年的 34.00% 提高 3.96 个百分点，给劳动者的权益保护带来潜在的风险。

（三）“看病贵”依然存在

调查结果显示，城乡居民“看病贵”问题依然存在，一方面，医疗费用快速增长，2016 年调查中，样本家庭住院患者，经医保报销后，平均自付费用为 11453.52 元，较 2014 年调查的 10085.02 元增长 13.57%；另一方面，医疗保险政策未发挥其保障居民健康权利的作用，样本家庭住院费用实际报销比例为 44.44%，虽较 2014 年调查中实际报销比例 34.96% 提高 9.48 个百分点，但距

① 信息来源：陕西省信息中心，http://www.sndrc.gov.cn/newstyle/pub_newsshow.asp?id=1022683&chid=100061。

离政策目标设计要求的住院医药费用报销比例保持在75%左右，仍有较大差距。

（四）环境污染问题愈加严峻

尽管陕西省政府颁布了《陕西省“十二五”环境保护规划》等一系列环境保护政策，但目前环境污染问题仍然是社会治理的突出问题。以空气质量与水体质量为例，2015年陕西省13个市（区）空气质量平均优良天数比率为69.5%，较全国平均水平低7.2个百分点，较西部地区平均水平低13.31个百分点；此外，陕西省河流水质达到或好于Ⅲ类水体比例为56.5%，较全国平均水平低8个百分点，较西部地区平均水平低19.75个百分点。调查结果显示，2016年，44.80%的样本家庭受访者认为总体环境状况有所改善，较2014年的47.90%下降3.10个百分点。

（五）政府服务效率较低

根据北京师范大学发布的《2015中国地方政府效率研究报告》，2015年，陕西省政府效率在全国31个省份中排名第24位，在西部12个省份中排名第5位，处于全国较低水平。2016年调查结果显示，28.60%的受访者对政府服务与办事效率持不满意态度，仅有14.20%的受访者明确表示政府服务效率有所提高，等待时间有所减少，办事流程趋于简化。可见，政府服务效率仍需下大力气治理。

四、陕西省进一步改善民生的政策建议

（一）实施针对性增收政策，缩小城乡居民收入差距

农村人均收入水平低是拉低城乡居民收入的根本原因，针对农村居民和城市低收入人群，应实施不同增收政策。

为提高农村居民收入水平，一是建立合理的农产品价格形成机制，综合发挥政府和市场的作用，以市场调节为基础，以政府调控为保障，使农产品价格保持稳定并温和上涨，提高农民农业生产收入水平。二是建立农民工工资稳定增长机制。深入实施就业优先战略，支持民营经济、劳动密集型企业和小微型企业发展，扶持农民工返乡创业。三是持续加大农业补贴力度，将农业补贴总量与财政收入增长挂钩，确保补贴增速不低于财政收入和农民人均纯收入增速。四是推进城乡社会保障制度接轨，加大财政补助力度，使农村社保水平和物价水平、经济发展水平相适应，并实现应保尽保，建立统筹城乡的社会保障制度，推进医疗、养老保险关系跨地区转移接续，简化续保手续，完善配套政策，逐步整合城乡居民基本养老保险和基本医疗保险制度。针对城市低收入群体，一是落实教育培训政策，增强劳动技能，充分扩大就业政策，向失业者免费提供再就业技能培训，帮助失业者再就业。二是构建完善、高效的就业信息平台。民政部门可以尝试和人社等相关部门以及社区共同建立信息一体化的工作平台，通过网络采集和传输有关

数据，做到资源共享。健全和完善辖区内所有具有劳动能力的低收入未就业人员的就业信息库，实现数据库的互联互通，为低收入人员及时提供就业信息。三是尽快完善社会保障制度，解决城市低收入群体生活水平低下问题，实施积极有效的措施，加大医疗、教育、住房政策的扶持力度，改善低收入群体的生活质量，提高其社会地位。

（二）实施“人人技能工程”，改进政府就业服务

针对陕西省居民劳动力技能水平低，劳动合同签订率低的问题，一方面，继续实施“人人技能工程”。完善市场就业机制，改善劳动就业和自主创业的环境，运用财税、金融等政策扶持再就业，加大再就业资金投入。完善就业职业技能培训体系，政府应为劳动力技能培训提供完善的经费保障、管理保障与监督保障，建立具有针对性和有效性的“就业导向”培训模式，分析市场需求，紧密结合职业技能标准和就业需要，优化职业技能培训体系的培训模式、内容及层次，完善职业技能资格认证体系，吸引更多人员参与专业技能培训，提高工作人员自身专业技能水平与专业证书拥有率，在此基础上探索建立技能培训与就业推荐相结合模式，提高劳动力参与培训积极性，提高就业质量，降低劳动力和用工单位寻找成本。另一方面，改进政府就业服务，提高灵活就业人员劳动合同签约率。针对用人单位，探索降低社会保险费率，以减轻企业社会保险负担，降低运营成本，提高用人单位签订劳动合同的主动性和积极性。针对劳动监察部门，完善劳动保障监察制度，强化劳动保障监察执法的力度，加强监督机制的构建与执行，完善就业市场规范化管理，提高就业人员劳动合同签订率。

（三）提升基层卫生服务能力，引导患者基层就诊，减轻居民费用负担

基层卫生服务能力不足，患者选择在城市三级医院就诊，是导致医疗费用居高不下的主要原因之一。减轻居民疾病经济负担，首先，要坚持医改“强基层”方向，加大对基层医疗机构的投入，建立多渠道的财政补偿机制，加强大医院人才、技术、设备的下沉力度，并适度放开基层用药，根据基层服务能力核定手术范围，使其服务能力与功能定位相适应，此外，通过对口支援、医联体等方式把优质的医疗资源带到基层，以提升学科水平、医疗服务能力，吸引患者在基层首诊；其次，在提高基层卫生服务能力的基础上，通过医保制度约束调剂和分流患者。提高基层医疗机构医保报销比例，适当拉开各级机构报销差距，引导病人基层首诊。把原来在大医院就诊的部分患者吸引到基层，从而降低医疗费用，节约医保基金。

（四）实施环境综合治理，改善居民生活环境

第一，实施城乡环境卫生整洁行动。加大对城中村、城乡结合部、农贸市场等市容顽疾部位的综合整治力度，推动城市环卫基础设施和服务向乡村延伸；推行农村生活垃圾“户分类、村收集、镇转运、县处理”模式，有效治理“脏、乱、差”；继续推进农村环境连片整治，有效治理农村污水垃圾乱排乱放问题；编制农业产业建设规划，推进畜禽粪污综合治理利用，规范农药

包装物、农膜等面源污染处置。第二，继续落实"治污降霾·保卫蓝天"行动。根据《陕西省"治污降霾·保卫蓝天"五年行动计划》，综合运用法律、行政、经济、科技、生态等手段，抓住"压煤、抑尘、控车、禁燃"等环节严控大气污染源，提高空气质量。第三，深入推进"一河两江"（渭河、汉江、丹江）污染综合治理工程。加快污染治理项目建设进度，推进西安、咸阳等地污水处理厂二期工程建设，突出抓好皂河等支流的治理，强化对沿线化工、造纸企业的日常监管，坚持渭河断面监测月考核、季评比和定期公布制度。尽快制定汉江、丹江流域水质保护方案，把国家南水北调中线工程水源地保护纳入规范化轨道。第四，实施饮用水安全保障行动。加强饮用水水源地环境保护与城镇供水设施改造和建设，优先采取城镇供水管网向农村延伸，解决城乡居民、农村学校的饮水安全问题。

（五）改进政府服务流程，提高服务质量

第一，精简优化办事程序，减少办事环节，压缩办理时限，改进服务质量。实施政府部门合署办公，将部门分设的办事窗口整合为综合窗口，提供项目齐全、标准统一的服务。第二，简化证明手续，去除各类无谓证明和繁琐手续。建立政府部门间信息共享平台，办事部门利用信息平台获取必要的信息，减少居民所需提供的证明材料。针对部分行政审批业务，探索实施"容缺受理"制度，即对符合条件的诚信主体，在申请事项中如非主要材料存在缺陷或瑕疵的，窗口一次性告知需补正的材料、时限和超期处理办法，先受理该申请事项，并进入审查程序，在材料补正后及时出具审批意见，做出审批决定，进一步提高办事效率。

（陕西省政府发展研究中心专题组
专题负责人：杨三省　孙守平
成员：何建军　毛　瑛　李　凡　王　雪　何荣鑫）

第二十章
黑龙江省民生发展报告

一、黑龙江省民生发展现状

2016年，黑龙江省民生持续改善，承诺的33件民生实事全部完成，城乡居民人均可支配收入分别增长6.4%、6.6%，全省一般公共财政用于教育、社保、就业、医疗卫生、住房保障和农林水等方面的民生支出2742.8亿元，占公共财政支出（4228亿元）的64.9%，比2015年（2582.8亿元、64.2%）提高0.7个百分点。

（一）就业方面

近两年，黑龙江省出台了《黑龙江省人民政府关于促进大学生创新创业的若干意见》、《黑龙江省人民政府关于进一步做好新形势下就业创业工作的实施意见》、《黑龙江省人民政府关于进一步做好为农民工服务工作的实施意见》、《黑龙江省人民政府关于调整全省最低工资标准的通知》等一系列文件，2016年，全省城镇新增就业62.9万人，城镇登记失业率为4.2%。重点推动帮助龙煤集团脱困，通过建立保底和再就业机制，两批分流富余人员4万余人，又通过分离企业办社会职能、清理不规范劳动关系以及自然减员等，龙煤集团在册职工由2015年8月的22.4万人减少到2016年底的15.4万人。同时推动科技人员、大学生、农民、城镇转移就业职工四支队伍创新创业。全省高校在校生及毕业生创业人数11614人，注册企业939个，带动就业9358人。以各种方式创业的农民103.5万人，实现创业收入227.6亿元。鸡西、鹤岗、双鸭山、七台河四煤城转移就业职工中涌现出一批进入新领域、新业态、新商业模式的自主创新类型。

（二）教育、医疗及社保方面

教育方面。出台了《黑龙江省人民政府关于加强农村留守儿童关爱保护工作的实施意见》。全省33个县（市、区）通过国家义务教育均衡发展验收。全省薄弱学校校舍建设项目累计开工6242个、面积319.4万平方米。农村义务教育学生营养改善计划受益学生由16.5万人扩大到40万人。截至2016年底，全省20个贫困县实现了农村义务教育学生营养改善计划全覆盖。改扩建104所公办幼儿园，第二期学前教育三年行动计划完成，学前三年毛入园率达75.61%，高于全国平均水平。医疗方面。推行分级诊疗制度建设，推进家庭医生签约服务，各地试点都取得了一定成效。县级公立医院综合改革全面覆盖，公立医院综合改革试点城市从2个增加到6个。

完善国家基本药物制度，采取公开招标采购，新一轮药品集中采购药品价格比上一轮下降了15%以上。2016年，全省投资2510万元完成350个贫困村卫生室标准化建设，投资7.6亿元落实建设项目78个。社会办医加快发展，民营医院占医院总数的比重超过50%，初步形成了多元办医格局。截至2016年底，各级各类医疗卫生机构超过2万所，医疗卫生人员超过30万，编制床位超过20万张，全省医疗机构诊疗服务超过1.3亿人次，卫生与健康服务能力得到了提升。社会保障方面。出台了《黑龙江省人民政府关于进一步健全特困人员救助供养制度的实施意见》《黑龙江省全面建立困难残疾人生活补贴和重度残疾人护理补贴制度实施办法的通知》等文件，提高了城乡低保标准和特困人员集中及分散救助供养标准。出台了《黑龙江省人民政府关于整合城乡居民基本医疗保险制度的实施意见》，明确从2018年1月1日起，执行统一的城乡居民医保政策。

（三）扶贫开发方面

坚持把扶贫开发作为头等大事和第一民生工程。2016年，黑龙江省实现了40万农村贫困人口脱贫。出台了《黑龙江省加强农村最低生活保障制度与扶贫开发政策有效衔接工作实施方案》，适时提高农村特困人员救助供养标准，力争到2019年实现全省社会救助主要指标达到全国平均水平，全省基本消除绝对贫困现象。为打赢脱贫攻坚战，黑龙江省围绕加快贫困地区现代农业建设、转变农业发展方式，相继出台了《关于贯彻落实〈中共中央国务院关于加大改革创新力度加快农业现代化建设的若干意见〉的实施意见》《关于进一步做好农民工服务的实施意见》《关于加快发展现代职业教育的实施意见》等8个政策性文件；还出台了《关于创新机制扎实推进农村扶贫开发工作的实施意见》《关于改革财政专项扶贫资金管理机制的实施意见》《关于改进贫困县党政领导班子和领导干部经济社会发展实绩考核工作的意见》《黑龙江省贫困县约束机制实施意见》《关于进一步动员社会力量参与扶贫开发的实施意见》等，强化社会扶贫责任。严格考核办法，出台了《黑龙江省农村扶贫开发工作考核办法（试行）》，对未完成年度减贫任务的贫困县领导进行追责。

（四）新型城镇化和基础建设方面

新型城镇化方面。近年来，出台了《黑龙江省新型城镇化规划（2014–2020年）》《黑龙江省人民政府关于切实做好全省居住证制度实施工作的通知》，农业转移人口市民化有序推进，完善了与农业转移人口相衔接的社会保障机制，发展适应农民工就业的劳动密集型产业和家政等生活性服务业，鼓励灵活就业和自主创业，实施了农民工职业技能提升计划。基础建设方面。2016年黑龙江省全年完成铁路投资308.3亿元，哈牡客专、哈尔滨火车站改造工程进展顺利，完成公路水路投资202.1亿元，完成机场建设投资22.5亿元。推进了14.05万户四煤城采煤沉陷区棚户区改造工程，2016年开工7.6万套，建成4.1万套。截至2016年底，四煤城采煤沉陷区棚户区改造已累计开工13万套，占改造任务总量的92.5%。全省棚改开工20.8万套，改造农村泥草房 12.4 万户。

二、对本次调查问卷的分析

按照给定的抽样原则，此次调查问卷共访问了黑龙江省 8[①] 个地级市 10 个县（市、区）的 1301 户居民（被访问者 1301 名，其他家庭成员 2534 名，共 3835 名）。从被访者年龄结构上看，主要集中在 41 ~ 70 周岁。从被访者户籍上看，农村户籍占 55.6%，城镇户籍占 44.4%。本次访问内容涵盖就业收入、社会保障、公共事业、住房及生活环境等方面。通过对所有问卷进行统计和分析，一定程度上客观反映了黑龙江省的民生现状。

表20-1 受访问者及其家庭成员基本情况（%）

类别		受访问者（1301人）	家庭成员（含受访问者）（共计3835人）
性别比例	男	55.2	49.7
	女	44.8	50.3
年龄比例	20周岁以下	0.3	13.9
	21 ~ 30周岁	6.1	12.0
	31 ~ 40周岁	13.7	12.3
	41 ~ 50周岁	25.5	18.7
	51 ~ 60周岁	26.9	19.6
	61 ~ 70周岁	26.9	18.4
	71周岁以上	0.6	5.1
户籍比例	非农业户口	44.4	41.0
	农业户口	55.6	59.0

（一）就业方面

1. 受访者感觉工作量及收入水平略有下降，务农收入下降幅度最大

本次问卷访问对象及其家庭成员中，16 周岁以上的就业人口为 3394 名，占总数的 88.5%。正在从事有收入工作的共 1773 人，占就业人口总数的 55.2%。从就业类型看，有 44.6% 为专业务农，除专业务农外，就业类型相对集中的分别为非固定单位的临时工、国企职工和民企职工，分别占比 13.2%、8.1% 和 7.5%。分城乡看，城镇户籍就业类型主要集中在国企职工、临时工和个体工商户，分别占比 24.2%、16.1% 和 14.4%，农村户籍接近 2/3 为专业务农，其次为临时务工及兼业农民。

---

① 分别为：哈尔滨市、齐齐哈尔市、大庆市、牡丹江市、双鸭山市、鹤岗市、伊春市和绥化市。

表20-2　受访问者及其家庭成员就业基本情况（%）

类型	全部从业人员	其中：	
		城镇户籍	农村户籍
专业务农	44.6	1.9	64.8
兼业农民	4.8	0.2	7.0
农村自营业者	1.6	0.4	2.2
农村专业管理人员	0.7	0.2	1.0
党政机关从业人员	3.0	7.5	0.8
教科文卫等事业单位职工	5.2	14.2	1.0
社会团体	0.8	2.6	0.0
国有（国有控股）企业职工	8.1	24.2	0.5
民营/私营企业职工	7.5	13.0	4.9
合资、外资或港澳台企业员工	0.1	0.0	0.1
民办非企业单位、非营利组织	0.6	1.9	0.0
个体工商户	7.3	14.4	4.0
自由职业者	2.1	3.3	1.5
非固定单位的临时务工	13.2	16.1	11.8
其他	0.3	0.0	0.5
合计	100.0	100.0	100.0

将问卷中工作量及收入变化情况（主要是受访者主观感受）五阶自然数正向赋值（大幅增长 =100，小幅增长 =80，不变 =60，小幅减少 =40，大幅减少 =20，中间值 =60）测算后，发现本年度问卷从业人员工作量和收入变化平均得分分别为 58.9 和 55.1 分，表明受访对象普遍认为本年度工作量和收入略低于去年。分行业看，工作量增幅前三位分别为卫生、社会保障及福利业，文化、体育和娱乐业，科学研究、技术服务和地质勘察业，下降最为明显的分别为建筑业、农林牧渔业、房地产业；收入增幅前三位分别为科学研究、技术服务和地质勘察业，文化、体育和娱乐业，教育业，下降最为明显的分别为批发和零售业、采矿业、农林牧渔业。

表20-3　各行业就业基本情况

	从业人员比例（%）	工作量变化中间值=60	收入变化中间值=60
农、林、牧、渔业	49.7	57.7	51.4
采矿业	3.5	58.4	52.6
电力、煤气及水的生产和供应业	0.8	58.6	55.7
交通运输、仓储及邮政业	4.3	59.7	56.6
制造业	3.2	58.6	58.2
信息传输、计算机服务和软件业	0.7	60.0	61.8
批发和零售业	7.2	59.2	54.4
建筑业	4.6	54.3	54.8
水利、环境和公共设施管理业	0.7	61.5	65.0
住宿和餐饮业	4.3	61.1	57.8

续表

	从业人员比例（%）	工作量变化中间值=60	收入变化中间值=60
房地产业	0.5	57.8	57.8
科学研究、技术服务和地质勘察业	0.8	71.4	67.1
租赁和商务服务业	1.1	59.0	63.0
金融业	0.7	63.1	63.1
卫生、社会保障和福利业	3.3	63.8	63.1
文化、体育和娱乐业	0.9	68.8	66.3
教育业	3.0	63.4	65.3
居民服务和其他服务业	6.5	60.9	61.4
公共管理和社会组织	3.5	62.9	63.5
国际组织	0.1	—	—
其他	0.6	—	—
合计/平均值	100	58.9	55.1

表20-4　　各行业就业基本情况

得分		工作量变化排序	收入变化排序
增幅前三位	1	卫生、社会保障和福利业	科学研究、技术服务和地质勘察业
	2	文化、体育和娱乐业	文化、体育和娱乐业
	3	科学研究、技术服务和地质勘察业	教育业
降幅前三位	1	建筑业	批发和零售业
	2	农、林、牧、渔业	采矿业
	3	房地产业	农、林、牧、渔业

2. 薪酬水平逐年提高，中高收入群体规模不断扩大

2016年，全部被访者中月平均收入在1000元以下的从业人员比例占总数比例逐年降低，分别比2015年和2014年下降了1.6%和10.7%，月收入3000元以上的群体占比提高较快，分别比2015和2014年提高了4.4%、9.5%，说明黑龙江省从业人员总体薪酬水平正在逐步提高。分城乡看，2016年，城镇从业人员月平均收入不足1000元的比例逐年大幅下降，年均降幅10%以上；农村比2014年减小了3.4%，但相对于2015年略有反弹。近3年来，城镇月收入大于3001元的群体快速增长，而农村这部分群体变化不明显。分行业看，2016年所有行业平均月工资①为2244.8元，剔除农业就业后其他行业平均工资为2943.3元。月收入位列前三位的行业分别是信息传输、计算机服务和软件业，文化、体育和娱乐业，科学研究、技术服务和地质勘察业。收入最低的三个行业分别为居民服务和其他服务业，批发和零售业，农、林、牧、渔业。从行业内部看，部分行业收入差距较大，如从业人员相对集中的农林牧渔业（占总从业人员比例49.7%）、批发零售业（占比7.2%）和建筑业（占比4.6%）中分别有69.7%、66.7%和78%的从业人员收入低于行业平均水平。

① 农业从业人员月工资计算方法为：2016全年预期销售收入/12个月，未扣除生产成本。

表20-5　　2014～2015年从业人员月收入水平对比（%）

收入组别	<1000元	1001～2000元	2001～3000元	3001～4000元	4001～5000元	5000元<	合计
2016年	33.0	27.7	20.0	8.8	5.1	4.8	100.0
2015年	34.6	33.4	17.7	8.3	2.9	3.1	100.0
2014年	43.7	31.1	15.3	4.7	2.5	2.0	100.0

表20-6　　2016年分城乡从业人员月收入水平对比（%）

	年份	<1000元	1001～2000元	2001～3000元	3001～4000元	4001～5000元	5000元<	合计
城镇	2016年	8.6	25.6	28.6	16.7	9.8	10.7	100.0
	2015年	20.0	38.7	24.0	9.8	4.3	3.3	100.0
	2014年	30.0	38.1	20.3	6.5	2.2	2.9	100.0
农村	2016年	44.6	28.7	15.9	5.0	2.8	2.9	100.0
	2015年	41.2	30.9	14.9	7.6	2.3	3.0	100.0
	2014年	48.0	28.8	13.6	4.2	2.5	2.8	100.0

表20-7　　2016年各行业收入情况（%）

序号	行业	收入平均值（元）	其中：	
			收入大于平均值比例	收入小于平均值比例
1	农、林、牧、渔业	1536.0	30.3	69.7
2	采矿业	3532.3	40.3	59.7
3	电力、煤气及水的生产和供应业	2921.4	35.7	64.3
4	交通运输、仓储及邮政业	2999.3	52.6	47.4
5	制造业	2763.9	86.0	14.0
6	信息传输、计算机服务和软件业	5666.7	33.3	66.7
7	批发和零售业	2147.7	33.3	66.7
8	建筑业	3020.0	22.0	78.0
9	水利、环境和公共设施管理业	3207.7	38.5	61.5
10	住宿和餐饮业	2763.7	34.2	65.8
11	房地产业	3361.1	44.4	55.6
12	科学研究、技术服务和地质勘察业	4614.3	28.6	71.4
13	租赁和商务服务业	2455.0	30.0	70.0
14	金融业	3781.5	46.2	53.8
15	卫生、社会保障和福利业	3760.5	49.1	50.9
16	文化、体育和娱乐业	4650.0	37.5	62.5
17	教育业	3892.3	45.3	54.7
18	居民服务和其他服务业	2214.8	41.4	58.6
19	公共管理和社会组织	2667.0	39.3	60.7
20	*国际组织	3000.0	—	—
21	*其他	1953.0	—	—
	各行业平均	2244.8	37.2	62.8
	*剔除农业后，各行业平均工资	2943.3	42.6	57.4

（二）基本民生方面

1. 居民对家庭生活满意程度略高于中间值，城乡生活满意程度差距为近三年最大

对当前家庭生活状态的总体满意程度和生活水平提高程度（很满意 / 有所提高 =100，一般 / 不变 =60，很不满意 / 明显下降 =20）进行测算，全体被访户对当前家庭生活满意指数为 62.9，表明黑龙江省居民在主观上对当前生活状况感觉一般。从变化趋势上看，2016 年生活满意指数略高于 2014 年 0.7，但低于 2015 年 2.4。分城乡看，2016 年城镇户籍家庭生活满意指数略有变化，但总体上都是高于中间值。但 2016 年农村生活满意指数首次低于中间值。2016 年城镇户籍家庭生活满意指数高于农村户籍家庭 7.6，差距为近 3 年来最大。

表20-8 居民生活状况满意程度

年份		生活状况满意程度 中间值=60		
		2016年	2015年	2014年
全部被访户		62.9	65.3	62.3
其中	城市户籍	67.1	69.5	62.8
	农村户籍	59.5	62.5	62.1

2. 家庭生活方面，城乡居民都对收入水平、医疗水平最不满

对居民家庭生活方面最不满意的前 5 项问题进行排序，3 年以来，城乡居民最不满意的前 2 项问题始终是收入水平和医疗。2016 年城乡被访者中，对子女教育不满意逐年上升，养老问题关注度有所下降。城镇被访者就业问题相对得到了缓解，排除在前五位，但住房问题进一步凸显，在一定程度上表明城镇居民需要改善居住条件。

表20-9 家庭生活方面城乡居民最不满意的民生问题

排序	城镇户籍被访者			农村户籍被访者		
	2016年	2015年	2014年	2016年	2015年	2014年
1	收入水平	收入水平	收入水平	收入水平	收入水平	收入水平
2	医疗	医疗	医疗	医疗	医疗	医疗
3	子女教育	就业状况	养老	子女教育	养老	养老
4	住房	子女教育	住房	养老	子女教育	子女教育
5	养老	养老	子女教育	就业状况	就业状况	住房

3. 在社会环境方面，食品安全成为城乡居民最关注的焦点

在社会环境方面，从 2016 年调查结果看，城市居民更关注食品安全、环境污染和交通出行问题。农村居民和城镇居民相同，都对食品安全最不满意，并且认为交通出行问题更甚于环境污染问题。政府办事效率首次出现在城乡居民不满意问题之列，表明城乡居民对政府服务质量提出了更高要求。尽管近三年选项设计有所差别，但是变化趋势也能看出城乡居民对健康相关

的食品安全和环境污染问题重视程度在逐年提高，农村居民对于交通问题不满意程度逐年提升。城乡居民近年来对于社会治安和司法公正方面，一直保持着相对较高的满意度。

表20-10　　社会方面城乡居民最不满意的民生问题

排序	城镇户籍被访者			农村户籍被访者		
	2016年	2015年	2014年	2016年	2015年	2014年
1	食品安全	食品安全	生活环境	食品安全	贫富差距	生活环境
2	环境污染	贫富差距	贫富差距	交通出行	环境生态	贫富差距
3	交通出行	生活配套服务	权利保障	环境污染	交通出行	权利保障
4	政府办事效率	社会治安	食品安全	政府办事效率	食品安全	社会治安
5	社区服务	环境生态	社会治安	文体生活	生活配套服务	食品安全
6	文体生活	交通出行	交通出行	社区服务	社会治安	交通出行
7	司法公正	权利保障		司法公正	权利保障	
8	其他	政府服务		社会治安	政府服务	

（三）收入与消费方面

1. 中高收入家庭占比逐年扩大

从家庭收入看，2015 年收入低于 1 万元的低收入家庭，全部样本占 16.8%，城镇户籍被访户占 7.5%，农村占 24.2%，年收入处于 1 万 ~ 5 万元的中低收入家庭，城市占 38.8%，农村占 49.7%。从变化趋势上看，与 2013 年相比，2015 年城镇户籍被访户低收入和中低收入家庭所占比例都在缩小，5 万 ~ 10 万元的中等收入家庭所占比例迅速扩大，家庭收入整体呈上升趋势。2015 年由于调研地的变化，抽选样本县中其中 3 个县为贫困县，自然资源贫瘠，农村人均耕地占有量低，农村低收入群体相对集中，家庭收入 1 万元以下所占比例增加十分明显，达到了 2014 年和 2013 年的 2 倍左右，表明扶贫攻坚任务依然艰巨。家庭收入 10 万元以上的农村高收入群体近 3 年变化趋势不明显，2015 ~ 2013 年占农村被访户比例分别为 26.0%、29.6%、24.4%。从对低收入家庭的保障方面看，在低于 1 万元的低收入家庭中，2015 年获得过社会救助的家庭比例占 34.4%，比 2014 年下降了 8.7%，基本与 2013 年的 34.1% 持平，表明低保和社会救助的覆盖面还需进一步加强。对 2016 年家庭收入预期（会显著增长 =100，一般 / 不变 =60，会明显减少 =20）进行测算，总样本得分 55.4，城镇被访户得分 60.8，农村被访户得分只有 51.0，表明城镇被访者认为 2016 年收入不会下降，而农村则普遍认为家庭总收入水平不及 2015 年度。

表20- 11　　居民家庭收入组别变化情况（%）

	全部样本			城市居民			农村居民		
	2015年	2014年	2013年	2015年	2014年	2013年	2015年	2014年	2013年
1万元以下	16.8	10.1	11.2	7.5	7.7	8.6	24.2	11.8	12.7
[1–3）万元	22.5	25.6	34.2	15.3	20.3	34.3	28.3	29.1	34.2
[3–5）万元	22.4	31.9	30.7	23.5	35.3	34.1	21.5	29.6	28.8
[5–10）万元	27.2	26.3	19.0	37.7	31.2	20.4	18.8	23.1	18.2

续表

	全部样本			城市居民			农村居民		
	2015年	2014年	2013年	2015年	2014年	2013年	2015年	2014年	2013年
[10–15）万元	7.9	4.3	3.3	11.8	4.1	1.5	4.8	4.5	4.3
[15–25）万元	2.4	1.3	1.0	3.7	1.1	0.6	1.4	1.4	1.2
[25–50）万元	0.5	0.4	0.5	0.5	0.3	0.2	0.6	0.5	0.6
50万元及以上	0.2	0.1	0.2	0.0	0.0	0.2	0.4	0.1	0.1
合计	100.0	100.0	100.0	100.0	100.0	100.0	100.0	100.0	100.0

2. 受访群体医疗、教育和食品支出压力最大

医疗、教育和食品位列 2016 年被访户支出压力最大的前三项，分别占总数比例的 43.8%、22.4% 和 10.3%。分城乡看压力最大的前三项相同，但城镇认为住房和租房的压力较为突出，选择比例为 9.1%，排在第四位，而农村住房支出压力不明显，选择比例为 1.8%，但人情送礼压力大，达到了 7. 5%。按家庭收入组别计算，收入 1 万元以下的困难群体医疗支出压力最大，有 64.7% 的家庭医疗负担很重，其次是食品支出，选择比例达到了 17.4%。家庭收入 1 万 ~ 10 万元的群体医疗负担也很重，但在子女教育上投入明显增加。家庭收入 10 万 ~ 25 万元中高收入群体中，支出压力主要集中在医疗、教育和住房方面，表明这部分家庭更倾向于教育投资和改善居住环境。收入在 25 万元以上的高收入群体样本量相对较小，支出压力反映不突出。

表20-12　　分城乡被访群体生活压力情况（%）

项目	食品	住房租房	子女教育	交通	医疗	赡养老人	人情送礼	婚丧嫁娶	交社保	其他	没压力	合计
全部样本	10.3	5.0	22.4	0.5	43.8	2.3	5.2	1.7	1.2	1.7	5.9	100.0
城镇	11.3	9.1	20.2	0.3	43.3	1.6	2.3	0.9	2.8	1.2	7.0	100.0
农村	9.6	1.8	24.1	0.6	44.2	2.9	7.5	2.4	0.0	2.1	5.0	100.0

表20-13　　不同收入组别被访群体生活压力情况（%）

	食品	住房租房	子女教育	交通	医疗	赡养老人	人情往来	婚丧嫁娶	缴纳社保	其他	无压力	合计
1万元以下	17.4	1.8	9.2	0.0	64.7	0.9	1.8	1.4	0.0	2.3	0.5	100.0
1万 ~ 2.99万元	10.3	1.0	20.2	0.7	47.3	2.1	6.8	2.7	0.3	2.7	5.1	100.0
3万 ~ 4.99万元	9.0	4.1	27.6	1.0	40.3	4.8	6.2	1.4	2.8	1.0	1.7	100.0
5万 ~ 9.99万元	7.9	9.3	26.3	0.3	36.5	1.4	5.1	2.0	1.7	0.8	7.4	100.0
10万 ~ 14.99万元	8.7	5.8	30.1	0.0	31.1	1.9	2.9	0.0	1.0	2.9	15.5	100.0
15万 ~ 24.99万元	6.5	19.4	12.9	0.0	25.8	0.0	6.5	0.0	0.0	0.0	29.0	100.0
25万 ~ 49.99万元	14.3	0.0	28.6	0.0	14.3	14.3	0.0	0.0	0.0	0.0	28.6	100.0
50万元以上	0.0	0.0	0.0	0.0	0.0	0.0	33.3	0.0	0.0	0.0	66.7	100.0

（四）教育方面

1. 大多数家庭选择就近入学

本次问卷共有486个被访家庭中有正在就读的子女，其中有66户家庭是多子女家庭。按教育阶段分，15.8%为学前教育，30.6%就读于小学，17.4%就读于初中，15.6%就读于高中，2.2%就读于中职，3.9%就读于高职，14.6%就读于本科以上。高中以下教育阶段有77.9%的家庭选择就近入学,22.1%的学校离家较远。选择在较远地方就学的家庭中,有50%择校以主观因素为主，为了让孩子上更好的学校，但也有26.3%的被访家庭表示附近无学校。这部分家庭40%就读于农村小学阶段，30%就读于农村学前阶段，表明黑龙江省农村撤点并校造成了部分家庭子女就学不便，并且农村学前教育覆盖率不高。

表20-14　　不同家庭被访群体就近入学情况（%）

类别	选择比例
最近学校招生名额有限	5.0
未被划在其招生片区内	8.8
受户口限制不能就读	1.3
为了上更好的学校	50.0
成绩达不到要求，未能考入	1.3
为了自己的方便	2.5
学费问题	5.0
本地无学校	26.3

2. 被访群体对各个阶段教育都有较高的满意程度

总体来看，被访群体对各个教育阶段多数都持满意态度，其中职业教育阶段满意度相对最高，达到42.9%。分阶段看，学前教育被访群体最不满意的一项是入园贵，比例达到28.6%。义务教育和高中阶段主要不满集中在不得不上补习班，比例为24.1%，从侧面反映出学生应试压力。职业教育和高等教育阶段主要反映就业质量不高和就业难，比例分别为28.6%和26.7%。

表20-15　　受访者对各阶段教育满意程度（%）

学前教育阶段		义务教育和高中阶段		职业教育阶段		高等教育阶段	
选项	占比	选项	占比	选项	占比	选项	占比
都满意	35.2	都满意	40.6	都满意	42.9	都满意	36.0
入园贵	28.6	不得不上补习班	24.1	就业质量不高	28.6	毕业生就业难	26.7
幼儿园距离远	8.8	距离远就学不便	8.9	学校风气不好	8.6	学费贵	25.6
不回答	8.8	上更好的学校	6.3	缺少实训	5.7	不回答	5.8
教师能力差	6.6	不回答	5.3	其他	5.7	教学内容方法落后	2.3

（五）医疗方面情况

1. 居民对医疗机构认可度有所提高，绝大多数患者选择公立医院就诊

2016 年大多数被访问户感觉身体不舒服时选择了自己买药，比例为近年来最高。分城乡看，城镇户籍被访户只有 38.5% 选择去医疗机构就诊，首选是县区级医院，其次是区域内最好的大医院。农村户籍被访户首选也是县区级医院，其次为村级卫生所。从近年变化的趋势可以看出，乡镇卫生院在农村三级医疗卫生体系中所处位置较为尴尬，历年来都是农村户籍被访户较少的选择，反映出农村医疗体系布局还有进一步调整的空间。

表20- 16　城乡居民首选就诊机构（%）

类别		自己买药	村卫生室/诊所	社区卫生服务中心（站）	乡镇卫生院	区、县医院	区域内最好的大医院	合计
城镇户籍	2016年	61.5	1.4	7.6	0.2	16.1	13.2	100.0
	2015年	27.1	3.5	12.8	9.0	28.7	19.1	100.0
	2014年	48.3	1.7	8.5	7.0	18.6	15.9	100.0
农村户籍	2016年	65.6	17.9	1.0	1.9	12.4	1.3	100.0
	2015年	34.0	26.6	2.2	5.8	27.4	4.1	100.0
	2014年	47.9	21.4	1.4	9.9	15.5	3.9	100.0

2. 在省城医院住院实际医疗支出最高，在市县两级医院住院医保报销比例高

2015 年以来，共有 430 名被访户住过院。从住院地点看，被访户多数选择市级和县级医院住院。分城乡看，城镇户籍被访户主要选择市级医院住院，选择比例达到 51.4%，农村户籍主要选择到县级医院，比例达到 58.8%。从各级医院花费看，其中省城医院总花费最高，平均花费达到 39717.2 元，乡镇卫生院花费最低，为 3729.7 元，不足省城医院的 1/10。从医保报销看，市县两级医院报销比例最高，接近 40% 左右，乡镇卫生院报销比例最低（见表 20–18）。由于乡镇卫生院和大城市医院样本数量比较小，反映的情况并不能代表实际。

表20-17　住院（含转院）地点选择情况（%）

	乡镇卫生院	县医院	市级医院	省城医院	大城市医院
全部	3.7	46.6	33.9	14.7	2.8
城镇户籍被访户	0.6	27.1	51.4	17.1	3.9
农村户籍被访户	5.7	58.8	21.0	12.6	1.9

表20-18　各级医疗机构费用情况

	扣除医保报销费用（元）	医保报销（元）	医保报销比例（%）
乡镇卫生院	3729.7	162.6	4.2
县医院	9035.5	5631.3	38.4

续表

	扣除医保报销费用（元）	医保报销（元）	医保报销比例（%）
市医院	15325.6	11195.9	42.2
省城医院	39717.2	10093.8	20.3
大城市医院	20875.0	9741.7	31.8

3. 部分病患因为经济原因没有住院，绝大多数被访者认为当前看病太贵，并对家庭未来医疗支付能力担心

本次调查还有 122 户被访者就诊时医生建议住院但未住院，其中 89.3% 表示缺少资金，选择比例为近三年最高，9.8% 认为自己不需要住院。全部被访者中，有 27.6% 的被访者找过亲友借钱，有 1.3% 选择变卖家产或通过抵押贷款来看病买药。绝大多数被访者担心本人及家庭成员未来生病后诊疗资金问题，其中非常担心的占 39.2%，比较担心的占 37.5%，一点也不担心的仅为 4.1%。另外有 60.8% 的被访者认为当前医疗服务太贵，有 10.9% 的被访者认为大医院看病难，有 7.2% 的对当前医疗服务表示满意。

表20-19　　医院建议住院但未住院原因（%）

	选择比例		
	2016年	2015年	2014年
没钱住院	89.3	75.4	87.9
没有时间住院	0.8	8.0	3.0
自己认为不需要	9.8	15.9	5.3
其他	0.0	0.7	3.8
合计	100.0	100.0	100.0

表20-20　　被访者未来医疗支出担心情况（%）

选项	非常担心	比较担心	一般	不太担心	一点也不担心	说不准	合计
比例	39.2	37.5	8.3	8.8	4.1	2.1	100.0

（六）养老保障方面情况

1. 60 岁以下居民未来养老收入来源主要为退休金和承包土地，绝大多数农村居民担心未来养老收入来源

60 周岁以下被访者共 766 名，其中，城镇户籍被访者中有 37.9% 有些担心今后的养老问题，占比最高，有 28.7% 的不担心养老问题，而农村则有 44.8% 很担心今后养老，42.3% 选择了有些担心，选择不担心的只有 6.0%，表明了黑龙江省当前农村养老保障体系还需进一步完善。在养老收入来源方面，城市居民首选的养老为社保养老金或退休金，选择比例为 62.4%，其次依靠储蓄，选择比例 9.6%；农村居民则主要靠承包田地，占比为 65.9%，其次为“没想过”，占

比 12.4%。

表20-21　　60周岁以下被访者未来养老经济来源信心（%）

	60岁以下城镇被访者	60岁以下农村被访者
不担心	28.7	6.0
有些担心	37.9	42.3
很担心	27.0	44.8
没想过	6.4	6.8
总计	100.0	100.0

表20-22　　60周岁以下被访者未来养老经济来源预期（%）

分城乡	按选择主次排序，取前四项			
城镇居民	退休金\养老金	储蓄	没想过	低保或社会救济
	62.4	9.6	9.6	3.9
农村居民	靠承包田地	没想过	打零工	养老金
	65.9	12.4	6.2	5.8

2. 60 周岁以上居民生活上主要是配偶相互照顾，城镇居民养老收入相对稳定

60 周岁以上被访者共 535 名，在生活方面，60 岁以上被访者多数还是配偶互相照顾，占总数的 56.4%，自己照顾自己的占 37.4%，选择由儿女照顾的仅为 6.0%。在养老收入方面，86.8% 的城镇被访者，当前养老收入来源为退休金或者社保养老金，其次为低保或社会救济，占 5.4%；农村被访者养老收入来源主要为承包田地，占 62.8%，其次为儿女赡养，占 19.7%。有 42.9% 的城镇被访者不担心今后养老收入来源，有 40.2% 的选择了有些担心；农村被访者 52.3% 的选择了很担心，34.2% 的选择了有些担心，选择不担心的只占总数的 11.4%。

表20-23　　60周岁以上被访者当前养老经济来源预期（%）

分城乡	按选择主次排序，取前四项			
城镇居民	退休金\养老金	低保或社会救济	儿女赡养	储蓄
	86.8	5.4	2.7	2.0
农村居民	靠承包田地	儿女赡养	退休金\养老金	低保或社会救济
	62.8	19.7	6.3	5.0

表20-24　　60周岁以上被访者未来养老经济来源信心（%）

	60岁以上城镇被访者	60岁以上农村被访者
不担心	42.9	11.4
有些担心	40.2	34.2
很担心	16.6	52.3
没想过	0.3	2.1
合计	100.0	100.0

（七）住房保障情况

本次调研城镇户籍居民当前住房以自购商品住房居多，其次为单位福利房和拆迁安置房。由于本次调研地点涉及油田和森工两大系统，部分被访户是油田或森工职工，其房产多为福利分房（见表 20–25）。同时，本年度拆迁安置房比例较高，反映出黑龙江省棚户区改造力度不断加大。从居住面积看，城镇居民户均住房建筑面积 75.6 平方米，比上一年度提高 4.9 平方米，居住条件比上年有一定改善。农村居民户均为 83.9 平方米，比上一年度下降 6.2 平方米。2016 年，城乡居民对住房的满意度都较高，分别有 38.6% 的城镇居民和 48.5% 的农村居民对所居房屋都满意。从不满意的方面看，城镇居民中有 14.0% 不满意，表示当前房价过高，无力改善居住环境，11.8% 表示当前居住面积过小，11.4% 表示小区环境和物业差。农村居民中有 10.9% 表示房价过高，8.6% 表示建筑年代久远，7.5% 表示缺少上下水，必须使用室外厕所。另外还有 9.6% 的农村居民表达了对住房方面的各自诉求。

表20- 25　城乡居民住房情况（%）

	城镇户籍	农村户籍
自购商品住房	35.4	8.8
父母住房	7.8	3.7
购买的政策性住房	2.6	0.0
单位福利分房	19.9	0.0
单位租住房	0.7	0.1
廉租房（或公租房）	2.3	0.0
市场租赁房	3.8	5.4
自建住房	5.4	76.0
拆迁安置房	18.2	1.4
借助其他亲朋好友	3.1	3.6
其他	0.9	1.0
总计	100.0	100.0

（八）生活环境情况

1. 生活环境相对于上一年改善幅度不大，部分城镇被访户和超过半数的农村被访户对周边环境满意

分别对城乡生活环境各项指标进行加权（非常好 / 明显改善 =100，一般 / 没有变化 =60，非常差 / 严重恶化 =20，说不清 / 不知道不计算）计算后得出各项指标。在城乡居民生活环境改善方面，整体看，2016 年城乡居民生活环境略优于上年。分城乡看，城镇被访家庭生活环境得分 63，表明比上年略有改善，农村则略有下降，得 59 分。从具体项目看，城镇绿化相对于上年提高幅度较大，生活垃圾处理与上年持平，其余选项则略低于上年；农村在绿化方面也有较大提高。从最不满意的一项看，按选择比例排序，城镇有 34.4% 选择没有不满意的，有 22.1% 选择空气质量不好，

13.7% 选择噪声污染严重，12.7% 选择生活用水问题；农村有超过半数都满意，14.8% 选择空气质量不好，13.0% 选择生活垃圾处理不及时，10.8% 选择生活用水有问题。

表20-26 城乡被访者环境满意情况 单位：分

	全部被访户	城镇被访户	农村被访户
总体生态环境	61	63	59
生活用水质量	58	59	58
周边水体质量	59	59	59
生活污水处理	58	59	57
生活垃圾处理	58	60	57
噪音环境质量	60	59	61
绿化质量	68	68	68

表20-27 城乡被访者不满意的环境问题（%）

城镇被访者	没有不满意的	空气质量不好	噪声污染严重	生活用水供应问题
	34.4	22.1	13.7	12.7
农村被访者	没有不满意的	空气质量不好	垃圾处理不及时	生活用水供应问题
	51.5	14.8	13.0	10.8

2. 食品安全问题方面，多数被访户认为同上年相比没有变化，但认为随着制度健全，食品安全问题会得到逐步改善

全部被访户中，有 32.4% 认为同 2015 年相比，2016 年食品安全问题没有变化，认为明显改善的只有 0.5%。由于超过 65.5% 的农村被访户主要食品来自于宅基地的小菜园，因此选择了不了解食品安全问题。城市被访者中，有 44.9% 认为正规超市所出售的食品更加安全卫生。在问及当地政府是否在食品安全工作中有所作为时，全部被访者中有 33.8% 选择了不了解，有 26.4% 认为还是做了一些工作，但是成效不佳，还有 14.0% 的被访者认为当地基本没人管食品安全问题。同时，有 36.4% 的城乡被访者认为随着《食品安全法》的颁布，食品安全会得到逐步改善，24.4% 的被访者选择了不关心，只有 4.5% 的认为《食品安全法》无助于解决食品安全问题。

表20-28 被访群体食品安全满意程度（%）

	全体被访户	城镇被访户	农村被访户
明显改善	0.5	0.9	0.1
有所改善	20.5	22.9	18.5
没有变化	32.4	35.4	30.2
有所恶化	16.0	17.9	14.5
严重恶化	6.2	6.9	5.7
不知道	24.4	16.1	31.1
总计	100.0	100.0	100.0

三、黑龙江省民生方面的突出问题

从 2016 年度问卷看，农村以及资源型城市民生发展过程中的一些问题集中显现。

（一）玉米收购价格下滑，影响玉米种植户特别是种植大户收益

2016 年度调查，农村居民普遍预期收入要低于上年度，进一步了解发现，主要是国家按照“市场定价、价补分离”的原则，推进玉米收储政策改革，玉米上市价格直接与国内外市场价格接轨所造成。2016 年，黑龙江省玉米种植面积接近 1 亿亩，占全省粮食作物播种面积的 50% 以上。黑龙江省农民人均可支配收入约 70% 来自种植业，玉米收入是农村家庭的主要收入来源之一。2017 年 1 月黑龙江省玉米标准品市场收购价格约为 0.65 元 / 斤，仅为 2016 年 1 月价格的 70%，市场价格快速跌落。特别是黑龙江省中西部玉米产区受旱灾和风灾影响，产量明显下降。如本次调研地泰来县，受旱灾影响严重，部分乡镇玉米产量仅为往年 5 成左右。玉米市场价格和产量双重降低，习惯种植玉米的自有土地农民家庭经营性收入锐减，按现价出售预计比上年度减少 40% 左右，即使加上每亩 153.46 元的玉米种植者补贴，收入也较往年下降 20%。租赁土地种植玉米的新型经营主体，扣除租金后（全省地租平均 400 元 / 亩），每亩亏损 200 元左右。

（二）农村贫困面大，脱贫攻坚任务依然繁重

1. 农村贫困人口多，多数自身解困能力弱

2016 年度问卷调查中，抽选海伦市、望奎县和泰来县三个贫困县，农村被访户中有 24.2% 的家庭收入不足 1 万元，为 3 年来最高，表明虽然经过多年扶贫开发，黑龙江省贫困面依然较大，脱贫任务依然繁重。目前，黑龙江省 63 个县中共 28 个贫困县，贫困村 1765 个，占全省行政村的 19.6%；农村贫困人口 132 万，占全省农村人口的 8.4%。全省贫困人口中，小学文化以下的占 40.4%，高中以上文化仅为 5.4%；患大病、长期慢性病的和残疾人占 11.7%；丧失劳动能力和无劳动能力者占 25.7%；拥有一定劳动技能的仅占 0.4%。全省贫困家庭中，有 71.9% 因病致贫、因灾返贫，是目前致贫返贫的主因，并且仍有 37.4% 的贫困家庭未实现饮水安全或饮水困难。

2. 贫困户文化素质低，扶贫开发难度大

2016 年度问卷调查所示，家庭年收入不足 1 万元的群体中，有 64.7% 的被访者认为医疗支出是当前家庭支出的主要压力，调查中有贫困家庭反映基本生活仅仅依靠宅基地“小菜园”勉强维持，家庭收入大部分用来看病吃药，根本没有扩大再生产能力。这些被访户（仅统计受访者，即“成员 1”）中，17.4% 的没有上过学，10.1% 的小学辍学，32.6% 的为小学学历，高中以上学历的仅有 2.3%，反映出农村贫困人口受教育年限短，技能素质低，谋生技能单一，自身脱贫解困能力差。

3. 区域性贫困问题严重，巩固扶贫成果还需付出努力

黑龙江省 90% 的扶贫重点县、80% 的贫困村和 70% 的扶贫对象集中在西部风沙干旱区、中部盐碱贫水区和东部低洼易涝区。由于这些区域自然条件比较恶劣，生态环境比较脆弱，生产力发展水平不高，贫困人口相对集中，贫困程度较重，“丰年温饱，灾年返贫”现象比较普遍，返贫问题突出。2016 年中西部地区旱灾和玉米价格下降，部分大户、家庭农场等亏损严重，也有致贫的可能，巩固扶贫成果还需要付出长期艰苦的努力。

（三）资源型城市民生保障问题突出

1. 林区职工转产就业难

全面停伐后，林业城市伊春市和大兴安岭地区主财源锐减，很难投入更多财力到民生建设项目上。林区与木材生产相关的职能部门和生产单位面临撤并整合，产生大量富余人员。目前，伊春尚有十余万下岗失业人员急需就业政策扶持，这些富余人员年龄在 40 ~ 50 岁之间的约占 70%，中专以下学历占 75% 左右。尤其是贮木场大部分职工长期从事繁体劳动，由于受职工档案工种填报等历史因素影响，造成很多实际符合繁体退休条件的职工无法按繁体类型退休。还有一部分以计件为分配方式的国有企业一线生产工人，如今这些人大部分工作年限都在 26 ~ 35 年，年龄偏大，体弱多病，既没有达到繁体退休标准又不能外出从事其他劳动，没有固定收入，企业的帮助又极其有限。

2. 资源枯竭城市社会民生问题突出

全国经济下行对黑龙江省资源型城市转型发展带来了严峻考验，在一定程度上，阻碍了资源型城市转型发展的进程。2015 年，大庆市 GDP 下降 26.8%，经济发展形势严峻。2014 年，鹤岗市 GDP 下降 9.7%，公共财政收入下降 18%。双鸭山地区生产总值同比下降 11.0%，规模以上工业增加值同比下降 49.0%。资源型城市的不发展或慢发展给城市居民的社会民生问题带来了沉重的压力，养老、医疗和保障性住房等建设任务加重。同时，地方财政的窘迫也使剥离企业办社会工作难以推进，也引发了失业、低保等一系列隐形的社会问题。

（四）教育资源分布不均衡

黑龙江省地广人稀，近年来随着乡镇撤并及人口外流，农村中小学生源急剧萎缩，农村学校撤并整合力度加大。虽然有利于教育资源的优化整合，提高了农村地区整体办学质量，但集中办学造成了部分农村学生上学不便，同时增加了偏远地区家庭支出。“撤村并校”后中心校多集中在人口密集地区，方便了中心村屯学生就学，却增加了部分偏远贫困村屯学生的路费、食宿等支出。国家“两免一补”政策都已落实，但家庭经济困难寄宿生生活费补助资金（“一补”）在一些贫困高发地区还不能全覆盖，部分家庭困难学生不能享受到补贴。据齐齐哈尔市所辖龙

江县测算，集中办学后，偏远贫困地区小学走读生每月校车费用、午饭费用约 240 元，1 学年约 2200 元；小学寄宿生每个月的食宿费为 650 元，1 学年约 6000 元；初中生多是寄宿制，每月食宿费在 800 元左右，1 学年在 7000 元以上，对农村贫困地区家庭来说是较大负担。

四、对策建议

（一）转方式、调结构、补短板、提质增效，建立农民收入稳定增长的长效机制

建立稳定的增收机制，是解决民生问题的关键。面对粮食政策调整及消费市场变化，应积极推进农村供给侧结构性改革，转方式、调结构、补短板，继续完善农村土地流转市场建设，推进规模经济发展，增加绿色农产品供给，引导农村高校毕业生返乡创业，不断优化农村产业结构，稳定并拓宽农民增收渠道。

①建立应急托底收购预案，防止“卖粮难”。目前，全国玉米供大于求的局面短期不会改变，黑龙江省玉米加工企业数量少、规模小、加工能力不强，难以消化掉省内玉米，短期内玉米完全通过市场化收购可能性不高，再考虑到千家万户长期存储玉米的高风险，建议国家提前制定玉米托底收购预案，在出现集中“卖粮”难时，能够及时启动，保障农民利益。

②完善土地流转市场建设，推进土地适度规模经营。发展适度规模经营就需要有一个健康、有序的土地流转市场，下步工作中黑龙江省应在土地流转市场建设上多谋划和实践，进一步完善相应规章制度，创新工作方式方法，建立功能更加完善的土地流转交易平台，保障土地流转双方利益。

③健全绿色农产品生产体系，增加绿色农产品供给。第一，引进绿色农产品加工企业，粮食收储政策的改革给黑龙江省农业产业化发展提供了新的契机，原料价格的降低必定给农业龙头企业带来更大的利益空间，黑龙江省应借势而上加大招商力度，让国内外更多的农业龙头企业落户黑龙江省，进而提高黑龙江省绿色产品供给数量和质量。第二，广泛利用互联网、物联网等技术手段，加强绿色农产品生产监督和追溯体系建设。第三，整合品牌资源，发挥品牌效应，增强市场对黑龙江省农产品的辨识度。

④引导农村高校毕业生返乡创业。目前，城市工作职位竞争对综合能力要求越来越高，且城市居留成本高，农村生源进城就业优势并不明显。因此建议加大政策扶持力度，鼓励引导农村高校毕业生回乡创业。一是加大高校定向培养力度。提高省内涉农高校扩大对农村定向招生规模，免除学费，加大生活补贴力度。二是对返乡创业的高校毕业学生进一步放宽助学贷款条件。建议出台配套政策，对于申请国家助学贷款的应届毕业生，在返乡创业期间可以暂缓还贷，减轻家庭压力。三是积极宣传各项政策。组织解读黑龙江省《关于支持农民工等人员返乡创业的意见》中各项优惠政策，鼓励农村高校毕业生返乡创业，减轻农村毕业生就业压力，遏制人才

外流，助力农村经济发展。

（二）进一步完善粮食主产区利益补偿机制

2015年，黑龙江省14个国家级贫困县粮食产量全部超过10亿斤，都属于国家级产粮大县，为保障国家粮食安全做出了巨大的贡献，但也都属于“高产穷县”，产业结构不合理，税源结构不合理，均为“吃饭财政”或“要饭财政”，在扶贫开发方面投入有限。建议国家加大对贫困产粮大县政策投入力度，完善利益补偿机制，让农业获得合理利润、让财力逐步达到全国平均水平。一是建议依据粮食调出量和产、销区农民纯收入差距等情况综合确定补偿标准和金额，确保粮食主产区具有扩大再生产基本条件，确保国家粮食安全。二是建议结合资源税改革，推行粮食补贴与粮食贡献挂钩制度。由中央财政向粮食主销区根据其辖区内耕地占有数量收取一定比例的资源税或补偿金，再根据粮食主产区调出粮食的数量，通过转移支付手段，对粮食主产区实施补偿，多调多得。三是对粮食收购贷款给予优惠利率政策支持，并适当延长贷款期限。四是加大对主产区，尤其是属于贫困县主产区的公共设施建设扶持力度。国家应不断加大投入，开发区域性高标准农田、粮食高产适用技术，推进基础设施建设，力争灾年不减收、丰年大丰收。

（三）对资源衰竭型城市实施特殊财政政策

建议国家研究出台针对资源型城市的特殊财政政策。建立资源型城市就业的特殊保证资金和资源型城市就业补偿基金，集中解决资源型城市一些再就业人员的特殊困难，使之尽快摆脱生存困境。此项资金主要用于生态移民补偿、木业企业和相关产业补偿、停伐转岗补偿以及林区特殊重体力劳动者的补偿。要严格按照《中华人民共和国就业促进法》的规定将就业再就业工作纳入地方经济和社会发展的长期规划和年度计划，建立并执行严格的考核制度。强力推进在每年的地方财政预算中安排不低于全年财政收入1%的就业专项资金用于促进就业工作，保证逐年递增，以满足地方政府就业工作的资金需求。

（四）加强扶贫产业建设，拓宽农民征收渠道

产业扶贫是促进资源综合开发、合理利用，加快把资源优势转化成产业优势、经济优势，稳定增加贫困农民收入的一条重要途径。一是扶持规模养殖业、高效种植业等特色优势产业发展，建成稳固的扶贫产业体系，确保农民眼前增收有保障，将来增收有潜力。二是鼓励和引导农民发展各类专业合作社，努力构建“新型经营主体+贫困农户”的产业化经营脱贫模式，不断提高产业发展的组织化程度和标准化水平，增强农户抵御市场风险的能力，解决年年扶、年年贫的老大难问题。三是以发展现代农机合作社为重点，专项支持贫困户带地入社，加快发展现代农业，提高自身“造血”功能。要加大科技攻关和科技成果转化力度，加快构建农村科技服务

体系，重点支持培育一批科技型扶贫龙头企业，打造一批科技含量高的特色名牌产品，推动贫困地区农业产业提质升级。

（五）建立资源型城市再就业信息服务平台

资源型城市要建立系统完备的再就业统计资料，对再就业人员的综合情况、实施情况进行跟踪分析和研究，建立统一的数据库。克服档案不健全的弊端，加强对再就业情况的动态跟踪监测。及时将新增加下岗的困难人员纳入救助范围。运用大数据技术，实现劳动力与适合就业岗位精准匹配；根据社会需求，及时调整再就业培训内容；参照农村精准扶贫做法，加大对林区困难人员就业援助力度，及时为“零就业”家庭解决就业困难，在此基础上建立劳动力对口就业援助长效机制，帮助劳动力尽快转移和再就业。同时，要建立资源型城市可持续发展统计体系，制定和完善有利于资源型城市可持续发展的绩效评价考核体系和具体考核办法，把资源有序开发、接续替代产业发展、失业问题解决等工作情况，作为各个资源型城市综合考核评价的重要内容。

（六）出台补贴降低农村家庭教育支出

针对农村地区教育资源不均衡的现状，建议增加校车补贴，扩大农村贫困学生寄宿制补贴的覆盖面，加大高校助学贷款的政策宣传力度，进一步降低农村地区家庭的教育支出。同时加强农村教师队伍培训，提高心理辅导和就业指导方面的能力和水平。

（黑龙江省政府发展研究中心
专题负责人：罗丛霞
成员：雷景贵　张翘楚　杨秋艳　徐　涛　郑建志）

第二十一章
广东省民生发展报告

一、广东省民生发展总体情况

近年来，广东坚持把保障和改善民生作为一切工作的出发点和落脚点，着力建机制、补短板、兜底线，持续加大财政民生投入，加快推进基本公共服务均等化，创新和加强社会治理，民生状况持续改善。

（一）失业率稳定在较低水平，公共就业服务体系持续完善

近年来，面对错综复杂的国际环境和艰巨繁重的国内发展任务，广东省紧紧围绕全面建成小康社会宏伟目标，主动适应经济发展新常态，进一步加强就业和社会保障工作，实施积极的就业政策，完善公共就业服务体系。

2015 年末广东城镇登记失业率为 2.45%，年末城镇登记失业人数共有 369667 人，而 2015 年末全国城镇登记失业率为 4.05%，广东为全国水平的 60% 左右。近年来，韩国、日本、英国、美国、中国香港的失业率均在 3% ~ 6% 之间，与世界发达国家和地区相比，广东城镇登记失业率也是较低的。

表21-1　　广东年末城镇登记失业率

指标	2013年	2014年	2015年
年末城镇登记失业人数（人）	370119	368318	369667
年末城镇登记失业率（%）	2.43	2.40	2.45

资料来源：《2016 广东统计年鉴》。

（二）居民收入稳步增长，工资水平上涨较快

近年来，为适应经济发展新常态，广东经济增长速度由高速度转为中高速，经济增速有所放缓，但城乡居民收入依然稳步增长。2015 年，广东城镇居民人均可支配收入和农村居民人均可支配收入分别为 34757.16 元和 13360.44 元，分别比上年增加 6.4% 和 7.7%，农村居民人均可支配收入增速比城镇居民人均可支配收入增速高了 1.3 个百分点；城乡收入差距由 2010 年的 3.03 ： 1 缩小为 2.60 ： 1，差距逐渐缩小。

表21-2 广东城乡居民人均收入水平及人均GDP

指标	绝对数（元）			实际增速（%）		
	2013年	2014年	2015年	2013年	2014年	2015年
城镇居民人均可支配收入	29537.29	32148.11	34757.16	6.9	6.4	6.4
农村居民人均可支配收入	11067.79	12245.56	13360.44	7.8	8.3	7.7
人均GDP	58540	63469	67503	7.8	7.1	7

资料来源：《2016 广东统计年鉴》。

近年来，广东省经济增长受到经济新常态的影响有所放缓，但工资水平依然有较快上涨。2015 年，城镇单位在岗职工年平均工资比上一年增加了 8.9%，增长速度比 2014 年提高了 1.7%，比 2013 年提高了 2.9%。调整最低工资标准是提高劳动者特别是低收入劳动者劳动报酬的重要手段，2015 年 5 月 1 正式实施的广东省分地区类别最低月工资标准相比于 2014 年有较大提高，根据所在地区的不同分别上涨了 200 ~ 345 元不等。

表21-3 广东分地区类别最低月工资标准及城镇职工年平均工资

当地最低工资标准	2013年	2014年	2015年
第一类地区（元）	1550	1550	1895
第二类地区（元）	1310	1310	1510
第三类地区（元）	1130	1130	1350
第四类地区（元）	1010	1010	1210
城镇单位在岗职工年平均工资（元）	53611	59827	66296
增长速度（%）	6.0	7.2	8.9

资料来源：《2016 广东统计年鉴》。

（三）消费水平进一步提高，城乡消费差距逐渐缩小

2015 年，广东城镇居民人均消费性支出为 25673.08 元、农村居民人均生活消费支出为 11103.03 元，分别比 2014 年增长 7%、9.2%。2015 年，广东城镇居民恩格尔系数为 33.2%，和 2014 年持平，维持在比较富裕水平；农村居民恩格尔系数由 2014 年的 39.5% 增加到 40.6%，与 2014 年相比有小幅度上升。总体来说，城乡居民的恩格尔系数基本与上一年持平，消费水平提高，生活压力逐渐减小。

表21-4 广东城乡居民人均消费支出及恩格尔系数

指标	绝对数（元）			实际增速（%）		
	2013年	2014年	2015年	2013年	2014年	2015年
城镇居民人均消费性支出	21621.46	23611.74	25673.08	5.3	6.7	7.0
恩格尔系数（%）	33.7	33.2	33.2	—	—	—
农村居民人均生活消费支出	8937.76	10043.21	11103.03	9.0	10.1	9.2
恩格尔系数（%）	42.1	39.5	40.6	—	—	—

资料来源：《2016 广东统计年鉴》。

2015 年，广东城乡居民人均消费性支出比为 2.31∶1，差异依旧明显；近年来，由于农村居民消费支出增长速度比城镇居民要高 2 ~ 4 个百分点，城乡消费差距正在逐渐缩小（2013 年、2014 年广东城乡居民人均消费性支出比分别为 2.42∶1、2.35∶1）。

近年来，广东城乡居民耐用消费品拥有量逐年上升，但城乡之间尚有差距。基本耐用消费品方面城乡差距不大，以电冰箱为例，2015 年城镇平均每百户电冰箱拥有量为 75.3 台，而农村平均每百户电冰箱拥有量也有 66.1 台，差距不大。但在高档耐用消费品方面城乡差距依旧很大，以高档耐用品计算机为例，2015 年城镇平均每百户计算机拥有量为 84.45 台，而农村平均每百户计算机拥有量只有 33.93 台；在交通工具使用方面，农村家庭的交通工具基本还是摩托车，而城镇家庭已经开始普及家用汽车，2015 年城镇平均每百户已经拥有了 29.67 辆汽车。

表21-5　　广东城乡居民家庭平均每百户耐用消费品年末拥有量

耐用消费品	农村			城镇		
	2013年	2014年	2015年	2013年	2014年	2015年
摩托车（辆）	101.20	108.06	116.95	32.56	39.21	40.15
家用汽车（辆）	—	—	—	23.10	25.53	29.67
洗衣机（台）	52.45	54.43	64.82	63.44	67.57	70.91
电冰箱（台）	66.10	68.36	66.1	68.06	71.67	75.3
彩色电视机（台）	113.24	114.28	117.22	92.61	98.68	99.53
计算机（台）	27.23	30.40	33.93	77.45	81.55	84.45
空调器（台）	45.04	46.67	62.15	125.63	132.26	144.26

资料来源：《2016 广东统计年鉴》。

（四）人均住房面积继续扩大，居住条件得到改善

近年来，随着城乡居民收入水平的提高、科技的发展，城乡居民的居住条件得到了极大的改善，城镇居民人均住房建筑面积正在逐年增加，房屋配套设施也逐渐得到完善。

2015 年，广东城镇居民人均住房建筑面积为 32.25 平方米，农村居民人均生活住房面积为 42.14 平方米，分别比 2014 年增加 0.37、2.82 平方米。在住房面积扩大的同时，广东居民住房条件也有明显改善；2015 年，住户居住类型中普通住宅比例达到 87.5%，比 2014 年提高 1.9 个百分点；住户厕所独用比例为 83.7%，比 2014 年提高 2.6 个百分点；住户使用清洁能源比例也有所提高，管道天然气和电的使用比例分别为 13.8% 和 11.7%，分别比 2014 年提高 1.5 和 2.8 个百分点。

表21-6　　广东城乡居民住房情况

指　标	2013	2014	2015
城镇居民人均住房建筑面积（平方米/人）	30.27	31.88	32.25
农村居民人均生活住房面积（平方米/人）	34.92	39.32	42.14
住户居住类型	100.0	100.0	100.0

续表

指 标	2013	2014	2015
普通住宅（%）	83.5	85.6	87.5
集体宿舍和工棚（%）	16.2	14.0	12.3
工作地住宿（%）	0.3	0.4	0.2
住户厕所使用情况	100.0	100.0	100.0
本住户独用（%）	78.8	81.1	83.7
几户合用（%）	17.8	15.7	13.8
公用厕所（%）	3.4	3.2	2.5
主要炊用能源状况	100.0	100.0	100.0
柴草（%）	9.8	11.7	10.4
煤炭（%）	0.5	0.2	0.1
罐装液化石油气（%）	53.4	52.7	52.4
管道液化石油气（%）	3.4	2.8	2.2
管道煤气（%）	1.0	0.9	0.8
管道天然气（%）	11.0	12.3	13.8
电（%）	8.8	8.9	11.7
其他	12.1	10.5	8.6

资料来源：《2016 广东统计年鉴》。

（五）公共服务均等化持续推进，社会事业加快发展

作为中国南方的中心城市，广东十分重视文化、教育和卫生等社会事业的发展。

2015 年，广东民生支出中教育支出同比增长 27.81%，同时广东省继续对全省城乡义务教育学生（含民办学校）实施免除学杂费、免费提供教科书和对家庭经济困难学生补助生活费的“两免一补”政策，并且将城乡免费义务教育生均公用经费补助标准小学已提高至 1150 元、初中提高至 1950 元。广东学前三年毛入园率、学龄儿童入学率、高中毛入学率分别为 95.67%、99.98%、95.7%；公共图书馆数量、公共图书馆藏量、举办全民健身活动次数近三年来都有所增加。

表21-7 广东文化教育基本情况

指 标	2013年	2014年	2015年
学前三年毛入园率（%）	95.49	95.96	95.67
学龄儿童入学率（%）	99.97	99.99	99.98
高中毛入学率（%）	96.00	95.90	95.7
公共图书馆（个）	137	138	140
公共图书馆藏量（万册、件）	6101	6367	7008
举办全民健身活动次数（次）	4231	4886	5000

资料来源：相关部门提供。

医疗卫生事业方面，2015 年广东围绕“三个定位，两个率先”的总体要求，以强基创优建高地为抓手，推动医疗卫生工作重心下移、医疗卫生资源下沉，不断提高城乡居民健康水平，努力建设卫生强省，打造健康广东。2015 年，广东卫生技术人员数为 61.16 万人，比上年提高 6.24%，千人医院、卫生院床位数为 4.02 人，比上年增加了 6.34%，千户籍人口卫生技术人员数 5.71 人，比上年增加了 4.77%。

表21-8　　广东医疗卫生服务基本情况

指　标	2013年	2014年	2015年
卫生技术人员数（万人）	54.56	57.57	61.16
千户籍人口医院、卫生院床位数（张）	3.55	3.78	4.02
千户籍人口执业（助理）医师数（人）	1.98	2.03	2.11
千户籍人口卫生技术人员数（人）	5.22	5.45	5.71
个人卫生支出占卫生总费用的比重（%）	31.98	31.80	27.9
5岁以下儿童死亡率（%）	4.08	—	—

资料来源：相关部门提供。

（六）社会保障制度更加完善，保障水平稳步提高

近年来，广东省针对公共财政社会保障支出比例偏低的客观实际，不断加强对社会保障事业的支持，逐步增加社会保障支出，建立健全更加公平更可持续的社会保障制度。

2015 年，广东五大险种参保人数均实现新增长，城乡居民社会养老保险、医疗保险基本实现全覆盖；城镇职工基本养老保险参保人数增长 5.76%，失业保险参保人数增长 3.17%，医疗保险参保人数增长 3.38%，工伤保险参保人数增长 0.94%，生育保险参保人数增长 9.96%。

表21-9　　广东社会保险参保情况

指标		城镇职工基本养老保险	失业保险	医疗保险	工伤保险	生育保险
参保人数（万人）	2014年	4809.47	2840.18	9804.18	3092.59	2802.58
	2015年	5086.52	2930.13	10136.02	3122.72	3081.8
2015年比上年增长（%）		5.76	3.17	3.38	0.94	9.96

资料来源：《2016 广东统计年鉴》。

广东社会保障覆盖面较高，保障标准也逐年提高。据人社部《中国社会保险发展年度报告2015》显示，2015 年全国职工养老保险抚养比为 2.87∶1，广东地区的企业养老保险抚养比以 9.74∶1 位居全国之首，相当于保持“超过 9 个人养 1 个人”的水平。2015 年，城镇职工基本养老保险养老金平均水平为每人每月 2400 元，比 2014 年提高了 203 元。2015 年，广东城乡低保最低标准第一类地区每人每月城镇和农村低保最低标准分别为 650 元、650 元，第二类地区每人每月城镇和农村低保最低标准均为 550 元，第三类地区每人每月城镇和农村低保最低标准分别为 520 元、386 元，第四类地区每人每月城镇和农村低保最低标准分别为 410 元、260 元。

表21-10　　广东社会保障水平基本情况　　单位：元

指　标	2013年	2014年	2015年
城镇职工人均基本养老金	1958	2197	2400
农村居民人均基本养老金	109.8	125.13	141.56
城镇居民最低生活保障标准	380.4	400①	520①
农村居民最低生活保障标准	269.4	310②	386②

注：①②为第三类地区的标准。

资料来源：相关部门提供。

（七）社会治理力度不断加大，公共安全问题继续好转

近十年来，广东加大了社会治理力度，社会治安持续好转；特别是“亚运城市”建设之后，治安形势进入到了一个相对平稳的下降期。同时，广东也十分重视生产、公共卫生、食品等其他领域的公共安全问题的监管，公共安全问题也继续好转。

相比 2014 年，广东生产安全、交通安全等公共安全问题有所改观。2015 年，广东亿元 GDP 生产安全事故死亡率为 0.09，比 2014 年的 0.10 下降 0.01；交通事故发生数为 24672 起，比 2014 年的 26820 起下降了 8%；广东甲乙类法定报告传染病发病率为每十万人 313.19 人，相比 2014 年下降 13.18%；广东发生火灾事故 17992 起，相比 2014 年减少了 18.6%。

表21-11　　广东公共安全基本情况

指　标	2013年	2014年	2015年
亿元GDP生产安全事故死亡率（人）	0.10	0.10	0.09
甲乙类法定报告传染病发病率（人/10万）	317.12	360.75	313.19
火灾事故发生数（起）	21100	22113	17992
交通事故发生数（起）	25416	26820	24672

资料来源：相关部门提供。

（八）环境保护和治理有序推进，居住环境更加优化

近年来，广东坚持绿色发展永续战略，强力推进污染防治，绿色发展水平进一步提升，居住环境更加优化。

从环境监测指标来看，2015 年全省各地市城区空气质量有 15 个达到二级以上，虽然相比 2013 年的 21 个还是相对较差，但比 2014 年增加了 9 个。2015 年，广东工业危险废物综合利用处置率为 99.88%，城市生活垃圾无害化处理率为 91.6%，城镇污水处理率为 93.7%，这些指标均比前两年有明显提高；2015 年，城镇人均公园绿地面积为 17.4 平方米，比 2014 年增加 1.12 平方米。

在农村生态环境、居住环境保护方面，近年来广东通过美丽乡村建设，加强农村生态及其居住环境保护，取得了一定的效果，生态环境得到了保护，农村居住环境有所改善。2015

年，农村自来水普及率为90.1%，比2013年提高1.7个百分点，农村无害化卫生厕所普及率为87.2%，比2013年提高4.0个百分点。

表21-12　　广东环境保护基本情况

指　标	2013年	2014年	2015年
空气质量二级标准城市数（个）	21	6	15
城市生活垃圾无害化处理率（%）	84.6	86.4	91.6
城镇污水处理率（%）	92.0	91.4	93.7
工业危险废物综合利用处置率（%）	99.56	99.71	99.88
集中式饮用水水源地水质达标率（%）	100.00	100.00	100.00
地表水监测段面劣五类的比例（%）	8.90	9.20	8.1
城市人均公园绿地面积（m^2）	15.94	16.28	17.4
森林覆盖率（%）	58.2	58.7	58.88
农村自来水普及率（%）	88.4	89.5	90.1
农村无害化卫生厕所普及率（%）	83.2	84.9	87.2

资料来源：《2016广东统计年鉴》。

二、近年来改善民生的政策举措

近年来，广东围绕提高民生水平、改善民生质量，不断进行民生领域的改革和创新，自2012年连续5年将十件民生实事写入政府工作报告，制定出台了一系列政策措施，有力地推动了一批民生工程项目的实施，促进了全省民生状况的持续改善。

（一）实施更加积极的就业政策，全面建立职业培训公共体系

实施更加积极的就业政策，出台了《关于鼓励创业带动就业工作的意见》《广东省人民政府关于进一步做好新形势下就业创业工作的实施意见》等政策，发挥公共就业服务平台作用，加大对灵活就业、新就业形态的支持，加强农村劳动力转移就业培训，支持技能晋升培训，促进劳动者自主就业。实施城乡一体化就业援助，帮扶就业困难人员实现就业。落实高校毕业生就业促进和创业引领计划，带动青年就业创业。积极创建和谐劳动关系。进一步提高政府购买公共就业服务的比例，继续大力开展全民职业技能培训和智力扶贫、精准扶贫，完善公共就业服务决策监督机制、绩效评价机制和问责机制，全面建立覆盖全体劳动者的职业培训公共体系。

（二）推进社会保障城乡一体化，提升民生保障水平

出台了《关于提高我省底线民生保障水平的实施方案》等一系列政策，实施全民参保计划，扩大社保覆盖面。完善城乡居民养老保险、医疗保险待遇动态调整机制。落实社会保险扩面征

缴责任，推动企业全员足额参保。引导灵活就业人员等群体参加城镇职工基本养老保险，稳妥推进职工基本养老保险省级统筹和机关事业单位养老保险制度改革。深化医保复合式付费方式改革，优化大病保险制度。降低失业保险费率，完善工伤保险费率政策。启动养老、医疗保险制度城乡一体化试点。完善社会救助标准自然增长机制，加大临时救助力度，发展社会福利、社会慈善事业。建设以居家为基础、社区为依托、机构为补充的多层次养老服务体系。

（三）促进教育公平协调发展，深化现代教育制度改革

促进教育公平协调发展。结合国务院公布的《关于深入推进义务教育均衡优质标准化发展意见》《国务院关于深化考试招生制度改革的实施意见》，出台了《关于加快发展民族教育的实施意见》《广东省人民政府办公厅关于加快推进教育现代化工作的通知》等政策文件，建设以公办园和普惠性民办园为主体的学前教育服务网络，推进义务教育均衡优质标准化发展，推动高水平高质量普及高中阶段教育，实现教育强市和珠三角推进教育现代化先进县市覆盖率均达85%以上。深化现代职业教育综合改革试点省建设，推进产教融合、校企合作。发展民办教育。建设一批标准化特殊教育学校。实施高等教育“创新强校工程”，培育建设国家级协同创新中心。

（四）提高文化支出水平，扎实推进文化建设

加强基层公共文化产品和服务供给，提高人均公共文化财政支出水平，加快形成覆盖城乡、保基本、促公平的现代公共文化服务体系。出台了《关于加强历史建筑保护意见的通知》等政策文件，实施基层公共文化场馆提升工程，加强文化遗产保护传承，加强版权保护，规范文化市场秩序，推进国家版权贸易基地建设。培育一批外向型文化企业和产业基地。支持传统媒体数字化转型，促进传统媒体和新兴媒体融合发展。推进社区体育公园建设和体育场地设施开放，支持开展群众体育运动。

（五）提高医疗卫生服务水平，促进基本公共卫生服务均等化

深化医药卫生体制改革，出台了《广东省深化医药卫生体制改革2016年工作要点》《广东省促进社会办医加快发展实施方案》《广东省医疗卫生服务体系规划（2016–2020年）》，完善多层次医疗卫生服务体系，着力建设卫生强省，打造健康广东。启动实施强基创优行动计划，引导优质医疗资源均化，改善县域医疗卫生服务。加快完善分级诊疗制度，提高县域内住院率。提升重大疾病防控能力，促进基本公共卫生服务均等化。

（六）创新社会治理方式，加强公共安全管理

创新社会治理方式，深化平安广东建设，持续开展社会治安集中整治和打击突出违法犯罪专项行动，严厉打击境内外敌对势力渗透破坏和各类暴恐极端活动。强化反走私综合治理。加大依法管理互联网力度。加强社会矛盾排查化解。加强城市安全和公共安全工作。推进食品安

全城市和农产品质量安全县创建试点。加大执法力度，抓好重点领域监管，完善公共安全监管网络，加强日常安全管理和源头监管，完善市、县安监机构设置，加强安监队伍建设，提高专业化监管能力和水平。促进社会治理精细化，加强社区管理服务。

（七）加强生态环境保护，完善污染治理制度

坚持绿色发展。结合《国务院办公厅关于推行环境污染第三方治理意见的通知》的文件，鼓励在环境基础设置建设、重点流域环境综合整治、生态环境修复等重点项目建设运营中，率先引入第三方治理市场化模式。出台了《广东省生态文明建设“十三五”规划》《广东省土壤污染防治行动计划实施方案》等文件，实施主体功能区规划，开展生态控制线划定工作，严格落实节能减排目标责任制，推进电机能效提升、燃煤电厂脱硫脱硝、工业锅炉更新改造等工程。切实加大土壤环境保护力度，开展大气污染联防联治，全面开展新一轮绿化广东大行动，启动珠三角绿色生态水系建设。建成一批国家级自然保护区、森林公园、湿地公园。

三、民生问题调查问卷分析

民生问题问卷调查的目的是：通过对民生民情的实地调研和针对性研究，反映突出的民生问题及民生诉求。本次入户访问调查内容涵盖就业收入、消费和住房、社会保障、公共事业、政府服务等方面，较真实地反映了广东省居民民生状况的主观感受。

（一）受访者及其家庭成员基本情况

1. 基本属性情况

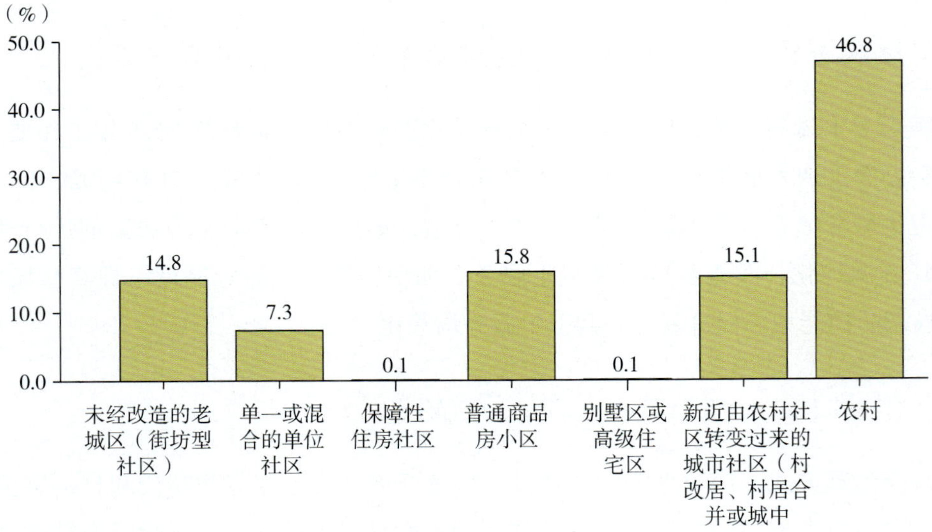

图21-1 受访者居住的社区类型（%）

本次民生调查共收回问卷1202份、有效问卷1200份。受访者中本地人口占80.7%、流动人口占19.3%；受访者居住的地区类型占比分别为：主城区为33.4%、城乡结合部为17.5%、主城区以外的镇街为4.7%、农村为44.4%。

表21-13　　受访者及其家庭成员基本特征

变量	受访者		家庭成员	
性别	人数（人）	百分比（%）	人数（人）	百分比（%）
男	550	46.1	2541	51.8
女	642	53.9	2361	48.2
年龄	人数（人）	百分比（%）	人数（人）	百分比（%）
20岁以下	56	4.7	1187	24.7
20～29岁	167	14.0	845	17.6
30～39岁	211	17.7	783	16.3
40～49岁	280	23.5	780	16.2
50～59岁	261	21.9	612	12.7
60岁及以上	217	18.2	604	12.6
婚姻状况	人数（人）	百分比（%）	人数（人）	百分比（%）
未婚	165	13.8	1790	36.4
同居	46	3.9	127	2.6
初婚有配偶	908	76.2	2827	57.6
再婚有配偶	3	0.3	4	0.1
离婚	20	1.7	24	0.5
丧偶	50	4.2	143	2.9
受教育程度	人数（人）	百分比（%）	人数（人）	百分比（%）
没上过学	49	4.1	511	10.7
小学在读	10	0.8	340	7.1
小学毕业	210	17.7	584	12.2
小学辍学或肄业	42	3.5	118	2.5
初中在读	4	0.3	119	2.5
初中毕业	332	28.0	1223	25.6
初中辍学或肄业	25	2.1	111	2.3
高中/中专/技校在读	24	2.0	161	3.4
高中/中专/技校毕业	244	20.6	797	16.7
高中/中专/技校辍学或肄业	11	0.9	62	1.3
大专/高职（含在读和肄业）	112	9.4	336	7.0
本科（含在读和肄业）	118	9.9	393	8.2
研究生及以上（含在读和肄业）	5	0.4	20	0.4

2. 工作就业情况

受访者是否从事有收入工作情况如表21-14所示，正在从事有收入工作的占56.2%，现在不工作的占43.8%。

表21-14 受访者是否从事有收入工作情况

是否从事有收入工作	人数（人）	百分比（%）
是	672	56.2
在职休假、在职培训、临时停工或季节性歇业	46	3.8
未做任何工作	477	39.9
合计	1195	100.0

受访者正在从事有收入工作人员共672人，有661人回答了是否具有专业技能这一问题，统计结果如表21–15所示。

表21-15 受访者从事有收入工作人员专业技能情况

专业技能情况	人数（人）	百分比（%）
有技能，有证书	152	23.0
有技能，没证书	72	10.9
都没有	437	66.1
合计	661	100.0

如表21–16所示，在非农就业的受访者中，签订了劳动合同的比例为44.8%（2013年为41.5%、2014年为42.7%、2015年为40.3%）；总体来说，劳动合同制仍不完善，劳动用工行为还不够规范。

表21-16 非农就业者的受访者签订劳动合同情况

签订劳动合同情况	人数（人）	百分比（%）
没有签订劳动合同	140	34.5
无固定期限劳动合同	40	9.9
有期限劳动合同	111	27.3
不需要签劳动合同	29	7.1
以完成一定工作任务为期限的劳动合同	2	0.5
不适用	84	20.7
合计	406	100.0

（二）基本民生问题

1. 居民家庭生活状况总体满意程度有所降低

居民对自己家庭目前生活状况总体满意度如表21–17所示，很满意占16.2%（2014年为12.5%、2015年为18.9%），基本满意占38.8%（2014年为43.6%、2015年为46.0%），累计有55.0%的受访者对目前家庭生活状况表示满意。

表21-17　家庭生活状况总体满意度（%）

	受访地城乡类型				受访者类型		总计
	主城区	城乡结合部	主城区以外的镇街	农村	本地人口	流动人口	
很满意	19.5	18.6	12.7	13.2	15.3	20.1	16.2
基本满意	44.9	36.7	47.3	34.4	37.9	43.7	38.8
一般	23.8	31.4	23.6	34.0	31.4	22.7	29.8
不太满意	7.8	9.0	9.1	13.9	11.7	7.0	10.8
很不满意	3.0	4.3	3.6	3.9	3.1	5.2	3.7
不回答/不清楚	1.0	0.0	3.6	0.6	0.6	1.3	0.8
合计	100.0	100.0	100.0	100.0	100.0	100.0	100.0

从累计百分比来看，居民对自己家庭目前生活状况总体满意程度有所降低，根据表21–17的频数分布数据计算可得总的满意度指数为70.7（2013年为69.6、2014年为69.9、2015年为73.9）[①]。

具体来看，受访者对目前家庭生活状况满意程度与城乡、户籍等因素显著相关；从城乡差异看，城市居民满意度高于农村居民；从户籍差异看，流动人口满意度高于本地人口。

2. 生活方面最不满意的是收入水平

受访者家庭生活最不满意的方面如表21–18所示，有26.7%的居民选择最不满意的是收入水平，有13.0%居民选择医疗，有12.7%居民选择住房；子女教育、就业状况和养老则相差不大，都有不到10%的居民选择了这些项。

表21-18　家庭生活最不满意的方面

	人数（人）	百分比（%）
就业状况	63	5.3
收入水平	320	26.7
子女教育	89	7.4
医疗	156	13.0
养老	59	4.9
住房	152	12.7
社会保障	2	0.2
没有不满意的	281	23.5
不回答/不清楚	54	4.5
其他	21	1.8
合计	1198	100.0

① 按下面方法获得总的满意度指数：很满意=100、基本满意=80、一般=60、不太满意=40、很不满意=20，不考虑选择“说不清楚”的群体，并按选择人数进行加权的方式加总得出满意度指数。下同。

3. 社会环境最不满意的是环境污染和食品安全

受访者在社会环境方面不满意情况如表 21–19 所示，有 22.0% 的居民选择最不满意的是环境污染，有 20.6% 的居民选择食品安全；交通出行、政府办事效率和社会治安则相差不大，都有不到 10% 的居民选择了这些项。

表21-19　受访者在社会环境方面不满意情况

	人数（人）	百分比（%）
社区服务	32	2.7
社会治安	78	6.5
交通出行	105	8.8
食品安全	247	20.6
环境污染	263	22.0
司法公正	13	1.1
政府办事效率	101	8.4
文化生活（含体育）	10	0.8
社会保障/医疗服务	6	0.5
没有不满意的	250	20.9
不回答/不清楚	76	6.3
其他	15	1.3
合计	1198	100.0

（三）居民生活与社会保障

1. 家庭收入增长预期不乐观，基本消费压力依然存在

如表 21–20 所示，半数左右受访者感觉今年（2016 年）家庭年收入会与去年（2015 年）差不多，近 2 成的受访者感觉今年家庭年收入有提高（上年为近 3 成），但有 27.2% 的受访者感觉今年家庭年收入有下降。

表21-20　感觉家庭总收入增长情况城乡差异（%）

	受访地城乡类型				合计
	主城区	城乡结合部	主城区以外的镇街	农村	
不回答	0.8	0.5	0.0	4.3	2.3
会显著增长	1.8	1.4	3.6	0.8	1.3
会有些增长	23.8	14.8	25.0	13.5	17.7
会和上年差不多	45.8	46.2	26.8	45.9	45.0
会有些减少	12.3	20.0	30.4	22.4	18.9
会明显减少	8.3	11.4	8.9	7.0	8.3
说不准	7.5	5.7	5.4	6.2	6.5
合计	100.0	100.0	100.0	100.0	100.0

感觉家庭年收入变化情况与受访者城乡类别相关关系显著；与 2015 年相比，城镇居民感觉家庭年收入提高的百分比明显高于农村居民。

如表 21-21 所示，在各项家庭开支中，受访者感觉压力最大的方面是食品支出，有 22.8% 的受访者选择了该项，但与上年的 35% 相比降低很多；其次为住房和子女教育支出，分别有 21.9% 和 21.4% 的受访者选择了该项；排在第四位的是医疗，有 20.5% 的受访者选择了该项。

表21-21　感觉家庭支出压力最大的一项占比城乡差异（%）

	受访地城乡类型				合计
	主城区	城乡结合部	主城区以外的镇街	农村	
食品	19.0	20.5	12.5	27.6	22.8
住房（贷款、房租）	27.3	23.3	50.0	14.3	21.9
子女教育	20.5	22.4	16.1	22.2	21.4
交通	0.5	0.0	0.0	0.9	0.6
医疗	21.8	19.5	3.6	21.6	20.5
赡养老人	1.5	2.9	1.8	1.7	1.8
人情送礼	0.8	0.5	1.8	0.4	0.6
婚丧嫁娶	0.5	0.0	1.8	0.9	0.7
交社保	0.8	2.9	3.6	0.9	1.3
其他	1.3	1.0	5.4	0.8	1.2
没压力	6.3	6.7	3.6	7.5	6.8
压力都大	0.0	0.0	0.0	0.2	0.1
合计	100.0	100.0	100.0	100.0	100.0

感觉支出压力最大的选项与受访者城乡类型存在显著相关。如表 21-21 所示，农村居民选择最多的是食品，城镇居民选择最多的是住房，而农村居民与城镇居民选择第二多的选项都是子女教育。

2. 住房条件持续改善，最不满意的仍是住房面积太小

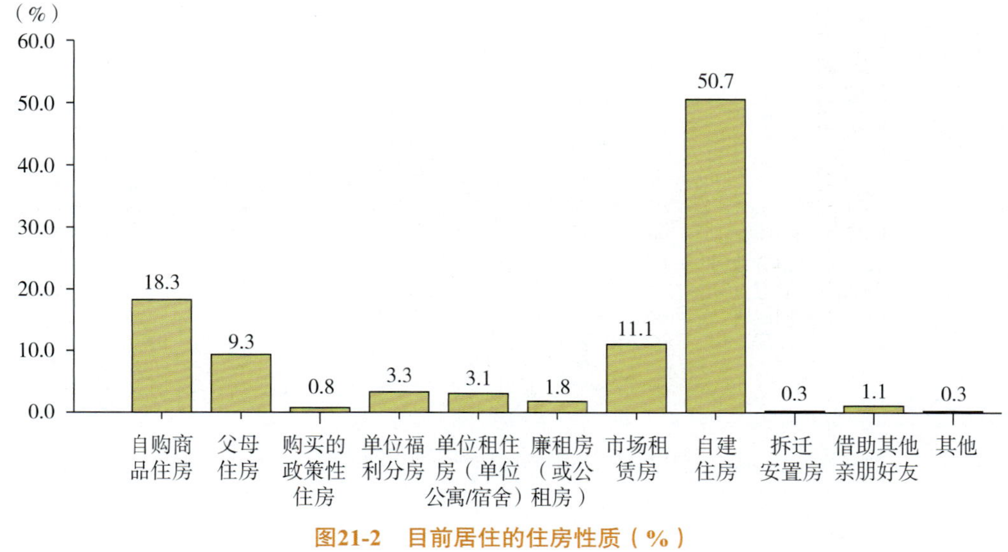

图21-2　目前居住的住房性质（%）

如图 21–2 所示，受访者家庭现居住在自建住房比例最高，占 50.7%（2015 年为 43.9%）；其次是自购房屋，占 18.3%；还有 11.1% 的受访者现在的住房是市场租赁住房。受访者现居住的住房，只有 2.7% 既没有独立厨房也没有独立卫生间（2015 年为 4.5%）。

如表 21–22 所示，受访者家庭目前居住房屋室内面积大多数在 120 平方米以内，中位数是 88 平方米，平均数为 96.4 平方米（2015 年中位数是 81.4 平方米、平均数为 92.4 平方米）。

表21-22　　不同城乡类别的受访者家庭目前居住房屋建筑面积统计

受访地城乡类型	均值（m^2）	样本数（人）	标准差（m^2）	分组中值（m^2）
市/县城的中心城区（主城区）	92.403	400	53.0525	80.000
市/县城的郊区（城乡结合部）	95.040	210	79.6853	80.000
市/县城区以外的镇（街）	72.107	56	36.7753	70.000
农村	102.492	532	58.9263	100.000
总计	96.400	1199	60.7952	88.000

受访者目前住房建筑面积城乡差异明显，乡村居民的受访者家庭目前居住房屋室内面积平均比城镇居民多；其中，农村居民的受访者家庭目前居住房屋建筑面积比中心城区约多 10 平方米（2015 年约多 7 平方米）。

如图 21–3 所示，受访者在住房不满意方面的调查结果显示，最不满意的方面是住房面积太小，达到 20.3%；第二位、第三位的分别是建筑年代久远、房价太高，占比分别为 10.3% 和 9.5%；值得注意的是，有 32.2% 的受访者选择没有不满意的这一选项。

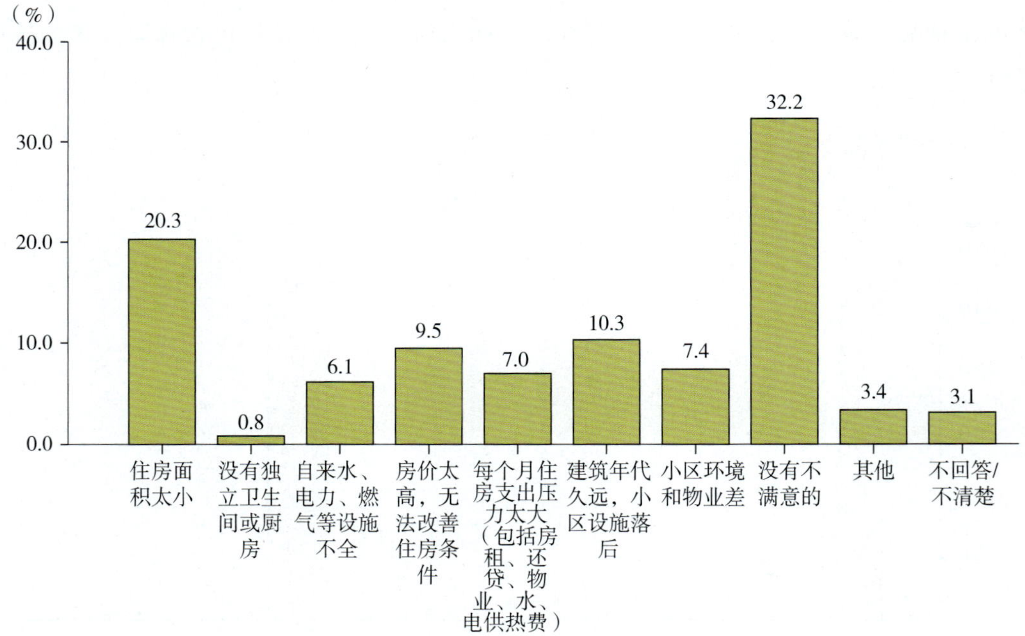

图21-3　住房方面最不满意的方面（%）

3. 教育公共服务均等化水平不高，高等教育就业难

如表 21–23 所示，102 名受访者对孩子没有在离家最近或比较近的地方上学（或幼儿园）的原因作了选择，为了上更好的学校占一半以上，达到 52%，有 9.8% 的受访者选择了受户口限制不能就读；这说明教育公共服务均等化水平不高，择校现象较严重。

表21-23　　孩子没有在离家最近或比较近的地方上学（或幼儿园）的原因

	人数（人）	百分比（%）
最近学校招生名额有限	7	6.9
未被划在其招生片区内	6	5.9
受户口限制不能就读	10	9.8
为了上更好的学校	53	52.0
成绩达不到要求，未能考入	4	3.9
为了自己的方便（比如，在离工作单位近，能住校，离父母近的地方上学）	12	11.8
学费问题	8	7.8
其他	2	2.0
合计	102	100.0

如表 21–24 所示，受访者对学前教育方面最不满意的是入园贵，有 28.1% 的居民选择了这一项，有 8.1% 的受访者选择了教育质量差。

表21-24　　学前教育方面不满意情况

	人数（人）	百分比（%）
教育质量差	21	8.1
入园难	13	5.0
入园贵	73	28.1
教师师德差	3	1.2
教师能力差	7	2.7
老师少，每个班级孩子太多	13	5.0
伙食差	7	2.7
设施条件差	9	3.5
幼儿园距离远	4	1.5
其他	1	0.4
没有不满意的	80	30.8
不回答/不清楚	29	11.2
合计	260	100.0

如表 21–25 所示，受访者在义务教育和普通高中教育方面最不满意的是教育质量差，有 9.9% 的居民选择了这一项；其次为学校设施条件差，有 9.0% 的居民选择了这一项。

表21-25　　义务教育和普通高中教育方面不满意情况

	人数（人）	百分比（%）
教育质量差	44	9.9
择校现象普遍	20	4.5
教师师德差	9	2.0
为了上更好的学校	14	3.2
上学距离较远，就学不便	18	4.1
课业负担重	31	7.0
学校设施条件差	40	9.0
放学太早，无人看管孩子	6	1.4
外地孩子上学难	21	4.7
不得不上补习班	16	3.6
学杂费贵	1	0.2
没有不满意的	160	36.1
不回答/不清楚	52	11.7
其他	11	2.5
合计	443	100.0

如表 21–26 所示，受访者在职业教育方面最不满意的是缺少实训，实践能力培养不足，有 15.9% 的居民选择了这一项，有 8.0% 的受访者选择了就业质量不高。

表21-26　　职业教育方面不满意情况

	人数（人）	百分比（%）
缺少实训，实践能力培养不足	14	15.9
学校乱收费	4	4.5
教师师德差	1	1.1
教师能力差	5	5.7
学校风气不好	6	6.8
就业质量不高	7	8.0
学校设施条件差	4	4.5
招生虚假宣传	3	3.4
其他	2	2.3
没有不满意的	21	23.9
不回答/不清楚	21	23.9
合计	88	100.0

如表 21–27 所示，受访者在高等教育方面最不满意的是高校毕业生就业难，有 27.2% 的居民选择了这一项，有 16.9% 的受访者选择了学费贵。

表21-27　　高等教育方面不满意情况

	人数（人）	百分比（%）
教学内容和方法落后，能力培养不够	15	11.0
学费贵	23	16.9
学校风气不好	2	1.5
学校设施条件差	7	5.1
高校毕业生就业难	37	27.2
招考不公平，存在招生腐败	3	2.2
其他	3	2.2
没有不满意的	32	23.5
不回答/不清楚	14	10.3
合计	136	100.0

4. 医疗公共服务均等化水平有所提高，医疗保障担忧程度居高不下

受访者医疗保障情况如表 21–28 所示，没有参加任何医疗保险的受访者只占 8.2%（2015 年为 8.8%），参加新农村合作医疗最多，占 46.7%，商业医疗保险占比较低，为 1.6%。

表21-28　　受访者医疗保障情况

	响应		受访者
	次数（次）	百分比（%）	百分比（%）
（1）城镇职工基本医疗保险	204	17.2	17.4
（2）城镇居民基本医疗保险	284	23.9	24.3
（3）城乡居民大病医疗保险	29	2.4	2.5
（4）公费医疗	7	0.6	0.6
（5）商业医疗保险	19	1.6	1.6
（6）新农村合作医疗	546	46.0	46.7
（7）村集体二次报销福利	1	0.1	0.1
（8）没有任何医疗保险	96	8.1	8.2
总计	1186	100.0	101.4

如表 21–29 所示，受访者看病首选村卫生院 / 诊所的比例最高，比例为 31.7%（2015 年为 26.4%）；其次是区县医院，比例为 17.7%；有 14.9% 的受访者选择不去医院、自己买药。

表21-29　　受访者看病首选医疗机构城乡差异（%）

	受访地城乡类型				合计
	市/县城的中心城区（主城区）	市/县城的郊区（城乡结合部）	市/县城区以外的镇（街）	农村	
不去医院、自己买药	15.5	12.4	26.8	14.2	14.9
村卫生室/诊所	10.3	14.8	14.3	56.4	31.7
社区卫生服务中心（站）	22.5	24.8	30.4	1.9	14.1
乡镇卫生院	3.3	10.0	1.8	16.3	10.1
区、县医院	28.5	20.0	16.1	8.7	17.7

续表

	受访地城乡类型				合计
	市/县城的中心城区（主城区）	市/县城的郊区（城乡结合部）	市/县城区以外的镇（街）	农村	
区域内最好的大医院	20.0	18.1	10.7	1.9	11.2
其他	0.0	0.0	0.0	0.6	0.3
合计	100.0	100.0	100.0	100.0	100.0

受访者看病首选医疗机构与受访者城乡类型存在显著相关。如表 21–29 所示，农村居民选择最多的是村卫生院 / 诊所，中心城区居民选择最多的是区、县医院（2015 年为社区卫生服务中心（站）或区域内最好的大医院）。

如图 21–4 所示，受访者对自己及家人未来可能生病没钱看病比较担忧，非常担心的为 21.8%(2015 年为 17.42%)、比较担心的达到 35.8%(2015 年为 29.4%)，只有 9.8%(2015 年为 6.4%）的受访者表示一点也不担心。

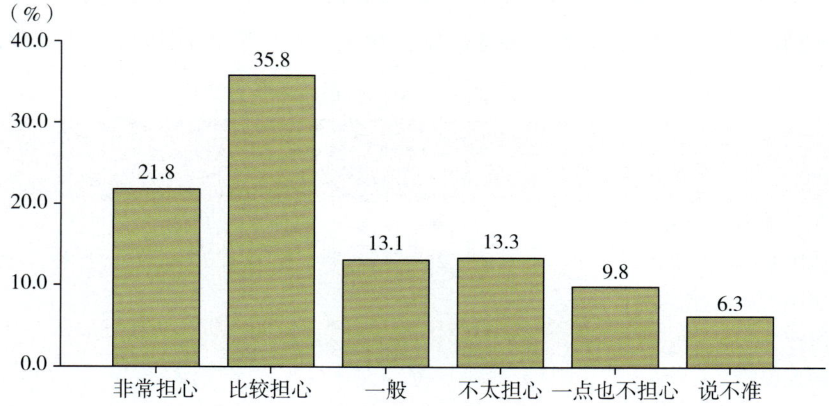

图21-4 受访者对未来看病的担忧情况（%）

如表 21–30 所示，受访者在医疗服务方面最不满意的是看病太贵，有 45.0% 的居民选择了这一项，有 13.7% 的受访者选择了大医院看病难。

表21-30 医疗服务方面不满意情况

	人数（人）	百分比（%）
看病太贵	527	45.0
大医院看病难	160	13.7
医护人员态度差	56	4.8
医疗水平差	63	5.4
红包、回扣问题严重	21	1.8
基层医疗机构能力弱	54	4.6
过度医疗普遍	9	0.8
医保报销比例太低	56	4.8
没有不满意的	226	19.3
不回答/不清楚	74	6.3
合计	136	100.0

5. 养老经济来源担心程度较高，养老保障社会化程度有待提高

如表 21–31 所示，受访者对以后养老经济保障的担心程度仍然较高。60 岁以下的受访者感觉担心的有 58.6%（2015 年为 60.4%），60 岁以上的受访者感觉担心的有 48.8%（2015 年为 56%）；未退休受访者比已退休受访者更担心养老经济来源。

表21-31　受访者对以后养老的经济来源担心程度城乡差异（%）

	受访地城乡类型								合计	
	市/县城的中心城区（主城区）		市/县城的郊区（城乡结合部）		市/县城区以外的镇（街）		农村			
	60岁以下	60岁以上	60岁以下	60岁以上	60岁以下	60岁以上	60岁以下	60岁以上	60岁以下	60岁以上
不担心	23.4	42.5	22.5	36.2	17.6	—	20.6	26.5	21.7	33.6
有些担心	45.4	33.1	36.9	19.1	51.0	50.0	40.1	37.3	41.8	33.3
很担心	14.9	10.2	20.6	17.0	13.7	—	17.0	19.3	16.8	15.5
没想过	16.4	14.2	20.0	27.7	17.6	50.0	22.3	16.9	19.8	17.5
合计	100.0	100.0	100.0	100.0	100.0	100.0	100.0	100.0	100.0	100.0

受访者对以后养老经济保障的担心程度城乡差异显著。如表 21–31 所示，农村居民对以后养老的经济保障很担心的比例比中心城区居民高，60 岁以下的受访者相差不大，高 2.1 个百分点，60 岁以上的受访者差异较大，高 9.1 个百分点。

如表 21–32 所示，受访者未来打算或当前养老生活来源主要是退休金 / 养老金、儿女养老、储蓄；但 60 岁以下的受访者与 60 岁以上的受访者未来或当前养老生活来源有一定的差异，60 岁以下的受访者打算由退休金 / 养老金来养老的比例明显降低，为 33.0%（2015 年为 32.9%），也明显低于 60 岁以上的受访者由退休金 / 养老金来养老的比例 41.4%（2015 年为 38.2%）。

表21-32　受访者未来或当前养老生活来源

	60岁以下		60岁以上	
	人数（人）	百分比（%）	人数（人）	百分比（%）
自己的退休金/养老金	279	33.0	142	41.4
配偶的退休金/养老金	12	1.4	5	1.5
储蓄	110	13.0	36	10.5
投资理财收入	16	1.9	2	0.6
靠承包田地	19	2.2	29	8.5
商业养老保险金	16	1.9	1	0.3
房产收益（租房或卖房）	7	0.8	1	0.3
由儿女或其他亲属赡养	264	31.2	105	30.6
低保或社会救济	14	1.7	9	2.6
打零工	26	3.1	9	2.6
其他	2	0.2	4	1.2
没想过	80	9.5	—	—
合计	845	100.0	343	100.0

如图 21–5、图 21–6 所示，未退休受访者对未来养老期望子女照顾比例较高，达到 47.1%，但 60 岁以上受访者实际由子女照顾的比例只有 19.0%，自己照顾自己或配偶相互照顾的比例达到 80%，养老保障社会化程度有待提高。

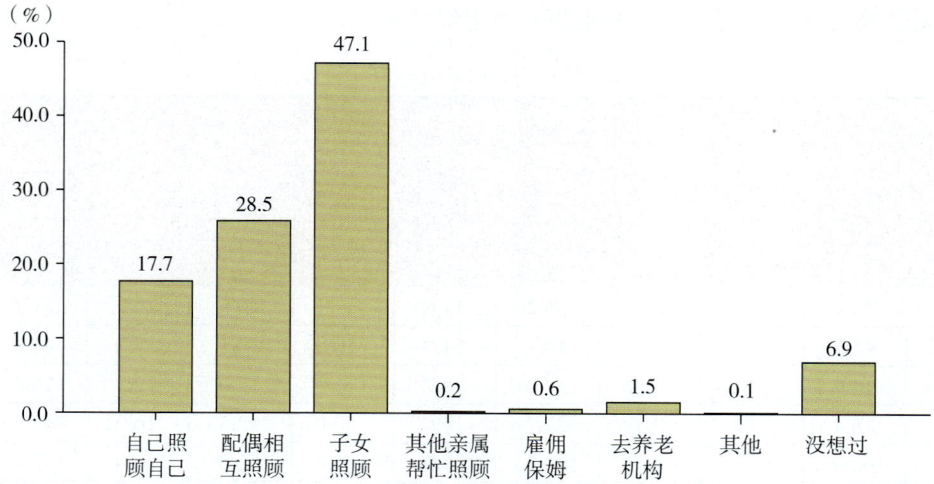

图21-5　60岁以下且未退休受访者老年照顾预期情况（%）

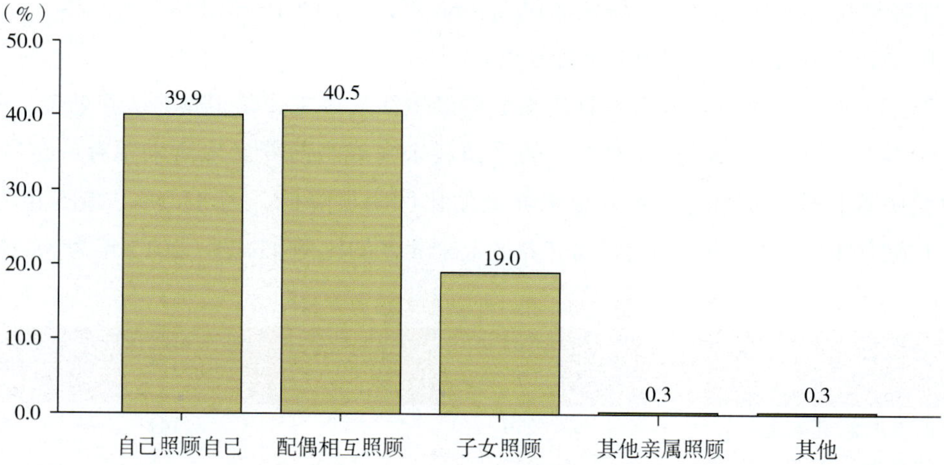

图21-6　60岁以上受访者老年照顾情况（%）

（四）生活环境与政府服务

1. 人居生活环境继续改善，环境质量问题依然严峻

受访者对居住社区生活环境质量的评价趋于正面。如表 21–33 所示，受访者对居住社区周边河流湖泊等水体质量和空气质量评价较差，分别有 28.0% 和 39.0% 的受访者认为有些变差或明显变差；对生活垃圾处理和绿化环境的评价相对较好，分别有 46.3% 和 35.2% 的受访者认为有些改善或明显改善。

表21-33　　居住社区的生活环境质量评价（%）

	空气质量	生活用水质量	周边河流湖泊等水体质量	生活污水处理	生活垃圾处理	噪声环境质量	绿化环境
不回答	0.3	0.6	0.7	2.4	0.7	0.6	0.6
明显改善	3.8	3.8	2.8	2.8	8.4	2.5	6.3
有些改善	25.5	22.7	18.4	23.5	37.9	20.2	28.9
没有变化	40.3	49.1	29.8	39.1	29.1	50.8	48.3
有些变差	21.5	17.4	25.6	16.6	15.5	16.8	10.1
明显变差	6.5	4.3	13.4	5.8	6.1	6.8	2.8
说不清	2.2	2.2	9.4	9.8	2.3	2.4	3.1
合计	100.0	100.0	100.0	100.0	100.0	100.0	100.0

如图 21-7 所示，受访者对近 3 年来居住地总体生态环境变化的评价也有所改观，感觉在变差的有 16.6%（2015 年为 22.7%、2014 年为 26.4%），感觉在改善的有 45%（2015 年为 37.5%、2014 年为 11.7%）。

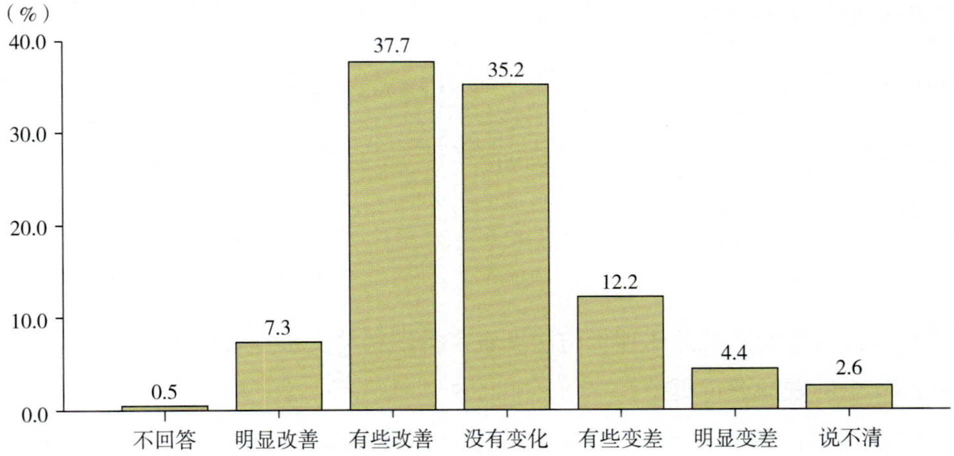

图21-7　受访者对居住地生态环境变化的评价（%）

如表 21-34 所示，受访者对居住地周围最不满意的环境污染和环境问题是生活垃圾处理不及时、周边河流湖泊污染严重，分别有 18.9% 和 17.5% 的受访者选择了这两项。

表21-34　　居住地周围最不满意的环境污染和环境问题

	人数（人）	百分比（%）
空气质量不好	165	13.8
生活用水供应有问题，饮用水质量不高或者不卫生	123	10.3
周边的河流、湖泊、水库、沟渠等污染严重，经常出现水体黑臭	210	17.5
生活污水专门收集和处理率不高，往往直接排放	69	5.8
生活垃圾处理不及时，常出现垃圾乱堆、散发异味等现象	226	18.9
周边施工、交通、娱乐场所等噪声污染严重	155	12.9

续表

	人数（人）	百分比（%）
周边绿化率不高	48	4.0
其他	15	1.3
没有不满意的	169	14.1
不回答/不清楚	18	1.5
合计	1198	100.0

2. 食品安全问题仍不乐观，政府监管力度不够

如表 21–35 所示，受访者对食品安全问题的总体评价仍然较低，认为 2015 年以来食品安全问题有所改善或明显改善的只有 25%，认为有所恶化或严重恶化的占到 26.4%。

表21-35　食品安全问题评价的城乡差异（%）

	受访地城乡类型				合计
	市/县城的中心城区（主城区）	市/县城的郊区（城乡结合部）	市/县城区以外的镇（街）	农村	
明显改善	1.5	2.4	0.0	1.5	1.6
有所改善	29.1	22.5	23.6	19.5	23.4
没有变化	30.1	35.9	32.7	39.7	35.4
有所恶化	18.3	18.2	27.3	19.5	19.3
严重恶化	8.5	9.1	7.3	5.1	7.1
不知道	12.3	12.0	9.1	14.6	13.1
合计	100.0	100.0	100.0	100.0	100.0

被访者对食品安全问题的总体评价与居民城乡类别相关关系显著；相对于城镇居民来说，农村居民对食品安全问题的评价更差。

如表 21–36 所示，受访者对当地政府食品安全监管和保障工作的评价较差，认为基本没有管或做了一些工作但不到位的比例达到 50.7%。

表21-36　当地政府食品安全监管和保障工作评价

	人数（人）	百分比（%）
基本没人管	200	16.7
做了一些工作，但还不到位	407	34.0
做了不少工作，但效果不是很好	109	9.1
政府监管工作比较到位	138	11.5
政府监管很到位	22	1.8
不知道/不清楚	321	26.8
合计	1198	100.0

如图 21–8 所示，受访者对食品安全状况改善预期情况较好，有超过半数的受访者相信会逐步改善。

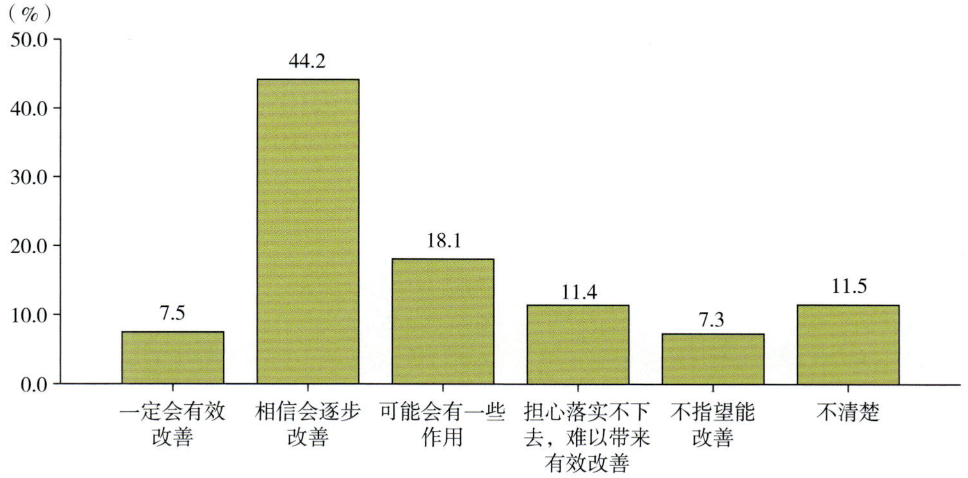

图21-8　受访者对食品安全状况改善预期情况（%）

3. 政府行政服务满意度较高，政府更加高效便民

受访者在政府行政效率与服务方面满意程度逐年提高。根据表 21-37 频数分布数据，计算可得受访者在政府行政效率与服务方面总的满意度指数为 67（2015 年为 66.3、2014 年为 64.2、2013 年为 62.5）。

表21-37　　被访者对居住地的政府服务效率评价的城乡差异（%）

	受访地城乡类型				合计
	市/县城的中心城区（主城区）	市/县城的郊区（城乡结合部）	市/县城区以外的镇（街）	农村	
很满意	8.0	11.4	1.8	7.2	7.9
基本满意	45.5	40.0	50.0	29.2	37.6
一般	26.3	29.5	28.6	33.3	30.1
不太满意	7.5	5.7	7.1	11.3	8.8
很不满意	4.8	5.2	5.4	8.3	6.4
不回答/不清楚	8.0	8.1	7.1	10.7	9.2
合计	100.0	100.0	100.0	100.0	100.0

受访者在政府行政效率与服务方面满意程度与居民城乡类别相关关系显著；农村居民在政府行政效率与服务方面不满意的百分比比中心城区居民高约 6.3 个百分点（2015 年为 10.6 个百分点）。

如表 21-38 所示，受访者认为和政府部门打交道最不满意的方面是程序太复杂、效率低，分别有 26.8%、11.9% 的受访者选择了这两项；要找关系、吃拿卡要乱收费等现象明显好转，分别只有 5.9%、0.8% 的受访者选择了这两项。

表21-38　和政府部门打交道最不满意的方面（%）

	人数（人）	百分比（%）
程序太复杂和不公开	320	26.8
相互推诿、效率低	142	11.9
要找关系	70	5.9
吃拿卡要、乱收费	9	0.8
服务态度不好	78	6.5
其他	10	0.8
没有不满意的	315	26.4
不回答/不清楚	248	20.8
合计	1192	100.0

如图 21–9 所示，受访者对找政府办事是否更简化或更容易的评价较好，认为有所简化或明显简化的有 54.8%（2015 年为 50%）。

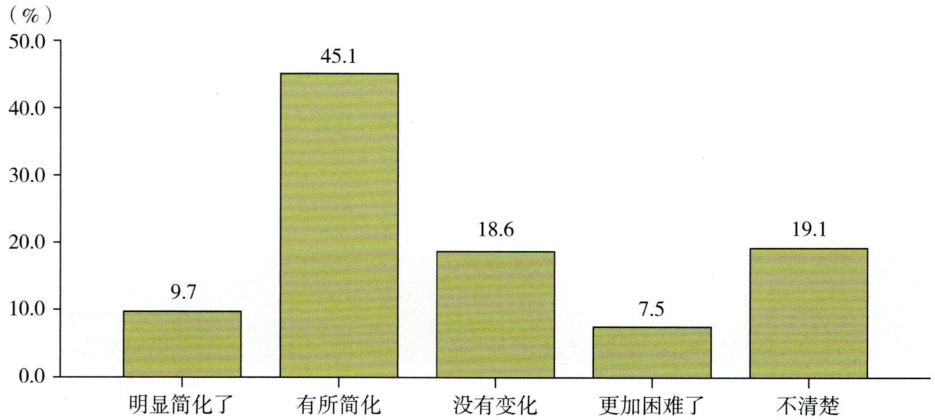

图21-9　受访者对找政府办事是否更容易的评价（%）

如表 21–39 所示，受访者认为改进政府服务提高办事效率的渠道，主要有简化各类手续证明、实行“一站式”窗口办理和减少行政审批，分别有 54.8%、39.2% 和 30.0% 的受访者选择了这些项。

表21-39　改进政府服务提高办事效率的渠道

	响应		受访者
	次数（次）	百分比（%）	百分比（%）
减少行政审批	342	14.9	30.0
实行“一站式”窗口办理	446	19.4	39.2
简化各类手续证明	624	27.2	54.8
实现网上业务办理	221	9.6	19.4
加强政府服务信息公开	192	8.4	16.9
规范服务标准方式	120	5.2	10.5
明晰划分部门职责	74	3.2	6.5
提升政府官员服务和责任意识	273	11.9	24.0
基本满意/没有建议	4	0.2	0.4
总计	2296	100.0	201.6

四、民生领域存在的突出问题

结合经济社会发展各方面的统计数据，对广东省民生总体状况及城乡居民对十二个民生项目的整体评价进行深入分析可知，广东民生状况持续改善，但发展不平衡等问题仍然突出。

（一）总体民生满意度有所下降，民生状况城乡差异依然明显

如表 21-17 所示，居民对自己家庭目前生活状况总体满意程度有所降低，计算可得总的满意度指数为 70.7，比 2015 年的 73.9 低 3.2。城镇居民对自身家庭生活状况总体满意度明显高于农村居民；中心城区居民对自身家庭生活状况总体满意度为 74.2（显著低于 2015 年的 80.3），农村居民对自身家庭生活状况总体满意度为 67.9（略低于 2015 年的 70.1）。

2015 年，城镇居民人均消费性支出为 25673.08 元，农村居民人均生活消费支出为 11103.03，分别比上一年增长 7%、9.2%。2015 年城镇居民恩格尔系数为 33.2%，和上一年持平，维持在比较富裕水平；农村居民恩格尔系数由上一年的 39.5% 增加到 40.6%，回到了宽裕水平。相对于 2014 年，2015 年农村居民恩格尔系数有小幅度上升，城乡居民的恩格尔系数基本与上一年持平，生活压力较小。

具体来看，城镇居民和农村居民获得教育和医疗等公共服务及社会保障方面差异依然明显。

（二）家庭生活最不满意的是收入水平，预期收入差距有所扩大

如表 21-20 所示，半数左右受访者感觉今年（2016 年）家庭年收入会与去年（2015 年）差不多，但有 27.2% 的受访者感觉今年家庭年收入会有所下降。预期家庭年收入变化情况与受访者城乡类别相关关系显著；与 2015 年相比，城镇居民预期家庭年收入提高的百分比明显高于农村居民。统计数据显示，2015 年农村居民人均可支配收入增速比 2014 年下降了 0.6 个百分点，城镇居民人均可支配收入增速与 2014 年持平，但城镇居民人均可支配收入增速依旧低于人均 GDP 增速 0.6 个百分点。

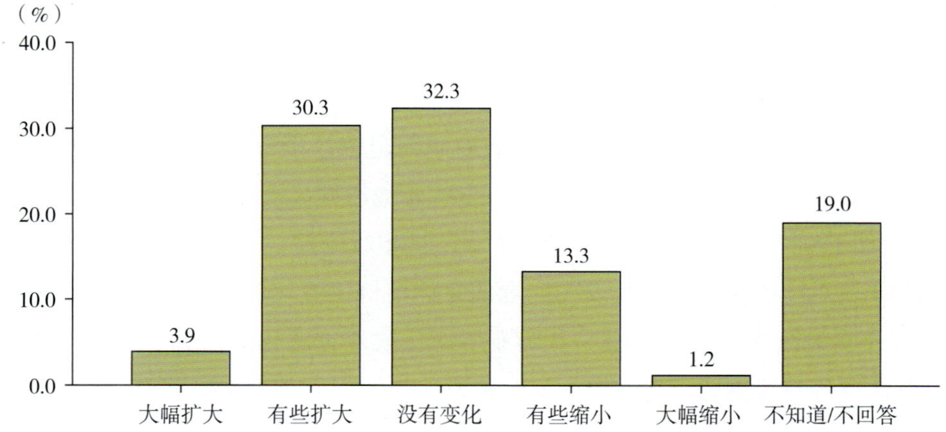

图21-10 受访者对家庭收入差距变化的评价（%）

如表 21–18 所示，受访者家庭生活最不满意的方面，排在第一位的是收入水平，其次为医疗、住房和子女教育等。如图 21–10 所示，受访者对家庭收入差距变化情况的评价不太乐观，认为大幅扩大或有些扩大的达到 34.2%，只有 14.58% 的受访者认为有些缩小或大幅缩小。

近年来，由于经济增速放缓导致城乡居民家庭收入增速也有所放缓，但预期收入差距扩大、收入分配不公等问题应该引起各级政府的高度重视。

（三）医疗和养老问题担心程度较高，保障程度偏低

如图 21–4 所示，受访者对自己及家人未来可能生病没钱看病比较担忧，非常担心的为 21.8%，比 2015 年高 4.4 个百分点，比较担心的达到 35.8%，比 2015 年高 6.4 个百分点。如表 21–30 所示，受访者在医疗服务方面最不满意的是看病太贵，有 45.0% 的居民选择了这一项，有 13.7% 的受访者选择了大医院看病难。

由调查数据计算可得，2015 年以来，扣除医保报销后，家庭成员住院实际支付的医院结算的诊疗总费用（扣除医保报销后）平均为 14320 元，各类医保报销平均为 10834 元，实际报销比例为 43%。由此可知，大病医疗保障程度偏低。

如表 21–31 所示，受访者对以后养老经济保障的担心程度仍然较高；60 岁以下的受访者感觉担心的有 58.6%（2015 年为 60.4%），60 岁以上的受访者感觉担心的有 48.8%（2015 年为 56%）；未退休受访者比已退休受访者更担心养老经济来源。

如图 21–5、图 21–6 所示，未退休受访者对未来养老期望子女照顾比例较高，达到 47.1%，但 60 岁以上受访者实际由子女照顾的比例只有 19.0%，自己照顾自己或配偶相互照顾的比例达到 80%，养老保障社会化程度有待提高。

医疗、养老等问题是重要的民生问题，随着生活水平的提高，他们在居民心目中的地位越来越重要，也成为重大的社会问题。

（四）环境污染和食品安全问题仍然突出，生活环境亟待改善

如表 21–19 所示，受访者在社会环境方面最不满意的是环境污染，排在第二位的是食品安全。如表 21–34 所示，受访者对居住地周围最不满意的环境污染和环境问题是生活垃圾处理不及时、周边河流湖泊污染严重。

统计资料显示，2015 年生态保护和环境治理业固定资产投资额为 69.8 亿元，比 2014 年的 86.20 亿元下降了近 20%。从环境监测指标来看，全省各地市城区空气质量有 15 个达到二级以上；相比 2014 年增加了 9 个，但相比 2013 年的 21 个还是相对较差。

如表 21–35 所示，受访者对食品安全问题的总体评价仍然较低，认为 2015 年以来食品安全问题有所改善或明显改善的只有 25%，认为有所恶化或严重恶化的占到 26.4%。被访者对食品安全问题的总体评价与居民城乡类别相关关系显著；相对于城镇居民来说，农村居民对食品安全问题的评价更差。

如表 21–36 所示，受访者对当地政府食品安全监管和保障工作的评价较差，认为基本没有管或做了一些工作但不到位的比例达到 50.7%。

总体来看，近年来，广东生产安全、交通安全等社会公共安全问题有所改观，但各种公共安全问题依然存在，尤其是突发性事件、公共卫生和食品安全问题较为突出。2015 年，广东甲乙类法定报告传染病发病率为每十万人 313.19 人，比 2014 年的 360.75 人有较大下降，但比 2010 年的 225.15 人增加明显；2015 年广东发生火灾事故 17992 起，比 2014 年的 22113 起明显减少，但比 2010 年的 6065 起增加 2 倍多；2015 年广东严重的食物中毒仍时有发生。

居民的生活环境与生活质量息息相关，随着生活水平的提高，居民对健康和生活质量的追求越来越高，生活环境亟待改善，加大环境保护、公共卫生和食品安全治理投入势在必行。

五、关于民生问题的政策诉求和建议

在经济形势走入新常态的形势下，民生保障工作应积极适应新形势、反映新诉求、把握新方向，各级政府应科学决策，以强化民生保障为基础，促进区域、城乡经济社会与民生协调发展，力争“十三五”时期形成民生与经济社会互动互促、均衡发展的良好局面。

（一）中央层面的民生政策建议

1. 基本民生方面

①完善就业创业服务体系建设，加大就业创业扶持力度。

第一，完善公共就业创业服务体系建设，统一规范各级公共就业创业服务机构建设，提升公共就业服务信息化水平。同时，要创新就业创业服务供给模式，建立健全城乡统一、高效优质的就业公共服务体系。建立城乡统一、平等竞争、全面开放、公平诚信的人力资源市场体系；全面构建公共就业服务体系，向各类群体提供优质高效、多层次的公共就业服务，加强对需就业人员的职业与技能培训，增强其就业能力。第二，鼓励规范灵活就业，加大就业促进与扶助力度；加强对创业者在资金、产品、技能、税收等方面的援助，降低创业门槛、支持自主创业、自谋职业，加强就业观念教育，使更多劳动者成为创业者。

②理顺收入分配关系，促进中低收入职工工资合理增长。

第一，通过税收等多种手段调节过高收入。政府要立足于社会整体利益，利用税收等多种手段对初次分配后的利益格局进行必要的调整，增强社会各阶层获得感，提升居民对收入分配的满意度。第二，健全工资支付保障机制，预防和打击欠薪行为，限制或禁止恶意欠薪用人单位经营、融资等行为。预防和打击非法获利行为。第三，增加农民家庭经营性收入。落实农产品价格保护制度，健全农业补贴制度。建立健全农业补贴稳定增长机制，完善良种补贴、农资综合补贴。增加农民财产性收入。保障农民集体经济组织成员权利，积极发展农民股份合作，建立健全农民对集体资产股份占有、收益、有偿退出机制。加大扶贫开发投入。建立健全财政专项扶贫资金投入增长机制。第四，限制垄断行业的不合理收入。如电网电力、石油石化、电信、煤炭、民航、航运等垄断行业是收入不合理较为严重的领域，可以通过制定最高工资标准、打破垄断引进竞争等来规范其不合理的收入。

2. 社会保障方面

①提高社会保障水平，逐渐缩小城乡的差距。

不断增加社会保障体系的财政支出比例，提高底线民生保障水平，提高城乡低保水平。完善失业、工伤、生育保险制度。改善城乡社会保险机制的资金投入比例，逐渐缩小城乡的差距。

②扩大社会保障范围，完善城乡社会保障制度。

扩大城镇劳动者社会保障制度的覆盖面，提高非单位从业人口以及社会中的自由职业人口的参保比率，在制度上为他们提供参保的机会，尽可能消除他们在外地务工时因为地域问题、工作问题所带来的参保障碍，完善城乡居民最低生活保障制度。

3. 公共服务方面

①提高基层医疗服务质量，健全基本医疗卫生制度。

加大医疗服务事业资金投入，整合医疗资源，引导医疗资源下沉，合理运用市场调节引导资源合理配置。满足居民的医疗需求。建设覆盖城乡居民的公共卫生服务体系、医疗服务体系、医疗保障体系、药品供应保障体系。加强农村卫生服务网络和城市社区卫生服务体系建设，深化公立医院改革，逐步实现城乡公共卫生医疗服务均等化。

②完善基础教育制度，加强高等教育学科建设和学术创新。

加大财政对教育的投入，规范教育收费，扶持贫困地区、民族地区教育，健全学生资助制度，保障经济困难家庭、进城务工人员子女平等接受义务教育。优化教育结构，重视学前教育，关心特殊教育。加强教师队伍建设，提高农村教师素质。

鼓励高等教育机构增强学科间的交叉与合作，打造优势与特色学科，以吸引更多高水平的学者和研究人员加盟。加大对高等教育学科建设的经费资助，同时建立完善的经费使用管理制度以提高经费的使用效益，并且促进学术创新。

③完善基本住房保障体系，为中低收入家庭提供住房保障。

加大住房制度改革，加大对普通老百姓提供保障性住房、经济适用房、廉租房建设力度，实行问责机制，首先满足贫困人群的住房条件，同时使中收入人群也享有保障性住房，逐步缓和高房价所带来的社会不稳定因素。

4. 环境保护方面

①增强环境危机应急能力，强化环境保护能力。

加强区域生态保护和建设，规范自然保护区建设管理，加强资源开发中的生态保护和恢复，加大生态修复工程的建设力度，加强水污染防治，加快城镇生活污水处理设施建设。强化大气污染防治，优化能源结构，发展清洁能源，努力从源头上治理大气污染。

②建设环境法制体系，完善环境保护制度。

按依法治国的理念，完善现有的环保法律法规，填补立法空白，建立完整的环境法律框架体系。建立健全国家环境保护制度。明确各省、自治区、直辖市环境保护工作、保护效率、保护质量等方面的目标。同时，进一步建立环境保护责任和考核制度，健全环境质量监控体系，完善环境管理体制，完善环境管理投入机制。

③加大环保资金投入力度，促进环保事业市场化改革。

国家应加大对环保事业的扶持力度，出台鼓励环保服务发展的财税和补贴政策，市场需求是环境保护事业发展最根本的动力，政府应加大环保投入，继续深化环境保护事业市场化改革，拓展环境服务发展市场，引导和支持市场化途径承接环境保护项目，推动环保需求的外部化、市场化，拉动环境保护事业稳步发展，走绿色发展之路。

（二）广东层面的民生政策建议

1. 提高低收入群体底线民生保障水平

在经济增速放缓的“新常态”下，加上物价波动过大、上涨过快，群众生活将受到较大影响，特别是低收入群体受到的影响将更大。因此，更加关注低收入群体的生活、提高底线民生保障水平是广东新常态下民生工作的重要任务。提高底线民生保障标准，抓好低收入群体住房保障，提高城乡低保、农村五保供养、城乡医疗救助水平，力争进入全国前列。提高全省残疾人生活津贴和重残护理补贴标准。建立孤儿基本生活最低养育标准自然增长机制。各地市应将对底线民生保障所需资金纳入公共财政预算，并适时扩大保障范围、提高覆盖率，逐年提高各项保障水平。切实保障好困难弱势群体基本生活。

2. 加快健全城乡社会保障体系和公共服务体系

建立健全城乡社会保障体系是保障群众基本生活的重要举措，针对广东公共财政支出保障支出比例偏低的客观实际，政府应加大对城乡社会保障体系的财政支出投入力度，确保各项社会保障工作及时落实到位，一是加大对城乡居保基础养老金标准、农村低保补助补差水平、城乡医疗救助人均补助标准等的提高力度，提高居民的基本生活水平。二是建立健全社会救助体系，保障困难居民的基本生活。三是继续加大公共服务体系的投资建设，健全医疗、教育和住房保障制度、提高保障水平。

3. 改善异地务工人员的民生状况

广东人口流动性大、外来务工人口多。近年来，广东省政府出台了一系列政策，如 2014 年起异地务工人员随迁子女可在省内就地参加高职招生，2016 年起全面放开异地高考。虽然出台了不少政策，但异地务工人员的民生保障程度仍然较低，如社会保险参保比例低、子女义务教育入学难、居住条件差等民生问题较严重。为了使来粤务工人员有尊严地工作、过上更体面的生活，政府应加快推动基本公共服务向异地务工人员全覆盖。加快推进户籍制度改革，不断调整优化积分入户、积分入学的办法，创新社会管理服务方式方法，积极面向异地务工人员开展职业技能培训、表彰评比等活动，破除本地人和外地人的身份壁垒和心理壁垒，稳步推进基本公共服务向异地务工人员实现全覆盖。

4. 加大保障性住房建设，优化居民居住条件

近年来，由于房价的不断上涨，广东城乡居民的住房压力不断上涨，特别是广州、深圳、东莞大中城市房价高不可攀，加强保障性住房建设，切实解决城市低收入人群和农村低收入困难户的住房问题是居民的民生保障的巨大诉求。优化居民的居住条件、完善保障性住房政策，一是继续实施城镇棚户区改造来改善国有老企业、工矿企业等低收入群体住房条件，进一步加快国有工矿棚户区和城市危旧房（小区）的改造。同时要引导通过实施货币化安置和采购现有商品房源等方式，改善低收入群体住房条件。二是加快中心城区老旧社区更新改造。在广州、深圳特大城市和中等城市可继续推进“三旧”改造、城市更新等，既实现对中心城区老旧社区的综合整治，又能够较好地改善老旧社区居民住房条件。三是继续推进农村低收入住房困难户住房改造。坚持以农民自筹为主，采取政府补一点、银行贷一点、社会捐一点、帮扶单位助一点的办法，多渠道多方式筹集建设资金，继续推进全省农村低收入住房困难户住房改造，确保农村家庭人均住房达标。

5. 加强文体事业建设，促进文化体制改革

随着经济的快速发展，广东城乡居民的生活水平有了较大提高；因此，有必要在保障基本民生的同时，加大文化体育事业建设力度，不断提升城乡居民的生活品质。一是不断完善文化市场体系，发展管理体制机制创新，推广惠州市发放“文化惠民卡”做法，重点面向优抚对象、低保家庭和五保供养户等群体及符合条件的异地务工人员发放，使各阶层民众都可享受到适合其自身特点的文化娱乐、消费和服务，同时不断配套、完善相关的公共文化服务；二是提高公共文化设施的使用效率，开展丰富多彩的群众文化活动；三是优化文化事业发展区域，加强基层文化设施建设。继续推进“人均公共文化财政支出”较低的粤东西北城乡的文化设施建设，确保有限的专项资金投入到建设受人民群众欢迎又用得上的重点文体场馆。

6. 强化公共安全治理，营造安全和谐的生活环境

近十年来，广东加大了公共安全治理力度，将公共安全纳入到《广东省基本公共服务均等化规划纲要（2009–2020 年）》，出台一系列法规制度，如对食品生产企业和食品经营主体（超市、市场、商铺等）实施 100% 定期监督抽检，对主要消费食品门类（米、面、油、肉、蔬菜等）实施同批次 100% 抽检，加强生肉（猪、鸡、牛肉等）检测。建立并完善卫生、食品和生产安全的

监测和监控体系，各部门都建立了独立的灾害信息管理系统和各自的专业紧急救援队伍，广东省应急管理系统开拓创新、奋发进取，坚持应急管理标准化和精细化齐头并进，抓基层和打基础双管齐下，应急保障和科技支撑“双轮驱动”，预防与处置统筹推进，不断拓展具有广东特色的应急管理工作格局，应急管理体系进一步完善，预防和应对突发事件工作进一步加强，群众安全感不断提升，社会环境有了明显的好转；但各种公共安全问题依然存在，突发性事件、公共卫生和食品安全问题依然较为突出。因此，广东民生工作应继续加强公共安全治理，为城乡居民营造安全和谐的生活环境。

7. 大力促进教育公平和质量提升

教育资源不均衡分布依然是制约广东教育公平的主要瓶颈，城乡、区域之间以及中心城市内部不同区块之间的教育水平参差不齐，尤其是师资力量等软资源的差异较为突出。义务教育减负等改革也存在负面影响，在促使传统学校教育功能向家庭转移的同时，加剧了因家庭条件不同而产生的课外教育水平差异，因此需合理配置教育资源，使财政教育投入向农村、欠发达地区和少数民族地区倾斜。大力推行普通高中市级统筹，优化生源配置，促进教育机会均等公平，完善教育助学制度，满足各年级学生需要的助学制度。完善异地高考制度，提升高等教育发展水平。加大促进世界一流大学和一流学科建设，带动全省高等学校办学水平大幅度提升。

（广东省政府发展研究中心专题组
专题负责人：李惠武
成员：阙志兴　叶　彤　朱信贵　李　宏　魏　婧　李　哲　谢小弓）

第四部分
数据分析报告

第二十二章
民生满意度电话调查数据分析报告

一、调查基本情况说明

2016 年 9 ~ 10 月，受国务院发展研究中心农村经济研究部委托，国家统计局社情民意调查中心在全国范围内组织开展了民生问题满意度调查。调查目的是为了全面、准确、动态掌握城乡居民对民生问题的主观满意评价，为党和政府部门科学决策提供基础数据。

调查采用计算机辅助电话调查（CATI）方式，范围覆盖全国 31 个省（自治区、直辖市），调查对象为 18 ~ 74 周岁的城乡常住居民。

调查实际完成样本量 51092 个。按联系方式分，固定电话占 78.5%，移动电话占 21.5%；按城乡分，城镇占 63.9%，农村占 36.1%；按性别分，男性占 56.1%，女性占 43.9%；按受教育程度分，不识字或识字很少的占 1.4%，小学占 7.4%，初中占 22.8%，高中（中专 / 技校）占 24.5%，大学专科（高职）占 20.3%，大学本科占 21.7%，研究生及以上占 1.9%；按年龄分，35 岁以下的占 36.5%，35 ~ 54 岁占 46.2%，55 岁及以上占 17.3%；从户口状况看，非农业户口（城镇户口）占 48.0%，农业户口占 41.0%，居民户口占 11.0%；从婚姻状况来看，未婚占 16.4%，已婚占 79.7%，离异独身占 2.5%，丧偶独身占 1.3%；从收入来看，家庭年收入 5 万元以下的占 44.4%，5 万 ~ 15 万元的占 37.2%，15 万元以上的占 10.0%；不清楚或不回答的占 8.3%。

二、主要调查数据与结论

（一）调查数据总体结果

1. 九成以上对居住地社会治安状况表示满意

调查显示，对居住地社会治安状况表示“非常满意”、“比较满意”和“一般”的合计比重为 92.7%，比 2015 年高 2.5 个百分点。

2. 近九成满意目前生活状况，并对未来生活抱有信心

调查显示，对自己目前生活状况表示“非常满意”、“比较满意”和“一般”的合计比重为 88.9%，比 2015 年略低 0.5 个百分点。对未来生活，表示“非常有信心”、“比较有信心”和“一般”

的合计比重为 90.1%，比 2015 年高 1.3 个百分点。认为自己的生活水平在当地处于“非常好”、“中等偏上”和“中等”的分别占 1.5%、13.7%、58.4%，合计为 73.6%，比 2015 年高 3.5 个百分点。

3. 八成以上肯定住房、就业、公共服务、环境、政府部门服务、社会保障和交通状况

调查显示，对住房、就业、公共服务、环境、政府部门服务和社会保障表示“非常满意”、“比较满意”和“一般”的合计比重分别为 87.7%、86.4%、85.1%、84.5%、83.4% 和 83.1%，比 2015 年分别高 3.0、8.4[①]、5.4、3.9、4.2 和 3.6 个百分点。对交通状况表示“非常满意”、“比较满意”和“一般”的合计比重为 80.8%，比 2015 年略低 0.2 个百分点。

4. 七成以上认可教育、医疗、食品安全和司法机关公正执法状况

调查显示，对教育、医疗、食品安全和司法机关公正执法状况表示“非常满意”、“比较满意”和“一般”的合计比重分别为 79.1%、78.7%、77.5% 和 77.4%，比 2015 年分别高 1.3、2.0、7.1 和 5.0 个百分点。

5. 近六成认为贫富差距状况没有扩大

调查显示，认为最近一年来社会上的贫富差距状况“有明显缩小”、“略有缩小”和“没变化”的比重分别为 10.4%、18.2% 和 28.5%，合计为 57.1%。

总之，一年来，各级党政部门认真贯彻落实中央一系列利当前、惠长远的重大举措，成效显著。尤其是在社会治安、住房、就业、公共服务、环境、政府部门服务、社会保障和交通方面，群众满意度较高。同时在教育、医疗、食品安全和司法机关公正执法方面也得到了群众的普遍认可。近六成群众认为社会贫富差距没有变化或有所缩小，但仍有近四成认为有所扩大。建议各级政府在政策制定及执行时，兼顾效率与公平，充分发挥政府的转移支付职能，在就业、教育、医疗、社会保障等各方面加大对低收入群体的扶持力度；同时加强舆论宣传和合理引导，让广大群众切实感受到改革成效。

（二）不同群体调查数据的结构性特点

1. 不同省份对多数民生问题的评价体现出一定差异，但均对目前生活状况表示满意，并对未来生活较有信心

调查表明，不同省份居民对多数民生问题的评价存在一定差异，如对食品安全、司法机关公正执法、教育和政府部门服务等方面的评价，以及对社会贫富差距状况和个人总体生活状况改善情况等的看法，不同省份均体现出一定差异；但各省绝大多数居民对目前生活状况持正面或

---

① 因调查问卷中对就业状况的调查范围，2015年为全部样本单位，而2016年只限于有工作的样本单位，为实现数据的可比性，故在此处进行比较的2015年就业状况数据，已按照有工作的样本单位范围进行调整。

中性的评价，并对未来生活较有信心。

分区域来看，东部地区对就业和医疗等方面评价较高，对社会治安、住房和社会贫富差距状况的评价相对较低；中部地区对司法机关公正执法、交通和住房等方面的评价较高；西部地区对食品安全、社会贫富差距状况、教育、政府部门服务和社会保障等多项民生问题的评价都较高；东北地区对社会治安状况的评价较高，但对食品安全、教育、政府部门服务、社会保障和就业等多项民生问题的评价均相对较低，同时对目前生活状况、个人总体生活状况改善情况、未来生活信心和个人生活水平在当地所处水平的评价在四个经济区域中也相对较低。

2. 18 ～ 24 岁和 70 ～ 74 岁居民对多数民生问题的评价相对较高

调查表明，不同年龄段居民对多数民生问题的满意度评价呈 U 型分布，18 ～ 24 岁和 70 ～ 74 岁居民对民生状况的评价相对较高。其中，18 ～ 19 岁居民对住房、政府部门服务、公共服务、交通、教育、医疗和司法机关公正执法等方面评价较高，认为社会贫富差距状况“有明显缩小”和“略有缩小”的选择比重及对未来生活“非常有信心”和“比较有信心”的选择比重也相对较高；20 ～ 24 岁居民对环境和食品安全的评价较高；70 ～ 74 岁居民对社会治安、社会保障、目前生活状况和个人总体生活状况改善情况的评价相对较高。

3. 城镇居民对多数民生问题的评价高于农村居民

调查表明，城镇居民对多数民生问题的评价相对高于农村居民。其中，城镇居民对就业、政府部门服务及个人总体生活状况改善情况的评价明显高于农村居民，但对社会上贫富差距状况和食品安全状况的评价明显低于农村居民。

4. 非农业户口居民对就业、政府部门服务、社会保障、司法机关公正执法和社会治安等方面的评价相对较高，农业户口居民对食品安全和社会贫富差距状况的评价相对较高

调查表明，非农业户口（城镇户口）居民对就业、政府部门服务、社会保障、司法机关公正执法和社会治安等方面的评价明显高于农业户口居民，对目前生活状况、个人总体生活状况改善情况及未来生活信心的评价也相对较高；但对食品安全和社会贫富差距状况的评价低于农村户口居民。

5. 女性对民生问题的评价普遍高于男性

调查表明，除食品安全和社会治安状况外，女性对其他各项民生问题的评价均高于男性。其中，女性对社会上贫富差距状况、个人生活水平在当地所处水平、个人总体生活状况改善情况、政府部门服务和医疗状况的总体评价均明显高于男性。

6. 不同婚姻状况居民对民生问题的评价存在较大差异

调查表明，未婚居民对社会贫富差距状况、食品安全、社会保障、政府部门服务、住房和

司法机关公正执法等问题的评价，及对个人总体生活状况改善情况、未来生活信心和个人生活水平在当地所处水平的评价均相对较高；已婚居民对社会治安的评价较高；丧偶独身居民对个人目前生活状况、交通和环境状况的评价较高；离异独身居民对各项民生问题的评价均较低。

7. 不同文化程度居民对民生问题的评价差异显著

调查表明，不同文化程度居民对民生问题的评价差异显著。总体上看，高中（中专/技校）及以上文化程度的居民对多数民生问题的评价高于初中及以下文化程度的居民。其中，大学本科文化程度居民对政府部门服务、司法机关公正执法和社会保障等多数民生问题的评价均相对较高；不识字或识字很少的居民对就业、政府部门服务、司法机关公正执法和社会保障等多数民生问题的评价均相对较低；研究生及以上文化程度居民对就业和个人生活水平在当地所处水平的评价较高，对交通和社会贫富差距状况的评价较低；高中（中专/技校）文化程度居民对交通状况的评价较高；初中文化程度居民对贫富差距状况的评价较高。

8. 不同收入水平居民对民生问题的评价总体上呈现中间高、两头低的特点

调查表明，家庭年收入 5 万～25 万元之间的居民对多数民生问题的评价普遍较高，而家庭年收入 5 万元以下和 50 万元及以上的居民对多数民生问题的评价普遍较低。其中，家庭年收入 15 万～25 万元之间的居民对就业、社会保障、公共服务、政府部门服务和教育方面的评价较高，对个人总体生活状况改善情况及未来生活信心的评价也相对较高；5 万～10 万元之间的居民对环境、交通和社会贫富差距状况的评价较高；10 万～15 万元之间的居民对社会治安、司法机关公正执法和医疗方面的评价较高；低于 1 万元的居民对就业、住房和政府部门服务等多数民生问题的评价均较低；50 万元及以上居民对社会贫富差距状况、交通、司法机关公正执法和医疗方面的评价相对较低。

总之，不同群体对民生问题的看法存在着一定差异，建议在民生政策制定以及执行方面统筹考虑，精准定位，兼顾不同群体的利益及感受，全面提高群众的满意度。

三、各项民生问题调查结果详述

（一）对目前就业状况的评价

1. 对目前就业状况的总体评价

对目前就业状况的总体评价表示“非常满意”、“比较满意”和“一般”的分别占 13.5%、29.3%、43.6%，合计为 86.4%。

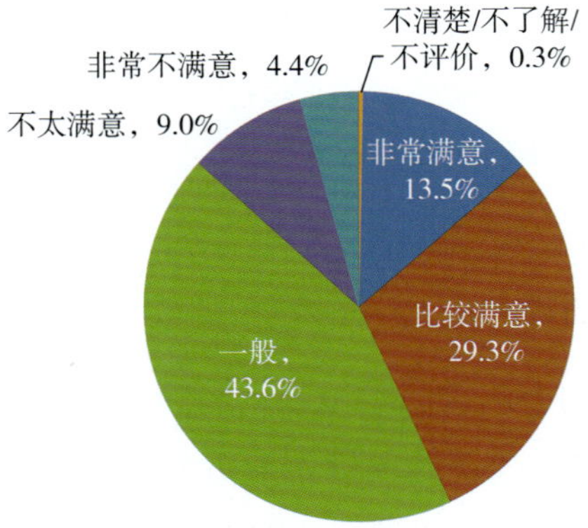

图22-1　对目前就业状况的总体评价

从不同群体来看，城镇、女性、25 ~ 29 岁、研究生及以上文化程度、未婚、家庭年收入 15 万 ~ 25 万元等群体对目前就业状况的总体评价较高。从不同省份来看，贵州、西藏、湖南等对目前就业状况的总体评价较高。

表22-1　城乡对目前就业状况的总体评价（%）

	非常满意	比较满意	一般	不太满意	非常不满意	不清楚/不了解/不评价	前三项合计
城镇	12.8	32.4	43.6	7.7	3.2	0.1	88.8
农村	14.6	23.7	43.4	11.3	6.4	0.5	81.7
总体	13.5	29.3	43.6	9.0	4.4	0.3	86.4

表22-2　不同性别对目前就业状况的总体评价（%）

	非常满意	比较满意	一般	不太满意	非常不满意	不清楚/不了解/不评价	前三项合计
男	14.6	29.4	41.3	9.3	5.2	0.3	85.3
女	11.9	29.1	46.8	8.7	3.2	0.3	87.8
总体	13.5	29.3	43.6	9.0	4.4	0.3	86.4

表22-3　不同年龄对目前就业状况的总体评价（%）

	非常满意	比较满意	一般	不太满意	非常不满意	不清楚/不了解/不评价	前三项合计
18 ~ 19岁	9.8	26.8	51.6	7.5	3.5	0.8	88.2
20 ~ 24岁	11.8	29.4	46.7	8.6	3.5	—	87.9
25 ~ 29岁	10.5	29.3	49.0	8.2	3.0	0.0	88.8
30 ~ 34岁	11.0	28.5	47.7	9.0	3.7	0.1	87.2
35 ~ 39岁	12.1	29.7	44.9	9.5	3.7	0.1	86.7
40 ~ 44岁	13.3	27.0	44.6	10.4	4.6	0.2	84.9
45 ~ 49岁	14.9	29.6	40.4	9.1	5.7	0.3	84.9
50 ~ 54岁	17.1	30.4	37.2	8.8	6.1	0.4	84.7

续表

	非常满意	比较满意	一般	不太满意	非常不满意	不清楚/不了解/不评价	前三项合计
55～59岁	19.4	32.1	33.7	8.7	5.0	1.0	85.2
60～64岁	18.1	31.3	33.1	9.2	6.7	1.6	82.5
65～69岁	22.2	32.3	32.6	6.1	4.6	2.2	87.1
70～74岁	26.2	31.8	29.4	6.5	4.4	1.8	87.4
总体	13.5	29.3	43.6	9.0	4.4	0.3	86.4

表22-4　不同户口状况对目前就业状况的总体评价（%）

	非常满意	比较满意	一般	不太满意	非常不满意	不清楚/不了解/不评价	前三项合计
非农业户口（城镇户口）	14.4	34.1	40.8	7.2	3.4	0.2	89.3
农业户口	12.2	23.7	46.4	11.4	5.8	0.5	82.3
居民户口	14.5	30.3	44.8	7.3	3.1	0.1	89.6
总体	13.5	29.3	43.6	9.0	4.4	0.3	86.4

表22-5　不同教育程度对目前就业状况的总体评价（%）

	非常满意	比较满意	一般	不太满意	非常不满意	不清楚/不了解/不评价	前三项合计
不识字或识字很少	19.8	19.0	29.5	12.7	15.6	3.4	68.3
小学	16.8	18.8	40.4	12.4	10.3	1.3	76.0
初中	11.3	21.1	48.0	12.4	6.8	0.3	80.4
高中（中专/技校）	11.8	25.5	47.0	10.6	4.8	0.3	84.3
大学专科（高职）	13.5	31.1	45.2	7.3	2.8	0.1	89.8
大学本科	15.5	39.2	37.7	5.8	1.8	0.1	92.4
研究生及以上	14.8	44.2	33.5	5.3	2.3	—	92.5
总体	13.5	29.3	43.6	9.0	4.4	0.3	86.4

表22-6　不同婚姻状况对目前就业状况的总体评价（%）

	非常满意	比较满意	一般	不太满意	非常不满意	不清楚/不了解/不评价	前三项合计
未婚	11.0	28.7	47.9	8.5	3.8	0.1	87.6
已婚	14.0	29.7	42.6	9.0	4.4	0.3	86.3
离异独身	11.8	21.8	45.3	13.6	7.2	0.2	78.9
丧偶独身	19.7	19.3	41.0	11.2	8.0	0.8	80.0
总体	13.5	29.3	43.6	9.0	4.4	0.3	86.4

表22-7　不同家庭年收入对目前就业状况的总体评价（%）

	非常满意	比较满意	一般	不太满意	非常不满意	不清楚/不了解/不评价	前三项合计
低于1万元	12.9	19.3	41.1	13.5	12.5	0.7	73.3
1万～3万元	11.3	21.8	45.5	13.1	7.8	0.5	78.6
3万～5万元	11.7	26.8	46.0	10.7	4.6	0.2	84.5
5万～10万元	14.4	32.0	42.8	7.7	3.0	0.1	89.2
10万～15万元	15.3	34.8	41.1	6.5	2.1	0.2	91.2
15万～25万元	16.7	35.8	39.9	5.6	1.9	0.1	92.4
25万～50万元	16.9	38.0	36.7	6.3	1.9	0.2	91.6
50万元及以上	17.0	34.9	38.1	6.2	3.8	—	90.0
不清楚/不回答	11.7	27.6	49.0	7.0	3.6	1.0	88.3
总体	13.5	29.3	43.6	9.0	4.4	0.3	86.4

表22-8　不同省份对目前就业状况的总体评价（%）

	非常满意	比较满意	一般	不太满意	非常不满意	不清楚/不了解/不评价	前三项合计
北京市	9.4	33.4	43.5	9.5	4.0	0.1	86.3
天津市	9.5	33.5	46.6	7.5	2.7	0.1	89.6
河北省	10.9	30.9	41.1	11.0	5.9	0.3	82.9
山西省	9.3	26.4	47.0	11.5	5.8	0.1	82.7
内蒙古自治区	11.7	29.8	42.1	8.9	7.4	0.1	83.6
辽宁省	11.4	25.5	45.3	10.8	6.9	—	82.2
吉林省	9.0	23.2	46.0	12.9	8.4	0.5	78.2
黑龙江省	10.1	25.8	40.8	14.7	8.2	0.4	76.7
上海市	7.5	34.5	48.2	7.5	2.2	0.1	90.2
江苏省	7.2	30.4	49.0	9.3	3.6	0.5	86.6
浙江省	10.2	30.8	48.1	7.8	2.5	0.7	89.1
安徽省	10.7	33.2	42.9	9.3	3.6	0.2	86.8
福建省	12.1	28.5	48.3	7.5	3.2	0.4	88.9
江西省	25.0	25.5	39.5	6.4	3.4	0.2	90.0
山东省	17.4	30.2	42.2	6.9	3.1	0.1	89.8
河南省	8.8	23.6	45.9	14.4	6.4	0.9	78.3
湖北省	19.0	38.3	33.0	6.9	2.3	0.5	90.3
湖南省	17.7	33.5	40.1	6.6	1.9	0.1	91.3
广东省	8.7	22.9	53.1	10.1	5.0	0.2	84.7

续表

	非常满意	比较满意	一般	不太满意	非常不满意	不清楚/不了解/不评价	前三项合计
广西壮族自治区	24.2	26.3	40.3	6.0	3.1	0.1	90.8
海南省	17.1	28.9	42.5	7.6	3.2	0.5	88.5
重庆市	15.8	26.1	45.1	7.4	5.0	0.7	87.0
四川省	12.7	28.7	43.6	9.9	4.9	0.1	85.0
贵州省	40.5	27.6	27.7	3.2	1.0	—	95.8
云南省	11.5	26.8	51.8	7.5	2.5	—	90.1
西藏自治区	18.3	39.6	34.7	5.0	2.4	—	92.6
陕西省	10.3	33.3	44.9	7.2	4.2	0.1	88.5
甘肃省	6.6	30.6	43.0	13.4	6.2	0.2	80.2
青海省	13.0	28.5	43.5	10.0	4.9	—	85.0
宁夏回族自治区	7.4	32.1	44.2	9.6	6.6	0.1	83.7
新疆维吾尔自治区	13.2	26.7	43.1	10.2	6.4	0.4	83.0
总体	13.5	29.3	43.6	9.0	4.4	0.3	86.4

2. 对工作最不满意的方面

对工作最不满意的方面，位居前三位的分别为“收入低，收入不稳定”、“工作辛苦、时间长，不能充分休息、照顾家庭、学习及娱乐”、“工作不稳定，失业风险大”，比重分别为64.3%、10.0%、8.8%。

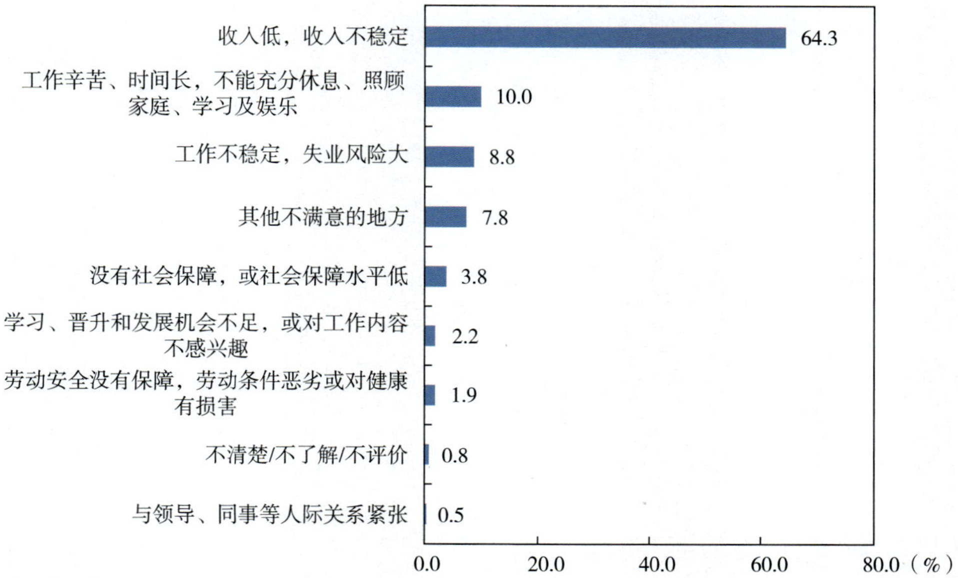

图22-2 对工作最不满意的方面（%）

表22-9　城乡对工作最不满意的方面（%）

	收入低，收入不稳定	工作不稳定，失业风险大	工作辛苦、时间长，不能充分休息、照顾家庭、学习及娱乐	劳动安全没有保障，劳动条件恶劣或对健康有损害	与领导、同事等人际关系紧张	没有社会保障，或社会保障水平低	学习、晋升和发展机会不足，或对工作内容不感兴趣	其他不满意的地方	不清楚/不了解/不评价
城镇	61.9	9.3	11.3	1.5	0.6	3.6	3.1	8.1	0.6
农村	66.9	8.2	8.5	2.4	0.4	4.0	1.2	7.4	0.9
总体	64.3	8.8	10.0	1.9	0.5	3.8	2.2	7.8	0.8

表22-10　不同性别对工作最不满意的方面（%）

	收入低，收入不稳定	工作不稳定，失业风险大	工作辛苦、时间长，不能充分休息、照顾家庭、学习及娱乐	劳动安全没有保障，劳动条件恶劣或对健康有损害	与领导、同事等人际关系紧张	没有社会保障，或社会保障水平低	学习、晋升和发展机会不足，或对工作内容不感兴趣	其他不满意的地方	不清楚/不了解/不评价
男	63.1	9.6	9.6	2.0	0.6	3.8	2.1	8.5	0.7
女	66.5	7.3	10.7	1.7	0.4	3.8	2.3	6.5	0.9
总体	64.3	8.8	10.0	1.9	0.5	3.8	2.2	7.8	0.8

表22-11　不同年龄对工作最不满意的方面（%）

	收入低，收入不稳定	工作不稳定，失业风险大	工作辛苦、时间长，不能充分休息、照顾家庭、学习及娱乐	劳动安全没有保障，劳动条件恶劣或对健康有损害	与领导、同事等人际关系紧张	没有社会保障，或社会保障水平低	学习、晋升和发展机会不足，或对工作内容不感兴趣	其他不满意的地方	不清楚/不了解/不评价
18～19岁	67.9	3.6	10.7	—	7.1	—	7.1	3.6	—
20～24岁	59.7	7.6	16.2	1.9	0.6	4.4	4.1	4.8	0.6
25～29岁	63.9	7.5	11.2	2.4	1.2	2.2	4.6	6.2	0.9
30～34岁	62.9	10.0	11.9	1.3	0.6	3.0	2.5	7.1	0.7
35～39岁	61.9	8.5	12.5	1.5	0.3	3.3	2.7	7.8	1.5
40～44岁	64.9	10.0	10.2	1.9	0.2	3.8	1.6	7.0	0.5
45～49岁	64.6	11.6	7.3	1.6	0.4	3.2	0.9	10.0	0.3
50～54岁	66.0	8.4	6.8	1.8	0.1	4.9	1.3	9.4	1.3
55～59岁	69.5	7.2	4.0	4.0	0.9	4.9	—	9.4	—

续表

	收入低，收入不稳定	工作不稳定，失业风险大	工作辛苦、时间长，不能充分休息、照顾家庭、学习及娱乐	劳动安全没有保障，劳动条件恶劣或对健康有损害	与领导、同事等人际关系紧张	没有社会保障，或社会保障水平低	学习、晋升和发展机会不足，或对工作内容不感兴趣	其他不满意的地方	不清楚/不了解/不评价
60～64岁	68.8	3.6	7.8	2.1	0.5	7.3	0.5	9.4	—
65～69岁	67.7	1.5	3.1	6.2	—	12.3	—	7.7	1.5
70～74岁	75.7	—	5.4	2.7	—	8.1	—	8.1	—
总体	64.3	8.8	10.0	1.9	0.5	3.8	2.2	7.8	0.8

表22-12　不同户口状况对工作最不满意的方面（%）

	收入低，收入不稳定	工作不稳定，失业风险大	工作辛苦、时间长，不能充分休息、照顾家庭、学习及娱乐	劳动安全没有保障，劳动条件恶劣或对健康有损害	与领导、同事等人际关系紧张	没有社会保障，或社会保障水平低	学习、晋升和发展机会不足，或对工作内容不感兴趣	其他不满意的地方	不清楚/不了解/不评价
非农业户口（城镇户口）	62.1	8.1	11.6	1.7	0.5	3.6	3.1	8.4	0.8
农业户口	66.3	9.1	8.6	2.1	0.5	3.9	1.4	7.2	0.9
居民户口	61.0	9.6	11.3	1.5	1.2	3.9	3.2	8.3	—
总体	64.3	8.8	10.0	1.9	0.5	3.8	2.2	7.8	0.8

表22-13　不同教育程度对工作最不满意的方面（%）

	收入低，收入不稳定	工作不稳定，失业风险大	工作辛苦、时间长，不能充分休息、照顾家庭、学习及娱乐	劳动安全没有保障，劳动条件恶劣或对健康有损害	与领导、同事等人际关系紧张	没有社会保障，或社会保障水平低	学习、晋升和发展机会不足，或对工作内容不感兴趣	其他不满意的地方	不清楚/不了解/不评价
不识字或识字很少	71.6	2.6	8.6	6.0	—	6.0	0.9	4.3	—
小学	69.7	7.7	7.4	2.9	0.2	3.5	0.4	7.4	0.9
初中	65.6	10.6	7.8	2.4	0.7	4.1	1.0	7.0	0.9
高中（中专/技校）	65.9	9.6	8.5	1.2	0.6	3.5	1.4	8.4	1.1
大学专科（高职）	60.3	7.9	14.3	1.3	0.6	5.3	2.4	7.5	0.6
大学本科	59.9	7.1	13.4	1.3	0.5	2.3	6.4	8.7	0.3
研究生及以上	50.7	1.5	17.9	3.0	—	1.5	13.4	11.9	—
总体	64.3	8.8	10.0	1.9	0.5	3.8	2.2	7.8	0.8

表22-14　不同婚姻状况对工作最不满意的方面（%）

	收入低，收入不稳定	工作不稳定，失业风险大	工作辛苦、时间长，不能充分休息、照顾家庭、学习及娱乐	劳动安全没有保障，劳动条件恶劣或对健康有损害	与领导、同事等人际关系紧张	没有社会保障，或社会保障水平低	学习、晋升和发展机会不足，或对工作内容不感兴趣	其他不满意的地方	不清楚/不了解/不评价
未婚	61.2	7.1	13.5	1.9	1.4	3.3	5.3	5.5	0.9
已婚	65.2	9.0	9.2	1.9	0.4	3.7	1.6	8.1	0.8
离异独身	59.6	9.8	11.4	1.6	—	6.2	2.1	8.8	0.5
丧偶独身	54.2	10.4	10.4	6.3	—	8.3	2.1	8.3	—
总体	64.3	8.8	10.0	1.9	0.5	3.8	2.2	7.8	0.8

表22-15　不同家庭年收入对工作最不满意的方面（%）

	收入低，收入不稳定	工作不稳定，失业风险大	工作辛苦、时间长，不能充分休息、照顾家庭、学习及娱乐	劳动安全没有保障，劳动条件恶劣或对健康有损害	与领导、同事等人际关系紧张	没有社会保障，或社会保障水平低	学习、晋升和发展机会不足，或对工作内容不感兴趣	其他不满意的地方	不清楚/不了解/不评价
低于1万元	68.0	8.0	6.8	2.8	0.2	4.8	1.8	6.8	0.6
1万～3万元	70.1	8.0	7.1	1.6	0.3	3.9	1.1	7.2	0.7
3万～5万元	66.0	10.0	9.2	2.1	0.6	3.5	1.2	6.8	0.5
5万～10万元	61.3	8.9	11.5	1.8	0.5	3.5	3.3	8.7	0.6
10万～15万元	55.2	9.5	13.8	2.2	0.4	4.2	4.0	9.2	1.5
15万～25万元	54.3	7.2	16.6	0.9	0.9	4.0	4.5	10.8	0.9
25万～50万元	59.8	12.0	10.9	—	—	4.3	1.1	12.0	—
50万元及以上	63.8	4.3	10.6	2.1	2.1	2.1	—	12.8	2.1
不清楚/不回答	59.8	8.5	14.1	2.0	1.6	3.6	3.6	5.2	1.6
总体	64.3	8.8	10.0	1.9	0.5	3.8	2.2	7.8	0.8

表22-16　不同省份对工作最不满意的方面（%）

	收入低，收入不稳定	工作不稳定，失业风险大	工作辛苦、时间长，不能充分休息、照顾家庭、学习及娱乐	劳动安全没有保障，劳动条件恶劣或对健康有损害	与领导、同事等人际关系紧张	没有社会保障，或社会保障水平低	学习、晋升和发展机会不足，或对工作内容不感兴趣	其他不满意的地方	不清楚/不了解/不评价
北京市	70.5	6.7	6.7	1.0	1.0	4.8	3.8	4.8	1.0
天津市	58.8	8.8	10.8	1.0	—	7.8	8.8	3.9	—
河北省	70.7	6.4	6.4	0.7	0.4	1.4	0.7	13.1	0.4
山西省	73.6	7.6	7.6	1.0	—	3.6	3.6	3.0	—
内蒙古自治区	63.3	9.6	12.7	2.4	1.2	2.4	1.8	6.6	—
辽宁省	66.7	7.6	10.5	1.9	0.5	3.3	1.0	8.6	—
吉林省	74.3	7.1	3.5	0.9	—	4.9	1.8	7.1	0.4
黑龙江省	77.4	7.7	6.9	1.1	—	4.0	0.7	2.2	—
上海市	50.0	7.6	12.1	3.0	3.0	4.5	—	19.7	—
江苏省	57.5	8.0	14.5	2.0	1.0	3.0	1.5	9.0	3.5
浙江省	55.3	13.3	8.7	2.7	1.3	3.3	4.0	11.3	—
安徽省	72.0	7.7	10.4	—	—	2.2	2.7	4.9	—
福建省	61.5	10.3	12.0	1.7	—	4.3	1.7	7.7	0.9
江西省	52.8	13.6	10.4	1.6	2.4	4.8	4.8	8.8	0.8
山东省	59.5	6.7	9.5	2.9	—	6.7	2.4	11.0	1.4
河南省	66.7	8.6	7.4	1.6	0.2	2.3	0.9	10.2	1.9

续表

	收入低，收入不稳定	工作不稳定，失业风险大	工作辛苦、时间长，不能充分休息、照顾家庭、学习及娱乐	劳动安全没有保障，劳动条件恶劣或对健康有损害	与领导、同事等人际关系紧张	没有社会保障，或社会保障水平低	学习、晋升和发展机会不足，或对工作内容不感兴趣	其他不满意的地方	不清楚/不了解/不评价
湖北省	65.8	5.5	12.3	3.4	—	2.7	0.7	8.2	1.4
湖南省	49.6	9.3	13.2	1.6	—	7.0	0.8	16.3	2.3
广东省	61.1	8.2	14.4	2.2	1.3	2.5	2.8	6.6	0.9
广西壮族自治区	66.9	9.3	11.9	0.8	—	1.7	1.7	3.4	4.2
海南省	61.5	12.5	9.6	3.8	1.0	3.8	5.8	1.9	—
重庆市	60.5	7.8	17.8	3.1	—	3.9	1.6	4.7	0.8
四川省	61.8	8.9	12.9	3.1	2.2	5.8	1.8	3.1	0.4
贵州省	42.6	17.0	12.8	2.1	—	8.5	6.4	10.6	—
云南省	54.6	7.6	16.0	1.7	0.8	4.2	5.9	8.4	0.8
西藏自治区	58.0	6.2	7.4	6.2	—	1.2	6.2	14.8	—
陕西省	61.8	8.1	13.8	4.9	—	3.3	3.3	4.9	—
甘肃省	71.5	10.7	5.1	2.8	0.9	2.3	0.9	5.1	0.5
青海省	58.8	20.9	10.1	1.4	—	2.0	—	6.8	—
宁夏回族自治区	67.1	8.4	10.5	0.7	—	6.3	2.1	4.9	—
新疆维吾尔自治区	62.8	6.4	5.2	0.6	—	8.1	1.2	15.7	—
总体	64.3	8.8	10.0	1.9	0.5	3.8	2.2	7.8	0.8

（二）对居住地政府部门服务的评价

1. 对居住地政府部门服务的总体评价

对居住地政府部门服务表示“非常满意”、“比较满意”和“一般”的分别占 17.4%、30.6%、35.4%，合计为 83.4%。

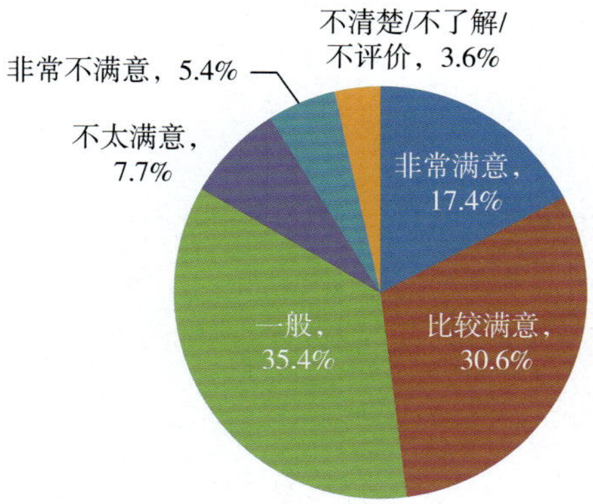

图22-3 对居住地政府部门服务的总体评价

从不同群体来看，城镇、女性、18 ~ 19 岁、非农业户口、大学本科文化程度、未婚、家庭年收入 15 万 ~ 25 万元等群体对居住地政府部门服务的总体评价较高。从不同省份来看，贵州、云南、湖北等对居住地政府部门服务的总体评价较高。

表22-17 城乡对居住地政府部门服务的总体评价（%）

	非常满意	比较满意	一般	不太满意	非常不满意	不清楚/不了解/不评价	前三项合计
城镇	16.4	33.2	35.9	7.0	4.2	3.4	85.5
农村	19.2	26.0	34.6	8.8	7.4	3.8	79.8
总体	17.4	30.6	35.4	7.7	5.4	3.6	83.4

表22-18 不同性别对居住地政府部门服务的总体评价（%）

	非常满意	比较满意	一般	不太满意	非常不满意	不清楚/不了解/不评价	前三项合计
男	18.1	30.3	33.6	8.1	6.5	3.4	82.0
女	16.5	31.0	37.8	7.1	3.9	3.8	85.3
总体	17.4	30.6	35.4	7.7	5.4	3.6	83.4

表22-19 不同年龄对居住地政府部门服务的总体评价（%）

	非常满意	比较满意	一般	不太满意	非常不满意	不清楚/不了解/不评价	前三项合计
18 ~ 19岁	17.6	41.3	30.5	3.3	2.8	4.6	89.4
20 ~ 24岁	16.8	35.7	34.7	5.3	3.3	4.1	87.2

续表

	非常满意	比较满意	一般	不太满意	非常不满意	不清楚/不了解/不评价	前三项合计
25～29岁	15.6	31.0	38.2	7.5	4.7	3.0	84.8
30～34岁	15.3	29.6	38.3	8.5	5.6	2.6	83.2
35～39岁	15.9	30.5	37.9	7.8	4.9	2.9	84.3
40～44岁	17.5	29.2	37.1	7.6	5.5	3.2	83.8
45～49岁	19.1	28.6	34.4	8.4	5.9	3.6	82.1
50～54岁	19.7	29.9	32.2	8.0	6.5	3.6	81.8
55～59岁	21.0	30.2	29.8	8.3	6.7	4.0	81.0
60～64岁	17.7	29.5	32.7	8.3	6.5	5.3	79.9
65～69岁	17.2	31.8	32.4	7.9	5.1	5.6	81.4
70～74岁	20.8	33.4	30.5	5.5	3.8	5.9	84.7
总体	17.4	30.6	35.4	7.7	5.4	3.6	83.4

表22-20 不同户口状况对居住地政府部门服务的总体评价（%）

	非常满意	比较满意	一般	不太满意	非常不满意	不清楚/不了解/不评价	前三项合计
非农业户口（城镇户口）	17.7	34.5	33.8	6.6	3.9	3.3	86.0
农业户口	16.8	26.2	36.7	9.0	7.3	4.0	79.7
居民户口	18.4	30.0	37.4	7.0	4.2	2.9	85.8
总体	17.4	30.6	35.4	7.7	5.4	3.6	83.4

表22-21 不同教育程度对居住地政府部门服务的总体评价（%）

	非常满意	比较满意	一般	不太满意	非常不满意	不清楚/不了解/不评价	前三项合计
不识字或识字很少	26.2	17.5	24.4	9.8	13.8	8.3	68.1
小学	20.2	21.2	34.2	9.1	9.4	5.9	75.6
初中	15.6	24.8	38.6	9.3	7.5	4.2	79.0
高中（中专/技校）	15.4	29.9	37.3	7.8	5.8	3.8	82.6
大学专科（高职）	17.5	33.8	35.1	7.2	3.6	2.9	86.4
大学本科	20.2	38.1	31.3	5.6	2.5	2.3	89.6
研究生及以上	15.2	34.8	36.5	7.1	3.8	2.6	86.5
总体	17.4	30.6	35.4	7.7	5.4	3.6	83.4

表22-22 不同婚姻状况对居住地政府部门服务的总体评价（%）

	非常满意	比较满意	一般	不太满意	非常不满意	不清楚/不了解/不评价	前三项合计
未婚	16.2	34.0	35.6	6.0	4.4	3.8	85.8
已婚	17.6	30.1	35.5	7.9	5.4	3.5	83.2
离异独身	15.8	24.9	34.7	12.1	8.9	3.6	75.4

续表

	非常满意	比较满意	一般	不太满意	非常不满意	不清楚/不了解/不评价	前三项合计
丧偶独身	22.0	29.2	29.4	7.2	5.4	6.8	80.6
总体	17.4	30.6	35.4	7.7	5.4	3.6	83.4

表22-23　　不同家庭年收入对居住地政府部门服务的总体评价（%）

	非常满意	比较满意	一般	不太满意	非常不满意	不清楚/不了解/不评价	前三项合计
低于1万元	15.9	22.4	36.5	9.4	11.0	4.7	74.8
1万～3万元	16.6	26.4	36.2	9.4	7.7	3.8	79.2
3万～5万元	16.1	30.4	36.9	7.9	5.3	3.4	83.4
5万～10万元	18.5	33.4	34.8	6.7	3.8	2.8	86.7
10万～15万元	19.2	33.8	33.7	7.3	3.5	2.5	86.7
15万～25万元	18.6	34.7	33.7	6.8	4.2	2.0	87.0
25万～50万元	16.7	32.7	36.4	7.4	4.4	2.5	85.8
50万元及以上	15.0	28.6	33.5	9.9	10.3	2.8	77.1
不清楚/不回答	17.1	29.9	35.1	5.8	4.0	8.1	82.1
总体	17.4	30.6	35.4	7.7	5.4	3.6	83.4

表22-24　　不同省份对居住地政府部门服务的总体评价（%）

	非常满意	比较满意	一般	不太满意	非常不满意	不清楚/不了解/不评价	前三项合计
北京市	11.5	32.5	39.1	8.6	6.2	2.1	83.1
天津市	9.1	29.8	44.2	9.4	5.3	2.2	83.1
河北省	11.5	31.0	39.7	7.8	6.4	3.8	82.2
山西省	10.7	29.3	44.5	7.5	6.9	1.1	84.5
内蒙古自治区	15.4	31.3	36.5	8.6	7.0	1.3	83.2
辽宁省	10.8	25.4	39.9	12.0	10.1	1.8	76.1
吉林省	14.7	28.1	33.7	10.0	8.3	5.2	76.5
黑龙江省	15.4	26.1	33.5	9.2	8.6	7.3	75.0
上海市	9.5	29.9	44.5	8.1	4.5	3.6	83.9
江苏省	9.8	34.2	33.7	8.1	5.2	9.0	77.7
浙江省	17.0	36.8	34.0	5.8	3.2	3.3	87.8
安徽省	13.8	32.1	36.7	8.8	6.1	2.5	82.6
福建省	15.6	29.7	42.3	6.2	4.1	2.2	87.6
江西省	30.4	26.0	28.9	7.7	5.6	1.4	85.3
山东省	23.2	33.3	31.4	6.0	4.4	1.7	87.9
河南省	12.4	28.0	33.0	9.2	6.2	11.2	73.4

续表

	非常满意	比较满意	一般	不太满意	非常不满意	不清楚/不了解/不评价	前三项合计
湖北省	31.7	39.2	19.0	5.3	2.2	2.6	89.9
湖南省	28.6	34.2	24.0	6.2	3.4	3.6	86.8
广东省	8.3	25.7	46.1	8.3	5.8	5.9	80.1
广西壮族自治区	26.4	27.1	34.6	6.1	4.8	1.1	88.1
海南省	20.3	28.6	37.1	6.7	5.0	2.4	86.0
重庆市	18.6	24.1	36.9	8.8	5.6	5.9	79.6
四川省	17.4	28.2	35.9	9.3	6.1	3.0	81.5
贵州省	49.1	25.4	19.4	3.1	2.3	0.6	93.9
云南省	17.1	29.9	44.4	5.3	2.7	0.6	91.4
西藏自治区	22.7	37.3	29.6	5.8	3.3	1.3	89.6
陕西省	13.8	32.3	39.5	8.9	5.3	0.1	85.6
甘肃省	9.6	33.3	35.2	9.9	6.2	5.7	78.1
青海省	20.6	33.8	32.8	6.8	4.6	1.5	87.2
宁夏回族自治区	11.4	37.3	34.3	6.2	4.5	6.3	83.0
新疆维吾尔自治区	19.1	31.6	35.0	6.4	6.1	1.9	85.7
总体	17.4	30.6	35.4	7.7	5.4	3.6	83.4

2. 对最近一年来居住地政府部门服务状况是否有所改善的评价

对最近一年来居住地政府部门服务状况是否有所改善，表示“有明显改善”、“略有改善”和“没变化”的分别占 30.4%、32.5%、28.2%，合计为 91.1%。

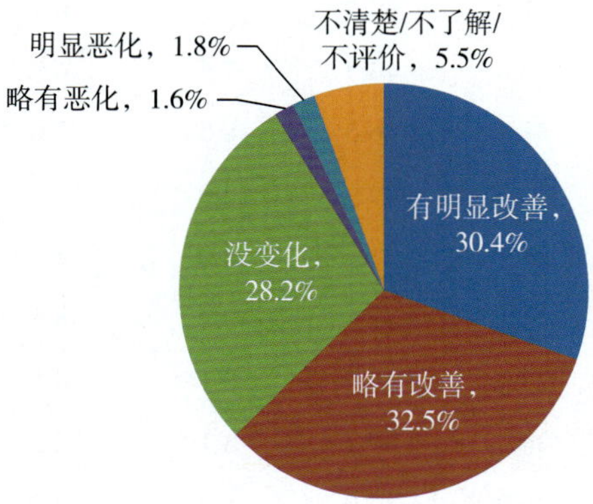

图22-4 对最近一年来居住地政府部门服务状况是否有所改善的评价

从不同群体看，城镇、男性、35 ~ 39 岁、非农业户口、大学本科文化程度、已婚、家庭年收入 10 万 ~ 15 万元等群体对最近一年来居住地政府部门服务改善情况评价较高。从不同省份来看，贵州、陕西、广西等对居住地政府部门服务改善情况评价较高。

表22-25　城乡对最近一年来居住地政府部门服务状况是否有所改善的评价（%）

	有明显改善	略有改善	没变化	略有恶化	明显恶化	不清楚/不了解/不评价	前三项合计
城镇	30.1	34.5	27.3	1.6	1.4	5.1	91.9
农村	30.7	29.0	29.8	1.6	2.6	6.2	89.5
总体	30.4	32.5	28.2	1.6	1.8	5.5	91.1

表22-26　不同性别对最近一年来居住地政府部门服务状况是否有所改善的评价（%）

	有明显改善	略有改善	没变化	略有恶化	明显恶化	不清楚/不了解/不评价	前三项合计
男	32.4	32.4	26.6	1.8	2.3	4.5	91.4
女	27.7	32.8	30.3	1.3	1.2	6.7	90.8
总体	30.4	32.5	28.2	1.6	1.8	5.5	91.1

表22-27　不同年龄对最近一年来居住地政府部门服务状况是否有所改善的评价（%）

	有明显改善	略有改善	没变化	略有恶化	明显恶化	不清楚/不了解/不评价	前三项合计
18～19岁	24.7	39.0	27.4	0.9	0.6	7.3	91.1
20～24岁	26.4	37.2	27.6	1.6	1.1	6.1	91.2
25～29岁	26.9	35.0	30.2	1.6	1.5	4.8	92.1
30～34岁	26.8	34.3	30.7	1.8	1.9	4.6	91.8
35～39岁	30.0	33.9	28.4	1.9	1.4	4.4	92.3
40～44岁	31.8	33.4	26.7	1.6	1.7	4.7	91.9
45～49岁	34.0	31.7	25.3	1.3	2.5	5.2	91.0
50～54岁	34.5	29.7	26.6	1.6	2.1	5.6	90.8
55～59岁	36.3	25.9	27.7	1.7	2.6	5.8	89.9
60～64岁	29.3	27.7	30.5	1.2	2.5	8.9	87.5
65～69岁	30.5	28.4	29.6	1.2	2.0	8.3	88.5
70～74岁	34.0	28.9	26.4	0.9	1.5	8.4	89.3
总体	30.4	32.5	28.2	1.6	1.8	5.5	91.1

表22-28　不同户口状况对最近一年来居住地政府部门服务状况是否有所改善的评价（%）

	有明显改善	略有改善	没变化	略有恶化	明显恶化	不清楚/不了解/不评价	前三项合计
非农业户口（城镇户口）	31.9	34.3	26.1	1.4	1.3	5.0	92.3
农业户口	28.3	30.3	30.8	1.7	2.5	6.3	89.4
居民户口	31.3	33.2	27.6	1.7	1.7	4.7	92.1
总体	30.4	32.5	28.2	1.6	1.8	5.5	91.1

表22-29　不同教育程度对最近一年来居住地政府部门服务状况是否有所改善的评价（%）

	有明显改善	略有改善	没变化	略有恶化	明显恶化	不清楚/不了解/不评价	前三项合计
不识字或识字很少	26.8	15.5	35.5	1.6	4.4	16.2	77.8
小学	29.4	21.4	34.3	1.4	3.7	9.9	85.1
初中	27.1	30.2	31.6	1.7	2.8	6.7	88.9
高中（中专/技校）	29.5	33.2	28.2	1.9	1.8	5.5	90.9
大学专科（高职）	32.1	35.5	25.5	1.5	1.3	4.2	93.1
大学本科	34.1	36.2	24.3	1.2	0.6	3.6	94.6
研究生及以上	25.3	34.8	32.8	2.4	1.4	3.3	92.9
总体	30.4	32.5	28.2	1.6	1.8	5.5	91.1

表22-30　不同婚姻状况对最近一年来居住地政府部门服务状况是否有所改善的评价（%）

	有明显改善	略有改善	没变化	略有恶化	明显恶化	不清楚/不了解/不评价	前三项合计
未婚	26.0	36.0	29.0	1.6	1.5	5.9	91.0
已婚	31.3	32.0	27.9	1.6	1.8	5.4	91.2
离异独身	26.8	30.2	31.6	2.7	3.2	5.5	88.6
丧偶独身	33.6	25.9	28.0	1.4	2.6	8.6	87.5
总体	30.4	32.5	28.2	1.6	1.8	5.5	91.1

表22-31　不同家庭年收入对最近一年来居住地政府部门服务状况是否有所改善的评价（%）

	有明显改善	略有改善	没变化	略有恶化	明显恶化	不清楚/不了解/不评价	前三项合计
低于1万元	25.0	26.7	34.7	2.1	4.5	7.0	86.4
1万～3万元	28.0	30.4	31.5	1.9	2.6	5.7	89.9
3万～5万元	30.0	33.5	28.3	1.6	1.8	4.9	91.8
5万～10万元	34.0	34.3	25.1	1.3	1.1	4.2	93.4
10万～15万元	32.9	34.3	26.7	1.4	1.1	3.7	93.9
15万～25万元	32.0	36.1	25.1	1.8	1.6	3.4	93.2
25万～50万元	27.8	33.4	30.9	2.5	1.2	4.2	92.1
50万元及以上	25.4	27.3	36.6	2.4	3.2	5.0	89.3
不清楚/不回答	26.0	29.2	28.0	1.0	1.6	14.2	83.2
总体	30.4	32.5	28.2	1.6	1.8	5.5	91.1

表22-32　不同省份对最近一年来居住地政府部门服务状况是否有所改善的评价（%）

	有明显改善	略有改善	没变化	略有恶化	明显恶化	不清楚/不了解/不评价	前三项合计
北京市	16.2	32.2	43.9	2.0	2.5	3.2	92.3
天津市	14.8	36.3	41.1	3.1	1.9	2.8	92.2
河北省	24.2	31.9	32.3	1.4	2.3	8.1	88.4
山西省	19.7	39.1	35.3	2.3	2.3	1.5	94.1

续表

	有明显改善	略有改善	没变化	略有恶化	明显恶化	不清楚/不了解/不评价	前三项合计
内蒙古自治区	37.9	34.5	21.6	1.3	1.9	2.7	94.0
辽宁省	16.4	29.8	45.2	3.1	2.9	2.5	91.4
吉林省	26.0	33.3	29.7	1.9	3.1	5.9	89.0
黑龙江省	22.5	29.5	33.7	1.6	3.0	9.7	85.7
上海市	15.9	28.7	42.2	2.5	2.5	8.2	86.8
江苏省	21.0	34.7	29.7	1.5	1.6	11.5	85.4
浙江省	34.2	35.9	21.6	1.4	1.3	5.6	91.7
安徽省	31.1	33.3	28.4	1.3	1.9	4.1	92.8
福建省	28.9	34.3	29.8	1.4	1.7	3.9	93.0
江西省	39.9	29.4	24.4	1.8	2.0	2.4	93.7
山东省	36.7	31.8	26.0	1.2	1.3	3.0	94.5
河南省	26.7	32.6	26.9	1.2	1.4	11.3	86.2
湖北省	54.6	22.9	17.1	0.4	0.9	4.1	94.6
湖南省	44.8	30.7	17.7	1.8	1.4	3.6	93.2
广东省	16.4	37.3	33.8	1.6	1.9	8.9	87.5
广西壮族自治区	39.4	32.2	23.3	1.1	1.6	2.4	94.9
海南省	35.6	36.4	19.4	1.1	1.8	5.7	91.4
重庆市	28.4	25.1	30.8	1.8	2.5	11.4	84.3
四川省	34.0	30.1	26.5	1.5	1.7	6.0	90.6
贵州省	66.3	19.4	11.3	1.4	0.6	1.1	97.0
云南省	30.1	36.1	28.3	1.7	1.4	2.4	94.5
西藏自治区	37.8	32.9	23.6	0.9	1.3	3.5	94.3
陕西省	29.9	38.2	27.1	1.9	2.2	0.7	95.2
甘肃省	22.7	36.1	29.1	1.8	1.3	9.0	87.9
青海省	35.0	33.9	24.2	0.9	1.8	4.3	93.1
宁夏回族自治区	28.1	35.9	23.5	1.6	1.6	9.3	87.5
新疆维吾尔自治区	30.1	34.3	27.9	1.6	1.5	4.5	92.3
总体	30.4	32.5	28.2	1.6	1.8	5.5	91.1

（三）对居住地交通状况的总体评价

对居住地交通状况表示“非常满意”、“比较满意”和“一般”的分别占 18.0%、33.6%、29.2%，合计为 80.8%。

从不同群体看，农村、女性、18 ~ 19 岁、非农业户口、高中（中专 / 技校）文化程度、丧偶独身、家庭年收入 5 万 ~ 10 万元等群体对居住地交通状况的总体评价较高。从不同省份来看，湖南、江苏和宁夏等对居住地交通状况的总体评价较高。

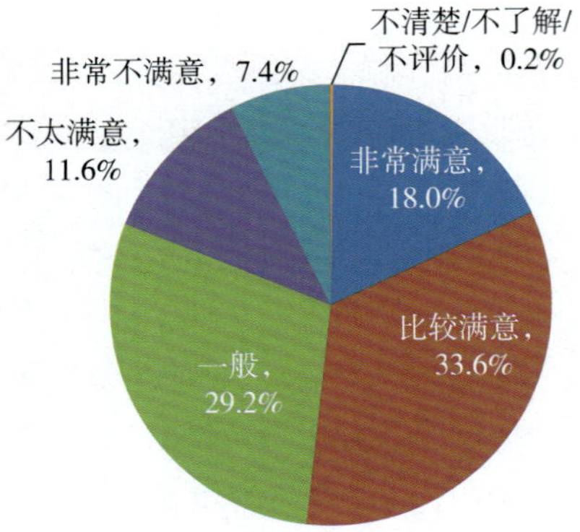

图22-5 对居住地交通状况的总体评价

表22-33 城乡对居住地交通状况的总体评价（%）

	非常满意	比较满意	一般	不太满意	非常不满意	不清楚/不了解/不评价	前三项合计
城镇	15.9	34.4	30.0	12.7	6.9	0.2	80.3
农村	21.7	32.2	27.9	9.7	8.3	0.3	81.8
总体	18.0	33.6	29.2	11.6	7.4	0.2	80.8

表22-34 不同性别对居住地交通状况的总体评价（%）

	非常满意	比较满意	一般	不太满意	非常不满意	不清楚/不了解/不评价	前三项合计
男	18.7	33.4	27.6	11.5	8.6	0.2	79.7
女	17.1	33.8	31.3	11.7	5.9	0.2	82.2
总体	18.0	33.6	29.2	11.6	7.4	0.2	80.8

表22-35 不同年龄对居住地交通状况的总体评价（%）

	非常满意	比较满意	一般	不太满意	非常不满意	不清楚/不了解/不评价	前三项合计
18～19岁	17.0	35.6	34.9	8.1	4.2	0.1	87.5
20～24岁	15.7	33.8	32.1	11.6	6.7	0.1	81.6
25～29岁	15.1	32.8	31.5	13.1	7.4	0.1	79.4
30～34岁	14.0	31.8	31.3	14.1	8.6	0.1	77.1
35～39岁	16.0	32.6	31.1	12.0	8.2	0.1	79.7
40～44岁	17.5	31.6	30.8	12.0	7.9	0.2	79.9
45～49岁	19.9	33.2	28.4	11.0	7.4	0.2	81.5
50～54岁	20.9	34.4	26.8	10.4	7.2	0.2	82.1
55～59岁	21.6	37.7	25.1	8.4	6.8	0.5	84.4
60～64岁	22.6	34.6	25.4	10.3	6.7	0.4	82.6
65～69岁	23.6	38.8	22.0	8.6	5.9	1.1	84.4
70～74岁	26.7	38.7	20.8	9.0	4.2	0.6	86.2
总体	18.0	33.6	29.2	11.6	7.4	0.2	80.8

表22-36　不同户口状况对居住地交通状况的总体评价（%）

	非常满意	比较满意	一般	不太满意	非常不满意	不清楚/不了解/不评价	前三项合计
非农业户口（城镇户口）	17.2	35.0	28.9	12.3	6.5	0.1	81.1
农业户口	19.4	32.1	29.2	10.6	8.3	0.3	80.7
居民户口	16.5	32.6	30.7	12.1	7.7	0.3	79.8
总体	18.0	33.6	29.2	11.6	7.4	0.2	80.8

表22-37　不同教育程度对居住地交通状况的总体评价（%）

	非常满意	比较满意	一般	不太满意	非常不满意	不清楚/不了解/不评价	前三项合计
不识字或识字很少	32.8	23.1	23.8	7.3	11.1	2.0	79.7
小学	26.1	28.4	26.0	8.8	9.8	0.8	80.5
初中	19.4	32.6	30.2	10.0	7.6	0.2	82.2
高中（中专/技校）	16.7	34.8	30.8	10.5	7.0	0.2	82.3
大学专科（高职）	15.7	34.7	29.8	12.8	6.9	0.1	80.2
大学本科	17.0	34.9	27.5	13.8	6.8	0.1	79.4
研究生及以上	12.9	30.6	28.1	18.9	9.5	—	71.6
总体	18.0	33.6	29.2	11.6	7.4	0.2	80.8

表22-38　不同婚姻状况对居住地交通状况的总体评价（%）

	非常满意	比较满意	一般	不太满意	非常不满意	不清楚/不了解/不评价	前三项合计
未婚	15.2	33.3	31.5	12.7	7.1	0.2	80.0
已婚	18.5	33.7	28.8	11.4	7.4	0.2	81.0
离异独身	16.7	30.3	31.1	12.5	9.1	0.2	78.1
丧偶独身	25.3	33.6	25.0	9.5	5.7	0.9	83.9
总体	18.0	33.6	29.2	11.6	7.4	0.2	80.8

表22-39　不同家庭年收入对居住地交通状况的总体评价（%）

	非常满意	比较满意	一般	不太满意	非常不满意	不清楚/不了解/不评价	前三项合计
低于1万元	18.1	29.6	31.5	10.0	10.4	0.4	79.2
1万～3万元	19.1	32.1	29.9	10.4	8.3	0.3	81.1
3万～5万元	17.2	34.2	30.4	11.1	7.1	0.1	81.8
5万～10万元	18.9	35.2	27.9	11.6	6.3	0.1	82.0
10万～15万元	18.2	34.1	27.8	12.9	7.1	0.1	80.1
15万～25万元	17.0	34.7	26.2	14.4	7.7	—	77.9
25万～50万元	14.1	32.3	29.5	16.1	7.9	0.2	75.9
50万元及以上	16.3	26.2	29.3	14.2	14.0	—	71.8
不清楚/不回答	16.7	33.3	31.8	10.8	6.5	0.8	81.8
总体	18.0	33.6	29.2	11.6	7.4	0.2	80.8

表22-40 不同省份对居住地交通状况的总体评价（%）

	非常满意	比较满意	一般	不太满意	非常不满意	不清楚/不了解/不评价	前三项合计
北京市	11.8	32.6	28.4	16.9	10.2	—	72.8
天津市	10.0	29.5	38.0	16.0	6.5	—	77.5
河北省	11.2	31.5	29.9	16.2	11.1	0.2	72.6
山西省	13.0	34.9	33.0	12.3	6.8	—	80.9
内蒙古自治区	18.5	34.3	28.6	10.3	8.3	—	81.4
辽宁省	15.1	31.5	29.6	12.7	10.9	0.1	76.2
吉林省	16.4	34.1	27.6	11.1	10.5	0.2	78.1
黑龙江省	19.1	33.9	27.2	9.7	9.5	0.6	80.2
上海市	15.3	36.5	30.8	13.0	3.9	0.5	82.6
江苏省	17.1	44.5	26.5	7.9	3.8	0.2	88.1
浙江省	15.7	38.3	29.4	11.9	4.4	0.3	83.4
安徽省	15.0	34.8	29.9	12.4	7.9	0.1	79.7
福建省	13.9	32.7	36.0	10.9	5.8	0.6	82.6
江西省	26.2	26.4	26.8	11.8	8.8	0.1	79.4
山东省	25.7	30.5	26.3	10.7	6.8	0.1	82.5
河南省	18.2	37.1	28.5	9.7	6.1	0.4	83.8
湖北省	24.3	40.2	21.9	8.6	4.7	0.3	86.4
湖南省	28.2	39.1	21.8	7.7	3.1	0.1	89.1
广东省	8.6	26.9	39.3	16.0	8.7	0.6	74.8
广西壮族自治区	23.4	26.8	29.7	12.1	7.9	—	79.9
海南省	15.3	31.2	35.3	11.7	6.3	0.3	81.8
重庆市	18.1	29.6	28.5	12.9	10.4	0.6	76.2
四川省	16.6	32.2	30.4	12.0	8.7	0.1	79.2
贵州省	41.8	26.6	18.1	7.9	5.6	—	86.5
云南省	12.4	28.6	37.3	13.6	7.9	0.2	78.3
西藏自治区	16.3	31.9	27.8	13.8	10.0	0.1	76.0
陕西省	14.4	37.3	31.4	10.1	6.9	—	83.1
甘肃省	10.9	34.7	27.2	14.4	12.6	0.3	72.8
青海省	23.4	36.4	24.3	10.0	5.9	—	84.1
宁夏回族自治区	22.0	40.0	25.1	7.5	5.3	0.2	87.1
新疆维吾尔自治区	22.3	35.3	29.4	7.4	5.3	0.3	87.0
总体	18.0	33.6	29.2	11.6	7.4	0.2	80.8

（四）对居住地社会治安状况的评价

1. 对居住地社会治安状况的总体评价

对居住地社会治安状况表示“非常满意”、“比较满意”和“一般”的分别占 24.8%、41.7%、

26.2%，合计为 92.7%。

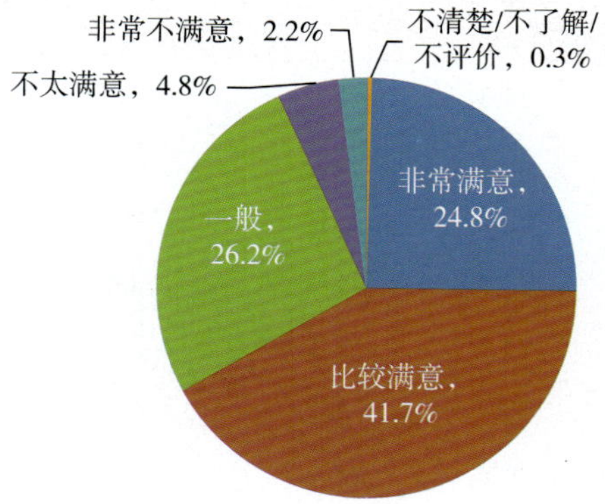

图22-6　对居住地社会治安状况的总体评价

从不同群体看，城镇、男性、50 ~ 54 岁或 70 ~ 74 岁、非农业户口、大学本科文化程度、已婚、家庭年收入 10 万 ~ 15 万元等群体对居住地社会治安状况的总体评价较高。从不同省份来看，西藏、新疆、浙江对居住地社会治安状况的总体评价较高。

表22-41　城乡对居住地社会治安状况的总体评价（%）

	非常满意	比较满意	一般	不太满意	非常不满意	不清楚/不了解/不评价	前三项合计
城镇	23.5	44.2	25.6	4.6	2.0	0.2	93.3
农村	27.1	37.3	27.4	5.1	2.7	0.4	91.8
总体	24.8	41.7	26.2	4.8	2.2	0.3	92.7

表22-42　不同性别对居住地社会治安状况的总体评价（%）

	非常满意	比较满意	一般	不太满意	非常不满意	不清楚/不了解/不评价	前三项合计
男	27.1	42.5	23.5	4.3	2.4	0.2	93.1
女	21.9	40.6	29.7	5.3	2.1	0.4	92.2
总体	24.8	41.7	26.2	4.8	2.2	0.3	92.7

表22-43　不同年龄对居住地社会治安状况的总体评价（%）

	非常满意	比较满意	一般	不太满意	非常不满意	不清楚/不了解/不评价	前三项合计
18 ~ 19岁	24.6	38.6	27.5	7.0	1.5	0.7	90.7
20 ~ 24岁	23.4	41.4	27.1	5.6	2.2	0.3	91.9
25 ~ 29岁	24.7	41.0	27.1	5.1	2.0	0.1	92.8
30 ~ 34岁	22.8	41.0	28.4	5.0	2.7	0.1	92.2
35 ~ 39岁	24.6	42.4	26.3	4.4	2.1	0.2	93.3
40 ~ 44岁	24.9	41.4	26.8	4.7	2.0	0.2	93.1

续表

	非常满意	比较满意	一般	不太满意	非常不满意	不清楚/不了解/不评价	前三项合计
45～49岁	26.8	42.4	24.3	4.2	2.2	0.2	93.5
50～54岁	27.2	41.9	24.5	4.1	2.1	0.2	93.6
55～59岁	28.3	40.3	22.9	5.0	3.0	0.6	91.5
60～64岁	23.8	40.7	27.3	4.9	2.6	0.7	91.8
65～69岁	21.7	44.6	25.7	5.2	2.1	0.8	92.0
70～74岁	23.8	45.9	23.9	4.2	1.6	0.5	93.6
总体	24.8	41.7	26.2	4.8	2.2	0.3	92.7

表22-44　不同户口状况对居住地社会治安状况的总体评价（%）

	非常满意	比较满意	一般	不太满意	非常不满意	不清楚/不了解/不评价	前三项合计
非农业户口（城镇户口）	25.1	44.8	23.9	4.2	1.7	0.2	93.8
农业户口	24.9	38.1	28.2	5.5	2.9	0.3	91.2
居民户口	23.0	41.2	29.0	4.6	2.0	0.2	93.2
总体	24.8	41.7	26.2	4.8	2.2	0.3	92.7

表22-45　不同教育程度对居住地社会治安状况的总体评价（%）

	非常满意	比较满意	一般	不太满意	非常不满意	不清楚/不了解/不评价	前三项合计
不识字或识字很少	34.2	23.9	26.5	7.0	6.7	1.7	84.6
小学	28.5	31.7	29.1	6.1	3.8	0.8	89.3
初中	22.9	37.9	30.6	5.3	3.0	0.3	91.4
高中（中专/技校）	22.3	42.2	27.8	5.1	2.3	0.2	92.3
大学专科（高职）	23.9	44.3	25.6	4.3	1.7	0.2	93.8
大学本科	28.7	46.3	20.1	3.6	1.2	0.1	95.1
研究生及以上	25.8	50.0	18.0	4.9	1.0	0.2	93.8
总体	24.8	41.7	26.2	4.8	2.2	0.3	92.7

表22-46　不同婚姻状况对居住地社会治安状况的总体评价（%）

	非常满意	比较满意	一般	不太满意	非常不满意	不清楚/不了解/不评价	前三项合计
未婚	24.8	41.6	26.3	4.9	2.1	0.3	92.7
已婚	24.9	41.9	26.1	4.7	2.2	0.3	92.9
离异独身	22.9	37.1	29.4	6.3	4.3	0.2	89.4
丧偶独身	24.4	40.2	24.8	5.3	4.4	0.9	89.4
总体	24.8	41.7	26.2	4.8	2.2	0.3	92.7

表22-47　　不同家庭年收入对居住地社会治安状况的总体评价（%）

	非常满意	比较满意	一般	不太满意	非常不满意	不清楚/不了解/不评价	前三项合计
低于1万元	21.8	34.6	33.1	5.8	4.2	0.5	89.5
1万～3万元	23.6	38.1	29.6	5.3	3.1	0.3	91.3
3万～5万元	23.8	40.9	28.0	5.1	1.9	0.3	92.7
5万～10万元	26.3	43.7	23.9	4.2	1.8	0.1	93.9
10万～15万元	26.9	44.7	22.4	4.2	1.7	0.1	94.0
15万～25万元	27.1	46.3	20.3	4.5	1.7	0.1	93.7
25万～50万元	27.6	47.3	18.9	4.4	1.8	—	93.8
50万元及以上	23.4	46.7	22.1	4.3	3.4	0.2	92.2
不清楚/不回答	22.2	40.5	29.3	5.1	2.1	0.9	92.0
总体	24.8	41.7	26.2	4.8	2.2	0.3	92.7

表22-48　　不同省份对居住地社会治安状况的总体评价（%）

	非常满意	比较满意	一般	不太满意	非常不满意	不清楚/不了解/不评价	前三项合计
北京市	16.4	46.2	27.7	6.3	3.3	0.1	90.3
天津市	17.8	45.6	27.3	6.3	2.9	0.1	90.7
河北省	15.2	45.5	29.8	6.1	3.3	0.2	90.5
山西省	15.8	45.5	29.9	6.0	2.7	0.1	91.2
内蒙古自治区	25.8	45.9	23.0	3.4	1.7	0.1	94.7
辽宁省	21.9	43.8	27.8	3.9	2.6	0.1	93.5
吉林省	24.5	43.4	26.1	3.6	2.3	0.1	94.0
黑龙江省	25.9	41.8	27.0	2.8	2.1	0.6	94.7
上海市	15.5	46.6	29.7	5.4	2.2	0.6	91.8
江苏省	22.1	50.6	22.0	3.5	1.1	0.6	94.7
浙江省	28.9	49.4	17.8	2.7	1.0	0.2	96.1
安徽省	21.9	43.4	26.6	5.7	2.1	0.3	91.9
福建省	20.6	44.3	29.9	3.3	1.5	0.3	94.8
江西省	34.4	35.9	21.6	5.4	2.5	0.3	91.9
山东省	32.3	40.1	22.2	3.3	1.9	0.1	94.6
河南省	23.4	42.9	26.7	4.4	1.9	0.7	93.0
湖北省	32.8	42.9	19.2	3.4	1.5	0.2	94.9
湖南省	33.5	40.8	20.2	3.9	1.6	0.1	94.5
广东省	10.5	36.5	39.8	8.8	3.8	0.6	86.8
广西壮族自治区	30.6	32.5	27.8	6.2	2.9	—	90.9
海南省	21.5	36.3	31.6	6.5	3.6	0.5	89.4

续表

	非常满意	比较满意	一般	不太满意	非常不满意	不清楚/不了解/不评价	前三项合计
重庆市	24.1	36.6	31.4	4.8	2.6	0.4	92.1
四川省	21.6	36.3	31.8	6.7	3.3	0.2	89.7
贵州省	52.4	26.7	16.6	3.0	1.3	0.1	95.7
云南省	19.8	35.7	36.8	5.8	1.9	0.2	92.3
西藏自治区	48.4	37.7	10.9	1.9	1.1	—	97.0
陕西省	21.4	43.7	27.9	4.4	2.5	—	93.0
甘肃省	15.4	48.2	28.1	6.1	1.8	0.4	91.7
青海省	26.8	40.8	25.1	5.2	2.2	0.1	92.7
宁夏回族自治区	18.7	48.8	24.4	5.0	2.7	0.5	91.9
新疆维吾尔自治区	40.3	39.1	17.1	2.1	1.1	0.3	96.5
总体	24.8	41.7	26.2	4.8	2.2	0.3	92.7

2. 对最近一年来居住地社会治安状况是否有所改善的评价

对最近一年来居住地社会治安状况是否有所改善，表示“有明显改善”、“略有改善”和“没变化”的分别占32.9%、31.0%、32.1%，合计为96.0%。

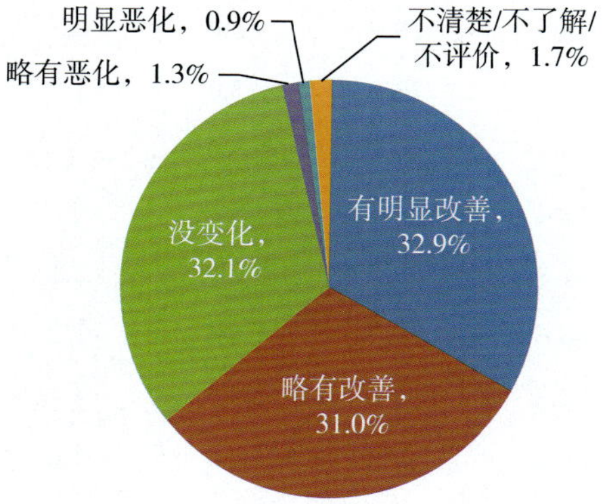

图22-7 对最近一年来居住地社会治安状况是否有所改善的评价

从不同群体看，城镇、男性、20 ~ 29岁、非农业户口、大学专科或本科文化程度、未婚、家庭年收入5万 ~ 10万元等群体对最近一年来居住地社会治安状况改善情况评价较高。从不同省份来看，西藏、贵州、新疆对居住地社会治安状况改善情况的评价较高。

表22-49 城乡对最近一年来居住地社会治安状况是否有所改善的评价（%）

	有明显改善	略有改善	没变化	略有恶化	明显恶化	不清楚/不了解/不评价	前三项合计
城镇	31.4	32.2	32.6	1.4	0.7	1.6	96.2
农村	35.6	28.9	31.2	1.2	1.2	1.9	95.7
总体	32.9	31.0	32.1	1.3	0.9	1.7	96.0

表22-50 不同性别对最近一年来居住地社会治安状况是否有所改善的评价（%）

	有明显改善	略有改善	没变化	略有恶化	明显恶化	不清楚/不了解/不评价	前三项合计
男	36.5	30.7	29.3	1.3	1.0	1.3	96.5
女	28.4	31.5	35.7	1.4	0.8	2.2	95.6
总体	32.9	31.0	32.1	1.3	0.9	1.7	96.0

表22-51 不同年龄对最近一年来居住地社会治安状况是否有所改善的评价（%）

	有明显改善	略有改善	没变化	略有恶化	明显恶化	不清楚/不了解/不评价	前三项合计
18～19岁	27.1	38.1	30.4	1.3	0.6	2.6	95.6
20～24岁	29.0	36.0	31.7	1.4	0.7	1.2	96.7
25～29岁	30.2	32.6	33.9	1.1	0.7	1.5	96.7
30～34岁	29.0	31.9	35.0	1.6	1.0	1.5	95.9
35～39岁	30.9	31.2	33.9	1.8	0.8	1.4	96.0
40～44岁	32.8	30.6	32.9	1.6	0.9	1.2	96.3
45～49岁	36.5	29.8	30.3	1.1	0.9	1.3	96.6
50～54岁	38.0	28.9	29.4	1.1	0.9	1.7	96.3
55～59岁	38.9	26.9	30.0	1.0	1.2	2.0	95.8
60～64岁	34.4	28.0	32.2	1.1	1.4	3.0	94.6
65～69岁	35.2	30.9	28.4	0.8	0.8	4.0	94.5
70～74岁	37.6	30.4	27.4	0.7	0.8	3.1	95.4
总体	32.9	31.0	32.1	1.3	0.9	1.7	96.0

表22-52 不同户口状况对最近一年来居住地社会治安状况是否有所改善的评价（%）

	有明显改善	略有改善	没变化	略有恶化	明显恶化	不清楚/不了解/不评价	前三项合计
非农业户口（城镇户口）	32.5	31.8	32.2	1.2	0.7	1.6	96.5
农业户口	33.6	29.9	32.2	1.4	1.2	1.8	95.7
居民户口	32.4	32.0	31.6	1.6	0.7	1.7	96.0
总体	32.9	31.0	32.1	1.3	0.9	1.7	96.0

表22-53 不同教育程度对最近一年来居住地社会治安状况是否有所改善的评价（%）

	有明显改善	略有改善	没变化	略有恶化	明显恶化	不清楚/不了解/不评价	前三项合计
不识字或识字很少	34.2	19.8	35.6	1.6	3.0	5.8	89.6
小学	35.8	24.0	33.9	1.2	1.9	3.3	93.7
初中	33.5	29.4	32.6	1.2	1.3	1.9	95.5
高中（中专/技校）	33.3	32.9	30.1	1.3	0.8	1.5	96.3
大学专科（高职）	32.1	33.1	31.7	1.3	0.5	1.3	96.9
大学本科	32.6	32.0	32.3	1.3	0.4	1.4	96.9
研究生及以上	21.8	28.7	45.4	2.3	0.7	1.2	95.9
总体	32.9	31.0	32.1	1.3	0.9	1.7	96.0

表22-54　不同婚姻状况对最近一年来居住地社会治安状况是否有所改善的评价（%）

	有明显改善	略有改善	没变化	略有恶化	明显恶化	不清楚/不了解/不评价	前三项合计
未婚	28.5	34.1	33.7	1.3	0.8	1.7	96.3
已婚	33.8	30.5	31.9	1.3	0.9	1.7	96.2
离异独身	33.3	29.0	31.6	2.2	2.1	1.7	93.9
丧偶独身	35.1	28.2	29.2	1.2	2.1	4.2	92.5
总体	32.9	31.0	32.1	1.3	0.9	1.7	96.0

表22-55　不同家庭年收入对最近一年来居住地社会治安状况是否有所改善的评价（%）

	有明显改善	略有改善	没变化	略有恶化	明显恶化	不清楚/不了解/不评价	前三项合计
低于1万元	31.1	28.3	34.8	1.3	1.8	2.6	94.2
1万～3万元	32.9	30.5	32.4	1.4	1.2	1.6	95.8
3万～5万元	32.9	32.1	31.3	1.3	1.0	1.3	96.3
5万～10万元	35.0	31.8	30.2	1.1	0.6	1.3	97.0
10万～15万元	34.0	30.9	32.0	1.1	0.6	1.3	96.9
15万～25万元	32.8	31.2	32.9	1.8	0.5	0.7	96.9
25万～50万元	29.0	30.8	36.6	2.1	0.2	1.3	96.4
50万元及以上	28.0	28.2	37.8	2.8	2.2	0.9	94.0
不清楚/不回答	28.6	29.7	34.7	1.2	0.8	5.0	93.0
总体	32.9	31.0	32.1	1.3	0.9	1.7	96.0

表22-56　不同省份对最近一年来居住地社会治安状况是否有所改善的评价（%）

	有明显改善	略有改善	没变化	略有恶化	明显恶化	不清楚/不了解/不评价	前三项合计
北京市	14.5	27.8	53.6	2.5	1.2	0.4	95.9
天津市	14.7	30.1	50.8	2.0	1.4	1.0	95.6
河北省	21.4	29.4	43.9	1.9	1.1	2.4	94.7
山西省	23.3	34.3	38.9	1.8	1.4	0.2	96.5
内蒙古自治区	33.8	29.7	34.2	0.8	0.6	0.9	97.7
辽宁省	19.3	27.4	50.2	1.5	1.2	0.5	96.9
吉林省	33.1	26.1	36.9	1.3	0.8	1.9	96.1
黑龙江省	26.3	28.1	40.7	0.7	0.7	3.6	95.1
上海市	17.2	30.8	46.8	1.5	1.0	2.6	94.8
江苏省	26.9	31.5	36.0	0.8	0.6	4.2	94.4
浙江省	39.7	34.8	21.9	0.6	0.3	2.7	96.4
安徽省	30.7	34.1	32.9	0.6	0.8	0.9	97.7
福建省	35.7	31.3	29.9	0.9	0.6	1.7	96.9
江西省	41.0	31.3	24.9	1.1	1.1	0.7	97.2
山东省	38.6	27.5	31.6	0.8	0.6	0.9	97.7

续表

	有明显改善	略有改善	没变化	略有恶化	明显恶化	不清楚/不了解/不评价	前三项合计
河南省	32.7	31.8	30.1	1.2	0.6	3.6	94.6
湖北省	50.4	24.2	22.8	0.7	0.4	1.4	97.4
湖南省	47.1	29.9	19.7	1.3	0.5	1.5	96.7
广东省	20.3	37.3	36.4	1.5	1.6	2.8	94.0
广西壮族自治区	43.3	29.0	25.1	1.4	1.1	0.2	97.4
海南省	35.3	34.1	26.2	1.7	1.2	1.7	95.6
重庆市	29.3	25.5	36.4	3.8	2.1	2.9	91.2
四川省	34.0	32.5	29.3	1.8	0.9	1.6	95.8
贵州省	67.6	19.4	11.1	0.8	0.6	0.4	98.1
云南省	33.3	35.1	27.8	2.3	1.0	0.6	96.2
西藏自治区	48.6	30.1	19.6	0.6	0.7	0.5	98.3
陕西省	33.5	36.7	27.6	1.5	0.6	0.1	97.8
甘肃省	23.2	39.1	32.9	0.9	0.7	3.1	95.2
青海省	34.5	35.4	26.8	1.3	0.7	1.3	96.7
宁夏回族自治区	30.1	34.3	29.7	1.7	1.4	2.9	94.1
新疆维吾尔自治区	45.4	30.7	21.9	0.6	0.3	1.1	98.0
总体	32.9	31.0	32.1	1.3	0.9	1.7	96.0

（五）对个人住房状况的总体评价

对个人住房状况表示“非常满意”、“比较满意”和“一般”的分别占 19.1%、36.3%、32.3%，合计为 87.7%。

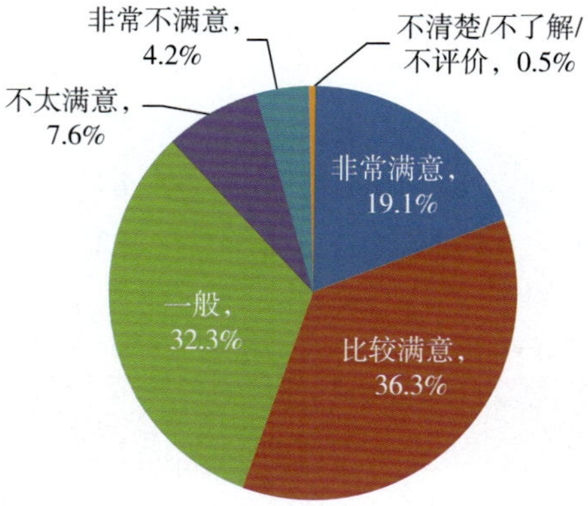

图22-8　对住房状况的总体评价

从不同群体看，城镇、女性、18 ~ 19 岁、非农业户口、大学本科文化程度、未婚、家庭年收入 25 万 ~ 50 万元等群体对个人住房状况的总体评价较高。从不同省份来看，贵州、湖南、湖北等对个人住房状况的总体评价较高。

表22-57 城乡对住房状况的总体评价（%）

	非常满意	比较满意	一般	不太满意	非常不满意	不清楚/不了解/不评价	前三项合计
城镇	17.7	38.4	32.0	7.7	3.8	0.4	88.1
农村	21.6	32.6	32.9	7.4	4.9	0.7	87.1
总体	19.1	36.3	32.3	7.6	4.2	0.5	87.7

表22-58 不同性别对住房状况的总体评价（%）

	非常满意	比较满意	一般	不太满意	非常不满意	不清楚/不了解/不评价	前三项合计
男	19.6	36.2	31.5	7.5	4.6	0.5	87.3
女	18.4	36.3	33.3	7.8	3.8	0.4	88.0
总体	19.1	36.3	32.3	7.6	4.2	0.5	87.7

表22-59 不同年龄对住房状况的总体评价（%）

	非常满意	比较满意	一般	不太满意	非常不满意	不清楚/不了解/不评价	前三项合计
18～19岁	28.4	36.5	29.1	3.6	2.5	—	94.0
20～24岁	21.0	39.7	30.9	5.9	2.0	0.4	91.6
25～29岁	17.3	36.1	34.5	7.8	4.0	0.4	87.9
30～34岁	15.3	35.9	35.7	8.6	4.2	0.3	86.9
35～39岁	17.2	35.8	34.1	8.5	4.1	0.4	87.1
40～44岁	18.3	35.6	34.1	7.8	3.8	0.4	88.0
45～49岁	20.5	36.5	31.3	6.6	4.7	0.4	88.3
50～54岁	21.7	35.8	29.9	7.5	4.6	0.6	87.4
55～59岁	23.3	37.0	26.3	7.2	5.3	0.8	86.6
60～64岁	19.6	34.6	29.9	8.8	6.0	1.0	84.1
65～69岁	19.3	37.2	30.3	7.2	5.3	0.8	86.8
70～74岁	22.8	37.2	26.9	7.7	4.2	1.2	86.9
总体	19.1	36.3	32.3	7.6	4.2	0.5	87.7

表22-60 不同户口状况对住房状况的总体评价（%）

	非常满意	比较满意	一般	不太满意	非常不满意	不清楚/不了解/不评价	前三项合计
非农业户口（城镇户口）	18.9	39.3	30.2	7.4	3.9	0.4	88.4
农业户口	19.4	32.8	34.6	7.8	4.7	0.7	86.8
居民户口	18.6	36.1	33.0	7.8	4.1	0.4	87.7
总体	19.1	36.3	32.3	7.6	4.2	0.5	87.7

表22-61　　不同教育程度对住房状况的总体评价（%）

	非常满意	比较满意	一般	不太满意	非常不满意	不清楚/不了解/不评价	前三项合计
不识字或识字很少	29.2	21.8	29.9	8.4	8.4	2.3	80.9
小学	23.5	27.0	32.3	9.1	7.1	1.0	82.8
初中	18.4	31.7	35.6	8.1	5.4	0.7	85.7
高中（中专/技校）	17.3	35.1	34.4	8.4	4.3	0.4	86.8
大学专科（高职）	18.4	39.8	31.6	6.8	3.2	0.3	89.8
大学本科	20.5	42.4	27.7	6.5	2.6	0.3	90.6
研究生及以上	15.9	44.7	27.8	7.7	3.6	0.2	88.4
总体	19.1	36.3	32.3	7.6	4.2	0.5	87.7

表22-62　　不同婚姻状况对住房状况的总体评价（%）

	非常满意	比较满意	一般	不太满意	非常不满意	不清楚/不了解/不评价	前三项合计
未婚	19.1	36.8	32.7	7.4	3.7	0.3	88.6
已婚	19.2	36.6	32.1	7.6	4.1	0.5	87.9
离异独身	15.2	28.0	35.2	10.5	10.1	1.0	78.4
丧偶独身	21.2	28.5	32.5	9.6	6.5	1.7	82.2
总体	19.1	36.3	32.3	7.6	4.2	0.5	87.7

表22-63　　不同家庭年收入对住房状况的总体评价（%）

	非常满意	比较满意	一般	不太满意	非常不满意	不清楚/不了解/不评价	前三项合计
低于1万元	15.5	26.4	36.6	11.5	8.9	1.0	78.5
1万～3万元	17.5	30.6	35.6	9.5	6.1	0.6	83.7
3万～5万元	17.3	35.1	34.6	8.6	4.1	0.4	87.0
5万～10万元	19.6	39.0	31.1	6.6	3.4	0.4	89.7
10万～15万元	21.5	41.5	27.9	6.1	2.9	0.2	90.9
15万～25万元	22.6	42.2	27.1	5.8	2.2	0.1	91.9
25万～50万元	22.0	44.1	25.9	5.2	2.6	0.2	92.0
50万元及以上	28.6	38.1	24.3	6.0	2.8	0.2	91.0
不清楚/不回答	19.7	36.0	33.8	6.1	3.2	1.3	89.5
总体	19.1	36.3	32.3	7.6	4.2	0.5	87.7

表22-64　　不同省份对住房状况的总体评价（%）

	非常满意	比较满意	一般	不太满意	非常不满意	不清楚/不了解/不评价	前三项合计
北京市	11.6	33.5	33.9	11.3	9.5	0.2	79.0
天津市	11.4	34.8	40.0	9.3	4.6	—	86.2
河北省	14.3	40.7	31.9	7.4	5.4	0.5	86.9

续表

	非常满意	比较满意	一般	不太满意	非常不满意	不清楚/不了解/不评价	前三项合计
山西省	14.3	36.3	37.2	7.4	4.7	0.1	87.8
内蒙古自治区	18.1	40.1	29.2	7.2	5.1	0.2	87.4
辽宁省	17.1	36.5	32.8	8.3	5.1	0.3	86.4
吉林省	21.1	40.9	28.0	5.8	4.1	0.1	90.0
黑龙江省	19.4	34.2	33.6	7.2	4.6	1.0	87.2
上海市	8.2	30.8	37.6	14.2	8.9	0.2	76.6
江苏省	16.8	42.9	29.2	7.1	2.8	1.2	88.9
浙江省	18.8	39.9	31.2	6.2	3.6	0.3	89.9
安徽省	18.6	40.3	28.3	8.8	3.7	0.3	87.2
福建省	16.7	35.7	37.1	6.3	3.6	0.5	89.5
江西省	28.9	31.6	28.7	6.8	3.6	0.5	89.2
山东省	24.1	34.7	31.0	6.8	3.0	0.3	89.8
河南省	18.5	35.4	33.3	7.5	3.7	1.6	87.2
湖北省	25.5	44.4	22.1	4.9	2.4	0.7	92.0
湖南省	29.8	39.4	23.1	6.1	1.3	0.3	92.3
广东省	11.3	31.3	42.9	9.3	4.5	0.7	85.5
广西壮族自治区	24.6	30.2	34.1	6.7	4.4	0.1	88.9
海南省	18.5	32.5	35.6	7.5	5.1	0.8	86.6
重庆市	18.3	36.8	33.5	7.4	3.6	0.5	88.6
四川省	17.6	33.4	36.2	7.8	4.7	0.3	87.2
贵州省	41.8	30.1	22.6	3.8	1.6	0.1	94.5
云南省	18.0	29.9	39.3	8.3	4.2	0.4	87.2
西藏自治区	19.2	35.9	32.3	7.7	4.4	0.6	87.4
陕西省	14.3	37.7	34.1	9.9	3.8	0.1	86.1
甘肃省	11.4	40.6	31.5	11.2	4.7	0.6	83.5
青海省	21.8	39.0	27.8	5.7	5.5	0.3	88.6
宁夏回族自治区	15.3	39.6	30.1	9.7	4.4	1.0	85.0
新疆维吾尔自治区	24.9	34.4	31.3	5.0	4.2	0.2	90.6
总体	19.1	36.3	32.3	7.6	4.2	0.5	87.7

（六）对居住地教育状况的评价

1. 对居住地教育状况的总体评价

对居住地教育状况表示“非常满意”、“比较满意”和“一般”的分别占16.1%、31.4%、31.6%，合计为79.1%。

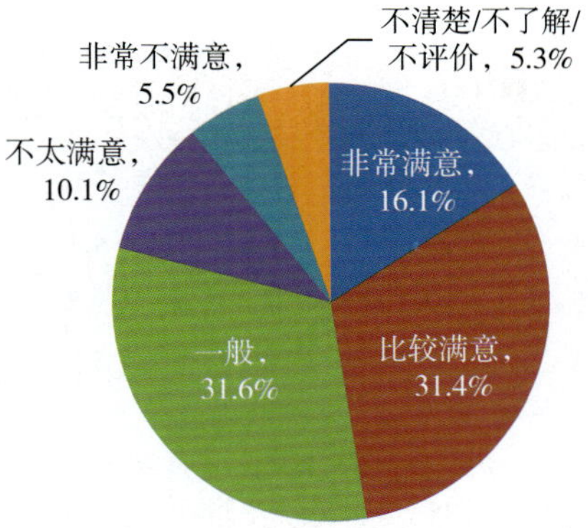

图22-9 对居住地教育状况的总体评价

从不同群体看，农村、女性、18 ~ 19 岁、大学本科文化程度、未婚、家庭年收入 15 万 ~ 25 万元等群体对居住地教育状况的总体评价较高。从不同省份来看，贵州、湖北、江西等对居住地教育状况的总体评价较高。

表22-65 城乡对居住地教育状况的总体评价（%）

	非常满意	比较满意	一般	不太满意	非常不满意	不清楚/不了解/不评价	前三项合计
城镇	14.3	32.2	32.4	10.3	5.3	5.4	78.9
农村	19.2	29.8	30.2	9.9	6.0	5.0	79.2
总体	16.1	31.4	31.6	10.1	5.5	5.3	79.1

表22-66 不同性别对居住地教育状况的总体评价（%）

	非常满意	比较满意	一般	不太满意	非常不满意	不清楚/不了解/不评价	前三项合计
男	16.7	31.3	30.3	10.1	6.4	5.1	78.3
女	15.2	31.4	33.4	10.1	4.4	5.5	80.0
总体	16.1	31.4	31.6	10.1	5.5	5.3	79.1

表22-67 不同年龄对居住地教育状况的总体评价（%）

	非常满意	比较满意	一般	不太满意	非常不满意	不清楚/不了解/不评价	前三项合计
18 ~ 19岁	19.9	36.0	31.1	8.4	2.8	1.8	87.0
20 ~ 24岁	17.0	35.5	33.4	7.0	2.8	4.3	85.9
25 ~ 29岁	14.1	30.8	35.3	9.5	4.5	5.8	80.2
30 ~ 34岁	12.6	29.1	34.9	12.4	7.1	3.8	76.6
35 ~ 39岁	14.4	30.9	33.3	12.1	6.9	2.3	78.6
40 ~ 44岁	15.5	30.4	32.8	11.7	7.6	2.0	78.7
45 ~ 49岁	17.6	31.2	30.0	10.9	6.3	4.0	78.8
50 ~ 54岁	19.0	31.0	28.9	8.8	4.6	7.7	78.9
55 ~ 59岁	19.9	31.2	26.6	8.0	4.2	10.2	77.7

续表

	非常满意	比较满意	一般	不太满意	非常不满意	不清楚/不了解/不评价	前三项合计
60～64岁	17.4	31.5	26.9	8.1	5.0	11.1	75.8
65～69岁	16.6	33.4	27.1	8.4	4.1	10.4	77.1
70～74岁	19.8	36.5	23.2	7.3	2.7	10.6	79.5
总体	16.1	31.4	31.6	10.1	5.5	5.3	79.1

表22-68　不同户口状况对居住地教育状况的总体评价（%）

	非常满意	比较满意	一般	不太满意	非常不满意	不清楚/不了解/不评价	前三项合计
非农业户口（城镇户口）	15.2	32.8	31.5	10.1	5.1	5.3	79.5
农业户口	17.2	29.4	31.5	10.1	6.1	5.5	78.1
居民户口	15.4	32.4	32.5	10.0	5.2	4.5	80.3
总体	16.1	31.4	31.6	10.1	5.5	5.3	79.1

表22-69　不同教育程度对居住地教育状况的总体评价（%）

	非常满意	比较满意	一般	不太满意	非常不满意	不清楚/不了解/不评价	前三项合计
不识字或识字很少	27.8	21.5	23.5	8.0	6.0	13.2	72.8
小学	22.8	25.8	27.0	8.2	6.6	9.5	75.6
初中	16.9	28.9	32.2	9.6	6.0	6.5	78.0
高中（中专/技校）	14.4	32.4	32.0	10.3	5.7	5.2	78.8
大学专科（高职）	14.3	32.8	33.0	10.6	5.0	4.4	80.1
大学本科	15.9	33.9	31.4	10.6	5.0	3.3	81.2
研究生及以上	12.8	32.1	32.0	13.1	6.8	3.3	76.9
总体	16.1	31.4	31.6	10.1	5.5	5.3	79.1

表22-70　不同婚姻状况对居住地教育状况的总体评价（%）

	非常满意	比较满意	一般	不太满意	非常不满意	不清楚/不了解/不评价	前三项合计
未婚	15.9	33.5	33.9	7.8	3.2	5.8	83.3
已婚	16.1	31.1	31.2	10.6	6.0	5.0	78.4
离异独身	13.1	29.3	32.0	10.8	8.0	6.9	74.4
丧偶独身	20.0	27.1	28.2	8.9	4.7	11.1	75.3
总体	16.1	31.4	31.6	10.1	5.5	5.3	79.1

表22-71　不同家庭年收入对居住地教育状况的总体评价（%）

	非常满意	比较满意	一般	不太满意	非常不满意	不清楚/不了解/不评价	前三项合计
低于1万元	17.4	25.7	31.0	10.4	8.2	7.2	74.1
1万～3万元	16.6	29.8	31.8	9.9	6.3	5.6	78.2
3万～5万元	15.5	31.3	33.1	9.9	5.8	4.5	79.9

续表

	非常满意	比较满意	一般	不太满意	非常不满意	不清楚/不了解/不评价	前三项合计
5万～10万元	16.1	32.6	31.2	10.6	5.1	4.4	79.9
10万～15万元	16.9	32.7	30.3	10.8	4.8	4.4	79.9
15万～25万元	15.9	34.2	30.9	10.0	4.9	4.1	81.0
25万～50万元	14.4	32.8	30.9	11.0	6.4	4.4	78.1
50万元及以上	15.1	29.0	32.3	11.6	7.5	4.5	76.4
不清楚/不回答	14.5	31.2	32.1	8.2	3.8	10.1	77.8
总体	16.1	31.4	31.6	10.1	5.5	5.3	79.1

表22-72　不同省份对居住地教育状况的总体评价（%）

	非常满意	比较满意	一般	不太满意	非常不满意	不清楚/不了解/不评价	前三项合计
北京市	12.0	33.0	33.8	7.5	4.8	8.9	78.8
天津市	11.3	33.4	36.5	10.3	4.7	3.9	81.2
河北省	11.9	32.2	29.7	13.3	7.4	5.6	73.8
山西省	8.7	29.6	37.5	15.1	8.5	0.6	75.8
内蒙古自治区	15.6	31.3	31.3	10.0	7.0	5.0	78.2
辽宁省	13.5	27.4	33.0	11.7	9.9	4.6	73.9
吉林省	12.7	25.7	32.9	11.8	10.3	6.6	71.3
黑龙江省	13.2	22.4	32.1	12.2	9.8	10.3	67.7
上海市	8.0	29.5	36.2	10.1	3.9	12.3	73.7
江苏省	9.7	31.7	31.6	12.0	5.4	9.6	73.0
浙江省	14.6	37.6	30.4	7.9	2.9	6.7	82.6
安徽省	13.5	35.6	31.6	11.3	4.8	3.2	80.7
福建省	13.7	35.5	35.8	9.1	4.4	1.5	85.0
江西省	27.8	31.8	26.2	7.7	4.7	1.9	85.8
山东省	24.6	33.3	26.7	7.3	5.0	3.2	84.6
河南省	13.6	25.7	32.1	14.0	7.3	7.2	71.4
湖北省	23.1	39.6	23.6	7.0	2.8	3.9	86.3
湖南省	21.9	33.4	28.0	9.5	3.7	3.5	83.3
广东省	7.9	28.9	40.6	11.0	5.4	6.2	77.4
广西壮族自治区	24.2	28.3	32.1	9.6	4.6	1.3	84.6
海南省	13.0	26.2	37.7	12.7	6.5	4.0	76.9
重庆市	17.6	30.0	30.7	7.1	3.8	10.7	78.3
四川省	16.1	31.3	31.9	10.2	6.3	4.2	79.3

续表

	非常满意	比较满意	一般	不太满意	非常不满意	不清楚/不了解/不评价	前三项合计
贵州省	42.5	26.7	21.9	5.2	2.4	1.4	91.1
云南省	13.8	30.4	40.1	9.5	4.3	1.8	84.3
西藏自治区	18.0	32.5	29.3	7.3	2.8	10.2	79.8
陕西省	14.3	35.7	30.5	12.7	6.3	0.5	80.5
甘肃省	11.2	34.9	30.1	12.0	6.4	5.4	76.2
青海省	17.6	33.5	28.6	9.9	4.9	5.5	79.7
宁夏回族自治区	14.6	35.2	29.0	7.2	5.3	8.8	78.8
新疆维吾尔自治区	20.6	31.3	28.1	8.0	4.5	7.4	80.0
总体	16.1	31.4	31.6	10.1	5.5	5.3	79.1

2. 对最近一年来居住地教育状况是否有所改善的评价

对最近一年来居住地教育状况是否有所改善，表示“有明显改善”、“略有改善”和“没变化”的分别占 25.9%、30.2%、31.1%，合计为 87.2%。

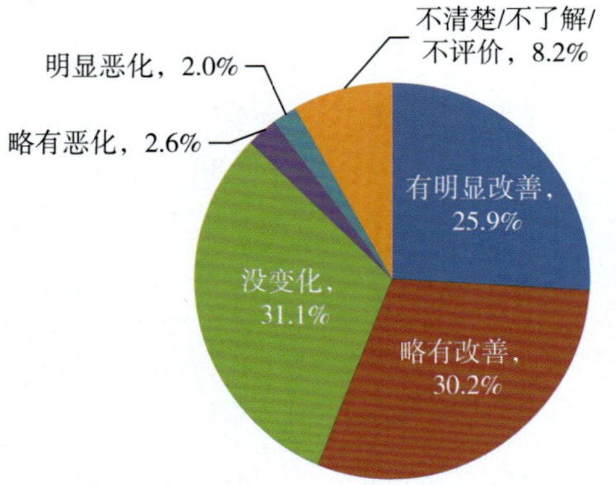

图22-10 对最近一年来居住地教育状况是否有所改善的评价

从不同群体看，农村、男性、18 ~ 19 岁、研究生及以上文化程度、未婚、家庭年收入 15 万 ~ 25 万元等群体对最近一年来居住地教育状况改善情况的评价较高。从不同省份来看，贵州、广西、江西等对居住地教育状况改善情况的评价较高。

表22-73 城乡对最近一年来居住地教育状况是否有所改善的评价（%）

	有明显改善	略有改善	没变化	略有恶化	明显恶化	不清楚/不了解/不评价	前三项合计
城镇	23.1	30.8	32.8	2.8	1.8	8.7	86.7
农村	30.9	29.1	28.1	2.4	2.3	7.2	88.1
总体	25.9	30.2	31.1	2.6	2.0	8.2	87.2

表22-74　　不同性别对最近一年来居住地教育状况是否有所改善的评价（%）

	有明显改善	略有改善	没变化	略有恶化	明显恶化	不清楚/不了解/不评价	前三项合计
男	28.1	30.0	29.3	2.9	2.5	7.2	87.4
女	23.1	30.4	33.3	2.3	1.4	9.4	86.8
总体	25.9	30.2	31.1	2.6	2.0	8.2	87.2

表22-75　　不同年龄对最近一年来居住地教育状况是否有所改善的评价（%）

	有明显改善	略有改善	没变化	略有恶化	明显恶化	不清楚/不了解/不评价	前三项合计
18～19岁	29.1	39.0	25.0	2.7	0.6	3.6	93.1
20～24岁	26.5	35.8	25.8	2.4	1.0	8.5	88.1
25～29岁	23.3	32.5	30.7	2.4	1.7	9.5	86.5
30～34岁	20.8	31.7	35.1	3.2	2.6	6.6	87.6
35～39岁	23.5	31.2	34.9	3.7	2.4	4.3	89.6
40～44岁	25.3	30.3	34.5	3.4	2.4	4.0	90.1
45～49岁	27.4	30.1	30.4	2.6	2.6	6.7	87.9
50～54岁	30.7	26.9	28.2	2.1	1.7	10.3	85.8
55～59岁	32.5	24.0	27.7	2.1	1.7	11.9	84.2
60～64岁	28.2	24.7	29.3	1.4	1.6	14.7	82.2
65～69岁	27.9	27.0	27.3	1.3	1.5	15.0	82.2
70～74岁	30.9	26.9	25.8	1.0	1.1	14.2	83.6
总体	25.9	30.2	31.1	2.6	2.0	8.2	87.2

表22-76　　不同户口状况对最近一年来居住地教育状况是否有所改善的评价（%）

	有明显改善	略有改善	没变化	略有恶化	明显恶化	不清楚/不了解/不评价	前三项合计
非农业户口（城镇户口）	24.0	30.3	32.7	2.8	1.7	8.5	87.0
农业户口	28.5	29.8	29.0	2.4	2.3	7.9	87.3
居民户口	24.7	31.2	31.6	3.0	1.8	7.6	87.5
总体	25.9	30.2	31.1	2.6	2.0	8.2	87.2

表22-77　　不同教育程度对最近一年来居住地教育状况是否有所改善的评价（%）

	有明显改善	略有改善	没变化	略有恶化	明显恶化	不清楚/不了解/不评价	前三项合计
不识字或识字很少	31.9	17.2	30.9	1.3	2.4	16.2	80.0
小学	32.0	22.6	28.6	1.3	2.9	12.7	83.2
初中	28.4	28.2	29.8	2.3	2.3	9.0	86.4
高中（中专/技校）	25.3	31.9	29.9	2.6	2.1	8.1	87.1
大学专科（高职）	23.9	32.6	31.5	2.9	1.8	7.3	88.0
大学本科	24.5	31.5	33.0	3.3	1.5	6.2	89.0
研究生及以上	15.5	30.0	44.0	3.5	1.0	6.0	89.5
总体	25.9	30.2	31.1	2.6	2.0	8.2	87.2

表22-78　不同婚姻状况对最近一年来居住地教育状况是否有所改善的评价（%）

	有明显改善	略有改善	没变化	略有恶化	明显恶化	不清楚/不了解/不评价	前三项合计
未婚	24.7	34.3	28.6	2.3	1.2	8.9	87.6
已婚	26.3	29.5	31.6	2.7	2.1	7.8	87.4
离异独身	22.5	28.6	33.2	3.0	3.1	9.6	84.3
丧偶独身	28.9	25.0	27.1	1.2	1.8	16.0	81.0
总体	25.9	30.2	31.1	2.6	2.0	8.2	87.2

表22-79　不同家庭年收入对最近一年来居住地教育状况是否有所改善的评价（%）

	有明显改善	略有改善	没变化	略有恶化	明显恶化	不清楚/不了解/不评价	前三项合计
低于1万元	25.6	27.3	32.4	2.6	2.7	9.4	85.3
1万～3万元	27.3	29.7	30.2	2.5	2.6	7.6	87.2
3万～5万元	26.3	30.8	30.9	2.6	2.1	7.4	88.0
5万～10万元	26.9	31.3	30.6	2.8	1.7	6.6	88.8
10万～15万元	26.2	30.4	31.7	2.9	1.6	7.2	88.3
15万～25万元	24.2	31.3	33.6	2.8	1.5	6.6	89.1
25万～50万元	20.3	29.4	36.6	3.6	2.2	8.0	86.3
50万元及以上	22.1	28.2	35.5	3.4	4.1	6.7	85.8
不清楚/不回答	22.7	28.1	28.6	1.6	1.3	17.8	79.4
总体	25.9	30.2	31.1	2.6	2.0	8.2	87.2

表22-80　不同省份对最近一年来居住地教育状况是否有所改善的评价（%）

	有明显改善	略有改善	没变化	略有恶化	明显恶化	不清楚/不了解/不评价	前三项合计
北京市	13.9	26.3	43.6	2.2	1.2	12.8	83.8
天津市	12.4	29.1	46.3	3.4	1.7	7.1	87.8
河北省	19.1	28.3	37.5	3.0	3.0	9.3	84.9
山西省	18.5	31.1	41.5	4.1	3.8	1.0	91.1
内蒙古自治区	23.8	29.8	32.8	2.0	2.3	9.3	86.4
辽宁省	16.2	24.1	46.5	3.6	3.7	5.8	86.8
吉林省	21.4	24.2	36.2	3.9	4.1	10.1	81.8
黑龙江省	19.0	23.1	39.4	3.6	2.9	11.9	81.5
上海市	10.5	25.7	43.0	2.2	1.1	17.5	79.2
江苏省	17.6	28.7	34.2	2.3	2.3	14.8	80.5
浙江省	24.9	35.2	25.7	2.2	1.0	11.0	85.8
安徽省	26.3	33.4	29.7	2.8	1.9	5.8	89.4
福建省	28.1	34.3	29.5	2.9	1.5	3.7	91.9

续表

	有明显改善	略有改善	没变化	略有恶化	明显恶化	不清楚/不了解/不评价	前三项合计
江西省	39.3	29.5	24.4	2.1	1.4	3.3	93.2
山东省	33.2	29.9	27.7	1.9	1.4	5.8	90.8
河南省	23.2	28.4	30.2	3.7	3.1	11.4	81.8
湖北省	40.3	26.7	24.4	1.2	0.9	6.5	91.4
湖南省	35.4	30.4	25.0	2.9	1.4	4.9	90.8
广东省	16.6	34.8	34.7	2.4	2.5	9.1	86.1
广西壮族自治区	36.0	30.1	27.5	2.7	1.8	1.9	93.6
海南省	23.1	35.6	27.7	3.2	1.9	8.6	86.4
重庆市	26.1	24.9	30.2	2.4	1.6	14.9	81.2
四川省	29.4	32.0	27.5	2.2	1.7	7.1	88.9
贵州省	57.6	23.4	14.3	1.4	0.9	2.4	95.3
云南省	29.7	35.2	27.4	3.5	0.9	3.3	92.3
西藏自治区	34.9	32.8	20.1	0.9	0.5	10.8	87.8
陕西省	26.4	36.5	29.9	4.5	2.1	0.6	92.8
甘肃省	19.8	35.1	30.3	2.7	2.2	9.9	85.2
青海省	29.7	33.4	24.0	1.9	2.4	8.6	87.1
宁夏回族自治区	20.6	32.3	28.3	2.8	2.4	13.7	81.2
新疆维吾尔自治区	31.6	29.7	24.3	1.3	1.0	12.1	85.6
总体	25.9	30.2	31.1	2.6	2.0	8.2	87.2

（七）对居住地医疗服务的评价

1. 对居住地医疗服务的总体评价

对居住地医疗服务表示“非常满意”、“比较满意”和“一般”的分别占14.8%、28.9%、35.0%，合计为78.7%。

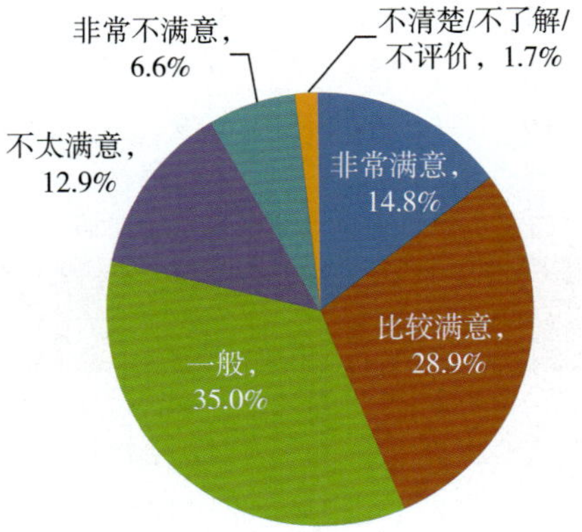

图22-11　对居住地医疗服务的总体评价

从不同群体看，农村、女性、18 ~ 19 岁、大学本科文化程度、未婚、家庭年收入 5 万 ~ 15 万元等群体对居住地医疗服务的总体评价较高。从不同省份来看，贵州、浙江、山东等对居住地医疗服务的总体评价较高。

表22-81 城乡对居住地医疗服务的总体评价（%）

	非常满意	比较满意	一般	不太满意	非常不满意	不清楚/不了解/不评价	前三项合计
城镇	12.3	29.2	36.6	13.7	6.5	1.7	78.1
农村	19.2	28.4	32.3	11.6	6.9	1.7	79.9
总体	14.8	28.9	35.0	12.9	6.6	1.7	78.7

表22-82 不同性别对居住地医疗服务的总体评价（%）

	非常满意	比较满意	一般	不太满意	非常不满意	不清楚/不了解/不评价	前三项合计
男	15.1	28.6	33.7	13.1	7.8	1.7	77.4
女	14.4	29.4	36.7	12.7	5.2	1.7	80.5
总体	14.8	28.9	35.0	12.9	6.6	1.7	78.7

表22-83 不同年龄对居住地医疗服务的总体评价（%）

	非常满意	比较满意	一般	不太满意	非常不满意	不清楚/不了解/不评价	前三项合计
18 ~ 19岁	14.7	34.1	36.5	8.9	3.0	2.8	85.3
20 ~ 24岁	15.8	32.3	35.5	10.3	4.4	1.7	83.6
25 ~ 29岁	13.1	27.5	37.5	13.6	7.0	1.3	78.1
30 ~ 34岁	11.8	26.6	38.3	14.4	8.0	1.0	76.7
35 ~ 39岁	13.4	26.3	37.6	13.9	7.4	1.4	77.3
40 ~ 44岁	13.8	27.1	37.0	13.8	6.6	1.7	77.9
45 ~ 49岁	15.8	28.1	34.3	12.9	6.6	2.2	78.2
50 ~ 54岁	17.3	31.1	31.3	11.9	6.4	2.1	79.7
55 ~ 59岁	19.1	30.8	29.2	11.5	6.8	2.5	79.1
60 ~ 64岁	16.5	31.5	30.9	12.1	6.9	2.1	78.9
65 ~ 69岁	18.1	32.1	29.8	12.7	5.8	1.6	80.0
70 ~ 74岁	17.7	36.5	28.3	10.9	4.8	1.8	82.5
总体	14.8	28.9	35.0	12.9	6.6	1.7	78.7

表22-84 不同户口状况对居住地医疗服务的总体评价（%）

	非常满意	比较满意	一般	不太满意	非常不满意	不清楚/不了解/不评价	前三项合计
非农业户口（城镇户口）	13.4	30.2	35.4	13.2	6.3	1.5	79.0
农业户口	16.7	27.4	34.1	12.7	7.1	2.0	78.2
居民户口	13.9	29.1	36.7	12.6	6.4	1.4	79.7
总体	14.8	28.9	35.0	12.9	6.6	1.7	78.7

表22-85　不同教育程度对居住地医疗服务的总体评价（%）

	非常满意	比较满意	一般	不太满意	非常不满意	不清楚/不了解/不评价	前三项合计
不识字或识字很少	29.1	17.7	26.5	10.5	10.3	6.0	73.3
小学	23.3	24.7	30.8	10.2	7.8	3.3	78.8
初中	15.9	27.8	34.0	12.8	7.5	2.0	77.7
高中（中专/技校）	13.2	28.7	36.3	13.1	6.9	1.7	78.2
大学专科（高职）	12.8	29.9	36.4	13.7	6.0	1.2	79.1
大学本科	13.8	31.4	35.3	13.0	5.4	1.0	80.5
研究生及以上	10.1	31.4	34.7	15.3	7.3	1.1	76.2
总体	14.8	28.9	35.0	12.9	6.6	1.7	78.7

表22-86　不同婚姻状况对居住地医疗服务的总体评价（%）

	非常满意	比较满意	一般	不太满意	非常不满意	不清楚/不了解/不评价	前三项合计
未婚	14.2	30.0	36.8	11.7	5.4	1.9	81.0
已婚	14.9	28.9	34.7	13.2	6.8	1.6	78.5
离异独身	13.0	24.0	36.3	13.2	11.2	2.3	73.3
丧偶独身	20.2	30.6	29.1	11.4	6.2	2.6	79.9
总体	14.8	28.9	35.0	12.9	6.6	1.7	78.7

表22-87　不同家庭年收入对居住地医疗服务的总体评价（%）

	非常满意	比较满意	一般	不太满意	非常不满意	不清楚/不了解/不评价	前三项合计
低于1万元	15.6	24.7	35.2	13.0	9.7	1.9	75.5
1万～3万元	16.1	27.9	34.1	12.4	7.9	1.7	78.1
3万～5万元	14.1	28.7	36.1	13.4	6.2	1.5	78.9
5万～10万元	14.7	30.0	35.1	12.9	6.2	1.1	79.8
10万～15万元	15.1	30.6	34.1	13.0	5.8	1.5	79.8
15万～25万元	13.7	30.0	34.7	13.7	6.4	1.4	78.4
25万～50万元	13.1	28.8	36.3	14.3	6.0	1.5	78.2
50万元及以上	11.6	30.1	33.6	14.2	9.3	1.1	75.3
不清楚/不回答	14.8	28.5	35.5	11.5	5.3	4.3	78.8
总体	14.8	28.9	35.0	12.9	6.6	1.7	78.7

表22-88　不同省份对居住地医疗服务的总体评价（%）

	非常满意	比较满意	一般	不太满意	非常不满意	不清楚/不了解/不评价	前三项合计
北京市	10.6	35.2	36.2	11.4	5.8	0.8	82.0
天津市	8.6	30.4	43.0	12.4	4.9	0.7	82.0
河北省	10.7	31.6	36.5	13.9	6.4	1.0	78.8
山西省	8.7	28.0	39.3	16.3	7.7	—	76.0

续表

	非常满意	比较满意	一般	不太满意	非常不满意	不清楚/不了解/不评价	前三项合计
内蒙古自治区	12.8	28.4	33.3	14.3	10.3	1.0	74.5
辽宁省	11.3	25.1	37.4	15.5	10.3	0.5	73.8
吉林省	13.6	23.4	33.7	16.0	10.8	2.5	70.7
黑龙江省	12.3	25.4	34.3	15.3	10.4	2.3	72.0
上海市	8.2	33.8	40.1	11.8	4.7	1.5	82.1
江苏省	10.4	29.4	37.8	13.2	5.4	3.8	77.6
浙江省	13.8	36.1	33.6	10.3	3.6	2.6	83.5
安徽省	11.9	31.9	34.7	14.5	5.7	1.3	78.5
福建省	12.6	27.1	41.5	11.1	6.8	0.9	81.2
江西省	25.8	29.6	26.1	11.8	5.9	0.9	81.5
山东省	22.8	30.1	30.3	11.0	5.0	0.8	83.2
河南省	14.8	26.9	34.9	12.2	7.4	3.8	76.6
湖北省	20.7	37.3	25.1	10.9	4.7	1.3	83.1
湖南省	21.5	32.0	28.8	11.5	4.9	1.3	82.3
广东省	6.9	24.7	42.5	15.5	7.5	3.0	74.1
广西壮族自治区	22.6	26.4	32.6	12.1	5.8	0.5	81.6
海南省	13.4	25.3	37.8	12.9	8.6	2.0	76.5
重庆市	14.5	27.0	35.8	11.9	7.4	3.4	77.3
四川省	16.0	28.4	34.5	13.1	6.4	1.6	78.9
贵州省	40.7	24.6	24.2	6.9	3.3	0.4	89.5
云南省	11.1	25.6	43.0	14.2	5.3	0.8	79.7
西藏自治区	12.7	25.0	35.4	14.8	9.8	2.3	73.1
陕西省	12.5	30.4	38.1	11.9	7.0	0.1	81.0
甘肃省	8.9	31.5	33.9	16.1	6.9	2.7	74.3
青海省	16.7	27.6	33.9	12.9	7.8	1.2	78.2
宁夏回族自治区	13.7	31.9	34.2	11.6	5.3	3.3	79.8
新疆维吾尔自治区	17.9	26.6	33.9	12.1	6.9	2.4	78.4
总体	14.8	28.9	35.0	12.9	6.6	1.7	78.7

2. 对最近一年来居住地医疗服务状况是否有所改善的评价

对最近一年来居住地医疗服务状况是否有所改善，表示“有明显改善”、“略有改善”和“没变化”的分别占22.5%、31.3%、38.3%，合计为92.1%。

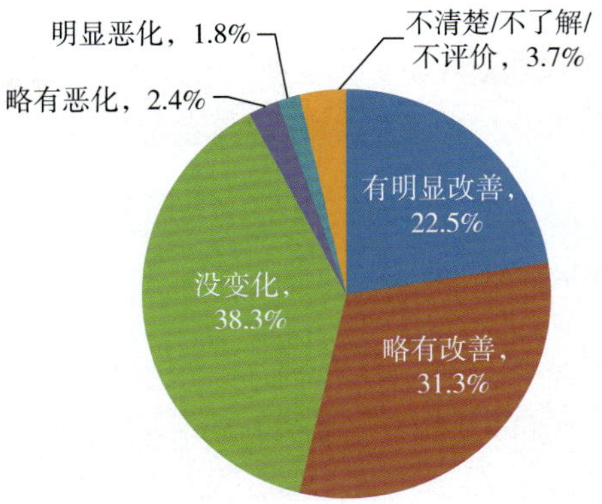

图22-12　对最近一年来居住地医疗服务状况是否有所改善的评价

从不同群体看，农村、女性、25 ~ 29 岁、大学本科文化程度、未婚或已婚、家庭年收入 15 万 ~ 25 万元等群体对最近一年来居住地医疗服务状况改善情况的评价较高。从不同省份来看，贵州、北京、湖北等对居住地医疗服务状况改善情况的评价较高。

表22-89　城乡对最近一年来居住地医疗服务状况是否有所改善的评价（%）

	有明显改善	略有改善	没变化	略有恶化	明显恶化	不清楚/不了解/不评价	前三项合计
城镇	19.5	31.9	40.7	2.5	1.6	3.8	92.1
农村	28.0	30.1	34.1	2.2	2.2	3.5	92.2
总体	22.5	31.3	38.3	2.4	1.8	3.7	92.1

表22-90　不同性别对最近一年来居住地医疗服务状况是否有所改善的评价（%）

	有明显改善	略有改善	没变化	略有恶化	明显恶化	不清楚/不了解/不评价	前三项合计
男	23.7	30.9	37.0	2.7	2.3	3.3	91.6
女	21.0	31.7	39.9	2.0	1.2	4.2	92.6
总体	22.5	31.3	38.3	2.4	1.8	3.7	92.1

表22-91　不同年龄对最近一年来居住地医疗服务状况是否有所改善的评价（%）

	有明显改善	略有改善	没变化	略有恶化	明显恶化	不清楚/不了解/不评价	前三项合计
18 ~ 19岁	22.6	39.6	30.5	2.3	0.8	4.1	92.7
20 ~ 24岁	21.9	34.6	35.9	2.4	1.2	4.0	92.4
25 ~ 29岁	19.5	33.4	39.9	2.5	1.6	3.1	92.8
30 ~ 34岁	18.2	32.3	42.2	2.7	2.0	2.7	92.7
35 ~ 39岁	20.3	30.4	41.5	2.8	1.9	3.2	92.2
40 ~ 44岁	20.9	30.4	40.5	2.4	1.8	4.0	91.8
45 ~ 49岁	25.3	30.4	35.8	2.6	2.0	3.9	91.5
50 ~ 54岁	27.5	30.0	34.6	2.2	1.8	3.9	92.1
55 ~ 59岁	27.1	27.8	35.9	2.3	2.7	4.3	90.8
60 ~ 64岁	25.1	28.0	38.1	2.0	2.0	4.8	91.2

续表

	有明显改善	略有改善	没变化	略有恶化	明显恶化	不清楚/不了解/不评价	前三项合计
65～69岁	27.1	31.0	33.8	1.5	1.7	5.0	91.9
70～74岁	27.5	31.0	33.9	1.3	1.2	5.1	92.4
总体	22.5	31.3	38.3	2.4	1.8	3.7	92.1

表22-92　不同户口状况对最近一年来居住地医疗服务状况是否有所改善的评价（%）

	有明显改善	略有改善	没变化	略有恶化	明显恶化	不清楚/不了解/不评价	前三项合计
非农业户口（城镇户口）	20.7	31.9	39.8	2.5	1.5	3.6	92.4
农业户口	25.0	30.1	36.4	2.3	2.2	4.1	91.5
居民户口	21.3	32.8	38.8	2.6	1.7	2.8	92.9
总体	22.5	31.3	38.3	2.4	1.8	3.7	92.1

表22-93　不同教育程度对最近一年来居住地医疗服务状况是否有所改善的评价（%）

	有明显改善	略有改善	没变化	略有恶化	明显恶化	不清楚/不了解/不评价	前三项合计
不识字或识字很少	28.6	18.2	37.7	2.7	3.0	9.7	84.5
小学	29.8	23.8	34.6	1.7	3.2	6.9	88.2
初中	24.2	29.5	37.5	2.1	2.3	4.4	91.2
高中（中专/技校）	22.2	32.3	37.4	2.7	1.8	3.6	91.9
大学专科（高职）	20.9	32.6	39.8	2.4	1.5	2.8	93.3
大学本科	20.6	34.1	39.3	2.5	1.0	2.5	94.0
研究生及以上	15.3	30.9	47.2	2.9	1.3	2.4	93.4
总体	22.5	31.3	38.3	2.4	1.8	3.7	92.1

表22-94　不同婚姻状况对最近一年来居住地医疗服务状况是否有所改善的评价（%）

	有明显改善	略有改善	没变化	略有恶化	明显恶化	不清楚/不了解/不评价	前三项合计
未婚	20.3	34.2	37.7	2.5	1.4	4.1	92.2
已婚	23.0	30.8	38.4	2.4	1.9	3.5	92.2
离异独身	18.9	29.4	41.4	2.9	3.1	4.3	89.7
丧偶独身	27.1	28.9	33.7	1.7	1.5	7.1	89.7
总体	22.5	31.3	38.3	2.4	1.8	3.7	92.1

表22-95　不同家庭年收入对最近一年来居住地医疗服务状况是否有所改善的评价（%）

	有明显改善	略有改善	没变化	略有恶化	明显恶化	不清楚/不了解/不评价	前三项合计
低于1万元	23.0	27.5	39.4	2.9	3.2	4.0	89.9
1万～3万元	24.0	30.3	37.1	2.4	2.6	3.6	91.4
3万～5万元	22.5	32.3	38.0	2.3	1.7	3.2	92.8
5万～10万元	23.0	32.6	37.6	2.4	1.5	2.9	93.2

续表

	有明显改善	略有改善	没变化	略有恶化	明显恶化	不清楚/不了解/不评价	前三项合计
10万～15万元	22.2	32.3	38.8	2.6	1.3	2.8	93.3
15万～25万元	21.2	31.6	41.2	2.5	1.3	2.4	94.0
25万～50万元	18.2	29.4	45.2	2.5	1.2	3.5	92.8
50万元及以上	18.5	30.5	42.8	1.9	4.1	2.2	91.8
不清楚/不回答	20.9	28.5	37.4	2.0	1.2	9.9	86.8
总体	22.5	31.3	38.3	2.4	1.8	3.7	92.1

表22-96　不同省份对最近一年来居住地医疗服务状况是否有所改善的评价（%）

	有明显改善	略有改善	没变化	略有恶化	明显恶化	不清楚/不了解/不评价	前三项合计
北京市	10.5	28.8	55.8	2.1	1.1	1.7	95.1
天津市	10.3	30.3	52.9	3.0	1.8	1.7	93.5
河北省	17.8	30.9	43.0	2.8	2.1	3.6	91.7
山西省	15.3	33.2	45.1	3.5	2.5	0.4	93.6
内蒙古自治区	19.9	30.2	42.8	2.2	2.2	2.8	92.9
辽宁省	12.7	27.1	53.8	2.9	2.7	0.9	93.6
吉林省	18.5	27.5	43.4	2.5	3.7	4.4	89.4
黑龙江省	16.9	26.8	44.6	2.1	3.4	6.3	88.3
上海市	12.1	29.4	50.2	1.9	0.8	5.6	91.7
江苏省	18.0	30.7	41.3	2.0	1.5	6.5	90.0
浙江省	23.2	36.4	32.2	1.7	0.6	5.9	91.8
安徽省	21.4	33.1	38.4	2.7	1.8	2.7	92.9
福建省	23.3	31.5	39.1	2.1	2.1	1.9	93.9
江西省	34.1	27.8	32.5	1.8	2.1	1.8	94.4
山东省	30.1	30.1	33.2	2.8	1.6	2.2	93.4
河南省	22.0	32.7	34.8	2.2	1.3	7.0	89.5
湖北省	34.5	29.8	30.4	1.4	1.2	2.7	94.7
湖南省	33.0	31.7	28.9	2.3	1.5	2.7	93.6
广东省	13.0	32.8	44.0	2.8	2.1	5.3	89.8
广西壮族自治区	32.1	31.2	31.2	2.6	1.6	1.3	94.5
海南省	22.2	31.0	36.0	3.1	2.6	5.2	89.2
重庆市	21.6	27.6	38.6	3.1	1.5	7.7	87.8
四川省	27.4	31.9	33.2	2.3	1.6	3.7	92.5
贵州省	52.9	23.8	19.6	1.8	0.9	1.0	96.3
云南省	21.9	35.4	36.9	3.0	1.2	1.6	94.2
西藏自治区	23.8	33.6	34.8	2.2	1.3	4.3	92.2
陕西省	21.5	38.2	34.7	3.3	2.1	0.3	94.4
甘肃省	15.5	37.9	35.6	2.1	1.9	7.1	89.0
青海省	24.7	32.8	34.5	1.8	2.3	3.9	92.0
宁夏回族自治区	18.4	34.6	36.4	2.5	1.6	6.5	89.4
新疆维吾尔自治区	25.7	28.6	37.8	1.9	1.9	4.1	92.1
总体	22.5	31.3	38.3	2.4	1.8	3.7	92.1

（八）对居住地环境状况的评价

1. 对居住地环境状况的总体评价

对居住地环境状况表示“非常满意”、“比较满意”和“一般”的分别占20.4%、34.7%、29.4%，合计为84.5%。

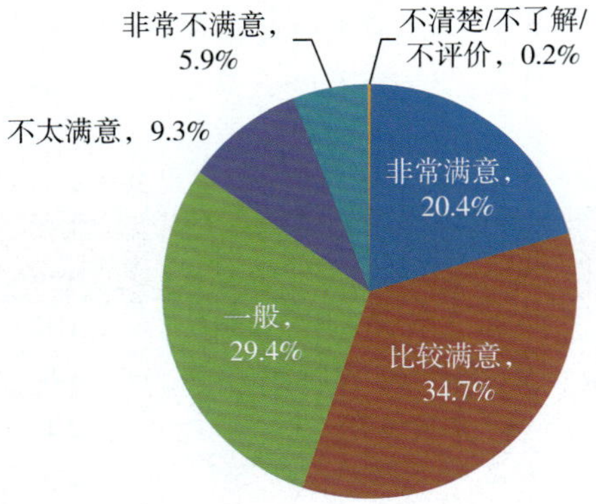

图22-13　对居住地环境状况的总体评价

从不同群体看，城镇、20 ~ 24岁、大学本科文化程度、未婚或丧偶独身、家庭年收入5万 ~ 10万元等群体对居住地环境状况的总体评价较高。从不同省份来看，贵州、浙江、福建、陕西等对居住地环境状况的总体评价较高。

表22-97　城乡对居住地环境状况的总体评价（%）

	非常满意	比较满意	一般	不太满意	非常不满意	不清楚/不了解/不评价	前三项合计
城镇	18.7	36.7	29.8	9.5	5.2	0.1	85.2
农村	23.4	31.1	28.8	9.0	7.3	0.4	83.3
总体	20.4	34.7	29.4	9.3	5.9	0.2	84.5

表22-98　不同性别对居住地环境状况的总体评价（%）

	非常满意	比较满意	一般	不太满意	非常不满意	不清楚/不了解/不评价	前三项合计
男	21.5	35.3	27.7	8.9	6.4	0.2	84.5
女	19.0	33.9	31.6	9.9	5.3	0.2	84.5
总体	20.4	34.7	29.4	9.3	5.9	0.2	84.5

表22-99　不同年龄对居住地环境状况的总体评价（%）

	非常满意	比较满意	一般	不太满意	非常不满意	不清楚/不了解/不评价	前三项合计
18 ~ 19岁	19.0	34.9	30.6	10.9	4.5	0.1	84.5
20 ~ 24岁	20.9	34.3	31.0	9.7	4.0	0.1	86.2
25 ~ 29岁	19.2	34.0	31.4	9.8	5.5	0.1	84.6
30 ~ 34岁	17.9	33.3	32.7	9.9	6.1	0.1	83.9

续表

	非常满意	比较满意	一般	不太满意	非常不满意	不清楚/不了解/不评价	前三项合计
35～39岁	19.2	34.7	30.6	9.5	5.9	0.2	84.5
40～44岁	20.6	34.0	30.4	9.1	5.8	0.0	85.0
45～49岁	22.3	35.4	27.4	8.6	6.2	0.1	85.1
50～54岁	22.4	35.7	27.1	8.0	6.5	0.4	85.2
55～59岁	24.9	34.1	24.8	8.8	7.2	0.2	83.8
60～64岁	20.2	35.8	25.8	9.6	8.0	0.6	81.8
65～69岁	20.5	35.8	26.7	10.6	5.7	0.7	83.0
70～74岁	20.9	38.8	25.2	10.1	4.4	0.5	84.9
总体	20.4	34.7	29.4	9.3	5.9	0.2	84.5

表22-100　不同户口状况对居住地环境状况的总体评价（%）

	非常满意	比较满意	一般	不太满意	非常不满意	不清楚/不了解/不评价	前三项合计
非农业户口（城镇户口）	19.8	36.9	28.3	9.3	5.5	0.1	85.0
农业户口	21.5	31.8	30.3	9.3	6.8	0.3	83.6
居民户口	19.2	35.9	30.8	9.6	4.5	0.1	85.9
总体	20.4	34.7	29.4	9.3	5.9	0.2	84.5

表22-101　不同教育程度对居住地环境状况的总体评价（%）

	非常满意	比较满意	一般	不太满意	非常不满意	不清楚/不了解/不评价	前三项合计
不识字或识字很少	32.8	21.1	25.9	9.7	8.4	2.1	79.8
小学	26.1	27.3	28.1	9.2	8.6	0.8	81.5
初中	20.7	31.5	31.1	9.0	7.4	0.3	83.3
高中（中专/技校）	18.5	34.7	31.0	9.6	6.1	0.1	84.2
大学专科（高职）	19.2	37.3	29.3	9.3	4.8	0.0	85.8
大学本科	21.0	38.7	26.8	9.3	4.2	0.0	86.5
研究生及以上	17.7	37.1	28.8	11.0	5.4	—	83.6
总体	20.4	34.7	29.4	9.3	5.9	0.2	84.5

表22-102　不同婚姻状况对居住地环境状况的总体评价（%）

	非常满意	比较满意	一般	不太满意	非常不满意	不清楚/不了解/不评价	前三项合计
未婚	20.0	34.1	31.0	10.0	4.8	0.1	85.1
已婚	20.6	34.9	29.1	9.2	6.0	0.2	84.6
离异独身	17.8	30.2	32.0	11.3	8.4	0.3	80.0
丧偶独身	21.4	36.0	27.7	6.8	7.5	0.6	85.1
总体	20.4	34.7	29.4	9.3	5.9	0.2	84.5

表22-103 不同家庭年收入对居住地环境状况的总体评价（%）

	非常满意	比较满意	一般	不太满意	非常不满意	不清楚/不了解/不评价	前三项合计
低于1万元	19.3	28.0	33.1	9.8	9.1	0.7	80.4
1万～3万元	21.0	31.7	30.3	9.3	7.5	0.2	83.0
3万～5万元	19.5	34.4	30.6	9.6	5.8	0.2	84.5
5万～10万元	21.2	36.2	28.6	8.8	5.1	0.0	86.0
10万～15万元	21.3	37.5	26.8	9.5	4.8	0.0	85.6
15万～25万元	19.9	39.5	25.3	10.1	5.2	0.1	84.7
25万～50万元	19.6	37.6	28.3	8.8	5.7	—	85.5
50万元及以上	18.9	31.8	34.2	9.7	5.4	—	84.9
不清楚/不回答	19.6	33.9	31.3	9.4	5.0	0.8	84.8
总体	20.4	34.7	29.4	9.3	5.9	0.2	84.5

表22-104 不同省份对居住地环境状况的总体评价（%）

	非常满意	比较满意	一般	不太满意	非常不满意	不清楚/不了解/不评价	前三项合计
北京市	13.1	36.5	29.2	12.6	8.5	—	78.8
天津市	9.5	29.1	37.3	15.3	8.8	—	75.9
河北省	13.1	35.5	30.2	12.2	9.2	—	78.8
山西省	13.7	36.0	34.6	9.4	6.3	—	84.3
内蒙古自治区	24.9	37.7	24.4	7.9	5.1	—	87.0
辽宁省	16.1	30.3	33.5	9.8	10.3	0.1	79.9
吉林省	16.3	30.2	30.9	10.6	11.8	0.3	77.4
黑龙江省	18.4	31.6	30.6	9.9	9.1	0.6	80.6
上海市	8.4	32.2	39.2	14.1	5.6	0.5	79.8
江苏省	13.5	38.4	30.6	10.8	6.3	0.3	82.5
浙江省	20.2	42.6	27.4	6.8	3.0	0.1	90.2
安徽省	17.2	35.0	28.7	12.5	6.5	0.1	80.9
福建省	17.9	35.9	35.3	6.5	4.1	0.2	89.1
江西省	30.9	32.4	23.1	9.0	4.5	0.1	86.4
山东省	29.1	33.6	24.6	7.0	5.6	0.2	87.3
河南省	18.5	32.3	27.5	11.5	9.0	1.2	78.3
湖北省	27.9	38.1	21.3	7.8	4.8	0.2	87.3
湖南省	31.2	35.3	22.0	7.6	4.0	—	88.5
广东省	11.0	31.0	40.1	11.5	6.0	0.4	82.1
广西壮族自治区	27.6	32.9	27.6	8.2	3.7	—	88.1
海南省	23.1	36.9	28.8	7.8	3.0	0.3	88.8
重庆市	20.0	34.4	31.7	9.4	3.8	0.6	86.1

续表

	非常满意	比较满意	一般	不太满意	非常不满意	不清楚/不了解/不评价	前三项合计
四川省	19.7	34.2	32.7	9.0	4.3	—	86.6
贵州省	46.7	27.5	18.5	4.9	2.4	—	92.7
云南省	21.0	33.8	33.9	7.6	3.6	0.1	88.7
西藏自治区	26.5	36.7	25.8	7.4	3.6	0.1	89.0
陕西省	19.4	37.7	32.0	7.1	3.9	—	89.1
甘肃省	13.7	37.7	28.9	12.1	7.3	0.3	80.3
青海省	26.3	36.5	24.8	6.0	6.4	—	87.6
宁夏回族自治区	18.9	40.8	25.3	8.9	6.0	0.2	85.0
新疆维吾尔自治区	24.3	35.2	28.5	6.7	5.1	0.1	88.0
总体	20.4	34.7	29.4	9.3	5.9	0.2	84.5

2. 对最近一年来居住地环境状况是否有所改善的评价

对最近一年来居住地环境状况是否有所改善，表示“有明显改善”、“略有改善”和“没变化”的分别占 31.8%、34.4%、27.0%，合计为 93.2%。

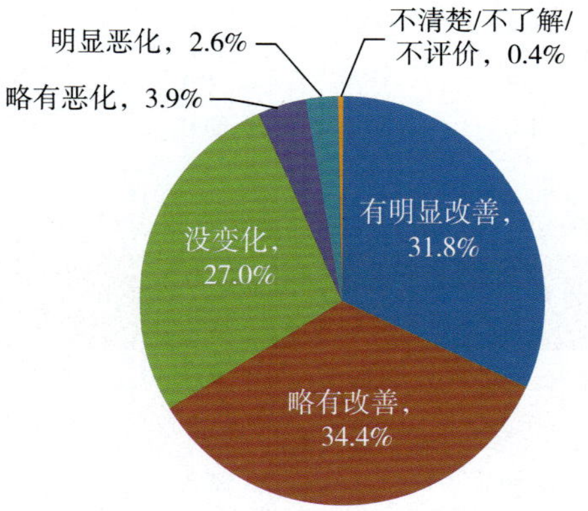

图22-14　对最近一年来居住地环境状况是否有所改善的评价

从不同群体看，城镇、女性、70 ~ 74 岁、初中文化程度、已婚、家庭年收入 5 万 ~ 10 万元等群体对最近一年来居住地环境状况改善情况的评价较高。从不同省份来看，贵州、湖南、浙江等对居住地环境状况改善情况的评价较高。

表22-105　城乡对最近一年来居住地环境状况是否有所改善的评价（%）

	有明显改善	略有改善	没变化	略有恶化	明显恶化	不清楚/不了解/不评价	前三项合计
城镇	30.4	36.0	27.0	4.1	2.2	0.3	93.4
农村	34.3	31.4	27.0	3.6	3.2	0.6	92.7
总体	31.8	34.4	27.0	3.9	2.6	0.4	93.2

表22-106　不同性别对最近一年来居住地环境状况是否有所改善的评价（%）

	有明显改善	略有改善	没变化	略有恶化	明显恶化	不清楚/不了解/不评价	前三项合计
男	33.5	34.2	25.0	3.9	2.9	0.3	92.7
女	29.5	34.6	29.4	3.9	2.1	0.4	93.5
总体	31.8	34.4	27.0	3.9	2.6	0.4	93.2

表22-107　不同年龄对最近一年来居住地环境状况是否有所改善的评价（%）

	有明显改善	略有改善	没变化	略有恶化	明显恶化	不清楚/不了解/不评价	前三项合计
18～19岁	28.1	41.1	24.0	4.5	2.1	0.1	93.2
20～24岁	29.3	37.4	26.2	5.0	1.8	0.4	92.9
25～29岁	29.2	36.4	27.4	4.6	2.4	0.1	93.0
30～34岁	27.5	35.9	28.5	5.0	2.8	0.2	91.9
35～39岁	30.4	35.0	27.2	4.7	2.5	0.2	92.6
40～44岁	31.8	35.1	25.7	4.2	3.1	0.2	92.6
45～49岁	35.4	33.6	24.7	3.4	2.6	0.2	93.7
50～54岁	36.4	32.0	25.8	2.8	2.6	0.3	94.2
55～59岁	36.6	30.5	26.8	2.5	2.8	0.8	93.9
60～64岁	33.2	29.7	30.4	2.6	3.3	0.8	93.3
65～69岁	33.0	31.4	29.5	2.4	2.1	1.7	93.9
70～74岁	34.9	31.3	29.0	1.8	1.6	1.3	95.2
总体	31.8	34.4	27.0	3.9	2.6	0.4	93.2

表22-108　不同户口状况对最近一年来居住地环境状况是否有所改善的评价（%）

	有明显改善	略有改善	没变化	略有恶化	明显恶化	不清楚/不了解/不评价	前三项合计
非农业户口（城镇户口）	31.1	35.5	26.5	4.3	2.3	0.3	93.1
农业户口	33.0	32.5	27.6	3.4	3.0	0.5	93.1
居民户口	30.3	36.0	26.8	4.3	2.4	0.2	93.1
总体	31.8	34.4	27.0	3.9	2.6	0.4	93.2

表22-109　不同教育程度对最近一年来居住地环境状况是否有所改善的评价（%）

	有明显改善	略有改善	没变化	略有恶化	明显恶化	不清楚/不了解/不评价	前三项合计
不识字或识字很少	32.5	21.8	37.2	2.1	3.7	2.7	91.5
小学	34.6	25.7	33.0	1.9	3.5	1.2	93.3
初中	32.6	32.0	28.9	2.9	3.1	0.4	93.5
高中（中专/技校）	32.0	35.0	26.2	3.8	2.7	0.3	93.2
大学专科（高职）	31.2	36.8	25.3	4.4	2.1	0.2	93.3
大学本科	30.9	37.4	24.4	5.3	1.9	0.1	92.7
研究生及以上	23.2	35.8	31.1	7.5	2.4	—	90.1
总体	31.8	34.4	27.0	3.9	2.6	0.4	93.2

表22-110　不同婚姻状况对最近一年来居住地环境状况是否有所改善的评价（%）

	有明显改善	略有改善	没变化	略有恶化	明显恶化	不清楚/不了解/不评价	前三项合计
未婚	28.8	36.9	26.8	5.1	2.2	0.2	92.5
已婚	32.5	34.0	26.9	3.7	2.6	0.4	93.4
离异独身	29.3	32.9	29.0	4.6	3.3	0.9	91.2
丧偶独身	33.6	27.1	32.5	2.3	2.7	1.8	93.2
总体	31.8	34.4	27.0	3.9	2.6	0.4	93.2

表22-111　不同家庭年收入对最近一年来居住地环境状况是否有所改善的评价（%）

	有明显改善	略有改善	没变化	略有恶化	明显恶化	不清楚/不了解/不评价	前三项合计
低于1万元	28.1	30.5	33.0	3.7	3.8	0.9	91.6
1万～3万元	31.5	32.9	28.8	3.5	3.0	0.4	93.2
3万～5万元	32.0	34.5	26.8	3.7	2.7	0.3	93.3
5万～10万元	33.9	35.5	24.3	4.0	2.2	0.1	93.7
10万～15万元	32.8	35.1	25.4	4.3	2.2	0.3	93.3
15万～25万元	31.5	35.7	24.7	5.4	2.5	0.2	91.9
25万～50万元	28.9	35.9	27.2	5.7	2.1	0.2	92.0
50万元及以上	28.8	34.2	27.3	4.7	5.0	—	90.3
不清楚/不回答	28.2	34.3	30.6	3.3	2.3	1.2	93.1
总体	31.8	34.4	27.0	3.9	2.6	0.4	93.2

表22-112　不同省份对最近一年来居住地环境状况是否有所改善的评价（%）

	有明显改善	略有改善	没变化	略有恶化	明显恶化	不清楚/不了解/不评价	前三项合计
北京市	17.8	33.8	38.9	6.0	3.3	0.2	90.5
天津市	13.0	37.9	38.3	6.8	4.0	—	89.2
河北省	26.3	37.2	29.3	4.0	3.2	0.2	92.8
山西省	21.7	36.8	33.1	5.7	2.6	0.1	91.6
内蒙古自治区	41.8	32.8	19.8	3.4	2.0	0.2	94.4
辽宁省	16.9	31.6	40.1	6.4	4.8	0.1	88.6
吉林省	23.7	34.7	32.5	4.9	4.1	0.1	90.9
黑龙江省	21.7	32.0	38.8	3.4	3.4	0.8	92.5
上海市	14.0	32.4	43.5	6.5	2.8	0.8	89.9
江苏省	23.5	37.5	31.2	3.9	2.9	1.0	92.2
浙江省	39.6	37.8	18.6	2.3	1.3	0.4	96.0
安徽省	31.7	34.2	26.2	4.5	3.3	0.2	92.1
福建省	31.8	36.1	25.5	3.8	2.2	0.5	93.4
江西省	41.6	30.6	20.0	4.6	2.9	0.3	92.2

续表

	有明显改善	略有改善	没变化	略有恶化	明显恶化	不清楚/不了解/不评价	前三项合计
山东省	41.8	33.6	19.1	2.9	2.5	0.1	94.5
河南省	33.9	33.5	24.9	3.6	3.0	1.1	92.3
湖北省	48.6	28.0	17.8	3.1	2.4	0.2	94.4
湖南省	41.1	31.8	23.3	2.2	1.4	0.3	96.2
广东省	17.9	38.0	35.0	5.2	3.4	0.5	90.9
广西壮族自治区	42.6	31.7	19.5	4.3	1.8	0.1	93.8
海南省	36.1	36.5	21.2	3.3	2.3	0.6	93.8
重庆市	30.6	30.6	32.1	3.5	1.9	1.3	93.3
四川省	33.8	34.7	25.9	3.6	1.8	0.3	94.4
贵州省	61.1	22.6	12.6	2.4	1.3	—	96.3
云南省	31.3	35.5	26.6	4.1	2.4	0.1	93.4
西藏自治区	39.5	33.4	22.2	3.3	1.3	0.3	95.1
陕西省	30.6	40.2	23.0	3.8	2.3	0.1	93.8
甘肃省	24.4	38.9	29.8	4.0	2.4	0.4	93.1
青海省	39.3	35.3	20.1	2.5	2.7	0.2	94.7
宁夏回族自治区	31.5	39.8	23.9	2.1	2.3	0.4	95.2
新疆维吾尔自治区	36.1	33.8	25.7	2.6	1.4	0.3	95.6
总体	31.8	34.4	27.0	3.9	2.6	0.4	93.2

（九）对所享有的社会保障状况的总体评价

对所享有的社会保障状况表示“非常满意”、“比较满意”和“一般”的分别占17.3%、31.0%、34.8%，合计为83.1%。

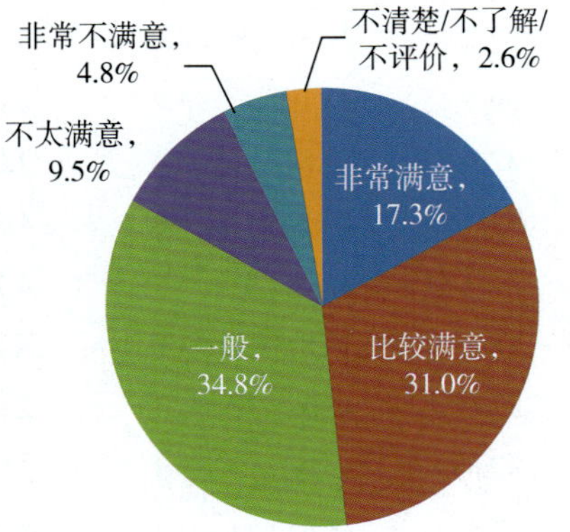

图22-15　对所享有的社会保障状况的总体评价

从不同群体对社会保障状况评价来看，城镇、女性、70 ~ 74岁、非农业户口、大学本科文化程度、未婚、家庭年收入15万 ~ 25万元等群体的评价较高。从不同省份来看，贵州、青海、湖南等对社会保障状况的总体评价较高。

表22-113　　城乡对所享有的社会保障状况的总体评价（%）

	非常满意	比较满意	一般	不太满意	非常不满意	不清楚/不了解/不评价	前三项合计
城镇	15.2	32.5	35.6	9.6	4.6	2.5	83.3
农村	21.1	28.5	33.2	9.3	5.1	2.8	82.8
总体	17.3	31.0	34.8	9.5	4.8	2.6	83.1

表22-114　　不同性别对所享有的社会保障状况的总体评价（%）

	非常满意	比较满意	一般	不太满意	非常不满意	不清楚/不了解/不评价	前三项合计
男	18.8	31.8	32.5	9.0	5.3	2.6	83.1
女	15.5	30.1	37.6	10.1	4.1	2.6	83.2
总体	17.3	31.0	34.8	9.5	4.8	2.6	83.1

表22-115　　不同年龄对所享有的社会保障状况的总体评价（%）

	非常满意	比较满意	一般	不太满意	非常不满意	不清楚/不了解/不评价	前三项合计
18～19岁	17.0	34.8	34.6	6.7	2.0	4.9	86.4
20～24岁	15.9	31.5	38.9	7.4	2.5	3.7	86.3
25～29岁	15.7	29.9	38.9	9.0	3.9	2.6	84.5
30～34岁	13.3	29.6	39.7	10.4	4.6	2.4	82.6
35～39岁	14.8	29.1	38.4	10.0	5.0	2.6	82.3
40～44岁	16.4	28.5	36.7	10.6	5.2	2.7	81.6
45～49岁	18.2	30.6	32.6	9.7	6.0	2.9	81.4
50～54岁	19.4	32.1	29.7	10.0	6.0	2.8	81.2
55～59岁	22.4	31.6	28.0	9.9	5.7	2.4	82.0
60～64岁	21.4	34.0	28.8	8.8	5.4	1.6	84.2
65～69岁	24.1	36.8	25.9	7.6	4.1	1.4	86.8
70～74岁	25.8	41.5	21.0	7.1	3.3	1.3	88.3
总体	17.3	31.0	34.8	9.5	4.8	2.6	83.1

表22-116　　不同户口状况对所享有的社会保障状况的总体评价（%）

	非常满意	比较满意	一般	不太满意	非常不满意	不清楚/不了解/不评价	前三项合计
非农业户口（城镇户口）	17.1	34.5	33.3	8.8	4.2	2.1	84.9
农业户口	17.8	27.1	36.0	10.3	5.4	3.4	80.9
居民户口	16.6	30.5	36.5	9.5	5.0	2.0	83.6
总体	17.3	31.0	34.8	9.5	4.8	2.6	83.1

表22-117 不同教育程度对所享有的社会保障状况的总体评价（%）

	非常满意	比较满意	一般	不太满意	非常不满意	不清楚/不了解/不评价	前三项合计
不识字或识字很少	36.0	17.5	24.1	8.1	8.8	5.4	77.6
小学	25.5	24.7	29.9	8.6	6.4	4.9	80.1
初中	16.7	26.4	36.2	10.8	6.1	3.8	79.3
高中（中专/技校）	14.3	29.1	36.7	11.4	6.0	2.4	80.1
大学专科（高职）	15.4	33.3	36.2	9.3	3.9	1.9	84.9
大学本科	19.5	38.3	31.9	6.7	2.3	1.4	89.7
研究生及以上	14.7	38.9	34.5	7.1	3.0	1.8	88.1
总体	17.3	31.0	34.8	9.5	4.8	2.6	83.1

表22-118 不同婚姻状况对所享有的社会保障状况的总体评价（%）

	非常满意	比较满意	一般	不太满意	非常不满意	不清楚/不了解/不评价	前三项合计
未婚	15.9	31.4	37.7	8.3	3.3	3.3	85.0
已婚	17.7	31.2	34.1	9.6	4.9	2.5	83.0
离异独身	13.2	23.2	38.1	13.0	9.8	2.7	74.5
丧偶独身	24.4	29.4	31.0	9.0	4.5	1.7	84.8
总体	17.3	31.0	34.8	9.5	4.8	2.6	83.1

表22-119 不同家庭年收入对所享有的社会保障状况的总体评价（%）

	非常满意	比较满意	一般	不太满意	非常不满意	不清楚/不了解/不评价	前三项合计
低于1万元	17.5	24.4	34.3	10.6	10.4	2.7	76.2
1万～3万元	17.1	26.7	34.9	11.4	7.2	2.7	78.7
3万～5万元	15.8	29.7	36.5	10.8	4.8	2.3	82.0
5万～10万元	18.0	33.7	33.9	8.6	3.6	2.1	85.6
10万～15万元	18.9	35.2	33.5	7.6	3.0	1.8	87.6
15万～25万元	18.8	36.7	32.4	7.3	3.1	1.8	87.9
25万～50万元	17.5	34.7	34.8	7.8	3.4	1.8	87.0
50万元及以上	15.0	28.2	40.6	7.7	5.0	3.6	83.8
不清楚/不回答	16.3	29.8	35.8	8.8	3.0	6.3	81.9
总体	17.3	31.0	34.8	9.5	4.8	2.6	83.1

表22-120 不同省份对所享有的社会保障状况的总体评价（%）

	非常满意	比较满意	一般	不太满意	非常不满意	不清楚/不了解/不评价	前三项合计
北京市	12.8	35.2	36.2	10.5	4.8	0.6	84.2
天津市	9.2	33.0	41.9	10.1	5.0	0.8	84.1

续表

	非常满意	比较满意	一般	不太满意	非常不满意	不清楚/不了解/不评价	前三项合计
河北省	13.6	35.6	32.7	10.6	5.6	2.0	81.9
山西省	10.6	30.8	40.5	11.9	6.1	0.1	81.9
内蒙古自治区	16.8	29.7	34.4	10.0	7.5	1.6	80.9
辽宁省	12.2	26.9	39.0	12.6	8.5	0.8	78.1
吉林省	12.7	25.6	35.1	13.9	8.5	4.2	73.4
黑龙江省	14.1	28.4	33.2	13.2	6.8	4.3	75.7
上海市	8.8	31.3	44.5	9.5	4.0	1.8	84.6
江苏省	11.5	36.0	33.6	9.1	4.4	5.4	81.1
浙江省	17.4	36.3	32.3	8.0	2.7	3.3	86.0
安徽省	16.3	34.8	34.8	8.8	4.1	1.3	85.9
福建省	15.1	30.1	40.3	9.3	4.1	1.1	85.5
江西省	26.5	28.4	28.4	10.1	5.8	0.8	83.3
山东省	24.4	31.6	31.3	6.7	4.5	1.5	87.3
河南省	16.4	26.7	36.0	9.0	4.4	7.5	79.1
湖北省	24.6	35.1	26.3	8.8	3.5	1.8	86.0
湖南省	26.3	32.5	28.9	7.6	2.9	1.7	87.7
广东省	7.1	25.1	45.8	13.3	5.4	3.4	78.0
广西壮族自治区	25.3	26.3	34.2	9.7	3.5	1.0	85.8
海南省	17.9	30.6	35.3	8.2	3.8	4.3	83.8
重庆市	19.4	27.8	34.4	9.9	5.4	3.1	81.6
四川省	17.7	30.7	34.2	10.1	4.8	2.5	82.6
贵州省	46.5	23.6	22.8	3.4	3.1	0.6	92.9
云南省	14.4	28.6	41.4	9.9	4.2	1.6	84.4
西藏自治区	21.1	35.9	28.3	6.8	2.8	5.2	85.3
陕西省	13.0	31.0	39.3	10.6	6.0	0.1	83.3
甘肃省	10.2	35.0	35.1	9.7	4.3	5.7	80.3
青海省	25.5	35.2	30.2	4.8	2.9	1.5	90.9
宁夏回族自治区	14.8	38.1	30.5	7.4	4.6	4.7	83.4
新疆维吾尔自治区	20.2	32.3	32.4	7.4	4.3	3.4	84.9
总体	17.3	31.0	34.8	9.5	4.8	2.6	83.1

（十）对所在社区公共服务的评价

1. 对所在社区公共服务的总体评价

对所在社区公共服务表示“非常满意”、“比较满意”和“一般”的分别占16.9%、29.4%、38.8%，合计为85.1%。

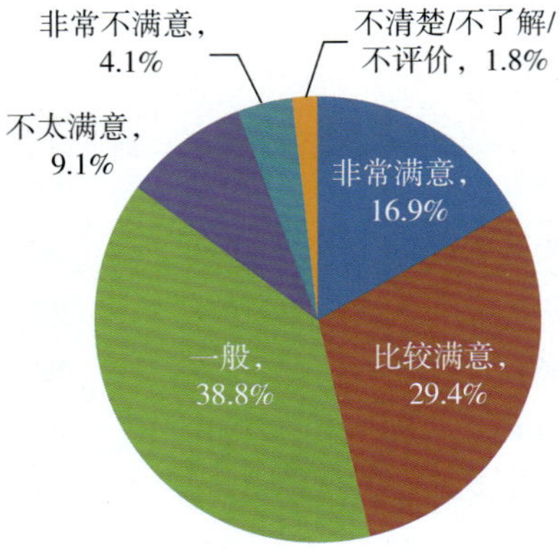

图22-16 对所在社区公共服务的总体评价

从不同群体看，城镇、女性、18 ~ 19 岁、非农业户口、大学本科文化程度、未婚、家庭年收入 15 万 ~ 25 万元等群体对所在社区公共服务的总体评价较高。从不同省份来看，贵州、湖北、湖南等对所在社区公共服务的总体评价较高。

表22-121 城乡对所在社区公共服务的总体评价（%）

	非常满意	比较满意	一般	不太满意	非常不满意	不清楚/不了解/不评价	前三项合计
城镇	15.0	30.6	39.9	9.3	3.9	1.3	85.5
农村	20.1	27.2	37.0	8.7	4.5	2.6	84.3
总体	16.9	29.4	38.8	9.1	4.1	1.8	85.1

表22-122 不同性别对所在社区公共服务的总体评价（%）

	非常满意	比较满意	一般	不太满意	非常不满意	不清楚/不了解/不评价	前三项合计
男	17.4	29.6	37.4	9.2	4.6	1.7	84.4
女	16.1	29.0	40.6	8.9	3.5	1.8	85.7
总体	16.9	29.4	38.8	9.1	4.1	1.8	85.1

表22-123 不同年龄对所在社区公共服务的总体评价（%）

	非常满意	比较满意	一般	不太满意	非常不满意	不清楚/不了解/不评价	前三项合计
18 ~ 19岁	16.2	34.8	38.2	7.0	2.7	1.1	89.2
20 ~ 24岁	16.9	31.8	40.1	7.4	2.6	1.3	88.8
25 ~ 29岁	15.9	29.3	41.1	8.7	3.5	1.5	86.3
30 ~ 34岁	14.2	27.8	41.7	10.5	4.5	1.3	83.7
35 ~ 39岁	14.9	27.3	42.4	9.5	4.4	1.5	84.6
40 ~ 44岁	16.9	27.2	40.0	9.5	4.6	1.8	84.1
45 ~ 49岁	18.5	29.0	37.3	8.9	4.6	1.6	84.8
50 ~ 54岁	19.2	30.0	35.6	9.0	4.4	1.8	84.8
55 ~ 59岁	20.5	29.9	34.1	8.1	4.7	2.7	84.5
60 ~ 64岁	17.4	32.4	34.7	8.6	4.0	2.8	84.5

续表

	非常满意	比较满意	一般	不太满意	非常不满意	不清楚/不了解/不评价	前三项合计
65～69岁	18.0	31.5	35.6	8.8	3.4	2.6	85.1
70～74岁	18.0	35.0	30.9	9.5	3.3	3.3	83.9
总体	16.9	29.4	38.8	9.1	4.1	1.8	85.1

表22-124　　不同户口状况对所在社区公共服务的总体评价（%）

	非常满意	比较满意	一般	不太满意	非常不满意	不清楚/不了解/不评价	前三项合计
非农业户口（城镇户口）	16.1	31.3	38.4	9.0	3.9	1.4	85.8
农业户口	17.9	27.2	39.0	9.0	4.5	2.3	84.1
居民户口	16.2	29.0	40.1	9.8	3.5	1.5	85.3
总体	16.9	29.4	38.8	9.1	4.1	1.8	85.1

表22-125　　不同教育程度对所在社区公共服务的总体评价（%）

	非常满意	比较满意	一般	不太满意	非常不满意	不清楚/不了解/不评价	前三项合计
不识字或识字很少	29.2	19.5	27.9	8.4	7.7	7.3	76.6
小学	23.2	25.1	34.7	8.0	5.3	3.7	83.0
初中	16.4	26.8	40.4	9.3	4.7	2.3	83.6
高中（中专/技校）	15.6	29.7	39.4	9.4	4.2	1.7	84.7
大学专科（高职）	15.9	30.7	39.5	8.9	3.9	1.0	86.1
大学本科	17.0	32.1	38.1	8.8	3.0	1.1	87.2
研究生及以上	13.3	33.3	37.7	11.4	3.6	0.6	84.3
总体	16.9	29.4	38.8	9.1	4.1	1.8	85.1

表22-126　　不同婚姻状况对所在社区公共服务的总体评价（%）

	非常满意	比较满意	一般	不太满意	非常不满意	不清楚/不了解/不评价	前三项合计
未婚	16.3	30.3	41.0	7.8	3.3	1.3	87.6
已婚	17.0	29.3	38.4	9.3	4.2	1.8	84.7
离异独身	15.0	25.4	40.6	10.4	6.7	1.9	81.0
丧偶独身	20.9	30.3	32.4	7.1	5.6	3.8	83.6
总体	16.9	29.4	38.8	9.1	4.1	1.8	85.1

表22-127　　不同家庭年收入对所在社区公共服务的总体评价（%）

	非常满意	比较满意	一般	不太满意	非常不满意	不清楚/不了解/不评价	前三项合计
低于1万元	16.7	24.6	37.8	10.3	7.8	2.8	79.1
1万～3万元	17.2	26.8	38.8	9.7	5.2	2.3	82.8
3万～5万元	16.3	29.0	40.0	9.2	4.0	1.5	85.3
5万～10万元	17.0	31.0	38.3	9.0	3.4	1.2	86.3

续表

	非常满意	比较满意	一般	不太满意	非常不满意	不清楚/不了解/不评价	前三项合计
10万～15万元	17.7	31.1	38.0	8.8	3.4	1.0	86.8
15万～25万元	17.1	31.9	38.5	8.4	3.2	0.9	87.5
25万～50万元	15.7	30.7	38.0	10.4	4.3	0.9	84.4
50万元及以上	14.0	31.0	38.1	9.7	6.0	1.1	83.1
不清楚/不回答	16.2	29.5	40.2	7.1	2.6	4.4	85.9
总体	16.9	29.4	38.8	9.1	4.1	1.8	85.1

表22-128　　不同省份对所在社区公共服务的总体评价（%）

	非常满意	比较满意	一般	不太满意	非常不满意	不清楚/不了解/不评价	前三项合计
北京市	10.0	30.2	42.4	11.4	5.9	0.1	82.6
天津市	7.3	27.5	47.9	12.6	4.4	0.3	82.7
河北省	10.5	29.3	42.1	10.7	5.8	1.7	81.9
山西省	9.9	26.0	47.3	11.6	5.1	0.1	83.2
内蒙古自治区	15.6	29.2	36.6	11.4	6.0	1.1	81.4
辽宁省	11.3	26.2	43.6	11.2	7.2	0.5	81.1
吉林省	14.5	28.0	39.1	9.7	5.6	3.1	81.6
黑龙江省	15.4	26.1	39.6	9.1	5.4	4.3	81.1
上海市	7.1	30.8	47.0	9.6	4.0	1.5	84.9
江苏省	11.0	33.0	40.6	8.4	3.3	3.7	84.6
浙江省	15.5	35.4	38.8	6.3	1.9	2.0	89.7
安徽省	13.4	31.7	37.1	12.2	4.6	0.9	82.2
福建省	15.4	29.1	44.8	6.8	3.1	0.7	89.3
江西省	28.2	27.7	29.5	9.1	4.4	1.2	85.4
山东省	23.5	29.1	35.8	7.0	3.8	0.8	88.4
河南省	15.1	27.2	39.2	8.8	4.2	5.5	81.5
湖北省	33.1	32.7	24.8	5.7	2.3	1.4	90.6
湖南省	26.7	30.9	32.8	6.7	1.8	1.1	90.4
广东省	8.1	26.9	47.9	11.3	3.4	2.4	82.9
广西壮族自治区	25.9	26.1	35.9	8.0	3.4	0.6	87.9
海南省	14.5	29.0	42.0	8.7	3.4	2.4	85.5
重庆市	18.2	28.3	38.1	9.1	3.4	2.9	84.6
四川省	17.6	29.0	39.8	8.1	4.5	1.0	86.4
贵州省	46.6	23.8	22.4	4.3	2.4	0.5	92.8
云南省	13.3	26.9	45.6	9.9	3.4	0.8	85.8
西藏自治区	18.4	29.6	38.4	8.3	3.4	1.8	86.4
陕西省	14.2	28.8	41.7	10.7	4.7	—	84.7
甘肃省	9.2	33.1	38.4	11.2	4.1	3.9	80.7

续表

	非常满意	比较满意	一般	不太满意	非常不满意	不清楚/不了解/不评价	前三项合计
青海省	19.8	35.1	32.6	7.2	3.8	1.6	87.5
宁夏回族自治区	12.0	33.0	36.3	10.7	5.4	2.7	81.3
新疆维吾尔自治区	21.6	32.9	32.3	7.4	4.0	1.8	86.8
总体	16.9	29.4	38.8	9.1	4.1	1.8	85.1

2. 对最近一年来所在社区公共服务状况是否有所改善的评价

对最近一年来所在社区公共服务状况是否有所改善，表示“有明显改善”、“略有改善”和“没变化”的分别占23.9%、32.9%、38.1%，合计为94.9%。

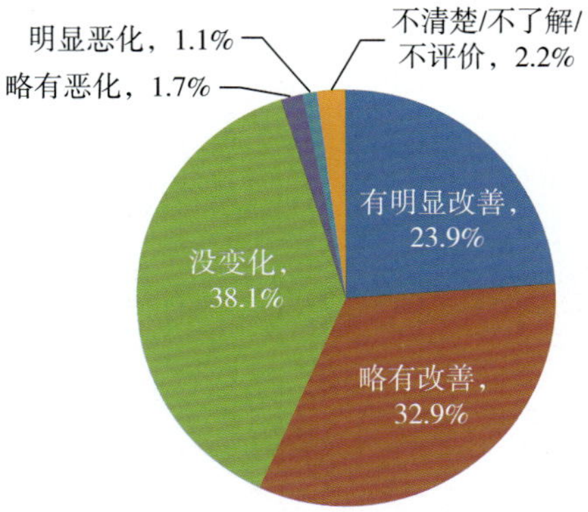

图22-17　对最近一年来所在社区公共服务状况是否有所改善的评价

从不同群体看，城镇、女性、20 ~ 24岁、非农业户口、大学专科（高职）文化程度、未婚、家庭年收入5万 ~ 15万元等群体对最近一年来所在社区公共服务状况改善情况的评价较高。从不同省份来看，湖南、广西、贵州等对所在社区公共服务状况改善情况的评价较高。

表22-129　城乡对最近一年来所在社区公共服务状况是否有所改善的评价（%）

	有明显改善	略有改善	没什么变化	略有恶化	有明显恶化	不清楚/不了解/不评价	前三项合计
城镇	21.6	33.6	39.9	1.9	1.0	2.0	95.1
农村	28.0	31.7	35.0	1.3	1.3	2.7	94.7
总体	23.9	32.9	38.1	1.7	1.1	2.2	94.9

表22-130　不同性别对最近一年来所在社区公共服务状况是否有所改善的评价（%）

	有明显改善	略有改善	没什么变化	略有恶化	有明显恶化	不清楚/不了解/不评价	前三项合计
男	25.2	33.2	36.4	1.8	1.4	2.0	94.8
女	22.3	32.6	40.3	1.5	0.8	2.5	95.2
总体	23.9	32.9	38.1	1.7	1.1	2.2	94.9

表22-131　不同年龄对最近一年来所在社区公共服务状况是否有所改善的评价（%）

	有明显改善	略有改善	没什么变化	略有恶化	有明显恶化	不清楚/不了解/不评价	前三项合计
18～19岁	22.0	39.3	34.5	1.6	1.2	1.4	95.8
20～24岁	21.9	37.3	37.1	1.5	0.6	1.6	96.3
25～29岁	21.8	34.2	39.9	1.6	1.0	1.5	95.9
30～34岁	20.0	32.8	42.0	2.0	1.3	1.8	94.8
35～39岁	21.5	32.3	40.9	2.0	1.2	2.1	94.7
40～44岁	24.0	32.5	38.6	1.8	1.1	2.1	95.1
45～49岁	26.9	32.9	35.0	1.8	1.3	2.1	94.8
50～54岁	28.7	31.9	34.7	1.5	0.9	2.3	95.3
55～59岁	29.3	29.6	35.5	1.3	1.6	2.7	94.4
60～64岁	24.8	31.0	37.6	1.4	1.4	3.9	93.4
65～69岁	24.9	32.7	35.6	1.4	1.3	4.0	93.2
70～74岁	26.1	31.8	36.1	1.0	0.5	4.5	94.0
总体	23.9	32.9	38.1	1.7	1.1	2.2	94.9

表22-132　不同户口状况对最近一年来所在社区公共服务状况是否有所改善的评价（%）

	有明显改善	略有改善	没什么变化	略有恶化	有明显恶化	不清楚/不了解/不评价	前三项合计
非农业户口（城镇户口）	22.4	33.9	38.9	1.8	1.0	2.0	95.2
农业户口	26.0	31.7	37.1	1.4	1.3	2.5	94.8
居民户口	22.6	33.3	39.1	2.1	1.0	2.0	95.0
总体	23.9	32.9	38.1	1.7	1.1	2.2	94.9

表22-133　不同教育程度对最近一年来所在社区公共服务状况是否有所改善的评价（%）

	有明显改善	略有改善	没什么变化	略有恶化	有明显恶化	不清楚/不了解/不评价	前三项合计
不识字或识字很少	30.6	19.4	36.8	1.6	3.4	8.3	86.8
小学	29.9	24.3	38.2	0.8	1.9	4.9	92.4
初中	25.3	31.1	38.1	1.5	1.2	2.8	94.5
高中（中专/技校）	24.0	34.9	36.2	1.8	1.1	1.9	95.1
大学专科（高职）	22.6	35.0	38.2	1.8	0.8	1.5	95.8
大学本科	21.8	34.6	39.3	1.9	0.8	1.6	95.7
研究生及以上	15.4	29.4	49.9	2.9	0.9	1.5	94.7
总体	23.9	32.9	38.1	1.7	1.1	2.2	94.9

表22-134　不同婚姻状况对最近一年来所在社区公共服务状况是否有所改善的评价（%）

	有明显改善	略有改善	没什么变化	略有恶化	有明显恶化	不清楚/不了解/不评价	前三项合计
未婚	21.1	35.2	39.4	1.6	1.0	1.6	95.7
已婚	24.5	32.5	37.9	1.7	1.1	2.3	94.9
离异独身	21.9	33.3	37.8	2.2	1.6	3.2	93.0
丧偶独身	28.2	28.8	35.1	2.3	1.1	4.7	92.1
总体	23.9	32.9	38.1	1.7	1.1	2.2	94.9

表22-135　不同家庭年收入对最近一年来所在社区公共服务状况是否有所改善的评价（%）

	有明显改善	略有改善	没什么变化	略有恶化	有明显恶化	不清楚/不了解/不评价	前三项合计
低于1万元	22.5	29.2	40.7	2.0	1.9	3.6	92.4
1万～3万元	25.2	31.0	38.3	1.5	1.4	2.6	94.5
3万～5万元	24.1	33.7	37.2	1.9	1.2	1.8	95.0
5万～10万元	24.6	34.5	37.0	1.6	0.8	1.4	96.1
10万～15万元	24.0	33.7	38.4	1.7	0.8	1.4	96.1
15万～25万元	22.2	33.9	39.5	2.1	0.8	1.5	95.6
25万～50万元	19.3	31.9	42.9	2.7	1.2	1.9	94.1
50万元及以上	20.7	30.8	42.8	2.6	2.1	0.9	94.3
不清楚/不回答	22.1	31.9	38.1	1.0	0.8	6.1	92.1
总体	23.9	32.9	38.1	1.7	1.1	2.2	94.9

表22-136　不同省份对最近一年来所在社区公共服务状况是否有所改善的评价（%）

	有明显改善	略有改善	没什么变化	略有恶化	有明显恶化	不清楚/不了解/不评价	前三项合计
北京市	11.4	30.2	53.3	2.4	1.9	0.8	94.9
天津市	10.3	31.7	52.3	3.4	2.1	0.3	94.3
河北省	15.0	32.6	47.2	2.2	1.7	1.5	94.8
山西省	12.3	33.7	50.7	2.1	1.1	0.2	96.7
内蒙古自治区	25.7	32.9	37.5	2.1	0.8	1.1	96.1
辽宁省	13.5	28.6	52.7	3.1	1.4	0.6	94.8
吉林省	19.1	31.0	43.4	1.4	1.8	3.3	93.5
黑龙江省	16.9	27.8	46.3	1.6	1.6	5.8	91.0
上海市	10.2	30.9	52.8	2.1	1.3	2.8	93.9
江苏省	17.5	34.4	40.9	2.1	0.9	4.2	92.8
浙江省	25.6	39.3	30.4	1.1	0.7	3.1	95.3
安徽省	22.7	34.3	38.8	1.5	1.1	1.6	95.8
福建省	25.1	33.1	38.0	1.2	1.1	1.4	96.2
江西省	35.2	29.7	31.1	1.3	1.6	1.1	96.0
山东省	30.6	31.2	34.2	1.3	1.0	1.7	96.0
河南省	22.4	32.1	37.7	1.1	0.8	5.8	92.2

续表

	有明显改善	略有改善	没什么变化	略有恶化	有明显恶化	不清楚/不了解/不评价	前三项合计
湖北省	45.4	28.4	23.2	1.0	0.3	1.7	97.0
湖南省	36.2	33.0	28.5	0.8	0.4	1.2	97.7
广东省	13.6	34.8	45.2	2.1	1.3	3.0	93.6
广西壮族自治区	34.2	31.8	31.6	0.7	1.2	0.6	97.6
海南省	26.3	37.3	32.8	1.4	0.4	1.8	96.4
重庆市	25.3	30.4	37.6	1.6	1.2	3.8	93.3
四川省	27.5	33.6	34.7	1.3	1.0	2.0	95.8
贵州省	55.7	22.9	18.5	1.6	0.8	0.5	97.1
云南省	21.7	35.3	38.3	2.7	1.0	1.1	95.3
西藏自治区	28.3	34.8	33.4	1.0	0.8	1.8	96.5
陕西省	23.3	38.3	34.4	2.5	1.5	—	96.0
甘肃省	15.8	38.2	38.6	1.3	0.9	5.3	92.6
青海省	27.8	39.3	29.0	0.6	1.4	1.9	96.1
宁夏回族自治区	18.3	35.1	37.8	2.9	1.5	4.3	91.2
新疆维吾尔自治区	26.5	35.6	33.0	1.5	0.8	2.6	95.1
总体	23.9	32.9	38.1	1.7	1.1	2.2	94.9

（十一）对居住地食品安全状况的评价

1. 对居住地食品安全状况的总体评价

对居住地食品安全状况表示“非常满意”、“比较满意”和“一般”的分别占 12.7%、26.5%、38.3%，合计为 77.5%。

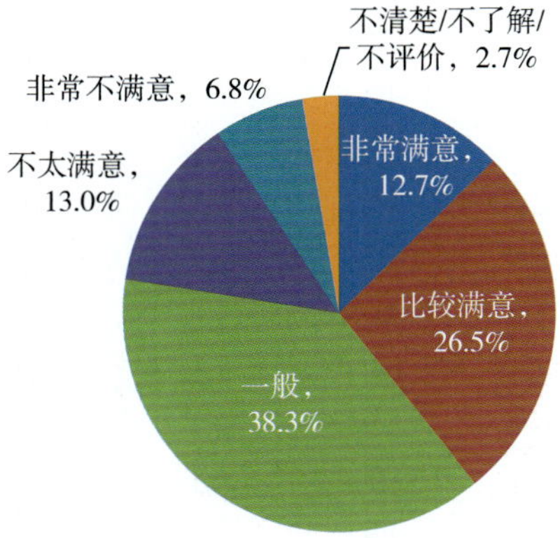

图22-18　对居住地食品安全状况的总体评价

从不同群体看，农村、男性、20 ~ 24 岁、农业户口、大学本科文化程度、未婚、家庭年收入 1 万 ~ 3 万元等群体对居住地食品安全状况的总体评价较高。从不同省份来看，贵州、新疆、西藏等对居住地食品安全状况的总体评价较高。

表22-137　城乡对居住地食品安全状况的总体评价（%）

	非常满意	比较满意	一般	不太满意	非常不满意	不清楚/不了解/不评价	前三项合计
城镇	10.4	26.0	39.8	14.2	7.3	2.3	76.2
农村	16.8	27.3	35.6	10.9	6.1	3.3	79.7
总体	12.7	26.5	38.3	13.0	6.8	2.7	77.5

表22-138　不同性别对居住地食品安全状况的总体评价（%）

	非常满意	比较满意	一般	不太满意	非常不满意	不清楚/不了解/不评价	前三项合计
男	13.6	27.8	37.2	12.0	6.7	2.7	78.6
女	11.7	24.7	39.7	14.3	7.0	2.7	76.1
总体	12.7	26.5	38.3	13.0	6.8	2.7	77.5

表22-139　不同年龄对居住地食品安全状况的总体评价（%）

	非常满意	比较满意	一般	不太满意	非常不满意	不清楚/不了解/不评价	前三项合计
18～19岁	14.8	38.1	32.4	10.6	3.2	1.1	85.3
20～24岁	15.7	31.8	38.3	9.3	3.8	1.1	85.8
25～29岁	13.2	28.6	40.1	11.3	5.5	1.3	81.9
30～34岁	10.5	25.7	40.6	14.1	7.8	1.2	76.8
35～39岁	11.5	23.2	41.2	14.6	7.8	1.7	75.9
40～44岁	12.2	23.7	39.2	14.9	8.0	2.0	75.1
45～49岁	13.4	24.5	37.5	14.3	7.7	2.7	75.4
50～54岁	13.7	26.4	35.6	13.0	7.5	3.8	75.7
55～59岁	15.1	25.0	35.0	12.3	7.6	5.0	75.1
60～64岁	12.3	27.5	35.5	12.8	6.6	5.4	75.3
65～69岁	12.3	28.4	36.0	11.1	4.3	7.8	76.7
70～74岁	12.6	30.8	34.2	11.0	4.5	6.9	77.6
总体	12.7	26.5	38.3	13.0	6.8	2.7	77.5

表22-140　不同户口状况对居住地食品安全状况的总体评价（%）

	非常满意	比较满意	一般	不太满意	非常不满意	不清楚/不了解/不评价	前三项合计
非农业户口（城镇户口）	10.9	26.5	39.0	14.1	7.0	2.5	76.4
农业户口	15.2	26.7	37.2	11.3	6.4	3.1	79.1
居民户口	11.4	25.3	38.9	14.6	7.8	2.0	75.6
总体	12.7	26.5	38.3	13.0	6.8	2.7	77.5

表22-141　不同教育程度对居住地食品安全状况的总体评价（%）

	非常满意	比较满意	一般	不太满意	非常不满意	不清楚/不了解/不评价	前三项合计
不识字或识字很少	27.5	18.9	25.2	9.1	8.5	10.7	71.6
小学	19.2	23.9	34.4	10.0	6.3	6.2	77.5
初中	13.5	26.1	38.6	11.8	6.4	3.6	78.2
高中（中专/技校）	11.0	26.1	39.7	13.2	7.6	2.5	76.8
大学专科（高职）	11.5	25.7	39.7	14.5	6.9	1.7	76.9
大学本科	12.4	29.2	37.4	13.6	6.3	1.2	79.0
研究生及以上	9.1	27.8	37.0	17.0	7.7	1.3	73.9
总体	12.7	26.5	38.3	13.0	6.8	2.7	77.5

表22-142　不同婚姻状况对居住地食品安全状况的总体评价（%）

	非常满意	比较满意	一般	不太满意	非常不满意	不清楚/不了解/不评价	前三项合计
未婚	14.2	31.0	38.7	10.4	4.5	1.1	83.9
已婚	12.5	25.6	38.2	13.5	7.2	2.9	76.3
离异独身	10.8	23.8	37.3	14.6	11.1	2.3	71.9
丧偶独身	14.6	22.9	39.3	10.8	5.7	6.6	76.8
总体	12.7	26.5	38.3	13.0	6.8	2.7	77.5

表22-143　不同家庭年收入对居住地食品安全状况的总体评价（%）

	非常满意	比较满意	一般	不太满意	非常不满意	不清楚/不了解/不评价	前三项合计
低于1万元	13.4	22.4	38.0	13.1	8.6	4.5	73.8
1万～3万元	14.0	26.0	38.3	11.8	6.8	3.2	78.3
3万～5万元	11.9	26.9	38.9	13.1	6.8	2.6	77.7
5万～10万元	12.8	27.0	38.2	13.6	6.6	1.7	78.0
10万～15万元	12.2	27.5	37.9	13.8	6.7	1.8	77.6
15万～25万元	12.4	27.3	37.3	14.2	7.6	1.3	77.0
25万～50万元	10.9	26.6	39.8	14.6	6.7	1.4	77.3
50万元及以上	12.3	27.1	37.6	12.1	9.5	1.3	77.0
不清楚/不回答	13.1	25.4	38.2	11.5	5.3	6.4	76.7
总体	12.7	26.5	38.3	13.0	6.8	2.7	77.5

表22-144　不同省份对居住地食品安全状况的总体评价（%）

	非常满意	比较满意	一般	不太满意	非常不满意	不清楚/不了解/不评价	前三项合计
北京市	6.8	30.2	43.3	13.2	5.9	0.6	80.3
天津市	6.8	24.2	46.0	15.3	6.9	0.8	77.0

续表

	非常满意	比较满意	一般	不太满意	非常不满意	不清楚/不了解/不评价	前三项合计
河北省	7.9	27.5	39.2	15.5	8.0	2.0	74.6
山西省	7.5	25.0	45.7	14.8	6.8	0.2	78.2
内蒙古自治区	12.8	29.8	37.1	11.5	7.8	0.9	79.7
辽宁省	10.1	23.4	43.5	13.5	8.6	0.9	77.0
吉林省	8.9	18.7	37.7	17.3	12.3	5.1	65.3
黑龙江省	8.8	19.1	37.9	13.9	11.9	8.3	65.8
上海市	5.2	24.7	47.5	13.6	5.3	3.8	77.4
江苏省	6.1	24.8	39.5	14.5	7.4	7.6	70.4
浙江省	12.3	32.1	36.6	11.2	4.9	2.9	81.0
安徽省	9.9	29.1	37.6	15.5	6.5	1.4	76.6
福建省	12.1	26.9	41.3	12.9	6.0	0.9	80.3
江西省	23.0	29.8	29.3	11.1	5.8	1.1	82.1
山东省	17.2	26.7	37.2	10.8	6.7	1.3	81.1
河南省	9.0	19.6	39.1	14.9	8.4	8.9	67.7
湖北省	17.7	32.9	30.6	11.5	4.1	3.3	81.2
湖南省	17.0	28.5	33.2	12.5	5.7	3.1	78.7
广东省	5.9	21.4	43.9	16.9	9.3	2.6	71.2
广西壮族自治区	21.9	25.7	34.5	11.9	5.4	0.5	82.1
海南省	14.3	27.8	39.7	10.3	5.7	2.3	81.8
重庆市	14.1	24.9	37.1	12.2	7.1	4.6	76.1
四川省	13.9	27.0	39.0	12.3	6.2	1.5	79.9
贵州省	40.6	24.4	25.6	5.7	3.2	0.6	90.6
云南省	13.8	25.0	43.3	12.6	4.5	0.9	82.1
西藏自治区	17.0	30.9	34.9	10.3	6.3	0.6	82.8
陕西省	11.3	28.6	39.3	14.2	6.4	0.2	79.2
甘肃省	9.3	30.7	34.0	16.0	6.9	3.1	74.0
青海省	13.3	27.1	38.5	11.8	7.5	1.8	78.9
宁夏回族自治区	8.8	30.8	37.9	12.3	6.3	3.9	77.5
新疆维吾尔自治区	18.5	30.9	35.8	8.3	4.4	2.1	85.2
总体	12.7	26.5	38.3	13.0	6.8	2.7	77.5

2. 对最近一年来居住地食品安全状况是否有所改善的评价

对最近一年来居住地食品安全状况是否有所改善，表示“有明显改善”、“略有改善”和“没变化”的分别占 20.2%、28.5%、43.0%，合计为 91.7%。

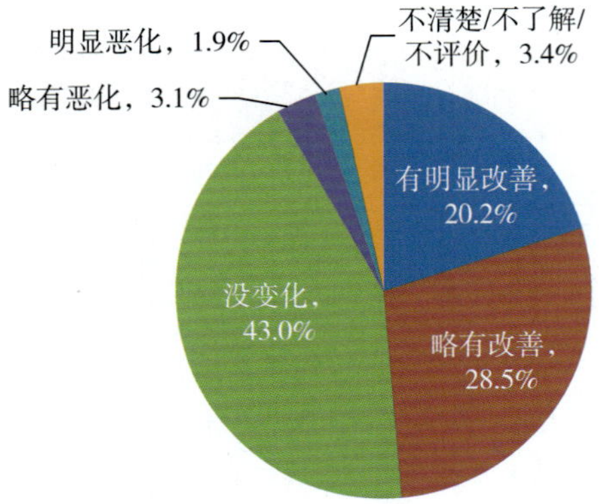

图22-19 对最近一年来居住地食品安全状况是否有所改善的评价

从不同群体看，农村、男性、18 ~ 19 岁、农业户口、大学本科文化程度、未婚、家庭年收入 15 万 ~ 25 万元等群体对最近一年来居住地食品安全状况改善情况的评价较高。从不同省份来看，贵州、广西、青海等对居住地食品安全状况改善情况的评价较高。

表22-145 城乡对最近一年来居住地食品安全状况是否有所改善的评价（%）

	有明显改善	略有改善	没变化	略有恶化	明显恶化	不清楚/不了解/不评价	前三项合计
城镇	17.3	28.7	45.6	3.4	1.8	3.2	91.6
农村	25.4	28.0	38.4	2.6	1.9	3.6	91.8
总体	20.2	28.5	43.0	3.1	1.9	3.4	91.7

表22-146 不同性别对最近一年来居住地食品安全状况是否有所改善的评价（%）

	有明显改善	略有改善	没变化	略有恶化	明显恶化	不清楚/不了解/不评价	前三项合计
男	22.1	29.2	40.7	3.0	2.0	3.0	92.0
女	17.8	27.5	45.9	3.3	1.7	3.8	91.2
总体	20.2	28.5	43.0	3.1	1.9	3.4	91.7

表22-147 不同年龄对最近一年来居住地食品安全状况是否有所改善的评价（%）

	有明显改善	略有改善	没变化	略有恶化	明显恶化	不清楚/不了解/不评价	前三项合计
18 ~ 19岁	19.1	38.0	37.2	2.8	0.9	2.0	94.3
20 ~ 24岁	20.8	32.7	40.4	2.6	1.3	2.2	93.9
25 ~ 29岁	18.9	29.4	44.6	3.6	1.6	2.0	92.9
30 ~ 34岁	16.9	27.8	47.5	4.0	2.0	1.8	92.2
35 ~ 39岁	18.0	26.9	47.0	3.9	1.9	2.4	91.9
40 ~ 44岁	19.5	27.0	44.9	3.6	2.2	2.7	91.4
45 ~ 49岁	21.4	28.9	41.4	2.9	1.7	3.6	91.7
50 ~ 54岁	24.2	28.0	38.8	2.5	2.2	4.3	91.0
55 ~ 59岁	25.3	26.9	38.3	1.8	2.5	5.2	90.5

续表

	有明显改善	略有改善	没变化	略有恶化	明显恶化	不清楚/不了解/不评价	前三项合计
60～64岁	21.3	27.4	40.3	2.3	2.4	6.3	89.0
65～69岁	20.6	28.7	39.4	1.4	1.4	8.5	88.7
70～74岁	23.6	28.7	37.9	1.8	0.8	7.2	90.2
总体	20.2	28.5	43.0	3.1	1.9	3.4	91.7

表22-148　不同户口状况对最近一年来居住地食品安全状况是否有所改善的评价（%）

	有明显改善	略有改善	没变化	略有恶化	明显恶化	不清楚/不了解/不评价	前三项合计
非农业户口（城镇户口）	17.7	28.8	45.0	3.3	1.7	3.4	91.5
农业户口	23.5	28.2	40.1	2.7	2.0	3.5	91.8
居民户口	18.9	27.5	44.8	3.7	2.0	3.1	91.2
总体	20.2	28.5	43.0	3.1	1.9	3.4	91.7

表22-149　不同教育程度对最近一年来居住地食品安全状况是否有所改善的评价（%）

	有明显改善	略有改善	没变化	略有恶化	明显恶化	不清楚/不了解/不评价	前三项合计
不识字或识字很少	29.9	17.8	34.2	2.0	4.4	11.7	81.9
小学	27.4	23.8	37.9	1.9	2.7	6.4	89.1
初中	22.6	27.6	41.1	2.6	2.0	4.1	91.3
高中（中专/技校）	19.5	30.0	42.5	2.9	1.9	3.3	92.0
大学专科（高职）	18.1	29.3	44.6	3.8	1.8	2.5	92.0
大学本科	18.3	29.5	45.2	3.6	1.3	2.0	93.0
研究生及以上	12.3	23.5	55.8	4.5	1.9	2.1	91.6
总体	20.2	28.5	43.0	3.1	1.9	3.4	91.7

表22-150　不同婚姻状况对最近一年来居住地食品安全状况是否有所改善的评价（%）

	有明显改善	略有改善	没变化	略有恶化	明显恶化	不清楚/不了解/不评价	前三项合计
未婚	19.2	31.8	42.5	3.1	1.4	2.0	93.5
已婚	20.6	27.8	43.1	3.1	1.9	3.5	91.5
离异独身	17.0	26.9	45.8	3.0	3.4	3.9	89.7
丧偶独身	20.0	27.6	37.0	2.7	2.4	10.2	84.6
总体	20.2	28.5	43.0	3.1	1.9	3.4	91.7

表22-151　不同家庭年收入对最近一年来居住地食品安全状况是否有所改善的评价（%）

	有明显改善	略有改善	没变化	略有恶化	明显恶化	不清楚/不了解/不评价	前三项合计
低于1万元	19.5	25.8	43.2	2.9	3.4	5.3	88.5
1万～3万元	22.5	28.4	40.3	2.8	2.3	3.6	91.2
3万～5万元	20.7	29.0	42.4	3.0	1.8	3.1	92.1

续表

	有明显改善	略有改善	没变化	略有恶化	明显恶化	不清楚/不了解/不评价	前三项合计
5万～10万元	20.1	29.5	43.2	3.3	1.4	2.4	92.8
10万～15万元	19.9	27.8	45.1	3.4	1.5	2.3	92.8
15万～25万元	18.9	28.0	46.1	3.7	1.6	1.7	93.0
25万～50万元	15.1	27.5	50.0	3.4	1.7	2.3	92.6
50万元及以上	17.4	29.3	44.1	3.7	3.7	1.7	90.8
不清楚/不回答	18.6	27.5	41.4	2.4	1.6	8.5	87.5
总体	20.2	28.5	43.0	3.1	1.9	3.4	91.7

表22-152　不同省份对最近一年来居住地食品安全状况是否有所改善的评价（%）

	有明显改善	略有改善	没变化	略有恶化	明显恶化	不清楚/不了解/不评价	前三项合计
北京市	9.5	23.6	60.2	4.2	1.3	1.3	93.3
天津市	8.0	23.3	60.6	4.8	2.1	1.3	91.9
河北省	14.0	25.9	50.5	3.9	2.0	3.8	90.4
山西省	12.6	29.5	51.5	3.5	2.2	0.8	93.6
内蒙古自治区	20.8	28.2	44.7	3.2	1.4	1.6	93.7
辽宁省	10.7	22.0	59.9	4.0	2.4	1.0	92.6
吉林省	15.3	25.4	46.7	3.9	3.9	4.9	87.4
黑龙江省	12.8	22.0	50.8	3.8	2.8	7.9	85.6
上海市	10.0	21.9	57.3	3.2	1.6	5.9	89.2
江苏省	12.7	27.9	46.5	2.7	2.0	8.3	87.1
浙江省	20.3	35.7	36.1	2.1	1.2	4.6	92.1
安徽省	17.7	29.6	45.6	3.1	1.8	2.2	92.9
福建省	19.5	28.0	44.8	4.0	2.1	1.5	92.3
江西省	31.3	24.6	37.9	3.1	1.8	1.3	93.8
山东省	25.0	27.8	41.2	2.5	1.3	2.2	94.0
河南省	19.5	28.5	40.2	2.4	1.9	7.5	88.2
湖北省	33.3	30.2	30.2	1.8	0.7	3.7	93.7
湖南省	27.6	31.8	34.4	2.8	1.2	2.2	93.8
广东省	11.1	28.5	48.6	4.6	3.6	3.7	88.2
广西壮族自治区	30.9	28.8	34.9	2.8	1.7	0.9	94.6
海南省	24.3	33.7	35.1	2.3	1.4	3.3	93.1
重庆市	20.3	23.6	42.7	3.2	3.4	6.8	86.6
四川省	25.1	28.2	39.6	2.9	1.7	2.4	92.9
贵州省	51.6	24.6	20.5	1.2	0.8	1.4	96.7
云南省	21.2	30.2	42.3	4.3	1.4	0.7	93.7
西藏自治区	25.3	33.1	35.2	3.1	1.4	1.9	93.6
陕西省	20.3	34.8	38.8	3.5	2.1	0.5	93.9
甘肃省	17.4	32.6	40.0	2.8	1.5	5.7	90.0

续表

	有明显改善	略有改善	没变化	略有恶化	明显恶化	不清楚/不了解/不评价	前三项合计
青海省	21.3	34.3	38.5	1.8	1.3	3.0	94.1
宁夏回族自治区	16.4	34.0	40.3	3.0	1.5	4.8	90.7
新疆维吾尔自治区	23.8	31.6	37.6	2.0	1.3	3.7	93.0
总体	20.2	28.5	43.0	3.1	1.9	3.4	91.7

（十二）对居住地司法机关（包括公检法）公正执法状况的总体评价

对居住地司法机关（包括公检法）公正执法状况表示“非常满意”、“比较满意”和“一般”的分别占16.3%、27.0%、34.1%，合计为77.4%。

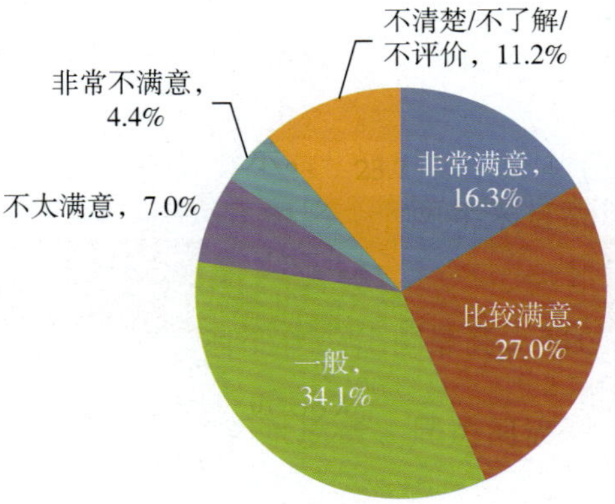

图22-20　对居住地司法机关公正执法状况的总体评价

从不同群体看，城镇、女性、18～19岁、非农业户口、大学本科文化程度、未婚、家庭年收入10万～15万元等群体对居住地司法机关公正执法状况的总体评价较高。从不同省份来看，贵州、云南、湖南等对居住地司法机关公正执法状况的总体评价较高。

表22-153　城乡对居住地司法机关公正执法状况的总体评价（%）

	非常满意	比较满意	一般	不太满意	非常不满意	不清楚/不了解/不评价	前三项合计
城镇	14.4	27.7	35.5	7.0	4.2	11.2	77.6
农村	19.5	25.8	31.6	6.8	4.9	11.3	76.9
总体	16.3	27.0	34.1	7.0	4.4	11.2	77.4

表22-154　不同性别对居住地司法机关公正执法状况的总体评价（%）

	非常满意	比较满意	一般	不太满意	非常不满意	不清楚/不了解/不评价	前三项合计
男	17.2	27.5	32.6	7.7	5.6	9.4	77.3
女	15.1	26.4	36.0	6.0	3.0	13.5	77.5
总体	16.3	27.0	34.1	7.0	4.4	11.2	77.4

表22-155　　不同年龄对居住地司法机关公正执法状况的总体评价（%）

	非常满意	比较满意	一般	不太满意	非常不满意	不清楚/不了解/不评价	前三项合计
18～19岁	18.4	33.3	32.0	6.9	3.5	5.9	83.7
20～24岁	17.2	29.9	35.2	6.4	3.7	7.5	82.3
25～29岁	16.6	27.2	36.0	8.0	4.5	7.6	79.8
30～34岁	14.3	25.9	38.3	7.3	5.6	8.6	78.5
35～39岁	15.4	25.1	37.6	6.7	4.7	10.5	78.1
40～44岁	16.3	24.7	36.1	7.4	4.7	10.8	77.1
45～49岁	17.0	26.3	33.1	7.4	4.6	11.5	76.4
50～54岁	17.3	27.9	30.8	6.6	4.1	13.2	76.0
55～59岁	18.8	27.5	28.6	6.7	4.9	13.5	74.9
60～64岁	15.6	29.1	28.2	5.9	3.9	17.3	72.9
65～69岁	14.6	30.2	27.7	5.4	2.9	19.2	72.5
70～74岁	16.6	29.9	24.9	5.0	2.3	21.3	71.4
总体	16.3	27.0	34.1	7.0	4.4	11.2	77.4

表22-156　　不同户口状况对居住地司法机关公正执法状况的总体评价（%）

	非常满意	比较满意	一般	不太满意	非常不满意	不清楚/不了解/不评价	前三项合计
非农业户口（城镇户口）	15.4	29.1	34.0	6.3	3.7	11.6	78.5
农业户口	17.2	24.9	33.7	7.7	5.5	11.0	75.8
居民户口	16.4	26.2	35.8	7.3	4.0	10.3	78.4
总体	16.3	27.0	34.1	7.0	4.4	11.2	77.4

表22-157　　不同教育程度对居住地司法机关公正执法状况的总体评价（%）

	非常满意	比较满意	一般	不太满意	非常不满意	不清楚/不了解/不评价	前三项合计
不识字或识字很少	27.2	15.4	23.8	4.4	7.3	21.9	66.4
小学	20.7	21.2	27.3	6.2	6.1	18.5	69.2
初中	15.3	25.0	34.2	7.4	5.0	13.0	74.5
高中（中专/技校）	14.1	27.0	35.2	7.9	5.1	10.8	76.3
大学专科（高职）	15.7	27.6	36.4	6.8	3.8	9.7	79.7
大学本科	18.4	31.2	33.1	6.0	3.0	8.3	82.7
研究生及以上	12.8	30.3	37.0	7.7	4.0	8.1	80.1
总体	16.3	27.0	34.1	7.0	4.4	11.2	77.4

表22-158　　不同婚姻状况对居住地司法机关公正执法状况的总体评价（%）

	非常满意	比较满意	一般	不太满意	非常不满意	不清楚/不了解/不评价	前三项合计
未婚	16.7	29.1	35.3	6.9	4.6	7.5	81.1
已婚	16.3	26.7	33.9	6.9	4.3	11.8	76.9
离异独身	13.6	23.2	34.1	9.5	8.5	11.2	70.9

续表

	非常满意	比较满意	一般	不太满意	非常不满意	不清楚/不了解/不评价	前三项合计
丧偶独身	16.9	28.5	26.7	4.4	5.0	18.7	72.1
总体	16.3	27.0	34.1	7.0	4.4	11.2	77.4

表22-159　不同家庭年收入对居住地司法机关公正执法状况的总体评价（%）

	非常满意	比较满意	一般	不太满意	非常不满意	不清楚/不了解/不评价	前三项合计
低于1万元	16.1	21.6	33.8	7.5	7.3	13.6	71.5
1万～3万元	16.3	25.5	33.9	7.3	5.4	11.6	75.7
3万～5万元	15.5	26.8	35.6	7.0	4.2	10.8	77.9
5万～10万元	16.8	29.3	33.9	6.8	3.6	9.5	80.0
10万～15万元	17.5	29.0	34.1	6.6	3.8	9.0	80.6
15万～25万元	17.1	28.5	34.0	7.6	4.5	8.3	79.6
25万～50万元	14.5	27.8	36.2	9.1	4.7	7.6	78.5
50万元及以上	14.8	24.5	31.4	10.5	11.8	7.1	70.7
不清楚/不回答	14.7	24.4	31.1	5.1	3.2	21.4	70.2
总体	16.3	27.0	34.1	7.0	4.4	11.2	77.4

表22-160　不同省份对居住地司法机关公正执法状况的总体评价（%）

	非常满意	比较满意	一般	不太满意	非常不满意	不清楚/不了解/不评价	前三项合计
北京市	8.3	29.7	38.8	7.4	4.4	11.5	76.8
天津市	10.3	28.8	41.1	7.7	4.5	7.6	80.2
河北省	9.3	24.9	34.2	8.0	5.8	17.9	68.4
山西省	9.0	26.9	45.5	9.5	6.4	2.6	81.4
内蒙古自治区	13.8	29.5	35.5	6.8	6.2	8.2	78.8
辽宁省	11.4	25.9	40.2	8.9	7.9	5.8	77.5
吉林省	13.6	25.7	34.5	7.4	6.6	12.1	73.8
黑龙江省	12.7	20.4	35.1	6.6	7.4	17.8	68.2
上海市	7.1	22.8	38.4	8.1	3.0	20.6	68.3
江苏省	9.6	29.5	31.8	6.0	3.1	20.0	70.9
浙江省	14.7	33.4	30.3	4.6	2.6	14.4	78.4
安徽省	13.6	28.6	32.8	8.2	4.4	12.4	75.0
福建省	13.5	26.5	43.7	7.4	3.9	4.9	83.7
江西省	29.6	27.0	28.0	7.0	4.6	3.8	84.6
山东省	23.4	27.3	31.5	5.2	4.3	8.3	82.2
河南省	13.1	23.4	33.9	7.6	4.3	17.6	70.4
湖北省	26.7	34.8	22.9	5.1	1.4	9.0	84.4

续表

	非常满意	比较满意	一般	不太满意	非常不满意	不清楚/不了解/不评价	前三项合计
湖南省	27.1	30.4	27.6	6.8	3.3	4.8	85.1
广东省	7.1	21.2	43.0	9.3	5.6	13.8	71.3
广西壮族自治区	26.5	24.8	33.1	7.2	4.3	4.2	84.4
海南省	15.4	26.8	35.9	8.1	4.2	9.6	78.1
重庆市	16.4	21.9	32.4	6.7	3.6	18.9	70.7
四川省	17.9	26.4	32.6	7.1	4.4	11.6	76.9
贵州省	49.1	21.4	20.2	4.0	1.9	3.5	90.7
云南省	15.9	27.4	42.2	7.1	3.6	3.7	85.5
西藏自治区	21.7	32.3	28.6	6.1	4.0	7.4	82.6
陕西省	14.3	30.7	38.7	8.7	6.1	1.4	83.7
甘肃省	9.2	26.8	30.7	7.0	4.1	22.1	66.7
青海省	17.2	31.8	30.8	4.8	3.1	12.3	79.8
宁夏回族自治区	11.1	28.8	29.6	5.3	3.9	21.3	69.5
新疆维吾尔自治区	18.8	28.5	31.3	4.6	4.2	12.6	78.6
总体	16.3	27.0	34.1	7.0	4.4	11.2	77.4

（十三）对最近一年来社会上的贫富差距状况的评价

对最近一年来社会上的贫富差距状况表示“有明显缩小”、“略有缩小”和“没变化”的分别占10.4%、18.2%、28.5%，合计为57.1%。

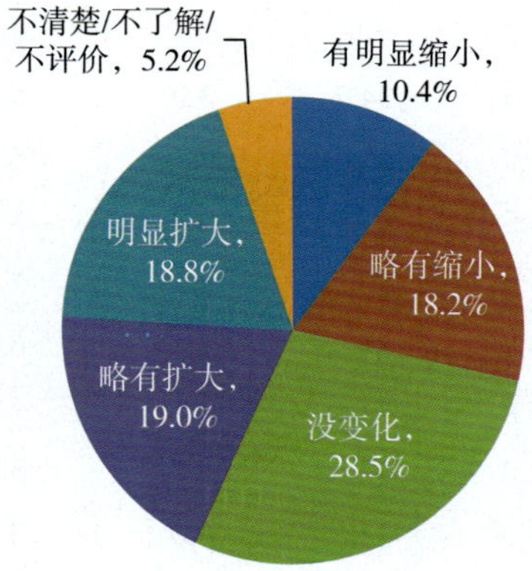

图22-21　对最近一年来社会上的贫富差距状况的评价

从不同群体看，农村、女性、18 ~ 19岁、农业户口、初中文化程度、未婚、家庭年收入5万 ~ 10万元等群体认为最近一年来社会上的贫富差距状况“有明显缩小”、“略有缩小”和“没变化”的合计比重较高。从不同省份来看，贵州、湖南、新疆等认为贫富差距状况“有明显缩小”、“略有缩小”和“没变化”的合计比重较高。

表22-161　　城乡对最近一年来社会上的贫富差距状况的评价（%）

	非常满意	比较满意	一般	不太满意	非常不满意	不清楚/不了解/不评价	前三项合计
城镇	8.8	18.3	28.4	20.7	18.6	5.3	55.5
农村	13.0	18.1	28.7	16.0	19.0	5.1	59.8
总体	10.4	18.2	28.5	19.0	18.8	5.2	57.1

表22-162　　不同性别对最近一年来社会上的贫富差距状况的评价（%）

	非常满意	比较满意	一般	不太满意	非常不满意	不清楚/不了解/不评价	前三项合计
男	11.2	18.2	25.6	20.0	20.8	4.1	55.0
女	9.2	18.2	32.2	17.7	16.1	6.7	59.6
总体	10.4	18.2	28.5	19.0	18.8	5.2	57.1

表22-163　　不同年龄对最近一年来社会上的贫富差距状况的评价（%）

	非常满意	比较满意	一般	不太满意	非常不满意	不清楚/不了解/不评价	前三项合计
18～19岁	11.6	30.6	31.2	15.6	8.1	2.9	73.4
20～24岁	9.1	24.7	34.0	17.8	11.4	3.1	67.8
25～29岁	9.3	19.1	32.4	20.4	15.9	3.0	60.8
30～34岁	7.8	17.1	30.8	21.0	19.6	3.8	55.7
35～39岁	9.7	16.1	27.3	21.5	20.8	4.6	53.1
40～44岁	10.8	16.3	26.7	20.8	20.5	4.9	53.8
45～49岁	11.1	18.3	26.5	18.8	20.5	4.8	55.9
50～54岁	12.5	17.7	25.7	17.7	20.4	6.0	55.9
55～59岁	12.9	16.8	25.7	17.2	20.7	6.7	55.4
60～64岁	11.3	16.3	27.3	14.4	21.5	9.2	54.9
65～69岁	10.8	19.4	26.6	14.9	18.2	10.1	56.8
70～74岁	12.8	19.5	25.3	12.7	15.8	13.9	57.6
总体	10.4	18.2	28.5	19.0	18.8	5.2	57.1

表22-164　　不同户口状况对最近一年来社会上的贫富差距状况的评价（%）

	非常满意	比较满意	一般	不太满意	非常不满意	不清楚/不了解/不评价	前三项合计
非农业户口（城镇户口）	9.5	18.9	27.9	20.5	18.0	5.3	56.3
农业户口	11.4	17.6	29.6	16.8	19.4	5.2	58.6
居民户口	10.3	17.2	27.3	20.6	19.8	4.8	54.8
总体	10.4	18.2	28.5	19.0	18.8	5.2	57.1

表22-165 不同教育程度对最近一年来社会上的贫富差距状况的评价（%）

	非常满意	比较满意	一般	不太满意	非常不满意	不清楚/不了解/不评价	前三项合计
不识字或识字很少	12.1	8.1	32.2	8.5	23.8	15.2	52.4
小学	13.1	12.5	29.2	11.9	23.5	9.8	54.8
初中	11.8	16.3	30.1	15.4	20.1	6.4	58.2
高中（中专/技校）	10.1	19.2	27.5	18.8	19.7	4.7	56.8
大学专科（高职）	9.7	19.3	28.5	21.1	17.3	4.1	57.5
大学本科	9.2	21.0	27.9	23.0	15.3	3.7	58.1
研究生及以上	5.8	14.7	23.4	31.1	22.2	2.8	43.9
总体	10.4	18.2	28.5	19.0	18.8	5.2	57.1

表22-166 不同婚姻状况对最近一年来社会上的贫富差距状况的评价（%）

	非常满意	比较满意	一般	不太满意	非常不满意	不清楚/不了解/不评价	前三项合计
未婚	8.6	22.2	32.2	19.5	14.3	3.2	63.0
已婚	10.8	17.5	27.8	19.0	19.4	5.5	56.1
离异独身	9.5	14.9	26.5	17.7	26.4	5.0	50.9
丧偶独身	9.3	16.0	28.2	13.4	19.3	13.9	53.5
总体	10.4	18.2	28.5	19.0	18.8	5.2	57.1

表22-167 不同家庭年收入对最近一年来社会上的贫富差距状况的评价（%）

	非常满意	比较满意	一般	不太满意	非常不满意	不清楚/不了解/不评价	前三项合计
低于1万元	11.1	15.2	29.6	15.1	23.1	5.9	55.9
1万～3万元	11.3	16.9	29.6	16.0	21.1	5.2	57.8
3万～5万元	10.1	18.2	29.3	18.8	19.3	4.3	57.6
5万～10万元	10.8	19.6	28.1	20.5	17.1	3.9	58.5
10万～15万元	10.2	20.7	26.6	21.5	17.1	3.9	57.5
15万～25万元	9.7	17.9	25.8	24.3	18.5	3.9	53.4
25万～50万元	8.9	16.4	27.0	24.5	20.0	3.3	52.3
50万元及以上	8.0	16.4	23.0	22.6	26.9	3.0	47.4
不清楚/不回答	8.4	16.5	30.8	14.4	15.1	14.8	55.7
总体	10.4	18.2	28.5	19.0	18.8	5.2	57.1

表22-168 不同省份对最近一年来社会上的贫富差距状况的评价（%）

	非常满意	比较满意	一般	不太满意	非常不满意	不清楚/不了解/不评价	前三项合计
北京市	4.2	14.4	32.5	21.0	24.5	3.5	51.1
天津市	3.5	13.9	32.8	28.8	18.1	2.9	50.2
河北省	5.8	14.8	31.3	20.9	21.0	6.3	51.9
山西省	5.9	16.9	36.9	21.3	17.8	1.2	59.7
内蒙古自治区	8.5	20.5	35.9	15.6	16.3	3.2	64.9

续表

	非常满意	比较满意	一般	不太满意	非常不满意	不清楚/不了解/不评价	前三项合计
辽宁省	6.3	13.1	38.1	20.5	20.2	1.7	57.5
吉林省	7.2	13.4	32.2	19.8	20.6	6.8	52.8
黑龙江省	8.4	14.8	36.2	15.3	17.1	8.1	59.4
上海市	3.3	10.9	28.5	23.5	25.8	8.1	42.7
江苏省	5.5	14.6	28.3	20.7	21.7	9.1	48.4
浙江省	8.1	20.0	26.2	23.0	16.0	6.7	54.3
安徽省	7.3	18.7	25.2	22.3	23.0	3.4	51.2
福建省	8.7	15.4	29.3	21.9	20.9	3.8	53.4
江西省	16.3	17.2	25.2	18.9	19.7	2.7	58.7
山东省	11.8	16.3	29.5	19.2	18.7	4.6	57.6
河南省	8.3	15.6	28.7	17.0	20.6	9.8	52.6
湖北省	14.8	22.1	25.2	16.3	17.3	4.4	62.1
湖南省	16.5	27.4	24.4	15.9	11.8	4.1	68.3
广东省	5.0	13.2	30.0	21.3	23.9	6.6	48.2
广西壮族自治区	19.4	20.7	24.7	17.8	15.3	2.2	64.8
海南省	10.5	22.8	26.4	18.4	14.3	7.6	59.7
重庆市	12.1	16.0	24.3	18.1	17.7	11.8	52.4
四川省	13.9	20.9	24.8	17.7	18.0	4.8	59.6
贵州省	41.6	23.9	15.2	9.4	7.2	2.6	80.7
云南省	12.3	23.1	28.3	19.8	14.7	1.8	63.7
西藏自治区	13.6	23.8	25.2	15.1	16.8	5.6	62.6
陕西省	9.5	27.1	27.7	19.7	15.4	0.6	64.3
甘肃省	5.1	17.2	26.9	19.5	25.6	5.8	49.2
青海省	11.2	20.8	28.5	16.7	19.9	2.9	60.5
宁夏回族自治区	6.8	19.1	25.3	17.1	21.8	10.0	51.2
新疆维吾尔自治区	13.6	22.8	29.2	13.9	14.8	5.6	65.6
总体	10.4	18.2	28.5	19.0	18.8	5.2	57.1

（十四）对自己目前生活状况的评价

对自己目前生活状况总体“非常满意”、“比较满意”和“一般”的分别占 14.1%、35.4%、39.4%，合计为 88.9%。

与 2015 年比较，认为总体生活状况“有明显改善”、“有一定改善”、“没变化”的分别占 14.5%、31.1%、37.2%，合计为 82.8%。对未来生活，表示“非常有信心”、“比较有信心”和“一般”的分别占 35.0%、34.6%、20.5%，合计为 90.1%。认为自己的生活水平在当地处于“非常好”、“中等偏上”、“中等”的分别占 1.5%、13.7%、58.4%，合计为 73.6%。

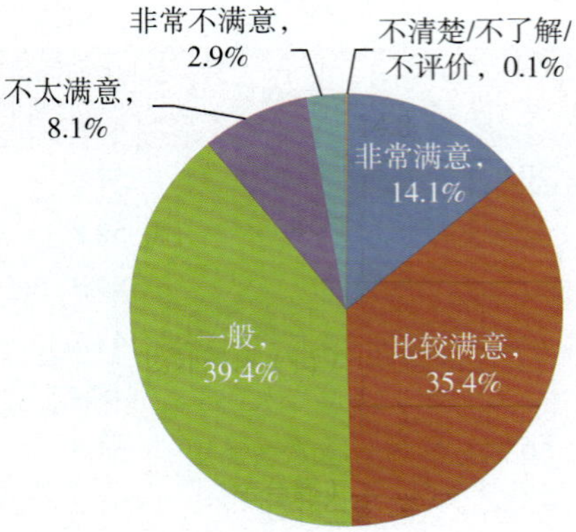

图22-22 对自己目前生活状况的评价

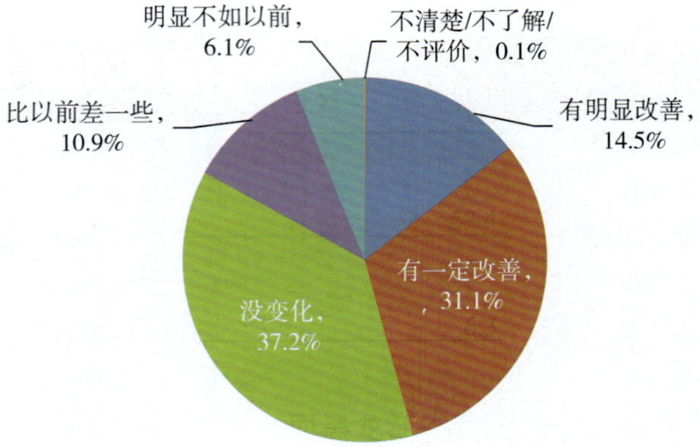

图22-23 与2015年比较，对总体生活状况改善情况的评价

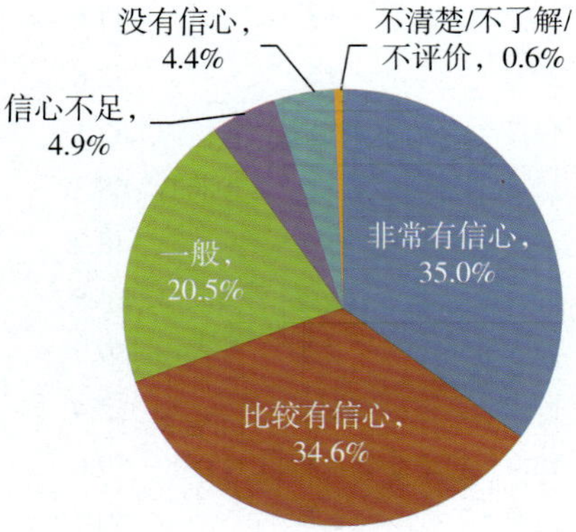

图22-24 对未来生活信心的评价

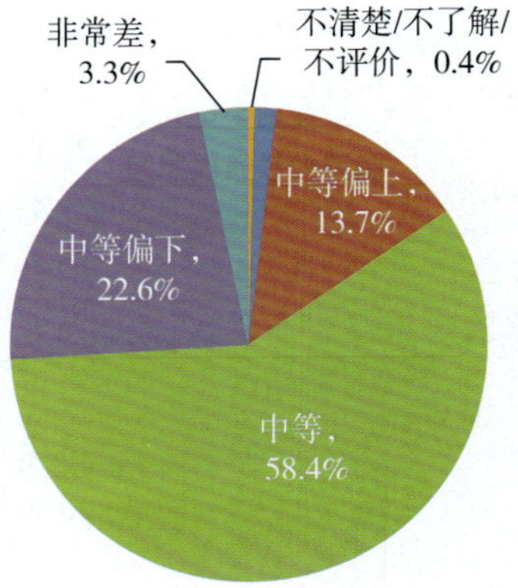

图22-25 对个人生活水平在当地所处水平的评价

表22-169 城乡对自己目前生活状况的评价（%）

	非常满意	比较满意	一般	不太满意	非常不满意	不清楚/不了解/不评价	前三项合计
城镇	12.1	38.0	39.4	7.9	2.5	0.1	89.5
农村	17.7	30.9	39.2	8.4	3.6	0.2	87.8
总体	14.1	35.4	39.4	8.1	2.9	0.1	88.9

表22-170 不同性别对自己目前生活状况的评价（%）

	非常满意	比较满意	一般	不太满意	非常不满意	不清楚/不了解/不评价	前三项合计
男	15.1	34.9	38.3	8.2	3.4	0.1	88.3
女	12.9	36.2	40.7	7.9	2.3	0.1	89.8
总体	14.1	35.4	39.4	8.1	2.9	0.1	88.9

表22-171 不同年龄对自己目前生活状况的评价（%）

	非常满意	比较满意	一般	不太满意	非常不满意	不清楚/不了解/不评价	前三项合计
18～19岁	17.4	42.2	32.4	6.7	1.4	—	92.0
20～24岁	13.2	38.1	37.9	8.4	2.3	0.1	89.2

续表

	非常满意	比较满意	一般	不太满意	非常不满意	不清楚/不了解/不评价	前三项合计
25～29岁	10.9	35.2	41.5	10.0	2.4	0.0	87.6
30～34岁	9.4	35.0	42.8	9.7	3.0	0.0	87.2
35～39岁	11.7	34.1	42.1	9.4	2.7	0.0	87.9
40～44岁	12.8	33.4	42.0	8.6	3.1	0.1	88.2
45～49岁	15.3	33.2	39.4	8.2	3.9	0.1	87.9
50～54岁	17.0	35.0	38.0	6.4	3.4	0.2	90.0
55～59岁	20.0	35.2	35.6	5.4	3.6	0.3	90.8
60～64岁	19.3	37.3	34.3	6.0	2.7	0.3	90.9
65～69岁	21.7	38.4	32.6	5.0	1.8	0.6	92.7
70～74岁	23.5	44.5	28.0	2.3	1.5	0.2	96.0
总体	14.1	35.4	39.4	8.1	2.9	0.1	88.9

表22-172　　不同户口状况对自己目前生活状况的评价（%）

	非常满意	比较满意	一般	不太满意	非常不满意	不清楚/不了解/不评价	前三项合计
非农业户口（城镇户口）	13.5	39.6	37.3	7.1	2.4	0.1	90.4
农业户口	15.1	30.5	41.5	9.2	3.5	0.2	87.1
居民户口	13.5	35.8	40.1	7.7	3.0	0.1	89.4
总体	14.1	35.4	39.4	8.1	2.9	0.1	88.9

表22-173　　不同教育程度对自己目前生活状况的评价（%）

	非常满意	比较满意	一般	不太满意	非常不满意	不清楚/不了解/不评价	前三项合计
不识字或识字很少	31.9	19.2	33.0	8.5	6.7	0.6	84.1
小学	23.7	26.0	36.0	7.8	5.9	0.6	85.7
初中	14.3	29.0	43.9	9.0	3.7	0.1	87.2
高中（中专/技校）	12.2	33.1	42.2	9.1	3.3	0.1	87.5
大学专科（高职）	12.4	37.9	40.0	7.4	2.2	0.0	90.3
大学本科	13.8	45.5	32.9	6.7	1.1	0.0	92.2
研究生及以上	10.2	49.9	31.0	6.6	2.2	0.1	91.1
总体	14.1	35.4	39.4	8.1	2.9	0.1	88.9

表22-174　　不同婚姻状况对自己目前生活状况的评价（%）

	非常满意	比较满意	一般	不太满意	非常不满意	不清楚/不了解/不评价	前三项合计
未婚	11.9	36.7	38.8	9.7	2.9	0.1	87.4
已婚	14.7	35.6	39.4	7.6	2.7	0.1	89.7
离异独身	9.5	24.1	43.6	14.8	7.8	0.2	77.2
丧偶独身	18.8	32.8	38.6	4.8	3.8	1.2	90.2
总体	14.1	35.4	39.4	8.1	2.9	0.1	88.9

表22-175　　不同家庭年收入对自己目前生活状况的评价（%）

	非常满意	比较满意	一般	不太满意	非常不满意	不清楚/不了解/不评价	前三项合计
低于1万元	12.7	23.3	42.9	11.8	9.1	0.2	78.9
1万～3万元	13.5	27.9	43.0	10.5	5.0	0.2	84.4
3万～5万元	12.8	31.7	43.7	9.0	2.8	0.1	88.2
5万～10万元	14.2	38.4	38.3	7.4	1.7	0.1	90.9
10万～15万元	15.6	43.3	33.6	6.3	1.1	0.0	92.5
15万～25万元	16.8	45.8	31.6	4.6	1.0	0.0	94.2
25万～50万元	15.7	50.1	29.2	4.5	0.4	0.1	95.0
50万元及以上	18.7	45.4	26.2	6.5	3.2	—	90.3
不清楚/不回答	14.8	35.8	40.7	6.1	2.2	0.4	91.3
总体	14.1	35.4	39.4	8.1	2.9	0.1	88.9

表22-176　　不同省份对自己目前生活状况的评价（%）

	非常满意	比较满意	一般	不太满意	非常不满意	不清楚/不了解/不评价	前三项合计
北京市	9.5	38.6	38.8	9.8	3.2	0.1	86.9
天津市	6.3	37.3	45.2	9.2	2.0	—	88.8
河北省	9.7	39.4	37.6	9.6	3.7	0.1	86.7
山西省	7.8	32.1	44.1	12.2	3.7	—	84.0
内蒙古自治区	13.3	38.1	37.3	6.8	4.2	0.2	88.7
辽宁省	9.9	32.6	41.8	10.5	5.2	—	84.3
吉林省	10.7	32.1	43.1	9.4	4.5	0.1	85.9
黑龙江省	9.6	31.2	44.3	10.1	4.6	0.2	85.1
上海市	6.2	35.0	46.8	8.8	2.9	0.2	88.0
江苏省	9.0	40.6	40.8	6.8	2.5	0.3	90.4
浙江省	12.8	41.2	38.1	6.4	1.4	0.1	92.1
安徽省	14.6	39.2	36.2	7.4	2.6	0.1	90.0
福建省	11.9	35.8	40.2	9.3	2.7	0.1	87.9
江西省	24.5	33.7	31.8	7.2	2.8	0.1	90.0
山东省	20.1	36.3	34.9	6.2	2.5	0.1	91.3
河南省	13.3	31.6	42.3	8.6	3.8	0.4	87.2
湖北省	21.7	41.5	30.4	4.5	1.7	0.2	93.6
湖南省	21.0	39.4	31.3	6.8	1.4	0.1	91.7
广东省	6.5	30.2	47.9	11.4	3.7	0.3	84.6
广西壮族自治区	21.9	30.3	36.1	8.6	3.1	—	88.3
海南省	13.9	31.8	44.1	7.6	2.5	0.1	89.8
重庆市	17.6	33.9	39.4	6.1	2.9	0.2	90.9
四川省	14.1	34.2	41.4	7.6	2.7	—	89.7
贵州省	40.0	29.0	26.3	3.7	1.0	—	95.3

续表

	非常满意	比较满意	一般	不太满意	非常不满意	不清楚/不了解/不评价	前三项合计
云南省	13.4	29.6	47.0	7.9	2.2	—	90.0
西藏自治区	19.1	42.1	32.0	4.8	2.0	0.1	93.2
陕西省	9.3	36.3	42.2	9.1	3.1	—	87.8
甘肃省	8.9	36.4	42.5	9.6	2.6	0.1	87.8
青海省	17.4	37.0	36.4	6.3	2.9	—	90.8
宁夏回族自治区	10.5	41.1	37.7	8.1	2.3	0.3	89.3
新疆维吾尔自治区	16.2	33.6	39.3	7.9	2.8	0.2	89.1
总体	14.1	35.4	39.4	8.1	2.9	0.1	88.9

表22-177　城乡对个人总体生活状况改善情况的评价（%）

	有明显改善	有一定改善	没变化	比以前差一些	明显不如以前	不清楚/不了解/不评价	前三项合计
城镇	12.5	32.5	39.2	10.4	5.2	0.1	84.2
农村	17.9	28.6	33.6	11.9	7.8	0.2	80.1
总体	14.5	31.1	37.2	10.9	6.1	0.1	82.8

表22-178　不同性别对个人总体生活状况改善情况的评价（%）

	有明显改善	有一定改善	没变化	比以前差一些	明显不如以前	不清楚/不了解/不评价	前三项合计
男	15.4	31.2	34.9	11.7	6.7	0.2	81.5
女	13.4	31.0	40.2	10.0	5.4	0.1	84.6
总体	14.5	31.1	37.2	10.9	6.1	0.1	82.8

表22-179　不同年龄对个人总体生活状况改善情况的评价（%）

	有明显改善	有一定改善	没变化	比以前差一些	明显不如以前	不清楚/不了解/不评价	前三项合计
18～19岁	20.5	42.2	27.1	6.7	3.3	0.2	89.8
20～24岁	17.7	40.3	31.2	7.2	3.3	0.2	89.2
25～29岁	14.9	38.2	32.9	9.1	4.9	0.0	86.0
30～34岁	12.2	34.3	35.6	11.6	6.3	0.1	82.1
35～39岁	12.0	31.3	36.7	13.2	6.8	0.1	80.0
40～44岁	12.1	26.9	39.2	14.3	7.5	0.1	78.2
45～49岁	13.5	25.4	38.9	13.7	8.4	0.1	77.8
50～54岁	14.7	26.5	40.1	11.4	7.2	0.1	81.3
55～59岁	16.8	26.3	39.8	9.8	6.9	0.4	82.9
60～64岁	17.1	25.8	43.2	8.5	4.9	0.5	86.1
65～69岁	18.6	29.2	41.8	6.7	3.4	0.4	89.6
70～74岁	21.4	30.9	40.1	4.5	2.6	0.6	92.4
总体	14.5	31.1	37.2	10.9	6.1	0.1	82.8

表22-180　不同户口状况对个人总体生活状况改善情况的评价（%）

	有明显改善	有一定改善	没变化	比以前差一些	明显不如以前	不清楚/不了解/不评价	前三项合计
非农业户口（城镇户口）	12.7	32.8	39.7	9.9	4.7	0.1	85.2
农业户口	16.5	29.4	33.8	12.4	7.7	0.2	79.7
居民户口	14.8	30.1	39.0	10.1	5.9	0.2	83.9
总体	14.5	31.1	37.2	10.9	6.1	0.1	82.8

表22-181　不同教育程度对个人总体生活状况改善情况的评价（%）

	有明显改善	有一定改善	没变化	比以前差一些	明显不如以前	不清楚/不了解/不评价	前三项合计
不识字或识字很少	24.5	20.1	34.8	9.8	10.3	0.6	79.4
小学	19.6	21.8	35.5	12.2	10.6	0.3	76.9
初中	15.2	24.5	37.3	13.7	9.0	0.3	77.0
高中（中专/技校）	14.2	29.4	37.3	12.3	6.7	0.1	80.9
大学专科（高职）	13.5	35.2	37.3	9.6	4.4	0.1	86.0
大学本科	13.3	39.0	37.5	7.8	2.4	0.1	89.8
研究生及以上	7.9	42.0	39.7	7.0	3.3	0.1	89.6
总体	14.5	31.1	37.2	10.9	6.1	0.1	82.8

表22-182　不同婚姻状况对个人总体生活状况改善情况的评价（%）

	有明显改善	有一定改善	没变化	比以前差一些	明显不如以前	不清楚/不了解/不评价	前三项合计
未婚	15.5	40.1	32.4	7.9	4.1	0.1	88.0
已婚	14.4	29.6	38.1	11.5	6.3	0.1	82.1
离异独身	11.1	24.2	38.0	14.3	11.9	0.5	73.3
丧偶独身	16.7	23.5	44.6	8.9	5.4	0.9	84.8
总体	14.5	31.1	37.2	10.9	6.1	0.1	82.8

表22-183　不同家庭年收入对个人总体生活状况改善情况的评价（%）

	有明显改善	有一定改善	没变化	比以前差一些	明显不如以前	不清楚/不了解/不评价	前三项合计
低于1万元	13.0	21.6	38.6	13.8	12.7	0.2	73.2
1万~3万元	13.7	25.0	37.8	13.6	9.7	0.2	76.5
3万~5万元	13.3	29.4	38.1	12.3	6.9	0.1	80.8
5万~10万元	14.4	33.9	36.9	10.6	4.1	0.1	85.2
10万~15万元	15.1	36.3	36.2	9.0	3.3	0.1	87.6
15万~25万元	17.2	37.3	34.3	8.2	3.1	—	88.8
25万~50万元	15.4	41.0	32.2	7.8	3.5	0.2	88.6
50万元及以上	22.2	34.0	29.0	6.9	7.9	—	85.2
不清楚/不回答	16.1	31.3	40.5	7.3	4.2	0.6	87.9
总体	14.5	31.1	37.2	10.9	6.1	0.1	82.8

表22-184　　不同省份对个人总体生活状况改善情况的评价（%）

	有明显改善	有一定改善	没变化	比以前差一些	明显不如以前	不清楚/不了解/不评价	前三项合计
北京市	6.8	32.5	47.3	9.0	4.3	0.2	86.6
天津市	6.2	30.8	48.6	10.9	3.5	—	85.6
河北省	9.0	31.1	36.6	14.3	9.1	—	76.7
山西省	8.6	22.7	35.3	21.3	12.0	0.1	66.6
内蒙古自治区	14.1	28.0	38.5	11.7	7.7	—	80.6
辽宁省	9.1	25.4	40.6	14.8	10.1	0.1	75.1
吉林省	9.7	23.4	49.1	11.4	6.4	0.1	82.2
黑龙江省	9.3	25.8	40.8	12.8	11.5	—	75.9
上海市	6.8	31.6	47.8	9.5	4.2	0.2	86.2
江苏省	10.5	35.2	45.0	6.4	2.4	0.5	90.7
浙江省	13.3	34.0	40.6	8.9	3.0	0.1	87.9
安徽省	12.6	28.6	41.6	12.2	4.9	0.1	82.8
福建省	15.6	25.7	38.1	11.5	8.4	0.7	79.4
江西省	24.5	30.3	30.1	9.3	5.6	0.2	84.9
山东省	16.7	34.0	38.7	7.8	2.8	—	89.4
河南省	12.3	31.2	37.0	11.5	7.5	0.5	80.5
湖北省	24.5	34.6	34.0	5.0	1.8	0.1	93.1
湖南省	18.1	35.4	32.3	10.5	3.4	0.2	85.8
广东省	11.8	32.7	37.1	11.7	6.4	0.3	81.6
广西壮族自治区	24.9	31.2	28.9	9.8	5.3	—	85.0
海南省	16.3	34.6	33.7	10.6	4.7	0.2	84.6
重庆市	14.9	25.9	40.0	12.6	6.6	0.1	80.8
四川省	16.5	33.8	30.7	12.1	6.8	—	81.0
贵州省	41.0	29.6	21.1	5.5	2.9	—	91.7
云南省	14.9	41.2	30.7	8.6	4.4	0.1	86.8
西藏自治区	19.2	36.8	33.3	7.0	3.8	—	89.3
陕西省	9.7	31.3	36.5	15.0	7.4	0.1	77.5
甘肃省	8.5	31.5	41.1	11.9	7.0	0.1	81.1
青海省	16.9	31.2	34.0	11.2	6.8	—	82.1
宁夏回族自治区	13.2	28.4	35.0	13.0	10.2	0.3	76.6
新疆维吾尔自治区	15.3	27.5	31.7	14.3	10.9	0.3	74.5
总体	14.5	31.1	37.2	10.9	6.1	0.1	82.8

表22-185 城乡对未来生活信心的评价（%）

	非常有信心	比较有信心	一般	信心不足	没有信心	不清楚/不了解/不评价	前三项合计
城镇	31.7	36.8	21.9	5.1	4.1	0.5	90.4
农村	40.7	30.7	18.1	4.7	5.0	0.8	89.5
总体	35.0	34.6	20.5	4.9	4.4	0.6	90.1

表22-186 不同性别对未来生活信心的评价（%）

	非常有信心	比较有信心	一般	信心不足	没有信心	不清楚/不了解/不评价	前三项合计
男	37.5	33.6	18.8	4.9	4.5	0.6	89.9
女	31.7	35.8	22.7	4.9	4.2	0.6	90.2
总体	35.0	34.6	20.5	4.9	4.4	0.6	90.1

表22-187 不同年龄对未来生活信心的评价（%）

	非常有信心	比较有信心	一般	信心不足	没有信心	不清楚/不了解/不评价	前三项合计
18～19岁	42.3	37.3	15.7	1.8	2.9	—	95.3
20～24岁	38.1	38.5	17.8	3.1	2.3	0.1	94.4
25～29岁	34.6	36.8	21.4	3.8	3.0	0.2	92.8
30～34岁	30.2	37.1	23.1	5.2	4.0	0.3	90.4
35～39岁	32.8	35.2	22.0	5.7	4.1	0.3	90.0
40～44岁	33.1	33.2	22.9	5.7	4.5	0.5	89.2
45～49岁	34.6	32.9	20.1	6.3	5.6	0.5	87.6
50～54岁	38.1	31.1	19.1	5.4	5.8	0.7	88.3
55～59岁	39.1	30.1	18.3	4.9	6.5	1.1	87.5
60～64岁	37.5	31.9	18.0	4.8	6.1	1.7	87.4
65～69岁	36.9	35.1	17.8	4.2	4.4	1.5	89.8
70～74岁	39.5	36.2	15.4	3.1	3.2	2.6	91.1
总体	35.0	34.6	20.5	4.9	4.4	0.6	90.1

表22-188 不同户口状况对未来生活信心的评价（%）

	非常有信心	比较有信心	一般	信心不足	没有信心	不清楚/不了解/不评价	前三项合计
非农业户口（城镇户口）	32.5	36.8	21.3	4.9	3.9	0.5	90.6
农业户口	39.2	31.7	18.9	4.7	4.9	0.7	89.8
居民户口	29.7	35.7	23.4	5.6	5.1	0.5	88.8
总体	35.0	34.6	20.5	4.9	4.4	0.6	90.1

表22-189　不同教育程度对未来生活信心的评价（%）

	非常有信心	比较有信心	一般	信心不足	没有信心	不清楚/不了解/不评价	前三项合计
不识字或识字很少	45.3	15.7	20.1	4.4	10.7	3.8	81.1
小学	42.2	25.6	17.7	4.8	8.0	1.7	85.5
初中	36.8	31.0	20.1	5.6	5.8	0.8	87.9
高中（中专/技校）	34.7	33.6	20.9	5.3	4.8	0.7	89.2
大学专科（高职）	31.9	37.5	22.5	4.8	3.0	0.3	91.9
大学本科	33.6	40.1	19.8	4.0	2.4	0.1	93.5
研究生及以上	28.7	44.3	20.0	4.0	2.8	0.2	93.0
总体	35.0	34.6	20.5	4.9	4.4	0.6	90.1

表22-190　不同婚姻状况对未来生活信心的评价（%）

	非常有信心	比较有信心	一般	信心不足	没有信心	不清楚/不了解/不评价	前三项合计
未婚	35.0	37.4	20.3	3.7	3.5	0.2	92.7
已婚	35.1	34.3	20.5	5.1	4.4	0.7	89.9
离异独身	30.4	28.8	23.0	7.5	9.7	0.5	82.2
丧偶独身	34.5	31.0	20.0	4.5	7.2	2.7	85.5
总体	35.0	34.6	20.5	4.9	4.4	0.6	90.1

表22-191　不同家庭年收入对未来生活信心的评价（%）

	非常有信心	比较有信心	一般	信心不足	没有信心	不清楚/不了解/不评价	前三项合计
低于1万元	31.7	26.5	22.8	6.7	11.0	1.3	81.0
1万～3万元	34.9	29.8	21.7	6.0	7.0	0.7	86.4
3万～5万元	33.0	34.5	21.7	5.8	4.5	0.6	89.2
5万～10万元	35.2	37.1	20.0	4.6	2.8	0.3	92.3
10万～15万元	36.8	37.9	18.9	3.7	2.4	0.3	93.6
15万～25万元	37.7	38.6	17.6	3.7	2.2	0.1	93.9
25万～50万元	36.2	39.5	17.6	4.1	2.4	0.2	93.3
50万元及以上	41.7	32.1	17.8	4.1	3.7	0.6	91.6
不清楚/不回答	35.5	35.0	21.0	3.2	3.6	1.7	91.5
总体	35.0	34.6	20.5	4.9	4.4	0.6	90.1

表22-192　不同省份对未来生活信心的评价（%）

	非常有信心	比较有信心	一般	信心不足	没有信心	不清楚/不了解/不评价	前三项合计
北京市	28.4	38.5	22.7	4.8	5.6	—	89.6
天津市	22.7	38.9	26.7	7.8	4.0	—	88.3
河北省	32.9	36.7	20.0	4.3	5.6	0.6	89.6
山西省	31.6	32.5	23.6	7.4	4.8	0.1	87.7

续表

	非常有信心	比较有信心	一般	信心不足	没有信心	不清楚/不了解/不评价	前三项合计
内蒙古自治区	39.4	34.7	16.8	4.0	4.9	0.1	90.9
辽宁省	28.5	35.1	20.2	7.2	8.8	0.1	83.8
吉林省	31.6	31.3	21.2	6.8	8.8	0.3	84.1
黑龙江省	34.9	30.7	19.3	6.8	8.1	0.3	84.9
上海市	19.2	35.8	30.8	7.7	5.2	1.2	85.8
江苏省	27.5	39.9	22.1	5.1	3.9	1.5	89.5
浙江省	29.3	40.3	21.9	4.9	2.9	0.6	91.5
安徽省	37.3	35.4	18.7	4.3	3.6	0.7	91.4
福建省	25.5	35.5	28.6	4.8	4.9	0.7	89.6
江西省	41.6	31.4	18.8	4.0	3.9	0.4	91.8
山东省	41.5	33.3	17.0	4.0	3.9	0.3	91.8
河南省	36.6	33.9	18.6	4.0	4.4	2.4	89.1
湖北省	45.0	31.8	16.3	3.8	2.4	0.6	93.1
湖南省	40.7	35.8	16.3	5.2	1.5	0.6	92.8
广东省	22.3	36.3	28.7	5.5	6.2	0.9	87.3
广西壮族自治区	39.1	33.1	20.3	3.8	3.6	0.1	92.5
海南省	35.3	34.7	20.8	5.3	2.8	1.0	90.8
重庆市	37.7	32.5	19.9	4.1	4.1	1.6	90.1
四川省	36.5	34.3	19.5	5.1	4.0	0.5	90.3
贵州省	59.1	25.2	11.8	2.9	1.0	—	96.1
云南省	33.2	37.8	21.3	4.8	2.9	0.1	92.3
西藏自治区	44.4	33.6	16.3	2.3	3.1	0.3	94.3
陕西省	30.9	37.8	20.8	6.1	4.4	—	89.5
甘肃省	38.5	33.1	18.4	5.6	4.0	0.4	90.0
青海省	41.3	31.3	19.4	3.3	4.0	0.6	92.0
宁夏回族自治区	37.3	35.0	17.8	4.0	4.9	0.9	90.1
新疆维吾尔自治区	40.4	31.6	20.8	2.9	4.1	0.3	92.8
总体	35.0	34.6	20.5	4.9	4.4	0.6	90.1

表22-193　城乡对个人生活水平在当地所处水平的评价（%）

	非常好	中等偏上	中等	中等偏下	非常差	不清楚/不了解/不评价	前三项合计
城镇	1.2	14.2	58.8	22.9	2.6	0.5	74.2
农村	2.1	12.9	57.7	22.2	4.7	0.4	72.7
总体	1.5	13.7	58.4	22.6	3.3	0.4	73.6

表22-194　不同性别对个人生活水平在当地所处水平的评价（%）

	非常好	中等偏上	中等	中等偏下	非常差	不清楚/不了解/不评价	前三项合计
男	1.5	15.0	55.4	23.9	3.8	0.4	71.9
女	1.5	12.1	62.2	21.0	2.7	0.5	75.8
总体	1.5	13.7	58.4	22.6	3.3	0.4	73.6

表22-195　不同年龄对个人生活水平在当地所处水平的评价（%）

	非常好	中等偏上	中等	中等偏下	非常差	不清楚/不了解/不评价	前三项合计
18～19岁	2.3	19.3	57.2	17.6	2.8	0.7	78.8
20～24岁	2.1	16.9	60.1	17.6	3.0	0.4	79.1
25～29岁	1.4	13.4	62.6	19.5	2.9	0.3	77.4
30～34岁	1.2	13.2	61.4	20.8	3.1	0.4	75.8
35～39岁	1.4	13.5	59.9	22.1	2.7	0.4	74.8
40～44岁	1.4	12.5	57.9	24.3	3.5	0.3	71.8
45～49岁	1.3	13.1	57.5	23.7	4.0	0.5	71.9
50～54岁	1.5	14.7	55.2	24.3	4.0	0.3	71.4
55～59岁	1.6	14.3	53.2	26.2	4.2	0.5	69.1
60～64岁	1.7	11.8	53.4	28.0	4.4	0.7	66.9
65～69岁	1.5	13.6	54.3	26.8	2.7	1.0	69.4
70～74岁	2.5	14.5	56.4	23.7	2.2	0.7	73.4
总体	1.5	13.7	58.4	22.6	3.3	0.4	73.6

表22-196　不同户口状况对个人生活水平在当地所处水平的评价（%）

	非常好	中等偏上	中等	中等偏下	非常差	不清楚/不了解/不评价	前三项合计
非农业户口（城镇户口）	1.4	14.9	58.4	22.5	2.3	0.4	74.7
农业户口	1.6	11.9	58.9	22.6	4.6	0.4	72.4
居民户口	1.5	15.2	56.3	23.3	3.1	0.5	73.0
总体	1.5	13.7	58.4	22.6	3.3	0.4	73.6

表22-197　不同教育程度对个人生活水平在当地所处水平的评价（%）

	非常好	中等偏上	中等	中等偏下	非常差	不清楚/不了解/不评价	前三项合计
不识字或识字很少	4.3	5.4	54.1	21.2	13.2	1.7	63.8
小学	2.3	7.5	52.8	28.0	8.9	0.5	62.6
初中	1.2	10.0	56.6	27.1	4.7	0.4	67.8
高中（中专/技校）	1.3	12.7	57.3	25.0	3.4	0.3	71.3
大学专科（高职）	1.4	14.9	59.9	21.5	1.9	0.3	76.2
大学本科	1.5	19.3	62.2	15.6	0.8	0.5	83.0
研究生及以上	2.7	24.9	58.5	11.2	1.9	0.8	86.1
总体	1.5	13.7	58.4	22.6	3.3	0.4	73.6

表22-198　不同婚姻状况对个人生活水平在当地所处水平的评价（%）

	非常满意	比较满意	一般	不太满意	非常不满意	不清楚/不了解/不评价	前三项合计
未婚	1.7	15.4	58.5	20.4	3.6	0.4	75.6
已婚	1.5	13.6	58.9	22.6	3.0	0.4	74.0
离异独身	1.2	10.4	47.5	31.1	9.5	0.4	59.1
丧偶独身	2.0	8.0	49.8	33.0	6.3	0.9	59.8
总体	1.5	13.7	58.4	22.6	3.3	0.4	73.6

表22-199　不同家庭年收入对个人生活水平在当地所处水平的评价（%）

	非常好	中等偏上	中等	中等偏下	非常差	不清楚/不了解/不评价	前三项合计
低于1万元	1.4	5.4	43.7	35.1	14.2	0.4	50.5
1万～3万元	1.2	7.2	52.7	32.1	6.4	0.3	61.1
3万～5万元	1.1	9.0	58.4	28.6	2.8	0.2	68.5
5万～10万元	1.2	13.8	63.6	19.9	1.2	0.3	78.6
10万～15万元	1.8	20.4	63.8	12.8	0.8	0.4	86.0
15万～25万元	1.9	28.3	59.4	9.4	0.6	0.4	89.6
25万～50万元	3.1	39.5	51.3	5.0	0.6	0.5	93.9
50万元及以上	11.2	46.9	35.1	4.5	1.7	0.6	93.2
不清楚/不回答	1.5	12.3	62.8	18.6	2.9	1.9	76.6
总体	1.5	13.7	58.4	22.6	3.3	0.4	73.6

表22-200　不同省份对个人生活水平在当地所处水平的评价（%）

	非常好	中等偏上	中等	中等偏下	非常差	不清楚/不了解/不评价	前三项合计
北京市	0.5	11.5	54.8	29.3	3.8	0.2	66.8
天津市	0.8	11.0	62.2	23.1	2.3	0.6	74.0
河北省	0.7	10.1	58.7	26.4	3.6	0.5	69.5
山西省	0.5	8.2	57.5	29.4	4.4	0.1	66.2
内蒙古自治区	1.2	11.3	58.1	25.8	3.4	0.3	70.6
辽宁省	0.8	10.5	58.4	24.8	5.4	0.1	69.7
吉林省	1.5	8.5	58.6	25.6	5.6	0.2	68.6
黑龙江省	1.4	9.9	59.3	22.8	5.9	0.8	70.6

续表

	非常好	中等偏上	中等	中等偏下	非常差	不清楚/不了解/不评价	前三项合计
上海市	0.9	12.5	56.5	25.3	3.2	1.5	69.9
江苏省	0.9	16.1	60.8	19.1	1.8	1.2	77.8
浙江省	1.1	15.4	62.1	18.4	2.1	0.9	78.6
安徽省	0.9	12.7	62.1	21.8	2.4	—	75.7
福建省	0.9	12.3	59.0	24.1	3.2	0.5	72.2
江西省	2.3	15.3	57.9	21.6	2.9	0.1	75.5
山东省	1.2	13.1	63.3	19.5	2.6	0.3	77.6
河南省	0.6	9.2	60.6	25.5	3.4	0.6	70.4
湖北省	1.7	19.4	58.1	18.3	2.2	0.2	79.2
湖南省	2.1	21.6	59.2	15.3	1.6	0.2	82.9
广东省	0.9	11.9	54.3	27.7	4.4	0.8	67.1
广西壮族自治区	3.0	15.5	51.6	25.4	4.4	0.1	70.1
海南省	1.8	18.3	57.8	17.8	3.5	0.9	77.9
重庆市	1.4	11.7	57.6	24.4	3.9	1.0	70.7
四川省	0.7	14.3	58.0	23.8	3.0	0.3	73.0
贵州省	8.7	30.4	48.3	11.4	1.1	0.1	87.4
云南省	1.6	16.8	56.9	21.3	3.3	0.1	75.3
西藏自治区	2.3	19.0	59.0	17.1	2.5	0.2	80.3
陕西省	0.9	12.8	58.8	23.1	4.3	–	72.5
甘肃省	0.7	10.0	57.6	27.9	3.4	0.4	68.3
青海省	1.7	11.8	59.5	22.6	4.3	0.1	73.0
宁夏回族自治区	0.5	12.4	58.0	24.7	4.1	0.3	70.9
新疆维吾尔自治区	4.3	13.8	62.0	16.9	2.5	0.5	80.1
总体	1.5	13.7	58.4	22.6	3.3	0.4	73.6

注：本报告涉及百分比的个别分组中出现汇总比重不完全等于 100% 的情况，是由小数进位造成的；部分合计数据的误差是由统计软件实现小数进位过程中形成的。

（国家统计局社情民意调查中心专题组
执笔：翟宏伟）

附录 22-1 调查样本结构

年龄

年龄	样本量（个）	百分比（%）
18～19岁	853	1.7
20～24岁	3588	7.0
25～29岁	6759	13.2
30～34岁	7435	14.6
35～39岁	5709	11.2
40～44岁	6768	13.2
45～49岁	5360	10.5
50～54岁	5790	11.3
55～59岁	2443	4.8
60～64岁	2811	5.5
65～69岁	1939	3.8
70～74岁	1637	3.2
总体	51092	100.0

城乡

城乡	样本量（个）	百分比（%）
城镇	32640	63.9
农村	18452	36.1
总体	51092	100.0

受教育程度

受教育程度	样本量（个）	百分比（%）
不识字或识字很少	702	1.4
小学	3772	7.4
初中	11627	22.8
高中（中专/技校）	12528	24.5
大学专科（高职）	10382	20.3
大学本科	11111	21.7
研究生及以上	970	1.9
总体	51092	100.0

性别

性别	样本量（个）	百分比（%）
男	28664	56.1
女	22428	43.9
总体	51092	100.0

户口状况

户口状况	样本量（个）	百分比（%）
非农业户口（城镇户口）	24514	48.0
农业户口	20951	41.0
居民户口	5627	11.0
总体	51092	100.0

婚姻状况

婚姻状况	样本量（个）	百分比（%）
未婚	8393	16.4
已婚	40744	79.7
离异独身	1291	2.5
丧偶独身	664	1.3
合计	51092	100.0

2015年家庭收入

2015年家庭收入	样本量（个）	百分比（%）
低于1万元	3232	6.3
1万～3万元	9409	18.4
3万～5万元	10077	19.7
5万～10万元	12769	25.0
10万～15万元	6213	12.2
15万～25万元	3338	6.5
25万～50万元	1283	2.5
50万元及以上	535	1.0
不清楚/不回答	4236	8.3
总体	51092	100.0

省　份

省份	样本量（个）	百分比（%）
北京市	1300	2.5
天津市	1200	2.3
河北省	2000	3.9
山西省	1500	2.9
内蒙古自治区	1395	2.7
辽宁省	1700	3.3
吉林省	1400	2.7
黑龙江省	1600	3.1
上海市	1300	2.5
江苏省	2200	4.3
浙江省	1800	3.5

续表

省份	样本量（个）	百分比（%）
安徽省	1800	3.5
福建省	1500	2.9
江西省	1600	3.1
山东省	2600	5.1
河南省	2499	4.9
湖北省	1800	3.5
湖南省	1899	3.7
广东省	2799	5.5
广西壮族自治区	1600	3.1
海南省	1200	2.3
重庆市	1400	2.7
四川省	2100	4.1
贵州省	1400	2.7
云南省	1600	3.1
西藏自治区	1200	2.3
陕西省	1500	2.9
甘肃省	1400	2.7
青海省	1200	2.3
宁夏回族自治区	1200	2.3
新疆维吾尔自治区	1400	2.7
总体	51092	100.0

附录 22-2　调查方案

2016 年民生满意度电话调查方案

一、调查目的

全面、准确、动态掌握城乡居民对民生问题的主观满意评价，为党和政府部门科学决策提供基础数据。

二、调查对象、方法、内容

（一）调查对象

全国 31 个省（自治区、直辖市）的 18 ~ 74 周岁城乡常住居民。

（二）调查方法

采用计算机辅助电话调查（CATI）方式。

（三）调查内容

主要测量调查对象对当前生活状况和政府各项民生工作的主观满意程度。其中，民生工作涵盖以下领域：就业、政府行政效率、交通、社会治安、住房、教育、医疗服务、生态环境、食品安全、社会保障、社区公共服务和司法，详见调查问卷。

三、抽样设计

（一）样本量

全国调查目标样本量51100，调查样本总体城乡比例为6 ：4。

全国样本按31个省（自治区、直辖市）常住人口规模进行分解，并考虑地区代表性，各省级目标样本量在1200 ~ 2800之间，详见附录22-1。

（二）抽样方法

调查以全国为总体，以省级区划单位为次总体进行抽样设计，采用分层、多阶段随机抽样方法，具体为：

①抽取调查城市。对每个省级区划单位，根据经验，综合考虑经济发展水平、人口规模及民生相关数据差异，随机抽取至少5个地级区划单位（直辖市直接抽取至少3个城区和2个远郊区/县，海南将省直辖县级区划单位纳入本级抽样）。

②抽取电话局号。对每个调查城市所辖全部县级区划单位（直辖市为抽中县级区划单位）电话局号从大到小排序，按照每个电话局号完成不多于15个有效访问的要求，随机起点等距抽取（电话局号不足25个的全部抽取）。

③抽取电话号码。由计算机辅助电话调查系统根据抽中的电话局号，自动生成随机电话号码库，随机抽取号码拨打进行调查。

另外，鉴于特殊群体统计分组的需要，要求随机抽取20%的移动电话样本。

第二十三章

民生关切点入户调查数据分析报告

一、问卷总体信息

2016 年国务院发展研究中心"中国民生调查课题组"一共有效回收 9744 份"中国民生问题调查问卷"。其中，河北省 1200 份，黑龙江省 1301 份，江苏省 1200 份，浙江省 1201 份，安徽省 1222 份，广东省 1200 份，四川省 1220 份，陕西省 1200 份。

表23-1　　各省调查样本数量

省份	频数	百分比
河北省	1200	12.32
黑龙江省	1301	13.35
江苏省	1200	12.32
浙江省	1201	12.33
安徽省	1222	12.54
广东省	1200	12.32
四川省	1220	12.52
陕西省	1200	12.32
总计	9744	100

按城乡类型划分，受访者位于农村的比例大约占有效样本的一半，此外有 23.23% 的受访者位于主城区，13.32% 的受访者位于城乡结合部。

表23-2　　受访者的城乡分布情况

地区类型	频次	百分比
市/县城的中心城区（主城区）	2264	23.23
市/县城的郊区（城乡结合部）	1298	13.32
市/县城区以外的镇（街）	968	9.94
农村	5215	53.52
总计	9744	100

注：经过加权及取整后，各个类别的频次相加不一定严格等于总数。下文不再说明。

按社区类型划分，除了大量的农村人口外，受访者主要分布在以下社区：其中有 8.53% 的受访者住在街坊型社区，7.67% 的受访者居住在单位社区，10.87% 的受访者住在普通商品房小区，此外由于城镇化趋势，还有 9.94% 的受访者住在新近由农村社区转变过来的城市社区。

表23-3　受访者居住的社区类型

社区类型	频次	百分比
未经改造的老城区（街坊型社区）	831	8.53
单一或混合的单位社区	748	7.67
保障性住房社区	222	2.28
普通商品房小区	1059	10.87
别墅区或高级住宅区	34	0.35
新近由农村社区转变过来的城市社区	969	9.94
农村	5864	60.18
其他情况如租房、自建房	17	0.17
总计	9744	100

本次调查的流动人口情况如下，可以发现本次调查中流动人口所占比例略低于 10%。

表23-4　受访者流动人口情况

	是	否	总计
督导记录是否流动人口	833（8.5%）	8934（91.5%）	9744
根据户籍判断是否流动人口	718（7.4%）	9026（92.6%）	9744

注：后文与流动人口相关的交叉表以户籍判断为准。

考虑各个社区的流动人口比例，有各个省的应有流动人口样本与实际流动人口样本数量如表 23-5[①]。可以发现，除了河北省、黑龙江省及安徽省之外，其余省份调查样本中流动人口样本数都小于应有流动样本数。

表23-5　各省受访者流动人口情况

省份	应有流动样本数	实际流动样本数（督导记录）	实际流动样本数（根据户籍判断）
河北省	31	30	26
黑龙江省	33	61	49
江苏省	285	203	204
浙江省	313	163	130
安徽省	52	74	36
广东省	254	231	193
四川省	162	35	20
陕西省	134	36	60

① 河北省和黑龙江省没有相应的社区数据，因此我们无法测算出相应的应有样本数。所填数据为根据区县数据所得出的结果。考虑到是样本数量，该表格数据结果未加权。

有各省收到的问卷数量地区类型分布情况如图 23-1 ~图 23-8。

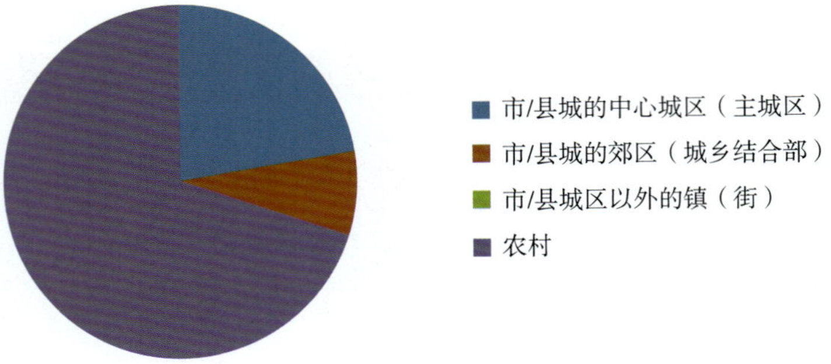

图23-1　河北省受访者城乡分布情况

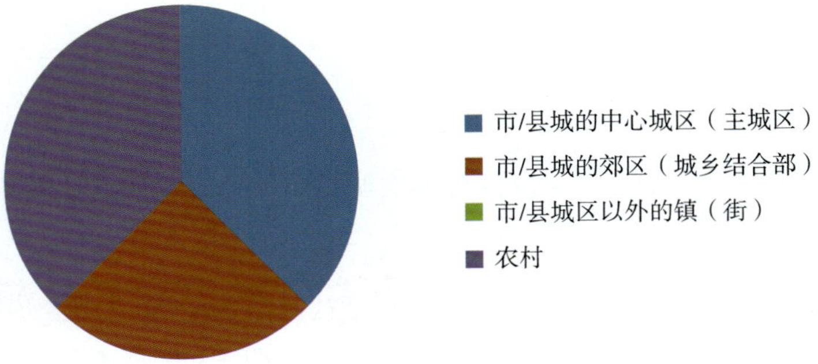

图23-2　黑龙江省受访者城乡分布情况

在河北省和黑龙江省所收回的问卷当中，“市、县城区以外的镇”这一数据所占比例为 0，这一点需要注意。

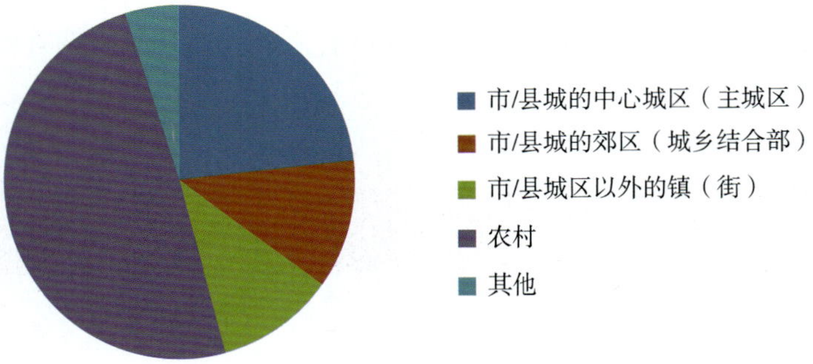

图23-3　江苏省受访者城乡分布情况

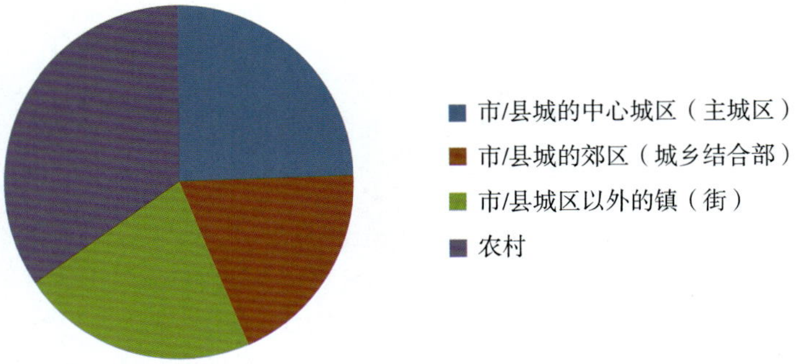

图23-4　浙江省受访者城乡分布情况

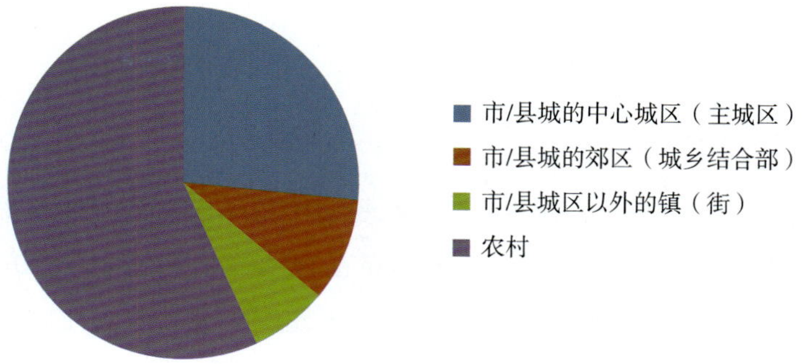

图23-5　安徽省受访者城乡分布情况

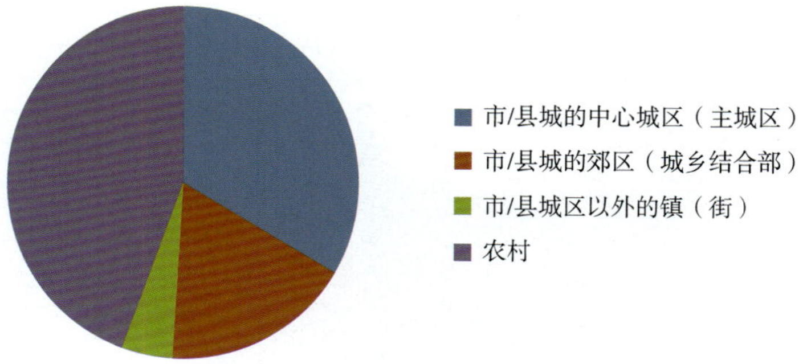

图23-6　广东省受访者城乡分布情况

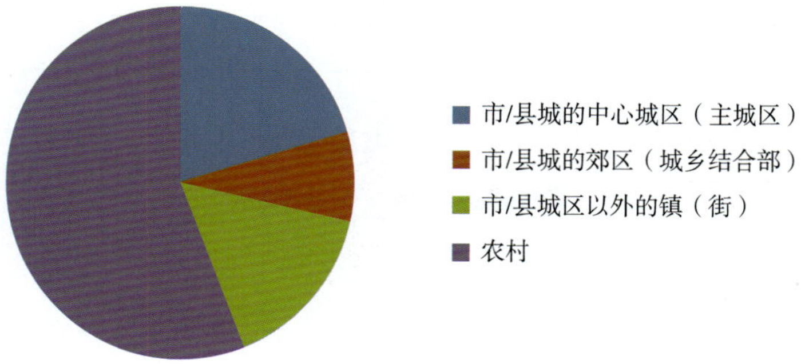

图23-7 四川省受访者城乡分布情况

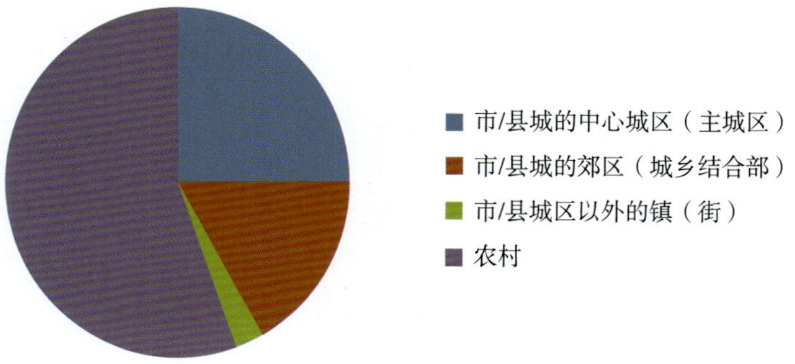

图23-8 陕西省受访者城乡分布情况

二、受访者基本信息

（一）受访者年龄分布

本次调查中受访者的年龄分布情况如图23–9。受访者的平均年龄为50.4岁，标准差为12.7岁。其中最小为15岁，最大为93岁。受访者主要分布在30～60岁之间，受访者年龄划分的人口金字塔如图23–9所示。可以看出本次调查中男性所占比例明显高于女性，考虑到我们以家庭为单位进行调查，在夫妻双方都在场时，男性更有可能参与答题。因此这一比例是可以接受的。

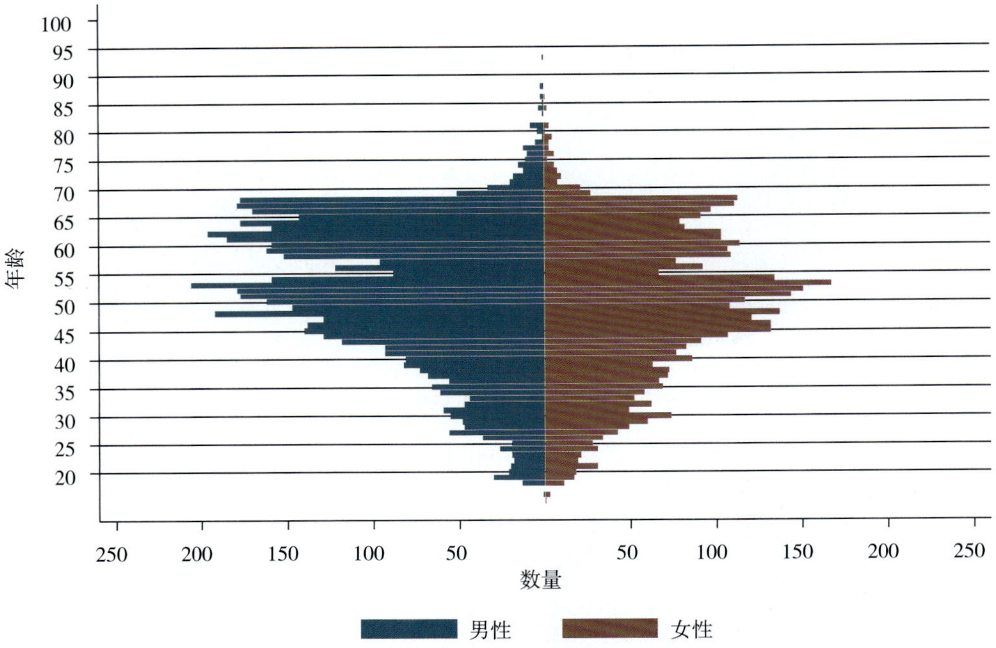

图23-9　按受访者年龄划分的人口金字塔（2016年）

受访者年龄分组如表23–6所示。

表23-6　受访者年龄分布情况

年龄	频数	百分比
15～17岁	5	0.05
18～19岁	73	0.75
20～29岁	632	6.50
30～39岁	1220	12.52
40～49岁	2340	24.02
50～59岁	2670	27.41
60～69岁	2557	26.25
70岁及以上	230	2.37
不回答	14	0.15
总计	9744	100

（二）受访者性别情况

受访者中男性占 56.35%，女性占 43.65%。而在流动人口中，受访者的男女比例基本相同。

表23-7　受访者性别分布情况

性别	频次	百分比（%）
男	5562	56.35
女	4169	43.65
总计	9731	100

流动人口的性别分布情况如表 23–8 所示。2016 年调查中流动人口所占比例较小，可能与实际情况会略有偏离。

表23-8　流动人口受访者性别分布情况

性别	省内流动		跨省流动	
	频次	百分比（%）	频次	百分比（%）
男	140	45.90	199	51.29
女	164	53.77	188	48.58
总计	305	100	387	100

（三）受访者婚姻状况

受访者婚姻情况如表 23–9 所示，其中 84.14% 的受访者的婚姻状态为初婚有配偶，离婚的情形所占比例很小。

表23-9　受访者婚姻情况

婚姻状况	频次	百分比（%）
未婚	504	5.18
同居	181	1.86
初婚有配偶	8198	84.14
再婚有配偶	123	1.26
离婚	217	2.22
丧偶	509	5.22
不回答	12	0.13
总计	9744	100

在流动人口中，受访者的婚姻状况如表 23–10 所示。可以看出流动人口的婚姻状况仍以初婚有配偶情况为主，但相比于非流动人口，流动人口中未婚比例较高。

表23-10　流动人口受访者婚姻情况

婚姻状况	省内流动		跨省流动	
	频次	百分比（%）	频次	百分比（%）
未婚	44	14.38	64	16.38
同居	10	3.15	29	7.53

续表

婚姻状况	省内流动		跨省流动	
	频次	百分比（%）	频次	百分比（%）
初婚有配偶	233	76.22	275	70.92
再婚有配偶	5	1.53	1	0.35
离婚	9	2.95	12	3.18
丧偶	5	1.50	6	1.63
不回答	1	0.26	0	/
总计	306	100	388	100

（四）受访者户籍状况

受访者户籍状况如表 23-11 所示。其中 90% 以上的受访者为本市户口，8% 左右的受访者户口并不在本地。

表23-11　受访者户籍情况

户籍	频数	百分比（%）
本市（县、区）非农业户口	2867	29.42
本市（县、区）农业户口	6155	63.17
省内非本市（县、区）非农业户口	123	1.27
省内非本市（县、区）农业户口	183	1.87
外省非农业户口	108	1.12
外省农业户口	279	2.86
不回答	28	0.28
总计	9744	100

（五）受访者健康状况

大多数受访者处于健康或仍有劳动能力的状态，此外丧失劳动能力但能自理的受访者比例为 8.16%，生活不能自理的受访者比例为 0.85%。

表23-12　受访者健康状况

健康状况	频数	百分比（%）
健康	7606	78.06
有疾病或残疾，但仍有劳动能力	1244	12.76
因疾病或残疾，丧失劳动能力，但生活能自理	796	8.16
因疾病，残疾或衰老，生活不能自理	83	0.85
不回答	16	0.16
总计	9732	100

（六）受访者受教育情况

调查时各学历频次均包含肄业情况。多数受访者处于初中学历水平，接近 20% 的受访者接受过高中级别教育，5.44% 的受访者受过大专级别教育，4.57% 的受访者上过大学，此外有 0.25% 的受访者有研究生及以上学历。

表23-13　　受访者教育情况

受教育状况	频次	百分比（%）	累积百分比（%）
没上过学	850	8.73	8.73
小学	2507	25.77	34.50
初中	3694	37.97	72.48
高中/中专/技校	1679	17.26	89.74
大专/高职	529	5.44	95.18
本科	444	4.57	99.75
研究生及以上	24	0.25	100
总计	9728	100	/

而按城乡划分后，可以发现相比于城市人口，农村受访者的教育水平更多地集中在小学和初中程度，高学历所占比例较少。但这并不能说明城乡间的教育差异，因为高学历人群往往更倾向留在城市。

表23-14　　城乡间受访者的教育情况

受教育状况	主城区		城乡结合部		城区外的镇或街		农村	
	频次	百分比（%）	频次	百分比（%）	频次	百分比（%）	频次	百分比（%）
没上过学	88	3.89	61	4.71	53	5.47	648	12.46
小学	291	12.86	262	20.23	205	21.16	1749	33.62
初中	708	31.30	510	39.38	438	45.20	2038	39.18
高中/中专/技校	615	27.19	298	23.01	176	18.16	590	11.34
大专/高职	271	11.98	91	7.03	60	6.19	106	2.04
本科	270	11.94	70	5.41	36	3.72	69	1.33
研究生及以上	18	0.80	4	0.31	0	0	3	0.06
总计	2262	100	1295	100	969	100	5202	100

考虑流动人口的教育情况，可以发现流动人口的教育水平以初中高中毕业（肄业）程度为主体。

表23-15　　受访者流动人口的教育情况

受教育状况	省内流动		跨省流动	
	频次	百分比（%）	频次	百分比（%）
没上过学	9	2.94	15	3.78
小学	38	12.53	59	15.31
初中	95	31.06	145	37.51
高中/中专/技校	85	27.69	96	24.63
大专/高职	37	12.17	41	10.63
本科	41	13.42	24	6.18
研究生及以上	1	0.19	8	1.96
总计	306	100	388	100

（七）受访者医疗保障情况

受访者的医疗保障数目如表 23–16 所示。可以发现大多数受访者至少有一种医疗保险，没有医疗保险的受访者仅占 3.38%。

表23-16　受访者的医保数目情况

医保数	频数	百分比（%）
0	328	3.38
1	9260	95.41
2	114	1.17
3	3	0.03
4	1	0.01
总计	9705	100

受访者各类医保种类情况如表 23–17 所示。可以发现城市医疗保险以城镇职工基本医疗保险、城镇居民基本医疗保险为主，农村医疗保险则以合作医疗为主。其中覆盖率为各保险与城镇或农村人口的比值。

表23-17　城镇受访者医保种类

医保项目	频数	覆盖率（%）
城镇职工基本医疗保险	1507	33.27
城镇居民基本医疗保险	1300	28.70
城乡居民大病医疗保险	57	1.26
公费医疗	42	0.93
商业医疗保险	78	1.72
没有医疗保险	215	/

表23-18　农村受访者医保种类

医保项目	频数	覆盖率（%）
新型农村合作医疗	4636	88.90
村集体二次报销福利	16	0.31
没有医疗保险	112	/

（八）受访者工作情况

受访者中有 62% 的人从事有收入的工作，而 1.62% 的人处于休假、临时停工等状态，有 36.11% 的受访者未在工作。

表23-19　受访者工作情况

是否从事有收入工作	频数	百分比（%）
工作	6063	62.25
处于休假、临时停工等状态	158	1.62
未在工作	3517	36.11
总计	9739	100

此外 95.52% 的受访者在本市（县、区）工作，仅有 4.48% 的受访者在外地工作。这一比例相对于此前计算得出的流动人口的比例似乎过少。其主要原因在于答题人中，有 118 个年幼或正在上学的样本，以及 50 个不适用或不回答的样本。

表23-20 受访者工作地点情况

工作地点	频数	百分比（%）
本市（县、区）	5888	95.52
省内其他市（县、区）	128	2.08
外省（直辖市、自治区）	148	2.40
总计	6164	100

三、家庭情况

（一）家庭成员构成情况

受访者家庭成员构成情况如表 23–21 所示。

表23-21 受访者家庭成员情况

与受访者关系	频数	百分比（%）
本人	9744	26.8
配偶	8316	22.9
子女	9213	25.3
父母	2476	6.8
配偶的父母	502	1.4
儿媳/女婿	2220	6.1
孙（外孙）子女	3316	9.1
兄弟姐妹	299	0.8
配偶兄弟姐妹	29	0.1
父母的兄弟姐妹	16	0.0
兄弟姐妹的配偶	20	0.1
兄弟姐妹的子女	52	0.1
祖父母/外祖父母	67	0.2
其他	122	0.3
总计	36392	100

家庭规模情况如表 23–22 所示。其中家庭规模最小为 1 人 / 户，最大为 9 人 / 户，平均家庭规模为 3.73 人 / 户，超过一半的家庭规模在 3 人及以下，6 人以上家庭仅占总样本数的 5%。

表23-22 家庭规模情况

家庭规模	频次	百分比（%）
1	398	4.1
2	2066	21.2
3	2438	25.0
4	1774	18.2

续表

家庭规模	频次	百分比（%）
5	1662	17.1
6	977	10.0
7	234	2.4
8	109	1.1
9	85	0.9
总计	9744	100

（二）家庭成员年龄分布情况

本次调查中受访者家庭成员的年龄分布情况如图 23-10。各成员平均年龄为 39.4 岁，标准差为 20.6。其中最小为 0 岁，最大为 112 岁。

受访者家庭成员年龄分组如表 23-23 所示。

表23-23　受访者家庭成员年龄分布情况

年龄	频次	百分比（%）
0～9岁	3642	10.1
10～19岁	3447	9.5
20～29岁	5351	14.8
30～39岁	4927	13.6
40～49岁	5860	16.2
50～59岁	5842	16.2
60～69岁	5190	14.4
70岁及以上	1867	5.2
总计	36126	100

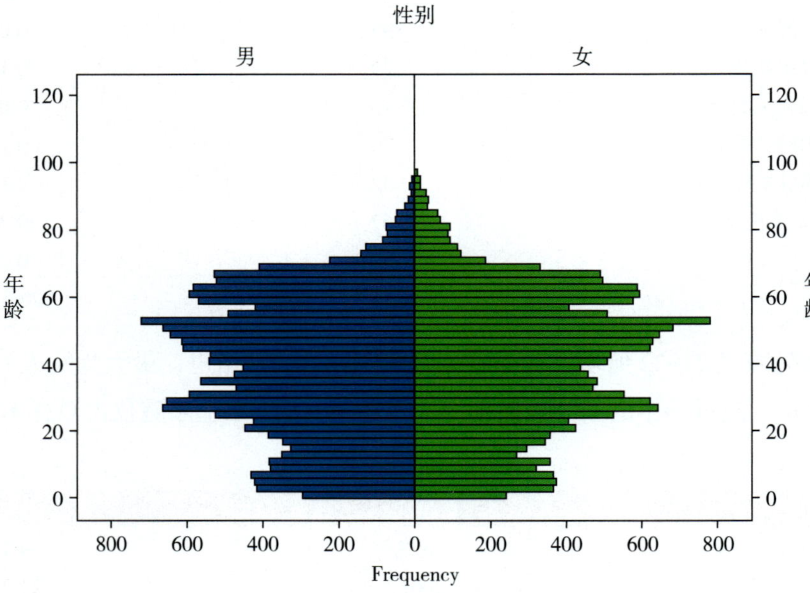

图23-10　受访者家庭成员年龄分布情况

（三）家庭成员性别情况

家庭成员性别情况如表 23-24 所示。男性所占比例为 51.1%，女性占 48.9%。

表23-24　受访者家属性别分布情况

性别	频次	百分比（%）
男	18560	51.1
女	17750	48.9
总计	36310	100

（四）家庭成员婚姻情况

家庭成员婚姻情况如表 23-25 所示，其中未婚人数占据了 28.8%，64.1% 的受访者家属为初婚有配偶，有过离婚经历的占 1.7%。

表23-25　受访者婚姻情况

婚姻状况	频数	百分比（%）
未婚	10461	28.8
同居	540	1.5
初婚有配偶	23281	64.1
再婚有配偶	264	0.7
离婚	380	1.0
丧偶	1405	3.9
总计	36330	100

（五）家庭成员户籍情况

家庭成员户籍状况如表 23-26。可以发现其中农业户口（包括本市（县、区）农业户口、省内非本市（县、区）农业户口和外省农业户口）依然占据较大比重，达到了 72.4%。

表23-26　受访者家属户籍情况

户籍	频次	百分比（%）
本市（县、区）非农业户口	9174	25.3
本市（县、区）农业户口	24592	67.8
省内非本市（县、区）非农业户口	491	1.4
省内非本市（县、区）农业户口	656	1.8
外省非农业户口	351	1.0
外省农业户口	1020	2.8
总计	36283	100

（六）家庭成员健康状况

受访者家属健康状况如表 23-27 所示。超过八成的家庭成员健康情况良好。

表23-27 受访者家属健康状况

健康状况	频数	百分比（%）
健康	30701	84.5
有疾病或残疾但仍有劳动能力	2793	7.7
因疾病或残疾，丧失劳动能力，但生活能自理	2151	5.9
因疾病，残疾或衰老，生活不能自理	687	1.9
总计	36333	100

（七）家庭成员受教育情况

受访者家属受教育情况如表23–28所示，以下各级教育状况均包含肄业情况。可以发现家庭成员的教育水平多在小学、初中水平。拥有高中以上学历的所占比例不到13%。

表23-28 受访者家属受教育情况

受教育状况	频数	百分比（%）	累计百分比（%）
没上过学	5265	14.6	14.6
小学	8967	24.8	39.4
初中	11851	32.8	72.3
高中/中专/技校	5785	16.0	88.3
大专/高职	1969	5.5	93.7
本科	2123	5.9	99.6
研究生及以上	138	0.4	100
总计	36098	100	/

（八）家庭成员医保情况

受访者家属医疗保障情况如表23–29所示。几乎所有家庭成员都有一个或一个以上的医疗保险。

表23-29 受访者家属医保情况

医保数	频数	百分比（%）
0	284	0.8
1	35751	98.2
2	346	1.0
3	8	0.0
4～5	1	0.0
总计	36392	100

（九）家庭成员工作情况

受访者家属工作情况如表23–30所示。

表23-30　　受访者家属工作情况

是否从事有收入工作		频数	百分比（%）
工作		18467	50.8
在职休假或临时停工等		455	1.3
未做任何工作	年幼	1313	3.6
	上学	4555	12.5
	退休	5145	14.2
	其他	6505	17.6
总计		36340	100

四、就业与工作情况

（一）就业类型

受访者家庭成员就业类型如表23-31所示。其中有25.1%的受访者及家属从事专业务农工作，另有9.1%的人群兼业务农，并在农闲时打零工；23%的受访者及家属在民营企业工作，9.5%的人是个体工商户，10.8%的人是临时务工。

表23-31　　受访者家庭成员的就业类型

就业类型	频数	百分比（%）
专业务农，大部分时间都从事农业生产	4634	25.1
兼业农民，农闲期间打各类定期、不定期零工	1684	9.1
农村自营业者（包括小卖铺、代销点、小作坊等）	567	3.1
农村专业管理人员（包括村干部、村医等）	283	1.5
党政机关从业人员	455	2.5
教科文卫等事业单位职工	591	3.2
社会团体（指工会、青年团、妇联）	143	0.8
国有（国有控股）企业职工	736	4.0
民营/私营企业职工	4255	23.0
合资、外资或港澳台企业员工	191	1.0
民办非企业单位、非营利组织	146	0.8
个体工商户	1759	9.5
开办网店	43	0.2
自由职业者	909	4.9
非固定单位的临时务工	1993	10.8
其他	109	0.6
总计	18495	100

（二）行业分布

受访者及其家庭成员的行业分布如表23-32所示。

表23-32　受访者及其家庭成员的行业分布

行业	频数	百分比（%）
农、林、牧、渔业	5667	30.7
采矿业	176	1.0
电力、煤气及水的生产和供应业	328	1.8
交通运输、仓储及邮政业	912	4.9
制造业	2733	14.8
信息传输、计算机服务和软件业	332	1.8
批发和零售业	1724	9.4
建筑业	1751	9.5
水利、环境和公共设施管理业	111	0.6
住宿和餐饮业	893	4.8
房地产业	101	0.5
科学研究、技术服务和地质勘察业	78	0.4
租赁和商务服务业	301	1.6
金融业	267	1.4
卫生、社会保障和福利业	447	2.4
文化、体育和娱乐业	204	1.1
教育业	360	2.0
居民服务和其他服务业	1294	7.0
公共管理和社会组织	528	2.9
其他	222	1.2
总计	18430	100

（三）工作职位分布

受访者及其家庭成员工作职位分布情况如表23–33所示。

表23-33　受访者及其家庭成员的工作职位分布

工作职位	频数	百分比（%）
单位负责人、高层管理人员	396	2.2
部门负责人/中层以上管理人员	420	2.3
一般管理人员（包括村干部）	541	3.0
专业技术人员	1280	7.0
一线生产人员	2567	14.0
一般行政人员（包括基层公务员、企业人事等）	916	5.0
一般业务员（销售，采购等业务部门）	1485	8.1
临时聘用人员	2972	16.2
其他	186	1.0
不适用（例如务农、个体工商户）	7563	41.3
总计	18327	100

（四）证书情况

受访者及其家庭成员证书情况如表 23-34。仅有 17.3% 的成员技能、证书齐全。

表23-34　受访者及其家庭成员的证书情况

从业资格证书情况	频数	百分比（%）
有技能，有证书	3184	17.3
有技能，没证书	1939	10.5
都没有	13280	72.2
总计	18403	100

（五）工作量变化

在受访者及其家属中，有 16.9% 的成员认为工作量相比上年增加了，64.1% 的成员认为工作量几乎没有变化，18.9% 的成员认为工作量减少了。

表23-35　受访者及其家庭成员工作量变化情况

今年工作量的变化	频数	百分比（%）
大幅增加	634	3.4
小幅增加	2490	13.5
没有变化	11820	64.1
小幅减少	2604	14.1
大幅减少	881	4.8
总计	18429	100

（六）收入水平

受访者及其家属的收入水平集中在 4000 元以下。其中 37.7% 的成员月收入在 2000 元以下，41.3% 的成员月收入在 2000 ~ 4000 元之间。

表23-36　受访者及其家庭成员收入水平

收入水平	频数	百分比（%）	累计百分比（%）
2000元以下	6800	37.7	37.7
2000 ~ 4000元	7455	41.3	79.0
4000 ~ 6000元	2562	14.2	93.2
6000 ~ 8000元	577	3.2	96.4
8000 ~ 10000元	217	1.2	97.6
10000 ~ 12000元	235	1.3	98.9
12000元以上	191	1.1	100
总计	18038	100	/

受访者及其家属对收入水平变化情况的感观如表 23-37 所示。15.0% 的成员认为其工作收入增加了，25.7% 的成员认为其工作收入减少了。

表23-37 受访者及其家庭成员收入变化情况

2014年以来收入变化情况	频数	百分比（%）
大幅增加	198	1.1
小幅增加	2533	13.9
没有变化	10858	59.4
小幅减少	3544	19.4
大幅减少	1153	6.3
总计	18285	100

（七）劳动合同的形式

受访者及其家属劳动合同形式如表 23–38 所示。其中近四成的成员没有签订劳动合同，1/5的成员有正式工劳动合同。

表23-38 受访者及其家庭成员劳动合同形式

签订劳动合同的形式	频次	百分比（%）
没有签订劳动合同	7168	39.9
正式工劳动合同	753	4.2
临时工劳动合同	3646	20.3
不需要签劳动合同（如公务员或国家机关）	742	4.1
以完成一定工作任务为期限的劳动合同	163	0.9
不适用（非雇佣劳动者，包括农民）	5512	30.6
总计	17984	100

（八）养老保险情况

受访者及其家属的养老保险情况如表 23–39 所示。

表23-39 受访者及其家庭成员养老保险情况

养老保险情况	频次
城镇职工基本养老保险	3720
城镇居民基本养老保险	1259
机关事业单位养老保险	361
新型农村社会养老保险	8025
商业养老保险	347
村集体养老金	124
企业年金	173
没有任何养老保险	4279

需自行缴纳的养老金额情况如表 23–40 所示。共有 12832 名家庭成员需自行缴纳养老金，其中约一半的成员每月缴纳的金额在 20 元以下，九成成员每月缴纳金额不超过 500 元。

表23-40　受访者及其家庭成员每月自行缴纳的养老金额

养老金额	频数	百分比（%）	累计百分比（%）
10元以下	4658	36.3	36.3
10～20元	1585	12.4	48.7
20～50元	1212	9.4	58.1
50～100元	447	3.5	61.6
100～200元	881	6.9	68.4
200～500元	2877	22.4	90.9
500～1000元	1006	7.8	98.7
1000元以上	165	1.3	100
总计	12832	100	/

（九）农业户籍人口外出打工时间

约一半的农业户籍受访者及其家属2015年没有外出打工经历，超过两成成员打工时间少于半年，外出打工半年以上的受访者及其家属占1/4。

表23-41　农业户籍人口外出打工时间

外出打工时间	频数	百分比（%）
无外出打工经历	5369	49.8
1～3个月	597	5.5
4～6个月	1949	18.1
7～9个月	1847	17.1
10～12个月	1028	9.5
总计	10790	100

（十）不工作或离职

受访者及其家属不工作或离职原因如表23-42所示。除去上学因素和离退休外，最重要的影响因素在于自身没有劳动能力或需要照顾家庭。

表23-42　受访者及其家庭成员不工作或离职原因

不工作或离职的原因	频数	百分比（%）
在校学习或年幼	7550	43.6
丧失工作能力	3374	19.5
毕业后未能工作	196	1.1
因单位原因失去工作	265	1.5
因本人原因失去工作	460	2.7
承包土地被征用	131	0.8
离退休	2516	14.5
料理家务	2564	14.8
不想工作	164	0.9
其他	113	0.7
总计	17333	100

离职或不工作的家庭成员最后一份工作的行业分布如表 23–43 所示。

表23-43 最后一份工作的行业分布

行业	频数	百分比（%）
农、林、牧、渔业	4609	51.6
采矿业	259	2.9
电力、煤气及水的生产和供应业	120	1.3
交通运输、仓储及邮政业	206	2.3
制造业	1178	13.2
信息传输、计算机服务和软件业	78	0.9
批发和零售业	318	3.6
建筑业	344	3.9
水利、环境和公共设施管理业	144	1.6
住宿和餐饮业	183	2.0
房地产业	11	0.1
科学研究、技术服务和地质勘察业	58	0.6
租赁和商务服务业	71	0.8
金融业	91	1.0
卫生、社会保障和福利业	177	2.0
文化、体育和娱乐业	57	0.6
教育业	119	1.3
居民服务和其他服务业	315	3.5
公共管理和社会组织	113	1.3
不适用（料理家务/无劳动能力）	460	5.2
其他	15	0.2
总计	8926	100

离职或不工作的家庭成员中，只有 4.1% 的成员近 3 个月内找过工作。

表23-44 近三个月内是否找过工作

是否找过工作	频数	百分比（%）
找过	371	4.1
没找过	8789	95.9
总计	9160	100

五、家庭成员收入情况

（一）家庭月均收入和个人月均收入①

从家庭月均税后收入来看，浙江、江苏、广东三省领先，安徽和四川居中，河北、陕西和黑龙江靠后。从个人月均税后收入来看，仍旧是浙江、广东、江苏三省领先，安徽、黑龙江和陕西居中，四川和河北两省靠后。

① 月均税后收入包括工资、奖金和经营收入。

表23-45　各省家庭月均税后收入　单位：元

	家庭月均税后收入		个人月均税后收入	
	均值	人数	均值	人数
河北省	4389.1	1095	1952.9	2462
黑龙江省	4377.8	920	2296.6	1754
江苏省	7959.1	1108	3276.5	2692
浙江省	8681.4	1119	4160.4	2335
安徽省	5029.8	1016	2322.0	2200
广东省	7185.3	1001	3404.0	2112
四川省	4617.8	1070	2082.0	2374
陕西省	4380.1	1015	2106.5	2110
总计	5879.3	8344	2719.4	18039

此外，分群体来看，本地人口个人月均税后收入低于流动人口，跨省流动人口和省内流动人口的收入相当。分户口性质来看，非农业户口比农业户口收入高。

表23-46　个人月均税后收入的分群体比较

	分类	均值（元）	人数
流动分类	本市县人口	2572	16659
	省内流动人口	4633	577
	跨省流动人口	4473	762
户口分类	非农户口	3632	4398
	农业户口	2423	13600

（二）家庭人均年收入

由表23-47可知，2016年家庭总收入城乡差异较明显。具体而言，非农业户籍家庭收入高于农业户籍家庭，流动人口家庭收入高于本地人口家庭。

表23-47　不同类型的家庭人均年收入情况

	分类	均值（万元）	频次
户口分类	非农户口	2.5	2340
	农业户口	1.7	5982
流动分类	本地人口	1.8	7718
	流动人口	3.6	626

六、基本民生问题

（一）家庭生活状况总体满意度及变化

除了1/4左右受访者对生活状况满意程度一般外，59.6%的受访者对家庭生活的总体满意度为正面态度，16.3% 的受访者则持负面态度。

表23-48 对家庭生活状况的总体满意度

总体是否满意	频数	百分比（%）
很满意	1521	15.7
基本满意	4259	43.9
一般	2341	24.1
不太满意	1132	11.7
很不满意	443	4.6
总计	9696	100

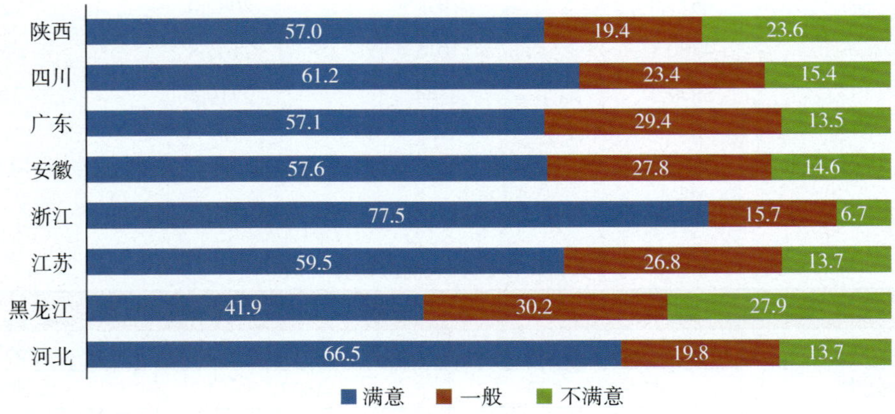

图23-11 各省对家庭生活满意度情况（%）

将很满意与基本满意归为一类，不太满意和很不满意归为一类，有各省受访者对家庭生活状况的总体满意度情况如图 23-12 所示。可以看出浙江省的受访者对家庭生活总体情况的满意度最高，黑龙江省的则相对较低。

比较非流动人口与流动人口关于生活满意度的情况，有结果如图 23-12 所示。可以发现省内流动的受访者对生活情况的满意度最高，居住在本地的受访者和跨省流动的受访者对生活情况的满意度较低。

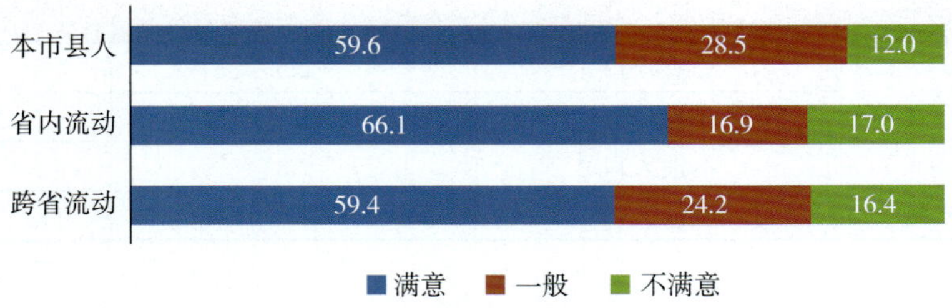

图23-12 流动人口与非流动人口生活满意度情况（%）

（二）环境满意度

对家庭生活满意情况调查结果如表 23-49 所示。在受访者看来，最希望得到改善的是收入水平，其次则是医疗问题，此外受访者对住房问题和子女教育问题也比较关注。

表23-49　　对家庭生活最不满意的地方

最不满意的一项	频数	百分比（%）
就业状况	364	3.7
收入水平	2689	27.6
子女教育	605	6.2
医疗	1380	14.2
养老	513	5.3
住房	702	7.2
其他	99	1.0
没有不满意的	3154	32.4
不回答/不清楚	238	2.4
总计	9744	100

对社会环境调查满意度的结果如表23-50所示。可以发现受访者最关心的社会问题是环境污染、食品安全以及交通出行。

表23-50　　对社会环境最不满意的地方

最不满意的一项	频数	百分比（%）
社区服务	232	2.4
社会治安	256	2.6
交通出行	828	8.5
食品安全	1186	12.2
环境污染	1456	14.9
司法公正	83	0.9
政府办事效率	392	4.0
文化生活（含体育）	149	1.5
社会保障/医疗服务	32	0.3
没有不满意的	4651	47.7
不回答/不清楚	480	4.9
总计	9744	100

七、收入与消费

（一）家庭总收入[①]

从家庭总收入分组来看，3万～10万元占比最大，近50%，50万元以上的家庭比重仅占0.4%。

① 家庭总收入包括所有家庭成员的工资收入、经营收入、投资收入等。

表23-51　　去年（2015年）家庭总收入

	频次	有效的百分比（%）	累计百分比（%）
1万元以下	1252	13.0	13.0
1万～3万元	1881	19.5	32.5
3万～5万元	1938	20.1	52.5
5万～10万元	2741	28.4	80.9
10万～15万元	1266	13.1	94.1
15万～25万元	417	4.3	98.4
25万～50万元	119	1.2	99.6
50万元及以上	37	0.4	100
总计	9650	100	/

分省来看，安徽和陕西省在1万～3万元区间的比例最高，但是广东、江苏和浙江三省家庭总收入在10万元以上的比例比较高，其他省份的比例远远低于上述三个省。

表71-52　　各省去年（2015年）家庭总收入百分比（%）

	1万元以下	1万～3万元	3万～5万元	5万～10万元	10万～15万元	15万～25万元	25万元以上	数量
安徽省	17.5	17.1	13.9	10.4	6.9	4.5	4.5	1208
广东省	8.2	10.5	11.1	11.2	16.4	17.9	32.7	1156
河北省	15.6	12.9	14.0	13.4	7.0	5.0	9.0	1200
黑龙江省	17.3	16.3	15.1	12.6	7.7	6.7	6.4	1298
江苏省	6.0	7.3	10.2	14.3	20.8	21.3	20.5	1185
陕西省	18.7	17.9	14.1	8.5	6.3	5.3	3.8	1185
四川省	14.1	13.5	14.0	13.4	8.5	10.0	1.9	1219
浙江省	2.6	4.5	7.6	16.3	26.4	29.2	21.2	1202
总计	13	19.5	20.1	28.4	13.1	4.3	1.6	9650

（二）自我感知家庭收入变化

从总体上看，大部分人群认为今年（2016）的收入不会有什么变化，占比近50%。分省来看，浙江受访者感觉家庭总收入会增长的比例较高，在25%左右，而陕西、黑龙江和安徽三省感觉会增长的比例较低，均在10%左右。分群体来看，非农户口家庭认为收入会增加的比例更高，而农业户口家庭认为收入会降低的比例更高。

表23-53　　与上年相比自我感知家庭总收入变化情况

	频次	有效百分比（%）	累计百分比（%）
会显著增长	105	1.1	1.1
会有些增长	1403	14.5	15.5
会和上年差不多	4602	47.4	63.0
会有些减少	2241	23.1	86.1
会明显减少	1018	10.5	96.5
说不准	336	3.5	100
总计	9703	100	/

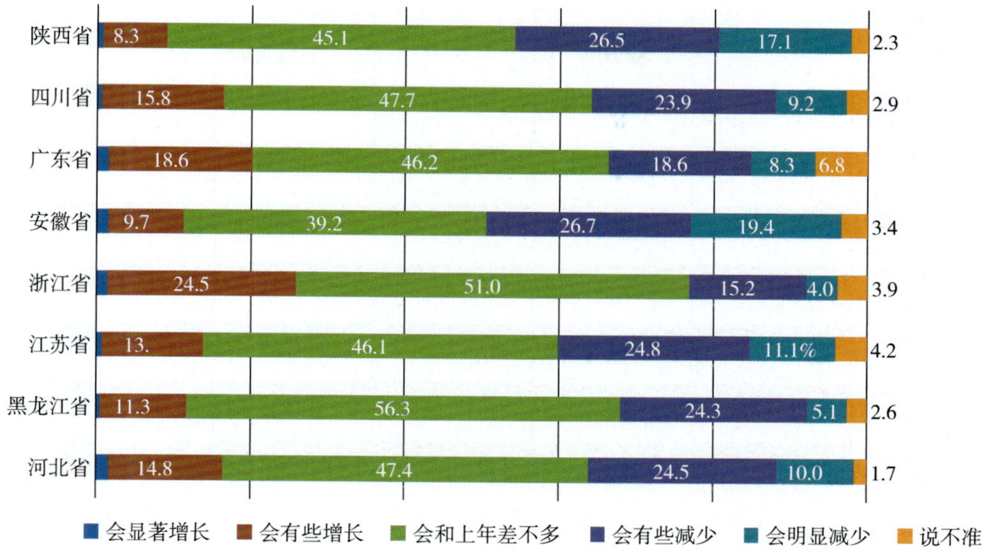

图 23-13　各省自我感知家庭总收入变化情况（%）

表23-54　　不同户籍人口自我感知家庭总收入变化情况（%）

	显著增长	有些增长	差不多	有些减少	明显减少	说不准	合计
本市非农业户口	1.2	18.9	54.7	15.8	6.7	2.7	100
本市农业户口	1.0	11.4	44.8	27.0	12.3	3.6	100
省内非本市非农业户口	1.6	26.6	43.5	13.7	9.7	4.8	100
省内非本市农业户口	2.2	18.1	45.6	22.0	12.1	0.0	100
外省非农业户口	0.0	23.9	35.8	16.5	13.8	10.1	100
外省农业户口	2.2	25.2	39.1	19.3	8.4	5.8	100
总计	1.1	14.5	47.4	23.1	10.5	3.4	100

（三）自我阶层定位

由表 23–55 所示，自我阶层定位为中层的比例最高，其次是中下层，两者占比 67.9%。分省来看，自我定位中层占比最高的是浙江省，定位中上层和上层占比最高的是江苏省，定位下层占比最高的是陕西省。

表23-55　　家庭收入的自我阶层定位

	频次	有效的百分比（%）	累计百分比（%）
上层	67	0.7	0.7
中上层	585	6.0	6.7
中层	3738	38.4	45.1
中下层	2877	29.5	74.6
下层	2243	23.0	97.6
说不清/不回答	233	2.4	100
总计	9744	100.0	/

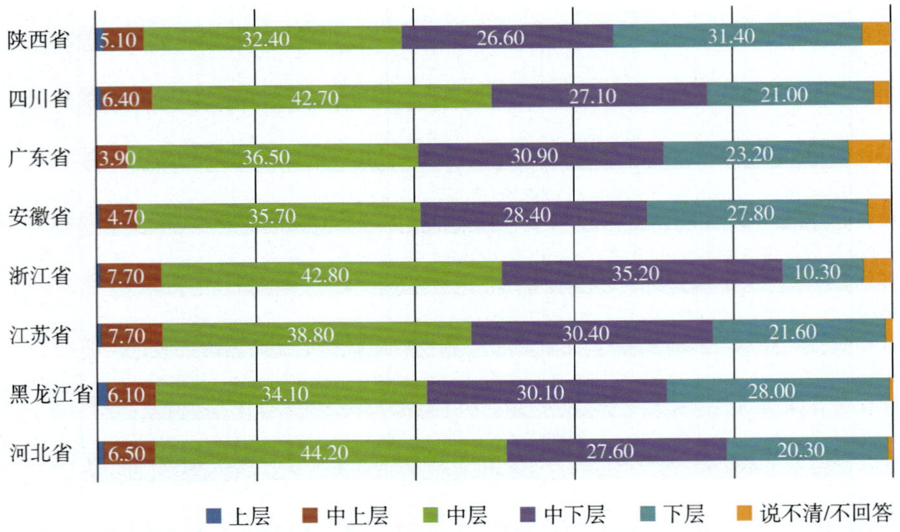

图23-14 各省家庭收入的自我阶层定位

（四）社会救助获得

获得过社会救助的仍然是少数群体，占比在12.5%左右。在各类社会救助形式当中，获得低保救助的比例最高，约为58.2%，而获得其他社会救助的比例均比较低，均不到10%。

表23-56 是否获得过社会救助

	频次	有效的百分比（%）
是	1213	12.5
否	8486	87.5
总计	9698	100

表23-57 获得过什么形式的社会救助（%）

	否	是
低保	41.8	58.2
农村五保供养	92.1	7.9
农村特困户生活救助	93.7	6.3
医疗救助	91.5	8.5
灾害紧急救助	99.7	0.3
临时救助	91.1	8.9
其他	93.7	6.3

总体上看，2016年家庭平均获得各类救助资金（如有实物折算成现金）约为3323元。分省来看，浙江省的救助资金最高，在4000元以上，安徽和黑龙江的救助资金平均金额最低，均在3000元以下。

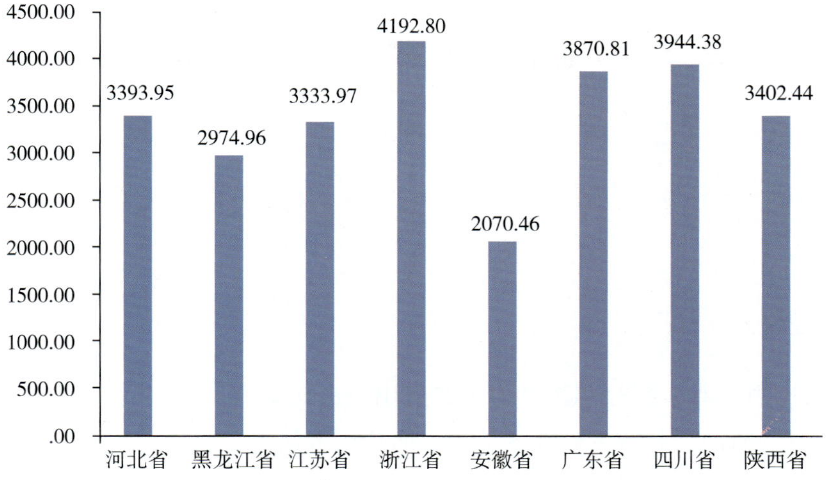

图 23-15 2016年各省家庭获得的救助资金

（五）收入差距变化的自我认知

本次调查还询问了被调查者与周围家庭相比，近两年来自我感知的收入差距变化情况。结果表明，认为近两年来收入差距没有变化的比例最高，为 40.5%，认为差距有扩大的比例次之，为 28.9%。从各省来看，黑龙江省认为没有变化的比例最高，超过 50%，达到 57.9%。而陕西省感觉周围家庭收入差距变化大的比例最高，近 38%。

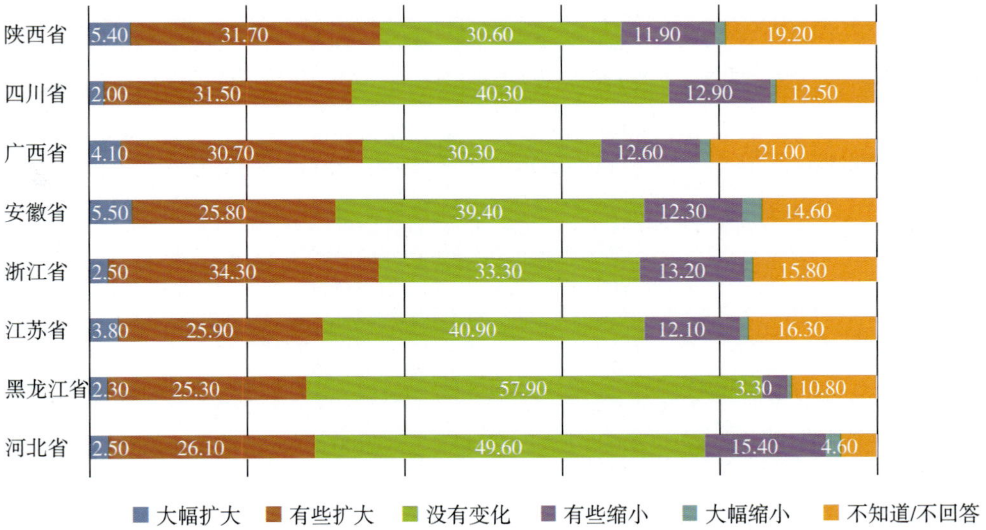

图23-16 近两年周围家庭间收入差距变化情况自我感知的分省比较

表23-58 近两年周围家庭间的收入差距有何变化

	频次	有效的百分比（%）	累计百分比（%）
大幅扩大	343	3.5	3.5
有些扩大	2812	28.9	32.4

续表

	频次	有效的百分比（%）	累计百分比（%）
没有变化	3943	40.5	72.8
有些缩小	1133	11.6	84.5
大幅缩小	122	1.2	85.7
不知道/不回答	1392	14.3	100
合计	9744	100	

（六）家庭支出压力

从家庭支出压力来看，医疗和教育为主要支出，占比最大，其中受访者中认为医疗支出占比重最大的比例为 29.0%，教育方面则有 21.7% 的受访者认为支出最大，其次是食品和住房，比例均为 12.4%。但是从不同户籍类型来看，非本市户籍的家庭认为家庭支出最大的一项是住房，比例均在 30% 以上，其次是教育，占比在 20% 以上。

表23-59 家庭支出压力

	频次	有效百分比（%）	累积百分比（%）
食品	1209	12.4	12.4
住房（贷款、房租）	1208	12.4	24.8
子女教育	2110	21.7	46.5
交通	52	0.5	47.0
医疗	2825	29.0	76.0
赡养老人	206	2.1	78.1
人情送礼	581	6.0	84.1
婚丧嫁娶	255	2.6	86.7
交社保	127	1.3	88.0
对成年子女经济资助	12	0.1	88.1
水电气支出	16	0.2	88.3
农业生产花费	45	0.5	88.8
没压力	965	9.9	98.7
压力都大	18	0.2	98.8
其他	57	0.6	99.4
不清楚	57	0.6	100
合计	9744	100	/

表23-60 不同户籍类型家庭支出压力（%）

	本市非农业户口	本市农业户口	省内非本市非农业户口	省内非本市农业户口	外省非农业户口	外省农业户口
食品	12.8	12.5	6.5	8.2	15.5	9.0
住房（贷款、房租）	15.4	8.3	39.0	38.0	37.3	29.7
子女教育	21.3	21.5	17.1	25.5	23.6	28.3
交通	0.6	0.6	0.8	0.0	0.0	0.7

续表

	本市非农业户口	本市农业户口	省内非本市非农业户口	省内非本市农业户口	外省非农业户口	外省农业户口
医疗	29.7	30.4	18.7	14.7	10.9	14.7
赡养老人	2.0	2.2	1.6	1.1	0.9	3.2
人情送礼	4.3	7.0	9.8	1.1	2.7	3.9
婚丧嫁娶	1.3	3.4	0.8	1.1	0.0	1.1
交社保	2.6	0.8	0.8	1.6	0.0	0.0
其他	0.3	0.1	0.0	0.0	0.0	0.0
没压力	0.2	0.2	0.0	0.0	0.0	0.0
合计	100	100	100	100	100	100

八、子女教育

（一）受教育总体情况

在计算不同受教育阶段的家庭数时，若同一家庭内，多个子女处于同一受教育阶段，仅记为一次。在计算上学子女数时，若同一家庭内，多个子女处于同一受教育阶段，则记为多次。结果如表 23-61 所示，无论从家庭数量还是从子女数量来说，当前受访者家庭子女处于小学阶段的比例最高，其次是学前（幼儿园）和初中阶段。

表23-61 当前受访者家庭子女上学情况

	家庭数		上学子女数	
	频次	百分比（%）	频次	百分比（%）
学前（幼儿园）	1325	27.5	1551	24.1
小学	1588	32.9	2221	34.6
初中	650	13.5	922	14.4
高中	582	12.1	780	12.1
中职（包括中专、职高、技校）	93	1.9	132	2.1
高职	153	3.2	219	3.4
本科院校及以上	432	9.0	601	9.4
合计	4822	100	6424	100

（二）上学距离情况

从整体情况来看，大部分家庭的孩子都在离家较近的地方上学，占比在 75% 左右，仅有 1/4 左右的受访者表示其子女不是（或有的不是）在离家较近的地方上学。对于没有选择在离家较近学校就读的受访者，其最主要考虑的原因是为了让子女上更好的学校，这一比例超过 45%。

表23-62　当前受访者家庭子女所读学校是否离家较近

	频次	有效的百分比（%）	累计百分比（%）
是	3058	74.8	74.8
不是或有的不是	1031	25.2	100
合计	4089	100	/

表23-63　没有在离家较近学校就读的原因

	频次	有效的百分比（%）	累计百分比（%）
最近学校招生名额有限	28	2.7	2.7
未被划在其招生片区内	47	4.6	7.4
受户口限制不能就读	49	4.8	12.1
为了上更好的学校	470	46.4	58.6
成绩达不到要求未能考入	32	3.1	61.7
为了自己方便	200	19.7	81.5
学费问题	11	1.1	82.6
本地无学校	110	10.8	93.4
其他	67	6.6	100
合计	1013	100	

但是从不同的户口类型来说，子女没有选择就近入学的原因情况有所不同，本地及外地非农户口和本地农业户口家庭主要考虑为了上更好的学校，这一比例大约在50%上下，而子女没有就近入学的受访者中，约40%以上的外地农业户口家庭是因为户口限制不能就近入学，可见对于外地农业户口家庭来说，户口限制是其子女无法就近入学的主要限制因素。

表23-64　不同户口家庭子女没有在离家较近学校就读的原因（%）

	本市非农业户口	本市农业户口	省内非本市非农业户口	省内非本市农业户口	外省非农业户口	外省农业户口
最近学校招生名额有限	7.0	1.3	20.0	0.0	11.1	2.4
未被划在其招生片区内	6.4	4.0	20.0	0.0	0.0	4.9
受户口限制不能就读	3.2	1.9	6.7	50.0	0.0	46.3
为了上更好的学校	55.6	46.7	20.0	31.3	55.6	14.6
成绩达不到要求未能考入	5.9	2.2	13.3	6.3	11.1	2.4
为了自己方便	12.8	21.9	13.3	6.3	11.1	17.1
其他	1.1	0.8	6.7	6.3	11.1	0.0
合计	100	100	100	100	100	100

（三）教育不满意情况

问卷还询问了受访者对教育不满意的地方，并按照不同的求学阶段设置了不同的问题进行调查，选择的求学阶段主要包括：学前教育、义务教育及普通高中教育、职业教育和高等教育四个教育阶段。

首先，在学前教育方面，受访者对于学前教育的满意度在38%左右，而在不满意的选项当中，受访者反映的最主要的不满意的地方在于入园贵，比例为 18.9%，其他不满意的选项占比都不到 8%。但是分户口类型来看，本市农业户口类型家庭对学前教育满意度最高，达到 40% 以上，而其他户口类型的满意度均在 30% 上下。对于不满意的地方，不同户口类型反映也有所差别，本省的农业户口和非农户口以及外省的农业户口类型家庭最不满意的地方是入园贵，而非本市的非农业户口家庭最不满意的地方是入园难，占比均在 36% 左右。

表23-65　对学前教育不满意的地方

	频率	有效百分比（%）	累积百分比（%）
教育质量差	97	5.5	5.5
入园难	114	6.5	12.0
入园贵	331	18.9	30.9
教师师德差	21	1.2	32.1
教师能力差	38	2.2	34.2
师生比太低	54	3.1	37.3
伙食差	21	1.2	38.5
设施条件差	37	2.1	40.6
幼儿园距离远	83	4.8	45.3
其他	6	0.3	45.7
没有不满意的	667	38.0	83.7
不回答/不清楚	286	16.3	100
合计	1755	100	/

表23-66　不同户籍对学前教育不满意的地方（%）

	本市非农业户口	本市农业户口	省内非本市非农业户口	省内非本市农业户口	外省非农业户口	外省农业户口
教育质量差	5.5	5.3	4.3	8.3	4.3	7.1
入园难	11.3	2.8	30.4	13.9	30.4	15.5
入园贵	20.1	17.8	13.0	33.3	21.7	23.8
教师师德差	1.9	0.9	4.3	0.0	4.3	1.2
教师能力差	2.2	2.3	0.0	0.0	0.0	1.2
师生比太低	4.6	2.4	0.0	2.8	4.3	4.8
伙食差	1.4	1.1	0.0	0.0	0.0	2.4
设施条件差	1.7	2.3	0.0	0.0	4.3	1.2
幼儿园距离远	4.1	5.7	0.0	0.0	0.0	0.0
其他	0.5	0.3	0.0	0.0	0.0	1.2
没有不满意	28.1	43.2	34.8	27.8	17.4	32.1
不清楚	18.7	15.8	13.0	13.9	13.0	9.5
合计	100	100	100	100	100	100

其次，在义务教育和普通高中教育方面，受访者的满意度在 46.9%，总体来看，对于这一阶段的教育，受访者所选择的不满意的地方比例比较分散，各个选项的比例差别不大，均不到 10%，不满意选择比例最高的是教育质量差，比例为 8.6%，其次是不得不上补习班和课业负担重。对于这一教育阶段，不同户籍家庭的满意情况有所不同。从满意度来说，本市农业户口满意度

最高，超过50%，对于最不满意的地方，外省和外市户口的家庭最不满意的地方多集中在外地孩子入学难，尤其外省农业户口的家庭反映这一问题的比例最高，达到28.7%。

表23-67　　对义务教育和普通高中教育不满意的地方

	频率	有效百分比（%）	累积百分比（%）
教育质量差	296	8.6	8.6
择校现象普遍	106	3.1	11.7
学校乱收费	115	3.4	15.1
教师师德差	73	2.1	17.2
上学距离较远，就学不便	186	5.4	22.7
课业负担重	197	5.8	28.4
学校设施条件差	104	3.0	31.5
放学太早，无人看管孩子	41	1.2	32.7
外地孩子上学难	83	2.4	35.1
不得不上补习班	205	6.0	41.2
学杂费贵	9	0.3	41.4
其他	1602	46.9	88.3
没有不满意的	365	10.7	99.0
不回答/不清楚	36	1.0	100
合计	3418	100	/

表23-68　　不同户籍对义务教育和普通高中教育不满意的地方（%）

	本市非农业户口	本市农业户口	省内非本市非农业户口	省内非本市农业户口	外省非农业户口	外省农业户口
教育质量差	6.7	9.7	10.6	5.3	0.0	6.4
择校现象多	6.3	2.0	2.1	1.3	0.0	2.1
学校乱收费	4.0	3.3	0.0	4.0	0.0	3.2
教师师德差	3.2	1.7	6.4	1.3	3.7	1.1
上学距离远	4.1	6.5	0.0	2.7	0.0	1.1
课业负担重	8.3	4.8	4.3	9.3	11.1	3.2
学校条件差	2.6	3.0	2.1	1.3	7.4	7.4
放学太早	2.5	0.7	0.0	1.3	3.7	2.1
外地孩子上学难	1.1	1.1	17.0	14.7	7.4	28.7
必须上补习班	11.5	3.9	14.9	4.0	7.4	3.2
学杂费贵	0.4	0.2	0.0	1.3	0.0	0.0
其他	39.3	51.2	29.8	38.7	37.0	31.9
没有不满意	9.3	10.9	12.8	9.3	18.5	7.4
不清楚	0.8	1.0	0.0	5.3	3.7	2.1
合计	100	100	100	100	100	100

第三，在职业教育方面，受访者整体的满意度在26.1%，远低于对前述两个教育阶段的满意程度，而受访者反映最集中的不满意的地方是就业质量不高，占比9.1%，其次是缺少实习培训，

实践能力培养不足以及学校风气不好，占比均为5%左右。

表23-69　对职业教育不满意的地方

	频率	有效百分比（%）	累积百分比（%）
实践能力培养不足	29	5.0	5.0
学校乱收费	20	3.5	8.5
教师师德差	4	0.7	9.2
教师能力差	11	1.9	11.1
学校风气不好	28	4.9	16.0
就业质量不高	51	9.0	25.0
学校设施条件差	12	2.1	27.1
招生虚假宣传	8	1.4	28.5
其他	2	0.4	28.8
没有不满意的	149	26.1	55.0
不回答/不清楚	256	45.0	100.0
合计	569	100	/

第四，在高等教育方面，总体的满意度为29.5%，低于学前教育和义务教育阶段的满意度，对于不满意的地方，受访者主要集中反映两个方面，第一个是高校毕业生就业难，占比为21.4%，其次是学费贵，占比为13.9%，从不同户籍的反映情况来看，最不满意的地方也同样集中在这两个方面。

表23-70　对高等教育不满意的地方

	频率	有效百分比（%）	累积百分比（%）
教学内容和方法落后	37	4.5	4.5
教师师德差	1	0.1	4.6
教师能力差	1	0.2	4.8
学费贵	116	13.9	18.6
学校风气不好	6	0.8	19.4
学校设施条件差	14	1.7	21.1
高校毕业生就业难	179	21.4	42.5
招考不公平	9	1.0	43.5
其他	3	0.3	43.9
没有不满意的	247	29.5	73.4
不回答/不清楚	223	26.6	100.0
合计	837	100	/

九、医疗卫生

（一）医疗机构选择

由图23-17和表23-71可知，居住在市/县城中心城区（主城区）和市/县城郊区（城乡结合部）的群体主要选择不去医院，自己买药，居住在市 / 县城区以外的镇（街）的群体主要选择去乡镇卫生院，而农村群体则是选择村卫生所 / 诊所。

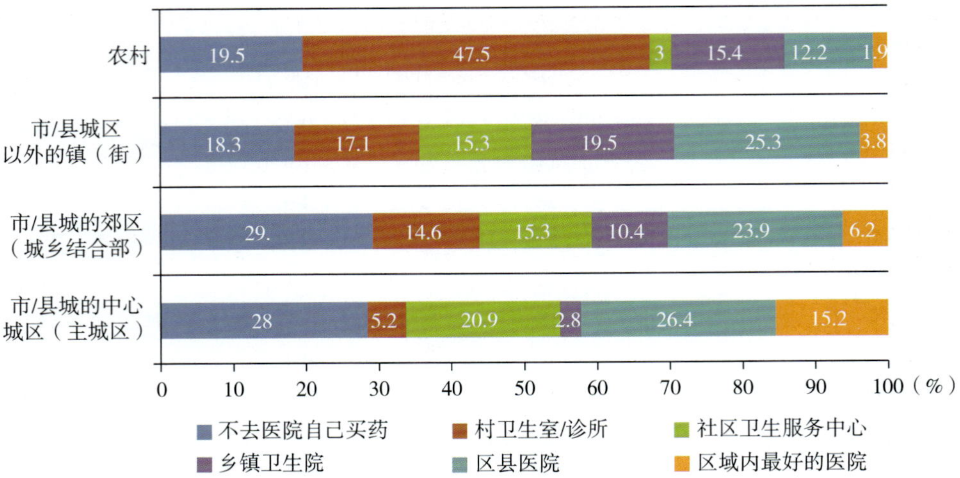

图23-17 不同社区类型群体生病时的医疗机构选择情况

表23-71 不同社区类型群体生病时的医疗机构选择情况（%）

	市/县城的中心城区	市/县城的郊区	市/县城区以外的镇	农村	合计	数量
不去医院自己买药	28.0	29.1	18.3	19.5	22.6	2206
村卫生室/诊所	5.2	14.6	17.1	47.5	30.3	2949
社区卫生服务中心	20.9	15.3	15.3	3.0	10.0	979
乡镇卫生院	2.8	10.4	19.5	15.4	12.2	1192
区县医院	26.4	23.9	25.3	12.2	18.3	1787
区域内最好的医院	15.2	6.2	3.8	1.9	5.7	559
其他	0.9	0.4	0.6	0.3	0.5	49
合计	100	100	100	100	100	9744

（二）住院经历

1. 家庭成员住院的相关情况

从总体上看，2016 年受访者家中有人生病住院的比例为 31.7%，在住院选择上比较倾向于选择县医院和市医院。

表23-72 2016年家中是否有人生病住院

	频次	有效百分比（%）	累计百分比（%）
有	3087	31.7	31.8
没有	6646	68.2	100
总计	9744	100	/

表23-73 住院选择百分比（%）

	否	是
乡镇卫生院	27.2	4.0
县医院	17.4	13.7
市医院	20.8	10.4
省城医院	28.3	2.9
大城市医院（如，北京，上海）	30.1	1.1
其他	31.0	0.1

2. 家庭成员选择不住院的相关情况

从总体上看，8.8% 的人没有听从医院建议，选择不住院。具体而言，非流动人口选择不住院的比例最高，为 9.1%，流动人口比例为 5.1%。分省来看，陕西省有 17.3% 的家庭成员没有听从医院建议住院，其次是四川省、黑龙江省、河北省，广东省、安徽省和江苏省的比例在 7% ~ 8%，浙江省的家庭成员没有听从医院建议住院的比例最低，在 3% 以下。

表23-74 2016年家庭成员中没有听从医院建议住院的情况（%）

	有	无	数量
本地人口	9.1	90.0	8934
流动人口	5.1	93.9	810
总计	8.8	90.3	9744

表23-75 家庭成员没有听从医院建议住院的分省比较（%）

	有	无	数量
陕西省	17.3	82.3	1200
河北省	7.9	91.9	1200
江苏省	7.0	92.3	1200
黑龙江省	9.5	90.1	1301
四川省	10.9	88.7	1220
广东省	7.2	88.1	1200
安徽省	7.7	91.9	1222
浙江省	2.6	97.3	1201
总计	8.8	90.3	9744

由表 23–76 可知，选择不住院的主要原因在于“没钱住院”，占比 5.7%，其次是“自己认为不需要”，占比 1.8%，另有 0.6% 的人是“没有时间住院”。

表23-76 选择不住院的原因

	频次	有效百分比（%）
没钱住院	555	5.7
没有时间住院	56	0.6
床位紧张，住不进去	11	0.1
自己认为不需要	176	1.8

续表

	频次	有效百分比
不方便/不愿意	26	0.3
其他	12	0.1

（三）医疗支出

总体上看，住院家庭成员实际支付的医院结算的诊疗费用（扣除医保报销后）的均值为9588.42元，各类医保报销（包括基本医疗保险、大病医保、商业医疗保险、公费医疗等各类一次和二次报销金额的总额）为6252.25元，其他费用（包括看护、交通、食宿、红包、礼品等）为1158.52元。

表23-77　医疗支出和报销的分地区比较　单位：元

	类型	实际支付的医院结算的诊疗总费用	其他费用	各类医保报销
居住地区	市/县城的中心城区（主城区）	3412.34	393.34	2644.45
	市/县城的郊区（城乡结合部）	4627.76	391.91	1629.31
	市/县城区以外的镇（街）	3258.20	403.03	1919.27
	农村	4046.18	450.49	2197.00

分省来看，江苏省和黑龙江省实际支付的诊疗费用平均值最高，黑龙江省支付费用平均值最高，浙江省各类医保报销平均值最高；而安徽省实际支付的诊疗费用平均值最低和各类医保报销费用均值最低，广东省支付的其他费用最低。

表23-78　医疗支出和报销的分省比较　单位：元

	实际支付的医院结算的诊疗总费用（扣除医保报销后）	其他费用	各类医保报销
河北省	10815.73	882.69	6443.76
黑龙江省	10797.42	1413.83	7143.58
江苏省	11919.95	1153.86	6292.24
浙江省	11883.84	1396.03	9125.99
安徽省	9413.55	1145.67	5456.86
广东省	10136.57	629.09	9094.85
四川省	7010.54	1356.14	4909.26
陕西省	4408.75	1064.62	5058.21

从户口类型角度来看，非农业户口受访者实际支付的医院结算诊疗总费用远低于农业户口，各类医保报销数量高于农业户口受访者，但是非农业户口和农业户口受访者支付的其他费用差别较小；从流动类型的视角来看，本地人口实际支付的诊疗费用和其他费用低于流动人口，各类医保报销数量高于流动人口；从居住地区的视角来看，居住在市/县城以外的镇（街）的受访者实际支付的诊疗费用和其他费用最高，居住在市/县城的中心城区的受访者医保报销数量最高。

表23-79　　分户口、流动与地区类型的医疗支出与报销情况　　单位：元

	类别	实际支付的医院结算的诊疗总费用	其他费用	各类医保报销
户口类型	非农户口	8139.44	1187.25	7504.00
	农业户口	10214.08	1146.57	5730.32
流动类型	本地人口	9504	1154	6332
	流动人口	11221	1258	4666
居住地区	市/县城的中心城区（主城区）	9076	1015	7848
	市/县城的郊区（城乡结合部）	1115	1304	7132
	市/县城区以外的镇（街）	10442	1450	5838
	农村	9341	1138	5573

（四）因看病向外筹资情况

80.0% 的受访者表示没有因家人看病需要向外借钱，18.0% 的人则找亲戚朋友借款来看病，0.5% 则是通过变卖家庭财产或抵押贷款来看病，另有 0.1% 的人选择其他方式。

表23-80　　因病筹资的方式

	频次	有效百分比（%）	累计百分比（%）
无回答	95	1.0	1.0
没有	7799	80.0	81.0
有，找亲戚朋友借款	1789	18.0	99.4
有，变卖家庭财产或抵押贷款	51	0.5	99.9
有，其他	11	0.1	100
总计	9744	100.0	/

（五）生病无钱就医担忧程度

从总体上看，62.7% 的人担心自己及家人未来生病无钱就医，22.9% 的人表示不担心。分学历来看，学历越高，担心程度越低。分省来看，黑龙江省、陕西省担心的比例较高，均在 70% 以上，浙江省担心的比例最低，为 43.4%。

表23-81　　不同学历群体对生病无钱就医的担心（%）

	担心	一般	不担心	说不准	数量
没上过学	74.3	6.1	15.2	4.3	849
小学	65.3	7.9	21.2	5.2	2506
初中	63.5	9.3	22.6	4.3	3693
高中/中专/技校	59.8	9.7	25.7	4.6	1679
大专/高职	52.1	13.3	29.0	5.3	529
本科	45.5	18.7	30.9	4.1	444
研究生及以上	39.9	26.0	44.2	/	24

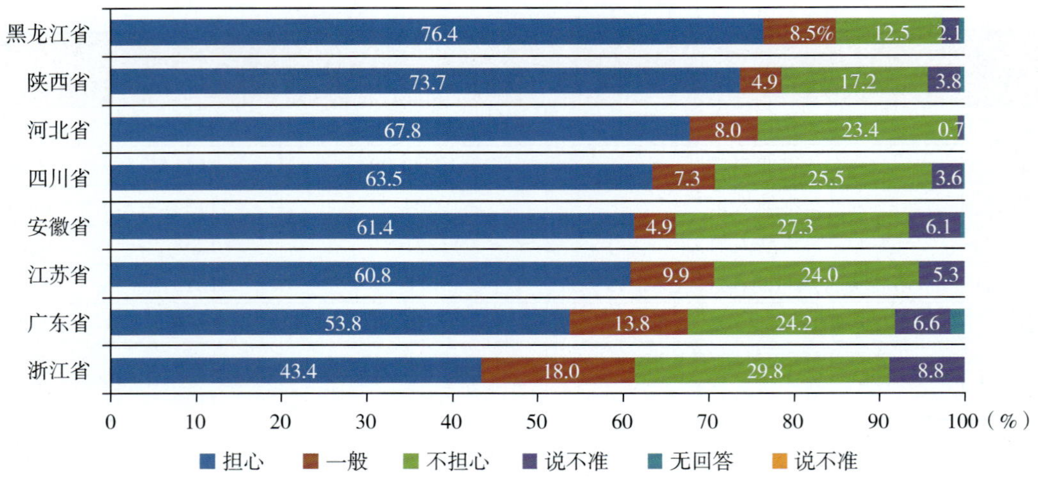

图23-18　各省对生病无钱就医的担心情况（%）

十、养老保险

（一）养老经济来源担心程度

由表 23-82 所示，无论是 60 岁以下且未退休的人，还是 60 岁以上或不足 60 岁已退休的人，均对以后养老的经济来源表示担心，但是二者比例差别较大，分别为 40.6% 和 20.0%。60 岁以上或不足 60 岁已退休对养老经济来源不担心的比例（12.4%）低于 60 岁以下且未退休的人（17.2%）。

表23-82　养老经济来源的担心程度

	60岁以下且未退休		60岁以上或不足60岁已退休	
	频次	有效百分比（%）	频次	有效百分比（%）
不担心	1679	17.2	1207	12.4
有些担心	2371	24.3	1144	11.7
很担心	1592	16.3	808	8.3
没想过	748	7.7	180	1.8

（二）养老计划

调查结果表明，无论是 60 岁以下且未退休的受访者，还是 60 岁以上或不足 60 岁已退休的受访者，他们未来的养老经济来源主要均为退休金、子女赡养和靠承包土地。60 岁以下且未退休的受访者未来的养老经济来源计划还包括一个重要方面，就是储蓄。

表23-83　　60岁以下且未退休受访者未来的养老经济来源计划

	频次	百分比（%）
自己的退休金/养老金	2143	22.0
配偶的退休金/养老金	129	1.3
储蓄	680	7.0
投资理财收入	50	0.5
靠承包田地	645	6.6
商业养老保险	65	0.7
房产收益（租房或卖房）	19	0.2
由儿女或其他亲属赡养	1511	15.5
低保或社会救济	127	1.3
打零工	289	3.0
其他	21	0.2
没想过	721	7.4

表23-84　　60岁以上或不足60岁已退休受访者当前的经济来源

	频次	百分比（%）
自己的退休金/养老金	1335	13.7
配偶的退休金/养老金	125	1.3
储蓄	126	1.3
投资理财收入	8	0.1
靠承包田地	726	7.5
商业养老保险	3	0.0
房产收益（租房或卖房）	7	0.1
由儿女或其他亲属赡养	594	6.1
低保或社会救济	141	1.4
打零工	211	2.2
其他	63	0.6

从生活照顾方面来看，60 岁以下且未退休的受访者主要是靠配偶相互照顾，其次是子女照顾，而 60 岁以上或不足 60 岁已退休的受访者主要靠配偶互相照顾和自己照顾自己。

表23-85　　养老生活照顾来源

	60岁以下且未退休		60岁以上或不足60岁已退休	
	频次	有效百分比（%）	频次	有效百分比（%）
自己照顾自己	899	9.2	1190	12.2
配偶相互照顾	2523	25.9	1784	18.3
子女照顾	2372	24.3	344	3.5
其他亲属帮忙照顾	20	0.2	12	0.1
雇佣保姆	15	0.2	3	0.0
养老机构	182	1.9	/	/
其他	2	0.0	6	0.1
没想过	383	3.9	/	/

（三）家庭赡养情况

调查显示，非农户口家庭子女提供的养老费用高于农业户口，市 / 县城的郊区（城乡结合部）家庭子女提供的养老费用高于主城区和农村等其他地区，而流动人口家庭子女提供的养老费用远高于本地人口家庭。

表23-86　　不同群体子女提供的养老费用（针对60岁以上或已退休的受访者）

		均值（元）	数量
户口类型	非农户口	6679	252
	农业户口	5122	838
流动类型	本地人口	5438	1065
	流动人口	7206	25
地区类型	市/县城的中心城区（主城区）	6809	161
	市/县城的郊区（城乡结合部）	6913	93
	市/县城区以外的镇（街）	5940	88
	农村	4960	748

十一、住房保障

（一）住房类型

由表 23–87 可知，自建住房的比例最高，占 61.4%。其次为自购商品住房和市场租赁房，分别占 14.1% 和 5.6%。父母住房、拆迁安置房、单位福利房、廉租房（或公租房）所占比例分别为 4.9%、4.7%、4.2% 和 1.5%。借助其他亲朋好友占 1.4%，购买的政策性住房占 1.0%，单位租住房（单位公寓 / 宿舍）占 0.9%，其他占 0.2%。

同时由调查知，目前与其他家庭（人）合（租）住者约有 12.6%，未与其他家庭（人）合（租）住者占 87.4%。

表23-87　　目前的居住类型

	频次	有效的百分比（%）
自建住房	5984	61.4
自购商品住房	1373	14.1
市场租赁房	544	5.6
父母住房	479	4.9
拆迁安置房	461	4.7
单位福利分房	405	4.2
廉租房（或公租房）	142	1.5
借助其他亲朋好友	140	1.4
购买的政策性住房	98	1.0
单位租住房（单位公寓/宿舍）	90	0.9
其他	24	0.2
合计	9740	100

（二）住房面积

调查显示，人们家庭住房的平均建筑面积为116.9平方米，最小值为6平方米，最大值为900平方米。分省来看，浙江、四川、江苏三省家庭住房的平均面积较大，均在130平方米以上；其余五省则相对较低，尤其黑龙江最低，仅为79.5平方米。

表23-88　家庭住房面积的分省比较

	均值（平方米）	样本量	标准差
浙江省	150.9	1201	97.8
四川省	136.4	1220	83.5
江苏省	135.1	1200	85.3
陕西省	125.0	1200	87.2
河北省	114.0	1200	71.4
安徽省	102.1	1222	72.0
广东省	95.1	1200	60.2
黑龙江省	79.5	1301	40.3
总计	116.9	9744	79.6

（三）住房条件

在住房条件上，普遍有独立厨房和卫生间的占比77.3%；有独立厨房但没有独立卫生间的比例达到11.7%。分省来看，河北和黑龙江的住房条件相对较差。

表23-89　住房条件

	频次	有效的百分比（%）	累计百分比（%）
有独立厨房和卫生间	7520	77.3	77.3
有独立厨房，但没有独立卫生间	1137	11.7	89.0
既没有独立厨房，也没有独立卫生间	786	8.1	97.1
有独立卫生间，但没有独立厨房	280	2.9	100
总计	9724	100	/

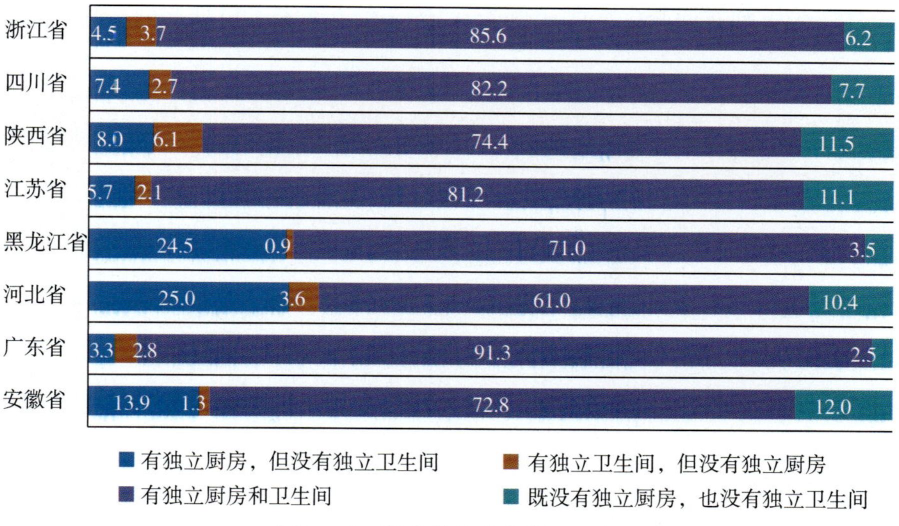

图23-19　各省的住房条件（%）

（四）住房方面的不满意之处

在调查中，有 50.0% 的人明确提出了在住房方面的不满意之处。其中，认为“住房面积太小”的人最多，有 12.9%；其次是“建筑年代久远，小区设施落后”和“房价太高，无法改善住房条件”，分别为 9.4% 和 7.9%。

表23-90　对住房的不满意之处

	频次	有效百分比（%）	累计百分比（%）
住房面积太小	1260	12.9	12.9
建筑年代久远，小区设施落后	912	9.4	22.3
房价太高，无法改善住房条件	766	7.9	30.2
小区环境和物业差	505	5.2	35.4
自来水、电力、燃气等设施不全	470	4.8	40.2
每个月住房支出压力太大（包括房租、还贷、物业、水、电供热费）	358	3.7	43.9
没有独立卫生间或厨房	244	2.5	46.4
房子存在质量问题	181	1.9	48.3
其他	122	1.2	49.5
房屋设计不合理	24	0.2	49.7
补偿问题（拖欠/标准不一）	20	0.2	49.9
房产证有问题	8	0.1	50.0
不回答/不清楚	252	2.6	52.6
没有不满意的	4622	47.4	100
合计	9744	100	

（五）其他住房情况

调查显示，大多数人并不拥有其他住房，一小部分人拥有其他住房。具体而言，10.0% 的人在本市（县、区）拥有一套房，3.1% 的人在其他城市（县、区）拥有一套住房，13.8% 的人在（老家）村拥有一套住房。而拥有两套房的比例更低，在本市（县、区）拥有两套住房的比例为 0.8%，在其他城市（县、区）拥有两套住房的比例为 0.3%，在（老家）村拥有两套住房比例为 0.5%。

表23-91　其他住房情况

	在本市（县区）的住房		在其他城市的住房		在（老家）农村的住房	
	频次	百分比（%）	频次	百分比（%）	频次	百分比（%）
0	8665	88.9	9208	96.6	8331	85.5
1	974	10.0	291	3.1	1349	13.8
2	81	0.8	24	0.3	52	0.5
3	12	0.1	6	0.1	11	0.1
4	1	0	0	0	0	0
5	1	0	0	0	0	0
6	2	0	0	0	0	0
合计	9736	100	9529	100	9743	100

同时调查显示，人们拥有的其他住房的状态中，四成以上仍为自己（家人）居住；其次为闲置和出租。

表23-92　其他住房目前的状态

	在本市（县，区）的住房		在其他城市的住房		在老家或农村的住房	
	频次	百分比（%）	频次	百分比（%）	频次	百分比（%）
自己（家人）居住	503	42.4	209	56.6	598	40.2
出租	216	18.2	41	11.1	48	3.2
闲置	184	15.5	57	15.4	362	24.4
未交付在建或装修	145	12.2	14	3.8	173	11.6
间歇性回去住	108	9.1	40	10.8	168	11.3
交给亲朋帮忙看管	20	1.7	7	1.9	78	5.2
其他	9	0.8	1	0.3	59	4.0
总计	1185	100	369	100	1486	100

十二、生活环境

（一）居住地生活环境质量改善情况

居住地生活环境包括空气质量、生活用水质量、周边河流湖泊等水体质量、生活污水处理情况、生活垃圾处理情况、噪声环境质量和绿化环境质量这七项。由表23–1可知，有55.1%的人认为居住地生活环境得到了改善。然而，从不同居住社区类型来看，住在城市社区的居民对生活环境质量改善情况评价不高，尤其是居住在市/县城的中心城区（主城区）的群体认为生活环境质量得到改善的比例仅为47.3%。而住在城区以外的镇（街）上的居民对生活环境质量改善情况的评价最高。

表23-93　居住社区的生活环境质量改善情况（%）

	明显改善	有些改善	没有变化	有些变差	明显变差	说不清	总计
总体生态环境状况	13.5	41.6	32.5	8.2	2.7	1.5	100
空气质量	9.0	35.0	37.6	12.5	4.5	1.4	100
生活用水质量	10.0	31.1	43.2	10.8	3.6	1.3	100
周边水体质量	7.5	23.0	38.2	15.0	7.1	9.2	100
生活污水处理	8.1	29.0	43.1	9.7	3.5	6.5	100
生活垃圾处理	13.9	41.3	30.0	9.6	3.6	1.6	100
噪声环境质量	7.7	22.4	52.0	10.6	3.9	3.4	100
绿化环境	14.0	35.0	42.8	5.3	1.2	1.7	100

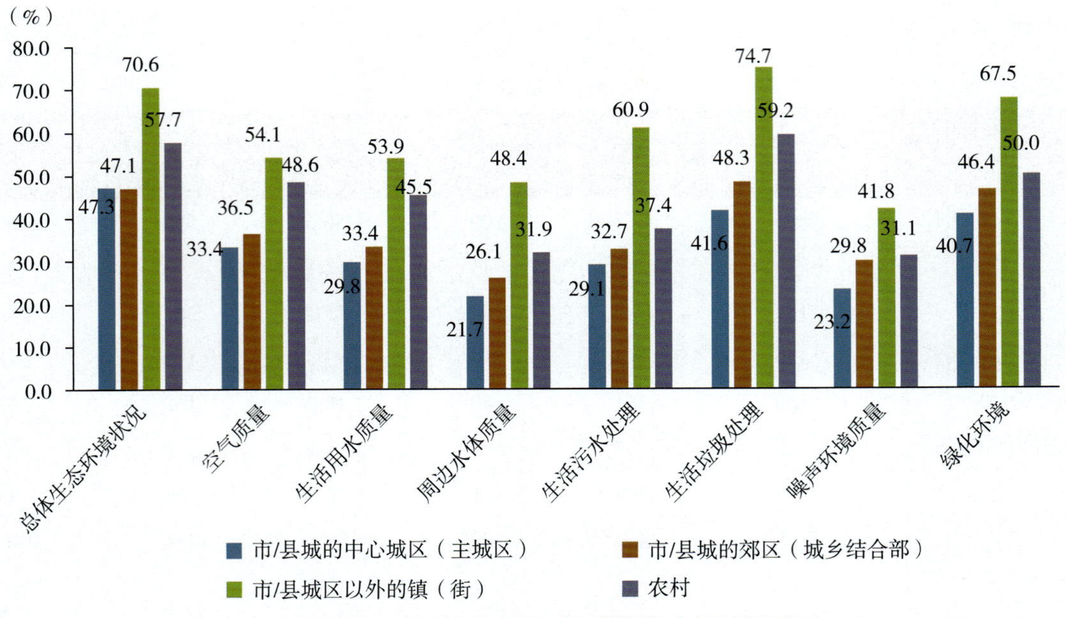

图23-20　不同社区类型认为生活环境质量得到改善的比例（%）

注：这里的得到改善包括“明显改善”和“有些改善”，下同。

1. 空气质量改善情况评价

分学历来看，学历越高，对过去一年空气质量变差的评价比重越大。分省来看，河北省、浙江省和四川省居民对过去一年空气质量的改善情况评价较高，黑龙江省居民对于过去一年空气质量的改善情况评价相对较低。

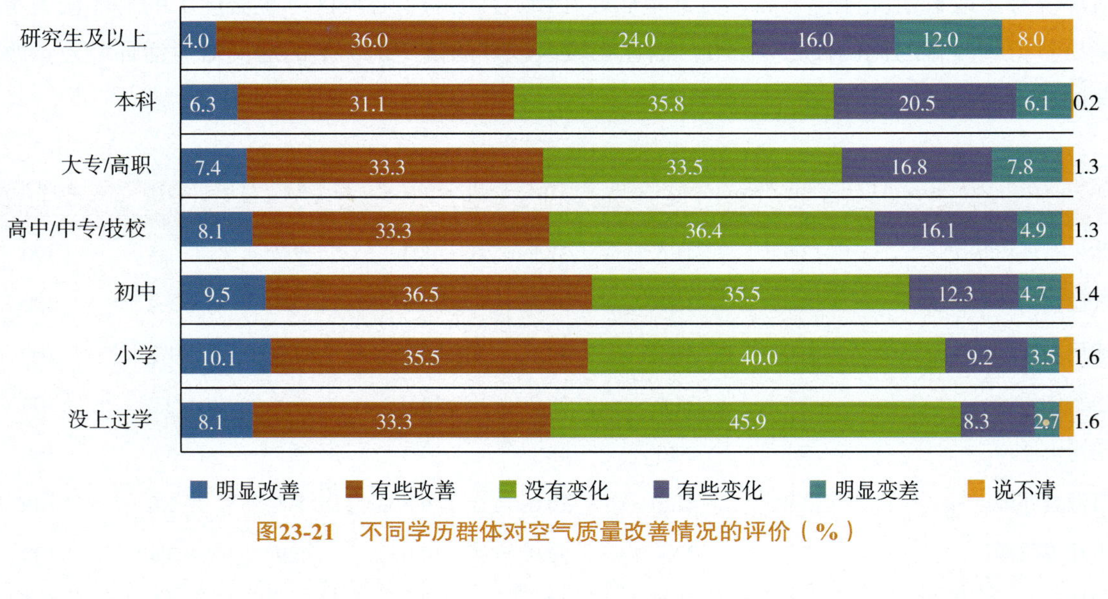

图23-21　不同学历群体对空气质量改善情况的评价（%）

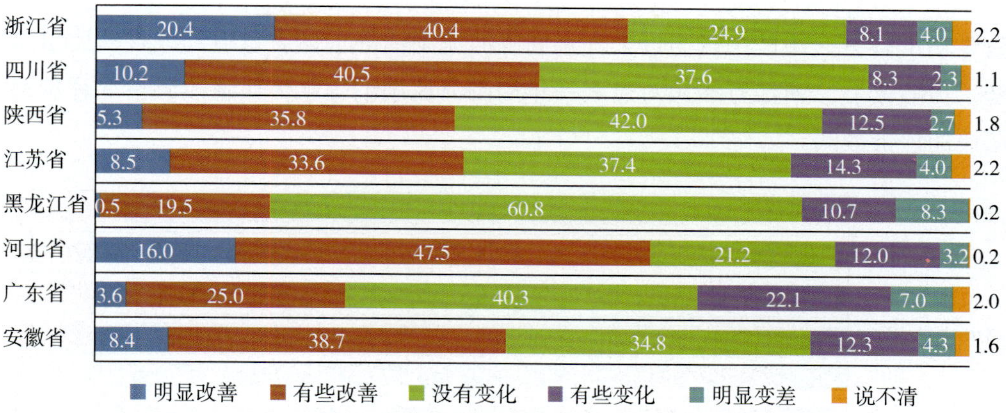

图23-22　各省空气质量评价（%）

2. 生活用水质量改善情况评价

分学历来看，研究生及以上学历群体对过去一年生活用水质量改善情况评价最低。分省来看，浙江、河北等省居民对过去一年生活用水改善情况评价较高，黑龙江、广东等省居民的评价相对较低。

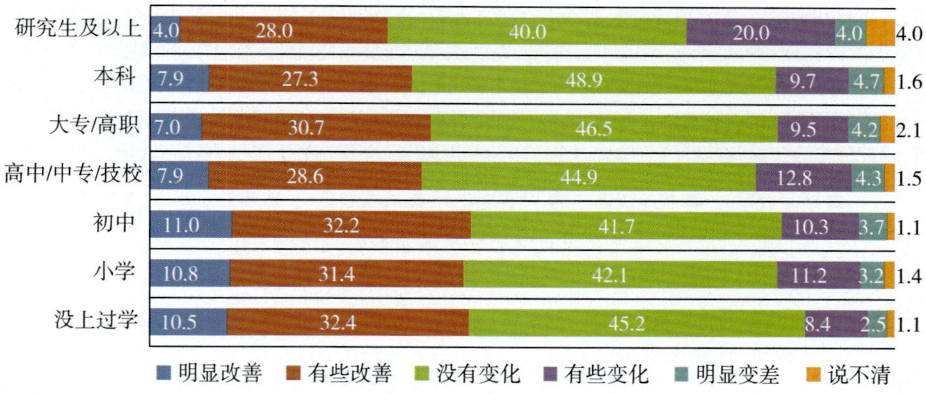

图23-23　不同学历群体对生活用水质量评价（%）

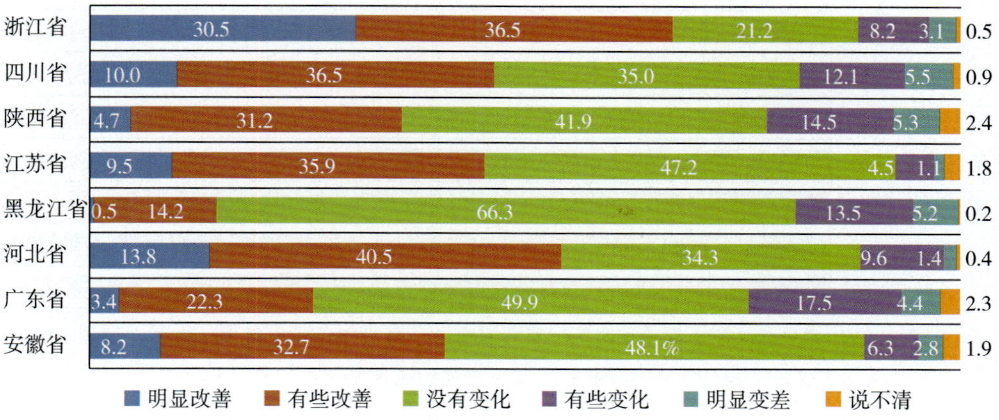

图23-24　各省生活用水质量评价（%）

3. 周围河流湖泊等水体质量改善情况评价

随着学历的提升，居民中认为过去一年周围河流湖泊等水体质量得到改善的比重总体呈现上升趋势。分省来看，浙江省居民对过去一年周围河流湖泊等水体质量改善情况评价最高，黑龙江省居民的评价最低。

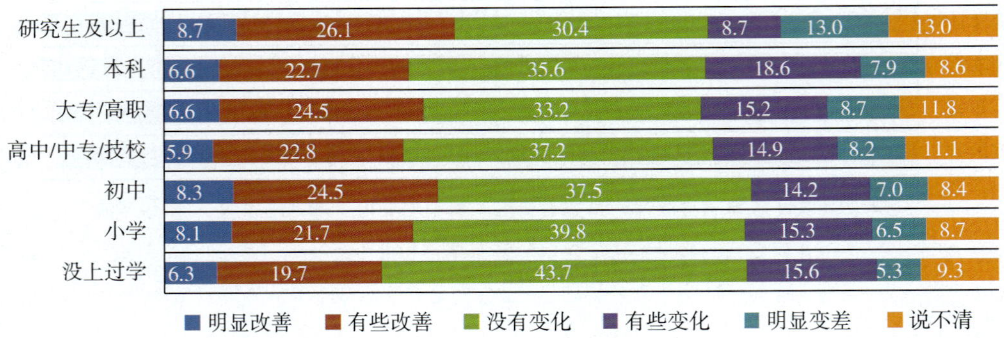

图23-25 不同学历群体对周围河流湖泊等水体质量改善情况评价（%）

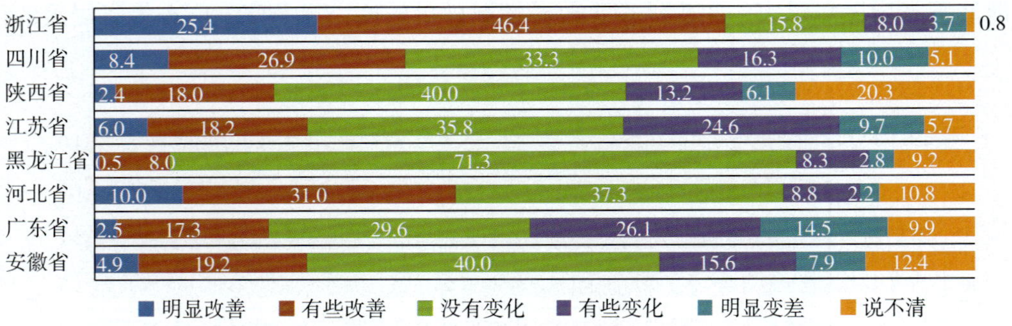

图23-26 各省周围河流湖泊等水体质量改善情况评价（%）

4. 生活污水处理改善情况评价

分学历来看，研究生及以上学历群体对过去一年生活污水处理改善情况评价最低。分省来看，浙江、四川、河北等省居民对过去一年生活污水处理改善情况评价较高，黑龙江省居民评价最低。

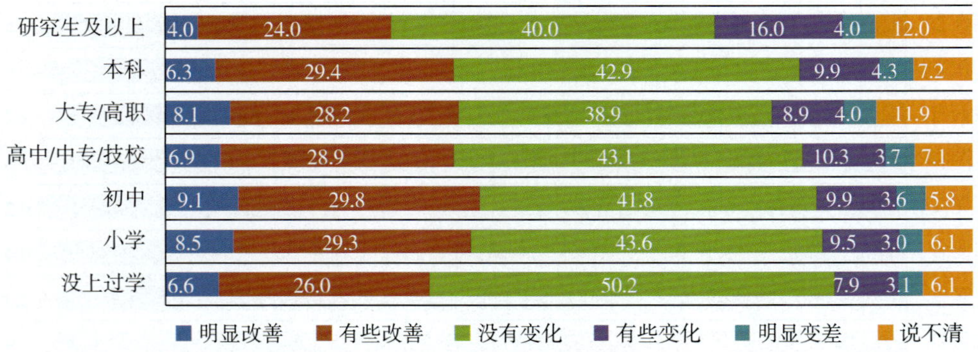

图23-27 不同学历群体对生活污水处理改善情况的评价（%）

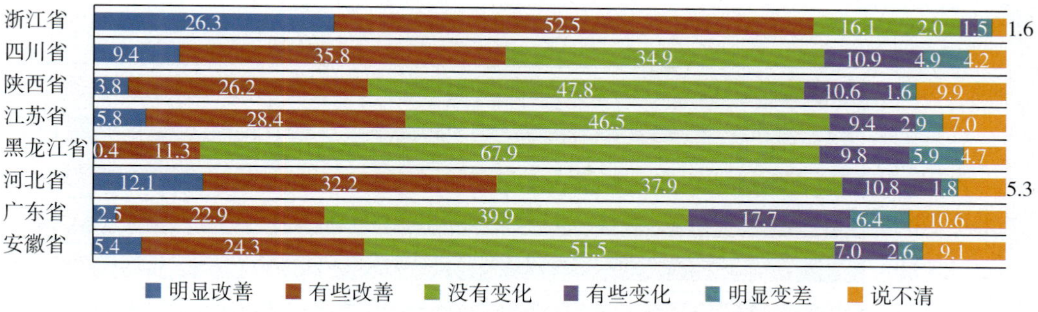

图23-28　各省生活污水处理改善情况评价（%）

5. 生活垃圾处理改善情况评价

分学历看，研究生及以上学历群体对过去一年生活垃圾处理评价最低。分省来看，浙江、河北、四川、安徽四省居民对过去一年生活垃圾处理改善情况评价较高，黑龙江省居民评价最低。

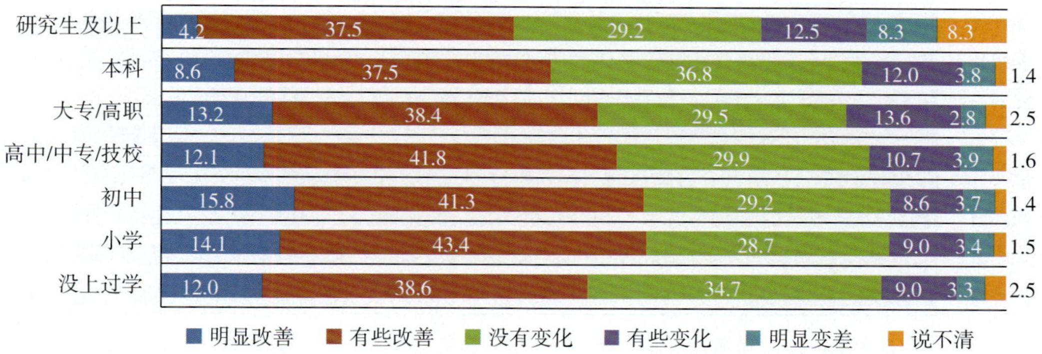

图23-29　不同学历群体对生活垃圾处理改善情况的评价（%）

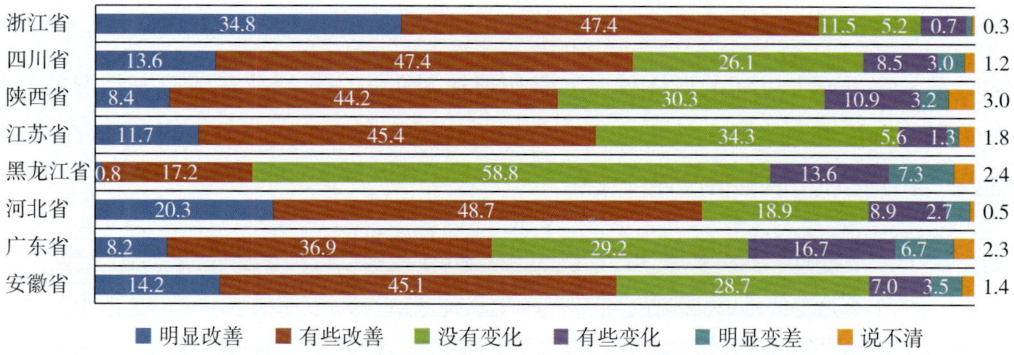

图23-30　各省生活垃圾处理改善情况评价（%）

6. 噪声环境质量改善情况评价

分学历看，随着学历的提升，居民对于过去一年噪声环境质量改善的评价也逐步提高，研究生及以上学历群体中有接近 50% 的人认为过去一年噪声环境质量有所改善。分省份看，浙江、河北、四川等省居民对过去一年噪声环境质量改善情况评价相对较高，黑龙江和陕西等省居民评价较低。

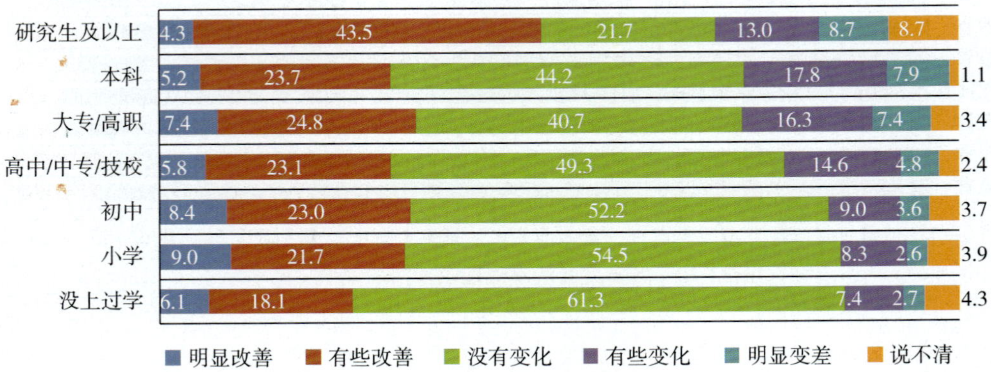

图23-31　不同学历群体对噪声环境质量改善情况的评价（%）

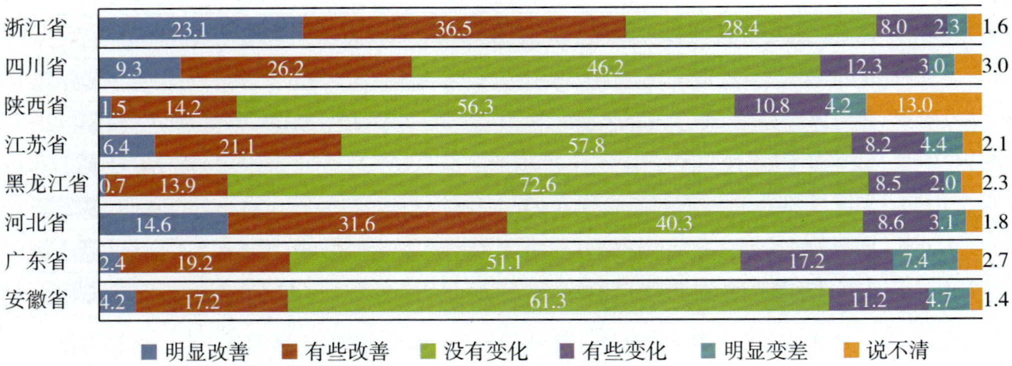

图23-32　各省噪声环境质量改善情况评价（%）

7. 绿化环境改善情况评价

分学历看，除了没上过学的群体外，各学历群体对过去一年绿化环境改善情况的评价差异不大，各学历均有接近一半的人认为过去一年绿化环境有所改善。分省来看，浙江、河北等省居民对过去一年绿化环境改善情况评价较高。

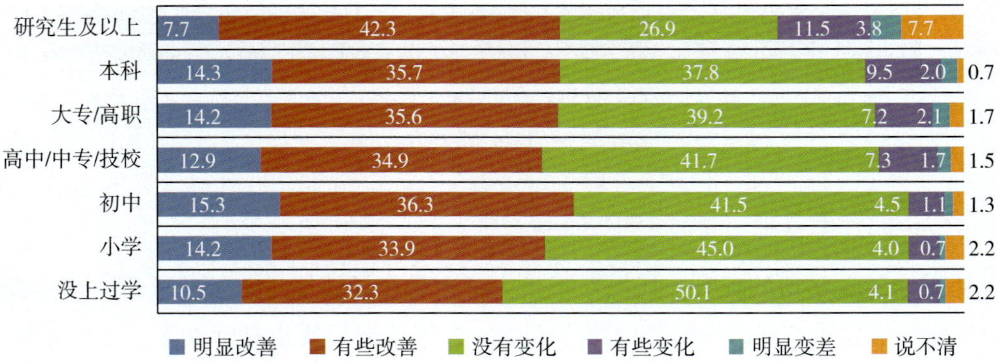

图23-33　不同学历群体对生活垃圾处理改善情况的评价（%）

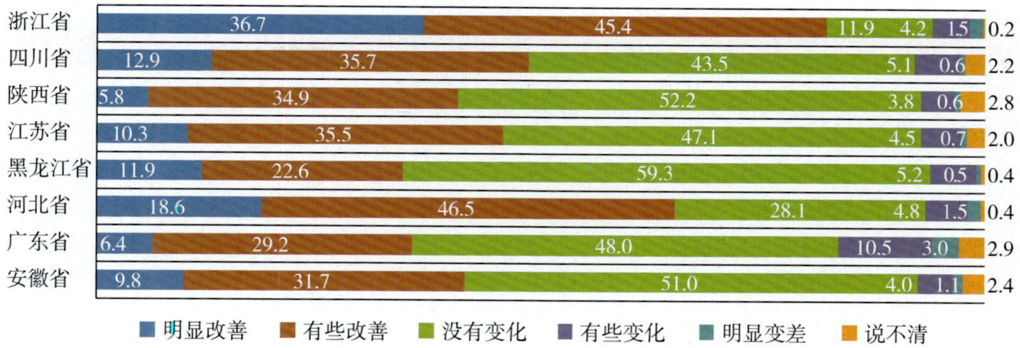

图23-34　各省生活垃圾处理改善情况评价（%）

（二）环境问题及应对方式

本次调查询问了受访者最不满意的居住地的环境污染和环境质量问题,结果如表23–94所示。生活垃圾处理和空气质量排在前两位。

表 23-94　居住地的环境污染和环境质量问题

环境污染和环境质量问题	频数	有效百分比（%）	累计百分比（%）
生活垃圾处理不及时	1232	12.9	12.9
空气质量不好	1183	12.4	25.3
生活用水供应有问题	894	9.4	34.7
周边水体污染严重	828	8.7	43.3
周边施工、交通、娱乐等噪声污染严重	811	8.5	51.8
生活污水专门收集和处理率不高，往往直接排放	406	4.3	56.1
周边绿化率不高	303	3.2	59.3
生活空间脏乱差	61	0.6	59.9
由于他人或工厂造成的其他形式的污染	22	0.2	60.1
其他	53	0.6	60.7
都不满意	5	0.1	60.8
没有不满意的	3748	39.3	100
合计	9546	100	/

（三）污染处理情况（针对农村地区）

针对农村地区的污染处理，在被调查的农村人口中，认为农村污水和牲畜粪便污染处理较好的超过 50%；相较而言，地膜 / 农膜、农药化肥和周边工业企业排污造成的污染处理得不是十分令人满意。

表23-95 农村地区污染处理情况（%）

	非常好	比较好	一般	不太好	非常差	说不清	总计
牲畜粪便	14.8	36.1	27.0	7.7	3.2	11.2	100
地膜、农膜	12.0	28.7	30.9	6.7	1.6	20.1	100
农药化肥	10.3	30.8	34.7	10.8	3.6	9.8	100
农村污水	26.5	31.8	21.6	7.4	2.6	10.1	100
周边工业排污	17.4	21.7	22.3	7.1	4.4	27.1	100

1. 牲畜粪便处理

浙江省农村对牲畜粪便处理的好的评价占比最多，为 80.2%，而黑龙江省则相对最低，仅为 16.5%。

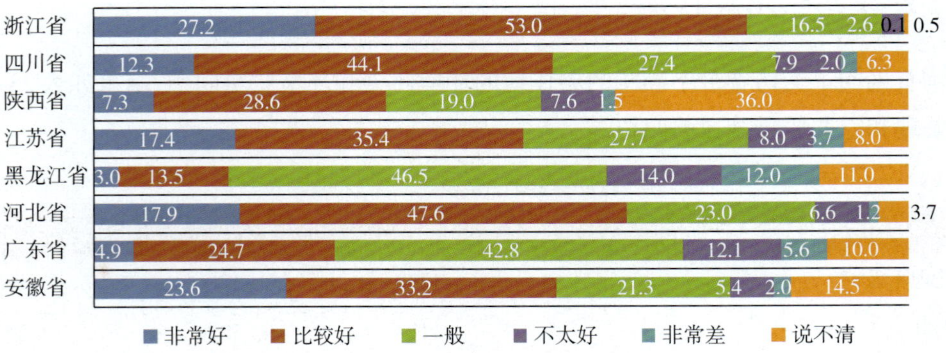

图23-35 各省农村地区牲畜粪便处理情况（%）

2. 地膜和农膜处理

浙江省农村对地膜和农膜处理好的评价占比最多，为 73.0%，而黑龙江省依然相对最低，仅为 16.9%。

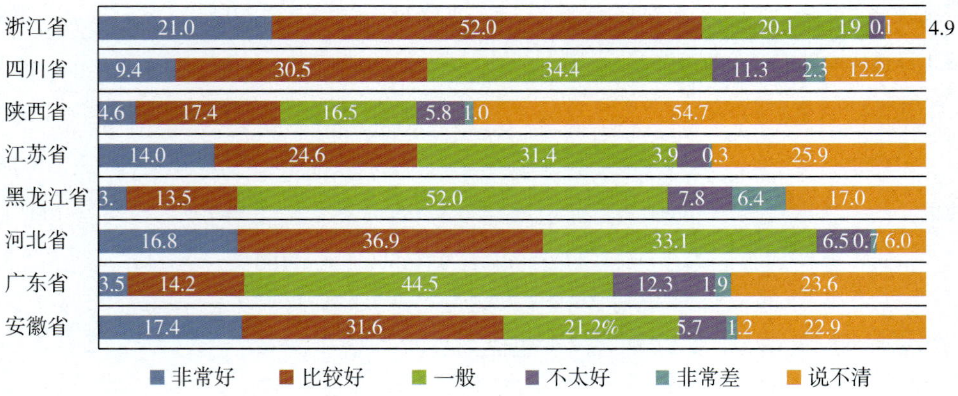

图23-36 各省农村地膜和农膜处理情况（%）

3. 农药化肥处理

在农药化肥处理上，浙江省和河北省农村评价好的比例相对较高，均在 50% 以上，而黑龙江省农村评价最低，认为处理好的比例仅为 13.4%。

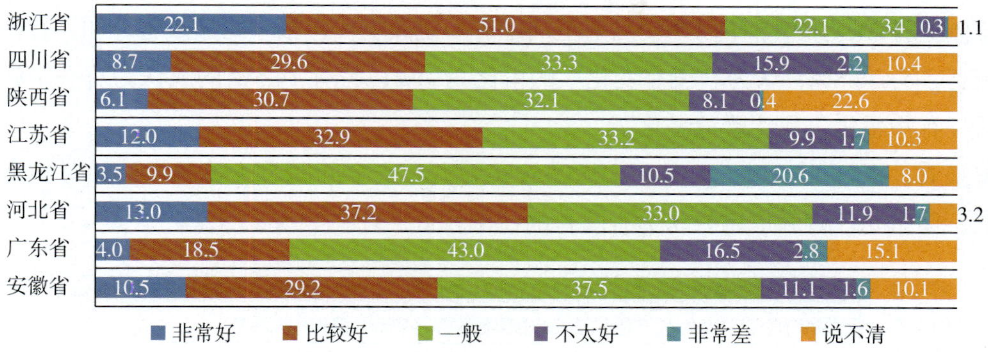

图23-37　各省农村农药化肥处理情况（%）

4. 农村污水处理

从农村污水处理上看，安徽、河北、江苏、浙江四省评价好的比例相对较高，均在 70% 以上，而黑龙江、广东等省评价好的比例相对较低，在 25% 以下。

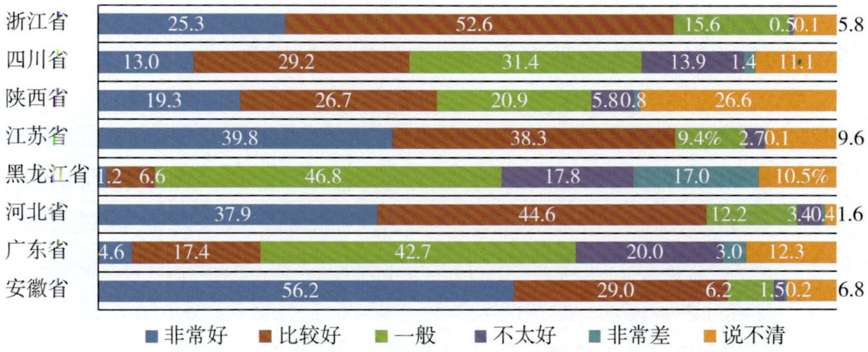

图23-38　各省农村污水处理情况（%）

5. 周边工业企业排污处理

浙江、河北和江苏三省农村对周边工业企业排污处理评价好的比例最高，均在 50% 以上，而陕西、黑龙江等省则评价相对最低，认为好的比例均在 10% 以下。

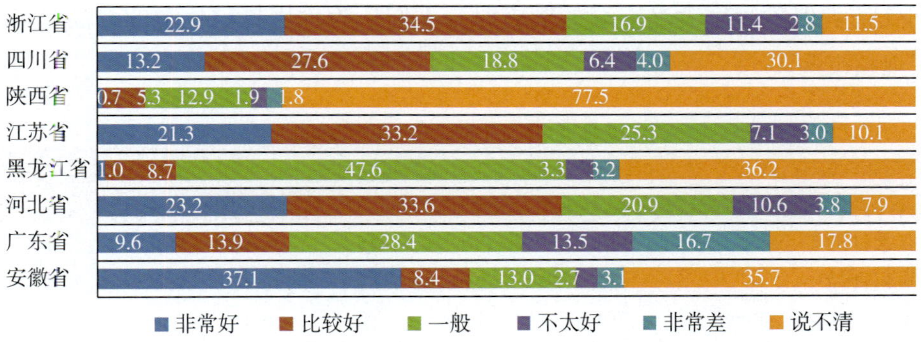

图23-39　各省农村周边工业企业排污处理情况（%）

（四）食品安全问题

从总体上看,认为 2015 年以来食品安全问题有一定改善（包括“明显改善”和“有些改善”）的比例最高，为 38.8%，认为“没有变化”的占比 30.4%，另有 14.5% 的人认为有一定程度的恶化（包括“有些恶化”和“严重恶化”）。

分省来看，浙江、四川、河北和安徽四省认为食品安全问题有改善的比例相对较高，均为 40% 以上，而黑龙江省和广东省认为有改善的比例较低，均在 25% 以下。

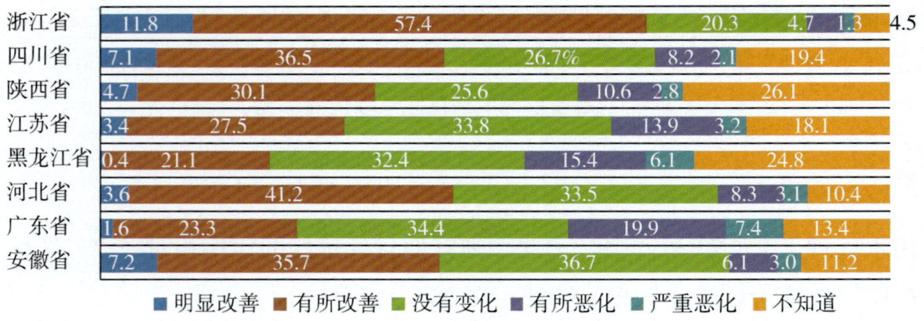

图23-40　各省食品安全问题改善评价（%）

分学历来看，学历越高，认为食品安全问题恶化的比例越高。

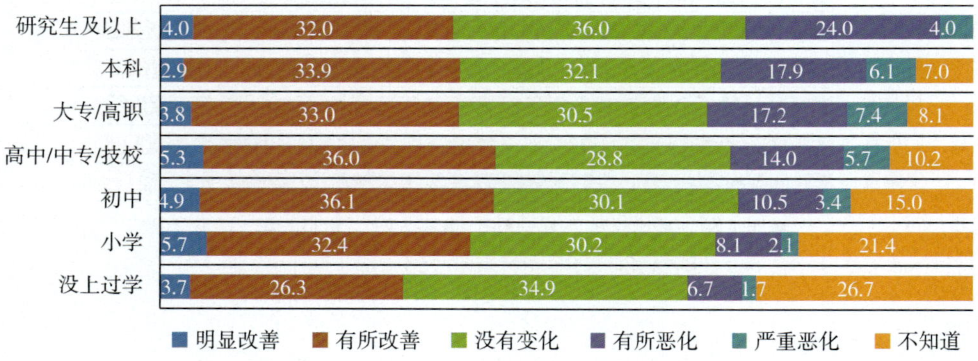

图23-41　不同学历群体对食品安全问题改善的评价（%）

1. 保障家庭食品安全的措施

在询问受访者保障家庭食品安全的措施时，人们认为食用自己生产的食品是最为安全的，其次是到正规超市购买。

表23-96　保障家庭食品安全的措施

	第一选择A		第二选择B		第三选择C		3A+2B+C
	频数	百分比（%）	频数	百分比（%）	频数	百分比（%）	得分
自己生产（自家种的）	3588	36.9	945	24.3	414	33.1	13068
到正规超市购买食品	2132	21.9	1281	32.9	312	24.9	9270
购买有机、绿色、质量认证的食品	1331	13.7	110	2.8	37	3.0	4250
选择比较好的品牌	821	8.4	521	13.4	62	5.0	3567

续表

	第一选择A		第二选择B		第三选择C		3A+2B+C
	频数	百分比（%）	频数	百分比（%）	频数	百分比（%）	得分
注意媒体报道，不购买被曝光的食品	408	4.2	647	16.6	369	29.4	2887
直接产地订购生态农产品	101	1.0	98	2.5	32	2.5	531
清洗/消毒	98	1.0	33	0.9	5	0.4	365
其他	12	0.1	4	0.1	1	0.1	45
没有特别考虑和采取措施	1249	12.8	252	6.5	21	1.7	4272
合计	9738	100	3891	100	1252	100	38248

2. 政府在食品安全方面的监管

总体来看，有超过 30% 的受访者认为当地政府在食品安全监管方面的工作做得到位（包括“比较到位”和“很到位”），而超过 40% 的受访者则认为当地政府在食品安全监管方面的工作仍需改进。

分教育程度看，教育程度越高的群体，对当地政府在食品安全方面的监管工作的评价越低。

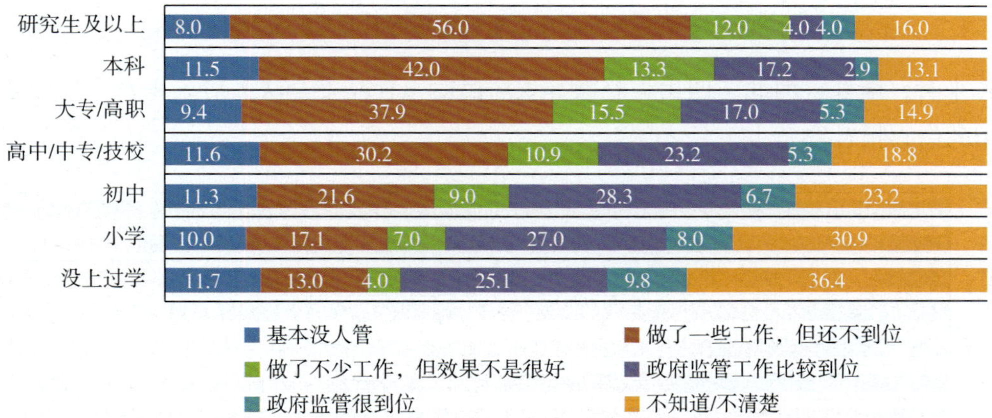

图23-42　不同教育群体对当地政府在食品安全方面的监管工作的评价（%）

分省份看，安徽、四川、陕西等省居民对当地政府在食品安全方面监管工作的认可度较高，而浙江、广东等省居民对当地政府工作的认可度相对较低。

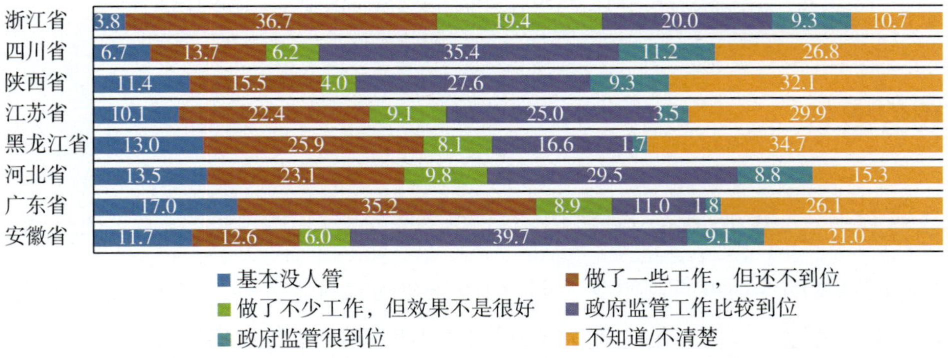

图23-43　不同省份居民对当地政府在食品安全方面的监管工作的评价（%）

3.《食品安全法》的效果评价

总体来看，74.6% 的被访者认为《食品安全法》的实施能够使得我国未来的食品安全状况或多或少得到改善，11.2% 的被访者认为《食品安全法》对改善未来食品安全状况作用不大。

分教育程度来看，不同教育群体关于《食品安全法》对未来食品安全状况改善作用的评价呈现两边低中间高的趋势。

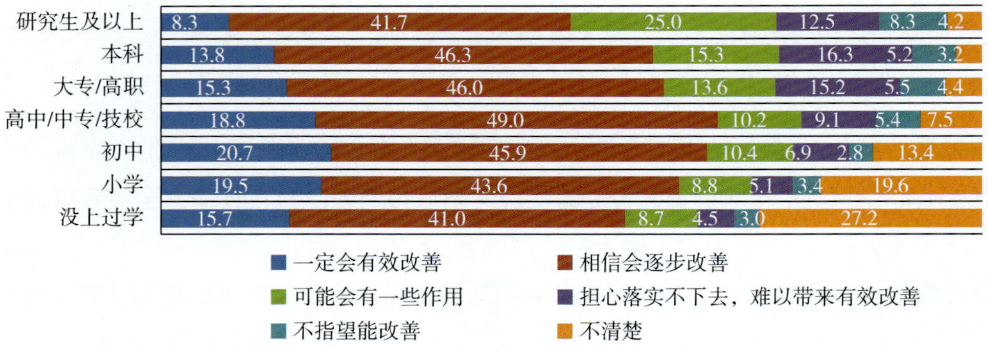

图23-44　不同教育群体对当地政府在食品安全方面的监管工作的评价（%）

分省来看，浙江、河北、四川、安徽等省居民对《食品安全法》对未来食品安全状况起到改善作用的信心相对较大。

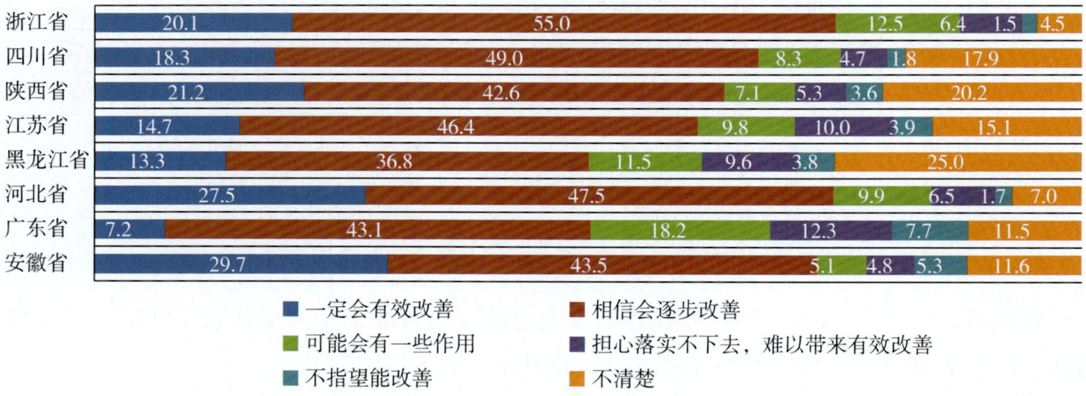

图23-45　不同省份居民对当地政府在食品安全方面的监管工作的评价（%）

十三、政府服务

（一）居住地政府服务总体评价

受访者根据自身的经历或直观感受，对目前居住地的政府服务和办事效率总体评价较高，“满意”占比 64.1%，认为“一般”的比例为 18.6%，“不满意”占比 9.7%。分省来看，浙江省和四川省对政府满意的比例最高，而广东省满意的比例最低。分群体来看，本地人口对政府的满意程度高于流动人口。从受访者学历的视角来看，大专 / 高职的受访者对于政府服务和办事效率持满意态度的比例最高，而相对来说研究生及以上学历的受访者对政府服务和办事效率表示满意的比例最低。

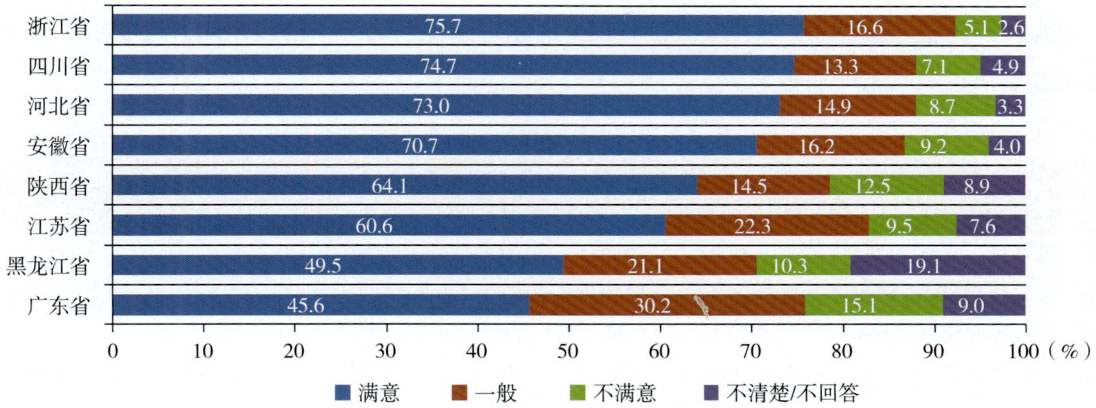

图23-46　各省对居住地政府服务和办事效率的总体评价（%）

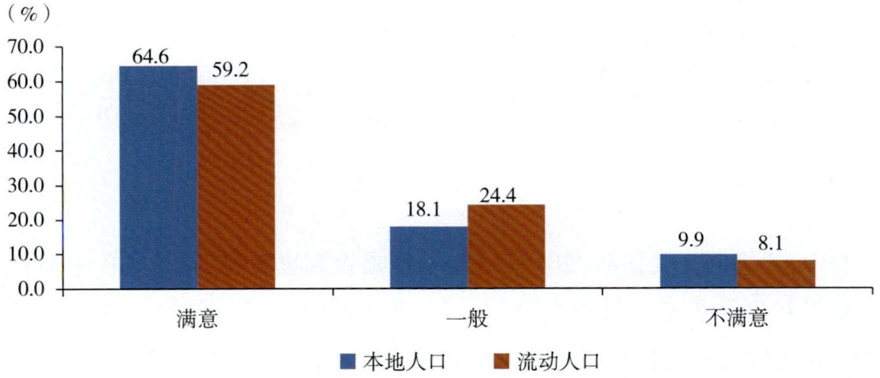

图23-47　流动/非流动人口对居住地政府服务和办事效率的总体评价（%）

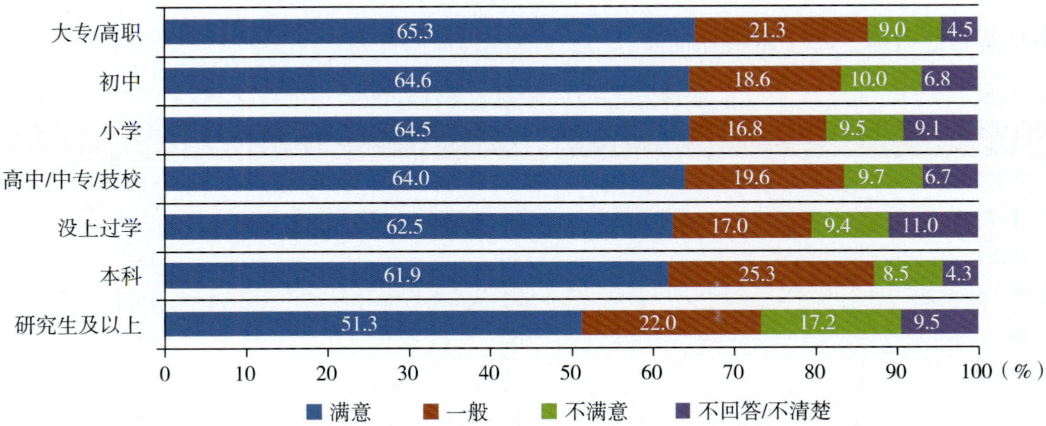

图23-48　不同学历受访者对居住地政府服务和办事效率的总体评价（%）

（二）了解政府为民办事信息及政策的渠道

本次调查中，询问了受访者了解政府为民办事的信息及政策的主要渠道，结果显示，选择“电视、收音机”渠道的人最多，选择“干部下来宣传动员”的次之，在其后选择“听同事朋友等介绍”和“新媒体（微信、微博等）”的人数相对较多，除“其他”之外，通过组织开会学习了解到政府为民办事信息及政策的人数最少。

表23-97　受访者了解政府为民办事信息及政策的渠道

	第一选择A		第二选择B		第三选择C		3A+2B+1C
	频数	百分比（%）	频数	百分比（%）	频数	百分比（%）	得分
电视、收音机	4764	48.9	955	9.8	70	0.7	16272
干部下来宣传动员	1599	16.4	1260	12.9	311	3.2	7628
听同事朋友等介绍	694	7.1	1138	11.7	730	7.5	5088
新媒体（微信等）	612	6.3	968	9.9	375	3.8	4147
报纸杂志	1078	11.1	92	0.9	28	0.3	3446
下发的宣传资料	260	2.7	820	8.4	568	5.8	2988
政府网站	322	3.3	329	3.4	85	0.9	1709
组织开会学习	24	0.2	33	0.3	12	0.1	150
自身感受	158	1.6	41	0.4	19	0.2	575
其他	2	0.0	2	0.0	0	0.0	10

（三）政府办事情况

在本次调查中，还询问了受访者“2015 年以来，您是否到过政府部门办事（包括各级政府部门、政府服务中心以及社区、街道、村委会等）？”，调查结果显示，42.7%（N=9744）的人有过此经历。在具体询问与政府部门打交道过程中最不满意的方面，46.9% 的受访者表示没有不满意的情况，而在存在不满意方面的情况下，“程序太复杂和不公开”和“相互推诿、效率低”占比较高，选择“吃拿卡要、乱收费”方面人数相对较少。而经过其他项的处理之后，我们发现有一定数量的被访者抱怨政府“不了解群众需要”，这一点或许需要注意。

表23-98　受访者对政府部门最不满意的方面

	频数	有效百分比（%）
没有不满意的	4572	46.9
不回答/不清楚	1831	18.8
程序太复杂和不公开	1530	15.7
相互推诿、效率低	971	10.0
要找关系	364	3.7
服务态度不好	335	3.4
吃拿卡要、乱收费	51	0.5
不了解群众需要	16	0.2
其他	71	0.7

在询问受访者现在对政府办事变化的看法时，63.1% 的人认为简化了，13.2% 的人认为无变化，另有 5.6% 的人认为更加困难了，另有 17.6% 的人表示不清楚。分省来看，浙江省、四川省受访者认为简化了的比例最高，两个省受访者认为“明显简化了”的比例均在 70% 以上，而相比较而言广东省最少，占比仅为 53.7%。比较流动人口与本地人口的调查结果，本地人口认为政府办事更加简化的比例要高于流动人口。从受访者学历的角度来看，高中 / 大专学历受访者认为更加简化了的比例最高，而研究生及以上学历的受访者认为政府办事更简化了的比例最低。

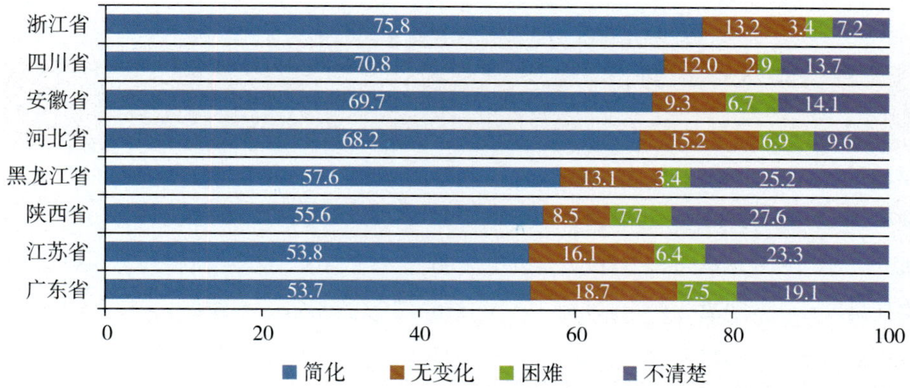

图23-49　各省对政府办事变化的看法（%）

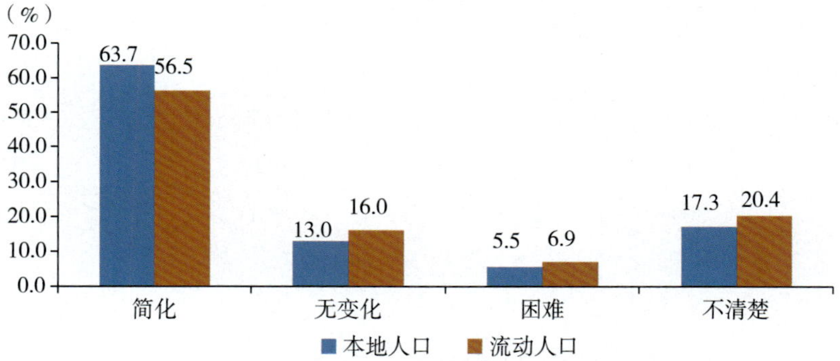

图23-50　流动/非流动人口对政府办事变化的看法（%）

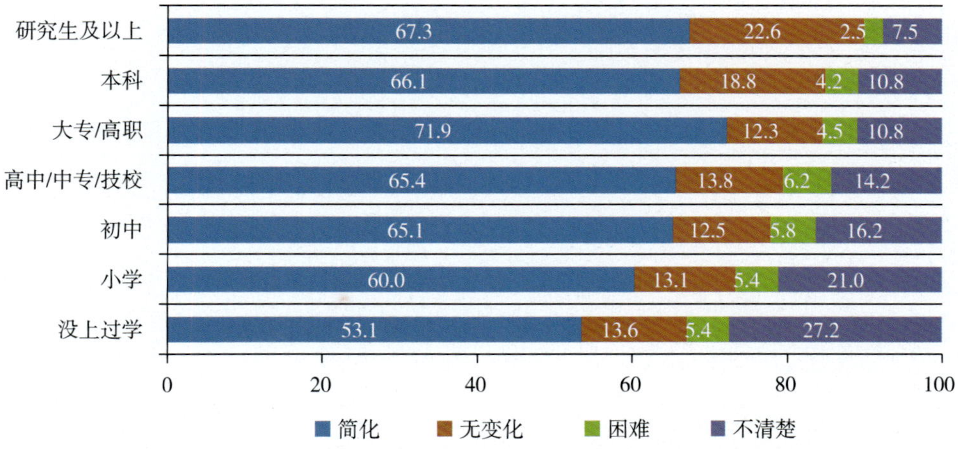

图23-51　不同学历受访者对政府办事变化的看法（%）

（四）政府服务需要改进的方面

在最后，本次调查询问了“您认为改进政府服务、提高办事效率最需要从哪方面入手？”，结果显示，认为需要简化各类手续证明的人数最多，认为需要实行“一站式”窗口办理的人数次之。而经过其他项的处理之后，我们发现除了已有选项之外，受访者在其他方面的要求有一部分集中在体察民情了解需求、首先要讲求公平公正等方面，或许可以考虑在下次问卷设计中加入相应内容。

表23-99　受访者认为政府服务最需要提高的方面

	第一选择A		第二选择B		第三选择C		3A+2B+C
	频数	百分比（%）	频数	百分比（%）	频数	百分比（%）	得分
简化各类手续证明	1856	19.1	1683	17.3	487	5.0	9421
实行“一站式”窗口办理	2302	23.6	796	8.2	58	0.6	8556
减少行政审批	1874	19.2	90	0.9	18	0.2	5820
提升服务和责任意识	922	9.5	550	5.6	552	5.7	4418
加强政府服务信息公开	547	5.6	524	5.4	338	3.5	3027
规范服务标准方式	226	2.3	464	4.8	373	3.8	1979
实现网上业务办理	217	2.2	361	3.7	264	2.7	1637
明晰划分部门职责	151	1.5	347	3.6	290	3.0	1437
体察民情了解需求	79	0.8	21	0.2	3	0.0	282
办事效率低/不合理	15	0.2	5	0.1	1	0.0	56
公平公正	11	0.1	3	0.0	2	0.0	41
其他	309	3.2	12	0.1	7	0.1	958

（清华大学社会学系专题组
执笔：刘精明　童毅炜　陈　晨　朱美静　杨焕兵　刘锦含　张　爽）

[5] 每个月住房支出压力太大（包括房租、还贷、物业、水、电供热费）
[6] 建筑年代久远，小区设施落后 [7] 小区环境和物业差
[8] 没有不满意的 [9] 其他（请注明：______）
[10] 不回答 / 不清楚

注意：以下住房不包括受访者当前居住的住房。

H06. 您家在本市（市区、县城、中心镇）是否还有其他住房？______

[1] 是，有______套； [2] 否（跳至 H07）

H06_1. 上述住房现在是什么状态？______（1 套房单选，如有多套房，可根据情况多选）

[1] 自己（家人）居住 [2] 间歇性回去居住 [3] 给亲戚朋友住
[4] 出租 [5] 无人居住 [6] 在建或装修，未交付
[7] 其他（请注明：______）

H07. 您家在其他城市（县、区）是否还有住房？______

[1] 是，有______套 [2] 否（跳至 H08）

H07_1. 上述住房现在是什么状态？______（1 套房单选，如有多套房，可根据情况多选）

[1] 自己（家人）居住 [2] 间歇性回去居住 [3] 给亲戚朋友住
[4] 出租 [5] 无人居住 [6] 在建，未交付
[7] 其他（请注明：______）

注意：H08 对城镇受访者是询问其在农村老家的住房情况，对农村受访者是询问其在农村（除其居住房屋外）其他宅基地住房情况。

H08. 您家在农村（老家）是否还有其他住房？______

[1] 是，有______套 [2] 否（跳至 I）

H08_1. 上述住房现在是什么状态？______（1 套房单选，如有多套房，可根据情况多选）

[1] 自己（家人）居住 [2] 间歇性回去居住 [3] 给亲戚朋友住
[4] 出租 / 入股 [5] 无人居住 [6] 荒废（不能使用）
[7] 在建，未交付 [8] 仓储 / 养殖或对外经营 [9] 其他（请注明：______）

I 生活环境

I01. 过去一年，您家所居住的社区（或村庄）环境质量改善情况（请在相应位置画√）：

环境质量类型	明显改善	有些改善	没有变化	有些变差	明显变差	说不清
I01_1.总体生态环境状况						
I01_2. 空气质量						
I01_3. 生活用水质量						

续表

环境质量类型	明显改善	有些改善	没有变化	有些变差	明显变差	说不清
I01_4. 周边河流湖泊等水体质量						
I01_5. 生活污水处理情况						
I01_6.生活垃圾处理情况						
I01_7. 噪声环境质量						
I01_8. 绿化环境						

I02. 您对居住地周围最不满意的环境污染和环境质量问题是什么？______（单选）

[1] 空气质量不好

[2] 生活用水供应有问题，饮用水质量不高或者不卫生

[3] 周边的河流、湖泊、水库、沟渠等污染严重，经常出现水体黑臭

[4] 生活污水专门收集和处理率不高，往往直接排放

[5] 生活垃圾处理不及时，常出现垃圾乱堆、散发异味等现象

[6] 周边施工、交通、娱乐场所等噪声污染严重

[7] 周边绿化率不高

[8] 其他（请注明：______）　[9] 没有不满意的　[10] 不回答 / 不清楚

注意：如果是农村地区，还请继续回答 I03，否则直接跳到 I04

I03. 您认为您所在的村庄是否对以下污染进行了很好的处理或者治理？（请在相应位置画√）：

农村典型污染类型	非常好	比较好	一般	不太好	非常差	说不清
I03_1.牲畜粪便						
I03_2.地膜、农膜						
I03_3.农药化肥						
I03_4.秸秆焚烧						
I03_5.周边工业企业排污						

I04. 您认为 2015 年以来，食品安全问题是有所改善，还是更加严重？______

[1] 明显改善　[2] 有些改善　[3] 没有变化

[4] 有些恶化　[5] 严重恶化　[6] 不知道

I05. 您最主要 / 常用取什么措施来保障家庭食品安全？______（可多选，最多三项）

[1] 购买有机、绿色、质量认证的食品　[2] 选择比较好的品牌

[3] 到正规超市购买食品　[4] 注意媒体报道，不购买被曝光的食品

[5] 直接产地订购生态农产品　[6] 自己生产（自家种的）

[7] 其他（请注明：______）　[8] 没有特别考虑和采取措施

I06. 您认为当地政府在加强食品安全监管、保障食品安全方面的工作是否有力？______

[1] 基本没人管　[2] 做了一些工作，但还不到位

[3] 做了不少工作，但效果不是很好　[4] 政府监管工作比较到位

[5] 政府监管很到位　[6] 不知道 / 说不清

I07.《食品安全法》确立了严格的食品安全监管制度，您对我国未来食品安全状况的改善是否有信心？

[1] 一定会有效改善　[2] 相信会逐步改善　[3] 可能会有一些作用

[4] 担心落实不下去，难以带来有效改善　[5] 不指望能改善　[6] 不清楚

J 政府服务

J01. 您对目前所在地政府服务和办事效率的总体评价是：______

[1] 很满意　[2] 基本满意　[3] 一般

[4] 不太满意　[5] 很不满意　[6] 不回答 / 不清楚

J02. 您主要是通过何种渠道了解政府为民办事的信息及政策的？______（可多选，最多三项）

[1] 报纸杂志　[2] 电视、收音机　[3] 政府网站　[4] 新媒体（微信、微博、公众号等）

[5] 干部下来宣传和动员　[6] 下发的宣传资料　[7] 听同事、朋友或邻居介绍；

[8] 其他（请注明：______）

J03. 2015 年以来，您是否到过政府部门办事（包括各级政府部门、政务服务中心以及社区、街道、村委会等）？______

[1] 是　[2] 否

J04. 在与政府部门打交道过程中，您最不满意的方面是什么？______（单选）

[1] 程序太复杂和不公开（如，需要盖的章太多、需要开各类繁琐证明）

[2] 相互推诿、效率低；　[3] 要找关系；　[4] 吃拿卡要、乱收费

[5] 服务态度不好　[6] 其他（请注明：______）

[7] 没有不满意的　[8] 不回答 / 不清楚

J05. 您感觉现在找政府办事是否比以前更简化或容易了（包括办事需要的环节、证明、盖章和等待时间是否减少）？______

[1] 明显简化了　[2] 有所简化　[3] 没有变化　[4] 更加困难了　[5] 不清楚

J06. 您认为改进政府服务、提高办事效率最需要从哪方面入手？______（可多选，最多三项）

[1] 减少行政审批　[2] 实行“一站式”窗口办理　[3] 简化各类手续证明

[4] 实现网上业务办理　[5] 加强政府服务信息公开　[6] 规范服务标准方式

[7] 明晰划分部门职责　　[8] 提升政府官员（包括乡镇干部）服务和责任意识

[9] 其他（请注明：______）

受访者联系方式：________________________________（可填）

由访问员判断，此次调查是否进行顺利，受访者的配合程度如何？______

[1] 非常配合　　[2] 比较配合　　[3] 不太配合　　[4] 很不配合

访问结束

谢谢您的合作，再一次表示感谢！

参考文献

Reference

[1] 丁江. 浙江实行“最多跑一次”政府自身改革. 中国产经新闻报，2017-3-6

[2] 李祥洲，邓玉. 食用农产品质量安全问题的国民心态分析——以北京市“草莓农残超标致癌”舆情事件为例. 中国食物与营养， 2015（6）

[3] 吕长城. 当前我国市场监管体制改革的行政法治检视. 中国行政管理，2017（4）

[4] 刘奇. 重视消解食品安全引发的社会恐慌. 中国发展观察， 2017（12）

[5] 龙海波. 紧扣重点环节深化放管服改革. 光明日报，2017-3-23

[6] 王志刚，杨胤轩，许栩. 城乡居民对比视角下的安全食品购买行为分析——基于全国21个省市的问卷调查. 宏观质量研究， 2013（3）

[7] 周志坤，陈琦. 大力推行“互联网+政务服务”，打响转变政府职能的当头炮. 南方日报，2017-4-18

[8] 浙江省人民政府. 关于印发加快推进“最多跑一次”改革实施方案的通知. 浙江省人民政府网站，http://www.zj.gov.cn/art/2017/2/22/art_12460_290539.html，2017

后 记

Postscript

本书是“中国民生调查”课题组的集体研究成果，利用的主要是2016年全国范围内电话调查和8省份入户调查的数据及相关部门公开的调查统计结果。这项年度研究工作得以顺利完成，要感谢国务院发展研究中心领导和同事的大力支持。国务院发展研究中心李伟主任作为课题总顾问，一直非常关心课题研究工作的进展，对课题研究给予了直接指导，并对课题组上报的研究报告逐一把关。国务院发展研究中心张军扩副主任作为课题负责人，全过程主持了课题研究工作，对指数指标体系设计、问卷设计以及所有研究报告都提出了具体的指导意见和修改建议。课题组成员来自国务院发展研究中心多个研究部（所），有关部门的负责同志也对课题研究给予了大力支持和帮助。

电话调查和入户问卷调查的实施，得到了很多单位和专家的支持。国家统计局社情民调中心协助开展了覆盖全国31个省（区、市）的民生满意度电话调查，并完成了总体数据分析报告；清华大学社会学系刘精明教授及其团队协助完成了入户调查的抽样工作，并对各省提交的入户问卷调查原始数据进行了整理核对与初步分析；河北、黑龙江、江苏、浙江、安徽、广东、陕西7个省级政府发展研究中心（研究室）及四川省社科院承担了具体的入户问卷调查任务，并撰写了分省的民生发展报告；部分高校、研究机构的学者及学生也直接参与了入户问卷调查工作。课题项目办的各位工作人员和实习生为课题研究的顺利开展付出了很多努力。在这里，对大家一并表示感谢！

受时间、能力、方法等多方面因素影响，不足和疏漏在所难免，课题组对相关结论和观点负责，欢迎大家批评指正。在后续的研究中，我们将进一步努力，提高电话调查和入户调查质量，提升评价和研究的客观性、准确性，为大家奉献更高质量的成果，为中国民生事业的发展贡献一份绵薄之力。

国务院发展研究中心

“中国民生调查”课题组

2017年10月